Katharina Bergmann
Jüdische Emigration aus München

Studien zur Jüdischen
Geschichte und Kultur
in Bayern

―
Herausgegeben von
Michael Brenner und Andreas Heusler

Band 13

Katharina Bergmann

Jüdische Emigration aus München

—

Entscheidungsfindung und
Auswanderungswege (1933–1941)

DE GRUYTER
OLDENBOURG

Gedruckt mit freundlicher Unterstützung des Freundeskreises des Lehrstuhls für Jüdische Geschichte und Kultur e. V. und der Axel Springer Stiftung, Berlin.

ISBN 978-3-11-072716-6
e-ISBN (PDF) 978-3-11-072737-1
e-ISBN (EPUB) 978-3-11-072747-0

Library of Congress Control Number: 2021948018

Bibliografische Information der Deutschen Nationalbibliothek
Die Deutsche Nationalbibliothek verzeichnet diese Publikation in der Deutschen Nationalbibliografie; detaillierte bibliografische Daten sind im Internet über http://dnb.dnb.de abrufbar.

© 2022 Walter de Gruyter GmbH, Berlin/Boston
Umschlagbild: Karl Schwager vor einem der Löwen der Feldherrnhalle auf dem Münchner Odeonsplatz, etwa 1930. Foto im Privatbesitz der Familie Schwager.
Satz: Maximilian Strnad, München
Druck und Bindung: CPI books GmbH, Leck

www.degruyter.com

Für Ori, meine Eltern,
und vier Münchner Familien

Danksagung

Mit der Vollendung des vorliegenden Manuskripts schweifen meine Gedanken zurück zu den Anfängen. Viele haben dazu beigetragen, dieses Buch entstehen zu lassen.

Danken möchte ich zuallererst den drei Herren, die mich über all die Jahre hinweg begleitet und mit wertvollen Impulsen sanft zu spannenden Erkenntnissen geleitet haben: Prof. Dr. Michael Brenner, der mich als Doktorandin angenommen hat, ohne mich zu kennen und der als Erstprüfer immer die richtige Balance zwischen Input und Freiheit fand; Prof. Dr. Alan E. Steinweis, der erst den Anstoß zu diesem Dissertationsprojekt gab und der mir über alle Jahre hinweg mit klugen Rückfragen Antworten gegeben hat; und Dr. Andreas Heusler, dessen Überzeugungskünste mich in das Projekt hineingezogen und dessen Unterstützung mich hindurch getragen haben. Vielen Dank.

Die Arbeit stützt sich auf umfangreiches Quellenmaterial, das aus einer Vielzahl von Archiven stammt. Gedankt sei hier allen Mitarbeitern der Archive für ihre weiterführenden Hinweise und die teils unkonventionelle Beschaffung der Materialien. Besonders hervorgehoben sei jedoch das Münchner Stadtarchiv und hier insbesondere Brigitte Schmidt, ohne deren jahrzehntelange Arbeit für die Geschichte der Münchner Juden diese Arbeit nicht in heutiger Form zustande gekommen wäre.

Auch den Nachfahren der vier im Buch behandelten Familien möchte ich von Herzen danken. Ihr habt mir – im übertragenen und tatsächlichen Sinne – Eure Türen geöffnet, mir Eure Familiengeschichten erzählt und Euch mit mir zusammen auf das Abenteuer der Erforschung Eurer Familiengeschichten eingelassen. Mein Dank ist so groß wie Euer Vertrauen in mich. Und obwohl zumeist ein weiter Familienkreis involviert war, möchte ich doch einzelnen Familienmitgliedern speziell danken: Anthony Blechner für das hervorragend sortierte Material, Vivian Francesco für ihre Antwort zu Beginn meiner Suche, Michal Katorza für jedes unserer Treffen in Israel, Stefan Hose für die anregende Email-Kommunikation, Gary Schwager für die Tour durch Pittsburgh und seine Gastfreundschaft und Dianne Schwager für unsere gesamte gemeinsame Zeit, die tiefe Spuren hinterlassen hat. Euren Familien ist dieses Buch gewidmet – auf dass sie nicht vergessen werden.

Gedankt sei außerdem Emma Häußler, Clara Keller, Silvia Eisenlauer und Johanna Wenz für ihren kritischen Blick sowie Maximilian Strnad für den Beistand während der gesamten Promotionsphase und für seine Unterstützung bei der Fertigstellung dieses Manuskripts.

Auch für die Unterstützung finanzieller Art soll hier ein Dank ausgesprochen sein. Die Konrad-Adenauer-Stiftung hat mich über drei Jahre hinweg finanziell und ideell gefördert und mir eine Heimat geschaffen, an die ich mit Freude zurückdenke. Dem Freundeskreis des Lehrstuhls für jüdische Geschichte und Kultur der LMU München sei herzlich gedankt für das Ulpan-Stipendium sowie den zur Entstehung dieses Buches beitragenden Druckkostenzuschuss.

Zu guter Letzt wenige Worte für die, denen mein größter Dank gehört: meinen Eltern Edeltraud und Hans Seehuber, die mir Wurzeln gegeben haben, um mich fliegen zu lassen. Und meinem Mann Ori, der mit mir historische Gegensätze überwindet, die Geschichten von längst Verstorbenen mit mir teilt und sich mit mir auf eine Reise eingelassen hat, die vielfältiger nicht sein könnte.

München im Juli 2021　　　　　　　　　　　　　　　　　　Katharina Bergmann

Inhalt

Danksagung —— VII

Abbildungsverzeichnis —— XI

Tabellenverzeichnis —— XIII

1 Die Auswanderung der Münchner Juden 1933–1941 —— 1

2 Ein methodischer Blick auf die Münchner Emigration —— 11
2.1 Quantitative und qualitative Methoden in der Kombination —— 11
2.2 Die quantitative Perspektive: Statistische Analysen —— 17
2.2.1 Zielsetzung —— 17
2.2.2 Die Datenbank des Münchner Stadtarchivs —— 23
2.2.3 Vergleichsstatistiken für München, andere Städte und das Reich —— 26
2.3 Die qualitative Perspektive: Familienbiographien —— 29
2.3.1 Zielsetzung —— 29
2.3.2 Kurzvorstellung der vier untersuchten Familien —— 32
2.4 Forschungsstand und Quellenlage —— 35

3 Die Migrationsbewegungen der Münchner Juden —— 41
3.1 Anfangsbemerkungen —— 41
3.2 Formen der Migration —— 42
3.2.1 Binnenmigration —— 42
3.2.2 Emigration —— 53
3.2.3 Rückwanderung —— 66

4 Rahmenbedingungen der Emigration aus München —— 73
4.1 Am „Vorabend der Katastrophe" —— 73
4.2 Phasen der Migration der Münchner Juden —— 77
4.2.1 Verfolgungswellen: Frühjahr 1933 bis Herbst 1937 —— 77
4.2.2 Entscheidungsjahre: Herbst 1937 bis September 1939 —— 100
4.2.3 Kriegsjahre: Herbst 1939 bis Oktober 1941 —— 132
4.2.4 Emigrationsverbot: seit Oktober 1941 —— 158
4.3 „The ones left behind": Gescheiterte Emigrationspläne —— 160
4.4 „Sie haben uns auch geholt": Deportation aus der Emigration —— 169
4.5 „Timing" als Rahmenbedingung aller Emigrationen —— 172

5	**Einflussfaktoren auf die Emigrationsprozesse der Münchner Juden —— 176**
5.1	Kollektive Einflussfaktoren —— 176
5.1.1	Alter —— 176
5.1.2	Geschlecht —— 193
5.1.3	Familienstand —— 212
5.1.4	Staatsangehörigkeit —— 215
5.1.5	Religion —— 232
5.1.6	Beruflicher Hintergrund —— 242
5.2	Interindividuelle Einflussfaktoren —— 268
5.2.1	Finanzielle Situation —— 268
5.2.2	Persönliche Netzwerke —— 285
5.2.3	Reisewege —— 300
5.3	Individuelle Faktoren der Emigrationsprozesse —— 303
5.3.1	Mentale Konstitution —— 303
5.3.2	Sprachkenntnisse —— 308
5.3.3	Individuelle Verfolgungssituation —— 312

6	**Schlussbetrachtung: Die Emigration der Münchner Juden und ihre Einflussfaktoren —— 317**

7	**Anhang —— 325**
7.1	Detaillierte Familienbiographien —— 325
7.1.1	Familie Blechner —— 325
7.1.2	Familie Cahnmann —— 331
7.1.3	Familie Goldschmidt —— 339
7.1.4	Familie Schwager —— 343
7.2	Zusätzliche Abbildungen —— 346
7.3	Zusätzliche Tabellen —— 347

Quellenverzeichnis —— 355

Literaturverzeichnis —— 361

Personenregister —— 373

Abbildungsverzeichnis

Abb. 1:	S. 14	Vertiefungsmodell nach Mayring
Abb. 2:	S. 50	Zuzüge von Juden nach München 1938/39
Abb. 3:	S. 78	Graphische Veranschaulichung der Auswanderung aus München nach Monat und Jahr (Frühjahr 1933 bis Herbst 1937)
Abb. 4:	S. 101	Graphische Veranschaulichung der Auswanderung aus München nach Monat und Jahr (Herbst 1937 bis September 1939)
Abb. 5:	S. 132	Graphische Veranschaulichung der Auswanderung aus München nach Monat und Jahr (September 1939 bis Oktober 1941)
Abb. 6:	S. 177	Graphische Veranschaulichung des Emigrantenanteils an einzelnen Altersgruppen Münchner Juden
Abb. 7:	S. 346	Graphische Veranschaulichung der Auswanderung aus München nach Jahr (gesamter Zeitraum)

Tabellenverzeichnis

Tab. 1:	S. 41	Überblick - Die Lebenswege der Münchner Juden
Tab. 2:	S. 44	Überblick - Münchner Migrationsbilanz
Tab. 3:	S. 63	Vergleich - Wegzüge aus München nach Cahnmann und Datenbank
Tab. 4:	S. 64	Gesamtauswanderung aus München nach Datenbank
Tab. 5:	S. 170	Nachweisbare Fälle der Deportation Münchner Emigranten nach Jahr und Emigrationsland
Tab. 6:	S. 170	Anteil der Deportierten an den Münchner Emigranten nach Zielland
Tab. 7:	S. 183	Auswanderung aus München nach Altersgruppe und Zielland
Tab. 8:	S. 187	Auswanderung aus München nach Altersgruppe und Emigrationsjahr
Tab. 9:	S. 194	Lebenswege der Münchner Juden nach Geschlechtszugehörigkeit
Tab. 10:	S. 200	Auswanderung aus München nach Geschlecht und Emigrationsjahr
Tab. 11:	S. 207	Auswanderung aus München nach Geschlecht und Zielland
Tab. 12:	S. 209	Auswanderung aus München nach Emigrationsjahr, Geschlecht und Altersgruppe
Tab. 13:	S. 217	Auswanderung der Münchner Juden nach Staatsangehörigkeit (Auswahl)
Tab. 14:	S. 225	Auswanderung der Münchner Juden nach Jahr und Staatsangehörigkeiten (Auswahl)
Tab. 15:	S. 234	Lebenswege der Münchner Juden nach Religionszugehörigkeit
Tab. 16:	S. 245	HISCLASS-Systematik mit ausgewählten Beispielen der Berufe Münchner Juden
Tab. 17:	S. 246	Lebenswege der Münchner Juden nach HISCLASS-Klassifizierung
Tab. 18:	S. 347	Emigrationsrate der Zuzügler nach München
Tab. 19:	S. 347	Aufschlüsselung der Zuzüge 1938/39 nach Monat
Tab. 20:	S. 348f.	Auswanderung aus München nach Emigrationsjahr und Zielland
Tab. 21:	S. 349	Anzahl der Zielländer und durchschnittlichen Emigrantenzahl je Jahr
Tab. 22:	S. 350	Auswanderung aus München nach Emigrationsjahr und -monat
Tab. 23:	S. 351	Lebenswege der Münchner Juden nach Altersgruppen
Tab. 24:	S. 351	Auswanderung aus München nach Emigrationsjahr und Familienstand
Tab. 25:	S. 352	Auswanderung aus München nach Emigrationsjahr und Staatsangehörigkeit
Tab. 26:	S. 353	Auswanderung aus München nach Emigrationsjahr und Religionszugehörigkeit
Tab. 27:	S. 354	Auswanderung aus München nach Emigrationsjahr und HISCLASS-Klasse

Entscheidung

Du selbst hast zu entscheiden,
Wo du im Leben stehst
Und welchen Weg du gehst.
Nimm an die Wahl,
Sie kommt einmal,
Du kannst sie nicht vermeiden.

Was auch von außen dir bestimmt,
Wie deine Welt gestaltet,
Welch hartes Schicksal waltet,
In Deines Lebens Tagen,
Es kommt drauf an, wie man es nimmt
Und so wird es ertragen.

Ob man erreicht, was man erstrebt,
Hängt ab von vielen Dingen,
Jedoch die Form, in der man lebt,
Muß man sich selbst erringen.

Dr. Ernst D. Gern
Münchner Jude – Emigration in die Schweiz
(Quelle: StAM JM 47 – Gern)

1 Die Auswanderung der Münchner Juden 1933–1941

Das Gedicht Dr. Ernst Gerns setzt einen leisen, aber eindrücklichen Kontrapunkt zu dem totalitären Charakter des nationalsozialistischen Regimes und dessen größtem Verbrechen, der Verfolgung und massenhaften Ermordung europäischer Juden. Statt die Unvermeidbarkeit des Holocaust zu betonen, unterstreicht Dr. Gern ausdrücklich die Unvermeidbarkeit von Entscheidungen in den Lebenswegen jedes Menschen. Zwar erkennt auch er den Einfluss vieler Faktoren auf den Lebensweg jeder Person an, insbesondere in Zeiten, in denen ein „hartes Schicksal waltet", doch stellt er diesen Gestaltungsfreiräume gegenüber, die selbst in schwierigen Situationen verbleiben. Diese Freiräume sieht er besonders darin, Entscheidungen zu treffen und die Geisteshaltung, die das eigene Leben prägt, zu gestalten.

Zum Zeitpunkt der Entstehung dieses Gedichts war die Lebenswelt der deutschen Juden bereits geprägt von den antisemitischen Verfolgungsmaßnahmen der nationalsozialistischen Regierung. Viele Juden wählten den Weg der Emigration: insgesamt etwa 270.000 bis 300.000 Personen.[1] Damit entschloss sich etwa jeder zweite Jude, seine Heimat zu verlassen, und setzte diesen Entschluss auch erfolgreich um. Die andere Hälfte der deutschen Juden verblieb im Reich. Diese Zurückgebliebenen fielen zu einem großen Teil den im Herbst 1941 einsetzenden Deportationen zum Opfer und starben in den nationalsozialistischen Konzentrations- und Vernichtungslagern. Ungeklärt bleibt zunächst, ob sie sich bewusst gegen eine Emigration entschieden hatten oder ob es die im Gedicht angesprochenen „vielen Dinge" waren, die die Umsetzung eines von ihnen getroffenen Emigrationsentschlusses verhindert hatten. In beiden Fällen, dem der Emigration und dem des Zurückbleibens, stellt sich somit die Frage, weshalb die Verfolgten zu Emigranten oder zu Zurückgebliebenen wurden. Welche Faktoren waren es, die die Entscheidung zur Emigration und deren erfolgreiche Durchführung beeinflussten? Daran anschließend ergibt sich zudem die Frage nach der Tragweite der einzelnen Faktoren. Inwieweit beschritten die deutschen Juden Wege, die ihnen durch den unabwendbaren Einfluss übermächtiger Faktoren bereits vorgezeichnet waren, und inwieweit verblieb eine Entscheidungshoheit über den eigenen Lebensweg bei den Betroffenen? Die vorliegende Arbeit widmet sich der Beantwortung dieser Fragen.

Den genannten Fragen wird am Beispiel der Münchner Juden nachgegangen. Einerseits liegen bisher für diese Stadt Untersuchungen zur Emigration der jüdi-

---

[1] Strauss, Herbert A.: Jewish Emigration from Germany. Nazi Policies and Jewish Responses (I). In: Leo Baeck Institute Yearbook 25, 1980, S. 313–361, hier S. 326, insbesondere Tabelle VII: Total number of émigrés. Vergleiche dazu die Ausführungen in *Kapitel 3.2.2*.

schen Bürger nur in veralteter oder stark verkürzter Form vor, weshalb es das zweite Ziel dieser Arbeit ist, die Geschichte der jüdischen Auswanderung aus der „Hauptstadt der Bewegung" neu zu schreiben. Andererseits bietet München das für die Frage nach den Einflussfaktoren auf die jüdischen Emigrationsprozesse während der NS-Zeit nötige Quellenmaterial in ausreichendem Umfang. So lassen sich in verschiedenen Archiven, darunter dem Stadtarchiv München, dem Leo Baeck Institute in New York sowie dem United States Holocaust Memorial Museum in Washington biographische Unterlagen von Münchner Juden in hinreichendem Umfang und Detailliertheit finden. Diese Sammlungen machen Emigrationswege aus München nachvollziehbar und berichten gleichzeitig über das Zurückbleiben von Familienmitgliedern der Emigranten. Für die vorliegende Arbeit wurden nach den Kriterien des Umfangs der Sammlungen, der Tiefe zeitgenössischer Egodokumente in den Sammlungen sowie nach soziodemographischen Kriterien vier Familien mit insgesamt 22 Mitgliedern ausgewählt, die als Fallbeispiele für die Lebenswege der Münchner Juden dienen.

Durch die engagierte Arbeit des Münchner Stadtarchivs ist seit Beginn der 1990er Jahre eine Datenbank[2] zur Erforschung der Münchner Juden während der NS-Zeit entstanden, welche deren Schicksale in hoher Detailliertheit abbildet. Diese Datenbank wuchs beständig und ist nach drei Jahrzehnten der Nachverfolgung aller bekannten jüdischen Münchner so vollumfänglich, wie es die Verfügbarkeit von Quellenmaterial zulässt. Der inhaltliche Umfang der Datenbank ermöglicht die Erstellung von Statistiken zur Emigration aus München.

Insofern bietet das Beispiel Münchens im Umfang, aber auch in der Art der Quellenmaterialien eine verlässliche Datenbasis für die Anwendung von quantitativen und qualitativen Untersuchungsmethoden zur Analyse von Einflussfaktoren auf die Emigration deutscher Juden aus dem nationalsozialistischen Reich. Die dadurch generierten multiperspektivischen Ergebnisse bilden die Emigration aus München sowohl in der Breite als auch in der Tiefe ab.

Die methodische Anwendung unterschiedlicher Analyseperspektiven basiert in der vorliegenden Arbeit auf einem aus der Soziologie stammenden und speziell in der Migrationsforschung eingesetzten Modell der Kombination quantitativer und qualitativer Untersuchungsmethoden. Während in der Soziologie jedoch die Datenbasis von Untersuchungen zumeist selbst generiert wird und Vollständigkeit ein wichtigstes Qualitätskriterium ist, muss in der Geschichtswissenschaft mit den unveränderbaren Rahmenbedingungen jeder Analyse historischer Fragestellungen gearbeitet werden: einem eingeschränkten Quellenkor-

---

2 Stadtarchiv München: Datenbank „Biographisches Gedenkbuch der Münchner Juden 1933–1945".

pus und Lücken in der Überlieferung. Das verwendete Modell des Mixed Method Designs wird in der vorliegenden Arbeit folglich insofern adaptiert, als nur dann eine Kombination aus statistischen und biographischen Untersuchungsperspektiven verwendet wird, wenn beide Quellenarten vorhanden sind. Aufgrund der Natur einiger Einflussfaktoren muss in einem Teil der Arbeit auf statistische Analysen verzichtet werden. Das Mixed Method Design, seine Vor- und Nachteile, die Anwendungsmöglichkeiten im vorliegenden Kontext sowie die verwendeten Quellen und der Forschungsstand werden in *Kapitel 2* ausführlich besprochen.

Inhaltlich fokussieren sich die folgenden Kapitel im Sinne der Beantwortung beider Fragestellungen auf die Emigration. Dabei sollen jedoch andere Migrationsbewegungen der Münchner Juden nicht außer Acht gelassen werden. Folglich werden in *Kapitel 3.2* neben der Emigration auch die sogenannte Binnenmigration innerhalb der Grenzen des Deutschen Reiches sowie zwei Arten der Rückwanderung auf ihre Relevanz für die Münchner Juden untersucht. Die statistisch ausgeprägteste der Migrationsbewegungen jedoch war die der Emigration, weshalb diese in einem weiteren Schritt genauer betrachtet wird.

Dabei ist für die inhaltliche Analyse von entscheidender Bedeutung, dass ein Emigrationsprozess aus zwei Phasen besteht: der Entscheidungs- sowie der Durchführungsphase.

In der Entscheidungsphase fiel der Entschluss für oder gegen eine Auswanderung. Jedoch war die Entscheidung für eine Auswanderung keineswegs immer derart selbstverständlich, wie die geschichtswissenschaftliche Forschung im Angesicht der Schrecken des Holocaust lange Zeit annahm.[3] Insbesondere in den ersten Jahren gab es gute Gründe dagegen, so die

> ökonomischen und administrativen Schwierigkeiten, die einer Ausreise im Wege standen, und ebenso die politischen Hindernisse, die den Juden [...] von potentiellen Aufnahmeländern in den Weg gelegt wurden. Der mit der Emigration fast immer zu erwartende Statusverlust und die für die Exilländer fehlende berufliche Qualifikation waren weitere Hindernisse. Das Selbstverständnis der hoch assimilierten deutschen Juden war ein gewichtiger, zunächst sogar der gewichtigste Grund, der gegen ihre Auswanderung sprach.[4]

Hinzu kam, dass der Entschluss gegen eine Auswanderung keineswegs so endgültig war, wie die in der bisherigen Forschung oft verwendete Dichotomie „Gehen

---

3 So auch Jünger, David: Jahre der Ungewissheit. Emigrationspläne deutscher Juden 1933–1938. Göttingen 2016 (Schriften des Simon-Dubnow-Instituts, 24), S. 21.
4 Benz, Wolfgang: Die jüdische Emigration. In: Krohn, Claus-Dieter, Zur Mühlen, Patrik von und Paul, Gerhard (Hg.): Handbuch der deutschsprachigen Emigration 1933–1945. Darmstadt 2008, S. 5–15, hier S. 6.

oder Bleiben"⁵ impliziert. Das Bleiben war vielmehr zumeist eine Verschiebung der Entscheidung zum Gehen, also das zeitweise Abwarten künftiger Entwicklungen:

> Jeden Abend sitzen wir nun bei uns oder bei Bekannten, besprechen die Lage, erörtern neue Gedanken, dieser und jener Plan wird erwogen, zwischen Wegfahren und Hierbleiben gehen lebhafte Diskussionen hin und her. Das Ergebnis ist jedes Mal dasselbe, nämlich dieses eine: abwarten.⁶

Die Entscheidung für einen Verbleib, entweder endgültig oder eher als Entscheidung zum weiteren Abwarten, muss bei Untersuchungen zur Emigration der deutschen Juden stärker als bisher als echte Alternative zur Emigration wahrgenommen werden.⁷ Den Entschluss zur Emigration als einzige sinnvolle Möglichkeit zu betrachten, birgt die Gefahr, sich Walter Laqueurs Vorwurf der „Ahistorizität"⁸ auszusetzen – schließlich war nicht bekannt, wohin die Verfolgungspolitik der Nationalsozialisten letztlich führen würde.

Nachdem der Entschluss zu gehen gefällt und damit die erste Phase des Emigrationsprozesses durchlaufen war, schloss sich eine oft langwierige und

---

5 So unter anderem Hauser, Dorothea: Zwischen Gehen und Bleiben. Das Sekretariat Warburg und sein Netzwerk des Vertrauens 1938–1941. In: Heim, Susanne, Meyer, Beate und Nicosia, Francis R. (Hg.): „Wer bleibt, opfert seine Jahre, vielleicht sein Leben". Deutsche Juden 1938–1941. Göttingen 2010, S. 115–133. Andere Beispiele sind Kwiet, Konrad: Gehen oder Bleiben? Die deutschen Juden am Wendepunkt. In: Pehle, Walter H. (Hg.): Der Judenpogrom 1938. Von der Reichskristallnacht zum Völkermord. Frankfurt am Main 1988, S. 132–145; Bartmann, Sylke: Flüchten oder Bleiben? Rekonstruktionen biographischer Verläufe und Ressourcen von Emigranten im Nationalsozialismus. Oldenburg 2006 Kaplan, Marion A.: Gehen oder Bleiben? In: Kugelmann, Cilly und Rossbach, Signe (Hg.): Heimat und Exil. Emigration der deutschen Juden nach 1933. Frankfurt am Main 2006, S. 31–40.

6 Dok. 26: Der Student Heinrich Marx erörtert am 5. April 1933 nach dem Boykott in Berlin die Frage „Bleiben oder gehen?". In: Aly, Götz (Hg.): Die Verfolgung und Ermordung der europäischen Juden durch das nationalsozialistische Deutschland, 1933–1945. Band 1: Deutsches Reich 1933–1937. München 2008a, S. 120.

7 Zwei wichtige Ausnahmen dieser Kritik an der bisherigen Forschung sind Jünger 2016, S. 13, der die Geschichte der jüdischen Emigration aus Deutschland als eine Geschichte des „Bleibens, Ausharrens und Abwartens" bezeichnet, und Adler, E. R.: Hrubieszow at the Crossroads: Polish Jews Navigate the German and Soviet Occupations. In: Holocaust and Genocide Studies 28, 2014 (1), S. 1–30. Der Artikel diskutiert Entscheidungsprozesse polnischer Juden, die sich in den Herbstmonaten 1939 im Grenzgebiet zwischen den beiden von der deutschen bzw. der russischen Armee kontrollierten polnischen Gebieten wiederfanden und sich für oder gegen die Flucht aus der deutschen Zone entscheiden mussten.

8 Laqueur, Walter: Was niemand wissen wollte. Die Unterdrückung der Nachrichten über Hitlers „Endlösung". Frankfurt am Main 1982 (Ullstein-Buch Zeitgeschichte, 33027), S. 15.

vielschrittige Durchführungsphase an. Diese komplexen Planungs-, Organisations- und Realisierungsprozesse bereiteten den jüdischen Emigranten aus dem nationalsozialistischen Reich oftmals besondere Schwierigkeiten, da die Emigrationsbemühungen nicht nur von einer sich permanent verschärfenden Verfolgungssituation in München, sondern auch von stetigen Veränderungen der oft strengen Immigrationsrichtlinien in möglichen Zielländern beeinflusst wurden. Vielfach scheiterten Emigrationen in der Durchführungsphase an diesen externen Rahmenbedingungen. Die Gründe ihres Misslingens zu erkennen, ermöglicht bedeutende Einsichten in die Einflussfaktoren auf die jüdische Emigration aus dem Reich, weshalb gescheiterte Emigrationen ebenso in die Analyse mit einbezogen werden müssen wie die erfolgreich verlaufenen Auswanderungen.

Zwar durchlief jeder Münchner Emigrant die beiden Phasen der Entscheidung und Durchführung einer Auswanderung, jedoch unterschieden sich die Erfahrungen der einzelnen Emigranten in hohem Maße. Diese Verschiedenheit ist zurückzuführen auf den Einfluss des Zeitpunktes, zu dem einzelne Schritte des Emigrationsprozesses unternommen wurden, sowie auf die zu diesem Zeitpunkt herrschenden Rahmenbedingungen im Deutschen Reich sowie in den Immigrationsländern. Während sich die Bedrohungslage, der sich die Münchner Juden aufgrund der antisemitischen Verfolgungsmaßnahmen ausgesetzt sahen, mit der Zeit zunehmend verschärfte, änderten sich die Zulassungsregularien, die Immigrationsbedingungen und der Aufnahmewille verschiedener Zielländer zu unterschiedlichen Zeitpunkten. Insofern kann eine Analyse der Emigration einzelner Personen nur vor dem Hintergrund einer Darstellung der zeitgenössischen Rahmenbedingungen vorgenommen werden. *Kapitel 4* dient dieser Analyse, wobei ein spezifischer Fokus auf die lokale Ausprägung der Verfolgungssituation sowie auf besondere Merkmale der Auswanderung aus der Stadt gelegt wird.

Kapitel 5 betrachtet die Einflussfaktoren auf die Entscheidungs- und Durchführungsprozesse der jüdischen Emigration. Diese bereits mehrmals erwähnten Einflussfaktoren wurden in einem ersten, konzeptuellen Schritt anhand der Ergebnisse der Durchsicht relevanter Quellenmaterialien identifiziert. Dabei erfolgte ein Zusammenspiel quantitativer und qualitativer Untersuchungsschritte. Einerseits gaben biographische Untersuchungen detaillierte und möglichst vollständige Einblicke in alle Phasen der Emigrationsprozesse einzelner Auswanderer sowie in die Lebenswege von Zurückgebliebenen, wodurch sich Einflüsse auf die Auswanderung und das Zurückbleiben identifizieren ließen. Andererseits ermöglichten es statistische Untersuchungen der klar definierten Stichprobe der Datenbank des Münchner Stadtarchivs, die Bedeutung des quantifizierbaren Teils dieser Faktoren für das Gelingen von Emigrationsprozessen zu erfassen. Die Ergebnisse dieser statistischen Analyse wurden wiederum mit den Erkenntnissen aus den biographischen Quellenmaterialien verglichen, gedeutet und vertieft.

Letztlich konnten anhand biographischer und statistischer Untersuchungen zwölf Faktoren identifiziert werden, welche sich jeweils einer von drei Klassifikationsgruppen zuordnen lassen:

Sechs der identifizierten Einflüsse auf die Emigrationsprozesse der Münchner Juden sind kollektive Faktoren, die in *Kapitel 5.1* untersucht werden. Sie definieren sich dadurch, dass sie das Gesamtsample jeweils in kleinere Gruppen teilen, statistisch messbar und nicht oder nicht ohne weiteres veränderbar sind. Diese kollektiven Einflussfaktoren umfassen Alter, Geschlecht, Familienstand, Staatsangehörigkeit, Religion und den beruflichen Hintergrund der Emigranten. Drei weitere Einflussfaktoren, die finanzielle Situation, das persönliche Netzwerk sowie die Reisewege sind interindividuelle Faktoren (*Kapitel 5.2*). Sie veranschaulichen die Bedeutung von Interaktionen von Einzelpersonen untereinander sowie mit Hilfsorganisationen für Emigrationsentscheidung und -durchführung. Statistisch lassen sie sich nicht erfassen. Die in *Kapitel 5.3* analysierten Einflussfaktoren sind individuell: Sie betreffen jeden einzelnen Emigranten für sich. Diese Einflussfaktoren kennzeichnet ihre Einzigartigkeit; folglich sind sie nicht statistisch erfassbar, sondern von Fall zu Fall unterschiedlich ausgeprägt und im Laufe der Zeit möglicherweise Veränderungen ausgesetzt. Diese Einflussfaktoren sind die mentale Konstitution, die Sprachkenntnisse sowie die individuelle Verfolgungssituation einer Person.

Anhand der Betrachtung der Zeitumstände, vor deren Hintergrund sich die Emigration aus München vollzog, sowie durch die Analyse der kollektiven, interindividuellen und individuellen Einflussfaktoren entstehen in der Folge Einblicke in die Gruppenmerkmale, die Emigranten und Zurückgebliebene kennzeichneten. Damit schließt sich der Kreis nicht nur zum eingangs zitierten Gedicht Dr. Gerns, sondern auch zu den Anfängen der Holocaustforschung. Raul Hilberg, der selbst als Kind mit seinen Eltern in die USA emigrierte und später zu einem der ersten und wichtigsten Holocaustforscher überhaupt wurde, betonte: „Die Überlebenden insgesamt sind keine Zufallsstichprobe aus der jüdischen Gemeinschaft, die vernichtet wurde".[9] Inwieweit diese These sich am Beispiel der Emigration aus München bewahrheiten wird und welche Merkmale die Überlebenden im Vergleich zu den Zurückgebliebenen kennzeichneten, zeigen die folgenden Ausführungen.

Schließlich noch einige kurze Anmerkungen zu den in der Arbeit verwendeten Begrifflichkeiten. Bei der Beschäftigung mit der Auswanderung der Juden aus NS-Deutschland kommt schnell die Frage nach der Terminologie dieser Migrati-

---

[9] Hilberg, Raul: Die Quellen des Holocaust: Entschlüsseln und Interpretieren. 2. Auflage. Frankfurt am Main 2003, S. 54.

onsbewegung auf. Die Diskussion, ob es sich bei den in andere Länder ziehenden deutschen Juden um Auswanderer oder Flüchtlinge handelte, ist so alt wie die Sache selbst. Die Begrifflichkeiten blieben jedoch lange Zeit undefiniert und teils widersprüchlich, da sie oft im Sinne ihres Verwendungskontextes instrumentalisiert wurden. Im Rahmen der berühmt gewordenen Evian-Konferenz wurde so beispielsweise von „involuntary emigrants"[10] gesprochen, um auf politische Befindlichkeiten der Zielländer Rücksicht zu nehmen. Nationalsozialistische Institutionen hingegen äußerten ihre Sorge vor *fluchtartiger Auswanderung*,[11] um zu verdeutlichen, dass die Austreibung unter geordneten Umständen vor sich zu gehen habe. Die jüdischen Betroffenen wiederum kämpften mit den Zuschreibungen, die die Begriffe mit sich brachten: 1943 widersprach Hannah Arendt in ihrem Essay „We Refugees"[12] der Bezeichnung *Flüchtlinge* und versuchte, durch den Begriff *Einwanderer* den Fokus weg von Konnotationen von Armut und dem Abbruch von Lebenslinien hin zu einem neuen Beginn zu lenken.

Auch unter Historikern waren und sind die Begrifflichkeiten umstritten. Viele plädierten für die Verwendung des Begriffs *Auswanderung*,[13] da er die organisatorischen Prozesse, die jüdische Deutsche beim Verlassen des Deutschen Reichs durchliefen, besser abbildet und in der zeitgenössischen Diskussion verwendet wurde, die bis in die 1940er Jahre hinein von *Wanderung* spricht.[14] Andererseits

---

10 Heim, Susanne: „Deutschland muß ihnen ein Land ohne Zukunft sein". Die Zwangsemigration der Juden 1933 bis 1938. In: Jungfer, Eberhard, Heim, Susanne, Meyer, Ahlrich und Kahrs, Horst (Hg.): Arbeitsmigration und Flucht. Vertreibung und Arbeitskräfteregulierung im Zwischenkriegseuropa. Oldenburg 1993 (Beiträge zur nationalsozialistischen Gesundheits- und Sozialpolitik, 11), S. 48–81, hier S. 62.
11 Geheime Staatspolizei, Staatspolizeileitstelle Hildesheim an div. Empfänger, div. Orte. Schreiben vom 11.5.1938. IfZ MA 172.
12 Abgedruckt in Arendt, Hannah: The Jewish Writings. New York 2007, S. 264–274. Die sehr lesenswerte Abhandlung bringt die Gefühls- und Lebenswelten der Neuankömmlinge zum Ausdruck, die sich mit dem ihnen durch die Bezeichnung „Refugee" aufgedrückten Stempel auseinandersetzen müssen.
13 So in wichtigen Werken zur jüdischen Emigration, beispielsweise, wie bereits zitiert, Strauss 1980 oder Aly 2008a.
14 So etwa in Cohn, Heinz; Gottfeld, Erich: Auswanderungsvorschriften für Juden in Deutschland. Berlin 1938, S. 15. Sie betonen die Gefahr einer übereilten und die Wichtigkeit einer planvollen Auswanderung, vor allem in Hinblick auf berufliche und sprachliche Vorbereitung auf das Zielland. Zur Verwendung des Begriffs Wanderung unter anderem diverse Artikel im Jüdischen Nachrichtenblatt: Von der USA-Wanderung. In: Jüdisches Nachrichtenblatt 1938, 2.12.1938 (3), S. 1. Ab Dezember 1938 entstand die Rubrik „Die Jüdische Wanderung", die jeweils einseitig eine Übersicht über aktuelle Informationen zum Thema gab: Die Jüdische Wanderung. In: Jüdisches Nachrichtenblatt 1938, 9.12.1938 (5), S. 1). Die Rubrik wurde zwar im Juli 1939 wieder eingestellt, dennoch beschäftigten sich weiterhin in jeder Ausgabe Artikel mit der Thematik, u. a.: Chan-

führt dieser Begriff zu einer Verharmlosung der Zeitumstände, verließen doch die deutschen Juden ihr Heimatland unter Zwang, standen also mindestens unter dem Druck einer *forcierten Emigration*.[15] Andere Historiker bevorzugten daher, zumindest für die Zeiträume im Frühjahr 1933 sowie ab November 1938,[16] den Begriff *Flucht*. Dieser beschreibt die zwanghafte, lebensbedrohliche Situation besser, in der Juden den Verfolgungsmaßnahmen zu entkommen versuchten,[17] und verharmlost die zeitgenössische Situation nicht. Meist jedoch werden die Begriffe synonym verwendet, entweder ohne bewusst formulierte Differenzierung wie bei Deborah Dwork,[18] in gezielter Vermischung wie durch Hagit Lavsky, die von einer „refugee emigration"[19] spricht, oder konkret unterscheidend wie von Doron Niederland.[20] David Jünger, von dem eine der jüngsten wichtigen Untersuchungen zur jüdischen Emigration aus NS-Deutschland stammt, problematisiert hingegen beide Begriffe als externale Begründungen, die die Hauptgründe für eine zögerliche jüdische Emigration aus NS-Deutschland äußeren Faktoren zuschreiben und dabei die internalen Entscheidungsprozesse deutscher Juden unbeachtet lassen.[21]

---

cen der Übersee-Wanderung. In: Jüdisches Nachrichtenblatt 1940, 21.1.1940 (16), S. 1 oder Der jüdische Wanderer: Vorbereitung für die Auswanderung. In: Jüdisches Nachrichtenblatt 1940, 30.8.1940 (70), o. S.
15 So beispielsweise Wildt, Michael (Hg.): Die Judenpolitik des SD 1935 bis 1938. Eine Dokumentation. München 1995 (Schriftenreihe der Vierteljahrshefte für Zeitgeschichte, 71), S. 15 und S. 32–35. Ähnlich Meyer, Beate: Tödliche Gratwanderung. Die Reichsvereinigung der Juden in Deutschland zwischen Hoffnung, Zwang, Selbstbehauptung und Verstrickung (1939–1945). Göttingen 2011 (Hamburger Beiträge zur Geschichte der deutschen Juden, 38), S. 47.
16 So beispielsweise Jünger 2016, S. 20, der prinzipiell die Begriffe Emigration und Auswanderung verwendet, für den Zeitraum ab dem Novemberpogrom jedoch von einer „Notwendigkeit zur Flucht" spricht.
17 Zu ihnen gehören unter anderem Wetzel, Juliane: Auswanderung aus Deutschland. In: Benz, Wolfgang und Dahm, Volker (Hg.): Die Juden in Deutschland, 1933–1945. Leben unter nationalsozialistischer Herrschaft. München 1993, S. 413–498 und Schäbitz, Michael: Flucht und Vertreibung der deutschen Juden 1933–1941. In: Meyer, Beate und Simon, Hermann (Hg.): Juden in Berlin 1938–1945. Begleitband zur gleichnamigen Ausstellung in der Stiftung „Neue Synagoge Berlin – Centrum Judaicum" Mai bis August 2000. Berlin 2000, S. 51–76.
18 Dwork, Debórah: Flight from the Reich. Refugee Jews, 1933–1946. New York u. a. 2009. Außerdem die Veröffentlichungen von Wolfgang Benz, u. a.: Benz, Wolfgang (Hg.): Das Exil der kleinen Leute. Alltagserfahrungen deutscher Juden in der Emigration. München 1991 und Benz, Wolfgang: Flucht aus Deutschland. Zum Exil im 20. Jahrhundert. München 2001.
19 Lavsky, Hagit: The creation of the German-Jewish diaspora. Interwar German-Jewish immigration to Palestine, the USA, and England. Berlin, Boston 2017, S. 63.
20 Niederland, Doron: Yehude Germania – mehagrim o plitim? Iyyun be-defuse ha-hagira beyn ste milhamot ha-olam. Jerusalem 1996. Er spricht von incentivierter oder semi-forcierter Migration zu Beginn und forcierter Migration zu Ende des Auswanderungszeitraums 1933–1941.
21 Jünger 2016, S. 18.

In der Diskussion um eine deskriptiv passende Begrifflichkeit fehlt jedoch durchweg die Benennung einer entscheidenden historischen Tatsache: Erst mit der Genfer Flüchtlingskonvention von 1951, also ein Jahrzehnt nach dem Ende der jüdischen Flüchtlingswelle aus dem Deutschen Reich, wurde der Begriff eines Flüchtlings im modernen Sinne überhaupt definiert.[22] Für die Zeit zuvor, spezifisch die 1920er und 1930er Jahre, spricht die Migrationsforscherin Katy Long von einem „blurring of refugee and migrant identities".[23] Zwar existierten beide Begriffe auch in dieser Phase und die Gründe des Verlassens ihres Heimatlandes bei Flüchtlingen (politische Unerwünschtheit und Ausgeschlossenheit) und Emigranten (sozioökonomische Gründe)[24] wurden durchaus unterschieden. Ungeachtet dessen jedoch behandelten potenzielle Zielländer beide Personengruppen wie Immigranten: Bei Aufnahmeentscheidungen standen ökonomische Überlegungen über humanitären Gedanken. Ein „Recht auf Asyl", wie es heutige europäische Staaten kennen, existierte nicht. Diese Überlappung der Definitionen war zu Beginn der 1920er Jahre durchaus gewollt, weil Flüchtlinge durch eine Umdeklarierung zu Emigranten, wie dies beispielsweise der lange Zeit erfolgreich Nansen-Pass ermöglichte, gezielter unterstützt werden konnten. Mit der Zuspitzung der ökonomischen Krise gegen Ende der 1920er Jahre jedoch wandelte sich der Segen der Vermischung beider Kategorien ins Gegenteil. In einer Welt, deren Länder ihre Grenzen aufgrund nationaler ökonomischer Krisen schlossen, waren nun nicht nur Emigranten, sondern auch Flüchtlinge von der Aufnahme in neuen Zielländern ausgeschlossen. In Longs Worten: „Treating refugees as migrants in the 1920s and 1930s failed to ensure their protection from persecution (...) The 1930s provides ample evidence of the catastrophic consequences."[25]

Wie die nachfolgenden biographischen Untersuchungen zeigen werden, ist eine trennscharfe Zuordnung von Migrationsbewegungen zu einem der beiden Begriffe selbst in Einzelfällen unmöglich. Daher wird in der Folge jeweils die Begrifflichkeit verwendet, die der beschriebenen momentanen Situation am nächsten zu kommen scheint, welche in jedem Einzelfall auf einem Spektrum zwischen *incentivierter* oder *(semi-)forcierter Emigration, fluchtartiger Auswanderung* und *Flucht* liegt. Die terminologische Unsicherheit manifestiert so die Unsicherheit der zeitgenössischen Situation. In Anerkennung dieser Begriffsüberlap-

---

22 Artikel 1: Definition des Begriffs „Flüchtling". In: UNHCR: Abkommen über die Rechtsstellung der Flüchtlinge vom 28. Juli 1951. Online verfügbar unter www.unhcr.org/dach/wp-content/uploads/sites/27/2017/03/GFK_Pocket_2015_RZ_final_ansicht.pdf. Zuletzt eingesehen am 1.3.2020.
23 Long, K.: When refugees stopped being migrants. Movement, labour and humanitarian protection. In: Migration Studies 1, 2013 (1), S. 4–16, hier S. 13.
24 Long 2013, S. 6.
25 Long 2013, S. 4 und 21.

pungen und der Vermischung der Kategorien von Emigranten und Flüchtlingen folgt die vorliegende Arbeit somit der Ansicht Klaus Bades: „Zwischen ‚freiwilligen' und ‚unfreiwilligen' Migrationen liegt die eigentliche historische Wirklichkeit des Wanderungsgeschehens mit vielerlei Übergangsformen."[26]

Im Folgenden werden nationalsozialistische Begriffe, die die Lebenswelt der Münchner Juden prägten, verwendet, da diese zur Abbildung der zeitgenössischen Verfolgungssituation unumgänglich sind. Jeder Begriff wird durch die Setzung von „..." klar gekennzeichnet. Es versteht sich von selbst, dass diese Begriffe nicht der Auffassung der Verfasserin entsprechen.

Pluralwörter werden in männlicher Form verwendet, auch wenn alle Betroffenen beiderlei Geschlechts in die jeweiligen Ausführungen mit einbezogen werden. Ebenso verwendet die vorliegende Arbeit das generische Maskulinum. Dies dient der einfacheren Lesbarkeit. Einzig in *Kapitel 5.1.2* wird klar zwischen den Geschlechtern unterschieden, um die Abgrenzung zwischen dem Erleben weiblicher und männlicher Verfolgter deutlich zu machen.

---

26 Bade, Klaus J.: Historische Migrationsforschung. In: Bade, Klaus J., Bommes, Michael und Oltmer, Jochen (Hg.): Sozialhistorische Migrationsforschung. Göttingen 2004 (Studien zur historischen Migrationsforschung, 13), S. 27–48, hier S. 23.

2 Ein methodischer Blick auf die Münchner Emigration

2.1 Quantitative und qualitative Methoden in der Kombination

Die Auswanderung der Münchner Juden war, trotz der Einzigartigkeit ihrer Umstände, in gewisser Weise eine historische Migrationsbewegung wie viele andere. Es ist daher sinnvoll, neben geschichtswissenschaftlichen Betrachtungen auch Methoden und Ergebnisse des in den Sozialwissenschaften angesiedelten, interdisziplinären Themenfeldes Migrationsforschung zu beachten, zumal dieses wertvolle Anregungen zum Umgang mit migrationsspezifischen Fragestellungen liefert.

Die Verwendung soziologischer Methoden zur Erforschung historischer Phänomene ist nicht neu. Speziell in den Holocaust Studies hat sie eine gewisse Tradition[1] – so beispielsweise bei Raul Hilberg, der sich sozialer Theorien bediente, um die Ungeheuerlichkeit des Holocaust zu durchdringen. Zur Beantwortung der Frage nach den Emigrationsprozessen der Münchner Juden wurden aus den klassischen Methoden soziologischer Migrationsforschung die sogenannten Mikro- und Makroansätze[2] ausgewählt. Die Anwendung unterschiedlicher Analysemethoden, speziell qualitativer und quantitativer Art, auf eine einzelne Fragestellung ermöglicht multiperspektivische Einblicke in den Forschungsgegenstand. Makroansätze, also quantifizierende Betrachtungen ganzer Migrantensamples, erklären dabei Migrationsbewegungen in ihrer Gesamtheit. Angewandt auf historische Migrationen liefern sie so ein statistisches Abbild der Ausprägung einer Migrationsbewegung in absoluten und relativen Zahlen. Allerdings erklären sie die dahinterstehenden Mechanismen nicht, die diese Ergebnisse erst zustande kommen lassen.[3] Makroansätze fanden bereits vor Jahrzehnten Eingang in die Geschichtswissenschaften. Während der 1970er Jahre konstatierte Jürgen Kocka eine „Tendenz zur analytischen Geschichtswissenschaft, [die] in Ergänzung zur Deskription oder

---

[1] Dazu ausführlicher Dreyfus, Jean-Marc; Langton, Daniel R.: Writing the Holocaust. London 2011, S. 42. Zur generellen Bedeutung soziologischer Methoden in der Geschichtswissenschaft, speziell in der deutschen Tradition, sei auf Bourdieu, Pierre; Lutz, Raphael: Über die Beziehungen zwischen Geschichte und Soziologie in Frankreich und Deutschland. In: Bourdieu, Pierre, Ohnacker, Elke und Schlutheis, Franz (Hg.): Schwierige Interdisziplinarität. Zum Verhältnis von Soziologie und Geschichtswissenschaft. Münster 2004, S. 98–125, verwiesen.
[2] Übersicht bei Haug, Sonja: Klassische und neuere Theorien der Migration. Mannheim 2000 (Arbeitspapiere – Mannheimer Zentrum für Europäische Sozialforschung, 30). Die Übersicht ist online einsehbar unter http://www.forschungsnetzwerk.at/downloadpub/Theorien_der_Migration_haug_2000.pdf. Zuletzt eingesehen am 1.3.2020.
[3] Haug 2000, S. 13.

Erzählung"⁴ hermeneutischer Methoden immer größere Bedeutung erlangte. Diese analytische Geschichtswissenschaft basiert auf Quantifizierungsvorgängen, welche Kocka definierte als

> die systematische Bearbeitung numerisch zusammenfaßbarer und insofern in größerer Zahl ähnlich oder gleich auftretender Quelleninformationen (oder Daten) mit Hilfe vielfältiger arithmetischer und statistischer Methoden zum Zweck der Beschreibung und Analyse historischer Wirklichkeit.⁵

Auf Basis von Quantifizierungen ließen sich das Typische einer historischen Entwicklung sowie Abweichungen von der Norm identifizieren, wodurch Generalisierungen gestützt, eingeschränkt oder hinterfragt werden könnten. Quantifizierung bietet mithin neue Möglichkeiten, historische Fragestellungen zu beantworten. Sie zeigt an, welche statistische Ausprägung eine historische Entwicklung letztlich annahm, welche Trends und Besonderheiten sie prägten. Gleichzeitig erlaubt die datenzentrierte Quellenbasis einen Vergleich mit ähnlichen Situationen, unabhängig davon, ob diese historisch oder aktuell sind.⁶ Kocka selbst stand der zunehmenden Quantifizierung dennoch kritisch gegenüber, da die ihr inhärente Verallgemeinerung von Ergebnissen die Komplexität und Multidimensionalität historischer Wirklichkeit überdecke. Er betrachtete hermeneutisches Sinnverstehen und Interpretation weiterhin als „unabdingbar und zentral".⁷ Folglich plädierte er für eine Kombination von makro- und mikrohistorischen Methoden in der Geschichtswissenschaft, ein Vorgehen, das in der soziologischen Migrationswissenschaft bereits üblich war.

Während Makroansätze eine quantifizierende und verallgemeinernde Richtung einschlagen, mithin die Summe aller individuellen Emigrationsentscheidungen betrachten, nehmen Mikroansätze das Individuum in den Blick. Sie liefern Einzelergebnisse. Durch die Analyse individuellen Verhaltens und soziodemographischer Merkmale erlauben mikrohistorische Untersuchungen die Identifizierung einzelner Einflussfaktoren für Migrationsbewegungen.⁸ Die Ergebnisse der Unter-

---

4 Kocka, Jürgen: Quantifizierung in der Geschichtswissenschaft. In: Best, Heinrich und Mann, Reinhard (Hg.): Quantitative Methoden in der historisch-sozialwissenschaftlichen Forschung. Stuttgart 1977 (Historisch-sozialwissenschaftliche Forschungen, 3), S. 4–10, hier S. 6.
5 Kocka 1977, S. 4.
6 Baur, Nina; Kelle, Udo; Kuckartz, Udo: Mixed Methods – Stand der Debatte und aktuelle Problemlagen. In: *Kölner Zeitschrift für Soziologie und Sozialpsychologie (KZfSS)* 69, 2017 (S2), S. 1–37, hier S. 7–11.
7 Kocka 1977, S. 8.
8 Gold, Steven J.: Migrant Networks: A Summary and Critique of Relational Approaches to In-

suchung einer Person jedoch sind nicht pauschal auf alle anderen Teilnehmer einer Migrationsbewegung anzuwenden. Erst im Abgleich mit den Resultaten der Makrountersuchung lässt sich beurteilen, ob die Erfahrungen eines Individuums „typisch" für das Erleben einer Gruppe von Schicksalsgenossen sind. Nur so kann eine Einordnung persönlicher Erfahrungen erfolgen.[9] Makroergebnisse wiederum sind einzig in der Anreicherung mit Mikroergebnissen von Bedeutung: Hinweise auf das „Warum" und „Wie", die hinter den Statistiken der quantitativen Analysen stecken, finden sich nur durch die Analyse individueller Kausalitäten.

Diese Ausführungen zeigen, dass beide Ansätze zur Erforschung von (historischen) Migrationsphänomenen strukturelle Vor- und Nachteile aufweisen. Zum Ausgleich der Schwächen der jeweiligen Methode und zur wechselseitigen Erläuterung der Einzelergebnisse scheint daher die Kombination beider Methoden angemessen: „By examining individual and group choices within comparative, historical frameworks, we can perhaps move toward a ‚post-structural structuralism'."[10]

Seit dem verstärkten Aufkommen von Netzwerktheorien während der 1990er Jahre stehen die Mikro- und Makroansätze in der Kritik, den Einfluss von Netzwerken auf Migrationsprozesse zu vernachlässigen.[11] In der Soziologie setzte sich folglich die Forderung durch, eine Mesoebene in Analysen einzuziehen. Diese solle intermediäre bzw. relationale Einheiten wie Netzwerke, Familien und Haushalte betrachten.[12] Letztlich lasse sich das komplexe Phänomen „Migration" nur durch eine verknüpfte Analyse von Makroebene (Gruppendynamiken und Trends), Mesoebene (Relationen von Individuen zueinander) und Mikroebene (Individuum) verständlich erklären. Das Einbeziehen von Netzwerken wird seit der Jahrtausendwende zunehmend auch in der historischen Migrationsforschung

---

ternational Migration. In: Romero, Mary und Margolis, Eric (Hg.): The Blackwell companion to social inequalities. Malden Mass. u. a. 2005, S. 257–185, hier S. 258.
9 Ohler, Norbert; Schäfer, Hermann: Quantitative Methoden für Historiker. Eine Einführung. München 1980, S. 9.
10 Green, Nancy L.: The Comparative Method and Poststructural Structuralism. New Perspectives for Migration Studies. In: Lucassen, Jan (Hg.): Migration, migration history, history. Old paradigms and new perspectives. Bern u. a. 1997 (International and comparative social history, 4), S. 57–72, hier S. 71f.
11 Eine Übersicht dazu, die auch die Entwicklung der 1990er Jahre umfasst, findet sich bei Haug 2000, S. 19f. Ähnlich Massey, Douglas; Arango, Joaquin; u. a.: Theories of International Migration: A Review and Appraisal. In: *Population and Development Review* 19, 1993 (3), S. 431–466.
12 Herausragende Vertreter dieser These sind unter anderem Charles Tilly: Tilly, Charles: Transplanted Networks. In: Yans-McLaughlin, Virginia (Hg.): Immigration reconsidered. History, sociology, and politics. New York 1990, S. 79–94, und Douglas Massey wie in Fußnote 38 und in Massey, Douglas S.; Espana, Felipe García: The Social Process of International Migration. In: *Science* 237, 1987 (4816), S. 733–738.

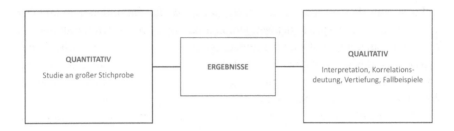

Abb. 1: Vertiefungsmodell nach Mayring

diskutiert, scheitert aber an den meist lückenhaften Quellenlagen, die eine Nachzeichnung vollständiger Netzwerke nicht zulassen.

Die vorliegende Arbeit folgt dieser soziologischen Methodendiskussion insofern, als eine Kombination von Makro- und Mikroperspektiven auf methodischer Ebene angestrebt wird, wo immer diese möglich ist. Diese Möglichkeit bieten die oben genannten kollektiven Faktoren: Alter, Geschlecht, Familienstand, Staatsangehörigkeit, Religion und beruflicher Hintergrund. Sie lassen sich sowohl quantitativ-statistisch als auch qualitativ-biographisch untersuchen. Die Verknüpfung beider Perspektiven bezeichnen die Sozialwissenschaften als Mixed Methods Design.[13] Das Vertiefungsmodell nach Mayring[14] gibt die konkrete Vorgehensweise während der Analyse jedes einzelnen kollektiven Faktors dieser Arbeit vor: Nach Abfragen der quantitativen Ausprägung eines Merkmals im Sample der Münchner Juden werden die statistischen Ergebnisse anhand der qualitativen Quellen überprüft. Diese Vorgehensweise erklärt und vertieft die quantitativen Ergebnisse. Außerdem treten so Unstimmigkeiten zwischen den Aussagen beider Quellenarten zutage.

Zentral für das Erreichen valider Ergebnisse ist nach dem Vertiefungsmodell nach Mayring (siehe Abb. 1), dass die für die qualitative Untersuchung ausgewählten Individuen ein Teil des quantitativen Samples sind. Nur so ist gesichert, dass die Ergebnisse des qualitativen Teils die vorherigen quantitativen Ergebnisse erklären und vertiefen. Der Analyseansatz der vorliegenden Arbeit stellt sicher, dass dieser Forderung entsprochen wird, indem vier Münchner Familien ausgewählt wurden, die in der Datenbank des Münchner Stadtarchivs verzeichnet sind. Dieses Vorgehen unterscheidet zusammen mit der Tiefe der biographi-

---

[13] Der Aufsatz Baur et al. 2017 bietet einen hervorragenden Überblick über die Theorie des Mixed Method Designs und seine Geschichte.
[14] Mayring, Philipp: Kombination und Integration qualitativer und quantitativer Analyse. In: *Forum Qualitative Sozialforschung/Forum: Qualitative Social Research* 2, 2001 (1), Art. 6.

schen Untersuchungen aller ausgewählten Familien die vorliegende Studie von thematisch ähnlichen Arbeiten, die ebenfalls Statistik und Individualbiographik als Untersuchungsmethodiken verwenden, dabei aber wegen der schwierigen Quellenbasis auf unzusammenhängende Statistiken und Biographien zurückgreifen müssen.[15] In dieser Arbeit erhöht das methodische Vorgehen die Validität der Ergebnisse: Durch die Auswahl von vier Familien anstatt einzelner Emigranten wurde ein stärkerer Objektivierungsgrad gewährleistet. Anstatt nur die Emigrationsentscheidungen und Lebenswege gezielt ausgewählter Einzelfälle zu behandeln, werden in der Folge die Emigrationsprozesse aller Familienmitglieder untersucht. So sind nicht nur Emigranten, sondern auch Zurückgebliebene in den Blick genommen.[16] Gescheiterte Emigrationen können analysiert werden, wo sonst oft auf erfolgreich verlaufene Emigrationsversuche fokussiert wurde. Hinzu kommt, dass die Auswahl der Familien basierend auf Überlegungen zur möglichst breiten soziologischen Streuung der untersuchten Fallbeispiele getroffen wurde. So können Unterschiede, die in den unterschiedlichen Lebensweisen und Hintergründen der Familien liegen, identifiziert werden. Gleichzeitig ermöglicht es der Vergleich von Familienmitgliedern untereinander, den Grad der Ähnlichkeit oder Unterschiedlichkeit ihrer Emigrationserfahrungen zu erkennen. So können Korrelationen einzelner Faktoren besser differenziert und gedeutet werden. Wann immer möglich, nämlich im Zusammenhang mit den kollektiven Faktoren, wird im Folgenden also eine Kombination aus quantitativer und qualitativer Analyseperspektive angewandt. Die interindividuellen ebenso wie die individuellen Faktoren bieten die Möglichkeit eines Mixed-Method-Designs hingegen nicht, da sie aufgrund der fehlenden Erfassung der Basisdaten statistisch nicht abgebildet werden können. Sie werden daher nur qualitativ untersucht.

Die drei interindividuellen Faktoren finanzielle Situation, persönliches Netzwerk sowie Reisewege sind Netzwerkfaktoren. Sie kennzeichnet die wechselseitige Zusammenarbeit von Familien- und Bekanntenkreisen, oftmals mit Unterstützung jüdischer Organisationen. Diese Zusammenarbeit bildet sich in der Kommunikation untereinander ab, so dass zumindest Teilbereiche vorhandener Netzwerke nachvollziehbar sind, ohne dass eine Vollständigkeit der Analyse nötig wäre. So kann die Problematik umgangen werden, dass eine vollständige Netzwerkanalyse im soziologischen Sinne zwangsläufig an der Unvollständigkeit

---

15 So beispielsweise bei Lavsky 2017 oder Sauer, Paul: Die Schicksale der jüdischen Bürger Baden-Württembergs während der nationalsozialistischen Verfolgungszeit 1933–1945. Stuttgart 1968.
16 Dies geschah in Arbeiten zur jüdischen Emigration bisher selten. Eine Ausnahme ist Gestrich, Andreas und Krauss, Marita (Hg.): Zurückbleiben. Der vernachlässigte Teil der Migrationsgeschichte. Stuttgart 2006 (Geschichte, 6).

der historischen Quellenbasis scheitern muss. Stattdessen werden die Netzwerke so weit in den Blick genommen, wie sie sich aufgrund der vorhandenen Quellen abbilden lassen. Die Netzwerkfaktoren bilden die Mesoebene der Analyse.

Drei weitere individuelle Faktoren – mentale Konstitution, Sprachkenntnisse und die individuelle Verfolgungssituation – sind Einzelfaktoren, die die Mikroebene der Analyse bilden. Sie betreffen nur das Individuum an sich und sind selbst innerhalb der Familien stark unterschiedlich ausgeprägt. Diese Faktoren werden daher jeweils einzeln betrachtet. Eine Ausnahme bildet der Faktor der mentalen Konstitution: Für die Familie Schwager wird der Versuch unternommen, eine Identifizierung und Bewertung der in der Familienkorrespondenz vorkommenden Emotionen im Zeitverlauf vorzunehmen und so den Objektivitätsgrad der Analyse zu erhöhen. Dies geschieht mit Hilfe der Methode Text Mining. Prinzipiell jedoch stützt sich die Untersuchung der Einzelfaktoren rein auf hermeneutische Analytik der existierenden Quellen.

Die bisherigen Ausführungen haben einen Schwerpunkt auf theoretische Aussagen gelegt. Gerade im spezifischen Kontext der so unvorstellbaren Geschehnisse des Holocaust hat die Verknüpfung quantitativer und qualitativer Untersuchungsweisen jedoch nicht nur eine theoretische Berechtigung, sondern auch eine wichtige Funktion. Während Statistiken ein Mittel der antisemitischen Verfolgung waren[17] und somit gleichzeitig zur Nachverfolgung der Konsequenzen dieser Politik nützlich sind, dienen die qualitativen Untersuchungen der Erinnerung an die Tatsache, dass nicht gesichtslose Massen, sondern Individuen mit Gesicht und Stimme Opfer der Nationalsozialisten waren – dies allerdings massenhaft. Robert Kempner, Nebenkläger während eines Schwurgerichtsprozesses in München, in dem mit Annemarie und Elfriede Goldschmidt auch zwei der für diese Arbeit ausgewählten Emigrantinnen genannt wurden, formulierte diesen Gedanken so:

> Im Münchener Prozeß war die Erhebung der Nebenklage auch aus juristischen Gründen von Wichtigkeit. Allein auf diesem Wege konnte die Stimme der hunderttausend Ermordeten im Gerichtssaal zu Gehör gebracht werden. War es doch ein auf Dokumente gestützter Prozeß ohne Tatzeugen, die als Überlebende die Stimme der Opfer hätten repräsentieren können. Dies gehört auch nicht zu den Aufgaben der Staatsanwaltschaft. Sie hat die Beweise für den Umfang des Massenmordes und die Zahl der Opfer zu präsentieren, ohne die Namen einzelner Opfer als Symbole herausstellen zu können.[18]

---

17 Vergleiche dazu die Schlussbetrachtungen in Aly, Götz und Roth, Karl Heinz: Die restlose Erfassung. Volkszählen, Identifizieren, Aussondern im Nationalsozialismus. Frankfurt am Main 2000 (Die Zeit des Nationalsozialismus, 14767), S. 160–164.
18 Kempner, Robert M. W.: Edith Stein und Anne Frank. Zwei von Hunderttausend. Die Enthül-

2.2 Die quantitative Perspektive: Statistische Analysen

2.2.1 Zielsetzung

Historische Statistiken sind Fluch und Segen zugleich. Einerseits verknappen sie komplexe historische Lebenswelten zu einem eindimensionalen Abbild und vermitteln so den Eindruck einer stark eingeschränkten Entweder-Oder-Situation. Vielleicht ist genau diese Vereinfachung ein Grund, weshalb in der Forschung zur jüdischen Emigration lange die Frage nach dem „Gehen oder Bleiben"[19] diskutiert wurde, ohne die leisen Zwischentöne, die langwierigen Entscheidungsprozesse und die gescheiterten Emigrationsversuche verstärkt in den Blick zu nehmen. Auch die Gefahr der Entindividualisierung schwingt in statistischen Arbeiten mit. Gerade „angesichts der Verbrechen [der Nationalsozialisten] (...) erscheinen detaillierte statistische Aufschlüsselungen wie unpassende Zahlenspiele",[20] geht doch der Blick für individuelle Leidenswege verloren, sortiert man sie in nüchternen Tabellen der einen oder anderen Spalte zu. Andererseits sind sie nötig, um die Schicksale einer Masse von Individuen knapp darzustellen und aus ihren Schnittmengen Trends ablesen zu können, die dabei helfen, eine historische Situation zu analysieren und zu verstehen. Statistiken waren außerdem bereits lange vor der Zeit des Nationalsozialismus integraler Bestandteil jüdischer Gesellschaftsforschung. So sorgten in den ersten Jahrzehnten des 20. Jahrhunderts jüdische Bevölkerungsstatistiker wie Felix Theilhaber oder Jacob Segall immer wieder für Aufsehen, etwa mit der Vorhersage, dass sich die deutschen Juden aufgrund einer deutlich höheren Sterblichkeits- als Geburtenrate gegen Ende des Jahrhunderts selbst abschaffen würden.[21] Auch die statistische Entwicklung jüdischer Gemeinden war wiederkehrendes Thema einer breiten jüdischen Öffentlichkeit, unter anderem aufgrund regelmäßiger Volkszählungen, die die deutschen Juden als Religionsgemeinschaft quantifizierten. Im Angesicht der nationalsozialistischen Machtübernahme gewannen jüdische Bevölkerungsstatistiken die wichtige Bedeutung einer Bestandsaufnahme:

---

lungen über die NS-Verbrechen in Holland vor dem Schwurgericht in München. Freiburg i. Br. u. a. 1968, S. 59.
19 Vergleiche dazu *Kapitel 2.4*.
20 Strnad, Maximilian: Zwischenstation Judensiedlung. Verfolgung und Deportation der Münchner Juden 1941–1945. München 2011, S. 55.
21 Brechenmacher, Thomas; Bothe, Christoph: Bruno Blau. Ein deutsch-jüdisches Leben. Berlin 2018, S. 134. Die genannte These stammt aus der Feder Felix Theilhabers: Theilhaber, Felix A.: Der Untergang der deutschen Juden. München 1911.

> Die Zahlen vom 16. Juni 1933 werden an einer Wende des historischen Schicksals unserer Gemeinschaft ein ungewöhnlich deutliches Augenblicksbild der deutsch-jüdischen Gruppe festhalten. Eine wahrhaft historische Aufnahme mit tragischen Zügen, worin die nachfolgenden Generationen unseres Stammes noch oft sehr gründlich und nachdenklich lesen werden. (...) Vor einem ungewissen Schicksal werden wir noch einmal gezählt.[22]

Gezählt und statistisch erfasst wurden die Juden in den folgenden zwölf Jahren nationalsozialistischer Herrschaft vielfach: in den Listen der Heimatgemeinde, von der örtlichen Gestapo, von Gewerbe-, Finanz- und Wohnungsämtern, in den Auswandererberatungsstellen, bei Deportationen, in Konzentrationslagern und in der Belegung von Massengräbern. Nicht immer jedoch sind diese Statistiken verlässlich. Bereits die unterschiedlichen Definitionen des „Jude"-Seins bereiteten Schwierigkeiten.[23] Statistiken vor 1935 verzeichnen Juden im Sinne einer Religionszugehörigkeit, während Statistiken aus der Zeit nach den Nürnberger Gesetzen meist mit einer Rassedefinition arbeiten;[24] jedoch nicht die Statistiken jüdischer Gemeinden, die noch lange nach 1935 nur die „Glaubensjuden" zählten.

Im Bereich der Emigrationsstatistiken kommen eine Vielzahl weiterer Schwierigkeiten hinzu: Erst 1937 begannen offizielle Zählungen der Emigration aus dem Deutschen Reich. Für die Jahre 1933–1936 liegen nur Schätzungen vor, die teils stark voneinander abweichen. Dies gilt besonders für die unübersichtliche Situation während der ersten Jahreshälfte 1933, als eine Flüchtlingswelle aus dem Deutschen Reich vor allem die europäischen Nachbarländer traf, die nicht nur Juden, sondern auch nichtjüdische Gegner der Nationalsozialisten umfasste. Wer Jude war, floh gegebenenfalls nicht aufgrund dieses, sondern aufgrund anderer Merkmale wie der politischen Einstellung. Doch auch die Statistiken der Jahre ab 1937 unterscheiden sich je nach Urheber der Statistik und seiner Interessenslage: So waren beispielsweise jüdische Organisationen daran interessiert, hohe Emigrationsraten anzugeben, um auf der Suche nach neuen Spendengeldern die eigene Arbeitsleistung zu unterstreichen oder um die Forderungen der nationalsozialistischen Verfolger nach möglichst schneller Emigration der deutschen Juden zu erfüllen. Manche Einwanderungsländer hingegen hatten ein Interesse daran, die Zahlen immigrierter deutschen Juden nicht anzugeben oder kleinzuhalten, um die oftmals vorhandenen antisemitischen, einwandererfeindlichen Strömungen im eigenen Land nicht zu befördern. Abgesehen von dieser Interessenlage führten viele

---

22 Die Volks-, Berufs- und Betriebszählung vom 16. Juni 1933. In: *Bayerische Israelitische Gemeindezeitung* IX. Jahrgang, 15.06.1933 (12), 177f.
23 Blau, Bruno: Die Entwicklung der jüdischen Bevölkerung in Deutschland von 1800 bis 1945. New York 1950, S. 335.
24 Rosenstock, Werner: Exodus 1933–1939. A Survey of Jewish Emigration From Germany. In: *The Leo Baeck Institute Yearbook* 1, 1956 (1), S. 373–390, S. 373.

Zielländer, vor allem im südamerikanischen Raum, per se keine Einwanderungsstatistiken.[25] Doch selbst wenn diese vorhanden waren, wie in vielen europäischen Nachbarländern, ist auf sie wenig Verlass: Zu oft waren die europäischen Länder nur Zwischenstation auf einem weiteren Emigrationsweg. Eine Weiterwanderung wurde jedoch sehr selten verzeichnet, so dass ein Wanderungs-Netto fehlt und damit auch die Einwanderungsstatistiken der Zielländer mit Vorsicht zu betrachten sind. Nach 1938 verschlechterte sich die Vergleichbarkeit von Wanderungsstatistiken zudem dadurch, dass „nach dem Anschluss Österreichs in vielen Statistiken die Zahlen der Auswanderung von Juden aus Österreich in die der aus dem deutschen Reich mit eingeschlossen sind", so dass „es äusserst schwierig, wenn nicht unmöglich [ist], zu einer Gesamtschätzung der jüdischen Auswanderung [aus dem „Altreich"] von 1933 bis 1945 zu gelangen."[26] Dieser Schwierigkeit waren sich zeitgenössische Arbeiten wie der Simpson-Report[27] oder der Korherr-Report[28] ebenso bewusst wie die von Emigranten oder Überlebenden nach Ende des Nationalsozialismus erstellten Untersuchungen,[29] die vor allem zeitgenössisches Material auswerteten:

> The accomplishment of such a task [statistics on German-Jewish emigration], desirable as it would be, is impossible (...) The object of this essay cannot be but more than a modest attempt at compiling the sparse material as far as it is worth preserving for future historians, and give a rough outline of the trends which marked the exodus of German Jewry.[30]

Erst in den 1980er Jahren begann das Bundesarchiv in Zusammenarbeit mit dem Internationalen Suchdienst in Bad Arolsen, eine Liste der Opfer der nationalsozialistischen Verfolgung anzulegen. Dieses Projekt war der erste Schritt hin zu einer erneuten Zählung der jüdischen Deutschen während der NS-Zeit, diesmal mit dem Ziel, die ermordeten Individuen nicht in Vergessenheit geraten zu lassen. Aus diesem Gedenkbuch[31] entwickelte sich nach der Jahrtausendwende eine Daten-

---

25 File 629: Kahn, Bernhard: On the situation of the Jews in Germany. 29.11.1935. JDC Archives, Records of the New York Office of the American Jewish Joint Distribution Committee, 1933–1944. In der Folge abgekürzt durch NY AR193344.
26 Lamm, Hans: Über die innere und äussere Entwicklung des deutschen Judentums im Dritten Reich. Erlangen 1951, S. 222.
27 Simpson, John Hope: Refugees. Preliminary Report of a Survey. New York 1938, S. 188.
28 Korherr, Richard: Die Endlösung der europäischen Judenfrage. Statistischer Bericht vom April 1943. BAB NS 19/1570 NO-5193, S. 7f.
29 Lamm 1951, S. 222; Blau 1950, S. 324f. und Rosenstock 1956, S. 374.
30 Rosenstock 1956, S. 373.
31 Bundesarchiv: Gedenkbuch. Opfer der Verfolgung den Juden unter nationalsozialistischen Gewaltherrschaft in Deutschland 1933–1945. Band 1 und 2. Koblenz 1986.

bank, die es sich zum Ziel setzte, „die Lebens- und Schicksalsdaten der ca. 600.000 Personen, die zwischen 1933 und 1945 im Deutschen Reich (in den Grenzen vom 31.12.1937) ansässig waren und wegen ihrer jüdischen Abstammung oder Religion verfolgt wurden,"[32] zu dokumentieren. Auch auf lokaler Ebene entstanden ähnliche Projekte: So erarbeitete beispielsweise Paul Sauer eine Übersicht über die Schicksale der jüdischen Bürger Baden-Württembergs 1933–1945.[33] In dieser finden sich, anders als im Gedenkbuch des Bundesarchivs, das einer reinen Auflistung entspricht, erstmals wieder Ansätze zur statistischen Analyse der gezählten Personen. In München begann das Stadtarchiv in den 1990er Jahren mit der Erstellung einer Datenbank, die die Münchner Opfer des Nationalsozialismus nicht nur verzeichnen, sondern ihre Lebenswege möglichst detailliert nachzeichnen sollte.[34] Aus den Einträgen der Datenbank entstand ein Gedenkbuch[35] für die Münchner Juden, die während der NS-Zeit ermordet worden waren. Für die vorliegende Arbeit wurde die Datenbank erstmals mit gesamthaftem Blick auf die Emigranten unter den Münchner Juden ausgewertet.[36] Sie bildet die Grundlage für die folgenden Untersuchungen und die Erstellung der in der Arbeit abgebildeten Statistiken.

Mit dem quantitativen Teil dieser Arbeit werden zwei Ziele verfolgt. Erstens sollen aus dem Datenset des Münchner Stadtarchivs erstmals Statistiken erstellt werden, die die jüdische Emigration aus der „Hauptstadt der Bewegung" abbildet. Aufgrund der jahrzehntelangen Arbeit des Archivs an dem lokal begrenzten Sample sowie aufgrund der Vielzahl und Verschiedenartigkeit der verwendeten Unterlagen kann von einer annähernd vollständigen Erfassung der Gesamtheit der Münchner Juden ausgegangen werden. Auch wenn die Aussagekraft des Datensets aufgrund des verfügbaren Quellenwissens begrenzt ist und auch wenn einzelne

---

[32] Zimmermann, Nicolai M.: Die Liste der jüdischen Einwohner im Deutschen Reich 1933–1945. Online verfügbar unter www.bundesarchiv.de/DE/Content/Publikationen/Aufsaetze/aufsatz-zimmermann-residentenliste.pdf?__blob=publicationFile. Zuletzt eingesehen am 1.3.2020.

[33] Sauer, Paul: Die Opfer der nationalsozialistischen Judenverfolgung in Baden-Württemberg 1933–1945. Ein Gedenkbuch. Stuttgart 1969 (Veröffentlichungen der Staatlichen Archivverwaltung Baden-Württemberg, 20).

[34] Heusler, Andreas; Schmidt Brigitte: Überarbeitete Einleitung zum ersten Band des „Biographischen Gedenkbuchs der Münchner Juden 1933–1945". Stadtarchiv München. München 2003. In überarbeiteter Version online verfügbar unter https://gedenkbuch.muenchen.de/index.php?id=projekt0. Zuletzt eingesehen am 1.9.2021.

[35] Das Gedenkbuch wurde in zwei Teilen veröffentlicht: Heusler, Andreas (Hg.): Biographisches Gedenkbuch der Münchner Juden. 1933–1945/1: A-L. München 2003, sowie Heusler, Andreas (Hg.): Biographisches Gedenkbuch der Münchner Juden. 1933–1945/2: M-Z. München 2007.

[36] Eine Auswertung mit Fokus auf die Münchner Emigration nach Italien erfolgte 2018 durch Susanna Schrafstetter: Schrafstetter, Susanna: Zwischen Skylla und Charybdis? Münchner Juden in Italien 1933 bis 1945. In: *Vierteljahrshefte für Zeitgeschichte* 66, 2018 (4), S. 577–616.

Felder der Datenbank, beispielsweise die Religionszugehörigkeit oder die Weiterwanderung in andere Zielländer, aufgrund der schwierigen Quellenlage als wenig verlässlich beurteilt werden müssen, ist doch die Gesamtheit des Datensatzes so sorgsam erstellt, dass die Ergebnisse der statistischen Untersuchung die generellen Wanderungstrends der Münchner Juden verlässlich abbilden.

Selbstverständlich sind die Münchner Statistiken nicht ohne weiteres auf die Auswanderung aus anderen Städten oder aus dem gesamten Deutschen Reich übertragbar, weil Verfolgungssituation und Rahmenbedingungen der Emigration in den verschiedenen deutschen Städten und Regionen unterschiedlich waren.[37] Nichtsdestotrotz können die Münchner Ergebnisse in ihren Trends und prozentualen Ergebnissen zu anderen Statistiken in Beziehung gesetzt werden, um so die Spezifika der Münchner Auswanderung aufzuzeigen. Allerdings weisen die Münchner Statistiken in Bezug auf soziodemographische Aspekte eine bisher unerreichte Tiefe auf, was der Detailliertheit der Datenbank des Münchner Stadtarchivs zu verdanken ist. Es ist daher schwierig, Vergleichsstatistiken aus anderen Städten mit ähnlicher Ausprägung zu finden.[38]

---

[37] Dies widerspricht Sauers Aussage, dass „das Schicksal der jüdischen Bevölkerung unseres Landes [Baden-Württemberg] als typisch und mit gewissen Einschränkungen wohl auch als repräsentativ für das Schicksal des deutschen Judentums in der Zeit des Nationalsozialismus gelten" kann. Sauer 1968, S. XII. Dagegen argumentiert auch Rosenstock 1956, S. 383: „To explain the comparatively high figures (...) it must be appreciated that they also include emigrants who originated from surrounding towns or villages and who, to escape the brunt of anti-semitism at these small places, had taken up temporary residence in the larger cities."

[38] Insgesamt ist die Datenbasis für die großen jüdischen Gemeinden im Reich sehr unterschiedlich ausgeprägt. Während beispielsweise für Berlin, die größte jüdische Gemeinde im Untersuchungszeitraum, eine auf Zählung beruhende Anzahl der jüdischen Einwanderer für die ersten Jahre nicht bekannt ist (Seelinger, Herbert: Über die Abnahme der jüdischen Bevölkerung in Deutschland. Die natürliche Bevölkerungsbewegung der Berliner Juden 1930–1935. In: *Bayerische Israelitische Gemeindezeitung* XII. Jahrgang, 15.04.1936 (8), S. 171–174), hat Gruner 2009, S. 95, eine Statistik der Auswanderung zumindest bis 1939 erstellt. Auch für Hamburg können „lediglich Schätzungen über die Zahl der jüdischen Menschen, die von hier auswanderten, vorgenommen werden" (Baumbach, Sybille: Die Auswanderung von Juden aus Hamburg in der NS-Zeit. In: Baumbacher, Sybille, Bajohr, Frank, Wirtz, Armin und Schmidt Dieter (Hg.): Verfolgung und Verwaltung. Beiträge zur Hamburger Finanzverwaltung 1933–1945. Begleitheft zur Ausstellung im Deutschen Zollmuseum 2003. Hamburg 2003, S. 39–81, hier S. 40). Verlässliche Statistiken für die Karlsruher Gemeinde, vor allem in Bezug auf die gewählten Zielländer, bietet außerdem Werner, Josef: Hakenkreuz und Judenstern. Das Schicksal der Karlsruher Juden im Dritten Reich. Karlsruhe 1988 (Veröffentlichungen des Karlsruher Stadtarchivs, 9). Die genannten Untersuchungen werden im Folgenden, wo möglich, zum Vergleich herangezogen. Die besten Vergleichsstatistiken finden sich bei Sauer 1968, dessen Untersuchung auch soziodemographische Kriterien abdeckt. Hier allerdings handelt es sich um die Auswanderung aus Baden-Württemberg im Gesamten, so dass ein Vergleich mit einer Stadtgemeinde wie München unweigerlich die

Zweites Ziel der vorliegenden Arbeit ist es daher, anhand des Münchner Beispiels erstmals statistisch zu unterlegen, welchen Einfluss einzelne Faktoren auf die Emigrationsprozesse deutscher Juden haben konnten. Vor allem in der zeitgenössischen Diskussion finden sich vielerlei Vermutungen und Einzelkommentare zur Bedeutung von Merkmalen wie Geschlecht oder Alter eines Emigranten. Diese wurden in der Forschungsdiskussion zwar immer wieder aufgegriffen und gerade in Untersuchungen ehemaliger Emigranten[39] stark betont, in späteren Arbeiten aber rückten sie in den Hintergrund. So jedoch geht eine Chance verloren, dem Wesen der jüdischen Emigration aus NS-Deutschland nachzuspüren: „Quantitative analysis does not merely imply counting how many people were dispossessed, hidden, and deported, but instead knowing who they were and how they were different (or where not) from those who did not suffer the same fate."[40]

Mit den Münchner Statistiken kann diese Lücke zumindest für die Emigration aus einer deutschen Stadt geschlossen werden. Die soziodemographischen Trends aus München dienen damit einerseits als ein erster Anhaltspunkt für weitere Untersuchungen zur Emigration aus NS-Deutschland, andererseits dem Vergleich dieser spezifischen historischen Emigrationssituation mit anderen, historischen wie zeitgenössischen, Migrationsströmen. Mit der Zielsetzung der Erstellung von Statistiken zur Emigration aus der „Hauptstadt der Bewegung" sowie der Identifikation und Gewichtungen von Einflussfaktoren auf die jüdische Emigration aus NS-Deutschland stellt die vorliegende Arbeit einen besonderen Beitrag zur bisher überwiegend aus Schätzungen oder aus Übersichtsstatistiken bestehenden Geschichtsschreibung zur Auswanderung aus NS-Deutschland dar.

Doch die Datenbankanalyse weist auch spezifische Grenzen auf. Was historische Arbeit aufgrund ihrer Quellengebundenheit nicht leisten kann, ist eine vollständige

---

unterschiedlichen Gegebenheiten von Stadt- und Landjudentum außer Acht lässt. Zahlen zur Auswanderung aus Wien liegen vor; jedoch unterschieden sich die Rahmenbedingungen der Emigration aus der Stadt aufgrund des höheren und zeitlich stärker limitierten Verfolgungsdrucks und aufgrund der Institution der „Zentralstelle für jüdische Auswanderung" derart von denen aus dem „Altreich", dass ein Vergleich zwar äußerst interessant, für diese Arbeit jedoch wenig zielführend ist. Mehr dazu bei Anderl, Gabriele: Die „Zentralstelle für jüdische Auswanderung" in Wien, Berlin und Prag – ein Vergleich. In: Diner, Dan und Stern, Frank (Hg.): Nationalsozialismus aus heutiger Perspektive. Gerlingen 1994 (Tel Aviver Jahrbuch für deutsche Geschichte, 23), S. 275–199 und Dwork 2009, S. 122.

39 Beispiele dafür sind die Arbeiten Blau 1950, Rosenstock 1956 und Cahnman, Werner: The Decline of the Munich Jewish Community. 1933–1938. In: *Jewish Social Studies* Volume III, July 1941 (3), S. 285–199. Ohne Statistiken, aber mit stark erzählerischer Betonung einzelner Einflussfaktoren Laqueur, Walter: Geboren in Deutschland. Der Exodus der jüdischen Jugend nach 1933. Berlin, München 2000.
40 Gruner, Wolf: Defiance and Protest. A Comparative Microhistorical Reevaluation of Individual Jewish Responses to Nazi Persecution. In: Zalc, Claire und Bruttmann, Tal (Hg.): Microhistories of the Holocaust. New York, Oxford 2017 (War and Genocide, 24), S. 85–94, hier S. 94.

quantitative Untersuchung im soziologischen Sinne – die dafür nötige Vollständigkeit der Datenbasis wird nicht erreicht. Insofern verwendet diese Arbeit zwar Anregungen aus der soziologischen Migrationsforschung und aus der Statistik, wendet diese aber nicht methodisch konsequent an. Hinzu kommt, dass die Netzwerk- und Einzelfaktoren aufgrund ihres individuellen Charakters nicht als Feld in der Datenbank des Münchner Stadtarchivs verzeichnet sind. Diese Faktoren werden daher erst im qualitativ-biographischen Teil der Arbeit, insbesondere in den *Teilkapiteln 5.2* und *5.3*, stärker in den Blick genommen und müssen ohne statistische Einordnung analysiert werden. Des Weiteren bleibt eine den Statistiken inhärente Einschränkung bestehen: Sie bilden nur die Rahmenfakten erfolgreicher Emigrationen ab. Nicht deutlich werden die vielen Emigrationsversuche und die gescheiterten Auswanderungen, die tagtäglichen Bemühungen, Sorgen und Pläne der Münchner Juden. Außerdem verschleiern sie Unterschiede in Schicksalen, die statistisch sehr ähnlich erscheinen, deren völlig unterschiedlicher Erfahrungshintergrund jedoch in den biographischen Analysen deutlich wird. Zudem zeigen die Statistiken nicht, welche Maßnahmen ergriffen wurden, um eine Emigration letztlich so zu realisieren, wie sie in der Statistik abgebildet ist. Um einen umfassenden Überblick über Emigrationsprozesse der Münchner Juden zu erhalten, müssen daher in *Kapitel 4.3* ergänzend die Zurückgebliebenen in den Blick genommen werden, die in Emigrationsstatistiken bisher nicht auftauchen, sowie in *Kapitel 4.4* die Schicksale derjenigen, die zwar als Emigranten in den Statistiken verzeichnet sind, deren Weg jedoch nichtsdestotrotz in den nationalsozialistischen Konzentrationslagern endete. Erst so wird deutlich, was die Zahlen als Summe aller Emigrationswege der Münchner Juden überdecken: die individuellen Ausprägungen der Emigration jedes und jeder Einzelnen.

2.2.2 Die Datenbank des Münchner Stadtarchivs

Wichtigste Quelle zur Erstellung der Statistiken zu den Migrationsbewegungen der Münchner Juden bildet die bereits erwähnte Datenbank des Stadtarchivs. Im Vorwort des aus ihr entstandenen Gedenkbuchs betont Andreas Heusler, dass es das Ziel des langjährigen Projekts sei,

> den oder die Träger(in) des Namens als Menschen sichtbar zu machen. (...) Unsere Bemühungen konzentrierten sich daher darauf, möglichst viele Einzelinformationen zu jedem Menschen zusammenzutragen: So sollen Familienzusammenhänge transparent werden; Wohnadressen werden genannt, Mobilität wird herausgearbeitet.[41]

---

[41] Heusler, Schmidt 2003, S. 3.

Für die Erstellung dieses Verzeichnisses der jüdischen Münchner war es zunächst nötig, die beiden Begriffe „jüdisch" und „Münchner" zu definieren, um die Grenzen der Aufnahme in die Datenbank klar abzustecken. Beiden Definitionen folgt die vorliegende Arbeit, um die Datenbank gewinnbringend nutzen zu können. Als „jüdisch" (und somit zur Aufnahme in die Datenbank geeignet) wurde definiert, wer im Rahmen der Rassengesetzgebung der Nationalsozialisten als Jude verfolgt wurde. Zwar übernimmt diese Vorgehensweise die Täterdefinition und missachtet Selbstzuschreibungen der Individuen, allerdings ist sie nötig, um die Verfolgungssituation der nationalsozialistischen Herrschaft abzubilden. Als „Münchner" wurde zudem definiert, wer „für mindestens 12 Monate in dieser Stadt gelebt [hatte]. Menschen, die sich nur vorübergehend in München aufgehalten haben, etwa um von hier aus ihre Emigration vorzubereiten oder eine kurze Ausbildung zu absolvieren, werden nicht aufgenommen."[42]

Als Quellenbasis für die Erstellung der Datenbank dienten vor allem die Meldeunterlagen der Stadt München, Duplikate von Kennkarten und Volkskarteikarten sowie die erhaltenen Deportationslisten. Außerdem wurden Einzelbestände des Münchner Stadtarchivs, des Staatsarchivs München sowie des Bundesarchivs ergänzend hinzugezogen.[43] Einige Bestände jedoch, die für die biographische Arbeit zu Einzelschicksalen sehr gewinnbringend wären, wurden aufgrund der schieren Masse an Material nicht ausgewertet. Dazu zählen die Steuerunterlagen sowie Entschädigungs- und Wiedergutmachungsakten des Staatsarchivs München sowie des Bayerischen Hauptstaatsarchivs. Diese werden in dieser Arbeit für die vier untersuchten Familien mit hinzugezogen.

Der Aufbau der Datenbank dient der möglichst umfassenden Abbildung einer Vielzahl von verschiedenen Informationen zu jeder ermittelten Person. Dafür wurden insgesamt 142 Felder unterschiedlicher Art angelegt, die mit einfachen Checkmarks die Zugehörigkeit zu einer bestimmten Gruppe angeben,[44] als Zah-

---

[42] Heusler, Schmidt 2003, S. 4f. Diese zeitliche Eingrenzung wirkt sich vor allem auf die Analyse der Binnenmigration nachteilig aus, wie *Kapitel 3.2.1* darstellt, da ein unbekannter Teil der Zuzüge jüdischer Deutscher nach München von der Datenbank nicht abgebildet wird, da die Zuzügler nicht lange genug in der Stadt verblieben, um in die Datenbank aufgenommen zu werden. Die Statistiken zur Migration weisen bezüglich dieser Personen einen blinden Fleck auf. Ähnlich auch Strnad 2011, S. 16, der Nutzen und Einschränkungen der Datenbanknutzung für den Themenbereich des Barackenlagers Milbertshofen als Sammelstelle für die Deportation der Juden aus anderen bayerischen Gemeinden beschreibt. Für die vorliegende Analyse wurde die mittlerweile eingestellte, auf FAUST basierende Version der Datenbank verwendet.
[43] Eine genaue Auflistung aller benutzten Archivbestände findet sich bei Heusler, Schmidt 2003, S. 6f.
[44] Beispielsweise „Mischehe": [x] für ja oder [leer] für nein.

lenfeld Datumsangaben verzeichnen,[45] als Auswahlfeld Klassifikationen bilden[46] oder als freies Textfeld Bemerkungen verzeichnen.[47] Für die vorliegende Arbeit wurden nur diejenigen Felder ausgewertet, die relevante persönliche Informationen verzeichnen oder in Zusammenhang mit der Emigration einer Person stehen. Um die Inhalte der Datenbank für die statistische Analyse dieser Arbeit verwertbar zu machen, mussten die Feldinhalte teilweise bereinigt und angepasst werden.[48] Aus diesem bereinigten Datenset wurden im Anschluss Statistiken zur Gesamtpopulation sowie zur Gruppe der Münchner Emigranten erstellt.[49]

---

45 Beispielsweise „Todesdatum".
46 Beispielsweise „Staatsangehörigkeit": [DE] für das Deutsche Reich, [PL] für Polen, usw.
47 Beispielweise „Polen-Aktion": Freifeld zum Schicksal einer Person während der „Polenaktionen" 1938/39.
48 So wurden gewisse Unregelmäßigkeiten im Ausfüllen der Felder festgestellt, eine Tatsache, die angesichts der über 25-jährigen Bearbeitungszeit seit Beginn der 1990er Jahre nicht überraschend ist. Diese Unregelmäßigkeiten wurden korrigiert, so beispielsweise das Feld „Religion", dessen Inhalt [kath.] oder [katolisch] auf [k] verändert wurde. Andere Felder benötigten eine Vereinheitlichung. So wurden beispielsweise alle Felder mit geographischem Bezug, also Zielländer und Staatsangehörigkeiten, unter Anwendung der ISO 3166-Alpha-2 Kodierung auf eine zweistellige Abkürzung verändert, um Übersichtlichkeit und Einheitlichkeit zu gewährleisten. Aus [Polen] oder [poln.] wurde so jeweils [PL]. Der Kodierungsschlüssel ist verzeichnet unter https://laendercode.net/de/, zuletzt eingesehen am 1.3.2020. Aus Analysegründen wurden außerdem Felder hinzugefügt (so beispielsweise ein Feld „Wegzug", das die Felder „Abmelde_Dat", welches Binnenmigrationen verzeichnet, sowie „Emig_Dat", welches Emigrationen verzeichnet, zu einem Feld vereint, um Zuzüge nach und Wegzüge aus München in einer Bilanz darstellen zu können. Bei Personen, die erst binnenmigrierten, deren Emigration dann aber aus einer anderen Stadt verzeichnet ist, wurde das Abmeldedatum aus München verwendet) sowie in bestehenden Feldern Inhalte ergänzt (so wurde unter anderem eine Angleichung für fünf „Geschlecht"-Felder vorgenommen, die leerstehend waren, bei denen anhand des Vornamens der fraglichen Person und teils vorhandener Fotos jedoch eine eindeutige Geschlechtszuordnung möglich war. Prinzipiell wurden Angleichungen jedoch nur sehr vorsichtig durchgeführt und im Zweifelsfall der Inhalt eines Feldes auf [unbekannt] gesetzt, um Ergebnisse so wenig wie möglich zu verfälschen. Natürlich muss bei einer Gesamtzahl von 14.349 Individuen davon ausgegangen werden, dass das Datenset Fehler aufweist. Die Gesamtqualität und -reliabilität des Samples ist dennoch als sehr hoch einzuschätzen. Darauf deutet einerseits die hohe Informationsdichte in jeder individuellen Datenmappe hin, andererseits der mit 609 (4%) Individuen sehr geringe Anteil ungeklärter Schicksale. Im Vergleich dazu konnten die Schicksale von knapp 10% der „Glaubensjuden" bzw. 15% der „Rassejuden" baden-württembergischer Herkunft nicht eindeutig nachvollzogen werden. Vergleiche dazu Sauer 1968, S. 8.
49 Graphiken, die auf diesen Statistiken basieren, sowie die wichtigsten Statistiken werden im Folgenden im Text dargestellt, um einen abbildungsbasierten Einblick in die wichtigsten Resultate zu geben und eine Integration der Ergebnisse in den Textfluss zu sichern. Alle anderen Statistiken werden, teils auch aufgrund ihrer Größe, im Appendix der vorliegenden Arbeit abgedruckt.

2.2.3 Vergleichsstatistiken für München, andere Städte und das Reich

Zur Einordnung der statistischen Ergebnisse in die bisherige Forschung zur Emigration aus München und zum Vergleich der Münchner Ergebnisse mit der Situation in anderen deutschen Städten sowie im gesamten Reich werden, wo möglich, Vergleichsstatistiken hinzugezogen.

Aus der Gruppe der zeitgenössischen Statistiken zur Emigration der Münchner Juden sticht das im Aufsatz „The Decline of the Munich Jewish Community" von Werner Cahnmann[50] veröffentlichte Material hervor. Cahnmann, dessen Emigrationsweg als eines der biographischen Beispiele selbst analysiert wird (siehe *Kapitel 10.2.2*), erstellte im Frühjahr 1938 die Datenbasis für eine Untersuchung zur bisherigen Auswanderung aus München. Einige Monate zuvor, im Oktober 1937, waren die verbliebenen Juden von der Israelitischen Kultusgemeinde aufgefordert worden, Formblätter für die Anlegung einer umfassenden Ausgewandertenkartei auszufüllen, die die Emigration von Familienmitgliedern abfragten.[51] Aus den Rückläufen dieser Formblätter erstellte Cahnmann im Mai 1938 einen Übersichtsakt, in dem er die Ergebnisse der Mitgliederbefragung sammelte. Diese wurden im Oktober 1938 in zusammengefasster Form in der Bayerischen Israelitischen Gemeindezeitung veröffentlicht.[52] Als nach der Zerstörung der Münchner Hauptsynagoge im Juni 1938 das Archiv der jüdischen Gemeinde für die weitere Aufbewahrung verpackt wurde, separierte Cahnmann diesen Übersichtsakt sowie einige andere wichtige Akten und bewahrte sie in seinem Elternhaus auf, wo sie sicherer schienen.[53] So überstand der Übersichtsakt, nicht jedoch die Ausgewandertenkartei an sich, die Beschlagnahmung des Gemeindearchivs durch die Gestapo; das Gemeindarchiv blieb verschollen.[54] Den Akt konnte Cahnmann über Umwege nach New York verschiffen und die Ergebnisse dort unter dem genannten Titel veröffentlichen.

---

50 Cahnman 1941.
51 Bekanntmachung über Ausgewandertenkartei. In: *Jüdisches Gemeindeblatt für den Verband der Kultusgemeinden in Bayern und die Kultusgemeinden München, Augsburg, Bamberg, Würzburg (ehem. Bayerisches Israelitisches Gemeindezeitung)* XIII. Jahrgang, 01.11.1937 (21), S. 385.
52 Die Ergebnisse der Zählung wurde der Gemeindeverwaltung am 23.8.1938 übergeben und eine Zusammenfassung in Cahnmann, Werner: Die jüdische Bevölkerung in München am 16. Mai 1938. In: *Jüdisches Gemeindeblatt für den Verband der Kultusgemeinden in Bayern und die Kultusgemeinden München, Augsburg, Bamberg, Würzburg (ehem. Bayerisches Israelitisches Gemeindezeitung)* XIV. Jahrgang, 01.10.1938 (14 A), S. 287–190, veröffentlicht. Mehr dazu bei Cahnman 1982, S. 62f.
53 Oral History Interview with Werner J. Cahman [sic!]. Leo Baeck Institute AR 25385.
54 Es ist anzunehmen, dass das Archiv der Israelitischen Kultusgemeinde Münchens nach der Beschlagnahmung durch die Gestapo München zerstört wurde. Ein Nachweis dafür ist bisher nicht gelungen.

Cahnmanns Aufsatz stellt die bis dato ausführlichste Arbeit zur Emigration der Münchner Juden dar. Dennoch ist die Untersuchung aufgrund ihrer Datenbasis mit Vorsicht zu betrachten. Dies liegt erstens an der Tatsache, dass nicht alle Formblätter an die Gemeinde zurückgesandt wurden, und zweitens daran, dass aufgrund der fehlenden Zählkartei unklar ist, inwieweit nach München zugezogene Juden in diese Umfrage miteingeschlossen wurden. Im Vergleich mit anderen zeitgenössischen Statistiken den Münchner Juden, unter anderem durch die Volkszählungen 1933 und 1939 sowie die Polizeidirektion, aber auch mit den Ergebnissen der Datenbank-Statistiken in der vorliegenden Arbeit liegt Cahnmanns Statistik daher am unteren Ende der Spanne der absoluten Auswanderungszahlen.[55] Allerdings verzeichnet sie, anders als die Statistiken der Polizeidirektion, soziodemographische Faktoren wie Alter oder Familienstand. Dies ermöglicht es, prozentuale Ergebnisse der Cahnmann-Statistik und daraus ablesbare Trends mit den Resultaten der Datenbank zu vergleichen. Cahnmanns Aufsatz wird so zum wertvollen zeitgenössischen Orientierungspunkt.

Doch auch aus vielen zeitgenössischen Statistiken, die sich nicht explizit mit der Emigration aus München beschäftigen, lassen sich stadtspezifische Ergebnisse extrahieren. Die oben erwähnten Zahlen der Volkszählungen 1933[56] und 1939[57] zeigen die Ergebnisse einer von offizieller Seite durchgeführten Bevölkerungsstudie. Sie erlauben eine Einordnung der Cahnmann-Statistiken. Probleme bereitet jedoch auch hier die Datenbasis: Während 1933 nur die Religionszugehörigkeit abgefragt wurde, folglich nur diejenigen als „jüdisch" verzeichnet wurden, die sich der Gemeinde zuordneten, basierten die Ergebnisse der Volkszählung von 1939 auf der zu diesem Zeitpunkt bereits vier Jahre gültigen Rassedefinition.[58] Direkt voneinander subtrahierbar, um die Abnahme der jüdischen Gemeinden des Deutschen Reiches festzustellen, sind die Zahlen der Volkszählungen also nicht. Dennoch geben sie Richtwerte zur Gesamtgröße der jüdischen Bevölkerung des Deutschen Reiches und Münchens zu beiden Zeitpunkten.

---

55 So auch Hanke, Peter: Zur Geschichte der Juden in München zwischen 1933 und 1945. München 1967, S. 171.
56 Für die Arbeit relevant sind die beiden Hefte Statistik des Deutschen Reichs: Volkszählung. Die Bevölkerung des Deutschen Reichs nach den Ergebnissen der Volkszählung 1933. Heft 3. Die Bevölkerung des Deutschen Reichs nach der Religionszugehörigkeit. Berlin 1936 und Statistik des Deutschen Reichs: Volkszählung. Die Bevölkerung des Deutschen Reichs nach den Ergebnissen der Volkszählung 1933. Heft 5. Die Glaubensjuden im Deutschen Reich. Berlin 1936.
57 Für die Arbeit relevant ist vor allem Statistik des Deutschen Reichs: Volkszählung. Die Bevölkerung des Deutschen Reichs nach den Ergebnissen der Volkszählung 1939. Heft 4: Die Juden und jüdischen Mischlinge im Deutschen Reich. Berlin 1944.
58 So auch Zimmermann: Liste der jüdischen Einwohner, S. 52.

Eine weitere zeitgenössische Statistik sind die Jahresberichte des Zentralausschusses für Hilfe und Aufbau der Reichsvereinigung der Juden in Deutschland. Sie verzeichnen nur die „unterstützte Emigration", bei der die Emigranten vom Hilfsverein finanziell oder organisatorisch entlastet wurden. Die häufigere Form der selbständigen Emigration ist nicht verzeichnet und lässt sich nur schwer abschätzen.[59] Auch sind nur gesamtdeutsche Größen angegeben. Diese Statistiken werden im Folgenden daher vor allem bei der Frage nach Trendwenden in der Wahl der Zielländer und den Schwierigkeiten der Emigration in den 1930er und frühen 1940er Jahre hinzugezogen.

Mit Daten der Reichsvereinigung arbeitete auch Bruno Blau, dessen bemerkenswertes Werk „Die Entwicklung der jüdischen Bevölkerung in Deutschland von 1800 bis 1945"[60] nur als unveröffentlichtes Manuskript vorliegt, der jedoch als Hüter der statistischen Unterlagen der Reichsvereinigung[61] auch Zahlen zur Situation der Juden Bayerns und Münchens verzeichnet.[62]

Neben dem zeitgenössischen Zahlenmaterial machen Ansätze zur statistischen Erforschung der Emigration aus München in Arbeiten zum Schicksal der Münchner Juden den Großteil der bisher bekannten Statistiken aus. Peter Hankes Dissertation versuchte, in der Fragestellung der Auswanderung aus München die Quellenlandschaft nach Ende des Zweiten Weltkrieges abzubilden. Er rezipierte als erster Münchner Historiker die Cahnmann-Statistiken, allerdings ohne sie einer intensiveren Überprüfung zu unterziehen, was vor allem an der Struktur seiner Arbeit als Überblickswerk liegt und der schwierigen Quellenlage geschuldet ist. Der Versuch, das benannte zeitgenössische Statistikmaterial mit nationalsozialistischen Quellen wie den Berichten der Polizeidirektion München zu ergänzen, gelang nur teilweise, da diese nur lückenhaft vorliegen.[63] Die neuesten Statistiken, teils bestehend aus Übersichten nach dem jeweiligen Stand der Datenbank, teils unter Einbezug anderer München-spezifischer Quellen, stammen von Strnad[64] und Heusler.[65]

---

59 Rosenstock 1956, S. 374.
60 Blau 1950.
61 Benz, Wolfgang: Überleben im Untergrund 1943–1945. In: Benz, Wolfgang und Dahm, Volker (Hg.): Die Juden in Deutschland, 1933–1945. Leben unter nationalsozialistischer Herrschaft. München 1993, S. 660–701, hier S. 694.
62 Mehr zu Bruno Blau und seinen Statistiken zur Entwicklung der jüdischen Bevölkerung in Deutschland bei Brechenmacher et al. 2018, S. 12f.
63 Hanke 1967, S. 168.
64 Strnad 2011, S. 180, S. 180.
65 Heusler, Andreas; Sinn, Andrea (Hg.): Die Erfahrung des Exils. Vertreibung, Emigration und Neuanfang. Ein Münchner Lesebuch. München 2015, S. 6f.

2.3 Die qualitative Perspektive: Familienbiographien

2.3.1 Zielsetzung

Um die genannten Schwächen der statistischen Arbeit auszugleichen, werden zusätzlich Familienbiographien untersucht. Sie erklären die Statistik durch einen individualisierten Blick auf die Emigration und geben Einblick in diejenigen Einflussfaktoren der Entscheidungs- und Durchführungsprozesse, die statistisch nicht erfassbar sind.

Warum aber werden ganze Familien und nicht einzelne Individuen in den Blick genommen? „Wanderungsentscheidungen (...) werden oft innerhalb von Familienzusammenhängen getroffen",[66] lautet eine Kernerkenntnis der soziologischen Migrationsforschung. Individuen bewegen sich nicht im luftleeren Raum, sondern agieren und interagieren in sozialen Kontexten. Dabei ist die Familie das erste und durch alle Lebensphasen hindurch eines der wichtigsten sozialen Systeme. Dies galt auch während der Ausnahmesituation der nationalsozialistischen Herrschaft. Unter dem Druck von außen schlossen sich Familien oft noch enger zusammen. Sie wurden auf vielerlei Weise Unterstützungssystem für den Einzelnen: So waren es oftmals Familienmitglieder, die den Anstoß gaben, über Emigration nachzudenken, oder die bei der Entscheidung für oder gegen eine Emigration Einfluss nahmen. Im Rahmen des Wanderungsprozesses bot die Familie ein Wissensnetzwerk sowie organisatorische und finanzielle Hilfe, außerdem psychischen Beistand in schwierigen Phasen der Emigration oder des freiwilligen oder gezwungenen Zurückbleibens. Emigrationswege sind folglich nicht ohne den Familienkontext des Emigranten denkbar.

Gleichzeitig haben die Familiensysteme Einfluss auf die verfügbare Quellenlage. Eine der wichtigsten Quellenarten der vorliegenden qualitativen Untersuchung sind Familienkorrespondenzen. Mit zunehmendem Anteil von Emigranten in einer Familie entstanden umfangreiche Briefwechsel, die Emigrationsplanungen und -durchführungen beschrieben, aber auch das Leben der Neueinwanderer und der Zurückgebliebenen thematisierten. Was damals dem Erhalt der Kommunikation zwischen den einzelnen Familienmitgliedern diente, dient heute dem Nachvollzug von Lebenswegen. Es ist jedoch zu beachten, dass Briefe nur einen Ausschnitt aus der Gesamtkommunikation zeigen. Zwei Faktoren schränken die Aussagekraft der vorliegenden Briefkorrespondenzen ein: vorhergehende

---

[66] Hoerder, Dirk; Lucassen, Jan; Lucassen, Leo: Terminologien und Konzepte in der Migrationsforschung. In: Bade, Klaus J. (Hg.): Enzyklopädie Migration in Europa. Vom 17. Jahrhundert bis zur Gegenwart. Paderborn 2007, S. 28–53, hier S. 33.

mündliche Kommunikation sowie fehlende Vollständigkeit der schriftlichen Kommunikation. Gerade die Entscheidungsprozesse zur Emigration können in einigen der vorliegenden Fälle, zumeist denen der Erstwanderer, nicht mehr nachvollzogen werden, da sie sich in der mündlichen Auseinandersetzung mit Familienmitgliedern, Freunden und Behörden entwickelten. Nur wenn – oftmals in den Frühphasen der jeweiligen Briefkorrespondenzen – auf vorhergehende mündliche Kommunikation Bezug genommen wird, kann diese zumindest teilweise aus den Briefen erschlossen werden. Quellenmaterial aus der Zeit nach 1945 – beispielsweise Oral-History-Interviews oder schriftliche Aussagen in Wiedergutmachungsprozessen – kann die Rekonstruktion von Geschehnissen zwar unterstützen, ersetzt aber die zeitgenössische Schriftkommunikation nicht. Und selbst diese vorhandene schriftliche Kommunikation ist inhaltlich nicht immer vollständig. Was Briefschreiber und -empfänger als selbstverständlich erschien, blieb ungenannt:

> Der wesentliche Teil dessen, was die alltägliche Erfahrung ausmacht, ist (...) vor jeder Erfahrung und jeder sprachlichen Äußerung als selbstverständlich anerkannt. All diese Sätze, die als solche von niemanden ausgesprochen werden, weil sie so selbstverständlich sind, daß niemand daran denkt, sie zu formulieren (...), werden natürlich nicht in den Dokumenten registriert.[67]

Diese Selbstverständlichkeit lebensweltlicher Erfahrung macht insbesondere dann Schwierigkeiten, wenn Briefe aus vergangenen Zeiten analysiert werden – dem Analysten fehlt zwangsläufig das tiefe Verständnis der lebensweltlichen Erfahrung der Korrespondenten. Dass diese Lücke bereits zwischen dem Briefschreiber und dem zeitgenössischen Empfänger bestehen kann, fällt besonders in den Briefen der späteren Kriegsjahre auf, als sich die Lebenswelt der in München Zurückgebliebenen rapide verschlechterte und sich ihre Erfahrungen nicht mehr mit denen der Emigranten, die ein „anderes München" verlassen hatten, deckten. Diese Erfahrung konnte oft nur verschlüsselt nach außen transportiert werden und war in manchen Fällen, beispielsweise bezüglich des sich ständig erhöhenden emotionalen Drucks, vielleicht auch nur schwer erklärbar.[68] Hinzu kommt, dass neben dieser unbewussten Einschränkung auch die bewusste Einschränkung der Kommunikation durch Selbst- und Fremdzensur beachtet werden muss. Der Einsatz von Briefzensoren verursachte eine Selbstzensur, so dass viele Themen nicht mehr offen besprochen werden konnten, selbst wenn der Briefschreiber dies wünschte.[69] In manchen der

---

67 Bourdieu et al. 2004, S. 116.
68 Hilberg 2003, S. 198.
69 „Naturally, I always try to give you a clear picture of our doings here. But to do this completely

analysierten Briefe, vor allem aus Palästina, ist zudem ersichtlich, dass der Zensor einzelne Briefabschnitte schwärzte.

Ist man sich dieser Einschränkungen bewusst, so bieten die familiären Briefkorrespondenzen, die in den folgenden vier Kapiteln für jede Familie im Einzelnen vorgestellt werden, hervorragende Quellen zur Analyse von Emigrationsentscheidungen und -durchführung, da sie das Individuum in den Blick rücken und als zeitgenössisches Dokument nah am Geschehen sind.

Um die Lücken der Briefwechsel zu ergänzen und die darin gefundenen Aussagen zu überprüfen, werden die Korrespondenzen in den biographischen Untersuchungen mit weiterem Quellenmaterial ergänzt. Dadurch entsteht ein möglichst umfangreiches, multiperspektivisches Bild von einzelnen Auswanderungssituationen. Diese Quellen sind Aktenvorgänge aus der Zeit des Nationalsozialismus (Akten des Gewerbeamtes und der Polizeidirektion), Entschädigungs- und Wiedergutmachungsakten aus der Nachkriegszeit, Unterlagen des International Tracing Service (ITS[70]) der zurückgebliebenen und ermordeten Familienmitglieder sowie Oral-History-Interviews und Nachlässe der Emigranten, die bis in die 2000er Jahre geführt bzw. angelegt wurden. Jede dieser Quellenarten hat spezifische Vor- und Nachteile, die jedoch durch die kombinatorische Verwendung aller Materialien ausgeglichen werden können.

Bedauerlicherweise konnten nicht für alle verfolgten Teilgruppen der Münchner Juden Familiennachlässe gefunden werden, so dass speziell die Gruppe der als „Mischlinge" verfolgten Personen mit teils jüdischer, teils „arischer" Abstammung in dieser Arbeit nicht vertreten ist.[71] Diese Schwierigkeit der biographischen Quellenbestände geht einher mit der Problematik, Emigrationsstatistiken zu verzeichnen, welche die „Mischlinge" konkret und separat ausweisen. Insofern musste für diese Arbeit auf die Analyse dieser Teilgruppe verzichtet werden.[72]

Im Folgenden werden die vier in dieser Arbeit untersuchten Familien eingeführt sowie die Quellenlage für jede Familie genannt und beurteilt. Eine Ein-

---

honestly, as you wish, is not possible!" Sabine Schwager, München, an Erwin Schwager, Pittsburgh. Brief vom 18.5.1941. Schwager Family Papers.

70 Heute: Arolsen-Archives (AA)

71 Hinweise auf die Emigration von Mischlingen und Personen in Mischehen finden sich bei Strnad, Maximilian: Privileg Mischehe? Handlungsräume „jüdisch versippter" Familien 1933–1945. Göttingen 2021, insb. Kap. III.2.

72 Ein aufschlussreicher Aufsatz zu Münchner „Geltungsjuden", einer Subkategorie der „Mischlinge", mit Hinweisen zu spezifischen Verfolgungserlebnissen dieser Gruppe ist Schrafstetter, Susanna: „Geltungsjüdische" Jugendliche in München 1938–1945. In: *Münchner Beiträge zur Jüdischen Geschichte und Kultur* 8. Jahrgang, 2014 (2), S. 57–75.

zelvorstellung jedes Familienmitglieds mit einer Skizzierung des individuellen Schicksals sowie spezifischer Probleme bei der Analyse einzelner Familienmitglieder findet sich im Anhang dieser Arbeit.

2.3.2 Kurzvorstellung der vier untersuchten Familien

Die **Familie Blechner**[73] wurde aus zwei Gründen für die vorliegende Analyse ausgewählt. Einerseits lässt sich an ihr beispielhaft aufzeigen, welchen Einfluss eine osteuropäische Herkunft auf die Verfolgungserlebnisse und die Emigrationssituationen von Individuen hatte. Osteuropäische Juden machten mit 12% aller Münchner Juden und 15% aller Münchner Emigranten eine nicht zu übersehende Minderheit der jüdischen Münchner aus, so dass ihr Schicksal spezifisch untersucht werden soll. Andererseits gestaltete es sich schwierig, eine für diese Gruppe beispielhafte Familie mit valider Quellenbasis zu finden. Über die Gründe dafür kann nur spekuliert werden. Die Korrespondenz der Familie Blechner hingegen ist mit einer ausnehmend guten Quellenbasis ein geeigneter Untersuchungsgegenstand für tiefergehende Analysen der Emigration von jüdischen Münchnern osteuropäischer Abstammung. Die Ausführungen zur Familiengeschichte der Blechners stützen sich hauptsächlich auf zwei Quellen: Zum einen ist die zeitgenössische Korrespondenz erhalten geblieben, da sich Nachfahren der Familie ihrer annahmen.[74] Mit Hilfe des Stadtarchivs München wurden die schwer lesbaren Briefe sortiert, transkribiert und kommentiert[75] sowie ins Englische übersetzt. Zum anderen sind die Erlebnisse eines Sohnes der Familie, Salo Blechner, in zahlreichen privaten Videos dokumentiert, die seine Erzählungen sowie eine Reise nach Deutschland festhalten. Auch wenn diese Materialien sich vor allem auf Salos Zeit in den verschiedenen Konzentrationslagern fokussieren, finden sich darin nützliche Hinweise zur Emigrationsthematik, die in der Familienkorrespondenz fehlen.

Auch für die Auswahl der **Familie Cahnmann**[76] waren zwei Gründe ausschlaggebend. Einerseits zeigt sich anhand ihrer acht Familienmitglieder, wie

---

73 Vergleiche ausführlicher *Kapitel 10.2.1* im Anhang.
74 Ein besonderer Dank geht an Anthony Blechner, der sich der Verwaltung der Unterlagen seiner Familie angenommen hat und offen und hilfsbereit auf die Bitte um Zusammenarbeit reagiert hat.
75 An dieser Stelle sei Frau Brigitte Schmidt vom Münchner Stadtarchiv gedankt, deren mühevolle Transkriptions- und Kommentierungsarbeit und deren Nachforschungen zu Einzelfragen entscheidend zur leichten Verwendbarkeit der Blechner-Materialien beigetragen haben.
76 Vergleiche ausführlicher *Kapitel 10.2.2* im Anhang.

unterschiedlich Emigrationsentscheidungen und -wege selbst bei gleicher Herkunft und ähnlicher Prägung sein konnten. Andererseits dient sie als Beispiel einer jüdischen Familie der Oberschicht, die assimiliert, in München stark vernetzt und finanziell gutgestellt war.

Die Quellenlage zur Familie Cahnmann ist außerordentlich gut, was vor allem dem umfassenden Nachlass von Werner Cahnmann im Leo Baeck Institute New York[77] zu verdanken ist. Dort lagert der Großteil der Briefkorrespondenz zwischen den acht Familienmitgliedern, die umfangreiche Einblicke in die Vorgänge rund um deren Emigration gibt. Ebenfalls im LBI NY liegt der Nachlass der Fred Cahnmann Family,[78] der weitere Unterlagen dazu verzeichnet. Fünf der sechs Cahnmann-Geschwister hinterließen außerdem Oral-History-Interviews: Werner bei der Research Foundation for Jewish Immigration,[79] Fred (eigentlich Fritz) und Hans im Rahmen von Projekten, deren Unterlagen im United States Holocaust Memorial Museum (USHMM) aufbewahrt werden,[80] Auguste und Liselotte „Lilo" wurden 1993 von ihrem Neffen Sam Cahnmann privat interviewt.[81] So können die Lücken in den Briefkorrespondenzen oftmals durch Aussagen in den Interviews geschlossen werden.

Die **Familie Goldschmidt**[82] wurde für die vorliegende Analyse ausgewählt, um die Schicksale einer vom Judentum weit entfernten, aber dennoch aus rassischen Gründen verfolgten Familie nachzuzeichnen. Aufgrund der Tatsache, dass letztlich alle vier Familienmitglieder getötet wurden und wichtige Unterlagen, die im Besitz der Goldschmidts waren, im Rahmen ihrer jeweiligen Deportationen verloren gingen, gestaltet sich in ihrem Falle die Quellenlage äußerst schwierig. Zwei Umstände erleichtern die Rekonstruktion ihres Schicksals: Zum einen bewahrte Charlotte Embacher, eine Freundin der Familie, einige Unterlagen und Bilder für die Mädchen auf. Die Eltern Goldschmidt überließen sie ihr 1941 in der Hoff-

---

77 Werner and Gisella Cahnman Collection. Leo Baeck Institute AR 25210.
78 Fred Cahnmann Family Collection. Leo Baeck Institute AR 25508.
79 Oral History Interview with Werner J. Cahman [sic!]. Leo Baeck Institute AR 25385.
80 Das Interview von Fred Cahnmann ist auch auf Youtube verfügbar: Jewish Community Council of Greater Washington: Oral History Interview with Fred Cahnmann. 21.10.1997a. United States Holocaust Memorial Museum RG-50.163.0012. Online verfügbar unter www.youtube.com/watch?v=PfhfdwJYKwg. Zuletzt eingesehen am 1.3.2020. Hans Cahnmanns Interview findet sich unter Survivors of the Shoa Visual History: Oral History Interview with Hans Cahnmann. USHMM RG-50.163.0012.
81 An dieser Stelle sei Sam Cahnmann gedankt, der nicht nur zu Beginn der 1990er Jahre die Geschichten seiner Tanten festhielt, sondern die Tonbänder zur Verwendung in der vorliegenden Arbeit auf eigene Kosten digitalisierte.
82 Vergleiche ausführlicher *Kapitel 10.2.3* im Anhang.

nung, dass wenigstens ihre Töchter nach dem Krieg nach München zurückkehren würden. 1982 entdeckte Charlotte Embacher diese Unterlagen in ihrem Keller wieder. Nachdem ihre Versuche, Verwandte der Familie ausfindig zu machen, scheiterten,[83] händigte sie die Unterlagen dem Münchner Stadtarchiv aus, das sie als Teil der Judaica-Sammlung[84] bewahrt. So blieben Briefe der Familie sowie Fotos erhalten. Stefan Goldschmidts Sohn ergänzte diese Sammlung schließlich um Briefe, die sein Vater aus der Korrespondenz mit seinem Bruder Bernhard aufbewahrt hatte. So können die Emigrationsversuche von Magdalena und Bernhard zumindest in groben Zügen nachvollzogen werden.

Die Deportation der Töchter erfolgte im Rahmen einer Aktion, die sich gegen katholische Juden in den Niederlanden wandte. Zeitgleich mit Annemarie und Elfriede wurde im Nachbarkloster ein weiteres Schwesternpaar verhaftet: Edith und Rosa Stein . Aufgrund der Berühmtheit Edith Steins, einer als Märtyrerin verehrten Katholikin jüdischer Abstimmung, sind die Geschehnisse von Verhaftung bis hin zur Ankunft in Auschwitz gut erforscht[85] und lassen sich analog für die Schwestern Goldschmidt nachvollziehen. Dennoch ist die Quellenlage zur Familie Goldschmidt ungleich schlechter als zu den anderen drei Familien, da es vor allem an persönlichen Materialien mangelt.

Die **Familie Schwager**[86] gehört ebenfalls zu der Gruppe assimilierter jüdischer Familien Münchens. Im Gegensatz zur Familie Cahnmann jedoch zählte sie sich weiterhin zum religiösen Judentum. Die Korrespondenz der Familie Schwager stellt einen herausragenden Quellenfundus dar, was vor allem an einer Besonderheit liegt: Erwin Schwager nahm die Durchschläge seiner Münchner Privatkorrespondenz der Jahre 1936 bis 1938 mit in die Emigration.[87] Dies ist ungewöhnlich, sind doch üblicherweise nur die empfangenen Briefe überliefert. Diese Briefsammlung erlaubt im Rahmen der untersuchten Personen einzigartige Einblicke in die Gedanken- und Erlebniswelt Erwins während der letzten

---

83 Korrespondenzablage T/D – 1 084 926. Schreiben von Charlotte Embacher an das Central Archives of the History of the Jewish People. ITS Digital Archives, 6.3.3.2/111613998. Außerdem Korrespondenzablage T/D – 1 084 926. Schreiben des Central Archives for the History of the Jewish People, Jerusalem, an das Sonderstandesamt Arolsen. ITS Digital Archives, 6.3.3.2/111613997.
84 Heusler et al. 2015, S. 19.
85 Hamans, P. W. F. M.; McInerny, Ralph: Edith Stein and companions. On the way to Auschwitz. San Francisco 2010, Kempner 1968 und Prégardier, Elisabeth; Mohr, Anne; Weinhold, Roswitha: Passion im August (2.–9. August 1942). Edith Stein und Gefährtinnen: Weg in Tod und Auferstehung. Annweiler 1995 (Zeugen der Zeitgeschichte, 5).
86 Vergleiche ausführlicher *Kapitel 10.2.4* im Anhang.
87 Sie werden im Folgenden als Erwin Schwager: Private Correspondence 1936, 1937 und 1938 zitiert.

Jahre in München sowie in den Entscheidungsprozess für die Emigration. Die Gewohnheit, auch die Durchschläge der eigenen Briefe aufzubewahren, gab Erwin nach seiner Emigration auf: So sind – mit Ausnahme einer weniger Kopien von ihm wichtig erscheinenden Nachrichten – die Briefe, die er während seiner Zeit in den USA nach Deutschland schickte, nicht mehr erhalten. Seine Originalbriefe, die von den Eltern fein säuberlich in einem Ordner gesammelt wurden, gingen mit der Deportation und der Versteigerung der Besitztümer von Leopold und Sabine Schwager verloren. So liegen aus der Zeit ab November 1938 nur die Briefe vor, die an Erwin adressiert waren. Die Mehrzahl der Dokumente in dem von Erwin als „Schwager Family Papers" betitelten Ordner stammt aus der Feder seiner Eltern Leopold und Sabine in München, andere von Sabines Bruder Joseph (Pepi) Teller.[88]

Da die Originale zunehmend verwitterten und um die Dokumente im Andenken an seine Eltern auch für seine Nachkommen lesbar zu machen, übersetzte Erwin in den 1980er Jahren die „Schwager Family Papers" ins Englische.[89] Die deutschen Originale wurden aufgrund ihres schlechten Zustandes nach der Übersetzung vernichtet; die „Schwager Family Papers" liegen daher nur in der englischen Übersetzung vor. Erwins Privatkorrespondenz von 1936 bis 1938 ist dagegen im deutschsprachigen Original erhalten. Von ihr fertigte er keine Übersetzung an. Alle genannten Briefkorrespondenzen befinden sich in Privatbesitz der Familie Schwager.[90] Ein weiterer Teil des Nachlasses, eine Kollektion von 2.297 von Erwin geschossenen Fotos aus den Jahren 1932–1938, liegt im USHMM Washington[91] sowie in Kopie im Stadtarchiv München.

2.4 Forschungsstand und Quellenlage

Viele der speziellen Quellen und Forschungsarbeiten zum Thema dieser Arbeit wurden bereits in den vorangegangenen Kapiteln benannt. Die folgenden Ausführungen ergänzen den allgemeinen Forschungsstand zur jüdischen Emigration aus dem nationalsozialistischen Herrschaftsbereich und zur Erforschung der Münchner Situation.

---

88 Diese werden als Schwager Family Papers zitiert.
89 Pittsburgh Holocaust Museum: Oral History Interview with Erwin Schwager.
90 An dieser Stelle geht ein herzlicher Dank an Dianne Schwager, die ihr Haus und ihre Unterlagen für die Verfasserin geöffnet hat und sich auf eine Reise in die Vergangenheit ihrer Familie eingelassen hat, die weit über den Umfang dieser Arbeit hinausgeht. Auch ihrem Bruder Gary Schwager sei hiermit gedankt.
91 Erwin Schwager collection. United States Holocaust Memorial Museum 2017.575.1.

Die ersten wichtigen Forschungsarbeiten zur jüdischen Auswanderung wurden größtenteils von ehemaligen Emigranten verfasst. Sie waren nicht nur als Historiker an der Erforschung, sondern auch als Zeitzeugen an der Festschreibung der Emigrationssituation interessiert. Beispiele für diese Generation an Autoren sind die bereits in *Kapitel 2.2* genannten Autoren Blau[92] und Rosenstock.[93] Auch Kurt Grossmann, dessen Werk „Geschichte der Hitler-Flüchtlinge"[94] aus dem Jahr 1969 zum ersten Standardwerk der jüdischen Emigrationsforschung wurde, gehörte noch dieser Generation an. Diese Arbeiten geben ausführliche Einblicke in verschiedene Aspekte der Emigration und sind gerade in Bezug auf die untersuchten Kollektivmerkmale der Auswanderer detaillierter als spätere Untersuchungen. Sie müssen allerdings in dem Wissen behandelt werden, dass die Autoren ihre eigenen Erlebnisse und subjektiven Erinnerungen in die Arbeiten mit einfließen ließen. So sind diese Arbeiten zugleich Fachliteratur und Quelle.

In den 1960er Jahren gewann die Holocaust-Forschung[95] mehr und mehr an Bedeutung. Dabei rückte zunehmend die nationalsozialistische Vernichtungsmaschinerie in den Vordergrund des Forschungsinteresses. Getrieben wurde diese Entwicklung auch von den großen Prozessen gegen deutsche Kriegsverbrecher, in deren Umfeld weitere Forschungsarbeiten auch zur Emigration der deutschen Juden entstanden.[96] Diese Entwicklung führte dazu, dass die Emigration der deutschen Juden nun als Rettung vor Vernichtung und Tod interpretiert wurde und nun retrospektiv von gewissen Fragestellungen geprägt war. Mit dem Wissen um das Schicksal der Zurückgebliebenen stellte sich die Frage, warum nicht mehr deutsche Juden (früher) emigrierten. Zeitgleich rückte die „Täterforschung" stärker in den Blick, Diese Entwicklung bewirkte im Bereich der Emigrationsforschung eine weitere Fokusverschiebung hin zu der Idee einer fast zwangsläufig anmutenden Vernichtung der Juden, vor der diese sich nur durch eine rechtzeitige Auswanderung hätten retten können.

---

92 Blau 1950.
93 Rosenstock 1956. Außerdem Rosenstock, Werner: Some Facts About the Jewish Refugees. In: A.J.R. (Hg.): Britain's new citizens. The Story of the Refugees from Germany and Austria. London 1951, S. 15–19.
94 Grossmann, Kurt Richard: Emigration. Geschichte der Hitler-Flüchtlinge 1933–1945. Frankfurt am Main 1969.
95 Zu dieser Zeit entstand beispielsweise eines der wichtigsten Standardwerke zum Holocaust: Hilberg, Raul: The Destruction of the European Jews. Chicago 1961.
96 Graml, Hermann: Die Auswanderung der Juden aus Deutschland zwischen 1933 und 1939. In: Institut für Zeitgeschichte München (Hg.): Gutachten des Instituts für Zeitgeschichte. München 1958a (1), S. 79–84.

1980 und 1981 entstand das Standardwerk von Herbert A. Strauss: „Jewish Emigration from Germany. Nazi Policies and Jewish Responses".[97] Es war der Beginn einer neuen Welle der Erforschung der jüdischen Auswanderung während der Zeit des Nationalsozialismus, die sich nun unter anderem mit der Frage nach dem „Gehen oder Bleiben"[98] beschäftigte. In diesen Jahren erlebte auch die Forschung zu Einzelschicksalen der deutschen Juden einen Aufschwung.[99] In den 1990er und 2000er Jahren erschien eine Vielzahl an Forschungsarbeiten zur Emigration, unter anderem von Wolfgang Benz,[100] Susanne Heim[101] und Claus-Dieter Krohn,[102] der auch, zusammen mit Patrik von zur Mühlen und Gerhard Paul, das „Handbuch der deutschsprachigen Emigration 1933–1945"[103] herausgab.

Mit David Jüngers „Jahre der Ungewissheit"[104] wurde 2016 ein weiteres zentrales Übersichtswerk zur Emigration der deutschen Juden veröffentlicht. Jünger stellt der Idee der scheinbaren Übermacht der Täter und der Verfolgungssituation einen Fokus auf Emigrationsplanungen von Organisationen und Individuen entgegen, um stärker zu betonen, wie die jüdische Seite reagierte und welche zeitge-

---

97 Teil I: Strauss 1980, Teil II: Strauss, Herbert A.: Jewish Emigration from Germany. Nazi Policies and Jewish Responses (II). In: *Leo Baeck Institute Yearbook* 26, 1981, S. 343–404.
98 Kwiet, Konrad: Gehen oder Bleiben? Die deutschen Juden am Wendepunkt. In: Pehle, Walter H. (Hg.): Der Judenpogrom 1938. Von der Reichskristallnacht zum Völkermord. Frankfurt am Main 1988, S. 132–145. Später ähnlich Kaplan, Marion A.: Gehen oder Bleiben? In: Kugelmann, Cilly und Rossbach, Signe (Hg.): Heimat und Exil. Emigration der deutschen Juden nach 1933. Frankfurt am Main 2006, S. 31–40, und Hauser 2010.
99 Vergleiche dazu beispielhaft die Gedenkbücher des Bundesarchivs, der Stadt München sowie des Landes Baden-Württemberg. Mehr in *Kapitel 2.2.1.*
100 Benz 1991 und Benz, Wolfgang: Jüdische Flüchtlinge aus dem nationalsozialistischen Deutschland und dem von Deutschland besetzten Europa seit 1933. In: Bade, Klaus J. (Hg.): Enzyklopädie Migration in Europa. Vom 17. Jahrhundert bis zur Gegenwart. Paderborn 2007, S. 715–722.
101 Heim, Susanne: Flüchtlingspolitik und Fluchthilfe. Berlin 1999 (Beiträge zur nationalsozialistischen Gesundheits- und Sozialpolitik, 15); Jungfer, Eberhard; Heim, Susanne; Meyer, Ahlrich; Kahrs, Horst (Hg.): Arbeitsmigration und Flucht. Vertreibung und Arbeitskräfteregulierung im Zwischenkriegseuropa. Oldenburg 1993 (Beiträge zur nationalsozialistischen Gesundheits- und Sozialpolitik, 11) sowie Heim, Susanne; Meyer, Beate; Nicosia, Francis R. (Hg.): „Wer bleibt, opfert seine Jahre, vielleicht sein Leben". Deutsche Juden 1938–1941. Göttingen 2010.
102 Krohn, Claus-Dieter (Hg.): Jüdische Emigration zwischen Assimilation und Verfolgung, Akkulturation und jüdischer Identität. Society for Exile Studies. München 2001 (Exilforschung, 19), und Krohn, Claus-Dieter; Winckler, Lutz (Hg.): Kindheit und Jugend im Exil. München 2006 (Exilforschung, 24).
103 Krohn, Claus-Dieter; zur Mühlen, Patrik von; Paul, Gerhard (Hg.): Handbuch der deutschsprachigen Emigration 1933–1945. Darmstadt 2008.
104 Jünger 2016.

nössischen Diskussionen neben dem „Gehen oder Bleiben" die Debatten prägten. Diese Hinwendung zu einer „Opfergeschichte" und zur Frage nach Handlungsfähigkeit und Reaktionsspektrum der deutschen Juden findet sich auch in weiteren neueren Publikationen.[105] 2017 schließlich folgte mit Hagit Lavskys „The Creation of the German-Jewish Diaspora" ein vorerst letztes großes Werk zur jüdischen Emigration aus dem Deutschen Reich. Auch Lavsky räumt der Frage nach individuellen Entscheidungen im Emigrationsprozess eine zentrale Bedeutung in ihrer Analyse ein. In einem vergleichenden Ansatz nimmt sie die drei wichtigsten Zielländer Palästina, USA und Großbritannien in den 1920er und 1930er Jahren in den Blick und liefert so neue Einsichten in die Emigration der deutschen Juden. Anders als die vorliegende Arbeit jedoch beschränkt Lavsky sich auf die Zwischenkriegszeit. Durch die Analyse der Zielländer nimmt sie einen Blick von außen ein, während die vorliegende Arbeit die Schicksale der jüdischen Bürger einer deutsche Stadt in den Mittelpunkt stellt und die Zielländer nur im Kontext einzelner Emigrationsschicksale von Münchner Juden betrachtet.

Auch für den Münchner Bereich bestimmten die frühen Arbeiten emigrierter Münchner Juden für lange Zeit die Forschungsdiskussion. Neben Werner Cahnmann[106] war dies vor allem Hans Lamm,[107] dessen Dissertationsschrift „Über die innere und äussere Entwicklung des deutschen Judentums im Dritten Reich" zum Standardwerk für die Geschichte der jüdischen Münchner wurde. Sie verzeichnet unter anderem Abschnitte zur Emigration aus der Stadt. Abgesehen von einem Beitrag Ophirs und Wiesemanns zur „Geschichte und Zerstörung der jüdischen Gemeinde in München"[108] finden sich nennenswerte Forschungsarbeiten zur Emigration der Münchner Juden erst wieder in den 2000er und 2010er Jahren.

---

105 Beispielsweise bei Dwork, Deborah: Refugee Jews and the Holocaust. Luck, Fortuitous Circumstances and Timing. In: Heim, Susanne, Meyer, Beate und Nicosia, Francis R. (Hg.): „Wer bleibt, opfert seine Jahre, vielleicht sein Leben". Deutsche Juden 1938–1941. Göttingen 2010, S. 281–198 oder Nicolai, Johann: „Seid mutig und aufrecht!". Potsdam 2014 (Potsdamer jüdische Studien, 1).
106 Cahnman 1941. In Teilen über die Emigration der Münchner Juden auch Cahnman, Werner: Die Juden in München. In: *Zeitschrift für bayerische Landesgeschichte* 42, 1979 (2), S. 403–461. Ebenso, mit Fokus auf die Veränderungen der Münchner jüdischen Gemeinde der post mortem veröffentlichte, aber bereits 1958 geschriebene Artikel Cahnman, Werner: Die soziale Gliederung der Münchener jüdischen Gemeinde und ihre Wandlungen. In: Cahnman, Werner, Marcus, Judith und Tarr, Zoltán (Hg.): Deutsche Juden. Ihre Geschichte und Soziologie. Münster 2005, S. 123–133.
107 Lamm 1951.
108 Ophir, Baruch; Wiesemann, Falk: Geschichte und Zerstörung der jüdischen Gemeinde in München 1918–1945. In: Lamm, Hans (Hg.): Vergangene Tage. Jüdische Kultur in München. München 1982, S. 462–489.

Neben Studien zu Einzelschicksalen[109] und den in *Kapitel 2.2.3* genannten Statistiken zur Emigration brachten Andreas Heusler und Andrea Sinn[110] „ein Münchner Lesebuch" zur Emigration der Münchner Juden heraus, das die Bereiche Vertreibung, Emigration und Neuanfang anhand von Materialien des Stadtarchivs betrachtet. Zur Emigration jüdischer Personen in Mischehen erschien vor kurzem die Dissertation Maximilian Strnads: „Privileg Mischehe?"[111] Ansonsten finden sich zur Auswanderung aus München nur kleinere Beiträge[112] oder die Thematik wird als Teil der Geschichte der Stadt München während des Nationalsozialismus behandelt.[113]

Die Quellenlage zur Emigration wurde in den *Kapiteln.2.2* für die statistische Analyse sowie in.*2.3* für die Familienbiographik bereits benannt. Die für jede Familie spezifischen Quellen sind in den jeweiligen Absätzen des *Kapitels 2.3.2* vermerkt.

Familienübergreifend füllen außerdem Einzelakten aus den Beständen des Staatsarchivs München (Polizeidirektion, Steuerakten, Ober- und Bezirksfinanzdirektion und Wiedergutmachungsbehörde I für Oberbayern), des Bayerischen Hauptstaatsarchivs (LEA-Akten) und des Stadtarchivs (Leihamt, Gewerbeamt – Arisierung) die Lücken in der Nachverfolgung der Einzelschicksale aller 22 Familienmitglieder. Insgesamt ist die Quellenlage für die männlichen Familienmitglieder besser als für die Frauen der Familien, was nicht weiter überrascht, da die Männer als Haushaltsvorstände oftmals steuerliche und Verwaltungsangelegenheiten abwickelten. Einige wenige Informationen zu den Ehefrauen finden sich in den Akten der Ehemänner.

Für eine generelle Analyse der Verfolgungssituation in München wurden die Bestände Gestapo, NSDAP und Spruchkammern des Staatsarchivs, die Bestände

---

109 Beispielsweise von Heusler, Andreas (Hg.): „Ich lebe! Das ist ein Wunder". Das Schicksal einer Münchner Familie während des Holocaust. München 2001 über die Familie Blechner. Sammelbände über mehrere Schicksale unter anderem Kastner, Wolfram P. (Hg.): Auf einmal da waren sie weg. Stamsried 2004, oder Kastner, Wolfram; Baumann, Günther (Hg.): Hier wohnte. München 2013.
110 Heusler et al. 2015.
111 Strnad, Maximilian: Privileg Mischehe? Handlungsräume „jüdisch versippter" Familien 1933–1945. Göttingen 2021.
112 So beispielsweise bei Häntzschel, Hiltrud: „Flucht vor Hitler". Zur Emigration aus München. In: Hajak, Stefanie und Zarusky, Jürgen: München und der Nationalsozialismus. Menschen. Orte. Strukturen. Berlin 2008, S. 185–204, oder Schelpmeier, Holger: Die deutschen Juden zwischen Auswanderungsdruck, fiskalischer Ausplünderung bei der Emigration und restriktiver Aufnahmepolitik der Zufluchtsländer. In: Macek, Ilse (Hg.): Ausgegrenzt – entrechtet – deportiert. Schwabing und Schwabinger Schicksale 1933–1945. München 2008, S. 561–577.
113 So beispielsweise immer wieder in diversen Beiträgen bei Lamm 1982.

Reichsstatthalter und Staatskanzlei des Bayerischen Hauptstaatsarchivs und die Bestände Polizeidirektion und Nachlass Meister des Münchner Stadtarchivs hinzugezogen. Unterlagen der Archive Yad Vashem in Jerusalem, des Center for Jewish History in New York sowie des USHMM in Washington ergänzen das für diese Arbeit verwendete Quellenmaterial.

3 Die Migrationsbewegungen der Münchner Juden

3.1 Anfangsbemerkungen

Die Auswanderung an sich, also das Verlassen des Heimatlandes, war nur eine Migrationsoption. Sie wird im Folgenden in *Kapitel 3.2.2 Auswanderung* in ihrer Gesamtausprägung genauer betrachtet, sowie in *Kapitel 4* im zeitlichen und räumlichen Verlauf detailliert in den Blick genommen. Von dieser unterscheidet sich die Binnenmigration (*Kapitel 3.2.1*), in deren Fall das Migrationsziel noch innerhalb der Grenzen des eigenen Landes lag. Insgesamt machten diese beiden Gruppen einen Anteil von knapp über der Hälfte (51%) der Münchner Juden aus (siehe Tab. 1). Die andere Hälfte (49%) blieb in München zurück. Das Schicksal dieser Zurückbleibenden soll der Vollständigkeit halber mit aufgeführt sein, um einen Gesamtüberblick über die Datenlage des Stadtarchivs zum 31.12.2018 zu geben.

Eine Form der Migration, die vor allem zeitgenössisch viel Aufmerksamkeit erregte, war die sogenannte Rückwanderung. Dieser Begriff wird im Kontext der jüdischen Migration aus dem Deutschen Reich für zwei unterschiedliche Phänomene verwendet: die „Rückkehr" osteuropäischer Juden in die Länder ihrer Staatsangehörigkeit sowie die Rückkehr deutscher Emigranten in das Reich. Sie werden in *Kapitel 3.2.3* getrennt voneinander analysiert.

Tab. 1: Überblick – Die Lebenswege der Münchner Juden

Personen	Anzahl	in %	Anzahl	in %
Emigranten			6.663	46,4%
Binnenmigranten			677	4,7%
Zurückbleibende			7.009	48,8%
davon Deportierte	4.033	28,1%		
„natürlicher" Tod in München	1.555	10,8%		
Überlebende in München	516	3,6%		
Suizide in München	272	1,9%		
Überlebende der Deportationen	24	0,2%		
Ungeklärtes Schicksal	609	4,2%		
Der Forschung bekannte Münchner Juden			**14.349**	**100%**

3.2 Formen der Migration

3.2.1 Binnenmigration

Binnenwanderung als eine Art der Migrationsbewegung der jüdischen Deutschen verlief während der 1930er und frühen 1940er Jahre zeitgleich mit der Auswanderung.[1] Dabei war die Binnenmigration kein neues Phänomen: Stadt-Land-Verschiebungen oder Umzüge zwischen größeren deutschen Städten hatte es zu allen Zeiten gegeben. Die Gruppe der jüdischen Deutschen war in höherem Maße urbanisiert als die deutsche Bevölkerung insgesamt. Der Höhepunkt dieses Urbanisierungsprozesses lag, reichsweit wie in Bayern, in der Mitte des 19. Jahrhunderts. Im Jahr 1890 waren 28% der Münchner jüdischen Bevölkerung ursprünglich in bayerischen Landgemeinden geboren, der Anteil der gebürtigen Münchner Gemeindemitglieder lag mit 35% nur geringfügig höher.[2] Noch 1933 waren erst 38% der Münchner Juden in der bayerischen Landeshauptstadt gebürtig, über 44% kamen aus dem übrigen Deutschland.[3] Die Stadt-Land-Wanderung hatte so gewichtigen Anteil am Wachstum der jüdischen Stadtgemeinde.

Trotz der massiven Zuzüge in die bayerischen Städte war der Urbanisierungsgrad der bayerischen Juden weiterhin niedriger als der der Reichsjuden.[4] Wie in Baden und Württemberg war in Bayern das sogenannte Landjudentum stärker vertreten. Während in vielen deutschen Ländern große jüdische Gemeindezentren entstanden, verteilten sich die bayerischen Großstadtjuden auf drei Städte: München, Augsburg und Nürnberg. In der Landeshauptstadt lebten 1933 nur etwa 21,5% aller bayerischen Juden.[5] Ein Großteil der jüdischen Bevölkerung Bayerns lebte hingegen in einer Vielzahl kleiner und mittlerer Orte.

---

[1] Strauss 1980, S. 324, S. 324.
[2] Blau 1950, S. 173. Zu ähnlichen Zahlen kommt Werner Cahnmann für die jüdische Gemeinde Münchens im Jahre 1938: Während ca. 34% aller Münchner Juden in der Stadt gebürtig waren, stammten etwa 25% aus anderen Orten in Bayern (Stadt und Land). Siehe Cahnman 1941, S. 289.
[3] Blau 1950, S. 174f. „Das übrige Deutschland" beinhaltet Stadt- und Landgemeinden, jedoch dürfte der Schwerpunkt auf den Zuzügen vom Land gelegen haben. Auch alle drei deutschstämmigen Familien dieser Untersuchung weisen Binnenmigrationen um die Jahrhundertwende auf: Leopold Schwager zog 1910 aus der Oberpfalz zu, Sabine Schwager wuchs in einem böhmischen Dorf auf, Sigwart Cahnmann entstammte einer baden-württembergischen Landjudenfamilie und Bernhard Goldschmidt kam als Kind aus Nürnberg in die bayerische Hauptstadt.
[4] Blau 1950, S. 286f. Während 1933 der Reichsschnitt für den Anteil der Juden, die in Städten über 100.000 Einwohner lebten, bei etwa 70% lag, galt dies nur für 49,5% aller bayerischen Juden.
[5] Blau 1950, S. 156. Hier vor allem die Teilstatistik: „Die Juden in den Regierungsbezirken Bayerns".

Für die Zeit ab 1933 lassen sich zwei Veränderungen im Ablauf der Binnenwanderung feststellen: Einerseits beschleunigte sich das Tempo erheblich, andererseits nahm die Verstädterung als Teilphänomen der Binnenwanderung stark zu.[6] Vor diesem gesamtdeutschen Hintergrund ist Tabelle 2 zu betrachten. Zur besseren Übersichtlichkeit ist eine kalkulatorische Bilanz mit angegeben.

Diesem Trend für München[7] widersprechen die meisten Angaben zur gesamtdeutschen Binnenmigration in der Literatur, beispielsweise bei Rolf Vogel, der die Binnenwanderung aus Hessen „im ersten Viertel des Jahres 1937 (...) größer als die Auswanderung, und die Binnenwanderung aus Bayern, Baden, Hessen und Württemberg insgesamt (...) nur um ein Drittel geringer als die gesamte Auswanderung aus jenen Ländern"[8] schätzt. Derartige Angaben beruhen jedoch größtenteils auf Schätzungen. Fundierte Analysen waren aufgrund fehlender Quellen bislang jedoch nicht möglich.

Die Migrationsbilanz der Jahre 1933–1945 für München ist durchweg negativ – jedes Jahr verließen also mehr jüdische Bürger die Stadt, als durch Zuzüge aus dem Reich und dem Ausland neu aufgenommen wurden. Bis in die letzten Jahre der NS-Herrschaft hinein blieben die Bilanzsummen so signifikant, dass auch jene Zuzüge dieses Ergebnis aller Wahrscheinlichkeit nach nicht maßgeblich verändern, die sich aufgrund der schwierigen Quellenlage nicht mehr ermitteln lassen.

---

6 Birnbaum, Max: Binnenwanderung als Etappe der Auswanderung. In: *Der Morgen: Monatsschrift der Juden in Deutschland* 13. Jahrgang, Februar 1938 (11), S. 460–465, hier S. 461: „Während aber 1933 in dieser Gemeindekategorie, d.h. in den Mittel- und Großgemeinden, rund 74% der jüdischen Gesamtbevölkerung wohnten, sind es heute [Anfang 1938] rund 84%. Davon leben wiederum die meisten, nämlich 63% der jüdischen Gesamtbevölkerung, in den sieben Gemeinden mit mehr als 5.000 Seelen (...); 1933 waren es nur 55%."
7 In dieser Statistik ist allerdings zu beachten, dass die Definition des Begriffs „Münchner", wie in *Kapitel 2.2.2* bereits erklärt, eine Verzerrung der Daten bedingt: Personen, die weniger als zwölf Monate in München blieben, und somit auch ihre Zuzüge und Wegzüge, wurden nicht verzeichnet. So bleibt die Statistik auf beiden Seiten, und folglich auch in der Bilanz, unvollständig. Auf eine dennoch gute Reliabilität der Statistik deuten zwei Faktoren hin: Zum einen stellt Sauer für die Zuzüge nach Baden-Württemberg eine sehr ähnliche prozentuale Verteilung über den Verlauf der zwölf Jahre der NS-Herrschaft fest. Vgl. Sauer 1968, S. 359. Wenn also auch die absolute Höhe des Zuzugs nach München nur eine Art Minimalangabe darstellt, scheint doch der Verlaufstrend relativ reliabel zu sein. Zum anderen stimmen die Trendlinien des Zuzugs in Datenbank und Cahnmann-Statistik, wenn auch nicht der Gesamtanteil, überein. Während die Datenbank mit 677 Binnenmigranten einen Anteil von 9% am Gesamtwegzug aus München konstatiert, misst Cahnmann (Cahnman 1941, S. 298. Entsprechend auch Hanke 1967, S. 174) einen Anteil von 12% (444 Binnenmigranten) an seinem Gesamtsample. In beiden Fällen überwiegt die Auswanderung aus dem Deutschen Reich die Binnenmigration bei weitem.
8 Vogel, Rolf: Ein Stempel hat gefehlt. München 1977, S. 41.

Tab. 2: Überblick – Münchner Migrationsbilanz

Jahr	Binnenmigration				Emigration (-)		Bilanz
	Zuzug (+)		Wegzug (-)				
1933	139	7,8%	91	13,4%	646	9,7%	-598
1934	236	13,2%	64	9,5%	369	5,5%	-197
1935	194	10,9%	46	6,8%	379	5,7%	-231
1936	217	12,2%	55	8,1%	581	8,7%	-419
1937	171	9,6%	77	11,4%	502	7,5%	-408
1938	370	20,7%	89	13,1%	1.110	16,7%	-829
1939	218	12,2%	91	13,4%	2.354	35,3%	-2.227
1940	44	2,5%	60	8,9%	325	4,9%	-341
1941	24	1,3%	44	6,5%	156	2,3%	-176
1942	13	0,7%	32	4,7%	15	0,2%	-34
1943	3	0,2%	12	1,8%	2	0,0%	-11
1944	2	0,1%	13	1,9%			-11
1945	1	0,1%	3	0,4%			-2
Unbekannt	154	8,6%			224	3,4%	-70
Gesamt	**1.786**	**100%**	**677**	**100%**	**6.663**	**100%**	**-5.554**

Anhand des prozentualen Abgleichs der Bedeutung einzelner Jahre für die Gesamtzahl der Binnenwanderung bzw. Emigration wird deutlich, dass beide Migrationsprozesse in Wellen vonstattengingen. Beide Prozesse zeigten neben einem Anfangshoch 1933 vor allem Höhepunkte in den Jahren 1938 und 1939. Während die Emigration eine deutliche Spitze in diesen beiden Jahren aufwies, verlief die Binnenmigration insgesamt gleichmäßiger. Sie war in den früheren Jahren stärker ausgeprägt und fiel in den 1940er Jahren langsamer aus. Eine genauere Betrachtung der chronologischen Entwicklung der Binnenmigration ist nötig, um dieses Phänomen zu erklären.

Der Zuzug nach München ist in den Jahren bis 1938 fast durchweg prozentual stärker ausgeprägt als der Wegzug. Dies liegt in den Unterschieden der Verfolgungsintensität in verschiedenen Städten des Reichs sowie im Vergleich der Land- mit den Stadtgemeinden begründet. So konnte anstatt des Verlassens des Landes auch ein Umzug innerhalb des Reichs zur Erleichterung der individuellen Verfolgungssituation beitragen. In den Kleingemeinden, in denen die jüdischen Dorfbewohner weithin bekannt waren, traf der Verfolgungsdruck die Juden in der Regel schneller und stärker als in der anonymen Großstadt. Hinweise darauf finden sich in vielerlei Zeugenberichten. Im Juli 1933 wurde dem American Jewish Joint Distribution Committee (kurz Joint) in New York über die Lage in den deutschen Städten und Dörfern berichtet: „Many Jews are leaving the smaller villages and going to the larger towns and communities, for greater security and the feeling of companionship."⁹

Auch die aus dem baden-württembergischen Laupheim stammende Hertha Nathorff berichtet in ihrem Tagebuch, dass bereits im August 1933 die Atmosphäre im Süden Deutschlands ungleich angespannter und veränderter war als in ihrer Heimatstadt Berlin.¹⁰ Den Münchner Juden entging die schwierige Lage der Dorfjuden ebenfalls nicht: Werner Cahnmann, der zu dieser Zeit als Syndikus des Centralvereins in München für die umgebenden Landgemeinden zuständig war, sah Krisenschwerpunkte vor allem in den fränkischen Dörfern, die unter dem Einfluss des in Nürnberg wirkenden, radikal antisemitischen Gauleiters Julius Streicher standen. Cahnmanns Ansicht nach ging es vor allem in Mittelfranken nur mehr um „Rückzugsgefechte" und eine „Verzögerungstaktik", da es dort für wirksame Hilfen bereits zu spät war.¹¹ Diese Entwicklungen konstatierte nicht nur die jüdische Seite, wie eine Anfrage des Ansbacher Stadtrats an die Münchner Kollegen vom Sommer 1934 sowie deren Antwort belegen:

> In letzter Zeit hat ein verstärkter Zuzug von Juden aus kleineren Gemeinden eingesetzt, die sich dort vermutlich nicht mehr halten können und deshalb mehr die Städte aufsuchen. (...) Wir ersuchen um baldgefl. Mitteilung, ob dort [München] gleichfalls derartige Wahrnehmungen gemacht worden sind.¹²

> Beobachtungen über einen verstärkten Zuzug von Juden nach München wurden in der letzten Zeit nicht gemacht. Nach den hier vorhandenen Aufstellungen trat seit 1.2.33 eine merkliche Abwanderung der Juden aus München ein. Diese konnte durch den verhältnismäßig geringen Zuzug bei weitem nicht aufgehoben werden.¹³

Noch waren derartige Entwicklungen in München also nicht bekannt; die Polizeidirektion München bestätigte mit ihrer Aussage vielmehr die statistisch festgestellte negative Wanderungsbilanz. Im folgenden Jahr jedoch kam es aufgrund erneut aufflammender Verfolgungsmaßnahmen¹⁴ zu einem reichsweiten Erstar-

---

9 File 626: General Summary on the German Situation. 31.7.1933. JDC NY AR193344.
10 Nathorff, Hertha: Das Tagebuch der Hertha Nathorff. Berlin – New York. Aufzeichnungen 1933 bis 1945. München 1987 (Schriftenreihe der Vierteljahrshefte für Zeitgeschichte, 54), S. 49.
11 Cahnman 1982, S. 52. Ähnlich Erwin Schwager: PHM: Oral History Interview mit Erwin Schwager.
12 Stadtrat, Ansbach, an den Stadtrat, München. Brief vom 12.6.1934. StadtAM PolDir 7006 (Juden).
13 Polizeidirektion, München, an den Stadtrat, Ansbach. Schreiben vom 24.7.1934. StadtAM PolDir 7006 (Juden).
14 Belege für eine sich verschärfende Verfolgungssituation im Sommer 1935 finden sich unter anderem in File 629: Kahn, Bernhard: On the situation of the Jews in Germany. 10.11.1935. JDC NY

ken der Binnenmigration Richtung Städte, so beispielsweise im Oktober 1935 in den Bereichen Frankfurt/Wiesbaden und Berlin.[15] Bei der Untersuchung reichsweiter Quellen fällt vor allem auf, dass 1935 erstmals auch davon die Rede war, dass die unsichere ökonomische Lage der Landjuden zum Haupttreiber der Wanderung wurde.[16] Langsam begannen auch nationalsozialistische Stellen, sich mit der stärker werdenden Binnenmigration zu beschäftigen. „Die Judenabteilung der Gestapo forderte in ihren ‚Vorschlägen zur Lösung der Judenfrage' im September 1935, das Gesetz über die Freizügigkeit zu ändern".[17] Neben einem Verbot der Binnenwanderung, das angedacht, aber nicht umgesetzt wurde, sollte auch eine Zählung der Migranten – sowohl der innerdeutschen als auch der Auswanderer – Klarheit über das Ausmaß der Situation schaffen. Der Jahresbericht des Zentralausschusses der deutschen Juden aus dem Jahre 1935 berichtet erstmals auch von Zuzugssperren in Berlin, Hamburg und Frankfurt,[18] offensichtlich fanden einzelne deutsche Städte also eigenständige Lösungen für dieses drängende Problem. Gleichzeitig wurde die Betreuung von Binnenmigranten auch für die jüdischen Organisationen eine immer wichtigere Aufgabe.[19]

Unter den Münchner Juden sorgte im August 1935 die Verdrängung der Juden aus dem Kurort Bad Tölz für Unruhe. Ein Kurhotel, das sich in jüdischem Besitz befand, wurde zur Schließung gezwungen und jüdischen Kurgästen wurde zu verstehen gegeben, dass ihre Anwesenheit unerwünscht sei. Die Tölzer Juden „bereiteten ihren Wegzug vor",[20] viele gingen nach München. Doch trotz dieser in den Schriftquellen nachweisbaren Verstärkung der Binnenmigration bilden die

---

AR193344, und in: Nach den Nürnberger Reichstagbeschlüssen (Die Lage der deutschen Juden, Ende September 1935). YV P.13 Benjamin Sagalowitz Archive.
15 File 74: Correspondence concerning the prohibition of Jews from the rural cities to move to the city of Frankfurt. USHMM Central Historical Commission: Nazi Documentation – Munich Municipality M.1.DN.
16 So beispielsweise für Mecklenburg: Dok. 157: Der Centralverein deutscher Staatsbürger jüdischen Glaubens berichtet am 22. März 1935 über antijüdische Vorfälle in mecklenburgischen Gemeinden. In: Aly 2008a, S. 421. Für einen Überblick über die gesamtdeutsche Situation: Nach den Nürnberger Reichstagbeschlüssen (Die Lage der deutschen Juden, Ende September 1935). YV P.13 Benjamin Sagalowitz Archive. Für die Situation der bayerischen Gemeinden nochmals Cahnman 1982, S. 57.
17 Heim 1993, S. 57.
18 Übereinstimmend so auch: Nach den Nürnberger Reichstagbeschlüssen (Die Lage der deutschen Juden, Ende September 1935). YV P.13 Benjamin Sagalowitz Archive.
19 Arbeitsbericht des Zentralausschusses fuer Hilfe und Aufbau bei der Reichsvertretung der Juden in Deutschland für das Jahr 1935. Zentralausschuss: Arbeitsbericht 1935. LBI MF 1060, S. 37.
20 File 176: Monatsbericht. August 1935. YV O.51 Documentation of the Staatsarchiv Muenchen (Munich State Archives).

Münchner Statistiken keine Erhöhung des Zuzugs nach München ab. Im Gegenteil: Der Zuzug sank im Jahr 1935 um etwa ein Fünftel im Vergleich zum Vorjahr ab. Über die Gründe dieser Entwicklung lässt sich nur spekulieren: Entweder wurde das tatsächliche Ausmaß der Binnenmigration von nationalsozialistischer und jüdischer Seite aus überschätzt oder die beschriebene Lücke in der Datenbasis bildet das tatsächliche Ausmaß des Zuzugs nach München nicht ab. Dies würde jedoch bedeuten, dass ein Großteil der Zuzügler innerhalb eines Jahres München wieder verlassen hätte. Denkbar ist auch, dass die Entwicklung in München erst verzögert einsetzte. Der statistische Aufschwung der Binnenmigration im Jahr 1936 legt diese Vermutung nahe; sie widerspräche jedoch den Beschreibungen Cahnmanns und Nathorffs, die die Situation in den süddeutschen Landgemeinden schon ab 1933 als vergleichsweise schwierig beschreiben. Für eine Auflösung dieses Widerspruchs stehen keine geeigneten Quellen zur Verfügung. Zudem muss eine rein münchenbezogene Betrachtung der Binnenwanderungsstatistiken zwangsläufig lückenhaft bleiben, da auch andere Städte Ziele innerdeutscher Migrationsbewegungen waren.

In den folgenden Jahren beruhigte sich die Verfolgungslage etwas, die zuvor bereits begonnene Trendwende des Wegzugs der Landjuden aus ihren Gemeinden wurde im Großen und Ganzen jedoch fortgeführt. Immer mehr Landgemeinden schrumpften oder verschwanden. So wurden allein 1936 vier der bayerischen Gemeinden aufgelöst.[21] Die Wanderfürsorgestellen des Hilfsvereins unterstützten mehr und mehr Binnenmigranten.[22] 1937 war die Gesamtzahl der jüdischen Gemeinden im Reich von 1600 auf 1400 gesunken. Von der einstmals 500.000 Seelen starken deutsch-jüdischen Gemeinschaft befanden sich noch etwa 350.000 Personen im Reich.[23] 85% davon lebten in den 53 größten jüdischen Gemeinden, nur noch 15% verteilten sich auf etwa 1350 Klein- und Kleinstgemeinden.[24] Ein echter Strukturwandel griff um sich. Binnenmigration war mittlerweile nicht nur durch Push-Faktoren wie die Verfolgungssituation motiviert, sondern auch durch Pull-Faktoren wie die Entstehung eines innerjüdischen Ausbildungssystems, in dem Jugendliche und junge Erwachsene in Ausbildungszentren – die oftmals in Städten lagen – auf ihre Auswanderung vorbereitet wurden. Auch das in den Nürnberger Gesetzen festgeschriebene Verbot zur Beschäftigung von „arischen"

---

21 Zentralausschuss: Arbeitsbericht 1936. LBI MF 1060, S. 9.
22 Zentralausschuss: Arbeitsbericht 1936. LBI MF 1060, S. 58.
23 Lamm 1951, S. 115.
24 Adler-Rudel, Salomon: Jüdische Selbsthilfe unter dem Naziregime 1933–1939 im Spiegel der Berichte der Reichsvertretung der Juden in Deutschland. Tübingen 1974 (Schriftenreihe wissenschaftlicher Abhandlungen des Leo-Baeck-Instituts, 29), S. 150f.

Hausangestellten unter 45 Jahren sorgte für einen Anstieg der innerdeutschen jüdischen Migrationsbewegung.[25]

Seit dem Beginn des Jahres 1937 wurden nun auch Statistiken über die jüdische Wanderung geführt. Im ersten Quartal 1937 verzeichnete die Reichsvertretung reichsweit 2.823 Binnenmigranten,[26] also etwa 0,8% der sich im Deutschen Reich befindenden Juden. München verzeichnet im ersten Quartal 1937 43 Binnenmigrationen (28 Zuzüge sowie 15 Wegzüge), was einen Anteil von etwa 0,4% der sich zu diesem Zeitpunkt in München befindenden Juden ausmacht. Wieder weist die Statistik zur Münchner Binnenmigration deutlich niedrigere Zahlen aus als Vergleichsstatistiken. Möglicherweise war die Binnenmigration im Süden des Reichs tatsächlich weniger stark ausgeprägt als im Norden. Für die Hauptstadt etwa unterstreicht Adler-Rudel, dass

> in Bezug auf Berlin (...) die Zusammensetzung der jüdischen Bevölkerung von 140.000 Ende 1937 völlig anders war als die von 160.000 im Jahre 1933; eine starke Welle von Binnenwanderung hatte viele Juden aus kleinen und kleinsten Gemeinden nach Berlin gebracht und so die große Zahl der ausgewanderten Juden wieder in gewissem Maße ausgeglichen[27]

Ab 1938 jedoch stieg auch in München die Zahl der Zuzüge deutlich an, folgt man den Daten des Münchner Stadtarchivs. Werner Cahnmann, dessen Statistiken nur bis Mai 1938 reichen, sah diese Entwicklung vorher:

> Es ist zu vermuten, aber schwer zu beweisen, daß die Zuwanderung aus den Landorten erst nach 1935 und möglicherweise erst nach 1938 größeren Umfang annahm. Nach 1938 war die Gestapo aktiv an Zuwanderung dieser Art interessiert, um die Auswanderung auf diesem Umweg vorwärts treiben zu können.[28]

Die Übereinstimmung der statistischen Ergebnisse des Münchner Stadtarchivs und Cahnmanns Vermutung zur künftigen Entwicklung sowie die Aussage Adler-Rudels weisen darauf hin, dass München sich bezüglich der Binnenmigration möglicherweise in einer besonderen Situation befand. Eindeutig nachweisen lässt sich dies nicht.

---

25 Zentralausschuss: Arbeitsbericht 1936. LBI MF 1060, S. 27. Durch die erzwungene Entlassung „arischer" Hausangestellter wurden reichsweit viele Stellen frei, für die jüdische Mädchen und Frauen vom Lande oder aus anderen deutschen Städten angeworben wurden. So entstand eine jüdische Binnenmigrationsbewegung, die verstärkt weibliche Züge aufwies.
26 Zentralausschuss: Arbeitsbericht 1936. LBI MF 1060, S. 24.
27 Adler-Rudel 1974, S. 152.
28 Cahnman 1982, S. 64.

Im Laufe der 1930er Jahre wurde die Binnenwanderung zu einem bekannten Migrationsphänomen, dessen Auswirkungen eine breite jüdische Öffentlichkeit interessierten. Dieses Interesse zeigen zwei bemerkenswerte Zeitungsartikel: zum einen ein Artikel in der *New York Times* im Mai 1938,[29] also weit über die deutschen Grenzen hinaus, zum anderen der ausführliche Artikel Max Birnbaums vom Februar 1938 in der deutsch-jüdischen Zeitschrift *Der Morgen*.[30] Er betonte die Ungleichheit in der Entwicklung der Groß- und Kleingemeinden: Während die einen durch hohe Zu- und Wegzüge insgesamt nur geringe Rückgänge, dafür aber einen bemerkenswerten Austausch an Gemeindemitgliedern aufwiesen,[31] gehe die Zahl der Bevölkerung in den Kleingemeinden stärker zurück als im Reichsdurchschnitt. Diese „Verkümmerung der Klein- und Mittelgemeinden" bei gleichzeitiger „Auflösung der Kleinstgemeinden"[32] gehe in augenfälligem Tempo vor sich. Gleichzeitig sah Birnbaum eine Trendwende im weiteren Schicksal der in die Städte Zugewanderten. Während zuvor in der Regel versucht wurde, in der Stadt eine neue Existenz aufzubauen, betrieben die neuerdings Zugezogenen in der Regel ihre Auswanderung.

> Das ist heute [1938] die Regel. Es handelt sich für viele Gebiete um ein geradezu typisches Bild: der Liquidation der bisherigen Existenzgrundlage in der Klein- und Mittelgemeinde folgt zunächst die Übersiedlung in die nächste größere Gemeinde. Hier kann die Abwicklung der wirtschaftlichen Transaktion erfolgen, hier sind durch die Einrichtungen des Hilfsvereins und des Palästinaamts die Möglichkeiten gegeben, die Auswanderung gründlich und sachlich vorzubereiten und einige Monat später ist der Zugezogene zu einem Auswanderer geworden.[33]

Diese Aussage lässt sich anhand der Münchner Datenbank überprüfen. Tatsächlich sinkt der Anteil der Emigranten an den Zuwanderern eines jeden Jahres kontinuierlich ab (siehe Tab. 18).[34] Während von den Zuwanderern des Jahres 1933 noch 56% emigrieren, sind es 1938, dem Jahr der Veröffentlichung des Artikels, nur noch 32%. Im Folgejahr sinkt der Anteil auf nur mehr 11%. Das starke Absinken in kurzer Zeit ist durch eine genauere Analyse erklärbar. Bezieht man neben der Frage, welche Zuwanderer später emigriert sind, auch das Jahr der Emigration mit ein, zeigt sich, dass der Großteil der während der 1930er Jahre nach München Zugezogenen entsprechend der gesamten Münchner Emigration hauptsächlich

---

29 10 big Reich cities lose 40% of Jews. In: *New York Times*, 15.05.1938.
30 Birnbaum 1938, S. 460f.
31 So auch Rosenstock 1956, S. 383f. Ähnlich Adler-Rudel 1974, S. 152.
32 Birnbaum 1938, S. 462.
33 Birnbaum 1938, S. 463f.
34 Die entsprechende Tabelle mit den Daten aller Jahre ist im Anhang unter Tabelle 18: Emigrationsrate der Zuzügler nach München zu finden.

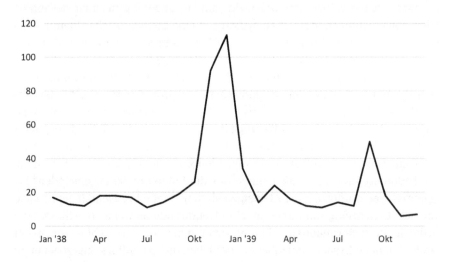

Abb. 2: Zuzüge von Juden nach München 1938/39

in den Jahren 1938 und 1939 emigriert. So wird deutlich, dass die später Zugezogenen analog zu den Münchner Juden, die erst spät den Entschluss zur Migration fassten, ihre Auswanderung unter immer weiter erschwerten Bedingungen zu vollziehen hatten und die Wahrscheinlichkeit einer erfolgreichen Umsetzung der Emigrationspläne stetig sank.

Im Vergleich wird erkennbar, dass der Wert von insgesamt 40% Emigranten unter den nach München Zugezogenen weit unter dem Wert Paul Sauers für Baden-Württemberg (58%) liegt. Unterschiede finden sich vor allem in den Emigrationsjahren 1937 und 1938. Es scheint, als hätten die Zuwanderer Münchens erst später ihre Weiterwanderung im Sinne einer Emigration betrieben, weshalb sie dann ihre Auswanderungsversuche unter sich ständig verschlechternden Ausgangsbedingungen durchführen mussten.

Wie Hertha Nathorff eindringlich beschreibt, war bereits im Frühjahr 1938 die Lage in den Landgemeinden sehr angespannt.[35] Leider existieren keine umfassenden statistischen Unterlagen über die Auflösung der jüdischen Gemeinden,[36] so dass ein genauer Verlauf der Entwicklung vor dem Jahr 1938 nicht nachgezeichnet werden kann. Stattdessen sollen die beiden Jahre 1938 und 1939 in Hin-

---

35 Nathorff 1987, S. 106. Tagebucheintrag vom 24.4.1938.
36 Adler-Rudel 1974, S. 156.

blick auf die zeitliche Verteilung der Zuwanderung nach München noch genauer untersucht werden, da sie die Jahre der stärksten Zuwanderung waren. Zu diesem Zweck wurden die Zuzüge nach München nach Monaten sortiert graphisch aufbereitet (siehe Abb. 2). Es zeigt sich klar, dass die Mehrzahl der Zuzüge des Jahres 1938 auf die Monate November und Dezember entfallen. Noch deutlicher wird das Ergebnis, wenn man die Zuzüge des Novembers auf die einzelnen Tage verteilt betrachtet: 81 der 92 Zuzüge sind ab dem 10. des Monats zu verzeichnen.

In dieser Statistik zeichnen sich die Auswirkungen des Novemberpogroms, des deutschlandweiten, staatlich gelenkten Gewaltausbruchs gegenüber jüdischen Bürgern in der Nacht vom 9. auf den 10. November 1938, in aller Deutlichkeit ab (siehe auch Tab. 19).[37] Großstädte erschienen nach den Gewaltexzessen dieser Nacht als die sicherere Umgebung, so dass sich viele Juden freiwillig nach München begaben, um bei Freunden oder Verwandten Unterschlupf zu finden.[38] Anderen wurde, wie den Dachauer Juden, von nationalsozialistischer Seite „dringend angeraten", nicht in ihre Häuser zurückzukehren, sondern sich nach München zu begeben.[39] Gleichzeitig jedoch versuchten die Behörden der größeren Städte, den Zuzug aus dem Umland einzuschränken. So veranlasste Nürnberg „Vorkehrungen (...), um jeglichen Zuzug von auswärtigen Juden nach der Stadt der Reichsparteitage zu verhindern.".[40] Auch in München setzte der Kreisleiter der NSDAP den Vorsitzenden der jüdischen Gemeinde, Dr. Alfred Neumeyer, unter Druck, weiteren Zuzug von „Rassegenossen" nach München zu verhindern.[41]

Der Münchner Oberbürgermeister unterstützte diese Forderung: „Die Hauptstadt der Bewegung lehnt es entschieden ab, den Unterschlupf für solche Juden abzugeben."[42] In dieser Frage jedoch musste er sich dem Willen der Gestapo und der Gauleitung unterwerfen: Der Zuzug nach München war zum Zwecke der Vorbereitung

---

37 Die zugehörige Tabelle 19: Aufschlüsselung der Zuzüge 1938/39 nach Monat findet sich im Anhang.
38 So der Augenzeugenbericht von Behrend-Rosenfeld, Else R.: Ich stand nicht allein. 2. Aufl. Frankfurt am Main1963, S. 61–67.
39 File 176: Vertrauliches Schreiben des Kreisleiters, Dachau, an div. Empfänger. 17.11.1938. YV O.51 Documentation of the Staatsarchiv Muenchen (Munich State Archives).
40 File 119: Der stellvertretender Gauleiter des Traditionsgaues München-Obb. Pg. Otto Nippold, München, an div. Empfänger. Schreiben vom 7.12.1938. YV M.1 Central Historical Commission (CHC) of the Central Committee of Liberated Jews in the US Zone, Munich. Ähnliches wurde auch für München erwogen.
41 File 119: Der Kreisleiter, München, an den Oberbürgermeister der Hauptstadt der Bewegung Karl Fiehler, München. Schreiben vom 15.2.1939. YV M.1 Central Historical Commission (CHC) of the Central Committee of Liberated Jews in the US Zone, Munich.
42 File 119: Der Oberbürgermeister der Hauptstadt der Bewegung Karl Fiehler, München, an die Staatspolizeileitstelle, München. Schreiben vom 21.3.1939. YV M.1 Central Historical Commission (CHC) of the Central Committee of Liberated Jews in the US Zone, Munich.

der Auswanderung sowie zur beschleunigten „Bereinigung" des Gaues Oberbayern von den Juden zu akzeptieren.⁴³ Die Gestapo führte ab sofort Statistiken zum Zu- und Wegzug der Juden aus München. Diese Statistiken weisen, ähnlich der Statistiken der Münchner Datenbank, ein hohes Wanderungsnetto auf – angesichts des hohen Verfolgungsdrucks der Jahre ab 1939 verwundert dies nicht. Andere Städte stellten ähnliche Überlegungen an: So verboten seit dem Sommer 1939 einige Großstädte den Zuzug von Juden oder verhinderten ihn soweit möglich.⁴⁴ So reglementierte beispielsweise Frankfurt am Main den Zuzug von Juden, indem es auf die Anweisungen des Luftgaukommandos verwies, nach denen Frankfurt keinesfalls überbelegt werden dürfe.⁴⁵

Einige wenige Ausnahmen ließen die Behörden zu: so durften beispielsweise oberbayerische Juden nach München übersiedeln, die in den Anlernwerkstätten der Münchner jüdischen Gemeinde ausgebildet werden sollten.⁴⁶ Diese Regelungen brachten die wenigen noch in den Klein- und Mittelgemeinden verbliebenen Juden in eine schwierige Lage. Oftmals waren sie gezwungen, ihren Wohnort zu verlassen, während gleichzeitig andere Bezirke und Städte ihre Aufnahme verweigerten. Schließlich wurden sogar Besuche in den Großstädten zeitlich eingeschränkt. Eine Binnenmigration war daher nur noch in Ausnahmefällen möglich, wie auch die obige Statistik zum Zu- und Wegzug aus München zeigt.

Mina Blechner, die im Winter 1939/40 mehrfach um eine Zuzugserlaubnis nach Berlin anfragte, bekam die Konsequenzen der Zuzugslimitierung dort deutlich zu spüren:

> Die Jüdin Minna Blechner, München, Klenzestr. 65, wohnhaft, stellt hier einen Antrag auf Zuzugsgenehmigung nach Berlin. Der Zuzug von Juden in die Reichshauptstadt ist grundsätzlich unerwünscht. Ich vermag eine Zuzugsgenehmigung nicht zu erteilen. Ich bitte von dort [München] aus, der Jüdin B. eindringlich nahezulegen, von dem beabsichtigten Zuzug Abstand zu nehmen.⁴⁷

---

43 File 119: Staatspolizeileitstelle, München, an den Oberbürgermeister der Hauptstadt der Bewegung Karl Fiehler, München. Schreiben vom 17.4.1939. YV M.1 Central Historical Commission (CHC) of the Central Committee of Liberated Jews in the US Zone, Munich.
44 Longerich, Peter: Politik der Vernichtung. Eine Gesamtdarstellung der nationalsozialistischen Judenverfolgung. München u. a. 1998, S. 231.
45 File 74: Correspondence concerning the prohibition of Jews from the rural cities to move to the city of Frankfurt. USHMM Central Historical Commission: Nazi Documentation – Munich Municipality M.1.DN.
46 File 14: Der Regierungspräsident von Oberbayern, München, an den Verband Bayerischer Israelitischer Gemeinden, München. Schreiben vom 30.1.1939. YV M.1 Central Historical Commission (CHC) of the Central Committee of Liberated Jews in the US Zone, Munich.
47 Der Polizeipräsident, Berlin, an den Polizeipräsidenten, München. Abschrift eines Briefs vom 3.1.1940. StadtAM PolDir 7006 (Juden). Erst im Frühjahr 1940 wurde Mina Blechner ein Aufenthalt in Berlin gewährt, der allerdings auf drei Monate begrenzt war.

Nach Zeitzeugenaussagen verbot Berlin den Zuzug von Juden schließlich Mitte 1941 ganz.[48]

Betrachtet man die vorhergegangenen Ausführungen in ihrer Gesamtheit, so war die Binnenmigration vor allem eine Land-Stadt-Bewegung, bei der Juden aus Klein- und Mittelgemeinden in die umliegenden Städte zogen, um dem auf dem Land stärker ausgeprägten Verfolgungsdruck auszuweichen und ihre Ausgangssituation in Bezug auf Berufsausbildung, Verdienstmöglichkeiten und Auswanderungsvorbereitung zu verbessern.[49] Während zeitgenössische Quellen und historische Forschung einen Höhepunkt der Binnenmigration gegen Ende des Jahres 1935 konstatieren, also in der Zeit nach dem Erlass der Nürnberger Gesetze, bleiben die Münchner Statistiken für diesen Zeitraum eher unauffällig. Sie zeigen hingegen unmittelbar nach dem Novemberpogrom 1938 einen klaren Ausschlag nach oben, vor allem im Bereich der Zuzüge. Zu dieser Zeit wurden Zuzüge in die Großstädte, auch nach München, jedoch bereits von nationalsozialistischer Seite stark limitiert. Nicht immer waren Zuzugsversuche also (sofort) erfolgreich, wie das Beispiel von Mina Blechner zeigt. Auch spätere Versuche, die Vorbereitung der Auswanderung von München aus zu unternehmen, misslangen oft, zumal die Erfolgswahrscheinlichkeit mit jedem Jahr sank. Frühe Emigrationsversuche zahlten sich also aus, während ein Zögern und die späte Entscheidung zur Binnenmigration mit einem höheren Risiko des Zurückbleibens einhergingen.

3.2.2 Emigration

Wie die Binnenwanderung war auch die Emigration oder Auswanderung aus dem Deutschen Reich kein neues Phänomen der NS-Zeit. Nach einem Höhepunkt zu Beginn der 1920er Jahre, der unter anderem durch die Inflation bedingt war, sanken jedoch die Auswanderungszahlen aus Deutschland, vor allem im Bereich der Überseewanderung,[50] in den letzten Jahren der 1920er und zu Beginn der 1930er stetig ab. Diese Entwicklung war stark durch die Weltwirtschaftskrise und die damit einhergehende Verschärfungen der Immigrationsbestimmungen

---

48 Dok. 189: Ein Lkw-Fahrer berichtet über die Lage der jüdischen Bevölkerung in verschiedenen deutschen Städten Mitte 1941. In: Aly, Götz (Hg.): Die Verfolgung und Ermordung der europäischen Juden durch das nationalsozialistische Deutschland 1933–1945. Band 3: Deutsches Reich und Protektorat Böhmen und Mähren. September 1939–September 1941. Unter Mitarbeit von Andrea Löw. München 2012.
49 Vergleiche dazu auch Dok IX 1: Max Hermann Maier, Auswandererberatung in Frankfurt/M. 1936–1938. Geschrieben 1961. In: Kommission zur Erforschung der Geschichte der Frankfurter Juden: Dokumente zur Geschichte der Frankfurter Juden. Frankfurt am Main 1963, S. 392.
50 Hilfsverein der Juden in Deutschland e.V.: Korrespondenzblatt über Auswanderungs- und Siedlungswesen. Berlin 1933, Februar 1933, S. 2.

europäischer Länder und der USA bedingt. Mit dem einschneidenden Ereignis der nationalsozialistischen Machtübernahme kam es dann zu einer völligen Veränderung der Auswanderungssituation aus dem Deutschen Reich. Während die Emigration 1933 noch aus verschiedenen Gruppen Verfolgter, so auch Sozialisten und Kommunisten oder anderen Gegnern des Nationalsozialismus bestand, wurden Juden bald zur stärksten Emigrantengruppe. Da es dediziert jüdische Auswanderungsorganisationen gab, stand ihnen ein spezifisches Unterstützungsnetz zur Verfügung, so dass sich der Ablauf der Auswanderung in Teilen von der Auswanderung anderer Deutscher unterschied, die wiederum andere Wanderungsnetzwerke in Anspruch nehmen konnten.

Die folgenden Ausführungen geben einen generellen Überblick über die wichtigsten Schritte im Emigrationsprozess. Nicht jede Auswanderung verlief exakt nach diesem Muster: Im Laufe der 1930er Jahre änderten sich die Auswanderungsbestimmungen des Dritten Reiches ebenso wie die Einwanderungsbestimmungen der Zielländer immer wieder, neue Hürden kamen hinzu. Dennoch durchliefen viele Juden im Zuge ihrer Emigration ähnliche Prozesse. Sie sollen im Folgenden kurz dargestellt werden, da sie sich auch in den Biographien der hier behandelten Münchner Juden widerspiegeln.

Die Information über legale Bestimmungen der Aus- und Einwanderungsprozesse und über mögliche Zielländer sowie der Entschluss zur Auswanderung standen am Beginn des Emigrationsprozesses.[51] Nicht immer fiel ein Entschluss nach der Informationsphase – manchmal stand zu Beginn die Entscheidung zur Auswanderung und erst danach erfolgte die Auswahl eines Einwanderungslandes. In anderen Fällen durchliefen die Emigranten lange Informationsphasen, in denen sie sich über die Vor- und Nachteile des einen oder anderen Emigrationslandes informierten, bevor eine Entscheidung gefällt wurde. Zur Information wurden diverse Quellen herangezogen. Die wichtigsten institutionalisierten Informationsquellen waren die Beratungsstellen jüdischer Organisationen. Bereits vor Beginn der nationalsozialistischen Herrschaft befassten sich drei dieser Einrichtungen in Deutschland mit der Auswanderung: (1) der Hilfsverein der deutschen Juden, der sich der europäischen sowie der Überseewanderung annahm; (2) das Palästinaamt als Abteilung der Jewish Agency, welches sich auf die Auswanderung nach Palästina („Alijah") konzentrierte; (3) die Hauptstelle für jüdische Wanderfürsorge, die sich vor allem um Binnen- und Rückwanderer kümmerte.[52] Alle drei Organisationen blieben auch nach der Machtübernahme

---

51 Eine gute zeitgenössische Übersicht sowie Beschreibungen zu den nötigen Schritten vor einer Emigration bei Cohn et al. 1938.
52 Mehr dazu bei Adler-Rudel 1974, S. 76.

bestehen, ebenso die ursprüngliche Aufgabenteilung zwischen ihnen. Auswanderer-Beratungsstellen des Hilfsvereins der Deutschen Juden waren im ganzen Land verstreut und wurden von immer mehr Menschen aufgesucht, um sich über den generellen Emigrationsablauf und über die Immigrationsbestimmungen der Zielländer zu informieren. In München übernahm diese Funktion der Amtsrichter Dr. Josef Schäler in der Herzog-Max-Straße 5.[53] Der Hilfsverein war es auch, der über ein Netzwerk an Korrespondenzen mit Einwanderern in allen wichtigen sowie vielen kleinen Zielländern ein ständig aktuell gehaltenes Erfahrungswissen über die Situation im jeweiligen Land generierte. Mit dem jährlich erscheinenden Korrespondenzblatt schuf er eine ausführliche schriftliche Informationsquelle, die sich im Wechsel mit den verschiedenen Zielregionen der Welt beschäftigte.

Eine ähnliche, allerdings auf Palästina beschränkte Funktion übernahm das Palästinaamt. Zweigstellen im ganzen Land berieten über die Alijah. Es war das Palästinaamt, das die vielgelesene Broschüre „Alijah. Informationen für Palästina-Auswanderer" herausgab. Von einem schmalen, 15-seitigen Heft bei Erstausgabe 1933 wuchs sie schnell zu einer Informationsquelle von 180 Seiten im Jahr 1936. Die stattliche Erhöhung des Umfangs dokumentiert eindrucksvoll die stark gestiegene Nachfrage nach Auswanderungsinformationen. Zwei weitere jüdische Dachorganisationen beeinflussten, wenngleich stärker im Hintergrund, die Emigration aus dem Reich: Der im Frühjahr 1933 gegründete Zentralausschuss für Hilfe und Aufbau, ein Zusammenschluss wichtiger jüdischer Organisationen wie des Hilfsvereins, des Centralvereins deutscher Staatsbürger jüdischen Glaubens, der Zionistischen Vereinigung für Deutschland und anderen. Seine Aufgabe war es, Fürsorgearbeit für die deutschen Juden zu leisten und die Spendengelder des Auslands zentral zu verwalten. Weitgehend dieselben Organisationen gründeten im September 1933 die Reichsvertretung der Deutschen Juden, die drei Arbeitsschwerpunkte hatte: Erziehung und Bildung, Berufsumschichtung (d.h. die Umschulung auf für die Emigration nützliche Berufsfelder) und Wanderung. Damit waren schon früh die Institutionen etabliert, die die Auswanderung aus dem Deutschen Reich strategisch und finanziell lenken sollten.[54] Es waren diese beiden Einrichtungen, die die Emigrationsentscheidungen vieler jüdischer Deutscher beratend begleiteten und die Durchführung ihrer Emigrationen organisatorisch und finanziell unterstützten. Mit dem Ansteigen der Auswanderung aus dem Reich formten sich dann auch in den Zielländern jüdische Hilfsorganisationen, die für die Aufnahme und Integration der jüdischen Emigranten sorgten.

---

53 Cohn et al. 1938, S. 87.
54 Insbesondere Jünger 2016 fokussiert auf Versuche jüdischer Organisationen, die Auswanderung aus dem Deutschen Reich zu organisieren.

1936 wurde mit dem Council for German Jewry eine Dachorganisation geschaffen, die die Spendensammlung zentralisieren und mit einem übergreifenden Plan zur Emigration einer Vielzahl deutscher Juden beitragen sollte.[55]

Neben diesen institutionalisierten Informationsstellen verschafften sich viele Emigranten privat einen Eindruck von den Abläufen des Emigrationsprozesses und von potenziellen Zielländern. Zahlreiche Briefe gingen zwischen Verwandten, Freunden und Bekannten hin und her. Jene, die bereits emigriert waren oder die in ihrem Umfeld Menschen mit Emigrationserfahrung hatten, fungierten als Experten, erklärten Prozesse, gaben hilfreiche Tipps zur Verbesserung der Ausgangssituation sowie tagesaktuelle Einblicke in die Immigrationssituation und wiesen auf wichtige Fragestellungen oder Themenbereiche hin. Auch konnten sie über ihre Netzwerke in den Zielländern schon vorab bei der Suche nach einer neuen Stellung oder einer ersten Unterkunft behilflich sein. Wo diese Kontakte nicht ohnehin vorhanden waren, bemühten sich die deutschen Juden vielfach um sie, indem sie ins Blaue hinein Briefe an Namensvettern im Einwanderungsland schickten oder alte Verwandtschaftsbeziehungen und Freundschaften auffrischten. Angehende Emigranten, die wohlhabend genug waren, unternahmen Informationsreisen ins gewünschte Zielland, um sich vor Ort einen Eindruck zu verschaffen und Beziehungen zu knüpfen.

Nach dieser Informationsphase und der Entscheidung zur Emigration mussten zwei Prozesse bewältigt werden, die zeitgleich und interdependent abliefen: die Auswanderung aus dem Deutschen Reich sowie die Einwanderung in das Zielland. Zentral für Visumserteilung und Einreise war ein Pass mit Auslandsgültigkeit. Dieser wurde allerdings erst dann ausgestellt, wenn feststand, dass alle Steuern bezahlt waren und keine sonstigen finanziellen oder rechtlichen Bedenken gegen eine Auswanderung bestanden. Dies musste mit Unbedenklichkeitsbescheinigungen der Finanzämter, Polizeidienststellen und der Gemeinden (in München der Stadtverwaltung) nachgewiesen werden. Nachdem der Pass im Besitz des angehenden Auswanderers war, konnte das Visum für das Zielland beantragt werden. Teils waren dazu Bürgschaften von Staatsbürgern des Einwanderungslandes nötig, beispielsweise in den USA oder Großbritannien. Oft mussten weitere Nachweise geliefert werden, etwa polizeiliche Führungszeugnisse, Arbeitszeugnisse oder Belege für Sprachkenntnisse. Auch medizinische Untersuchungen waren oft vonnöten oder wurden von den Emigranten freiwillig durchgeführt. Neben diesen obligatorischen Prozessen bereiteten sich viele angehende Emigranten in zwei weiteren Bereichen auf ihr künftiges Leben vor: in der „Berufsumschichtung" sowie im Erlernen der Landessprache.

---

55 Simpson 1938, S. 63.

Viele der wichtigen Zielländer hatten zudem eigene, spezifische Prozesse. So stand am Anfang einer Immigration in die USA die Beantragung des Visums. Aufgrund der hohen Nachfrage wurden bald Wartenummern vergeben, für die man sich vorab registrieren musste. Erst wenn diese aufgerufen wurde, begann der eigentliche Prozess des Visumantrags. Die Immigrationsvisa für Palästina, die sogenannten Zertifikate, wurden hingegen getrennt nach Berufsgruppen vergeben. Dafür wurden die geeignetsten Bewerber ausgewählt. Auch Faktoren wie die Mitgliedschaft in einer zionistischen Organisation spielten dabei eine Rolle.

War das Visum des Einwanderungslandes in den Pass gestempelt, mussten die letzten Auswanderungsprozesse durchlaufen und die Vorbereitungen für die Reise getroffen werden. Wichtig waren Durchreisevisa für die Länder der Reiseroute, die vor oder nach dem Erhalt des Immigrationsvisums des Ziellandes besorgt werden mussten. Oftmals nahmen die Emigranten in sogenannten Lifts, einer Art Container, Teile ihrer Einrichtung mit in die Emigration. Alle mitgenommenen Gegenstände mussten ab 1938 aufgelistet und ihre Ausfuhr vorab genehmigt werden. Der Lift wurde dann im Beisein eines Zollinspektors gepackt, der verhindern sollte, dass nicht angegebene Vermögenswerte ins Ausland geschmuggelt wurden. Restliche Besitztümer wurden verkauft, wenn keine Familienmitglieder oder andere Vertraute in Deutschland zurückblieben, denen man sie zur Aufbewahrung geben konnte. Für Auswanderer und Gepäck mussten Transportwege gefunden werden: Die Lifts wurden über Speditionen verschickt, die Auswanderer selbst benötigten Zug-, Flug- oder Schiffstickets. Doch auch der Transfer des Vermögens musste, zumindest soweit möglich, organisiert sein, um das Zielland mit möglichst großen finanziellen Mitteln zu erreichen. Gerade dieser Punkt erwies sich aufgrund einer allgemeinen Devisenknappheit und aufgrund strenger Besteuerung beim Verlassen des Reiches als sehr schwierig – meist verloren die Emigranten einen Großteil ihrer Besitztümer. Besondere Schwierigkeiten bereiteten die Transfers von monatlich wiederkehrenden Zahlungen wie Pensionen oder immateriellen Vermögenswerten wie Lebensversicherungen.

Die beschriebenen Prozesse waren mit hohen finanziellen Kosten sowie mit einem großen zeitlichen Aufwand verbunden. Die Organisation einer Emigration dauerte oft Monate, so dass zwischen dem Beginn der Vorbereitungen und dem Emigrationszeitpunkt viel Zeit vergehen konnte. Während die Auswanderung in den ersten Jahren der nationalsozialistischen Herrschaft noch verhältnismäßig leicht zu organisieren war, verschärften sich speziell in den letzten Jahren der Emigration ab 1938 die Ausreisebestimmungen aus dem Reich ebenso wie die Immigrationsvorschriften der Zielländer immer schneller. So verlief der Emigrationsprozess selten geradlinig: Immer wieder mussten Prozesse abgebrochen, umdispositioniert und neue Versuche begonnen werden. Illegale Auswanderungen waren dennoch relativ selten,[56] was vor allem daran lag, dass ein Lebensunterhalt im Einwanderungsland ohne ein Einwanderungsvisum meist nicht möglich war. Solange die Hoffnung bestand, eine legale Migration erfolgreich umsetzen zu können, gingen die meisten deutschen Juden das Risiko der Illegalität nicht ein,[57] zumal die jüdischen Organisationen strikt vor illegalen Wanderungen warnten.[58] Es ist daher wichtig, die Emigrationsstatistiken als das zu betrachten, was sie sind: keine Abbilder der gesamten Emigrationsbemühungen der deutschen Juden, sondern vielmehr ein Verzeichnis der erfolgreichen legalen Emigrationen.

Die Statistiken zur Emigration der Juden aus Deutschland stehen insgesamt auf einer löchrigen Datenbasis. Erste Probleme bereitet es, die Anzahl der sich bei der Machtübernahme im Deutschen Reich befindlichen deutschen Juden zu bestimmen. Die Volkszählung 1933 erfasste knapp 500.000 Juden[59] im Deutschen Reich. Sie umfasste jedoch nur die „Glaubensjuden". Weit mehr Personen waren von den Verfolgungen der Nationalsozialisten betroffen, nämlich auch die jüdischer Abstammung waren, selbst jedoch zu einer anderen Religion konvertiert oder aus der jüdischen Gemeinde ausgetreten waren. Gesicherte Zahlen zur Gesamtgröße beider Gruppen liegen nicht vor. Schätzungen dazu variieren stark, gehen aber von max. 867.000 Deutschen[60] aus, die nach nationalsozialistischer Definition als Juden galten.

Diese Gruppe der deutschen Juden war neben dem hohen Urbanisierungsgrad, der bereits besprochen wurde, auch durch Überalterung und einen Sterbeüberschuss[61] gekennzeichnet, die vor allem auf den starken Rückgang der Geburtenraten ab der Jahrhundertwende zurückzuführen sind. Austritte aus dem Judentum sowie eine hohe Zahl von Mischehen verringerten die Gemeindegrößen weiter. Zusätzlich waren die deutschen Juden insgesamt stark assimiliert. So nahm auch die religiöse Entfernung zur Gemeinde zu. Viele jüdische Deutsche waren nicht religiös oder als „Feiertagsjuden" nur unregelmäßige Gottesdienstbesucher. All diese demographischen Aspekte beeinflussten die Entwicklung und somit auch die Auswanderungsprozesse der jüdischen Deutschen, wie im späteren Verlauf der Analyse aufgezeigt werden wird.

---

56 So auch Lavsky 2017, S. 64.
57 Graml 1958a, S. 82, S. 82.
58 Aus dem Reiche. Warnung für Auswandernde. In: *Jüdisches Gemeindeblatt für den Verband der Kultusgemeinden in Bayern und die Kultusgemeinden München, Augsburg, Bamberg, Würzburg (ehem. Bayerisches Israelitisches Gemeindezeitung)* XIII. Jahrgang, 15.12.1937 (24), S. 429f.
59 Volkszählung 1933, Heft 5.
60 Strauss 1980, S. 318.
61 Blau 1950, S. 281.

Die Gesamtzahl der jüdischen Auswanderer aus dem Deutschen Reich ist ebenfalls nicht klar feststellbar. Dies liegt erstens daran, dass staatliche oder öffentliche Institutionen die Auswanderer in den ersten Jahren nicht registrierten oder zählten. Erst ab 1937 entstanden mit den Berichten der Meldestelle für Binnen- und Auswanderung[62] relativ valide Daten. Zuvor basierten die Statistiken auf den Beratungsstatistiken der jüdischen Organisationen. Folglich ist einzig die „unterstützte Auswanderung" bekannt, die nur einen in der Größenordnung nicht bestimmbaren Anteil an der Gesamtauswanderung dieser Jahre ausmachte:

> Dabei waren wir Berater uns klar, daß die ‚besten Auswanderer' unsere Hilfe kaum benötigten. Sie kamen zwar, um eine oder die andere Aufklärung zu erhalten, führten aber ihre Auswanderung selbständig durch, mitunter auch abgeschreckt durch Wartezeiten und Formulare, die bei einer Massenorganisation nicht zu vermeiden sind.[63]

Zweitens identifizierten sich nicht alle Auswanderer als solche: Einige verschleierten ihre Absichten gezielt oder wanderten vorerst zeitlich begrenzt aus. Sie meldeten sich bei den Behörden schlicht als „auf Reisen" ab, reisten mit Touristenvisa in Zielländer ein und versuchten anschließend vor Ort, eine Aufenthaltserlaubnis zu erlangen. Dennoch waren diese Fälle eher selten: Nach einer Häufung zu Beginn der Auswanderungsbewegung sorgte eine ständig wachsende Fülle an Emigrationsbestimmungen des Deutschen Reiches und Immigrationsbestimmungen der Zielländer dafür, dass derartige Emigrationsversuche immer weniger erfolgversprechend waren. Drittens sind Statistiken, selbst wenn sie für örtlich oder zeitlich begrenzte Teile der Auswanderungsbewegung existieren, aufgrund unterschiedlicher Quellenlagen und Definitionsgrenzen nur schwer miteinander vergleichbar. Folglich lässt sich das Ausmaß der jüdischen Auswanderung aus dem Deutschen Reich nicht zu einem Gesamtbild zusammenfügen.

Trotz all dieser Hindernisse wurden viele Versuche unternommen, die Höhe der jüdischen Emigration festzustellen. Die wichtigste zeitgenössische Statistik basiert auf den Zahlen des Joint,[64] der die Statistiken der Reichsvereinigung der Juden in Deutschland aufgriff und über 1941 hinaus fortführte. Der Joint geht von

---

62 Diese wurden in den Folgejahren in die Arbeitsberichte der Reichsvereinigung (Zentralausschuss: Arbeitsbericht 1936. LBI MF 1060) integriert.
63 Dok IX 1: Max Hermann Maier, Auswandererberatung in Frankfurt/M. 1936–1938. Geschrieben 1961. In: Kommission zur Erforschung der Geschichte der Frankfurter Juden 1963, S. 386.
64 File 366: Jewish Emigration from Germany. 1.1.1933–2.12.1941 (Germany) and 15.3.1938–7.12.1941 (Austria). JDC NY AR193344.

einer Gesamtauswanderung aus dem Altreich in Höhe von 312.300 Personen in den Jahren 1933–1941 aus. Die am häufigsten rezipierte Gesamtstatistik stammt von Werner Rosenstock, der 1956 anhand der Zahlen des Jahresreports des Zentralausschusses für Hilfe und Aufbau, der Berichte der Meldestelle für Binnen- und Auswanderung (ab Januar 1937) sowie einiger Immigrationsstatistiken der wichtigsten Einwanderungsländer den Versuch einer Schätzung der jährlichen Auswanderungszahlen unternahm.[65] Seine für den Zeitraum 1933 bis Ende des 1. Halbjahres 1938[66] erstellte Statistik liegt durchweg niedriger als die Zahlen des Joint, weist aber analoge Wanderungswellen auf. Ab 1937 gleichen sich die jährlichen Angaben der Statistiken fast an, da sie sich beide auf die Basisdaten der Meldestelle berufen. Während die Annahmen des Joint vor allem für das Jahr 1933 wohl die Wanderungsbewegung überschätzten, wurde Rosenstocks Statistik von der historischen Forschung weitgehend übernommen – wohl auch aus Mangel an anderen Quellen. Erst 1980 führte Strauss[67] in seinem wegweisenden Aufsatz Rosenstocks Statistik unter Berücksichtigung weiterer Schätzungen von Blau[68] und Genschel[69] bis 1942 fort. Insgesamt schätzt Strauss, dass etwa 270.000–300.000 Juden aus dem Deutschen Reich emigrierten. Dies entspräche bis zu etwa 60% der seit 1933 als Juden verfolgten Deutschen. Diese vervollständigte Statistik ist aufgrund ihrer sorgfältig überprüften Datenbasis aktuell die verlässlichste Schätzung zur Emigration aus dem Deutschen Reich. Sie wurde folglich häufig rezipiert: Wichtige Arbeiten wie die von Wolfgang Benz,[70] David Jünger[71] oder Hagit Lavsky[72] basieren auf ihr.

Vergleicht man beide Schätzungen von Rosenstock und Strauss, wird deutlich, dass sie sich zwar über die absolute Höhe der Wanderung uneinig sind, jedoch die gleichen relativen Steigerungen und Rückgänge der Emigrationsbewegung feststellen: Nach einem ersten Höhepunkt direkt nach der Machtübernahme im Januar 1933 schwächte sich die Auswanderung ab, um dann 1936 erneut, allerdings nicht in derselben Ausprägung, anzusteigen. Nach einem kurzen Rückgang im Jahr 1937 verzeichnen beide für die Jahre 1938 und vor allem

---

[65] Rosenstock 1956, S. 374.
[66] Rosenstock verzeichnet nur die Auswanderungszahlen aus der ersten Hälfte des Jahres 1938.
[67] Strauss 1980, S. 326. Konkret Tabelle VII: Total number of émigrés.
[68] Blau 1950.
[69] Dessen Ergebnisse sind zu finden bei Genschel, Helmut: Die Verdrängung der Juden aus der Wirtschaft im Dritten Reich. Göttingen 1966 (Göttinger Bausteine zur Geschichtswissenschaft, Band 38), S. 256–264.
[70] Benz 2001. Ebenso Benz 2008.
[71] Jünger 2016.
[72] Lavsky 2017.

1939 die mit Abstand bedeutendste Welle jüdischer Emigration. Ab 1940 sanken die Zahlen und flachten schließlich ganz ab.

In Bayern befanden sich zur Zeit der Volkszählung im Mai 1933 etwas mehr als 40.000 „Glaubensjuden",[73] welche mit 0,55% der bayerischen Bevölkerung einen deutlich geringeren Anteil ausmachten als im Reichsschnitt von 0,77%. Im Mai 1939 war die Zahl auf 17.066 jüdische Bayern geschrumpft, obwohl die Statistik nun auch alle Personen umfasste, die nach den Nürnberger Gesetzen als Juden galten. Hinzu kamen knapp 5.000 „Mischlinge" 1. und 2. Grades.[74]

Eine der wenigen Übersichten zur Auswanderung aus Bayern (ohne München, Nürnberg und die Pfalz) stammt von Baruch Ophir und Falk Wiesemann, die in den 1980er Jahren verschiedene Quellen zusammenfassend auswerteten. Unter Miteinbezug einer zusätzlichen Schätzung zu den Münchner und Nürnberger Zahlen konstatieren Ophir und Wiesemann eine Gesamtauswanderung von 12.675 Personen oder einen Anteil von etwa 32% aller 1933 in Bayern wohnhaften „Glaubensjuden". Insgesamt scheint diese Schätzung zu niedrig angesetzt, vor allem im Vergleich zu der gesamtdeutschen Statistik, die von etwa 60% Emigranten unter den deutschen Juden ausgeht. Dieser Eindruck wird verstärkt, betrachtet man die von Ophir/Wiesemann für München im Zeitraum März 1933 bis 16. Mai 1939 angesetzte Gesamtzahl der Auswanderer in Höhe von 3.130 Personen. Diese Angabe bleibt noch unter den Ergebnissen der Gemeindeumfrage Werner Cahnmanns, welche aufgrund ihrer Beschränkung auf die Gemeindemitglieder Münchens bereits eine Minimalzahl der Emigrationen aus der Landeshauptstadt angibt. Insofern liegen die Angaben bei Ophir und Wiesemann deutlich unterhalb der tatsächlichen Auswanderungszahlen.

Für München stellte die Volkszählung 1933 eine Zahl von 9.005 „Glaubensjuden" fest, das entspricht einem Anteil von 1,2% an der Stadtbevölkerung. Cahnmann schätzte, dass von den Nationalsozialisten später weitere 3.000–4.000 Personen als „Rassejuden" und „Mischlinge" erfasst wurden.[75] Damit wären im März 1933 etwa 12.000–13.000 Personen jüdischer Herkunft in München wohnhaft gewesen.[76]

---

73 Volkszählung 1933, Heft 3, S. 10.
74 Volkszählung 1939, Heft 4, S. 6.
75 Cahnman 1982, S. 32.
76 Die Datenbank des Münchner Stadtarchivs zählt zum Zeitpunkt der Analyse (31.12.2018) eine Gesamtzahl von 14.349 Personen – davon 11.265 „Glaubensjuden". Sie beinhaltet jedoch auch Personengruppen, die im Mai 1933 noch nicht in München waren, weil sie entweder später geboren oder nach diesem Datum zugezogen sind. Beachtet man, dass der Anteil der als evangelisch, katholisch oder nichtreligiös angegebenen „Rassejuden" in der Datenbank bei etwa 9% liegt, so erscheint die Schätzung Cahnmanns als etwas zu hoch angesetzt.

Schon Zeitgenossen[77] konstatierten für München immer wieder eine Vorreiterrolle bei der Judenverfolgung, eine Einschätzung, die viele Historiker teilen.[78] 1935 hatte die bayerische Landeshauptstadt den Titel „Hauptstadt der Bewegung" verliehen bekommen und die lokalen Parteibehörden ebenso wie die Stadtverwaltung waren beflissen, diesem Titel alle Ehre zu machen. Bereiche, in denen sich München – teils gegen den Willen der Reichsführung – in Verfolgung der jüdischen Bürger besonders hervortat, waren beispielsweise der Boykott jüdischer Firmen durch die Stadt,[79] die Verdrängung der Juden aus dem Wirtschaftsleben,[80] Wohnraumbeschränkungen[81] und der Zwangsarbeitseinsatz.[82] Die Ergebnisse des Artikels von Werner Cahnmann galten bislang als Standard für Angaben zur Emigration aus München. Sie wurden bis in die jüngste Zeit hinein zitiert.[83] Im Folgenden sollen sie daher in direkten Vergleich zu den Ergebnissen der Datenbankabfrage gesetzt werden. Da die Cahnmann-Statistik alle Wegzüge aus München verzeichnet, also sowohl die Binnenmigrationen, die laut seiner Angabe insgesamt 444 Wanderungsbewegungen ausmachten, als auch die Emigration ins nicht-deutsche

---

77 Cahnman, Werner: Die Juden in München 1918–1943. In: Lamm, Hans (Hg.): Vergangene Tage. Jüdische Kultur in München. München 1982, S. 31–78. Ähnlich Cahnman 1979, hier S. 453. Außerdem Nathorff 1987, S. 76f., sowie Else Behrend-Rosenfeld, München, an Eva Schmidt, o.O. Brief vom 21.1.1939. In: Behrend-Rosenfeld et al. 2011, S. 99.
78 Als einer der ersten Historiker greift Hanke 1967, S. 139, diese zeitgenössische Erkenntnis auf. Allgemeine Bemerkungen und eine Übersicht der Forschungsdiskussion bei Heusler, Andreas: Das Braune Haus. Wie München zur „Hauptstadt der Bewegung" wurde. München 2008, S. 236. Ähnlich Strnad 2011, S. 166, vor allem Fußnote 17. Zuletzt ähnlich Schrafstetter, Susanna: Flucht und Versteck. Göttingen 2015, S. 40–43.
79 Bokovy, Douglas; Meining, Stefan: Versagte Heimat. Jüdisches Leben in Münchens Isarvorstadt 1914–1945. München 1994, S. 233.
80 Selig, Wolfram: Judenverfolgung in München 1933 bis 1941. In: Bauer, Richard (Hg.): München – „Hauptstadt der Bewegung". Bayerns Metropole und der Nationalsozialismus. München 1993, S. 398–415, hier S. 400 und 403.
81 Schrafstetter 2015, S. 43. Mehr dazu bei Gruner, Wolf: Öffentliche Wohlfahrt und Judenverfolgung. Wechselwirkungen lokaler und zentraler Politik im NS-Staat (1933–1942). München 2009 (Studien zur Zeitgeschichte, 62), S. 275f. Ähnlich Haerendel, Ulrike: Kommunale Wohnungspolitik im Dritten Reich. Siedlungsideologie, Kleinhausbau und „Wohnraumarisierung" am Beispiel Münchens. München 2009 (Studien zur Zeitgeschichte, 57), S. 396. Zu den genauen Vorgängen der „Entmietung" in der Stadt München, die – wie später gezeigt wird – alle vier Familien betraf, auch Hockerts, Hans Günther: Enteignung und „Entmietung" Münchner Wohnraums. In: Bauer, Richard (Hg.): München – „Hauptstadt der Bewegung". Bayerns Metropole und der Nationalsozialismus. München 1933, S. 409–411.
82 Strnad, Maximilian: Flachs für das Reich. Das jüdische Zwangsarbeiterlager „Flachsröste Lohhof" bei München. München 2013, S. 52 und 70.
83 Blau 1950, speziell Kapitel IV zur Entwicklung des bayerischen Judentums; Hanke 1967, S. 169; Heusler et al. 2015, S. 6f.

Tab. 3: Vergleich – Wegzüge aus München nach Cahnmann und Datenbank

Emigrationsjahr	Anzahl nach Cahnmann	Anzahl nach Datenbank
1933	666	737
1934	443	433
1935	357	425
1936	567	636
1937	589	579
1938 (Jan.–16. Mai)	259	
1938		1.199
1939		2.445
1940		385
1941		200
1942		47
1943		14
1944		13
1945		3
Unbekannt	693	224
Gesamt	**3.574**	**7.340**

Ausland (3.130 Wanderungsbewegungen), wird ihr ebenfalls eine Statistik aus allen Wegzügen, die in der Datenbank vermerkt sind, gegenübergestellt (siehe Tab. 3).

Beide Statistiken verzeichnen in den Jahren 1934 und 1937 sehr ähnliche Wegzugszahlen. Die Daten der Jahre 1933, 1935 und 1936 differieren deutlicher, allerdings nie um mehr als etwa 15%. Hinzu kommt, dass die Zahl der als zeitlich „unbekannt" eingestuften Wegzüge bei Cahnmann deutlich höher ist als die der Datenbank, so dass angenommen werden kann, dass die jährliche Differenz insgesamt weniger groß ist, als es der direkte Vergleich zunächst suggeriert.

Andererseits legt dieses Ergebnis die Vermutung nahe, dass die als „Rassejuden" anderen Glaubens Verfolgten erst später aus München wegzogen, wodurch ihr Wegzug erst zu einem Zeitpunkt nach Mai 1938 statistisch relevant wird. Dem wird in *Kapitel 5.1.5* weiter nachgegangen.

Bemerkenswert ist des Weiteren, dass Cahnmann eine vergleichsweise niedrige Wegzugsrate in den ersten viereinhalb Monaten des Jahres 1938 verzeichnet. Dies entspricht den Zahlen der Datenbank, die eine ähnlich niedrige Entwicklung in dieser Periode verzeichnet, während der deutliche Schwerpunkt der Auswanderung auf den Monaten September und Dezember liegt,[84] einen Zeitraum, den

---

84 Genauer in *Kapitel 4.2.2*.

Tab. 4: Gesamtauswanderung aus München nach Datenbank

Emigrationsjahr	Anzahl d. Emigranten	% an Gesamtemigration
1933	646	9,7%
1934	369	5,5%
1935	379	5,7%
1936	581	8,7%
1937	502	7,5%
1938	1.110	16,7%
1939	2.354	35,3%
1940	325	4,9%
1941	156	2,3%
1942	15	0,2%
1943	2	0,0%
Unbekannt	224	3,4%
Gesamt	**6.663**	**100%**

Cahnmanns Statistik nicht mehr abdeckt. Insgesamt ist das Ergebnis für den Vergleichszeitraum von 1933–1938 bei der Datenbank mit 3.384 verzeichneten Wegzügen erstaunlich ähnlich wie das Ergebnis von 3.574 Wegzügen bei Cahnmann, so dass die Quantität der Wanderungsbewegungen aus München bis 1938 als relativ gesichert gelten kann.[85]

Während in Tabelle 3 nur die Wegzüge aus München in ihrer Gesamtzahl betrachtet wurden, soll nun noch speziell die Emigration aus München in den Blick genommen werden. Nach Quellenlage der Datenbasis entspricht ihre absolute und relative Ausprägung der in Tabelle 4 dargestellten Statistik.

Wie anhand des Zahlenmaterials deutlich wird, lagen die Schwerpunkte der Auswanderung – entsprechend der Daten für das Deutsche Reich im Gesamten sowie für Bayern – auf den Jahren 1938 und 1939. Während reichsweit der Anteil der Auswanderer des Jahres 1939 im Verhältnis zur gesamten Emigration bei maximal 29% lag, erreichte er in München ein Ausmaß von über 35%. Gleichzeitig sind die prozentualen Wanderungsanteile in den Jahren 1933–1937 für das Reich durchweg höher als die Münchner Zahlen. Die Auswanderung aus München begann folglich zurückhaltender als die aus dem Reich, nahm dann aber vergleichsweise stärker zu.

---

[85] Das um etwa 200 Personen verminderte Ergebnis der Datenbank lässt sich durch die geographisch und zeitlich breitere Datenbasis Cahnmanns erklären.

Beeinflusst wurden die Emigrationschancen der Juden in besonderem Maße auch durch die Immigrationsbestimmungen potenzieller Zielländer (siehe Tab. 20).[86] Vor allem nach Ausbruch des Krieges im September 1939 schlossen mehr und mehr Zielländer ihre Grenzen. Während die Münchner Juden in den Jahren 1933 bis 1937 in jeweils rund 30 verschiedenen Ländern Zuflucht fanden, vergrößerte sich dieses Spektrum in den Jahren 1938 bis 1940 auf etwa 40 Länder je Jahr.[87] Bereits im Sommer 1940 jedoch sank einerseits aufgrund des Verbots einer Emigration in Feindesländer und andererseits aufgrund der Verschärfung der Immigrationsbestimmungen für jüdische Verfolgte, die aus nationalsozialistisch kontrollierten Ländern kamen, die Zahl der Zielländer rapide ab. Für 1941 sind in der Datenbank nur noch elf verzeichnet. Wie hoch der Ansturm auf diese Zielländer war, zeigt sich auch darin, dass 1935 im Schnitt je 13 Münchner in ein Zielland emigrierten, während es 1939 je Land 56 waren. Trotz aller Bemühungen der jüdischen Organisationen weltweit waren immer weniger Länder bereit, die gestiegene Anzahl der Auswanderungswilligen aufzunehmen. Jedoch waren es nicht alleine die Immigrationsgesetze der Zielländer, die zu einem Absinken der Emigration der Juden aus dem Reich führte. Auch gelangten längst nicht alle Emigranten in jene Länder, die sie sich ursprünglich als Zielland ausgesucht hatten, entweder weil sie wie Jakob und Frieda Blechner während ihrer Reise auf Hindernisse stießen und in Durchreiseländern hängenblieben, oder weil sie wie Hans Cahnmann zur Weiterwanderung gezwungen wurden, um der heranrückenden Wehrmacht zu entfliehen, die zwischenzeitlich auch ihre Emigrationsziele bedrohte, oder um in anderen Ländern mit ihren Familienangehörigen zusammenkommen zu können. Die Komplexität der Auswanderungsrealität wird in *Kapitel 4* genauer untersucht. Die Gegenüberstellung der Zahl der Emigranten sowie der Zahl der Zielländer (siehe Tab. 21) belegt eindrücklich, unter welchem immensen Druck die Emigranten standen.

Die Zahl der jüdischen Bewohner Münchens verringerte sich Jahr für Jahr.[88] Wer die Stadt nicht verlassen konnte, bevor sich die Grenzen des Reichs und der Einwanderungsländer verschlossen, befand sich mit dem Beginn der Deportationen im November 1941 in Lebensgefahr. Auf das Schicksal der Zurückgebliebenen und die Gründe für ihr Zurückbleiben wird in *Kapitel 4.3* genauer eingegangen.

---

86 Eine detaillierte Übersicht über die Zielländer jedes Emigrationsjahres findet sich in Tabelle 20: Auswanderung aus München nach Emigrationsjahr und Zielland im Anhang. Sie wird im Folgenden nur vereinzelt analysiert werden, da ihre Datenmenge zu groß ist, soll aber dem Überblick und etwaiger weiterer Forschung dienen.
87 Diese und die folgenden Daten werden in Tabelle 21: Anzahl der Zielländer und durchschnittlichen Emigrantenzahl je Jahr im Anhang genauer aufgeschlüsselt.
88 Eine fundiert recherchierte Übersicht über den jüdischen Bevölkerungsstand Münchens zu verschiedenen Zeitpunkten findet sich bei Strnad 2011, S. 178.

3.2.3 Rückwanderung

Mit dem Begriff der „Rückwanderung" (Remigration) waren bereits im zeitgenössischen Kontext zwei unterschiedliche Phänomene bezeichnet, die separat beschrieben werden müssen, da ihnen unterschiedliche Migrationskontexte zugrunde liegen.

Einerseits bezeichnete die Rückwanderung den freiwilligen oder erzwungenen Entschluss der im Deutschen Reich ansässigen Juden mit fremder Staatsangehörigkeit, in das Land zurückzuziehen, aus dem sie oder ihre Familien ursprünglich stammten. Nicht alle diese „Rückwanderer" kehrten im eigentlichen Sinne des Wortes zurück in ihr Heimatland, folgte die Staatsangehörigkeit doch dem Abstammungsprinzip. In Deutschland geborene, polnischstämmige Juden wie die jüngsten beiden Blechner-Söhne wurden so als polnische Juden betrachtet und fielen bei der Emigration nach Polen zeitgenössisch unter die Gruppe der Rückwanderer, obwohl sie in Deutschland geboren und aufgewachsen waren.

Ähnlich den Statistiken der Binnenmigration und der Auswanderung muss die Datenbasis zur Rückwanderung kritisch hinterfragt werden. Zwar sind konkrete Zahlen vorhanden, da die Hauptstelle für jüdische Wanderungsfürsorge dezidiert für die Betreuung von Juden mit ausländischer Staatsangehörigkeit zuständig war. Die Hauptstelle unterstand seit 1933 dem Zentralausschuss für Hilfe und Aufbau, in dessen Jahresberichten genaue Statistiken zu finden sind. So verzeichnete der Ausschuss 1933 eine Gesamtzahl von 18.694[89] von der Hauptstelle betreuten Personen mit ausländischer Staatsbürgerschaft, 1934 eine Zahl von 11.236,[90] 1935 insgesamt 9.998[91] und 1936 7.821.[92] Auffällig ist der schnelle Rückgang der Betreuungsfälle nach 1933, den der Zentralausschuss dadurch erklärte, dass diejenigen, die die Emigrationsentscheidung nach den ersten Schreckensmonaten 1933 trafen, ihre Pläne bereits 1933 oder 1934 in die Tat umsetzten. Problematisch ist diese Statistik jedoch insofern, als sie nicht zwischen Binnenwanderung, Rückwanderung und Durchwanderung (der Wanderung von einem europäischen Land zu einem anderen, bei der das Deutsche Reich Transitland war) unterscheidet. Adler-Rudel setzt die Rückwandererzahlen in seiner Schätzung von 1974[93] insgesamt niedriger an (1933: 11.700, 1934: 5.500, 1935: 4.000, 1936: 3.000), verzeichnet aber einen ähnlich steilen Rückgang.

---

89 Zentralausschuss: Arbeitsbericht 1933. LBI MF 1060, S. 15.
90 Zentralausschuss: Arbeitsbericht 1934. LBI MF 1060, S. 11.
91 Zentralausschuss: Arbeitsbericht 1935. LBI MF 1060, S. 35.
92 Zentralausschuss: Arbeitsbericht 1936. LBI MF 1060, S. 54f.
93 Adler-Rudel 1974, S. 95–97.

Insofern weichen, ähnlich der Statistiken zu Binnenmigration und Emigration, die zeitgenössischen Angaben von der Strauss'schen Statistik ab, beide weisen jedoch dieselbe Entwicklungstendenz auf. Die Rückwanderung aus dem Reich in die Herkunftsländer ist letztlich ebenfalls als Emigration mit spezifischem Zielland zu werten. Daher schließt diese Arbeit diese Form der Rückwanderung in die Emigrationsstatistik mit ein. Um dennoch eine Idee von der Größe der Rückwanderung aus München zu erhalten, wird in der Untersuchung der Zielländer einzelner Staatsangehörigkeitsgruppen im Vergleich in *Kapitel 5.1.4* der Aspekt der Emigration in das Land der eigenen Staatsangehörigkeit gesondert beleuchtet.

Davon abzugrenzen ist eine zweite Art der Rückwanderung, die in nationalsozialistischen Institutionen vor allem ab 1935 diskutiert wurde: Die Rückkehr deutscher Emigranten ins Reich. Es war das erklärte Ziel der Nationalsozialisten, die Juden möglichst vollständig aus dem Reich zu vertreiben, ihre Rückkehr wurde mit entsprechend scharfen Maßnahmen bekämpft. In der Forschungsdiskussion wurde diese Form der Rückwanderung lange Zeit marginalisiert;[94] zu unvorstellbar erschien im Wissen um die nachfolgende Eskalation der Verfolgungsmaßnahmen, dass jüdische Deutsche, die bereits das rettende Ausland erreicht hatten, freiwillig in ihre Heimat zurückkehrten. Zudem sind zeitgenössische Statistiken selten. Die wenigen existierenden Daten deuten darauf hin, dass ihre Zahl im Vergleich zur Masse der Auswanderer gering war. Für das Jahr 1933 etwa sprach die HICEM, eine internationale Organisation zur Unterstützung der Emigration europäischer Juden, von 1.893 unterstützten Rückwanderungen nach Deutschland.[95] In den Arbeitsberichten des Zentralausschusses wurde diese Art der Rückwanderung nicht separat erwähnt. Ein Report des Pariser Joint vom November 1935 ging von über 5.500 Rückkehrern aus (davon mehr als 4.000 aus Frankreich, 1.000 aus Holland und etwa 500 aus Großbritannien sowie weitere Rückwanderungen aus allen anderen Zielländern).[96] Auch Arthur Prinz, der für den Hilfsverein über

---

94 Beispielsweise bei Werner 1988, S. 210. Er erwähnt eine Rückwanderung kurz, allerdings ohne deren statistische Höhe anzugeben oder weitere Erläuterungen hinzuzufügen. Eine wenig beachtete Ausnahme ist Niederland, Doron: Back into the Lions Jaws: A Note on Jewish Return Migration to Nazi Germany (1933–1938). In: Mendelsohn, Ezra (Hg.): Modern Jews and their musical agendas. New York NY u. a. 1993 (Studies in contemporary Jewry, 9), S. 174–182, der aufgrund der von ihm festgestellten zeitgenössischen Bedeutung der Rückwanderung der These widerspricht, dass die ersten Jahre der Auswanderung aus dem nationalsozialistischen Deutschland den Charakter einer forcierten Emigration aufwiesen.
95 Migration Statistics and Studies: Emigration Statistics of the Year 1933. YIVO Records of the HIAS-HICEM Offices in Europe.
96 File 629: Kahn, Bernhard: On the situation of the Jews in Germany. 29.11.1935. JDC NY AR193344.

die Emigration der deutschen Juden schrieb, schätzte die Zahl der Rückkehrer auf „einige Tausend".[97] Der *Völkische Beobachter* berichtete im Frühjahr dieses Jahres sogar von etwa 10.000 Rückwanderern.[98] Doch selbst wenn man diese mit hoher Wahrscheinlichkeit zu große Zahl in Relation zur Zahl der Auswanderer stellt, machte diese Wanderungsbewegung nicht mehr als ein Zehntel der Emigrationsbewegung aus. Während das Phänomen der Rückwanderung also nur gering ausgeprägt war, darf nicht vergessen werden, dass die Statistiken zu dieser Wanderungsbewegung eine strukturelle Schwäche aufweisen: Rückkehrer in eine ihnen bekannte Heimat, in der zudem meist noch Verwandte verblieben waren, benötigten die Informations- und Unterstützungsleistungen der jüdischen Hilfsorganisationen nur in den seltensten Fällen.[99] Wie beschrieben, stellen deren Statistiken speziell in der Zeit vor 1937 die wichtigsten Quellen zur Ausprägung der Wanderungsbewegungen des Deutschen Reichs dar. Insofern ist von einer gewissen Dunkelziffer an Rückkehrern auszugehen. Die Rückwanderung war folglich, wenn auch ihre genaue Zahl unbekannt bleibt, eine durchaus relevante Gegenströmung zur jüdischen Emigration aus dem Deutschen Reich.

Die Gründe für einen Entschluss zur Rückkehr ins Deutsche Reich waren vielfältig, oft jedoch standen ökonomische Zwänge im Vordergrund.[100] Die angespannte Arbeitsmarktlage der frühen 1930er Jahre, in der die Immigrationsstaaten durch protektionistische Maßnahmen die eigenen Arbeitskräfte bevorzugten, erschwerte es den Emigranten, beruflich Fuß zu fassen. So erließ beispielsweise Frankreich, das 1933 das wichtigste europäische Immigrationsland für deutsche Juden gewesen war, im November 1934 ein Gesetz „Zur Beschränkung ausländischer Arbeitskräfte", das darauf abzielte, keine neuen Emigranten mehr ins Land zu lassen und denjenigen, die bereits in Frankreich waren, die Zugänge zum Arbeitsmarkt zu erschweren.[101] Die Emigranten mussten folglich von ihrem Ersparten oder den meist geringen Zuwendungen der Hilfsorganisationen leben. Zur selben Zeit verschlechterten sich auch die Bedingungen für den Finanztransfer, wodurch die monetären Zuwendungen aus dem Reich stärker beschnitten wurden. Finanzielle Schwierigkeiten waren somit ein wichtiger

---

97 Prinz, Arthur: Der Stand der Auswanderungsfrage. In: *Zeitschrift für jüdische Wohlfahrtspflege und Sozialpolitik* 1935 (5), S. 77–82. LBI B 410.
98 Völkischer Beobachter vom 9.3.1935 nach Benz, Wolfgang; Dahm, Volker (Hg.): Die Juden in Deutschland, 1933–1945. Leben unter nationalsozialistischer Herrschaft. München 1993, S. 497f.
99 Niederland 1993, S. 175. So auch Zentralausschuss: Arbeitsbericht 1937. LBI MF 1060, S. 9.
100 Hilfsverein der Juden in Deutschland e.V.: Korrespondenzblatt über Auswanderungs- und Siedlungswesen. Berlin 1935, September 1935, S. 1.
101 Prinz, Arthur: Der Stand der Auswanderungsfrage. In: *Zeitschrift für jüdische Wohlfahrtspflege und Sozialpolitik* 1935 (5), S. 77–82. LBI B 410.

Grund für eine Rückkehr ins Reich.[102] Doch auch andere Faktoren beeinflussten die Entscheidung zur Rückwanderung: Gerade die ersten Emigranten hatten das Reich 1933 oftmals unter der Annahme verlassen, zu einem späteren Zeitpunkt zurückkehren zu können. 1934, als sich die Lage in Deutschland etwas beruhigte, schien vielen der Moment zur Rückkehr günstig.[103] Auch ungewohnte klimatische Bedingungen, Sprachbarrieren oder Mentalitätsunterschiede in den Einwanderungsländern, vor allem in Palästina, das manchem deutschen Juden bei genauerer Betrachtung weniger als „Heimstätte" erschien als erwartet,[104] konnten den Ausschlag geben. Tatsächlich waren die Siedlungsbedingungen dort hart und zwangen zu einem völligen „Aufgeben seines bisherigen Standards, seiner Bequemlichkeit und aller Gewohnheiten, ohne die man bisher nicht glaubte, leben zu können".[105] Trotz der deutlichen Warnungen der jüdischen Hilfsorganisationen[106] gab es immer wieder Fälle, in denen Palästina-Wanderer nach ihrer Übersiedlung feststellten, dass sie den Anforderungen nicht gewachsen waren. Die Bayerische Politische Polizei schrieb höhnisch:

> Etwas kleinlaut allerdings sind die Juden Palästinas geworden, von wo die neu aus Deutschland zugewanderten ihren zurückgebliebenen Rassegenossen Jammerbriefe auf Jammerbriefe schreiben mit dem überall durchklingenden Unterton, daß es in dem ‚barbarischen Nazideutschland' doch angenehmer zu leben war.[107]

Neben all diesen Push-Faktoren darf auch der emotionale Faktor der Familienbindung nicht vergessen werden, der zum Pull-Faktor einer Rückkehr in die alte Heimat werden konnte. So nannten Rückwanderer auch das fehlende familiäre und Freundesnetzwerk als einen Faktor für ihre Rückkehrentscheidung.[108]

Bereits zu Jahresende 1933 begann die Rückwanderung und stieg dann im Laufe des Jahres 1934 stark an. So berichtet in München die Gestapo im Dezem-

---

102 So auch Jünger 2016, S. 385. Ähnlich Niederland 1993, S. 176f., und Benz et al. 1993, S. 497.
103 Niederland 1996, S. 227–229.
104 Niederland 1993, S. 178.
105 Hilfsverein: Korrespondenzblatt (Oktober 1933), S. 20.
106 So u. a. mit dem Hinweis auf ein „unerhört schweres Leben" File 633: Gross-Breesen. Rundschreiben 1.7.1936. JDC NY AR193344.
107 Monatsbericht der Bayerischen Politischen Polizei für die Zeit vom 1.–31.5.1936. BayHStA StK 6687, S. 62.
108 Beispielsweise bei Diekmann, Irene: Juden in Berlin. Bilder, Dokumente, Selbstzeugnisse. Berlin 2001–2009 (Juden in Berlin, 3), hier Dok. I: Aus den Lebenserinnerungen von Fritz Goldberg. S. 279.

ber 1934 von einer „Mehrung der Gesuche um Wiedereinreiseerlaubnis".[109] Die deutschen Behörden betrachteten diese Entwicklung generell mit Sorge, war es doch erklärtes Ziel gewesen, möglichst viele Juden aus dem deutschen Einflussbereich zu vertreiben.[110] Eine rechtliche Handhabe, die Rückwanderung zu verhindern, gab es jedoch nicht – Inhaber eines deutschen Passes konnten jederzeit in das Deutsche Reich zurückkehren. So setzten die Behörden auf Abschreckung. Seitens der jüdischen Organisationen kam es zu ersten Warnungen, „daß die deutschen Behörden zurückkehrende Emigranten entsprechend ihrem Benehmen im Ausland behandeln werden. (...) Die Rückkehr [der] Emigranten ausländischer Staatsangehörigkeit oder staatenloser Emigranten ist den Behörden nicht erwünscht."[111]

So wurden Rückwanderer seit Januar 1935 z.B. in „Schulungslagern" inhaftiert.[112] Die Strategie zeigte Wirkung: Deutsche Auswanderer, die an eine Rückkehr gedacht hatten, verlegten sich angesichts der Gefahr einer Inhaftierung auf andere Lösungen, beispielsweise auf die Weiterwanderung in ein neues Zielland.[113] Folglich ging mit dem Jahr 1935 die Rückwanderung nach Deutschland signifikant zurück, wenn sie auch nie ganz versiegte.[114]

Insgesamt kommt der Rückwanderung eine außerordentliche Bedeutung in der Analyse der Wanderungsentscheidungen der jüdischen Deutschen zu. Die Tatsache, dass es einen jüdischer Rückwanderungsstrom gab, widerlegt nach Ansicht Doron Niederlands die Behauptung, bei der Emigration zwischen 1933 und 1938 habe es sich um eine forcierte Wanderungsbewegung gehandelt.[115] Seine Argumentation greift jedoch zu kurz: Dass der Druck auf die deutschen Juden im Ausland so groß wurde, ja teilweise so nahe an eine existenzielle Bedrohung heranreichte, dass einige von ihnen die Entscheidung zur Rückkehr fällten, bedeutet im Umkehrschluss nicht, dass keinerlei Drucksituation im Deutschen Reich existierte. Diese schien allerdings manchen, vor allem 1934 und 1935, weniger bedrohlich als die Situation im Zielland.

Der wichtigste Schluss aus dieser Gegenströmung zur Auswanderung ist vielmehr die bisher nicht benannte Wirkung der Rückwanderung auf die Ent-

---

109 Monatsbericht für Dezember 1934. 6.1.1935. BayHStA StK 6685, S. 15.
110 Wetzel 1993, S. 497f.
111 Die Behandlung der zurückkehrenden Emigranten. In: *Der Israelit* 1934 (3), S. 2.
112 Ein offizieller Überblick über diese Einweisungen in die „Schulungslager" ist nicht bekannt. Es finden sich aber in den Behördenunterlagen immer wieder Hinweise darauf, für München beispielsweise in Monatsbericht für März 1935. 7.4.1935, BayHStA StK 6685, S. 15.
113 Strauss 1980, S. 357.
114 Niederland 1993, S. 175f.
115 Niederland 1993, S. 179.

scheidungssituation der zu Hause verbliebenen deutschen Juden. Diese erfuhren von den Schwierigkeiten der Integration und dem alltäglichen Überlebenskampf der Emigranten aus Briefen und mündlichen Berichten der Rückkehrer. Erwin Schwager erhielt von seinem Cousin Fritz Teller einen in Ton und Inhalt deprimierenden Brief, in dem dieser laut über die Rückkehr aus dem britischen Exil in seine Heimatstadt in der Tschechoslowakei nachdachte:

> You may know from your own experience, however, what it feels like when, being without a home, you run around in a foreign world as a stranger, looking to start life once more. (...) Mostly I (...) have looked and searched a lot, and written many letters; however, without any success. I do not know any more where else to go. (...) Already I have some refusal from US Manufacturers. Now, I shall try Australia. If this won't work, I'll just return to the CSR. Really Erwinerle, life has become difficult for us Jews.[116]

Auch im weiteren Bekanntenkreis häuften sich die Berichte über Rückkehrer aus der Emigration.[117] Die Erfolgsannahmen für künftige Emigrationen waren von diesen Beispielen durchaus beeinflusst: „Unsere ‚liebe' Wirtin (...) fragte auch sofort, ob der andere Herr [Herr Mainzer] nicht mehr da sei (...) Alle sind einmütig der Ansicht, dass Sie bald wiederkommen."[118]

Angesichts solcher Zeugnisse überrascht der Rückgang der Auswanderungszahlen in den ersten Jahren der NS-Herrschaft nicht. Viele der deutschen Juden zogen die Situation in der Heimat den Schwierigkeiten einer Emigration lange Zeit vor. Solange der Verfolgungsdruck nicht zu groß wurde, blieb ein abwartender Verbleib in der Heimat die bessere Option, zumal die Hoffnung auf ein baldiges Ende der nationalsozialistischen Herrschaft zu diesem Zeitpunkt noch lebendig war.

Ein statistisches Abbild dieser Art der Rückwanderung anhand der Münchner Datenbank ist aus zwei Gründen nicht erstellbar: Einerseits verzeichnet die Datenbank kein konkretes Feld „Rückwanderung". Eine Gegenrechnung der Felder Zuzugs- und Emigrationsdatum bringt keine verwertbaren Ergebnisse,[119]

---

116 Fritz Teller, London, an Erwin Schwager, New York. Brief vom 18.12.1938. Schwager Family Papers.
117 So zog eine Jugendfreundin mit ihrem Mann von Spanien zurück nach Berlin, eine andere wägte die Rückkehr aus Italien nach Wien gegen eine Weiterwanderung in die USA ab. Erwin Schwager, München, an Fanny Strauss, Brüssel. Brief vom 26.12.1936. Erwin Schwager: Private Correspondence (1936).
118 Erwin Schwager, München, an Mainzer, Kapstadt. Brief vom 29.11.1936. Erwin Schwager: Private Correspondence (1936).
119 Bei einer Gegenrechnung der Felder des Emigrationsdatums gegenüber dem Zuzugsdatum wird deutlich, dass nur zwei Personen mit höherem Zuzugs- als Emigrationsdatum verzeichnet und folglich Rückwanderer sind. Dies erscheint unglaubwürdig, zumal eines der Felder den Ver-

zumal nicht klar ist, ob die in Schulungslager eingewiesenen Rückkehrer überhaupt in München rückgemeldet wurden. Andererseits musste ein Münchner Emigrant nicht zwangsweise nach München zurückkehren. Auch andere deutsche Städte kamen für eine Ansiedlung nach einer gescheiterten Emigration im Ausland in Frage, so dass eine entsprechende Statistik in jedem Falle unvollständig und wenig aussagekräftig wäre. Statistische Einschätzungen zur Rückwanderung der Münchner Juden können daher nicht abgegeben werden. Das Beispiel Erwin Schwagers zeigt, dass die Gedanken an Rückwanderung den zeitgenössischen Emigrationsdiskurs stärker beeinflussten als von der Forschung bisher angenommen. Um Klarheit über die statistische Ausprägung der Rückwanderung ins Deutsche Reich zu erlangen, müssten tiefere Nachforschungen anhand einer breiteren Datenbasis angestellt werden. Diese zu gestalten, ist aufgrund der schlechten Quellenlage bislang jedoch nicht möglich. Angesichts der Bedeutung der Rückwanderung für ein fundiertes Verständnis der jüdischen Emigration während der Zeit des Nationalsozialismus bleibt zu hoffen, dass diese Forschungslücke noch geschlossen werden wird.

---

dacht eines Tippfehlers nahelegt (Einzugsdatum im ersten Adressfeld genau zehn Jahre nach Zuzugsdatum – Zuzugsdatum wohl 1928 statt 1938).

4 Rahmenbedingungen der Emigration aus München

4.1 Am „Vorabend der Katastrophe"

> [Emigration] was caused by [Nazi] persecution, and must be interpreted, in its ebb and flow, as closely related to the ebb and flow of this persecution.[1]

Es scheint fast überflüssig zu betonen, dass zur Analyse der jüdischen Emigration aus Deutschland auch eine Analyse der innerdeutschen Verfolgungssituation nötig ist, welche der Auslöser der Emigrationswelle war. Und doch muss ein Hinweis darauf am Beginn dieses Kapitels stehen. So einleuchtend obenstehende Feststellung ist, so schwierig ist die Umsetzung einer gesamtdeutschen Analyse, war doch die Verfolgungssituation regional unterschiedlich, in ihrer Intensität verschieden und durch eine Vielzahl von Akteuren bestimmt. Auch die Erfahrungen der Verfolgten differierten: Einige waren bereits früh gezielten Verfolgungen ausgesetzt,[2] andere erfuhren die nationalsozialistische Bedrohung vorerst mehr als gruppenspezifische Ablehnung denn als Gefährdung der eigenen Person. So entstand eine teils widersprüchliche, teils überlappende Verflechtung von Verfolgungssituationen und -erfahrungen, welche bereits von den Zeitgenossen sehr unterschiedlich gedeutet wurde und immer wieder Veränderungen unterworfen war. Zusätzlich erschwert wurde die Auswanderung aus Deutschland im Laufe der 1930er Jahre durch ein sich stetig veränderndes System an Emigrationsvorschriften und -verordnungen.[3] Doch nicht nur die Situation innerhalb der Grenzen des Reichs prägte die Emigrationserfahrungen der deutschen Juden. Auch politische und wirtschaftliche Entwicklungen der Zielländer sowie deren Einstellung zur Aufnahme von Einwanderern beeinflussten die Emigration entscheidend.

Der Zeitpunkt, zu dem mehr und mehr deutsche Juden auf Auswanderung drängten, war denkbar schlecht. Bereits die Zwischenkriegszeit war geprägt von steigenden Zuwanderungsbeschränkungen vor allem der Immigrationsländer in Nord- und Südamerika, aber auch in Europa. Anders als noch im 19. Jahrhundert wurden nun weithin Regelungen eingeführt, um Einwanderung zu begrenzen und zu steuern. Das lag zum einen an einem steigenden Nationalismus und dem damit einhergehende

---

[1] Strauss 1980, S. 316.
[2] Schoeps, Julius H.: Düstere Vorahnungen. Deutschlands Juden am Vorabend der Katastrophe (1933–1935). Berlin 2018.
[3] Prinz, Arthur: Geleitwort. in: Cohn et al. 1938, S. 7.

Versuch, die eigene Bevölkerung vor einer als zu hoch empfundenen Anzahl an Immigranten zu schützen. So setzten beispielsweise die Vereinigten Staaten auf eine Quotenregelung, die west- und nordeuropäische Einwanderer aufgrund ihrer größeren Ähnlichkeit zu einem angenommenen Ursprungsbild des „typischen" Amerikaners gegenüber Osteuropäern bevorzugte. Zum anderen war in den meisten Staaten die Weltwirtschaftskrise Ende 1929 ein „entscheidendes Moment"[4] der Einwanderungspolitik, da es nun galt, den bereits mit einer Vielzahl arbeitsloser Staatsbürger belasteten heimischen Arbeitsmarkt vor zusätzlichen Arbeitskräften aus dem Ausland abzuschirmen. Die Immigration kam in der Folge fast vollständig zum Erliegen, so dass die Einwanderung in ein Zielland vielen jüdischen Deutschen mehr Probleme bereitete als die Auswanderung aus dem nationalsozialistischen Deutschland:

> Hätten sich die überseeischen Länder (...) bereitwilliger geöffnet, es gäbe wahrscheinlich heute kaum noch ein mit der jüdischen Wanderung zusammenhängendes Problem. Die Erfahrungen zeigen jedoch, daß die Schwierigkeiten der Einwanderung es sind, an denen manche, die bereits auf dem gepackten Koffer sitzen, scheitern.[5]

Eine ausformulierte Asylpolitik existierte in den Zielländern der jüdischen Emigration noch nicht oder nicht mehr. Über die Aufnahme von Flüchtlingen wurde unter ökonomischen Aspekten entschieden.[6] Der wirtschaftlichen Krise und deren politischen Folgen einerseits und andererseits der steigenden Zahl jüdischer Einwanderer folgte bald ein Anstieg des Antisemitismus. Jüdische Neueinwanderer sahen sich insofern in einer besonders schwierigen Lage. Im Laufe der 1930er Jahre verschärfte sich die Immigrationssituation in den Zielländern immer weiter, während gleichzeitig der innerdeutsche Verfolgungsdruck stieg. Um die jüdische Emigration aus München darstellen zu können, werden im Folgenden die Ausprägungen beider geschilderter Einflüsse, der Verfolgungssituation im Deutschen Reich sowie der Einwanderungssituationen in den Zielländern, in ihrem Zeitverlauf untersucht. Dazu wird eine Periodisierung vorgenommen, um Veränderungen im Zeitverlauf deutlicher voneinander zu unterscheiden. Innerhalb dieser Periodisierung werden einzelne Zielländer genauer betrachtet, welche anhand ihrer Relevanz für mindestens eine der im Buch beispielhaft untersuchten Biographien ausgewählt wurden. Vollständige Darstellungen aller Zielländer finden sich an anderer Stelle.[7]

---

4 Prinz, Arthur: Der Stand der Auswanderungsfrage. In: *Zeitschrift für jüdische Wohlfahrtspflege und Sozialpolitik* 1935 (5), S. 77–82. LBI B 410, S. 77.
5 Jüdische Auswanderung, in: *Jüdisches Nachrichtenblatt* 1940, 2.2.1940 (10), S. 1.
6 Vergleiche dazu das Ende des *Kapitels 1* und Long 2013, S. 12.
7 Die detailliertesten Informationen zu Zielländern finden sich in den Berichten des Zentralaus-

Die bekannteste Periodisierung zur jüdischen Emigration stammt von Strauss,[8] der insgesamt sechs Phasen unterscheidet. Diese Einteilung ist jedoch für die vorliegende Arbeit zu kleinschrittig und steht den Ergebnissen der Untersuchung der Emigration aus München entgegen. Basierend auf den statistischen Ausprägungen der Münchner Emigration sowie auf den Ergebnissen der biographischen Untersuchungen wird stattdessen eine auf die Münchner Situation adaptierte, vierphasige Periodisierung verwendet. Strauss differenziert die Jahre 1933 bis Herbst 1937 in zwei Phasen gesteigerten Verfolgungsdrucks und zwei Phasen der Beruhigung. Diese Einteilung ist für die vorliegende Arbeit zu differenziert, da sich die Analyse stärker auf die Jahre 1938 und 1939 konzentrieren wird, in denen der Schwerpunkt der Emigration aus München lag. Im Folgenden werden diese vier Phasen daher zu einer einzigen *Phase I: Verfolgungswellen (Frühjahr 1933 bis Herbst 1937)* zusammengefasst,[9] die die stetige Veränderung der Verfolgungssituation sowie der Einwanderungspolitik verschiedener Zielländer abbildet. Strauss' fünfte Phase beschreibt die Zeit vom Herbst 1937 bis zum Novemberpogrom 1938, die sechste dann die Periode von November 1938 bis zum Emigrationsverbot im Oktober 1941. Auch diese Phaseneinteilung scheint für die vorliegende Arbeit aus zwei Gründen ungeeignet. Einerseits stellt das Novemberpogrom, wie in der Folge noch zu zeigen ist, keine Phasengrenze dar. Andererseits zeigen sowohl die Statistiken als auch die biographischen Berichte ein starkes Einbrechen der Emigration mit Kriegsbeginn auf, welches Strauss in seiner Phasenteilung nicht kennzeichnet und in der sechsten Phase auch nur in geringem Maße erwähnt. Dieser Einbruch

---

schusses für Hilfe und Aufbau, die bereits mehrfach zitiert wurden. Eine Übersicht über diverse Zielländer bei Kieffer, Fritz: Judenverfolgung in Deutschland – eine innere Angelegenheit? Internationale Reaktionen auf die Flüchtlingsproblematik 1933–1939. Stuttgart 2002 (Historische Mitteilungen Beiheft, 44), sowie ausführlich bei Caestecker, Frank und Moore, Bob: Refugees from Nazi Germany and the Liberal European States. New York, Oxford 2010. Einzelwerke beispielsweise zu Frankreich: Badia, Gilbert: Frankreichs Haltung gegenüber den deutschsprachigen Emigranten zwischen 1933 und 1940. In: Saint Sauveur-Henn, Anne (Hg.): Fluchtziel Paris. Die deutschsprachige Emigration 1933–1940. Berlin 2002 (Reihe Dokumente, Texte, Materialien/ Zentrum für Antisemitismusforschung der Technischen Universität Berlin, 48), S. 29–40, zu England: Hirschfeld, Gerhard (Hg.): Exil in Großbritannien. Zur Emigration aus dem nationalsozialistischen Deutschland. Stuttgart 1983 (Veröffentlichungen des Deutschen Historischen Instituts London, 14), zu Palästina: Nicosia, Francis R.: Zionism and anti-semitism in Nazi Germany. Cambridge u. a. 2008, oder zu den USA: Wyman, David S.: The abandonment of the Jews. America and the Holocaust, 1941–1945. New York 1984.
8 Strauss 1980, S. 330–333.
9 So auch Niederland 1996, S. 234, der die Jahre 1933 bis 1937 als Phase der semi-forcierten Emigration bezeichnet.

sollte jedoch durch eine Phasengrenze klar gekennzeichnet werden. Für die Auswanderung aus München wird folglich eine *Phase II: Entscheidungsjahre* definiert. Sie beginnt im Herbst 1937, als eine verstärkte „Arisierung" den Verfolgungsdruck auf die Münchner Juden erhöhte, und endet mit Kriegsbeginn 1939. Das Novemberpogrom 1938 wird dabei bewusst innerhalb einer Phase und nicht als Phasengrenze definiert. Dadurch soll seine einschneidende Wirkung keinesfalls geschmälert werden, vielmehr soll dadurch seine Akzelerationsfunktion auf die Emigrationsprozesse der Münchner Juden betont werden. Deshalb wird der 9. November 1938 in einem Wirkungszusammenhang mit den vorherigen und nachfolgenden Entwicklungen betrachtet. Diese längere Phaseneinteilung berücksichtigt zudem, dass die Auswanderung einige Monate Vorbereitungszeit benötigte und entsprechend auch längere Untersuchungszeiträume angesetzt werden müssen. Der Kriegsbeginn ist, wie vor allem die biographischen Untersuchungen zeigen werden, ein deutlicher Einschnitt in allen Emigrationsprozessen, so dass mit ihm eine neue *Phase III: Kriegsjahre (Herbst 1939 bis Oktober 1941)* der Emigration der Münchner Juden beginnt, die geprägt war durch kriegsbedingte Veränderungen im Deutschen Reich, in den Ziel- und Transitländern. Strauss beendet seine Untersuchung mit dem generellen Emigrationsverbot im Herbst 1941. Auch wenn dadurch die meisten Emigrationsversuche abrupt unterbunden wurden, so kann doch nicht übersehen werden, dass reichsweite sowie Münchner Statistiken vereinzelte Emigrationen noch nach diesem Erlass verzeichnen. Insofern soll in einer *Phase IV: Emigrationsverbot (seit Oktober 1941)* kurz auf die weiteren Entwicklungen eingegangen werden. Jedem der folgenden vier Kapitel wird eine nach Monaten aufgegliederte Graphik über die Höhe der Auswanderungszahlen aus München in dieser Phase vorangestellt.[10] Auf eine längere Darstellung der Entwicklungsgeschichte der Münchner jüdischen Gemeinde wird hier verzichtet, da diese in einschlägigen Arbeiten[11] ausführlich dargestellt ist.

---

10 Siehe Abbildung 7: Graphische Veranschaulichung der Auswanderung aus München nach Monat und Jahr (gesamter Zeitraum) sowie Tabelle 22: Auswanderung aus München nach Emigrationsjahr und -monat.
11 Beispielsweise Bauer, Richard; Brenner, Michael (Hg.): Jüdisches München. Vom Mittelalter bis zur Gegenwart. München 2006 oder Heusler, Andreas; Weger, Tobias: „Kristallnacht". Gewalt gegen die Münchner Juden im November 1938. München 1998, S. 9–16. Mit Fokus auf die soziologische Zusammensetzung der Münchner Gemeinde und unter Einbezug eigener Erfahrungen auch Cahnman 1979.

4.2 Phasen der Migration der Münchner Juden

4.2.1 Verfolgungswellen: Frühjahr 1933 bis Herbst 1937

Wie in Abbildung 3 deutlich erkennbar, gestaltete sich die Auswanderung aus München in den ersten Jahren der nationalsozialistischen Herrschaft wellenförmig. Nach einem Höhepunkt im Laufe des Jahres 1933 sank sie bis zum Ende des Jahres 1935 ab, um dann im Winter 1935/36 sowie ein drittes Mal im Jahr 1937 anzusteigen. Noch jedoch bewegte sich die Auswanderung insgesamt in einem kleinen Rahmen: Monatlich verließen im Schnitt 41 Personen München, um ins Ausland zu gehen. Der prozentuale Anteil dieser ersten fünf Jahre an der Gesamtauswanderung aus München ist mit 37% deutlich kleiner als für das Gesamtreich, für das die Schätzungen zwischen 44%[12] und 53%[13] liegen.

Schon zu Beginn des Untersuchungszeitraums zeigt sich deutlich ein Spezifikum der Münchner Auswanderungsbewegung: Diese setzte erst im April und dann verstärkt in den Sommermonaten 1933 ein, während für das Reich eine fluchtartige Auswanderung bereits zu Beginn des Jahres konstatiert wird. So bildet sich statistisch die historische Entwicklung der Machtübernahme ab: Während im Reich bereits ab Januar Verfolgungsmaßnahmen gegen Gegner der Nationalsozialisten und folglich auch Fluchtbewegungen einsetzten, vollzogen sich diese in Bayern erst mit der dortigen Machtübernahme Anfang März 1933. Einen verstärkten Zuzug nach München, der eine etwaige Flucht deutscher Juden in den Süden des Landes abbilden würde,[14] verzeichnet die Datenbank jedoch nicht. Im Gegenteil fallen die Zuzüge der ersten drei Monate des Jahres 1933 mit 29 von insgesamt 139 Zuzügen im Gesamtjahr leicht unterdurchschnittlich aus. Aus Berlin ist kein Zuzug verzeichnet.[15]

Am 9. März 1933 wurde schließlich die Regierung Held aus dem Amt gedrängt, wodurch die Sonderrolle Bayerns beendet und die letzte der deutschen Landesregierungen gleichgeschaltet war. Wenige Tage später wurde Karl Fiehler zum Ober-

---

[12] Nach Schätzungen des Joint: File 366: Jewish Emigration from Germany. 1.1.1933–2.12.1941 (Germany) and 15.3.1938–7.12.1941 (Austria). JDC NY AR193344.
[13] Nach Rosenstock 1956, S. 374, sowie darauf aufbauend Strauss 1980, S. 326, insb. Tabelle VII: Total number of émigrés.
[14] So die Vermutung von Ophir et al. 1982, S. 471, entsprechend auch Jünger 2016, S. 60.
[15] Neun der 29 Zuzügler stammen aus anderen bayerischen Orten, neun aus Restdeutschland (u. a. Coburg, Frankfurt, Kiel), zwei aus dem Ausland (NL und CH). Neun sind ohne Herkunftsort verzeichnet. Dass die Datenbank keine Zuzugswelle verzeichnet, könnte auch dadurch bedingt sein, dass viele Zuzügler nach März 1933 wieder in ihre Herkunftsstädte zurückzogen und somit nicht lange genug in München blieben, um sich für die Aufnahme in die Datenbank zu klassifizieren.

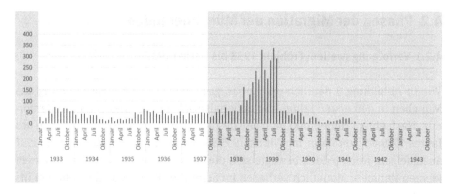

Abb. 3: Graphische Veranschaulichung der Auswanderung aus München nach Monat und Jahr (Frühjahr 1933 bis Herbst 1937)

bürgermeister Münchens ernannt, der die antisemitischen Verfolgungsmaßnahmen der Stadt entscheidend prägen sollte. Bereits am Abend der Gleichschaltung Bayerns setzte die Verfolgung nationalsozialistischer Gegner auch in München ein. Unter anderem betroffen war davon die Münchner Zweigstelle des Centralvereins deutscher Staatsbürger jüdischen Glaubens (CV), für die Werner Cahnmann seit einigen Jahren als Syndikus tätig war. Dort wurde „durch die SA-Formationen im Büro des Landesverbandes Bayern des ‚Centralvereins Deutscher Staatsbürger jüdischen Glaubens' (...) eine Suchung und Beschlagnahmung umfangreichen Schriftenmaterials durchgeführt".[16] Zeitgleich wurden Kommunisten, Sozialisten und jüdische Münchner in „Schutzhaft" genommen.[17] Dem Münchner Büro war diese Bedrohung seit längerem bekannt gewesen, hatten doch die anderen Zweigstellen sowie der Berliner Hauptsitz Erfahrungen mit der neuen Regierung sammeln können. Aufgrund der bereits früh bestehenden Gefährdungslage in der Reichshauptstadt war das „Anti-Nazi-Archiv" des CV im Februar durch Dr. Hans Reichmann nach München gebracht worden, wo es sicherer schien.[18] Cahnmann, der sich zusammen mit Alois Hundhammer, einem BVP-Politiker und bekannten Münchner Gegner der Nationalsozialisten, um einen Aufbewahrungsort für das Archiv bemühte, erkannte in den ersten Märztagen die Gefahr einer nationalso-

---

16 Centralverein deutscher Staatsbürger jüdischen Glaubens, München an das Büro des Herrn Reichsstatthalters, München. Schreiben vom 15.1.1934. BayHStA Reichsstatthalter Epp 432/2.
17 Selig 1993, S. 398.
18 Seidel, Doris: Die jüdische Gemeinde Münchens 1933–1945. In: Baumann, Angelika (Hg.): München arisiert. Entrechtung und Enteignung der Juden in der NS-Zeit. München 2004, S. 31–53, hier S. 34f.

zialistischen Machtübernahme auch in Bayern. Da kein sicherer Verbleib für das Archiv gefunden werden konnte, ließ er noch am 8. März alle Unterlagen in einer Verbrennungsanlage in Puchheim zerstören,[19] ähnlich den zuvor bereits vernichteten politischen Akten des Münchner Büros. Bei der Durchsuchung des Büros am folgenden Tag fielen den Nationalsozialisten so keine von Cahnmann als kritisch eingestuften Unterlagen in die Hände. Der CV protestierte gegen die Durchsuchung und Konfiskation seiner Papiere,[20] ein Einspruch, der ebenso ohne Konsequenzen blieb wie die international bekannt gewordene Behandlung des Rechtsanwalts Dr. Michael Siegel, der aufgrund eines bei der Münchner Polizei erhobenen Einspruchs für einen jüdischen Mandanten in aller Öffentlichkeit als Jude bloßgestellt und misshandelt wurde.[21] Juristen waren nur eine der Berufsgruppen, die in den Folgemonaten gezielt verfolgt wurden.[22] Auch gegen Ärzte[23] und jüdische Geschäfte richtete sich die nationalsozialistische Verfolgung, so beispielsweise während des Boykottages am 1. April 1933. München begann zudem bereits im April 1933 eine Kartothek der jüdischen und ausländischen Firmen anzulegen, um die Vergabe öffentlicher Aufträge an „jüdische" Firmen zu verhindern.[24]

---

19 Elisabeth Zauner: Niederschrift über ein Gespräch mit Herrn Professor Dr. Werner J. Cahnmann am 1.4.1973 in New York. LBI: Werner and Gisella Cahnman Collection. AR 25210 Box 3 Folder 63. Fred Cahnmann erinnert sich ebenfalls daran, dass sein Bruder Unterlagen vernichtete: USHMM: Oral History Interview with Fred Cahnmann.
20 Centralverein deutscher Staatsbürger jüdischen Glaubens, München, an das Büro des Herrn Reichsstatthalters, München, und an das Bayerische Staatsministerium des Inneren, München. Brief vom 21.8.1933. BayHStA Reichsstatthalter Epp 432/2.
21 Ostler, Fritz: Die deutschen Rechtsanwälte 1871–1971. Essen 1971, S. 249 und Heinrich, Robert (Hg.): 100 Jahre Rechtsanwaltskammer München. Festschrift zum 100. Jahrestag des Inkrafttretens der Rechtsanwaltsordnung vom 1. Juli 1878. München 1979, S. 106.
22 So wurden nach Walk, Joseph; Kempner, Robert M. W. (Hg.): Das Sonderrecht für die Juden im NS-Staat. Eine Sammlung der gesetzlichen Maßnahmen und Richtlinien. Heidelberg 1981 (Motive, Texte, Materialien, 14), I 21, zum 1. April alle jüdischen Münchner Richter und Staatsanwälte „beurlaubt", reichsweit wurde die Neuzulassung „nichtarischer" Rechtsanwälte ausgeschlossen.
23 Während Verordnungen zum Entzug der Kassenzulassung „nichtarischer" Ärzte im Reich erst Mitte April umgesetzt wurden, wurde in München bereits Ende März veranlasst, dass jüdische Ärzte nur noch jüdische Patienten behandeln durften. Dazu Erlass des Oberbürgermeisters Fiehler, In: *Völkischer Beobachter* 1933, 27.03.1933 (46), S. 5. Jüdische Studierende wurden ab April nicht mehr zum Medizinstudium zugelassen: Adam 1979, S. 59, Anm. 234.
24 Macek, Ilse: Vernichtung der wirtschaftlichen Existenz der Juden in München. In: Macek, Ilse (Hg.): Ausgegrenzt – entrechtet – deportiert. Schwabing und Schwabinger Schicksale 1933–1945. München 2008, S. 523–542, hier S. 524.

Einen Monat später, am 12. Mai, wurde eine gezielte Aktion gegen „das Wohlfahrtsamt der Israelitischen Kultusgemeinde (...) und 54 jüdische Vereine und andere Organisationen"[25] in München durchgeführt. Die Aktion rief in der jüdischen Bevölkerung Münchens große Bestürzung hervor, war es doch die erste konkret auf die Juden Münchens zielende Verfolgungsmaßnahme der neuen nationalsozialistischen Regierung. Sie traf die jüdische Gemeinde (in München: IKG) hart und verdeutlichte, dass die Hoffnungen vergeblich waren, dass Bayern ein Ruheort im Sturm der nationalsozialistischen Bewegung blieb. Im Gegenteil schien die bayerische Regierung nun schärfer gegen die jüdischen Organisationen vorzugehen, als dies in anderen Ländern des Reichs der Fall war.[26]

Diese Monate der intensivierten Verfolgung wirkten sich auch auf die Emigration aus. So verzeichnen die Statistiken im Sommer 1933 ein Jahreshoch an Auswanderern. Der Juni 1933 wurde mit 85 verzeichneten Emigrationen aus München zum stärksten Monat der Auswanderung überhaupt in dieser gesamten ersten Phase. Allerdings sind die Emigrationsbewegungen im Vergleich zur Höhe der späteren Zahlen verhältnismäßig klein. „[The] real exodus [has] not started up to now",[27] wie auch der Joint für die gesamtdeutsche Situation berichtete.

In den Folgemonaten beruhigte sich die Situation reichsweit und auch in München deutlich.[28] Trotz dieser Abflachung des Verfolgungsdrucks nahm das Thema Auswanderung im Sommer und Frühherbst 1933 in der Münchner Öffentlichkeit immer mehr Raum ein. Die berufliche Situation vieler verschlechterte sich, allen voran der Angehörigen der oben genannten Berufsgruppen, die durch neue Gesetze aus ihren Berufen verdrängt wurden. Hinzu kam, dass sich die gesamte deutsche Wirtschaft noch nicht von den Auswirkungen der Weltwirtschaftskrise erholt hatte, so dass die Arbeitslosigkeit innerhalb der jüdischen Bevölkerungsgruppen analog zu den Arbeitslosenzahlen der deutschen Gesellschaft in ihrer Gesamtheit stieg.[29] Parallel zu diesen Entwicklungen gab es zwei gegensätzliche Meinungsströmungen im deutschen Judentum.[30] Ein Teil der deutschen Juden

---

25 Centralverein deutscher Staatsbürger jüdischen Glaubens, München, an Seine Hochwohlgeboren den Herrn Staatsminister des Inneren, München. Brief vom 20.5.1933. BayHStA Reichsstatthalter Epp 432/2.
26 File 626: Kahn, Bernhard: On the situation of the Jews in Germany, 27.6.1933. JDC NY AR193344. Ähnlich Ophir et al. 1979, S. 26.
27 File 626: General Summary on the German Situation. 31.7.1933. JDC NY AR193344.
28 File 626: Kahn, Bernhard: On the situation of the Jews in Germany, 27.6.1933. JDC NY AR193344.
29 Vergleiche dazu Adler, Hans Günther: The Jews in Germany. From the Enlightenment to National Socialism. Notre Dame, Indiana 1969, S. 132f., und Barkai, Avraham: „Wehr Dich!". Der Centralverein deutscher Staatsbürger jüdischen Glaubens (C.V.) 1893–1938. München 2002, S. 259.
30 So zeitgenössische Quellen, u. a. File 677: Comparative German-Jewish Emigration Figures

betonte die Gefahren, die ökonomisch, legalistisch und kulturell von den Nationalsozialisten ausgingen und die über kurz oder lang zur Zerstörung jeglicher Lebensmöglichkeit der Juden in Deutschland führen würden. Auswanderung „der Möglichstvielen"[31] schien ihnen der einzige Weg, der Juden offenstand. Diejenigen, denen die Auswanderung unmöglich war, sollten eine in Deutschland zurückbleibende, eigenständige Elite bilden. Diese Idee einer Kulturautonomie zum „Schutz der beiderseitigen Volkstümer vor verhängnisvollen Zusammenstößen und tragischen Vermischungen"[32] schien im Bereich des Erreichbaren zu liegen, war sie doch auch kommuniziertes Ziel der Nationalsozialisten. Deren Haltung jedoch veranlasste einen anderen Teil der deutschen Juden, zu einem entgegengesetzten Schluss zu kommen. Sie sahen sich zum Aushalten veranlasst. Man müsse „mit Ruhe und Würde, (...) tatkräftig mit hellem, praktischem Verstand (...) und unbeirrbar"[33] den neuen Herausforderungen entgegensehen und würde so jüdische Lebensbereiche im neuen Reich finden. Diese unterschiedliche Beurteilung der Lage der deutschen Juden in ihrer Gesamtheit und im Einzelnen zeigen sich auch im Vergleich der Münchner Familien: Vor allem aufgrund der Nähe von Sigwart und Werner Cahnmann zu jüdischen Führungspersönlichkeiten und Werner Cahnmanns Verfolgungserfahrung im Rahmen seiner Arbeit für den CV schien diese Familie eine Auswanderung sehr früh als sinnvoll zu erachten. Der erste Emigrant der in diesem Buch detaillierter untersuchten Münchner, Hans Cahnmann, war als Mitglied dieser Familie sicherlich von deren Einsichten geprägt. Im Gegensatz dazu reagierte Leopold Schwager stark verärgert, als er erfuhr, dass zwei Brüder seiner Frau direkt im Anschluss an die nationalsozialistische Machtübernahme auswanderten:

> My father was very upset when we received the phone call that the uncles left for Switzerland for Israel and he felt it was an un-Schwager-like thing to do. My father felt he was in the war, our family belonged here, and he always said: 'The trees don't grow into the sky. There will be a limit and once Hitler is in government he will have to deal with foreign powers and countries and there must and will be a compromise'.[34]

---

for 1933 and 1934. 31.12.1934. JDC NY AR193344 sowie aus dem Münchner Kontext: Jüdische Haltungen zur gegenwärtigen Situation in Deutschland. Versuch einer Abgrenzung. In: *Bayerische Israelitische Gemeindezeitung* IX. Jahrgang, 01.06.1933 (11), S. 161–165.
31 Ebd.
32 Die Lebensmöglichkeiten der deutschen Juden. In: *Bayerische Israelitische Gemeindezeitung* IX. Jahrgang, 15.06.1933 (12), 183f. Das Zitat stammt von Ministerialrat Dr. Leonardo Conti, einem Nationalsozialisten der ersten Stunde.
33 Jüdische Haltungen zur gegenwärtigen Situation in Deutschland. Versuch einer Abgrenzung. In: *Bayerische Israelitische Gemeindezeitung* IX. Jahrgang, 01.06.1933 (11), S. 161–165.
34 PHM: Oral History Interview with Erwin Schwager.

Diese Meinungsunterschiede zog sich bis in die jüdischen Organisationen hinein: „There is, however, little doubt that a good many German Jews must continue to live in Germany in spite of the great part that emigration will play within the next few years",[35] wie der Zentralverein feststellte.

Um die Unterstützung der Auswanderungen sorgten sich die jüdischen Organisationen nun immer mehr. Die „wilde Emigration"[36] der ersten Monate sollte beendet und durch eine planvolle, gesteuerte Auswanderungsbewegung ersetzt werden,[37] deren Ziel nicht nur die Förderung der Emigration, sondern auch der Integration in ein Zielland sein musste. Allerdings sorgte die aufgrund der Weltwirtschaftskrise strenge Einwanderungspolitik der Zielländer dafür, dass sowohl die Immigrationsmöglichkeiten als auch die Integration in heimische Arbeitsmärkte stark limitiert waren. Dies galt vor allem für die großen Überseestaaten wie die USA und die südamerikanischen Länder, die in den Jahrzehnten zuvor vielen europäischen Einwanderern den Zuzug ermöglicht hatten. Aufgrund dieser weltpolitischen Situation als Limitierungsfaktor sowie der Hoffnung auf ein schnelles Ende des Nationalsozialismus wurden ab 1933 verstärkt die europäischen Nachbarländer zu wichtigen Emigrationszielen.

Aus München wanderten in diesem Jahr 37,5% aller Emigranten in west-, süd- und nordeuropäische Länder aus. Schwerpunkte waren Frankreich (14%), die Schweiz (7%) sowie Großbritannien (6%). Auch Hans Cahnmann wandte sich 1933 nach Frankreich. Das Land „empfing die deutschen Emigranten (...) zwar nicht immer mit offenen Armen, doch in der Regel wohlwollend".[38] Schwierigkeiten gab es oft beim Erhalt von Arbeitserlaubnissen,[39] so dass viele der Emigranten wie Hans Cahnmann auf die Unterstützung durch Hilfsorganisationen angewiesen waren. Die Schweiz war eines der Länder, in denen die Immigrationshürden zunächst noch niedrig waren: 1933 unterlagen reichsdeutsche Einwanderer noch keiner Visumspflicht,[40] außerdem war die Sprachbarriere zumindest im deutschsprachigen Teil der Schweiz wesentlich niedriger als in anderen europäischen Ländern und oftmals bestanden Geschäftsbeziehungen dorthin. Zum Teil hatten die Münchner Juden auch Bankkonten in der Schweiz, so dass der Finanztransfer weniger Schwierigkeiten bereitete. Im Gegenzug dazu war Großbritannien eines der Länder, die lange eine restriktive Einwanderungspolitik verfolgten. Hinzu

---

35 Zentralausschuss: Arbeitsbericht 1933. LBI MF 1060, S. 20.
36 Hilfsverein: Korrespondenzblatt (Oktober 1933), S. 18.
37 Simpson 1938, S. 59.
38 Badia 2002, S. 29.
39 Hilfsverein: Korrespondenzblatt (Oktober 1933), S. 6. Ebenso Laqueur 2000, S. 44.
40 Hilfsverein: Korrespondenzblatt (Oktober 1933), S. 2.

kam eine offiziell abwartende Haltung sowie die britische Appeasement-Politik gegenüber dem Deutschen Reich,[41] die eine stärkere Einwanderung aus Deutschland verhinderten. Weitere 8,5% der Münchner Emigranten zog es 1933 in ost- und südosteuropäische Länder. Für diese Zielländer lässt sich allerdings weder ein besonders großer Anteil an Rückwanderern feststellen,[42] noch scheinen die Herkunftsländer besonders oft als Zielland gewählt worden zu sein. Im Gegenteil war auch bei den Münchner Auswanderern mit osteuropäischer Staatsangehörigkeit Frankreich eines der wichtigsten Zielländer der Auswanderung dieses ersten Jahres.[43]

Hauptziel der Münchner Juden war 1933 jedoch Palästina: Ein Viertel der Emigranten wanderte dorthin aus.[44] Palästina versprach aufgrund niedriger Arbeitslosenquoten und eines Mangels an Arbeitskräften in bestimmten Bereichen bessere Zukunftsaussichten als viele andere Einwanderungsländer.[45] Zudem wurde die Alijah von nationalsozialistischer Seite gefördert: Das im

---

41 Stickhausen, Waltraud: Großbritannien. In: Krohn, Claus-Dieter, Zur Mühlen, Patrik von und Paul, Gerhard (Hg.): Handbuch der deutschsprachigen Emigration 1933–1945. Darmstadt 2008, S. 251–270, hier S. 251.
42 So beinhaltet 1933 die Emigrantengruppe mit Zielland CZ insgesamt 20% Wanderer tschechischer Staatsangehörigkeit, die Zielländer BG, LI, LV und YU werden ausschließlich von Wanderern anderer Staatsangehörigkeiten angegeben. Eine Ausnahme ist PL, das Zielland zehn polnischer und eines deutschen Münchner Emigranten wurde.
43 Frankreich wird mit 18% sogar noch öfter aufgesucht als im Gesamtschnitt der Münchner Emigration.
44 Knapp 25% im Gesamtschnitt. In der Gruppe der osteuropäischen Münchner Juden gaben sogar 28% Palästina als Zielland an. Ein Vergleich mit reichsdeutschen Zahlen ist hier nur schwer möglich, da die Gesamtzahl der Emigranten des Jahres 1933 in allen Schätzungen so stark schwankt, dass keine gesicherte Datengrundlage vorhanden ist. Auch Übersichten des Joint und anderer jüdischer Organisationen nach 1933 ermöglichen keine Gegenrechnung, wie beispielsweise File 677: Comparative German-Jewish Emigration Figures for 1933 and 1934. 31.12.1934. JDC NY AR193344. Nach dieser Darstellung betrug die Gesamtzahl der Auswanderer 1933 etwa 63.500 Personen, von denen etwa 11% oder 6.800 Personen nach Palästina emigrierten. Die Gesamtzahl der Auswanderer scheint verglichen mit den Angaben Strauss' bei weitem zu hoch angesetzt, so dass die Zahl von 6.800 Palästina-Wanderern nicht in Relation gesetzt werden kann. Rosenstock rechnet mit denselben 6.800 deutschen Palästinawanderern und setzt diese in 19%-ige Relation zu einer Gesamtzahl von geschätzt etwa 36.000 Auswanderern aus dem Deutschen Reich: Rosenstock 1956, S. 381. Andere Quellen gehen jedoch von niedrigeren Einwanderungszahlen aus: So spricht Gurevich, David; Gertz, Aaron: Statistical Handbook of Jewish Palestine. o.O. 1947, S. 104, von 5.750 deutschen Einwanderern nach Palästina. Insgesamt ist die statistische Datenbasis also uneindeutig. Lavsky 2017, S. 68, unternimmt den Versuch einer Zusammenfassung der bekannten Quellen und konstatiert eine Palästina-Wanderung von 19,5% für das Jahr 1933. Damit wäre die Palästinawanderung aus München 1933 deutlich erhöht.
45 Hilfsverein: Korrespondenzblatt (Februar 1933), S. 14.

Sommer 1933 vereinbarte Ha'avara-Abkommen[46] erleichterte den Auswanderern den Transfer finanzieller Mittel nach Palästina. Es sorgte einerseits für einen Anstieg der jüdischen Emigration und verhalf andererseits der deutschen Exportwirtschaft zu einem dringend benötigten Aufschwung. Das Abkommen nutzte so Nationalsozialisten und Zionisten gleichermaßen[47] und blieb bis Kriegsbeginn bestehen. Das Zielland Palästina bot den Immigranten mehr als nur ökonomische Vorteile. Entscheidend war oftmals auch die ideologische Überzeugung, in einer jüdisch geprägten Umgebung am Aufbau der „Nationalen Heimstätte" mitzuwirken. Wie weit der Einfluss dieser Idee auch in die Münchner jüdische Gemeinde hineinreichte, zeigt ein Blick in die *Bayerische Israelitische Gemeindezeitung*: Dort finden sich 1933 zunehmend Informationen zu Hebräischsprachkursen und Umschulungsangeboten, ebenso Anzeigen für Speditionen und Schiffstickets nach Palästina. Auch die Infobroschüre „Alijah" erschien in zweiter Auflage.[48] Eine Palästina-Euphorie brach aus, die in den folgenden Jahren weiter anwuchs.

Im Jahr 1934 sanken die Auswanderungszahlen aus München mit insgesamt 369 Emigranten auf ein absolutes Minimum ab. Diese Reduktion war die Konsequenz zweier zeitgleich ablaufender Entwicklungen: einer Entspannung der Verfolgungssituation im Reich einerseits aufgrund der Festigung der Position der nationalsozialistischen Machthaber sowie aufgrund der 1936 im Reich durchgeführten Olympiade, und andererseits einer Verschärfung der Immigrations- und Integrationssituationen in den Zielländern. Im Reich setzte sich die Verdrängung der Juden aus zahlreichen Lebensbereichen zwar fort, allerdings war sie verlangsamt worden und wurde weniger offensichtlich durchgeführt.[49] Wenige der antisemitischen Maßnahmen hatten eine spürbare Wirkung auf das Alltagsleben der deutschen Juden. Zu diesen gehörten die Zulassungsbeschränkung jüdischer Schüler an Schulen auf einen Prozentsatz von 1,5% der Gesamtschülerzahl dieser Schule.[50] Dies hatte zur Folge, dass die jüdische Gemeinde Münchens

---

46 Mehr dazu bei Strauss 1981, S. 348 und 350. Außerdem Nicosia, Francis R.: Haavara, Hachschara und Aliyah-beth. Jüdisch-zionistische Auswanderung in den Jahren 1938–1941. In: Heim, Susanne, Meyer, Beate und Nicosia, Francis R. (Hg.): „Wer bleibt, opfert seine Jahre, vielleicht sein Leben". Deutsche Juden 1938–1941. Göttingen 2010, S. 134–148; Jünger 2016, S. 153–162, und Dwork 2009, S. 34f.
47 Dwork 2009, S. 35.
48 Bücherschau. In: *Bayerische Israelitische Gemeindezeitung* IX. Jahrgang, 1.12.1933 (23), S. 382.
49 Zur Entwicklung im Reich genauer Longerich 1998, S. 50 und Adam, Uwe Dietrich: Judenpolitik im Dritten Reich. Königstein/Ts. 1979, S. 114. Zur Münchner Entwicklung Lamm 1951, S. 47.
50 Beschränkung des Zuganges nichtarischer Schüler, Bekanntmachung des Bayerischen Ministeriums für Unterricht und Kultus vom 1.4.1936, BayMUKBl. 1936, S. 24. In: Walk et al. 1981, II 144.

den jüdischen Kindergarten wiedereröffnete[51] sowie eine Israelitische Volksschule mit acht Jahrgängen einrichtete.[52] Andere legislatorische Neuerungen wie die Verringerung der Devisenzuteilung bei der Auswanderung von 10.000 auf 2.000 RM[53] oder die Herabsetzung des Steuerfreibetrags für die sogenannte Reichsfluchtsteuer von 200.000 auf 50.000 RM[54] verschlechterten zugleich die Auswanderungsbedingungen. Zudem wurden den jüdischen Gemeinden im Reich Zugeständnisse gemacht, die ihren Mitgliedern den Alltag wieder etwas erleichterten und darauf abzielten, die Lebensräume von Juden und Nicht-Juden im Reich getrennt zu halten. In München wurde im Januar 1934 ein jüdischer Turn- und Sportverein (JTUS) gegründet, der ein Zwangszusammenschluss aller jüdischen Sportvereine der Stadt war. Er entwickelte sich zur Anlaufstelle für viele Münchner Juden. Auch die Zionistische Ortsgruppe München sowie diverse zionistische Jugendgruppen wie der Jugendverein Esra, Agudas Jisroel oder die bündische Vereinigung HaBonim wurden 1934 wieder zugelassen[55] und prägten mit vielerlei Veranstaltungen das jüdische Leben der folgenden Jahre. So entstand in München, wie überall im Reich, eine Atmosphäre des Aushaltens und des engeren Zusammenschlusses zu einer „Schicksalsgemeinschaft": „Der allgemeine Druck, unter dem wir wegen unserer Zugehörigkeit zum jüdischen Stamm stehen, muß von allen anständigen deutschen Juden gemeinsam mit aufrechtem Stolz und schweigender Würde getragen werden."[56]

Gleichzeitig zu der Entspannung im Reich verschärfte sich die Immigrationssituation in den Zielländern. Belgien, Frankreich, Holland, Österreich und die Schweiz schlossen zunehmend ihre Grenzen, die jüdischen Hilfskomitees dieser Länder lösten sich teilweise auf oder nahmen keine neuen Unterstützungsfälle mehr an.[57] Weltweit sah die Situation kaum besser aus. Die Arbeitslosigkeit beherrschte flächendeckend die Integrationspolitik in den wichtigen Einwande-

---

51 Bekanntmachung zur Eröffnung des jüdischen Kindergartens. In: *Bayerische Israelitische Gemeindezeitung* 1934, 1.2.1934 (3), S. 52.
52 Bekanntmachung: Israelitische Volksschule. In: *Bayerische Israelitische Gemeindezeitung* X. Jahrgang, 15.2.1934 (4), S. 70.
53 Runderlass der Reichsstelle für Devisenbewirtschaftung vom 23.6.1934. RStBl. S. 783f. In: Walk et al. 1981, I 409.
54 Gesetz über die Änderung der Vorschriften über die Reichsfluchtsteuer vom 18.5.1934. RGBl. I 1934, S. 392. In: Walk et al. 1981, I 392.
55 Aus der Gemeinde München. Zionistische Ortsgruppe München. In: *Bayerische Israelitische Gemeindezeitung* 1934, 15.12.1934 (24), S. 527. Ähnlich Monatsbericht für Juli 1934. München, den 7.8.1934, BayHStA StK 6697.
56 Zunehmende Einigung über Grundbegriffe der jüdischen Gegenwart. In: *Bayerische Israelitische Gemeindezeitung* 1934, 15.1.1934 (2), S. 24–16.
57 Hilfsverein: Korrespondenzblatt (August 1934), S. 5–13.

rungsländern.[58] Beide gegenläufigen Entwicklungen führten zum Erstarken der Rückwanderung deutscher Emigranten und zum Absinken der Emigrationszahlen. Diese Abnahme wird sowohl im Vergleich der absoluten Wanderungszahlen als auch in ihrem prozentualen Anteil an der Emigration des Jahres 1934 deutlich.[59]

Palästinas Bedeutung als Zielland für die deutschen Emigranten stieg in dieser Situation noch weiter an. Rosenstock berichtet von einem Anteil von 37% Palästina-Wanderern an der Gesamtemigration 1934.[60] Für München liegt dieser Anteil bei 31,5%, was einen deutlichen Anstieg gegenüber 1933 darstellte. Die Bedeutung von Palästina als Zielland zeigte sich auch in der Dominanz von Berichten über die Palästina-Wanderung in den Artikeln der *Bayerischen Israelitischen Gemeindezeitung* während der ersten Hälfte des Jahres 1934. Anfang Januar erschien die Informationsbroschüre „Alijah" bereits in 5. Auflage.[61] Beeinflusst durch das spezifische Zulassungssystem für Einwanderer (Olim), das auf einer Zertifikatsvergabe durch die Jewish Agency sowie der Zustimmung der britischen Mandatsmacht zur Einwanderung der gewählten Personen basierte und bestimmte Berufsgruppen wie Landwirte oder Handwerker bevorzugte,[62] änderte sich nun auch die berufliche Orientierung der Münchner Juden. Der Begriff „Umschichtung", die Veränderung des eigenen beruflichen Profils durch Erlangung von Zusatzqualifikationen und durch die Absolvierung einer Ausbildung, stand nun im Vordergrund. Immer mehr junge Juden schlossen sich dem Hechaluz an, dem Verband zionistischer Jugendorganisationen in Deutschland, und ließen sich in sogenannten Hachscharah-Lagern auf eine Emigration nach Palästina vorbereiten. Schwerpunkte der Ausbildung waren Landwirtschaft und Handwerk – vor allem Schreinerei und Metallbearbeitung – für die männlichen, Hauswirtschaft und (seltener) Gärtnerei für die weiblichen Jugendlichen.

---

58 Kanada und die USA in Nord-, Argentinien oder Chile in Südamerika, Shanghai, Südafrika und andere afrikanische Staaten, wenn auch nicht im selben Maße wie die Staaten der Nordhalbkugel und Südamerikas, etablierten immer schärfere Restriktionsmaßnahmen bezüglich Einwanderung, Niederlassung und Zulassung zum heimischen Arbeitsmarkt. Hilfsverein: Korrespondenzblatt (August 1934), S. 20–58. In Südafrika wurde wahlweise anstatt eines bereits bestehenden Arbeitsvertrags eine hohe Garantiesumme verlangt; die Einwanderung zur Arbeitssuche war also auf finanziell gut ausgestattete Emigranten beschränkt.
59 So migrierten 1934 beispielsweise nur 22 Münchner nach Frankreich (1933: 92), ein Anteil von 6% an der Münchner Gesamtemigration dieses Jahres (1933: 14%).
60 Rosenstock 1956, S. 380.
61 Bücherschau. In: *Bayerische Israelitische Gemeindezeitung* X. Jahrgang, 1.2.1934, S. 53.
62 Mehr zur Zertifikatsvergabe bei Strauss 1981, S. 345; StAM PolDir 7007 (Juden).

Diese Entwicklungen galten nicht nur für die Palästinawanderer, wenn sie auch dort verstärkt zu beobachten sind, sondern wurden symptomatisch für eine neue Gestalt der Gesamtemigration. Die lang geplante, durchdachte und vorbereitete Auswanderung löste nun die schnelle Abreise der ersten Monate ab. Die geordnete Immigration in ein Zielland schien vielversprechender als die Flucht ohne Bleibeperspektive. Folglich wurde auch von Seiten der deutschen Juden ein stärkerer Fokus auf die Integrations- und Lebensmöglichkeiten des Ziellandes gelegt, zumal die Auswirkungen, die ein Fehlen dieser Voraussetzungen im Zielland mit sich brachte, speziell am Beispiel Frankreich schmerzhaft immer deutlicher wurden. Dort hatte sich seit Anfang des Jahres „die Lage der Emigranten insgesamt (und also auch der deutschen Flüchtlinge) verschlechtert".[63] Zwangsausweisungen, Rücknahmen der Arbeitsbewilligungen und Einschränkungen der Herausgabe von Immigrations- und Niederlassungserlaubnissen kennzeichneten diese Entwicklung. Im November 1934 verschärfte ein Gesetz zur Beschränkung ausländischer Arbeitskräfte die Lage noch einmal.[64] Zahlreiche Weiter- und Rückwanderungen waren die Folge.

Während des Frühjahrs und Sommers 1935 blieb die Auswanderung aus München auf niedrigem Niveau, um dann ab September rapide anzusteigen; ein Muster, das dem der reichsweiten Auswanderung entspricht.[65] Diesem Anwachsen war ein erneutes Aufflammen antisemitischer Gewalt vorausgegangen. Im Gegensatz zum Frühjahr 1933 wurden die Aktionen diesmal nicht von zentraler Stelle, sondern von lokalen Akteuren initiiert. In München kam es Ende Mai zu der „wohl spektakulärste[n] antijüdische[n] Aktion in diesem Zeitraum".[66] Ziel waren vor allem jüdische Geschäfte, vor denen tagsüber demonstriert und deren Fensterscheiben nachts eingeworfen oder mit Schriftzügen wie „Saujude" in greller Farbe beschmiert wurden.[67] Ernstzunehmende Differenzen mit der

---

63 Badia 2002, S. 32.
64 Prinz: Stand der Auswanderungsfrage. LBI B 410, S. 80 In den Niederlanden gestaltete sich die Situation ähnlich: Zentralausschuss für Hilfe und Aufbau: Informationsblätter. 1934 (7/8), S. 22f.
65 Zentralausschuss: Arbeitsbericht 1935. LBI MF 1060, S. 27. Nachweisen lässt sich dieser Anstieg auch über die Einnahmen durch die Reichsfluchtsteuer: Dok. 280: Frankfurter Zeitung: Artikel vom 16. Mai 1937 über die infolge der jüdischen Massenemigration gestiegenen Einnahmen aus der Reichsfluchtsteuer. In: Aly 2008a, S. 663f. Vergleiche dazu Baumbach 2003, S. 56: Für Hamburg lässt sich eine entsprechende Entwicklung nicht feststellen.
66 Longerich 1998, S. 83f. Zur Beteiligung der Hitlerjugend an diesen Aktionen u. a. Dok. 169: Beschwerde einer Mutter über die Beteiligung ihres fünfzehnjährigen Sohns an den nächtlichen HJ-Aktionen gegen Münchener Juden (ca. 26.5.1935). In: Aly 2008a, S. 442.
67 Selig, Wolfram: Richard Seligmann. Ein jüdisches Schicksal: Zur Geschichte der Judenverfolgung in München während des Dritten Reichs. München 1983 (Zeitgeschichtliche Informatio-

Reichsführung waren die Folge,⁶⁸ die die Judenverfolgung aus wirtschaftlichen und Prestigegründen auf offiziellem Wege umgesetzt sehen wollte. Die Ausgrenzung der Juden sollte durch Gesetze und Verordnungen einen legalen Anschein erhalten. Die in aller Öffentlichkeit ablaufenden und auch im Ausland Empörung hervorrufenden Münchner Geschehnisse liefen dieser Politik zuwider und gingen der Reichsregierung in ihrer Eigenmächtigkeit zu weit. Sie wurden auf deren Anordnung eingestellt, doch München hatte sich bereits den Ruf erworben, im Bereich der Judenverfolgung mit besonderer Härte vorzugehen. Hinzu kamen Hiobsbotschaften verstärkter antisemitischer Verfolgung aus den bayerischen Landgemeinden. Zuzüge von bayerischen Landjuden nach München waren in den Jahren 1934 bis 1936 besonders stark.⁶⁹ Selbstverständlich wussten die Münchner Juden über die besonders schwierige Situation im Münchner Umland Bescheid, teils aus Erzählungen, teils weil sie die antisemitische Stimmung dort persönlich erfuhren. So wurden im Sommer 1935 Juden als Kur- oder Feriengäste in Orten wie Bad Tölz, Rosenheim oder Garmisch zur vorzeitigen Abreise genötigt oder gar nicht erst zugelassen.⁷⁰ In diese Grundstimmung platzte im September 1935 die Verkündung der „Nürnberger Gesetze". Das „Reichsbürgergesetz" verweigerte Juden ihre politischen Rechte und teilte sie nach Abstammungskriterien in Rassekategorien ein. Das „Gesetz zum Schutz des deutschen Blutes und der deutschen Ehre" verbot Juden die Eheschließung und den außerehelichen Kontakt mit „arischen" Deutschen. Die „Nürnberger Gesetze" wurden in der Emigrationsforschung oft als Auslöser für eine zweite Auswanderungswelle zum Ende des Jahres 1935 genannt.⁷¹ In Anbetracht der für die Organisation der Auswanderung benötigte Zeit stehen sie jedoch in zu großer zeitlicher Nähe zum Anstieg der Emigrationszahlen im selben Monat, um alleine ursächlich dafür sein zu können. David Jünger sieht 1935 als Jahr der Einsicht in die Notwendigkeit einer Emigration,⁷² was jedoch noch nicht bedeuten musste, dass konkrete

---

nen), S. 43. Hier Bezug nehmend auf die Stadtchronik vom 24.8.1935. Eine genaue Beschreibung aller Vorfälle auch bei Monatsbericht für Mai 1935. München, den 4.6.1935. BayHStA StK 6685.
68 Longerich 1998, S. 84. Für München so auch File 176: Regierung von Oberbayern, München an die Bezirksverwaltungsbehörden. Schreiben vom 23.3.1935. YV 0.51 Documentation of the Staatsarchiv Muenchen (Munich State Archives).
69 Dieselbe Wanderungsbewegung lässt sich für Frankfurt nachweisen: Kommission zur Erforschung der Geschichte der Frankfurter Juden 1963, S. 392.
70 Monatsbericht des Regierungs-Präsidiums von Oberbayern (August 1935) vom 9.9.1935. BayHStA Reichsstatthalter Epp 276/2.
71 Wohl oft basierend auf Zentralausschuss: Arbeitsbericht 1935. LBI MF 1060, S. 27, der den Nürnberger Gesetzen einen „tremendous impetus to emigration" bescheinigt.
72 Jünger 2016, S. 248–251 und 384f.

Schritte zur Umsetzung dieser Emigration unternommen wurden. Nur ein Emigrant aus den vier analysierten Münchner Familien, Fritz Cahnmann, fasste im Herbst 1935 den Entschluss zur Auswanderung: „In fall 1935 I made up my mind to emigrate, but only in March 1936 could I realize my plan to come to this country [USA]."[73] Ausschlaggebend für diesen Entschluss im Herbst 1935 waren in seinem Fall jedoch nicht die antisemitischen Gesetze und Entwicklungen der vergangenen Monate. Stattdessen zeigte für ihn die schleichende Fortführung finanzpolitischer und wirtschaftlicher Restriktionen gegenüber den deutschen Juden zunehmend Wirkung.[74] Wie für Cahnmann wurde sie zusammen mit dem Straßenterror im Frühjahr für viele Juden zum Auslöser einer Emigrationswelle aus ökonomischen Gründen.

1935 war die gesamtdeutsche Emigration in die sogenannten „Übersee"-Länder Nord- und Südamerikas erstmals größer als die Abwanderung in europäische Länder.[75] Vor allem die südamerikanischen Staaten, die sich schnell von der Wirtschaftskrise erholt hatten, zogen das Interesse der Juden auf sich.[76] Den jüdischen Hilfsorganisationen wurde bewusst, dass die verfügbaren Ressourcen auf immer mehr zur Emigration drängende Personen verteilt werden mussten. Angesichts der geringen Einwanderungsmöglichkeiten und den Arbeitsmarktbeschränkungen in den meisten Zielländern begannen sie nun – auch aufgrund ihrer limitierten finanziellen Ressourcen – stärker auf eine Passung der soziodemographischen Merkmale und der Berufsausbildung der Emigranten an die Anforderungen des Ziellandes zu achten. In München schloss die Zahl der Auswanderer in die USA im Jahr 1935 zur ungebrochen starken Palästinawanderung auf: Die Hälfte der Münchner Emigranten dieses Jahres wählte die Vereinigten Staaten (26%) oder Palästina (27%) als Zielland. Dabei hielt der „Palästina-Hype" an und beherrschte die Münchner jüdische Gemeinschaft. Italienische Schifffahrtsgesellschaften inserierten Sonderfahrten in der *Bayerischen Israelitischen Gemeindezeitung*[77] und ein

---

73 Personal Papers: Aussage vom 23.6.1937. Fred Cahnmann Family Collection. LBI AR 25508 Box 1, Folder 4. Diesen Beweggrund nennt auch File 108: Nach den Nürnberger Reichstagsbeschlüssen. Die Lage der deutschen Juden, September 1935. YV P.13 Benjamin Sagalowitz Archive als wichtigsten Grund für den Anstieg der Emigration.
74 Diesem Entschluss vorangegangen war die Ankündigung seines Arbeitgebers, der Bank Heinrich und Hugo Marx, ihn aufgrund der schlechten Geschäftslage nicht weiter beschäftigen zu können. Nach Beratschlagungen in der Familie entschloss sich Fritz aufgrund fehlender Zukunftsaussichten zur Emigration. Ähnlich so auch Baumbach 2003, S. 64.
75 Rosenstock 1956, S. 381. Entsprechend Dwork 2009, S. 94.
76 Hilfsverein: Korrespondenzblatt (September 1935), S. 2. Ähnlich Prinz: Stand der Auswanderungsfrage. LBI B 410, S. 78.
77 Aus der Gemeinde München: Palästina-Amt München; Palästina-Gesellschaftsreise anläß-

Palästina-Lichtbildabend vom 19.1. wurde im Februar wiederholt, um „dem außerordentlichen Interesse weitester Kreise Rechnung zu tragen".[78] Im März 1935 hielt der Zionistische Ortsverband München eine Palästina-Woche ab:

> Die Beschäftigung mit den Fragen Palästinas und des Aufbaus der jüdischen Heimstätte ist heute Selbstverständlichkeit für alle, die den Sinn dieser historischen Stunde für das jüdische Volk und das deutsche Judentum begreifen. Die Palästina-Woche (...) gibt diesem Interesse neuen Antrieb und zugleich Befriedigung. In mehreren Veranstaltungen stellen im Rahmen dieser Woche berufene Redner aus Palästina und leitende Persönlichkeiten des deutschen Zionismus die Bedeutung des Palästina-Gedankens für die deutschen Juden dar und machen sie mit den Realitäten Palästinas vertraut.[79]

Zufrieden stellte der Ortsverband im Anschluss fest, die Palästina-Woche habe eine „beträchtliche Bresche" in den „gefaßten Stoizismus"[80] der Münchner Juden geschlagen. An diesem Kommentar wird erneut deutlich, dass viele Münchner Juden noch nicht bereit waren, auszuwandern. Noch gelang es vielen von ihnen, sich einen geschützten Alltagsraum zu errichten[81] und sich entsprechend der Feststellung David Jüngers zwar bewusst zu werden, dass eine Emigration nötig sein könnte, die endgültige Entscheidung jedoch hinauszuzögern. Die Gewaltakte des Frühjahrs 1935 in München waren zwar ein deutliches Warnsignal gewesen, doch gerade wegen der bremsenden Reaktion der obersten Reichsbehörden auf die lokalen Verfolgungsmaßnahmen entzog sich die Eskalation der nächsten Jahre wohl dem Vorstellungsvermögen vieler Münchner Juden.[82] Nach etwas höheren Emigrationszahlen von Dezember 1935 bis März 1936 flachte die Abwanderung in den Jahren 1936 und 1937 noch einmal ab und blieb bis zum November 1937 auf einem relativ konstanten Niveau von etwa 40–50 Auswanderungen je Monat.[83]

---

lich der Makkabiah 1935; Anzeige der Italia-Consulich. Alle in: *Bayerische Israelitische Gemeindezeitung* XI. Jahrgang, 15.1.1935 (2), S. 26, 29 u. 300.

78 Aus der Gemeinde München: Palästina-Lichtbildabend. In: *Bayerische Israelitische Gemeindezeitung* XI. Jahrgang, 1.2.1935 (3), S. 53.

79 Palästina-Woche. Anzeige und Artikel der Zionistischen Ortsgruppe München. In: *Bayerische Israelitische Ge-meindezeitung* XI. Jahrgang, 1.3.1935 (5), S. 97 u. 99f. Die Palästina-Woche fand in München und vierzehn anderen deutschen Städten statt.

80 Über die Palästina-Woche. In: *Bayerische Israelitische Gemeindezeitung* XI. Jahrgang, 15.3.1935 (6), S. 135.

81 Erwin Schwager, München, an Trude Huber, Wien. Brief vom 10.7.1936. Erwin Schwager: Private Correspondence (1936).

82 In Bezug auf die Reichsebene so auch Schoeps 2018, S. 499.

83 Diesen Trend bestätigen auch andere Quellen zur bayerischen Emigration, beispielsweise Monatsbericht des Regierungspräsident von Unterfranken und Aschaffenburg für Juni 1936. 7.7.1936. BayHStA Reichsstatthalter Epp 277/1, oder Monatsbericht des Regierungspräsidenten

Die Gründe für die Entspannung der Verfolgungslage sind vor allem in der reichsweiten Politik zu suchen. Zwei Themenbereiche bestimmten das Vorgehen: die wirtschaftliche Lage des Reichs sowie die Außenwirkung der Olympischen Spiele 1936. Ökonomisch schien Deutschland noch nicht in der Lage zu sein, den angestrebten Ausschluss der Juden aus allen Wirtschaftsbereichen ohne Einbußen zu verkraften, so dass diese Bestrebungen zugunsten eines ökonomischen Aufschwungs zurückgestellt wurden. Außenpolitisch bemühte sich das Reich als Gastgeber der Sommer- und Winterolympiade, den Anschein zu bewahren, dass zwar eine völkische Politik die Trennung von „arischen" und „nichtarischen" Bürgern anstrebe, diese jedoch nicht mit der gewalttätigen Verfolgung jüdischer Deutscher einhergehe. Ungeachtet dieser oberflächlichen Entspannung wurde die Politik der „schleichenden Verfolgung"[84] ebenso fortgeführt wie die Auswanderungsdiskussion innerhalb des deutschen Judentums. Mit dem zeitweisen Absinken des Verfolgungsdrucks sank jedoch auch der Zwang, sich zeitnah für oder gegen eine Emigration zu entscheiden. So schrieb Erwin Schwager im August 1936:

> Ueber meine eigenen Pläne, kleine Herta, schweigt mein Geist, punkt. Er hat keine Pläne. Er hat sich an die Pflicht gewöhnt, hier München als erträglichen und vielleicht auch unerträglichen Aufenthaltsort zu betrachten und seiner Pflicht mit gesteigertem Enthusiasmus nachzukommen. Es gelingt erstaunlich. Ich fühle mich nach wie vor in meiner Haut frisch und munter, manchmal zuviel arbeitend, nie aber irgendwie verzagt, griesgrämig.[85]

Auch in der Familie Cahnmann, die bereits Emigrationserfahrungen gesammelt hatte und sich der Bedrohungslage von 1933 an bewusst gewesen war, war der Eindruck erweckt worden, dass eine Entscheidung noch nicht nötig war:

> But still in 1936 they [Sigwart und Hedwig Cahnmann] had permission to visit me [Hans Cahnmann] in France and I told them ‚It's time for you to look for something to leave Germany'. (...) I told them, it's time to get going. They thought they had more time.[86]

---

der Pfalz für September 1936. o. D. BayHStA Reichsstatthalter Epp 277/1. Eine Gesamtübersicht für Bayern ist der Monatsbericht der Bayerischen Politischen Polizei für die Zeit vom 1.–30.4.1936. o. D. BayHStA StK 6687, speziell S. 44. Für die ähnlichen Trends unterliegende Auswanderung aus dem Deutschen Reich: Hilfsverein der Juden in Deutschland e.V.: Die Arbeit des Hilfsvereins der Juden in Deutschland 1936–1937. Berlin 1937, S. 8.
84 Eckert, Brita (Hg.): Die jüdische Emigration aus Deutschland. Frankfurt am Main 1985, S. 83.
85 Erwin Schwager, München, an Herta Drey, London. Brief vom 31.8.1936. Erwin Schwager: Private Correspondence (1936).
86 USHMM: Oral History Interview with Hans Cahnmann.

Die Frage nach der Zukunft im Ausland bestimmte die Diskussion um die Auswanderung in diesen beiden Jahren. Einerseits standen einige Länder immer noch unter dem Eindruck der schwierigen wirtschaftlichen Lage. Dies galt vor allem für die europäischen Staaten, die mit strengen Immigrationsrichtlinien die Einwanderung weiter drosselten.[87] Eine gute Freundin Erwin Schwagers wurde Opfer dieser Entwicklung: Ihre bereits organisierte Emigration in die Niederlande musste sie aufgrund neuer Immigrationsgesetze abbrechen.[88] Gleichzeitig hatten die wichtigsten überseeischen Länder die Krise weitgehend überwunden; einige befanden sich bereits wieder in einer Phase der Hochkonjunktur.[89] Die Münchner Juden interessierten sich für diese Veränderungen; in der Öffentlichkeit, in Zeitungen und in den Familien wurden sie immer wieder besprochen.[90] Ein zunehmend attraktives Ziel waren die Vereinigten Staaten.[91] Vor allem für diejenigen, die der zionistischen Ideologie und somit auch einer Alijah nach Palästina fernstanden, schienen die USA gute Möglichkeiten für einen Neustart zu bieten. Neben Erwin Schwagers Freundin, die letzten Endes nach New York ging, war es auch Fritz Cahnmann, der 1936 als erstes Mitglied seiner Familie den europäischen Kontinent verließ. Nach der im Herbst 1935 gefällten Entscheidung[92] finden sich im Winter 1935/36 Nachweise für den Beginn der Vorbereitung seiner Auswanderung nach Chicago.[93] Am 4. März erfolgte die Vorladung vor das amerikanische Konsulat in Stuttgart.[94] Bereits fünf Tage später, am 9. März 1936, verließ Fritz Cahnmann das Deutsche Reich in Richtung USA.[95] Damit schlug er einen Sonderweg innerhalb seiner Familie ein, die insgesamt dem Zionismus sehr zugeneigt war. Seine Schwester Eva meldete sich im April desselben Jahres aus München ab, um in ein deutsches Hechaluz-Heim

---

[87] Hilfsverein: Korrespondenzblatt (September 1935), S. 13f.
[88] Erwin Schwager, München, an Hildegard Jung, Amsterdam. Brief vom 29.5.1936. Erwin Schwager: Private Correspondence (1936).
[89] Mehr dazu bei Hilfsverein: Korrespondenzblatt (September 1936), S. 7.
[90] So für München beispielsweise Die einwanderungspolitische Lage der Gegenwart – Wirtschaftsaufschwung und verschlossene Tore. In: *Bayerische Israelitische Gemeindezeitung* XII. Jahrgang, 15.3.1936 (6), S. 124–126.
[91] Mehr zu dieser Entwicklung und der Bedeutung der USA als Zielland speziell für bayerische Juden bei Krauss, Marita: Emigration aus Bayern in die Vereinigten Staaten von Amerika in der Zeit des Nationalsozialismus. In: Hamm, Margot, Brockhoff, Evamaria und Eiber, Ludwig (Hg.): Good bye Bayern, Grüß Gott America. Auswanderung aus Bayern nach Amerika seit 1683. Darmstadt 2004, S. 47–53.
[92] Personal Papers: Schriftstück vom 23.10.1937. Fred Cahnmann Family Collection. LBI AR 25508 Box 1 Folder 4.
[93] Aktenvermerk vom 27.1.1936. StAM PolDir 11811 (Cahnmann Fritz Maximilian).
[94] Aktenvermerk vom 4.2.1936. StAM PolDir 11811 (Cahnmann Fritz Maximilian).
[95] Aktenvermerk vom 11.5.1936. StAM PolDir 11811 (Cahnmann Fritz Maximilian).

umzuziehen. Auch eine andere Schwester, Lilo, war zum Zeitpunkt seiner Abreise bereits für ein ähnliches Ausbildungsheim in Großbritannien angemeldet, wo sie in landwirtschaftlichen Schulungen auf ihr Leben als Pionierin in Palästina vorbereitet werden sollte.[96] Der älteste Bruder Werner versuchte während des ganzen Winters 1935/36, bei der Polizeidirektion München die Ausstellung eines Reisepasses mit In- und Auslandsgültigkeit zu erwirken, um eine Reise nach Palästina antreten zu können.[97] Auf dieser Reise wollte er seine Emigration vorbereiten – ein Vorgehen, das nicht unüblich war, falls die nötigen Mittel zur Verfügung standen – und gleichzeitig Informationen für seine Tätigkeiten in der Münchner Gemeinde und als freier Autor für den CV sammeln. Im beginnenden Jahr 1936 waren also vier der fünf in München verbliebenen Cahnmann-Kinder mit ihrer Emigration beschäftigt: Fritz in die USA, Eva, Lilo und Werner mit Ziel Palästina.

Gerade für dieses Land, das in den vorangegangenen Jahren mit Abstand bedeutendste Zielland jüdischer Emigranten aus Deutschland, änderte sich im Jahr 1936 die Situation entscheidend. Im Frühjahr kam es zu einem Aufstand der arabischen Palästinenser, einem Generalstreik, Sabotageakten und Bombenanschlägen.[98] Das Interesse an Palästina war in den deutschen jüdischen Gemeinden ungebrochen,[99] so dass die neuen innenpolitischen Entwicklungen für enormes Aufsehen sorgten. In München organisierte die Zionistische Ortsgruppe Vortragsabende und ließ Augenzeugen von ihren Einschätzungen der Situation berichten.[100] Die befürchteten Konsequenzen traten dann auch ein:

---

96 Palästina-Amt Berlin, Berufsvorbereitung I, Berlin, an Lilo Sara Cahnmann, München. Bescheinigung vom 6.2.1936. StAM PolDir 11812 (Cahnmann Lieselotte Gustava Regina Sara). Derartige Ausbildungsheime innerhalb und außerhalb des Deutschen Reichs entstanden zu dieser Zeit gehäuft, um die junge jüdische Generation, für die allgemein keine Zukunft in Deutschland gesehen wurde, auf ihre Alijah nach Palästina vorzubereiten. Dies stieß zeitgenössisch auf großes Interesse, so für München beispielsweise: Aus dem Reiche: Gründung der ‚Jüdischen Auswanderungsschule'. In: *Bayerische Israelitische Gemeindezeitung* XII. Jahrgang, 1.2.1936 (3), S. 64.
97 Werner Cahnmann an die Polizeidirektion München. Brief vom 3.2.1936. StAM PolDir 11813 (Cahnmann Werner Jakob). Dass ihm sein Reisepass zuvor entzogen worden war, scheint eine spezifisch bayerische Besonderheit gewesen zu sein: File 643: JDC Report and Bulletin 1936 #1 (Feb 1936). JDC NY AR193344. Auf Reichsebene wurde auch in diesem Fall auf die Tatsache hingewiesen, dass dieses Vorgehen vom Reichsrecht nicht gedeckt war: Preußische Geheime Staatspolizei an diverse Empfänger. Schreiben vom 25.3.1936. IfZ MA 172.
98 Hoffmann, Gabriele: Die vergessenen Akten. Max Warburg und die Allgemeine Treuhandstelle für die jüdische Auswanderung GmbH. In: *Bremisches Jahrbuch* 89, 2010, S. 243–161, hier S. 254.
99 Die Broschüre „Alijah" war soeben in 8. Auflage erschienen: Bücherschau: ‚Alijah'. Informationen für Palästina-Auswanderer. In: *Bayerische Israelitische Gemeindezeitung* XII. Jahrgang, 15.2.1936 (4), S. 90f.
100 Zionistische Ortsgruppe München: Die Ereignisse in Palästina. In: *Bayerische Israelitische*

Die britische Mandatsmacht begrenzte die jüdische Einwanderung nach Palästina, indem sie die der Zahl der zu verteilenden Zertifikate herabsetzte. Diesem ersten Schritt Großbritanniens folgten weitere Verschärfungen der Immigrationsregelungen für das Mandatsgebiet. Sie trafen das deutsche Judentum zur Unzeit, warteten doch 1936 viele Ausreisewillige auf ihr Immigrationszertifikat nach Palästina.[101]

Die politischen Veränderungen in den Zielländern und die daraus folgenden Veränderungen im Wanderungsverhalten der deutschen Juden lassen sich auch an den Münchner Emigrationsstatistiken ablesen. Während 1933 noch 46% aller Wanderungen ein europäisches Zielland verzeichneten, waren es 1936 nur mehr 23%. Im selben Zeitraum stieg die Bedeutung Nordamerikas für die Münchner Emigration von 14% auf über 37%, die Afrikas von 1,7% auf 5,3%. Palästina nahm 1936 noch 145 Münchner auf (25% der Gesamtauswanderung dieses Jahres). Der Einbruch der Immigrationszahlen aufgrund der Beschränkungen der Zertifikatsvergabe zeigten sich im Jahr 1937: Nur mehr 62 Münchner Emigranten, die einen Anteil von etwa 12% an der Münchner Emigration des Jahres ausmachten,[102] gaben Palästina als Zielland an.

Während 1936 also oberflächlich ein Jahr der Beruhigung der Verfolgungslage und Verlangsamung der Auswanderung war, begannen in diesem Jahr diverse Entwicklungen, die die Emigrationssituation stark beeinflussen sollten. Die restriktivere Einwanderungspolitik der britischen Mandatsmacht in Palästina war dabei nur ein Aspekt einer divergierenden Entwicklung: Während immer mehr deutsche Juden auswandern wollten, sank die Zahl der Einwanderungsmöglichkeiten. Damit zeichnete sich bereits im Jahr 1936 ein Trend ab, der später zur Hauptschwierigkeit der jüdischen Emigration wurde. Nun war „die Auswanderungsbereitschaft so angewachsen, dass die subjektive Frage des Auswanderungswillens hinter der objektiven Frage der Einwanderungsmöglichkeiten"[103] langsam zurückzutreten begann.

Gemeindezeitung XII. Jahrgang, 1.5.1936 (9), S. 202, und Zionistische Ortsgruppe München: Dr. Siegfried Kanowitz (Tel-Aviv) spricht am 8. Juli in München. In: *Bayerische Israelitische Gemeindezeitung* XII. Jahrgang, 1.7.1936 (13), S. 294.
101 Simpson 1938, S. 147f. Zitiert nach einem Report der Palestine Royal Commission 1937. Lavsky 2017, S. 48, bestätigt diesen Gesamteindruck: Palästina-Wanderer machten in den Jahren von 1933–1935 einen Gesamtanteil von 33% aus, der ab 1936 und dann vor allem ab 1938 deutlich absank.
102 Der Anteil an der gesamtdeutschen Auswanderung ist mit 14% in der ersten Hälfte des Jahres 1937 in etwa vergleichbar.
103 Zentralausschuss: Arbeitsbericht 1936. LBI MF 1060, S. 14.

Innenpolitisch entwickelte sich unter dem Deckmantel der oberflächlichen Entspannung des Jahres 1936 eine verstärkte Ausgrenzung der Juden aus wirtschaftlichen Bereichen.[104] Die Strategie, eine Erhöhung der Auswanderungsrate durch finanziellen und ökonomischen Druck zu erreichen, wurde ab 1937 mit dem verstärkten Einsetzen der „Arisierung" umgesetzt. Nach Ende des Olympiajahres, in einer Situation wirtschaftlicher Knappheit und der Unterversorgung mit Lebensmitteln und Rohmaterialien,[105] betrieben die Nationalsozialisten den endgültigen Ausschluss der Juden aus der deutschen Wirtschaft und Gesellschaft. Zeitgleich zu dieser Intensivierung der politischen Verfolgung trat der Straßenantisemitismus der vergangenen Jahre wieder hervor. Insbesondere in Franken kamen schon früh massive antisemitische Proteste auf, die von der „Abwehrfront gegen charakterlose Judenknechte"[106] befeuert wurden. Konträr zu diesen Bemühungen um eine Vertreibung der Juden aus Deutschland wirkte sich allerdings die Beschränkung der Devisenmitnahme aus.[107] Während die Vertreibung erklärtes Ziel wurde, verminderte die nationalsozialistische Regierung gleichzeitig die Auswanderungschancen der jüdischen Deutschen, indem sie ihre finanziellen Ressourcen beschnitt. Dieser Widerspruch brach ab 1937 umso deutlicher hervor, als die verschärften Restriktionen der Einwanderungsländer immer schwerer zu überwinden waren, wenn die potenziellen Einwanderer nicht genügend finanzielle Ressourcen besaßen.

Gleich dem Reich ging auch München die nächsten Schritte in der antisemitischen Verfolgungspolitik. Im Frühjahr 1937 veranlasste die Stadtverwaltung die Erstellung einer Kartei jüdischer Gewerbetreibender, die eine Voraussetzung für die spätere „Arisierung" der Münchner Wirtschaft war.[108] Eine weitere Verfolgungsmaßnahme, die das Leben der Münchner Juden entscheidend beeinflusste, jedoch in der Forschungsliteratur bisher weitgehend unerwähnt blieb,

---

104 Dwork 2009, S. 95. Quellenmaterial, das sehr deutlich in diese Richtung weist, ist der Report „Zum Judenproblem" des Sicherheitsdienstes des RFSS, SD-Hauptamt vom Januar 1937. IfZ MA 557. Ein Bericht an den Joint, File 643: JDC Report and Bulletin 1936 #1 (Feb 1936). JDC NY AR193344 ahnt diese Entwicklungen sehr früh voraus, ein Jahr später wurden die Befürchtungen Wirklichkeit: File 630: Kahn, Bernhard: On the situation of the Jews in Germany. 11.5.1937. JDC NY AR193344.
105 Ebd.
106 Monatsbericht des Regierungspräsidenten von Oberfranken und Mittelfranken für Dezember 1937 vom 8.1.1938. BayHStA Reichsstatthalter Epp 278/2.
107 Beispiele sind: Zusätze zu der Liste der deutschen Auslandbonds, deren Verwertung durch Auswanderer verboten ist: Runderlass der Reichsstelle für Devisenbewirtschaftung vom 5.3.1937. RStBl. 1937, S. 415. In: Walk et al. 1981, II 269, oder die Durchführungsverordnungen zum Devisengesetz vom 16. und 23.9.1937. RGBl. I 1937, S. 1018 und 1064. In: Walk et al. 1981, II 352–354.
108 StadtAM Gewerbeamt 177d. Mehr dazu bei Heusler 2008, S. 238.

war die massive Einschränkung der Reisefreiheit durch Entzug der Reisepässe und Verweigerung der Ausstellung neuer Pässe, sofern sie nicht der Auswanderung dienten. 1937 lag die Zuständigkeit für die Ausstellung von Pässen mit Auslandsgültigkeit bei der Polizeidirektion München, doch die Staatspolizeileitstelle München musste eine positive Stellungnahme dazu abgeben.[109] Im Sommer 1937 bemühte sich Lilo Cahnmann, die ihren Bruder Hans in Paris besuchen wollte, um Ausstellung eines Passes zu einer Reise nach Frankreich und Werner Cahnmann um die Erlaubnis einer Reise in die Schweiz, nach England oder Frankreich und dann in die USA. In beiden Fällen wurden die Anträge abgelehnt, in Lilos Fall ohne jegliche Begründung,[110] im Falle ihres Bruders aufgrund von „Bedenken"[111] der Gestapo München, die wohl auf Werners anti-nationalsozialistischer Vergangenheit basierten. In ihrem Bescheid formulierte die Gestapo München deutlich, „[e]ine Zustimmung zu dem Antrag käme nur dann in Frage, wenn [Werner] Cahnmann endgültig aus Deutschland auswandert".[112] Auch ein Gesuch an das Reichsinnenministerium in Berlin brachte keinen Erfolg. Dieses Vorgehen bestätigt ein Auszug aus Erwin Schwagers Brief an einen Nürnberger Freund, in dem er sich im August darüber beschwerte, dass dieser eine Reiseerlaubnis nach Frankreich bekommen hatte, während „hier in München (…) keiner die Erlaubnis" dazu bekomme.[113] Die Beispiele der Familien Cahnmann und Schwager belegen erneut die Vorreiterrolle Münchens in der Judenverfolgung – reichsweit wurde eine entsprechende Regelung erst Mitte November 1937 erlassen.[114]

Als Reaktion auf die intensivierte Verfolgung intensivierten die Juden ihrerseits ihre Emigrationsanstrengungen. In dem Versuch, diese effektiver zu koordinieren, gründete die Reichsvereinigung Ende 1937 die Zentralstelle für jüdische Auswanderung, die die Hauptstelle für jüdische Wanderungsfürsorge, den Hilfsverein sowie den Zentralausschuß für Hilfe und Aufbau in sich vereinte.[115]

---

109 File 12: Documentation concerning the handling for Jews. YV M.1 Central Historical Commission (CHC) of the Central Committee of Liberated Jews in the US Zone, Munich.
110 Beschluss des Polizeipräsidiums vom 2.10.1937. StAM PolDir 11812 (Cahnmann Lieselotte Gustava Regina Sara).
111 Bescheid vom 24.7.1937. StAM PolDir 11813 (Cahnmann Werner Jakob).
112 Aktenvermerk vom 20.7.1937. StAM PolDir 11813 (Cahnmann Werner Jakob).
113 Erwin Schwager, München, an Heinz Haymann, Nürnberg. Brief vom 31.8.1937. Erwin Schwager: Private Correspondence (1937).
114 Runderlass des Reichsführers SS und Chef der Deutschen Polizei vom 16.11.1937. In: Walk et al. 1981, II 377 Zur Verfolgung in München hier und im Folgenden immer wieder auch Modert, Gert: Motor der Verfolgung. Zur Rolle der NSDAP bei der Entrechtung und Ausplünderung der Münchner Juden. In: Baumann, Angelika (Hg.): München arisiert. Entrechtung und Enteignung der Juden in der NS-Zeit. München 2004, S. 145–175.
115 Jünger 2016, S. 383.

Den „verstärkte[n] Auswanderungsdrang"[116] wollte man so gezielter unterstützen, was jedoch immer öfter an den rigiden Immigrationsbedingungen der Zielländer scheiterte. Je restriktiver diese in der Aufnahme von Einwanderern wurden, umso selektiver wurden auch die jüdischen Wanderungsorganisationen in der Verteilung ihrer Förderung. Gruppen wie die jüdische Jugend oder dem Zionismus verbundene Personen, deren Auswanderung aufgrund ihrer Alters- oder Berufsstruktur oder ihrer Beziehungen leichter durchführbar und sinnvoller schien, wurden bevorzugt gefördert.[117] Im Gesamten war die Förderung der Emigration 1937 noch einmal intensiviert worden, unter anderem durch den Ausbau des Beratungsstellennetzwerks des Hilfsvereins,[118] aber auch durch die Erhöhung finanzieller Förderungen. Diese Entwicklung ist auch für München nachweisbar. Dort setzte die jüdische Gemeinde mit 1,5 Millionen Reichsmark ein Drittel ihres Budgets für „Wanderung nach Palästina und andere Länder" ein. Weitere 1,1 Millionen Reichsmark (24%) wurden zur indirekten Förderung der Auswanderung durch Berufsausbildung und -umschichtung, Darlehen und Zuschüsse an Organisationen verwendet.[119] Deutlich zeigten sich nun die Auswirkungen der inzwischen schon fünf Jahre andauernden Verfolgungspolitik: Die Binnenwanderung und mit ihr die Auflösung der Klein- und Mittelgemeinden war in vollem Gange, die Überalterung der jüdischen Gemeinschaft nahm unübersehbar zu und die wirtschaftlichen Ausgrenzungsmaßnahmen, die zu einer Verarmung der jüdischen Deutschen geführt hatten, ließen nun auch die Spenden, auf die die jüdischen Gemeinden und Organisationen angewiesen waren, sinken.[120]

Wie oben bereits gezeigt, kam es ab 1937 zu einem massiven Einbruch der Immigration nach Palästina. Im Gegensatz dazu nahm „die *Auswanderung nach den nichtpalästinensischen Ländern* immer mehr an Umfang [zu] (...) Innerhalb dieser Wanderungsbewegung, aber war es wiederum in besonderem Maße die

---

116 Zentralausschuss: Arbeitsbericht 1936. LBI MF 1060 S. 49.
117 Hilfsverein: Arbeitsbericht 1937, S. 8. Diese Bemühungen beobachten auch die nationalsozialistischen Machthaber: Monatsbericht der Geheimen Staatspolizei – Staatspolizeileitstelle München für die Zeit vom 1.–28.2.1937. BayHStA StK 6689.
118 Adler-Rudel 1974, S. 87.
119 Aus der Gemeinde München: Gemeindesitzung. In: *Bayerische Israelitische Gemeindezeitung* XIII. Jahrgang, 1.1.1937 (1), S. 5f.
120 File 228: Report from a meeting of the association of Jewish communities in Munich regarding current problems, the budget of the administrative organization, and preparation for emigration. YV M.1 Central Historical Commission (CHC) of the Central Committee of Liberated Jews in the US Zone, Munich. Auch der Hilfsverein bat wiederholt um finanzielle Hilfe durch Privatpersonen: Ansprache Max Warburgs. In: Hilfsverein: Arbeitsbericht 1937, S. 22.

Überseewanderung, die *mehr und mehr in den Vordergrund trat*".[121] Trotz einer Verschlechterung der wirtschaftlichen Lage in den Vereinigten Staaten[122] blieben die USA weiterhin bevorzugtes überseeisches Ziel der deutsch-jüdischen Wanderung. Verlockend war vor allem die der zionistischen Ideologie entgegengesetzte Atmosphäre in den USA. Erwin Schwager erschien das Land „vor allem ‚kulturvoller' als Palästina. Du bist nicht von einem Doktrin abhängig, das sich Juden selbst zusammengemixt haben, sondern bist freier Mensch in einem souveränen Staat."[123]

Werner Cahnmann, der auf Reisen und durch seine Geschwister die zionistische Bewegung intensiv kennengelernt hatte, dachte ähnlich. Seine Haltung war vielleicht auch durch den Gegensatz der amerikanischen Gesellschaft zur Massenbewegung des Nationalsozialismus geprägt: „I was most attracted to the basic idea of American life that the individual is in the center and government has to serve the needs of the individual."[124]

Trotz dieser Hinwendung zu den USA, die in den biographischen Quellen schon 1936 wahrnehmbar wird, dauerte es lange Zeit, bis dieses Zielland auch in der öffentlichen Diskussion innerhalb der Münchner Juden eine zentrale Rolle einnahm. Erst Ende 1937 tauchte ein Vortrag über Amerika im Veranstaltungskalender der Israelitischen Kultusgemeinde auf.[125] Im Bereich der USA-Wanderung war die private Wanderungsorganisation und -planung der öffentlichen voraus, was auch damit zusammenhing, dass die amerikanische Einwanderungspolitik bis 1937 sehr restriktiv war und die deutschen Hilfsorganisationen folglich nur wenig Chancen für die Wanderungsförderung dorthin sahen. Erst zu Ende dieser ersten Auswanderungsphase der Juden aus München wurde die Einwanderungsquote für Deutsche aufgrund einer Anweisung Präsident Franklin D. Roosevelts angehoben.[126]

Ähnlich wie für das gesamte Reich bewegte sich auch die Auswanderung aus München bis zum Jahresende 1937 weiterhin in vergleichsweise ruhigen Bahnen. 1937 war das erste Jahr geregelter Aufzeichnungen zur jüdischen Auswanderung aus Deutschland, so dass diese Zahlen zumindest in Teilbereichen als relativ

---

121 Hilfsverein: Arbeitsbericht 1937, S. 8. Hervorhebungen im Original.
122 Hilfsverein: Korrespondenzblatt (Juli 1938), S. 74.
123 Erwin Schwager, München, an Hildegard Jung, o.O. Brief vom 15.2.1936. Erwin Schwager: Private Correspondence (1936).
124 LBI: Oral History Interview with Werner J. Cahman [sic!].
125 Aus der Gemeinde München: Vortrag von Dr. Otto Weiler – Eindrücke von einer Amerika-Reise. In: *Jüdisches Gemeindeblatt für den Verband der Kultusgemeinden in Bayern und die Kultusgemeinden München, Augsburg, Bamberg, Würzburg (ehem. Bayerisches Israelitisches Gemeindezeitung)* XIII. Jahrgang, 1.11.1937 (21), o. S.
126 Wetzel 1993, S. 484.

zuverlässig angesehen werden können.[127] Erstmals verzeichnet der Report des Zentralausschusses auch soziodemographische Merkmale der Auswanderer (Alter, Geschlecht, Staatsangehörigkeit und Beruf), die in den entsprechenden Kapiteln dieser Arbeit in Vergleich mit den Münchner Statistiken gesetzt werden. Offiziell wanderten in diesem Jahr 23.000 Juden aus dem Reich aus, eine im Vergleich zum Vorjahr um 4% verringerte Zahl.[128] Auch die Münchner Statistik verzeichnet eine Verringerung, die allerdings um das Dreifache höher ist (502 im Vergleich zu 581 Personen oder -13,5%). Zu Ende dieser ersten Phase zwischen 1933 und 1937 betrug die Zahl der im Reich Verbliebenen nach Schätzungen der Reichsvereinigung noch etwa 350.000–365.000 der vormals etwa 500.000 Juden.[129] Dies stellt einen Rückgang um etwa 30% dar. In Bayern lebten 1937 noch etwa 30.000 von vormals ca. 42.000 Juden,[130] ein den Reichsschätzungen sehr ähnlicher Rückgang von etwa 29%. Für München verzeichnet die Datenbank etwa 9.700 zum Jahreswechsel 1937/38 in München lebende Juden[131] gegenüber etwa 12.500 Personen im März 1933, also eine Verringerung um etwa 22,5%.

Die ersten fünf Jahre der nationalsozialistischen Herrschaft in Deutschland waren gekennzeichnet durch einen Wechsel in der Intensität des Verfolgungsdrucks. Diese Wellen beeinflussten die jüdische Emigration aus München ebenso wie die stetigen Veränderungen in den Immigrationsregularien der Zielländer, die die jüdische Emigration durch Lockungen und Restriktionen lenkten. Diejenigen Familienmitglieder, die sich zu einer Auswanderung entschlossen – Hans und Fritz Cahnmann –, taten dies nicht aus einer konkreten Bedrohungslage heraus, sondern aufgrund fehlender beruflicher Perspektiven. Auch Sigwart Cahnmann wurde bereits 1933 aus seiner ursprünglichen Stellung gedrängt, war aber auch 1936 noch nicht von der Notwendigkeit einer Auswanderung überzeugt. Erwin Schwager, dessen Korrespondenzen den tiefsten Einblick in die Gefühls- und

---

127 Dies hängt erneut mit der Frage nach dem Verhältnis unterstützter zu selbst organisierter Auswanderung zusammen. Während die Palästinawanderung schon aufgrund der Zertifikatsvergabe zum größten Teil unterstützt war, ihre Statistiken daher als sehr nahe an der tatsächlichen Wanderungszahl nach Palästina liegen müssen, war ein großer Teil der Überseewanderung selbst organisiert. Statistiken zur Überseewanderung basieren daher oft auf Schätzungen. Dazu Rosenstock 1956, S. 381.
128 Zentralausschuss: Arbeitsbericht 1937. LBI MF 1060, S. 14.
129 Zentralausschuss: Arbeitsbericht 1937. LBI MF 1060, S. 15.
130 Tagung des Verbands Bayerischer Israelitischer Gemeinden. Annahme einer neuen Verfassung. In: *Bayerische Israelitische Gemeindezeitung* XIII. Jahrgang, 15.04.1937 (8), 169f.
131 Ophir/Wiesemann sowie die nationalsozialistischen Quellen geben hingegen etwa 1.000 Personen weniger an. Vergleiche dazu die Übersichtsstatistik bei Strnad 2011, S. 179. Die exakte Anzahl der zu Jahresende 1937 in München sesshaften Juden ist somit nicht endgültig feststellbar.

Erlebniswelt eines Münchner Juden im betrachteten Zeitraum geben, machte über die Jahre hinweg deutlich, dass er sich zwar mit der Frage nach einer Emigration beschäftigte, jedoch noch keinen Anlass zum Handeln sah: „Kurz gesagt, ist es aber so, dass ich immer noch fest und entschlossen an meinem München und meinem jetzigen Beruf hänge, und allem zum Trotz, und dieses ‚allem' enthielt für mich in letzter Zeit viel Inhalt, hier meine Zukunft sehen möchte."[132] Seine Aussagen belegen, dass es Münchner Juden weiterhin möglich war, eine Blase um sich herum aufzubauen, in der sie vergleichsweise unbehelligt von den antijüdischen Verfolgungsmaßnahmen ein Alltagsleben führen konnten, das zumindest in einigen Fällen „gleichmässig und verhältnismässig auch ruhig"[133] war. In Anbetracht der statistischen und biographischen Untersuchung bestätigt sich für die Münchner Emigration die Ansicht Hagit Lavskys:

> Thus, it is quite obvious that during the years preceding 1938 German-Jewish emigrants were not refugees in the full meaning of the term, at least not from their own subjective perspectives. They still calculated their emigration, its timing and destination, and did not feel forced to emigrate by all means.[134]

4.2.2 Entscheidungsjahre: Herbst 1937 bis August 1939

Als im Herbst 1937 im Zuge der Vorbereitungen auf einen anstehenden Krieg die „Arisierung" jüdischer Betriebe verstärkt durchgeführt wurde, begann die zweite Phase der Emigration aus München. Dieser Einschnitt, der in vielen Fällen die wirtschaftliche Existenz der verbliebenen jüdischen Deutschen entscheidend bedrohte, war stärker als alle zuvor geschehenen Verdrängungsmaßnahmen und führte zu einer völlig neuen Ausgangslage bezüglich der Entscheidung für oder gegen eine Emigration. In der Münchner Statistik bildet sich diese neue Entwicklung erst von August 1938 an deutlich ab (siehe Abb. 4),[135] was in der oftmals monatelangen Spanne zwi-

---

132 Erwin Schwager, München, an Dorle Landmann, Nürnberg. Brief vom 18.3.1937. Erwin Schwager: Private Correspondence (1937).
133 Erwin Schwager, München, an Berta und Kossy, o.O. Brief vom 26.8.1937. Erwin Schwager: Private Correspondence (1937).
134 Lavsky 2017, S. 56.
135 Ein ähnlich hoher Anstieg im Jahr 1938, jedoch ohne die Aufschlüsselung nach Monaten, auch bei Baumbach 2003, S. 60 für Hamburg. Gruner 2009, S. 95, konstatiert ebenfalls einen Anstieg der Auswanderungszahlen aus Berlin, der jedoch deutlich geringer ausfällt (von 10.000 im Jahr 1937 auf 16.000 im Jahr 1938). Die Zahlen für Wien unterscheiden sich hingegen deutlich: Sie weisen in der Zeit von Mai 1938 bis Juli 1939 Höhepunkte im August und November 1938 sowie

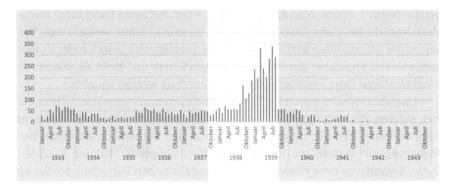

Abb. 4: Graphische Veranschaulichung der Auswanderung aus München nach Monat und Jahr (Herbst 1937 bis August 1939)

schen dem Zeitpunkt der Entscheidung und der endgültigen Emigration begründet liegt. Das vielfach als „Wendepunkt" der Emigration betrachtete Novemberpogrom 1938 ist graphisch als Einschnitt nicht erkennbar. Es fiel vielmehr in einen Zeitraum des stetigen Anstiegs der Münchner Auswanderung. Insofern wird der 9. November 1938 im folgenden Kapitel nicht als Wendepunkt, sondern als Akzelerationspunkt der jüdischen Emigration genauer betrachtet.[136] Dadurch schärft sich der Blick für diejenigen Emigrationen, deren Planung vor dem November 1938 in Angriff genommen wurde, die jedoch erst danach umgesetzt wurden. Nach dem November 1938, insbesondere in der ersten Jahreshälfte 1939, stiegen die Emigrationszahlen dann auf ein Allzeithoch. Der Kriegsausbruch am 1. September 1919 beendete diese zweite Phase der Emigration aus München. Er löste ein abruptes, statistisch deutlich erkennbares Absinken der Auswanderung aus München aus, führte jedoch nicht zu ihrem vollständigen Abbruch. Wie Abbildung 4 zeigt, war der Zeitraum zwischen August 1938 und August 1939 gekennzeichnet durch die insgesamt intensivste Abwanderung aus der „Hauptstadt der Bewegung". In der gesamten zweiten Phase der Emigration von Oktober 1937 bis August 1939, in einem Zeitraum von weniger als zwei Jahren also, verließen mit 3.371 Personen über 50% aller Münchner Auswande-

---

im März 1939 auf, um dann ab April auf die Hälfte der März-Auswanderung abzufallen. Die für München erkennbaren Spitzen im September 1938 sowie im Frühsommer 1939 sind für Wien nicht nachweisbar: File 445: Jewish Community of Vienna: Reports by the IKW on Emigration, Retraining and Social Care. o. D. JDC NY AR193344.

136 Dies entspricht Lavsky, die konstatiert: „The year 1938 marked a turning point: 39,000 Jews left Germany over the entire year, with the exodus intensifying after the *Kristallnacht* pogrom of November 1938". Lavsky 2017, S. 45.

rer das Reich.¹³⁷ Nun wurden die Charakterzüge der „forcierten Emigration" besonders deutlich: Ein klarer Anstieg des Verfolgungsdrucks führte verstärkt zum Verlassen der Heimat. Diese Migrationsbewegung gestaltete sich jedoch meist als eine geplante und organisiert durchgeführte Auswanderung und nicht als überstürzte Flucht im Sinne eines Verlassens der Heimat innerhalb weniger Stunden.

Das Jahr 1938 wird von vielen Historikern als „Entscheidungsjahr"¹³⁸ bezeichnet. Mit dem Rücktritt Hjalmar Schachts als Wirtschaftsminister Ende November 1937, der lange Zeit die antijüdischen Maßnahmen der nationalsozialistischen Regierung mit Verweis auf deren wirtschaftsschädigende Wirkung gemildert hatte, begann eine neue Phase der nationalsozialistischen Wirtschaftspolitik. Ab dem Jahreswechsel 1937/38 „ergoß sich eine Flut von Ausschaltungsbestimmungen über die Juden".¹³⁹ Hatte es bis dahin noch „markante örtliche Unterschiede bei der Verdrängung der deutschen Juden"¹⁴⁰ gegeben, wurde diese nun zentral gesteuert und umso schneller und härter umgesetzt. Jüdische Betriebe erhielten beispielsweise eine niedrigere Kontingentierung an Devisen- und Rohstoffzuteilungen.¹⁴¹ Sie sollten bei der Vergabe öffentlicher Aufträge nicht mehr berücksichtigt werden¹⁴² – eine Regelung, die in München bereits seit März 1933¹⁴³ in Kraft war. Mit der „Verordnung gegen die Unterstützung der Tarnung jüdischer

---

137 Für Hamburg konstatiert Baumbach 2003, S. 44f., für den leicht verschobenen Zeitraum 1938 und 1939 einen Anteil von 66,5% der Hamburger Gesamtauswanderung. Betrachtet man zudem den Anteil der ersten Jahre 1933–1937 an der Gesamtauswanderung Münchens (etwa 37%, vgl. *Kapitel 4.2.1*) und Hamburgs (etwa 25%), wird deutlich, dass die Auswanderung in Hamburg später begonnen hatte und folglich in der zweiten Auswanderungsphase einen stärkeren Gesamtanteil einnahm. Baumbach führt dies auf den höheren Assimilierungsgrad zurück sowie auf die ökonomisch festere Verankerung der Hamburger Juden in ihrer Heimatstadt im Vergleich zum Reichsdurchschnitt.
138 Für den Kontext dieser Arbeit unter anderem Jünger 2016, S. 364, und Hanke 1967, S. 184. In Werken zur nationalsozialistischen Judenverfolgung allgemein: Diner, Dan: Vom „Anschluss" zur „Reichskristallnacht" – Das Krisenjahr 1938. In: Kugelmann, Cilly und Rossbach, Signe (Hg.): Heimat und Exil. Emigration der deutschen Juden nach 1933. Frankfurt am Main 2006, S. 22–15 und Friedländer, Saul; Kenan, Orna: Das Dritte Reich und die Juden. 1933–1945. München 2013 Adler-Rudel spricht vom „Schicksals- und Gefahrenjahr": Adler-Rudel 1974, S. 89.
139 Adam 1979, S. 173f.
140 Fritsche, Christiane; Paulmann, Johannes: „Arisierung" und „Wiedergutmachung" vor Ort: Perspektiven auf die Vernichtung der wirtschaftlichen Existenz deutscher Juden und die Entschädigung nach 1945. In: Fritsche, Christiane und Paulmann, Johannes (Hg.): „Arisierung" und „Wiedergutmachung" in deutschen Städten. Berlin, Köln 2014, S. 7–44, hier S. 7.
141 Runderlass des Reichswirtschaftsministeriums vom 15.12.1937. In: Walk et al. 1981, II 385.
142 Runderlass des Reichswirtschaftsministeriums und der Obersten Reichsbehörden vom 1.3.1938. In: Walk et al. 1981, II 431.
143 Anweisung des Oberbürgermeisters Karl Fiehler vom 24.3.1933, StadtAM Personalamt 405/II.

Gewerbebetriebe"[144] wurde bestraft, wer dabei half, „den jüdischen Charakter eines Gewerbebetriebs" zu verschleiern. Auch erste allgemeine Regelungen zum „Arisierungsverfahren" selbst wurden getroffen.[145] Gleichzeitig zu diesen auf jüdische Geschäfte abzielenden Verordnungen wurden bereits bestehende Berufsverbote für verschiedene Berufsgruppen ausgeweitet oder neu eingeführt.[146] War die Einkommenssituation vieler deutscher Juden bereits in den Jahren bis 1937 durch antijüdische Gesetze verschlechtert worden, griffen die Erlasse des Jahres 1938 nun in fast alle Verdienstmöglichkeiten der Juden ein.

In der „Hauptstadt der Bewegung", für die die Entwicklung der „Arisierung" besonders gut erforscht ist,[147] hatten die lokalen Behörden erneut in vorauseilendem Eifer gearbeitet. Ab dem Frühjahr 1937 wurde eine Kartei jüdischer Gewerbetreibender erstellt, die sogenannte Gewerbelegitimationskartei. Mit ihr als Datenbasis ging in München die Verdrängung der Juden aus dem städtischen Wirtschaftsleben oftmals bereits vor dem Novemberpogrom vonstatten. So zeigt der Vergleich des Inhalts der Gewerbekartei im Februar und Oktober 1938: Die Anzahl der Juden, die als Kaufleute und Handwerker tätig waren, verringerte sich in diesem Zeitraum von 1690 auf 660.[148] Hinter den Zahlen stecken Biographien: Sigwart Cahnmann hatte bereits 1933 sein Unternehmen „Isaria" verlassen müssen und eine Arbeit als Vertreter aufgenommen, doch diese Einkommensquelle wurde ihm 1938 nun ebenfalls genommen. Leopold Schwagers Leder- und Schuhbedarfshandlung verzeichnete noch 1937 einen Rekordumsatz, geriet danach allerdings in das Visier Gerhard Fiehlers, des Bruders des Münchner Oberbürgermeisters Karl Fiehler, und wurde nach dem Novemberpogrom 1938 „zwangsarisiert". Bernhard Goldschmidt und Markus Blechner mussten ihre Firmen aufgrund fehlender Umsätze und steigenden Verfolgungsdrucks schlie-

---

144 Verordnung gegen die Unterstützung der Tarnung jüdischer Gewerbebetriebe, RGBl I 1938, S. 404. In: Walk et al. 1981, II 454.
145 Anordnung des Stellvertreters des Führers vom 2.8.1938. In: Walk et al. 1981, II 516.
146 So mussten die verbliebenen Rechtsanwälte nach einer Verordnung vom 27.9.1938 (RGBl. I 1938, S. 1403–1406. In: Walk et al. 1981, II 547) ausscheiden. Nur wenige durften als „Konsulenten" weiterhin jüdische Klienten betreuen. Eine ähnliche Regelung war bereits im Juli für Ärzte erlassen worden (RGBl. I 1938 S. 969f. In: Walk et al. 1981, II 510). Neu eingeführt wurde beispielsweise ein Berufsverbot für Krankenpfleger (RGBl. I 1938, S. 1309, 1310–1315. In: Walk et al. 1981, II 549–551) und weitere Berufe, die im Gesetz zur Änderung der Gewerbeordnung für das Deutsche Reich vom 6.7.1938., RGBl. I 1938, S. 823. In: Adam 1979, S. 179, verzeichnet waren.
147 Unter anderem durch den Sammelband Baumann, Angelika (Hg.): München arisiert. Entrechtung und Enteignung der Juden in der NS-Zeit. München 2004.
148 Bokovy et al. 1994, S. 240. Diese Aussage bestätigen auch zeitgenössische Quellen wie der Monatsbericht des Regierungspräsident von Mainfranken für Mai 1938 vom 7.6.1938, BayHStA Reichsstatthalter Epp 278/2.

ßen. Den Söhnen der Familien – Erwin Schwager, Jakob und Oskar Blechner – wurden im Frühjahr 1938 die zur Mitarbeit in den väterlichen Betrieben nötigen Gewerbelegitimationskarten verwehrt oder sie hatten diese unter dem Druck der Zeitumstände zurückgegeben. So bestätigt die biographische Untersuchung den Eindruck Ophirs und Wiesemanns, dass „die Entfernung der Juden aus dem Wirtschaftsleben in München de facto bereits Ende 1938 durchgeführt [war]".[149] Für viele Münchner Juden war dies der finale Anstoß zur Emigration.

Neben der wirtschaftlichen Existenzsicherung griff die Gesetzgebung des Jahres 1938 auch in weitere finanzielle Belange ein. So wurde eine Vielzahl an Regelungen erlassen, die direkt oder indirekt die Auswanderung der jüdischen Deutschen beeinflussten. Den jüdischen Gemeinden entzog man im Frühjahr den Status einer Körperschaft öffentlichen Rechts,[150] wodurch sie die damit einhergehenden Steuervergünstigungen verloren. Sie waren fortan auf Vereinsbeiträge und auf die immer geringer fließenden Spenden angewiesen, ihre Budgets reduzierten sich entsprechend.[151] In München hatte die Israelitische Kultusgemeinde 1936 einen Schwerpunkt auf die Förderung von Auswanderung und Umschichtung gelegt, so dass diese Bereiche von der Budgetkürzung am stärksten betroffen waren. Doch auch die Finanzen Einzelner wurden von der nationalsozialistischen Gesetzgebung in den Blick genommen. Mit der „Verordnung über die Anmeldung jüdischer Vermögenswerte"[152] erlangte der Staat Zugriff auf die privaten Vermögen der deutschen Juden. Viele Münchner Juden verstanden die Reichweite dieser Maßnahme sofort, und auch der bei der Stadt München angestellte Rechtsrat Michael Meister bezeichnete die Verordnung als „ersten wirklich fühlbaren Schlag"[153] gegen jüdische Privatpersonen in München. Auch finanzielle Auswanderungsbelange wurden nun stärker kontrolliert. Im Mai ordnete ein Runderlass des Reichswirtschaftsministeriums die genaue Auflistung aller Gegenstände des sogenannten Umzugsgutes an, also aller Gegenstände, die in die Emigration mitgenommen werden sollten.[154] Dabei musste angegeben werden, ob der jeweilige Gegenstand vor oder nach 1933 oder zum Zwecke der Auswanderung neu angeschafft worden war. Für alle ab dem Jahre 1933 angeschafften Güter wurden

---

149 Ophir et al. 1982, S. 475.
150 Gesetz über die Rechtsverhältnisse der jüdischen Kultusvereinigungen. RGBl. I 1939, S. 338. In: Walk et al. 1981, II 441.
151 Für München mehr dazu bei Hanke 1967, S. 159.
152 RBGl. I 1938, S. 414f. In: Walk et al. 1981, II 457.
153 Meister, Michael: Zur Geschichte der Juden in München, masch. MS, erw. Fassung bis zum Frühjahr 1945, S. 181. StadtAM NL Meister.
154 Runderlass des Reichswirtschaftsministeriums vom 13.5.1938. RStBl. S. 504. In: Walk et al. 1981, II 468.

spezielle Abgaben in Höhe des Zeitwertes erzwungen; für neu angeschaffte Güter musste sogar der volle Kaufpreis abgeführt werden. Außerdem wurde die Abtretung der Auswandererguthaben erschwert,[155] die „Verbringung inländischer Vermögenswerte nach dem Ausland" durch Juden verboten, wenn sie eine gewisse Höhe überschritten,[156] und Devisenzuteilungen wurden strenger überwacht.[157]

Beide Entwicklungen, die zunehmende Verdrängung aus der deutschen Wirtschaft sowie die zahlreichen vermögens- und devisenrechtlichen Regelungen, ließen den finanziellen Spielraum der deutschen Juden zunehmend schrumpfen. 1938 begann sich dies verstärkt auf die Auswanderungsmöglichkeiten auszuwirken. Hauser spricht diesbezüglich von einem „Zielkonflikt zwischen Vertreibung und Enteignung",[158] in dem die nationalsozialistische Regierung einerseits versuchte, die Juden aus dem Reich zu drängen, ihnen andererseits durch die zunehmenden Enteignungen aber immer weniger finanziellen Spielraum dafür ließ.

1938 war zudem das Jahr wichtiger politischer Ereignisse, die die Situation der Juden in Deutschland und somit auch in München entscheidend veränderten. Das erste einschneidende Ereignis war der „Anschluss" Österreichs an das Deutsche Reich und die damit einhergehende, schnell einsetzende Verfolgung der österreichischen Juden, die eine Massenflucht nach sich zog. Nicht nur verschlechterte diese Fluchtwelle die Aufnahmebedingungen in den europäischen Nachbarländern weiter, die mit Grenzschließungen und Zulassungsbeschränkungen reagierten. Die Eskalation der antisemitischen Verfolgung in den ehemals österreichischen Gebieten wirkte auch auf die Verfolgungssituation in den nun als „Altreich" bezeichneten deutschen Gebieten zurück. Wie ein Bericht an den Joint zeigt, hatte sich „seit dem Anschluss Österreichs [auch] die Situation der Juden in Deutschland von Woche zu Woche verschlechtert".[159] Folglich fassten auch mehr und mehr Juden aus dem Altreich den Entschluss zur Auswanderung. Eine täglich steigende Anzahl von Menschen wandte sich an die Büros des Hilfsvereins, um Rat und Unterstützung bei der Auswanderung zu erhalten. Für das erste Kalenderhalbjahr 1938 verzeichnete der Hilfsverein insgesamt 57.749 Beratungen.[160] An

---

155 Runderlass des Reichswirtschaftsministeriums vom 4.6.1938. RStBl. S. 576. In: Walk et al. 1981, II 481.
156 Runderlass des Reichswirtschaftsministeriums vom 7.6.1938. In: Walk et al. 1981, II 482.
157 Erlass des Reichswirtschaftsministeriums vom 8.11.1938. In: Walk et al. 1981, II 580.
158 Hauser 2010, S. 116.
159 Dok. 88: In einem Bericht an den Joint wird am 25. August 1938 die Situation der Juden in Deutschland resümiert. In: Aly, Götz (Hg.): Die Verfolgung und Ermordung der europäischen Juden durch das nationalsozialistische Deutschland, 1933–1945. Band 2: Deutsches Reich 1938–August 1939. Unter Mitarbeit von Susanne Heim. München 2008b.
160 Dok 276: Die Reichsstelle für das Auswanderungswesen berichtet am 25. April 1939 über die

der Sprache der Beobachter und Beteiligten lässt sich ablesen, welchen Eindruck diese Entwicklung machte. Der im Frühjahr 1938 entstandene Simpson-Report spricht von einem „unpredictable amount"[161] künftiger Emigrantenzahlen, der Joint-Bericht des August 1938 von einem im Gange befindlichen „echte[n] Auflösungsprozess".[162] Nationalsozialistische Quellen bestätigen diese Entwicklung. So informierten die Monatsberichte der Regierungspräsidenten von Unter- und Mittelfranken, Niederbayern und der Oberpfalz, Schwaben und Neuburg[163] ab dem Frühjahr über einen Anstieg der Auswanderungszahlen aus ihren Regierungsbezirken, der das gesamte Jahr 1938 hindurch anhielt.

Im Juni überschattete ein symbolhaftes Ereignis die Münchner jüdischen Gemeinde: der Abriss der Münchner Hauptsynagoge am Lenbachplatz. Auf direkte Anweisung Adolf Hitlers wurde in einer mit hoher Geschwindigkeit ausgeführten Abrissaktion das bedeutendste städtebauliche Zeichen jüdischer Präsenz in der „Hauptstadt der Bewegung" zerstört. Bemerkenswerterweise fand zeitgleich in München eine Versammlung des deutschen Rabbinerverbandes statt, bei der die Führungspersönlichkeiten aller jüdischen Gemeinden des Reichs in München zusammenkamen. Der Abriss der Münchner Hauptsynagoge wurde durch ihre Anwesenheit zum symbolträchtigen Moment:[164] Gleich den jüdischen Gemein-

---

Entwicklung der Emigration in der zweiten Jahreshälfte 1938. In: Aly 2008b, S. 740–742. So auch Hauser 2010, S. 118f., in Ansätzen auch Jünger 2016, S. 24f. Bis in die 2010er Jahre hinein wurde diese Entwicklung in der Forschung nur selten beachtet.
161 Simpson 1938, S. 190.
162 Dok. 88: In einem Bericht an den Joint wird am 25. August 1938 die Situation der Juden in Deutschland resümiert. In: Aly 2008b, S. 274–278.
163 BayHStA Reichsstatthalter Epp 278/2 und BayHStA Reichsstatthalter Epp 279/1.
164 Zur Kontextualisierung des untenstehenden Zitates: Leo Baerwald emigrierte im März 1940 in die USA, Max Grünewald im August 1938 nach Palästina und anschließend in die USA und Max Eschelbacher im Januar 1939 nach England. Leo Baeck überlebte die Deportation nach Theresienstadt. Gerade die Beschreibung seiner Person als jemand, „dem das Schicksal nichts anhaben kann", durch Cahnmann, der zum Zeitpunkt dieser Aussage (1979) selbstverständlich über den Leidensweg und das Überleben Leo Baecks unterrichtet war, zeigt, dass mit derart lyrischen Aussagen vorsichtig umzugehen ist. In seinem Oral-History-Interview aus dem Jahre 1971 (korrigiert und veröffentlicht 1979: LBI: Oral History Interview with Werner J. Cahman [sic!]), findet sich eine ähnliche, jedoch abgeschwächte Version dieser Aussage: „So that one could see on that day the majority of German rabbis standing in front of the synagogue, witnessing, I mean I remember back, I remember Rabbi Max Eschelbacher of Düsseldorf, with the stern look of an Assyrian king and Rabbi Max Grünewald, also Baerwald and Baeck were standing there, and saying prayers." Hier finden sich bereits Ansätze der obigen Aussage, diese sind aber, insbesondere im Bezug auf Baeck, weniger weitreichend ausgeschmückt und dadurch weniger symbolhaft. Das Zitat sollte demnach nicht als akkurate Beschreibung der historischen Wirklichkeit gelesen werden, sondern verdeutlicht vielmehr die Symbolhaftigkeit des für die Münchner Gemeinde (und für Werner Cahnmann als Gemeindemitglied) so wichtigen Augenblicks.

den Deutschlands, die jahrzehntelang Stabilität gegeben hatten, nun aber Schritt für Schritt zerstört wurden und so innerhalb weniger Jahre zerfielen, wurde die 1887 eingeweihte Münchner Hauptsynagoge kurzerhand abgerissen. Die jüdische Führungsschicht des Landes war dabei zum Zusehen verdammt:

> Die Männer standen an der Türe, um Zeugen des Abbruchs zu sein. Ich sehe heute noch vor mir Rabbiner Bärwald aus München, urban und gefaßt, Rabbiner Grünewald aus Mannheim, stahlhart und entschlossen, Rabbiner Eschelbacher aus Düsseldorf, mit dem Rächerblick des assyrischen Herrschers, Rabbiner Bäck aus Berlin, mit dem Ansehen des Heiligen, dem das Schicksal nichts anhaben kann.[165]

Eine weitere tiefgreifende Maßnahme zum Ausschluss der Juden aus der deutschen Gesellschaft war die im August erlassene „Zweite Durchführungsverordnung zum Gesetz über die Änderung von Familiennamen und Vornamen",[166] die die Führung der Zwangsvornamen „Sara" und „Israel" verordnete. Es war der erste Versuch einer Kennzeichnung der Juden, die im Oktober in der Stempelung der Kennkarte und des Auslandsreisepasses mit einem roten „J"[167] sowie später in der Verordnung zum Tragen des Judensterns zweifelhafte Höhepunkte fand.

Der Oktober 1938 brachte weitere außenpolitische Ereignisse. Mit den Vereinbarungen des Münchner Abkommens sowie dem Einmarsch der Wehrmacht in die sudetendeutschen Gebiete der Tschechoslowakei wurden die Hoffnungen der deutschen Juden auf die Eindämmung nationalsozialistischer Machtbestrebungen durch die internationale Staatengemeinschaft erneut enttäuscht. Im Gegenteil: der Einfluss der Nationalsozialisten weitete sich stetig aus. Gegen Ende des Monats kam es zu einer weiteren außenpolitischen Krise, die direkte Auswirkungen auf die Juden des Reichs hatte. In der „Polenaktion" wurden überall im Reich Juden polnischer Staatsangehörigkeit festgesetzt und über die polnische Grenze abgeschoben. Zum ersten Mal wurde ein signifikanter Teil der deutschen Juden unter offenem Zwang und der Anwendung physischer Gewalt gezwungen, ihre Heimat zu verlassen. Durch diese Eskalation sollte ein Gesetz der polnischen

---

165 Cahnman 1982, S. 454.
166 Zweite Durchführungsverordnung zum Gesetz über die Änderung von Familiennamen und Vornamen. RGBl. I 1938, S. 1044. In: Walk et al. 1981, II 524. Nachweise finden sich in den Biographien beispielsweise bei Liselotte Cahnmann im Oktober: Anzeige zur Führung des Zusatznamens Sara vom 22.10.1938. StAM PolDir 11812 (Cahnmann Liselotte Gustava Regina Sara), unterschrieben mit „Liselotte Gustava Regina Sara Cahnmann" oder Bernhard Goldschmidt im Dezember: Anzeige zur Führung des Zusatznamens Israel vom 23.12.1938. StAM PolDir 12828 (Goldschmidt Bernhard Israel), unterschrieben mit „Bernhard Israel Goldschmidt".
167 Verordnung des Reichsministerium des Inneren vom 5.10.1938. RGBl. I 1938 S. 1342. In: Walk et al. 1981, II 556.

Regierung unterlaufen werden, das mit Frist zum 1. November die Wiedereinreise polnischstämmiger Juden verhindern wollte und eine Reaktion auf den Anschluss Österreichs und des Sudentenlandes und auf die daraufhin einsetzende Fluchtwelle von Juden war. Die polnischen Juden wurden in diesen Tagen zum Spielball der deutschen und polnischen Nation.

In diese Phase der rapiden Verschlechterung der Verfolgungssituation fallen vier der Auswanderungen der Münchner Familien: Karl Schwager reiste im August 1938, Eva Cahnmann zu einem unbekannten Zeitpunkt, wohl aber ebenfalls im Sommer 1938, nach Palästina, Leon Blechner und Erwin Schwager emigrierten im März bzw. Oktober 1938 in die USA. Während die beiden „Olim" Karl Schwager und Eva Cahnmann durch die anziehende Wirkung der zionistische Idee einer Aufbauarbeit in der „Nationalen Heimstätte" zur Emigrationsentscheidung gekommen waren, waren die Emigrationen von Leon Blechner und Erwin Schwager kurzfristiger und stärker von Push-Faktoren abhängig. Für Erwin Schwager lässt sich dies nachweisen: Er reagierte auf die Verschlechterung der wirtschaftlichen Bedingungen zu Jahresende 1937. Bei Leon Blechner sind der ausschlaggebende Anstoß zur Emigration sowie der genaue Zeitpunkt der Entschlussfassung nicht bekannt. Wahrscheinlich ist jedoch, dass auch für ihn die Fortführung seiner Tätigkeit als selbständiger Versicherungsvertreter immer schwieriger wurde. So zeigt sich der Anstieg der Auswanderungszahlen nicht nur statistisch, sondern auch ganz konkret am Beispiel dreier der vier Münchner Familien.

Die jüdischen Hilfsorganisationen reagierten in dieser Phase des steigenden Verfolgungsdrucks mit Versuchen zur Reorganisation unter neuen Umständen. Der massive Anstieg der Anfragen und Unterstützungsbitten musste bewältigt, gleichzeitig mussten neue Ressourcen zur Finanzierung und Durchführung der Auswanderungen aufgetan und die Entwicklungen innerhalb und außerhalb des Reichs unter Beobachtung behalten werden.[168] Noch immer schien es sinnvoller, das Verlassen des Reichs als Emigration und nicht als Flucht zu vermarkten, um in den Zielländern keine Gegenbewegungen zu generieren und durch die schnelle Integration der Neuankömmlinge auch die Nachwanderung auf eine gesicherte Basis zu stellen. Die jüdischen Hilfsorganisationen im Reich ebenso wie in den Zielländern hatten daher kein Interesse an einer unkontrollierten Massenauswanderung. Gebetsmühlenartig predigten sie die sorgfältige Planung und Umsetzung der Emigration: „Es kann nicht oft genug betont werden, wie verkehrt es ist, eine Auswanderung planlos durchzuführen, und wie wichtig, sie planvoll zu gestalten".[169] Stattdessen befürworteten sie Auswahlprozesse und führten

---

168 Simpson 1938, S. 65.
169 Cohn et al. 1938, S. 15.

diese strenger denn je durch. Faktoren wie Geschlecht und Alter, Berufsausbildung oder Sprachkenntnisse sowie bestehende Netzwerke der Auswanderer im Zielland wurden immer wichtiger.[170] Bestimmt war die Auswahl hauptsächlich von legalistischen Anforderungen der Zielländer an die Immigranten sowie von deren soziodemographischen Gegebenheiten. So war beispielsweise in manchen Zielländern die Einwanderung nur für bestimmte Altersgruppen oder Berufsprofile zugelassen. Noch jedoch setzte sich der bereits 1937 begonnene Trend fort, dass Zulassungsbeschränkungen verschärft oder zumindest nicht gelockert wurden. Im Verhältnis zu dem steigenden Auswanderungsdrang bestanden so immer weniger Einwanderungsmöglichkeiten.[171]

Deutlich nachvollziehen lässt sich diese Entwicklung an den Statistiken der Einwanderung in die Vereinigten Staaten. Diese arbeiteten mit einem Quotensystem,[172] das jedem Herkunftsland[173] jährlich eine bestimmte Maximalzahl von Einwanderern zugestand. Für das Jahr 1938 lag die Quote für deutsche Einwanderer bei 27.370 höchstens zuzulassenden Personen. In diesem Jahr war die Anzahl der tatsächlich zugelassenen Immigranten mit 17.868[174] zwar wesentlich höher als im Vorjahr, dennoch wurde die Quote selbst 1938 nur zu knapp 65% ausgeschöpft. Dies lag unter anderem an der strengen Handhabung der Immi-

---

[170] File 640: Cecilia Razovsky: The German Emigres in the United States. 6.9.1938. JDC NY AR193344.
[171] Dies verstand auch die nationalsozialistische Führungsriege: „Die Möglichkeiten für die Auswanderung [haben] sich im gleichen Maße vermindert (...) wie der Auswanderungsdruck gestiegen ist". Dok. 324: SD-Hauptamt II 112. Bericht für April und Mai 1938, in: Kulka, Otto Dov; Jäckel, Eberhard: Die Juden in den geheimen NS-Stimmungsberichten 1933–1945. Düsseldorf 2004 (Schriften des Bundesarchivs, 62). Vergleiche dazu auch Tabelle 21: Anzahl der Zielländer und durchschnittlichen Emigrantenzahl je Jahr.
[172] Neben dieser sogenannten Quota-Immigration gab es auch die Möglichkeit, als Non-Quota-Immigrant in die USA einzuwandern. Diese Option galt beispielsweise für Kinder unter 21 Jahren, die einem Elternteil nachreisten, das bereits in den USA lebte. Die Quota-Immigranten waren wiederum unterteilt in bevorzugte (Eltern, Ehefrauen oder Kinder von bereits in den USA lebenden Quota-Immigrants) und nicht bevorzugte Klassen. Zu dem Immigrationssystem der Vereinigten Staaten, dessen zeitlichen Änderungen und zur jüdischen Einwanderung ausführlich Wyman 1968. Für die Immigration aus Bayern Hamm, Margot; Brockhoff, Evamaria; Eiber, Ludwig (Hg.): Good bye Bayern, Grüß Gott America. Auswanderung aus Bayern nach Amerika seit 1683. Darmstadt 2004.
[173] Als Bestimmungsland der Quotenzugehörigkeit diente die Staatsangehörigkeit. Die Münchner polnischen Juden wurden folglich der polnischen Quote zugerechnet, selbst wenn sie in München geboren waren.
[174] Im Quotenjahr 1938 (Juli 1937 bis Juni 1938) wurde als Reaktion auf den Anschluss Österreichs an das Reich die Anzahl der Quotenimmigranten aus dem Reich und Österreich zusammengefasst. Die oben genannte Zahl beinhaltet also Auswanderer aus beiden Ländern. Zu beachten ist auch, dass sie nicht nur jüdische Einwanderer verzeichnet.

grationszulassung, die von 1930 bis 1937 angeordnet war. Der für die Münchner Juden zuständige Stuttgarter Konsul stand außerdem unter Verdacht, die Vergabe der Visa besonders streng zu handhaben.[175] Alle ungenutzten Quotenplätze verfielen; sie konnten nicht in das darauffolgende Jahr übertragen werden. Gleichzeitig lag die Anzahl der auf der Warteliste der deutschen Quote Registrierten bereits im Juni 1938 bei über 130.000 Personen. Werner Cahnmann, der sich im August 1938 auf dem Stuttgarter Konsulat auf die Warteliste hatte eintragen lassen, besaß die Wartenummer 9875[176] und musste so eine Wartezeit von etwa 15 Monaten (Winter

---

175 Cahnman 1982, S. 63. Sehr ähnlich Behrend-Rosenfeld 1963, S. 97. Mit selbem Verdacht gegenüber dem Züricher Konsul Dwork 2009, S. 145f.
176 Bestätigung der Wartenummer für Werner J. Cahnmann. LBI: Werner and Gisella Cahnman Collection. AR 25210 Box 2 Folder 65. Jedes für die Verteilung von Einwanderungsvisa zuständige deutsche Konsulat (Berlin, Hamburg und Stuttgart; mehr dazu bei Hilfsverein: Korrespondenzblatt (Februar 1933), S. 10) erhielt eine bestimmte Anzahl der gesamt verfügbaren Quotenplätze zugeteilt und vergab eigene Wartenummern für diese Teilzahl, so dass die Wartenummern des Stuttgarter Konsulats nichts über die Höhe der insgesamt verzeichneten Deutschen aussagt. Eine Übersichtsliste aller Konsulate im Deutschen Reich bei Cohn et al. 1938, S. 93–99. Im Folgenden soll ein Auszug aus einem Brief Erwin Schwagers abgedruckt werden, der für die Einordnung von Wartenummern von großer Wichtigkeit ist und für weitere Forschungen zur Verfügung stehen sollte: „Im Nachgang zu meinem Schreiben von Mitte vorigen Monats betr. Amerikanische Konulatsangelegenheiten erlaube ich mir Ihnen heute, nach meinem gestrigen Besuch in Stuttgart, eine weitere Mitteilung zukommen zu lassen, die für einen grossen Teil süddeutscher Leser Ihres werten Blattes wichtig sein wird. Wir [sic!] Ihnen bekannt, hat auf Einsendung des Fragebogens das Amerikanische Konsulat in Stuttgart Wartenummern herausgegeben, die in einem Monat von No. 4.000 auf 14.000 angewachsen sind und über deren Ausnützung bisher höchste Unklarheit bestand. Im Laufe des gestrigen Tages aber wurde auf dem Konsulat eine Mitteilung diesbezüglich angebracht, die ich abschriftlich wiedergebe und die wahrscheinlich noch nicht weiter bekannt ist: dabei wird mitgeteilt, wann ausgestellte Wartenummern in Stuttgart ‚zum Zug' kommen und mit Vorladung gerechnet werden kann:
No. 4.080–4.618 ... November 1938
4.619–5.203 ... Dezember 1938
5.204–5.823 ... Januar 1939
5.824–6.256 ... Februar 1939
6.257–6.903 ... März 1939
6.904–7.438 ... April 1939
7.439–7.956 ... Juli 1939
7.957–8.550 ... August 1939
8.551–9.646 ... nach 1 Jahr
9.647–11.428 ... nach 15 Monaten
11.429–14.299 ... nach 18 Monaten bis 2 Jahren
14.300–... nach zwei Jahren und darüber.
(...) Die Mitteilung über die Wartenummern ist aber schriftlich an der Anschlagewand angebracht gewesen!" Aus: Erwin Schwager, München, an die Redaktion der Central-Verein-

1939/40) einkalkulieren. Der September 1938 war dann der Monat der höchsten Eintragungen im Stuttgarter Konsulat.¹⁷⁷ Erwin Schwager, der aufgrund seiner eigenen Emigration in Stuttgart war, berichtete an die *CV-Zeitung*:

> Aus persönlichen und abgelauschten Gesprächen erlaube ich mir noch Folgendes zu berichten: Seit des Anschlusses Oesterreichs und der in Deutschland gefallenen diversen wirtschaftlichen Verordnungen ist der Ansturm auf die Konsulate unerwartet und ins Unüberwältigende gestiegen! Der durchschnittliche Briefeinlauf des Stuttgarter Konsultas beträgt z.B. durchschnittlich ca. 2.000 Briefe täglich. Trotz aller Ueberstunden ist die Belegschaft ausserstande, der Beantwortung, die der Reihe nach erfolgt, nachzukommen. Das Konsulat ist gegenwärtig mit der Beantwortung der Briefe 4–6 Wochen im Rückstand!¹⁷⁸

Nicht nur hatte der Ansturm auf die amerikanischen Konsulate in Deutschland Verzögerungen in der Visumsvergabe und somit der Emigration zur Folge; zusätzlich wurden Hinweise auf lokale Unterschiede zwischen Nord- und Süddeutschland bekannt: „Alles sehr überfüllt. Berliner amerik. Konsolat [sic!] nimmt bereits keine Vorladungen mehr, das norddeutsch. Kontingent schon erschöpft. Stuttgart wird bald ebensoweit sein."¹⁷⁹

Auch über die USA hinaus stiegen die Immigrationszahlen während des ganzen Jahres 1938 deutlich an.¹⁸⁰ Zwar lassen sich die Anstiege einzelner Monate

---

Zeitung, Berlin. Brief vom 9.9.1938. Erwin Schwager: Private Correspondence (1938). Dass die Wartenummernvergabe im Sommer 1938 tatsächlich derart schnell vonstatten ging, bestätigt ein Vergleich Werner Cahnmanns mit Richard Seligmann. Während Cahnmann im August die obige Wartenummer erhielt, hatte Seligmann, der im September 1938 für die Emigration in die USA vorgemerkt wurde, bereits Wartenummer 26.121 (Selig 1983, S. 94). Leider sind in beiden Fällen die genauen Tage nicht bekannt, jedoch können nur maximal zwei Monate zwischen den Vormerkungen der beiden Münchner liegen. Welche existenzielle Bedeutung hier „timing" (nach Dwork 2010 und Lavsky 2017, Chapter 4, S. 47–49) für die Emigranten hatte, zeigt auch das Beispiel Auguste Cahnmanns, die im Sommer 1938 mit ihrem Ehemann im Urlaub war und erst nach ihrer Rückkehr eine Wartenummer beantragte, die dann entsprechend hoch ausfiel. Aus Cahnmann: Oral History Interview with Auguste Benjamin.
177 Raymond S. McKeough, House of Respresentatives, Washington, an unbekannten Empfänger. Brief vom 14.12.1940. LBI: Werner and Gisella Cahnman Collection. AR 25210 Box 3 Folder 48.
178 Erwin Schwager, München, an die Redaktion der Central-Verein-Zeitung, Berlin. Brief vom 9.9.1938. Erwin Schwager: Private Correspondence (1938).
179 Erwin Schwager, München, an Hildegard Jung, New York. Brief vom 31.7.1938. Erwin Schwager: Private Correspondence (1938). Mit ähnlicher Aussage Erwin Schwager, München, an Herrn Guggenheimer, o.O. Brief vom 6.8.1938. Erwin Schwager: Private Correspondence (1938). Guggenheimers Vorname ist unbekannt. Welche Auswirkungen diese Unterschiede konkret auf die gesamtdeutsche Emigration hatten, ließe sich nur im Vergleich der Münchner Auswanderung zu der aus einer norddeutschen Stadt, beispielsweise Berlin oder Hamburg, genauer untersuchen. Dazu fehlen jedoch, wie bereits bemerkt, die nötigen Datengrundlagen.
180 Eine monatliche Aufteilung beispielsweise bei File 498: Immigration Arrivals from Germany

aufgrund des für den Immigrationsprozess benötigten Zeitraums nicht direkt mit der Entwicklung der Verfolgungssituation in Deutschland in Verbindung bringen – so kann vom sprunghaften Anstieg der Immigrationszahlen von März auf April des Jahres nicht direkt auf den Einfluss der Ereignisse rund um den Anschluss Österreichs geschlossen werden –, doch ist ein genereller Trend unverkennbar. Für München bestätigt sich diese Entwicklung anhand des Beispiels USA, sowohl durch einen Blick in die biographischen Quellen[181] als auch angesichts der statistischen Zahlen: mit 599 Auswanderern sind die Vereinigten Staaten 1938 erstmals nicht nur wichtigstes Zielland, sondern nehmen mit 54% aller Emigranten sogar mehr als die Hälfte der Münchner Gesamtauswanderung des Jahres auf.[182] Diese hohe Bedeutung der Vereinigten Staaten als Zielland für die jüdische Emigration ist eine auffällige Besonderheit Münchens, macht doch die USA-Wanderung im gesamtdeutschen Vergleich 1938 nur annähernd ein Drittel, nämlich 29% aus.[183] Für München ist die starke Bevorzugung der USA durch die Eigenarten des amerikanischen Immigrationssystems in Verbindung zu der historischen Entwicklung Bayerns zu erklären: Mit dem System der Bürgschaften, sogenannten Affidavits, war eine Einwanderung nur dann möglich, wenn persönliche Beziehungen zu bereits in den USA anlässigen Personen, idealerweise amerikanischen Staatsbürgern, bestanden. Die Immigrationsbewegung in die USA wurde also stark von Netzwerken gelenkt und durch Kettenmigrationen geprägt; wer keine Kontakte hatte, tat sich schwer, die Einwanderungsvoraussetzungen zu erfüllen. Aus Süddeutschland war im Verlauf des 19. und frühen 20. Jahrhunderts eine hohe Zahl von Juden in die USA ausgewandert,[184] so dass verhältnismäßig mehr familiäre

---

Jan. 1– Oct. 31, 1938. YIVO National Refugee Service. Die Zahlen für November und Dezember waren zum Zeitpunkt der Auskunft an Cecilia Razovsky, die als Executive Director of the National Coordinating Committee for Aid to Refugees and Emigrants coming from Germany in engem Kontakt mit den für Immigration zuständigen US Department stand, noch nicht verfügbar.

181 So berichtet beispielsweise Erwin Schwager, München, an Dorle Landmann, New York. Brief vom 3.8.1937. Erwin Schwager: Private Correspondence (1938): „Die Auswanderung hier nach den USA ist gegenwärtig unheimlich stark."

182 Dies und die folgenden Vergleiche widersprechen der Vermutung Peter Hankes, dass die Emigration aus München „relativ kleiner nach Überseeländern [war], da oftmals Familien- oder Geschäftsverbindungen fehlten, die besonders in den nördlichen Hafen- und Kaufmannsstädten traditionsgemäß vorhanden waren." Hanke 1967, S. 171.

183 Tabelle 4: Die jüdische Auswanderung aus Deutschland (Altreich) im Jahre 1938. Zentralausschuss: Arbeitsbericht 1938. LBI MF 1060, S. 53. Für die jüdische Auswanderung aus Berlin im selben Jahr verzeichnet Gruner sogar nur einen Anteil von 15,5%: Gruner 2009, S. 96f. Der Anteil in Karlsruhe liegt wiederum bei 51%: Werner 1988, S. 271.

184 Vergleiche dazu unter anderem Blau 1950, S. 288f., Hanke 1967, S. 171f., sowie als Gesamtüberblick Krauss 2004.

Verbindungen, wenn auch in zweiter oder dritter Generation, vorhanden waren. Diese wurden nun reaktiviert und halfen den Münchner Juden, die hohen Immigrationsanforderungen der USA zu erfüllen. An diesem Beispiel zeigt sich, wie stark regional geprägt Emigrationsentscheidungen abliefen – bis hin zu einer doch auf den ersten Blick von der Herkunftsregion unabhängigen Auswahl des Ziellandes. Die gesamtdeutsche Statistik verschleiert diese Unterschiede stark. Das bisher in der Forschung vorherrschende Bild der zeitlichen Entwicklung in der Wahl der Zielländer müsste also durch einen Blick auf regionale Unterschiede und zeitlich verschoben verlaufende Prozesse stärker differenziert werden.

Letztlich muss unbestimmt bleiben, ob für den Ansturm auf das amerikanische Konsulat in Stuttgart nur Verfolgungssituation und familiäre Netzwerke oder auch Kriegsangst,[185] die mit 1937 beginnende Erleichterung der Immigrationszulassung in die USA oder andere Gründe[186] ausschlaggebend waren. Fest steht jedoch, dass der Andrang auf amerikanische Visa keineswegs erst nach dem Novemberpogrom 1938 einsetzte, sondern zumindest im süddeutschen Einzugsbereich des Stuttgarter Konsulats seinen statistischen Höhepunkt in den Monaten davor hatte. Diese Entwicklung trägt zur Revision des Eindrucks bei, dass das Novemberpogrom als deutlicher Wendepunkt der jüdischen Emigrationsgeschichte zu betrachten sei.[187]

Zwar war das Immigrationssystem der Vereinigten Staaten hoch spezifisch, es teilte jedoch die Grundidee der Zulassungsbeschränkung und -kontrolle mit vielen anderen Staaten. Die engagierte Arbeit der Hilfsorganisationen änderte wenig an diesen politischen Tatsachen: „The emigration of Jews from Germany (...) remained largely unaffected by the social planning or policies of Jewish representatives in Germany or abroad".[188] Deutlich wurden diese Hilflosigkeit

---

[185] So beispielsweise bei Erwin Schwager, München, an Hildegard Jung, New York. Brief vom 17.9.1938. Erwin Schwager: Private Correspondence (1938). Hildegard hatte ihn dafür kritisiert, in einer international derart angespannten Lage nicht sofort nach Erhalt des amerikanischen Visums auszureisen, sondern zur Unterstützung seiner Eltern noch einige Wochen länger in München zu bleiben.

[186] Erwin Schwager berichtete an den CV, es „besorgen sich gegenwärtig unzählige Leute Wartenummern beim Amerikanischen Konsulat von Stuttgart, da, wie das Gerücht geht, das Kontingent bald ‚gesperrt sein soll'". Erwin Schwager, München, an die Redaktion der Central-Verein-Zeitung, Berlin. Brief o. D., wahrscheinlich August 1938. Erwin Schwager: Private Correspondence (1938).

[187] Ähnlich Heim 1993, S. 72f., Hauser 2010, S. 118f., sowie die Argumentationslinien in Jünger 2016 und Lavsky, Hagit: The impact of 1938 on German-Jewish Emigration and Adaptation in Palestine, Britian and the USA. In: Heim, Susanne, Meyer, Beate und Nicosia, Francis R. (Hg.): „Wer bleibt, opfert seine Jahre, vielleicht sein Leben". Deutsche Juden 1938–1941. Göttingen 2010, S. 207–125. Insgesamt kommt die neuere Forschung von der übermäßigen Hervorhebung des Novemberpogroms ab.

[188] Strauss 1980, hier S. 316.

und die Weigerung der potenziellen Zielländer zur Lockerung der Aufnahmebedingungen während der Konferenz von Évian. Dort berieten westeuropäische und überseeische Staaten gemeinsam mit diversen Hilfsorganisationen über die steigenden Flüchtlingszahlen aus dem Deutschen Reich und den angeschlossenen Gebieten. Die öffentlich artikulierte Unterstützung der Flüchtlinge bei gleichzeitig fast durchgängiger Weigerung, selbst mehr jüdische Immigranten aufzunehmen, war symptomatisch für das Verhalten vieler Staaten während der Zuspitzung der Krise 1938. Adler-Rudel, der selbst 1936 aus dem Reich emigriert war, bezeichnete den Ausgang der Flüchtlingskonferenz als einen „Tiefpunkt der Enttäuschung".[189] Die gestiegene Unwahrscheinlichkeit der legalen Immigration in europäische Nachbarländer löste im Sommer 1938 eine Phase der illegalen Grenzüberschreitungen aus. So wurden erstmals nach 1933 wieder Fluchtbewegungen erkennbar, die mit geplanter und organisiert durchgeführter Auswanderung nichts gemeinsam hatten. Die europäischen Staaten, vor allem die an den nationalsozialistischen Herrschaftsbereich angrenzenden Länder, warnten vor illegalen Grenzübertritten und drohten mit Abschiebungen zurück ins Deutsche Reich.[190] Letztlich aber machten die illegale Grenzüberschreitungen nur einen kleinen Teilaspekt der Jahresemigration aus.[191]

Palästina blieb als Zielland auch 1938 in der Öffentlichkeit präsent, tatsächlich aber sank der prozentuale Anteil der aus Deutschland kommenden Immigranten. Für München zeichnet sich ein vergleichbares Bild: Zwar erhöht sich im Vergleich zu 1937 die absolute Zahl der Münchner Immigranten geringfügig (87 statt 61), allerdings nahm aufgrund des starken Anstiegs der Emigration im Gesamten der prozentuale Anteil der Palästinawanderer an der Münchner Gesamtwanderung des Jahres deutlich ab (von 12% auf 8%). Dieser Prozentsatz entspricht in etwa dem Anteil an der gesamtdeutschen Emigration (9,5%) und ist mit anderen deutschen Städten vergleichbar.[192]

---

189 Adler-Rudel 1974, S. 74.
190 Für Frankreich Badia 2002, S. 36 Ähnlich für die Schweiz Laqueur 2000, S. 45.
191 Folder 16.13: Refugees from Germany in Belgium. YIVO Records of the HIAS-HICEM Offices in Europe.
192 Aus Berlin gingen 1938 etwa 7,5% der Auswanderer nach Palästina (nach Gruner 2009, S. 96f.), aus Karlsruhe 11% (nach Werner 1988, S. 271). Aus Hamburg für den gesamten Emigrationszeitraum, nicht nur das Jahr 1938, 13,2% (nach Baumbach 2003, S. 42). Die leichte Erhöhung dieser Zahl dürfte auf der statistischen Nivellierung des Gesamtanteils der Palästina-Wanderung durch die Anteile der früheren Jahre basieren, die durchweg höher waren. Die regionalen Schwankungen sind aufgrund des zentral gesteuerten Vergabesystems der Einwanderungszertifikate weit weniger stark ausgeprägt als bei der Auswanderung in die USA mit Hilfe der privaten Netzwerk-Emigration.

Im Herbst 1938 hatte also eine deutliche Verstärkung der Emigrationsbemühungen der Münchner Juden eingesetzt. In drei der vier untersuchten Familien waren Familienmitglieder ausgewandert, andere standen mitten in den Emigrationsvorbereitungen. Die Entwicklung der Auswanderungsmöglichkeiten war gegen Jahresende allerdings nicht sehr erfolgversprechend: Während der Verfolgungsdruck immer schwerer wog, sanken die Aussichten, ein passendes Zielland zu finden, das die Emigration ermöglichte und einen Lebensunterhalt für die Zukunft bot, stetig.

Diese „groteske"[193] Situation wurde erst durch das Novemberpogrom aufgebrochen. Ablauf und Einzelereignisse des Pogroms sowohl im Deutschen Reich generell als auch in München wurden bereits vielfach beschrieben.[194] Für die Frage nach Emigrationsentscheidungen und -durchführungen sind vielmehr die Entwicklungen und Reaktionen nach dem Pogrom der nationalsozialistischen Verfolgungsmaschinerie, der deutsch-jüdischen und internationalen Hilfsorganisationen sowie der Zielländer von Bedeutung.

Bereits am 10. November, dem Tag nach der „Kristallnacht", wurden etwa 1.000 Münchner Juden,[195] darunter Werner Cahnmann und Leopold Schwager, verhaftet und in das Konzentrationslager Dachau gebracht. Hanke nimmt an, dass die Verhaftungen in München nach einer Liste der Bayerischen Politischen Polizei durchgeführt wurden, Selig ergänzt, dass vermutlich eine Liste des Gewerbeamtes als Vorlage diente.[196] Nun war deutlich geworden, dass soziodemographische Kriterien wie das Alter und Geschlecht einer Person auf die individuelle Verfolgungssituation entscheidenden Einfluss hatten. Konkret waren männliche Juden im Erwachsenenalter von den Verhaftungen bedroht; eine Altersobergrenze ist schwer festzustellen. Erwin und Karl Schwager, Leon Blechner, Hans und Fritz Cahnmann, die ebenfalls diesen Kriterien entsprochen hätten, waren aufgrund ihrer Emigration bereits nicht mehr in München. Jakob, Oskar und Markus Blechner wurden wohl aufgrund ihrer Staatsangehörigkeit nicht verhaftet. Bernhard Goldschmidt befand sich zur Zeit des Novemberpogroms in München, wurde aber ebenfalls nicht verhaftet. Ob dies auf seinen etwas unklaren Status als „Rassejude" ohne Mitgliedschaft in der Gemeinde zurückzuführen ist, ist unbestimmt.

---

193 Adam 1979, S. 204.
194 Für die reichsweiten Ereignisse beispielsweise Pehle, Walter H. (Hg.): Der Judenpogrom 1938. Von der Reichskristallnacht zum Völkermord. Frankfurt 1988, oder Diner 2006. Für München: Heusler, Weger 1998.
195 Heusler 2008, S. 244.
196 Hanke 1967, S. 216, und Selig 1983, S. 50. Er bezieht sich hier auf die Gewerbeliste in StadtAM Gewerbeamt 177d. Keine Angabe zu dieser Fragestellung bei Heusler, Weger 1998.

Die Familien Cahnmann und Schwager arbeiteten ab dem Zeitpunkt der Verhaftung Werners und Leopolds an deren Freilassung. Es bestand begründete Hoffnung, dass diese durch das Vorweisen einer Emigrationsmöglichkeit zu erreichen war, war es doch eine offen kommunizierte Richtlinie der Gestapo, die „Schutzhaftjuden" zum Zwecke der Auswanderung freizulassen.[197] Die Mütter, Frauen und Töchter der Verhafteten übernahmen nun einen existenziell wichtigen Teil der Emigrationsvorbereitung.[198] Sabine Schwager bat ihren Sohn Erwin um Unterstützung bei der Auswanderung in die USA,[199] der mit Hilfe seines eigenen Affidavitgebers eine Bürgschaft für seine Eltern besorgte und noch Ende November die Bestätigung darüber telegraphisch nach München sandte.[200] Werner Cahnmanns Mutter beschaffte ein Visum nach Paraguay, das zwar nur im äußersten Notfall auch benutzt werden sollte, jedoch zur Freilassung ihres Sohnes verwendet werden konnte.[201] Beide Familien waren in ihren Versuchen erfolgreich: Leopold Schwager wurde am 8. Dezember aus Dachau entlassen,[202] Werner Cahnmann am 16. Dezember.[203]

In den Tagen und Wochen nach der Pogromnacht hatte sich die Situation der Münchner Juden entscheidend geändert. In bisher ungekanntem Tempo erließ die nationalsozialistische Regierung nun auf Reichs- und lokaler Ebene Verordnung um Verordnung, die das Leben der jüdischen Deutschen immer weiter einschränkten und sich auch auf die Auswanderungsprozesse auswirkten. Auch der Charakter der Anweisungen veränderte sich: Waren bis zur „Kristallnacht" die Verdrängungsmaßnahmen oftmals Versuche der legalistischen Ausschließung gewesen, setzte nun die praktische Ausschaltung aus allen Bereichen des öffent-

---

197 Geheime Staatspolizei Staatspolizeileitstelle, Hildesheim, an div. Empfänger. Schreiben vom 14.11.1938. IfZ MA 172. So auch in München, wo allerdings keine schriftlichen Unterlagen mehr vorliegen. Bestätigt wurde dieses Vorgehen Ende Januar noch einmal schriftlich aus Berlin: Geheime Staatspolizei an alle Staatspolizeileit- und -stellen. Schreiben vom 31.1.1939. IfZ MA 443.
198 Dazu ausführlich Kaplan, Marion A.: Changing Roles in Jewish Families. In: Nicosia, Francis R. (Hg.): Jewish life in Nazi Germany. Dilemmas and responses. 1. publ. New York NY u. a. 2010, S. 15–46.
199 Sabine Schwager, München, an Erwin Schwager, New York. Telegramm vom 23.11.1938. Schwager Family Papers.
200 Affidavit von Morris Katz für Leopold und Sabine Schwager. o. D. Schwager Family Papers. Bestätigt durch PHM: Oral History Interview with Erwin Schwager.
201 LBI: Oral History Interview with Werner J. Cahman [sic!].
202 Inhaftierungsbescheinigung des Internationalen Roten Kreuzes vom 2.3.1958. BayHStA LEA 33952 (Schwager Leopold). Er war unter der Häftlingsnummer 20024 inhaftiert.
203 Cahnmann beschreibt die Inhaftierungserfahrung in einem lesenswerten Aufsatz, der über die Schicksale vieler Münchner Verhafteter Auskunft gibt: Werner J. Cahnman: Im Konzentrationslager Dachau. In: Cahnman et al. 2005.

lichen und wirtschaftlichen Lebens ein. Die finanziellen Folgen der Pogromschäden wurden der jüdischen Gemeinde auferlegt,[204] die Teilnahme an kulturellen öffentlichen Veranstaltungen jeder Art für Juden verboten,[205] die Arisierungsmaßnahmen verschärft,[206] Wertpapiere und -gegenstände der deutschen Juden eingezogen[207] und das Recht erlassen, den Juden räumliche und zeitliche Aufenthalts- und Anwesenheitsbeschränkungen aufzuerlegen.[208] In München wurden zusätzlich „arische" Vermieter dazu aufgefordert, ihren jüdischen Mietern zu kündigen – ein Vorgehen, das reichsweit erst Ende April 1939 mit dem Gesetz über die Mietverhältnisse mit Juden entsprochen wurde.[209] All diese Erlasse traten noch im Laufe des Novembers in Kraft; der Dezember brachte neue Einschränkungen mit sich.

Angesichts dieser massiven Intensivierung der antisemitischen Verfolgung war das „Hauptziel der jüdischen Führung die beschleunigte Emigration großen Ausmaßes"[210] – und tatsächlich stiegen die Auswanderungsbemühungen noch stärker an als bisher.[211] Nun jedoch, da das Pogrom „in aller Welt eine Welle der

---

204 Verordnung zur Wiederherstellung des Straßenbildes. RGBL. I 1938, S. 1581. In: Walk et al. 1981, III 7 und Verordnung über eine Sühneleistung der Juden deutscher Staatsangehörigkeit. RGBl. I 1938, S. 1579. In: Walk et al. 1981, III 13, beide vom 12.11.1938.
205 Anordnung des Präsidenten der Reichskulturkammer vom 12.11.1938. In: Walk et al. 1981, III 12.
206 Eingehende Anweisungen über das Verfahren bei der Schließung jüdischer Betriebe. Schreiben d. Reichswirtschaftsministeriums vom 18.11.1938. In: Walk et al. 1981, III 19; Durchführungsverordnung zur Ausschaltung der Juden aus dem Deutschen Wirtschaftsleben vom 23.11.1938. RGBl. I 1938, S. 1642. In: Walk et al. 1981, III 24.
207 Erlass der Gestapo vom 26.11.1938. In: Walk et al. 1981, III 33. In München ließ der Oberfinanzpräsident bereits am 12.11.1938 in einem Runderlass die privaten Bankkonten aller Juden sperren; wöchentlich konnten nicht mehr als 100 RM abgehoben werden. File 32: Offical documentation regarding restriction on the Jews' right to withdraw money from bank accounts, ban on the sale of bank securities owned by Jews, confiscation of property and other restrictions. USHMM Central Historical Commission: Nazi Documentation – Munich Municipality M.1.DN. Vergleiche dazu auch Drecoll, Axel: Der Fiskus als Verfolger. Die steuerliche Diskriminierung der Juden in Bayern 1933–1941/42. München 2009, S. 98.
208 Verordnung des Reichsinnenministeriums vom 28.11.1938. RGBl. I 1938, S. 1676 u. 1704. In: Walk et al. 1981, III 34.
209 Gesetz über die Mietverhältnisse vom 30.4.1939. RGBl. I 1939, S. 864f. In: Walk et al. 1981, III 190.
210 Margaliot, Abraham: Emigration – Planung und Wirklichkeit. In: Paucker, Arnold (Hg.): Die Juden im nationalsozialistischen Deutschland. 1933–1943. The Jews in Nazi Germany. Tübingen 1986 (Schriftenreihe wissenschaftlicher Abhandlungen des Leo-Baeck-Instituts, 45), S. 303–316, hier S. 313. Ähnlich Hauser 2010, S. 118.
211 Für das Reich zeigen die Zahlen der Ratsuchenden beim Hilfsverein (57.749 im ersten Halbjahr, 112.513 im zweiten Halbjahr) eindrucksvoll den erneuten Anstieg – allerdings inkludiert dies auch

Empörung"[212] erzeugt hatte, stieg die Aufnahmebereitschaft mancher Zielländer. Großbritannien beschloss, die bis dahin strengen Einwanderungsgesetze zugunsten bestimmter Personengruppen zu lockern. Der Fokus lag dabei auf der Idee, Emigranten mit dem Ziel USA zu ermöglichen, ihre Wartezeit im sicheren Großbritannien zu verbringen. Werner Cahnmann profitierte von dieser Regelung, als er im Juni 1939 nach England emigrierte, um dort die Reise in die USA im April 1940 abzuwarten. Die Hilfsbereitschaft Großbritanniens hatte jedoch Grenzen: Um den heimischen Arbeitsmarkt zu schützen, wurden Arbeitserlaubnisse für Immigranten weiterhin nur in speziellen Fällen erteilt.[213] Ab 1939 wurden spezifische Regelungen aufgestellt, um vorrangig weiblichen Flüchtlingen die Anstellung als Haushaltskraft zu ermöglichen: Die Anzustellende musste ledig, geschieden oder verwitwet sowie zwischen 18 und 45 Jahren alt sein. Bei Ehepaaren mussten beide dieser Altersgruppe entsprechen und beide im selben Haushalt angestellt werden.[214] Es scheint allerdings so, also ob Erlaubnisse für diese Art der Emigration ab dem Sommer 1939 nicht mehr ausgestellt wurden, auch wenn die legalen Rahmenbedingungen dazu weiterhin bestanden.[215] Die Schweiz reagierte ähnlich, wenn auch in beschränkterem Maße,[216] ebenso die USA, die nun zumindest die vollständige Ausschöpfung der Quote erlaubten, welche in den Vorjahren nie erreicht worden war. Lavsky urteilt richtig: „Without a change in the American and British immigration policies, the mass emigration following November"1938 could not have happened".[217]

Nach dem Novemberpogrom betrieben alle vier Münchner Familien ihre Auswanderung verstärkt – wenn auch noch nicht alle Familienmitglieder. Markus und Mina Blechner konnten sich auch im November 1938 nicht zur Auswanderung ent-

---

den Zeitraum vor dem 9.11.1938. Zentralausschuss: Arbeitsbericht 1938. LBI MF 1060. Für Bayern lässt sich dies beispielsweise in den Monatsberichten der Regierungspräsidenten der bayerischen Länder für die Monate nach November 1939 ablesen. BayHStA Reichsstatthalter Epp 279/1 und BayHStA Reichsstatthalter Epp 279/2. Für München vergleiche dazu Heusler 2008, S. 245f.
212 Kieffer 2002, S. 485. Zeitgenössisch: „Die Ereignisse in Deutschland haben zweifellos das Gute an sich gehabt, dass sie die Welt aus ihrer Lethargie erweckt haben und ihr zeigten, wie es wirklich um die Juden in Deutschland bestellt ist." File 108: Jewish Central Information Office an div. Empfänger. Schreiben vom 27.11.1938. YV P.13 Benjamin Sagalowitz Archive.
213 Bollauf, Traude: Dienstmädchen-Emigration. Die Flucht jüdischer Frauen aus Österreich und Deutschland nach England 1938/39. 2., überarb. Aufl. Wien 2011 (Wiener Studien zur Zeitgeschichte, 3), hier S. 146.
214 Bollauf 2011, S. 149.
215 Bollauf 2011, S. 154.
216 Möglichkeiten der Einwanderung. Schweiz. In: *Jüdisches Nachrichtenblatt* 1938, 29.11.1938 (2), S. 1.
217 Lavsky 2017, S. 56.

schließen. Noch ein halbes Jahr später, im August 1939, berichtete die Schwiegertochter Frieda an ihren Schwager Oskar: „Mit den lb. Eltern is es schon ein Gefrett, sie können sich weder zum Einen noch zum Anderen entschließen, letzten Endes gibt es für jede Sache ein für u. ein aber, die Entscheidung steht also immer noch aus."[218]

Andererseits war nicht bei allen untersuchten Münchnern die Entscheidung erst mit den Erlebnissen des 9. und 10. Novembers gefallen. Werner Cahnmann, der bereits 1933 inhaftiert worden war und für den die Emigration seitdem immer eine Option war, hatte sich im August 1938 für die amerikanische Wartenummer registrieren lassen. Er berichtete später: „I decided to leave after the occupation of Austria. June 20, 1939 – all the documents got assembled finally."[219]

Es dauerte in seinem Falle also über ein Jahr vom Emigrationsentschluss bis zur endgültigen Auswanderung. Seine noch in Deutschland befindlichen Geschwister Lilo und Auguste arbeiteten im Herbst 1938 ebenfalls an ihrer Emigration. Lilo hatte bereits im Februar einen Pass beantragt,[220] Auguste und ihr Ehemann Max Schülein warteten auf die Emigration in die USA.[221] Die Eltern Cahnmann weigerten sich hingegen, München zu verlassen, bevor nicht alle Kinder ausgereist waren. Dennoch hatten auch sie Vorbereitungen wie die Beantragung der amerikanischen Wartenummer getroffen. Leopold und Sabine Schwager fassten den Entschluss zur Auswanderung hingegen erst nach dem Novemberpogrom.[222] Es scheint, als hätte Sabine bereits früher für eine Auswanderung plädiert, Leopold jedoch fiel es schwer, sein Geschäft aufzugeben und einer unsichere Zukunft entgegenzusehen, in der er seinen Söhnen finanziell zur Last fallen würde. Diese wiederum baten ihre Eltern wiederholt, endlich auszureisen. In Leopolds Fall führte jedoch erst die Erfahrung der KZ-Haft sowie die „Arisierung" seines Unternehmens zum Emigrationsentschluss: „We both, Mother and I, have definitely

---

[218] Nr. 40: Frieda Blechner, München, an Oskar Blechner, London. Brief vom 4.8.1939. Blechner Documents.
[219] LBI: Oral History Interview with Werner J. Cahman [sic!].
[220] „Die Jüdin Liselotte Sara Cahnmann (...) hat die Ausstellung eines Auslandsreisepasses beantragt. Reisezweck: Ausland. Reiseziel: Palästina. Ich ersuche um baldgefl. Mitteilung, ob gegen die beabsichtigte Reise politische Bedenken bestehen." Polizeipräsidium München an die NSDAP-Kreisleitung München. Anfrage vom 28.2.1938. StAM PolDir 11812 (Cahnmann Lieselotte Gustava Regina Sara).
[221] Raymond S. McKeough, House of Respresentatives, Washington, an unbekannten Empfänger. Brief vom 14.12.1940. LBI: Werner and Gisella Cahnman Collection. AR 25210 Box 3 Folder 48.
[222] Auch eine andere "Münchnerin", Else Behrend-Rosenfeld, berichtet davon, dass für sie und ihre Familie ebenso wie für weitere jüdische Bekannte die Erlebnisse des Novembers 1938 dazu führten, endgültige Klarheit über die Notwendigkeit einer Emigration erfahren zu haben, selbst wenn diese vorher nicht im Bereich des Möglichen oder Denkbaren lag. Behrend-Rosenfeld 1963, S. 65–67.

decided to emigrate. (...) The business was taken over and beginning tomorrow it will be continued by the new owner."²²³

Im Fall der Familie Goldschmidt liegen leider nur sehr wenige Unterlagen vor, die Einblick in die genauen Umstände der Emigrationsentscheidung geben, die Bernhard Goldschmidt für seine beiden minderjährigen Töchter fällte. Die Vermutung liegt allerdings nahe, dass diese Entscheidung bereits vor November 1938 gefasst worden war, erwartete er doch bereits Anfang des Jahres 1939 „jeden Tag" die Abwanderung seiner Töchter.²²⁴ In Anbetracht der Zeitspanne, die für die Organisation der Emigration beider Mädchen nötig gewesen sein muss, scheint es sehr unwahrscheinlich, dass die Entscheidung erst nach der „Kristallnacht" gefällt wurde.

Das Jahr 1938 wurde so tatsächlich zum „Entscheidungsjahr"; allerdings entschied sich in diesem Jahr nicht nur das Schicksal des deutschen Judentums. Auch die deutschen Juden entschieden sich: Ein Großteil von ihnen fasste 1938 den Entschluss zur Auswanderung. Selbst diejenigen unter ihnen, die wie Leopold Schwager lange auf ein Verbleiben im Reich gepocht und gehofft hatten, waren gegen Jahresende mit Ereignissen konfrontiert, die sie unter derart starken Zwang setzten, dass eine Entscheidungsfreiheit für oder gegen eine Emigration de facto nicht mehr gegeben war. Einzelfälle wie die Eltern Blechner stechen aus der Masse der Emigrationsentschlossenen deutlich hervor. Doch die biographische Analyse zeigt auch, dass die Entwicklungen, die den Anstoß zur Emigrationsentscheidung gaben, bereits lange vor der immer wieder als „Wendepunkt" bezeichneten „Kristallnacht" einsetzten. Zwar kann und soll nicht in Abrede gestellt werden, dass sich die Verfolgungssituation ab diesem Zeitpunkt sowohl bezüglich ihres Tempos als auch ihrer Intensität merklich steigerte. In Bezug auf die Emigration der deutschen Juden jedoch bewirkte das Novemberpogrom vor allem die Beschleunigung einer bereits mit dem Anschluss Österreichs beginnenden Entwicklung. Aufgrund der ab März verstärkt einsetzenden „Politik der Vertreibung"²²⁵ begann der Ansturm auf die Hilfsorganisationen, auf ausländische Konsulate im Reich und auf das persönliche internationale Netzwerk. Ein Wendepunkt war das Novemberpogrom nur in Hinblick auf die Immigrationspolitik einiger Zielländer,²²⁶ allen voran Großbritanniens und der USA. Aus organisatorischer Sicht fand die Ausreise der Juden auch nach dem Pogrom weiterhin in Gestalt einer Emigration statt: Verwaltungsakte der

---

223 Leopold Schwager, München, an Erwin Schwager, New York. Brief vom 12.12.1938. Schwager Family Papers Entsprechend auch PHM: Oral History Interview with Erwin Schwager.
224 Bernhard Goldschmidt an das Finanzamt München-West. Brief vom 27.1.1939. StAM FinA 17444 (Goldschmidt Bernhard).
225 Jünger 2016, S. 24.
226 Ähnlich auch Lavsky 2017, S. 56, die die Rolle der veränderten Politik der Zielländer noch stärker betont.

Auswanderung aus dem Reich und der Einwanderung in ein anderes Land sowie die Reiseorganisation beschäftigten nun fast alle deutschen Juden – und sie verkomplizierten sich in den Folgejahren stetig. Eine Flucht[227] im Sinne einer schnellen oder heimlichen Ausreisebewegung war das Verlassen des Deutschen Reichs weiterhin nicht. Nichtsdestotrotz waren die Juden spätestens zu diesem Zeitpunkt Flüchtlinge im Sinne einer Personengruppe, die vor Verfolgung floh und den Schutz des Landes ihrer Staatsangehörigkeit nicht in Anspruch nehmen konnte.

1939 war das Jahr der stärksten Auswanderung aus dem Deutschen Reich. Wie Blau schreibt, bemächtigte sich der deutschen Juden „eine durchaus verstaendliche panikartige Stimmung. Es galt jetzt fuer die meisten nur noch, ueberhaupt ein Land zu finden, dessen Aufnahmebedingungen zu erfuellen moeglich war. Niemand fragte danach, wo dies Land lag."[228]

Die Reichspolitik bezüglich der jüdischen Emigration professionalisierte sich zu Jahresbeginn durch die Gründung der „Reichszentrale für jüdische Auswanderung", die nach dem Vorbild Wiens auch für das „Altreich" aufgebaut wurde. Erklärtes Ziel war es nun, „die Judenfrage in Form der Auswanderung oder Evakuierung einer den Zeitverhältnissen entsprechend möglichst günstigen Lösung zuzuführen".[229] In München wurde von nun an die auf Initiative des Gauleiters Adolf Wagner gegründete „Arisierungsstelle" zur „treibende[n] Kraft" in der Verfolgung und Vertreibung der Juden. Sie war nicht nur für die Verdrängung aus der Wirtschaft, sondern beispielsweise auch für den Zwangsarbeitereinsatz in München oder die „Wohnraumarisierung" zuständig.[230] Gerade Letztere hatte starken Einfluss auf das Alltagsleben der Münchner Juden. Immer mehr von ihnen wurden in „Judenhäuser" und „Judenwohnungen" eingewiesen; die zwangsgeräumten Wohnungen wurden „Ariern" zur Verfügung gestellt. Entsprechend der üblichen Handlungsweise nationalsozialistischer Stellen wurde zwar die Räumung von Wohnungen verordnet, es blieb aber der jüdischen Kultusgemeinde überlassen, für die Einweisung in andere Wohnungen zu sorgen und so die Gemeindemitglieder vor der Obdachlosigkeit zu bewahren.[231] Auch Auguste Schülein wurde 1939 gezwungen, ihre

---

227 Jünger 2016, S. 25. Lavsky 2017, S. 63, hingegen mit Doron Niederland: „refugee emigration".
228 Blau 1950, S. 337.
229 Blau 1950, S. 334 über eine Rede Alfred Rosenbergs im Januar 1939. Später dann in schriftlicher Form: Dok. 196: Göring ermächtigt Heydrich am 31. Juli 1941, eine „Gesamtlösung der Judenfrage im deutschen Einflussgebiet in Europa" vorzubereiten. In: Aly 2012, S. 496.
230 Vergleiche dazu Schrafstetter 2015, S. 34–36, und Strnad 2013, S. 45.
231 File 101: Official documentation regarding the removal of Munich Jews from their apartments and designation of the apartments to the members of the Bavarian State Opera. YV M.1 Central Historical Commission (CHC) of the Central Committee of Liberated Jews in the US Zone, Munich.

Eigentumswohnung aufzugeben und in eine „Judenwohnung" umzuziehen.[232] In ihrem Fall wurde nicht nur die Wohnung, sondern auch die komplette Einrichtung inklusive der Erinnerungsstücke an ihren zu Jahresbeginn verstorbenen Mann beschlagnahmt und anschließend versteigert. Auguste zog zu ihren Eltern, die bereits in einer anderen Wohnung untergekommen waren. Auch Sabine Schwager berichtete Ende Juni 1939, dass sie die Nachricht erhalten hätten, sich für den Auszug vorzubereiten.[233] Die erzwungene Entwurzelung der Münchner Juden hatte mit dem Eindringen in die innerste Privatsphäre, die Wohnung, einen neuen Höhepunkt gefunden. Weitere Einschränkungen wie Ausgehverbote,[234] die nun vollständige Separierung jüdischer von „arischen" Schülern[235] oder die Zuweisung dezidierter Lebensmittelgeschäfte[236] kamen ebenso wie die Verpflichtung zur Abgabe der Wertgegenstände[237] hinzu. Die Familien Cahnmann, Goldschmidt und Schwager kamen dem nach; für die Familie Blechner sind keine Unterlagen mehr vorhanden, die Zwangsabgaben nachweisen.[238] Insgesamt verschlechterte sich die finanzielle Situation der vier Familien immer weiter, während gleichzeitig die Kosten der Lebenshaltung, vor allem aber die Emigrationskosten, beständig stiegen. Die Familien reagierten mit dem Versuch der Ausgabenreduktion und mit Bitten um Unterstützung innerhalb der Familie. Bernhard Goldschmidt erfragte bei seinem Bruder Stefan sowie bei der Familie seiner Frau finanzielle Unterstützung für die eigene Emig-

---

232 Erklärungen zum Schaden an Eigentum vom 8.2.62. BayHStA LEA 42604 (Benjamin Auguste, geb. Cahnmann, verw. Schülein). Im Jahr 1939 verzeichnete die Stadt insgesamt 787 „freigemachte Judenwohnungen", 1940 waren es 243, 1941 noch 176. StadtAM NL Meister, S. 201f.
233 Sabine Schwager, München, an Erwin Schwager, Pittsburgh. Brief vom 28.6.1939. Schwager Family Papers.
234 Abschrift einer Anordnung vom 14. Mai 1939. StadtAM PolDir 7006 (Juden).
235 Runderlass des Reichsministeriums für Wissenschaft, Erziehung und Volksbildung vom 14.8.1939. In: Walk et al. 1981, III 226.
236 Dok. 88: Ein anonymer Verfasser schildert am 16. Juni 1940 die Lebensbedingungen für Juden in München und Berlin. In: Aly 2012, S. 245f.
237 Anordnung des Beauftragten für den Vierjahresplan vom 21.2.1939. RGBl. I 1939, S. 282. In: Walk et al. 1981, III 146.
238 Für Cahnmann: Auflistung des Bayerischen Landesamtes für Vermögensverwaltung u. Wiedergutmachung. Abschrift der Abschrift vom 14.11.1952. StadtAM LEI WG 064. Die Akte verzeichnet Ablieferungen von Sigwart (27.3.1939), Werner (25. u. 30.3.1939) und Liselotte (27.3.1939) Cahnmann. Für Goldschmidt: Abschrift einer Auskunft des Städtischen Leihamts vom 15.3.48. BayHStA LEA 1237 (Goldschmidt Bernhard, Magdalena, Annemarie, Elfriede). Für Schwager: Auflistung des Bayerischen Landesamtes für Vermögensverwaltung und Wiedergutmachung. Brief vom 31.5.1954. StadtAM LEI WG 434. Die Akte verzeichnet eine Ablieferung von Leopold Schwager vom 30.3.1939. Außerdem Bayerisches Landesamt für Vermögensverwaltung und Wiedergutmachung an das Referat 4, Rathaus München. Brief vom 11.10.1954. StadtAM LEI WG 434.

ration.[239] Sabine und Leopold Schwager erhielten Lebensmittelsendungen von Sabines Bruder Joseph aus Italien.[240]

Gleichzeitig verschlechterte sich auch die internationale Lage. Im Winter 1938/39 war die Angst vor einem Krieg in der gesamten deutschen Bevölkerung stark angestiegen.[241] Die jüdischen Deutschen – im Inland und in der Emigration – fürchteten zu Recht, dass in diesem Falle die Immigrationschancen in den Zielländern weiter sinken würden:

> We cannot leave these people [Leopold und Sabine Schwager] in Germany because nobody knows from one day to the next what is to be expected. (...) There is always a great amount of rumors going from mouth to mouth, with more or less reliable information.[242]

Die Zeit nach dem Novemberpogrom markierte den Beginn einer Phase, in der die bisher in München Verbliebenen jede Emigrationsoption ausloteten. Dabei kämpften sie gegen die Zeit: „Part of the problem [was] that emigration (...) ended everywhere in the late 1930s, when all immigrant-receiving nations closed their doors".[243] Davon ausgenommen waren die USA, die die gefüllten Wartelisten abarbeiteten, jedoch aufgrund der Quotenregelung keine Beschleunigung der Emigrationsbewegung ermöglichten. Die Visumsbewerber waren zum Warten verdammt.[244] „Our emigration prospects at present are not great. The main trouble lies in the high American immigration number. This was an oversight. We could have had a lower number."[245]

Die meisten der Staaten, die der Einwanderung ihre Türen nicht vollständig verschlossen hatten, erhöhten die Hürden, indem sie verschärfte Einwande-

---

239 Bernhard Goldschmidt, München, an Stefan und Maria Goldschmidt, Oss. Brief vom 14.4.1933 [sic! 1939]. StadtAM Judaica Varia 144.
240 Joseph Teller, Bolzano, an Erwin Schwager, Pittsburgh. Brief vom 10.4.1939. Schwager Family Papers.
241 Monatsbericht des Regierungspräsidenten von Oberbayern (Januar 1939) vom 8.2.1939. BayHStA Reichsstatthalter Epp 279/1. Außerdem BayHStA Reichsstatthalter Epp 279/2. Ebenso in den biographischen Quellen, so z.B.: Joseph Teller, Bolzano, an Erwin Schwager, New York. Brief vom 12.12.1938. Schwager Family Papers.
242 Joseph Teller, Bolzano, an Fritz Teller, London. Brief vom 30.1.1939. Schwager Family Papers.
243 Massey, Douglas S.: Economic Development and International Migration in Comparative Perspective. In: *Population and Development Review* 14, 1988 (3), S. 383–413, hier S. 387.
244 Fritz und Siegmund Schwager, Pardess Hanna, an Erwin Schwager, Pittsburgh. Brief vom 13.3.1939. Schwager Family Papers.
245 Leopold Schwager, München, an Erwin Schwager, Pittsburgh. Brief vom 23.3.1939. Schwager Family Papers.

rungsbestimmungen erließen oder höhere Vorzeigegelder verlangten.[246] Gerade die südamerikanischen Länder, auf die in steigendem Maße Hoffnung gesetzt worden war, gingen diesen Weg. Hinzu kam, dass selbst mit scheinbar gültigen Visa eine Einreise nicht garantiert war. Kuba gelang in dieser Hinsicht zu trauriger Berühmtheit, als die Passagiere des Schiffes SS St. Louis im Juni 1939 direkt nach ihrer Ankunft in Havanna abgewiesen wurden.[247] Oskar Blechner war einer der betroffenen Passagiere. Da seine Wartenummer auf dem Stuttgarter Konsulat[248] zu hoch für eine sofortige Einreise in die USA gewesen war, hatte er eine Möglichkeit gesucht, die Wartezeit außerhalb des Reichs zu verbringen. Eine Emigration nach Kuba hätte zudem den Vorteil der Annulierung und Neuvergabe der USA-Wartenummer gehabt, was eine schnellere Einreise in die USA ermöglichte. Den Hilfsorganisationen war bereits vor der Abfahrt der St. Louis bekannt, dass die Einwanderungssituation in Kuba auf einer unsicheren Basis stand.[249] Zwar kann Oskars Entscheidung zur Buchung der Passage aufgrund fehlender Quellen nicht nachvollzogen werden, jedoch gibt der Briefwechsel der Familie Schwager Aufschluss darüber, wie schwierig die Situation insgesamt war und welche Gedanken auch bei Oskar Blechner zur Entscheidung für die scheinbar unsichere Option geführt haben könnten: „The other possibility is CUBA. (...) I have exchanged dozens of letters and have received dozens of different answers. (...) I keep all these problems very much in mind, but considering the present conditions and the great need, we have to risk things and we MUST!"[250]

Nach den schicksalshaften Tagen in Kuba und der Rückreise Richtung Europa gehörte Oskar zu dem Kreis der Passagiere, der von Großbritannien aufgenommen wurde.[251] Weshalb er dafür ausgewählt wurde, ist unklar, jedoch brachte ihn

---

246 Adler-Rudel 1974, S. 112.
247 Die Geschichte der St. Louis ist gut erforscht, so dass hier nicht weiter darauf eingegangen wird. Siehe dazu beispielsweise Ogilvie, Sarah A.: Refuge denied. The St. Louis Passengers and the Holocaust. Madison, Wis 2006.
248 Wartenummer 959 der polnischen Quote, die mit jährlich 6.524 Quoteneinwanderern deutlich niedriger lag als die deutsche Quote. Nr. 13: Amerikanisches Konsulat, Stuttgart, an Oskar Blechner, München. Schreiben vom 10.2.1939. Blechner Documents.
249 National Coordinating Committee for Aid to Refugees and Emigrants coming from Germany, New York, an Erwin Schwager, Pittsburgh. Brief vom 1.3.1939. Schwager Family Papers. Ähnlich HIAS (Hebrew Sheltering and Immigration Aid Society of America), New York, an Erwin Schwager, Pittsburgh. Brief vom 18.4.1939. Schwager Family Papers. Erwin Schwager und Joseph Teller versuchten ebenfalls, die Emigration Leopolds und Sabines nach Kuba zu organisieren.
250 Erwin Schwager, Pittsburgh, an Siegmund und Fritz Schwager, Pardess Hanna. Brief vom 7.5.1939. Schwager Family Papers.
251 MS St. Louis passengers and their distribution. USHMM American Jewish Joint Distribution Committee records.

die Einreise nach Großbritannien in Sicherheit vor dem sich auf dem europäischen Festland ausbreitenden Krieg.

Aus München emigrierten im Vergleich zu den rund 10% der Vorjahre nur knapp 6% aller Auswanderer des Jahres 1939 nach Mittel- und Südamerika; diese Entwicklung entsprach der des Reichs. Die Gründe für die Verringerung der Einwanderungsoptionen in den Überseestaaten suchten die jüdischen Hilfsorganisationen in äußeren Umständen wie Finanztransferoptionen oder einem steigenden Antisemitismus in den Zielländern, aber auch innerhalb der Gruppe der jüdischen Auswanderer selbst: Immer wieder wurden Beschwerden über die vorausgegangenen Emigranten laut,[252] die sich in wenigen Großstädten zusammenballten, nicht bereit waren, die Landessprache zu lernen oder Berufe niedrigeren Status zu ergreifen und sich zu stark der Integration verweigerten. Dadurch beschworen sie – so die Argumentation des Hilfsvereins – die Ressentiments der Ursprungsbevölkerung erst hervor. Selbst in der „Nationalen Heimstätte" wurde dieser Gegensatz deutlich. Das Land hatte lange Zeit gut ausgebildete und ideologisch geprägte Chaluzim[253] erhalten. Nun stieg die als „Flüchtlingsalijah" bezeichnete Einwanderung unvorbereiteter, dem Hebräischen nicht mächtiger Deutschen immer weiter an. Aus München kamen 1939 insgesamt 249 Personen in Palästina an, während in den beiden Vorjahren nur 62 bzw. 98 Münchner Juden einreisten. Im selben Jahr jedoch wurde als Reaktion auf diesen rapiden Anstieg die Einreise der jüdischen Europäer mit dem sogenannten White Paper eng begrenzt.[254] Es legte für einen Zeitraum von fünf Jahren eine jährliche Quote von 10.000 Einwanderern sowie eine zusätzliche Gesamtquote von 25.000 von speziell für „Flüchtlinge" ausgestellten Zertifikaten fest. Von diesen wurden allerdings über 16.000 bereits illegal eingereiste oder nach Ablauf ihrer Aufenthaltsgenehmigung im Land verbliebene Personen abgezogen. Somit verblieben von den „Flüchtlingszertifikaten" nur mehr knapp 9.000. Eingeschränkt wurde auch die Zertifikatserteilung an sich: Die Verwandtenanforderung wurde ebenso für unmöglich erklärt wie die Verteilung von Zertifikaten an Personen, die im feindlichen oder vom Feinde besetz-

---

252 Sehr deutlich in Hilfsverein der Juden in Deutschland e.V.: Jüdische Auswanderung nach Südamerika. Berlin 1939, S. 1f.
253 In Hachscharah-Lagern ausgebildete und für die Siedlung in Palästina vorbereitete Jugendliche und junge Erwachsene im Alter bis 30 Jahren.
254 Zum Weißbuch unter anderem Benz, Wolfgang: Illegale Einwanderung nach Palästina. In: Krohn, Claus-Dieter (Hg.): Jüdische Emigration zwischen Assimilation und Verfolgung, Akkulturation und jüdischer Identität. München 2001 (Exilforschung, 19), S. 128–144, und Caplan, Neil: The Israel-Palestine conflict. Contested histories. Malden, MA 2010, besonders Chapter 5: Collapse of the Mandate: rebellion, partition, White Paper, 1928–1939.

ten Ausland ansässig waren. Für die deutschen und somit auch die Münchner Juden bedeutete dies, dass ihre nach Palästina vorausgegangenen Verwandten keinerlei Möglichkeit mehr hatten, sie in der Auswanderung zu unterstützen. Darüber hinaus mussten sie erst den Schritt in ein unbesetztes Nachbarland unternehmen, um überhaupt für die legale Alijah in Frage zu kommen – Forderungen, die nur schwerlich erfüllbar waren. Die deutsche jüdische Gemeinde reagierte entsprechend entsetzt.[255] Sie begann daraufhin, die sogenannten „Sonderhachscharah"-Transporte zu organisieren; Transporte, die das Reich auf legalem Wege und mit Unterstützung der Gestapo verließen, die jedoch auf illegalem Wege nach Palästina einzureisen versuchten. Insgesamt kam es 1939 und 1940 zu sieben dieser Transporte.

Am größten jedoch ist der statistische Unterschied der Emigrationszahlen vom Jahr 1938 zum Folgejahr 1939 im Bereich der europäischen Zielländer. 953 Münchner, über 40% der Münchner Emigranten des Jahres 1939, wanderten in ein nord-, west- oder südeuropäisches Land aus; eine Verdoppelung zum Vorjahr und eine Trendwende im Vergleich zu dem seit 1933 beständigen Bedeutungsverlust dieser Zielregionen. Ein genauer Blick in die Statistik zeigt jedoch, dass eine allgemeine Quantifizierung die hinter den Statistiken stehenden historischen Geschehnisse verschleiert. Für den starken Zuwachs des Anteils der europäischen Zielländer war de facto größtenteils Großbritannien verantwortlich, das bereits 1938 den Zugang für bestimmte Personengruppen gelockert hatte: Durchwanderer mit weniger als zwei Jahren Wartezeit für die Weiterreise in ein anderes Zielland, zumeist die USA; Kinder unter 18 Jahren; Personen zwischen 18 und 35 Jahren, die zum Zwecke einer Ausbildung nach Großbritannien kommen sollten; außerdem Personen über 60 Jahren (bei Ehepaaren: männlicher Partner über 60). Das Land nahm 1939 insgesamt 630 Münchner auf, zwei Drittel der gesamten Europawanderer aus der Stadt.[256] Anders als Heusler konstatiert, ist diese hohe Zahl allerdings weniger „auf die ‚Kindertransporte' zurückzuführen"[257] als vielmehr auf die veränderte Immigrationspolitik Groß-

---

255 Für München: Die Palästina-Immigration. Schedule für 9.000 Einwanderer im Sommer-Halbjahr 1940. In: *Jüdische Welt-Rundschau*, 6.5.1940, S. 3.
256 Dies ist eine Verachtfachung der Vorjahreszahl von 76 Personen. Großbritannien war damit fast vollständig für den Zuwachs der Europawanderung vom Jahr 1938 auf das Jahr 1939 verantwortlich.
257 Heusler et al. 2015, S. 11. Der Anteil der Altersgruppe 0–20 an der Gesamtzahl der Münchner Emigranten nach Großbritannien war 28,5%. Dies ist zwar ein im Vergleich zum Durchschnittsanteil dieser Altersgruppe an der Gesamtemigration aus München 1939 (22%) prozentual durchaus erhöhter Teil, der bei Betrachtung der absoluten Zahlen (180 Emigranten bis 20 Jahre) jedoch nicht den Hauptteil der Großbritannien-Wanderung der Münchner ausmachte. Mit 194 bzw. 173

britanniens. Sie ermöglichte die sogenannte Transmigration, also einen auf maximal zwei Jahre befristeten Verbleib im Land bis zur Weiterwanderung in ein anderes Zielland, meist die USA. Während andere Länder wie Italien den Zeitraum des erlaubten Zwischenaufenthalts verkürzten,[258] verlängerte Großbritannien ihn. Dazu wurden neue legislatorische Regelungen geschaffen:[259] Neben dem Nachweis des endgültigen Ziellandes mussten die Transmigranten auch einen Bürgen aufweisen oder eine bestimmte Geldsumme hinterlegen, um die Versorgung für den Zeitraum des Aufenthalts sicherzustellen. Bevorzugt ausgewählt wurden KZ-Häftlinge, die größerer Gefahr ausgesetzt waren und somit schneller dazu befähigt werden sollten, das Reich zu verlassen. Werner Cahnmann, der seit seiner Entlassung aus Dachau im Dezember 1938 unter Beobachtung der Gestapo stand, nutzte diese Regelung. Er erhielt von einer in London ansässigen Cousine seines Vaters eine Bürgschaft gestellt,[260] mit deren Hilfe er im Juni 1939 nach London ausreisen[261] konnte. Neben der Lockerung der Bestimmungen für die Transmigration erleichterte Großbritannien auch die Arbeitsmigration in einigen wenigen Bereichen. Die sogenannte „Dienstmädchen-Emigration" erlaubte alleinstehenden Frauen und unter gewissen Bedingungen auch Ehepaaren, als Hausangestellte von britischen Privatpersonen beschäftigt zu werden. Den Schwagers gelang es, eine derartige Stelle zu finden,[262] die mit vielerlei Vorteilen verbunden war:

> One [possibility] is to go to England (...) as a servant couple and to live somewhere in a house in the country. This would not be bad at all since the expenses of their livelihood would be covered. In addition, the climate and cultural changes would not be too severe, not to mention the good training to learn English which would be important.[263]

Personen lagen die Altersgruppen der 21–40 und 41–60-Jährigen in derselben Größenordnung bzw. leicht darüber. Der Anstieg der Emigrationszahlen nach Großbritannien ist also hauptsächlich auf die zunehmende Migration von höheren Altersgruppen zurückzuführen.
258 Lilo Cahnmann, München, an Werner Cahnmann, London. Brief vom 5.7.1939. LBI: Werner and Gisella Cahnman Collection. AR 25210 Box 2 Folder 1.
259 Mehr dazu bei Schäbitz 2000, S. 62, Lavsky 2017, S. 56, und Stickhausen 2008, S. 253. Zur Gesamtausprägung der Emigration nach Großbritannien zwischen November 1938 und September 1939 sowie zur Wirkung der neuen Regelung Rosenstock 1951, S. 15.
260 LBI: Oral History Interview with Werner J. Cahman [sic!].
261 Aktenvermerk des Polizeipräsidiums vom 31.8.1939. StAM PolDir 11813 (Cahnmann Werner Jakob). Ähnlich Blatt 359: Tagesbericht der Geheimen Staatspolizei Staatspolizeileitstelle München vom 1.6.1939. StAM Gestapo 58.
262 Sabine Schwager, München, an Erwin Schwager, Pittsburgh. Brief vom 30.7.1939. Schwager Family Papers.
263 Erwin Schwager, Pittsburgh, an Siegmund und Fritz Schwager, Pardess Hanna. Brief vom 7.5.1939. Schwager Family Papers.

Auch Lilo Cahnmann schlug diesen Weg ein und hatte alle Vorbereitungen getroffen.[264] Kurz vor ihrer geplanten Emigration im Juli brach sie sich allerdings bei einer letzten Abschiedswanderung in den bayerischen Alpen Knöchel und Oberschenkel, ein Unfall, der ihre für Mitte Juli geplante Emigration entscheidend verzögerte und Konsequenzen auch für ihre Eltern hatte: „So verschiebt und verzögert sich nicht nur für sie sondern auch für uns alles. (...) mir g'langts. Merkts euch alle. Vorsicht allein genügt nicht, man muss auch Pech haben, sonst geht kein g'scheiter Unfall zusammen."[265]

Andere europäische Zielländer, darunter die Niederlande, ließen 1939 nur noch wenige Emigranten ins Land. Trotzdem emigrierte eine im Vergleich mit dem Vorjahr leicht erhöhte Zahl von 49 Münchnern nach Holland, darunter die beiden Goldschmidt-Töchter. Ihre Emigration wurde vom katholischen St. Raphaels-Verein organisiert; Unterlagen darüber sind nicht auffindbar. Nach der wohl vor November 1938 gefällten Entscheidung ihrer Eltern, die beiden 15- und 17-jährigen Töchter in den Niederlanden in Sicherheit zu bringen, emigrierten diese Ende März 1939.[266] Vorausgegangen waren ihnen Bernhard Goldschmidts Bruder Stefan mit Familie sowie die bisher in München wohnhafte Großmutter Ida Goldschmidt.[267] Bei ihrer Auswanderung war noch unklar, wo die Mädchen untergebracht werden würden – letztlich landeten sie im Kloster Koningsbosch bei Echt, wo katholische Nonnen sich einer Gruppe getaufter deutsch-jüdischer Kinder annahmen.

Im August 1939 stiegen die internationalen Spannungen noch einmal merklich an, eine Atmosphäre der Kriegsangst lag in der Luft. Die Situation schien so bedrohlich und die Zeit so knapp, dass die Familie Blechner sich dazu entschied, auch ohne die ausdrückliche Genehmigung der Schweizer Passbehörden den Versuch zu wagen, über die Schweizer Grenze zu gelangen. Jakob und Frieda, die ein Visum für Großbritannien hatten, flogen am 23. August von München aus nach Zürich. Von dort aus wollten sie nach England weiterreisen.[268] Während ihnen die Einreise in die Schweiz gelang, wurden Salo, Mina und Markus nur wenige Tage später, am 27. August, am Grenzbahnhof St. Margarethen aufgehalten, weil dort

---

264 Dazu diverse Unterlagen in StAM PolDir 11812 (Cahnmann Lieselotte Gustava Regina Sara).
265 Sigwart Cahnmann, München, an Werner Cahnmann, London. Brief vom 15.7.1939. LBI: Werner and Gisella Cahnman Collection. AR 25210 Box 2 Folder 1.
266 Polizeipräsidium, München, an die Geheime Staatspolizei, Staatspolizeileitstelle München. Brief vom 15.4.1939. StAM PolDir 7007 (Juden).
267 Polizeipräsidium, München, an die Geheime Staatspolizei, Staatspolizeileitstelle München. Brief vom 28.2.1939. StAM PolDir 7007 (Juden).
268 Jakob Blechner, o.O., an das Bayerische Landesentschädigungsamt, München. Brief vom 6.6.1955. BayHStA LEA 43022 (Blechner Jakob, Markus, Mirla).

die Schweizer Grenze bereits geschlossen war. Sie hatten sich für die Reise per Zug entschieden, da Gerüchte umgegangen waren, dass die Fluglinie nach Zürich bereits gesperrt sei – dies stellte sich im Nachhinein als Fehlmeldung heraus. Entscheidend für die Verzögerung ihrer Abreise im Vergleich zu Jakob und Friedas Emigration war, dass sie ihr Einreisevisum an einem späten Freitagnachmittag erhalten hatten. Der religiöse Markus Blechner wollte den Shabbat nichtsdestotrotz entgegen der Bitten seiner Söhne einhalten:

> when I came home, [I said] Pa let's go, already it's Shabbes because you see, every exit is closing already, because soon came war, – na, wir worten [he answered] (...) And wir waren not luck, we arrive in St. Margareten 12 o'clock, 1 o'clock. – on Sunday? – Jaja, because the parents didn't want to go on Shabbes.[269]

Nach Prüfung ihrer Pässe durch die eidgenössischen Grenzbeamten wurden sie, genauso wie einige andere deutsche Juden, wieder zurück nach München gesandt. Per Flugzeug wäre die Einreise höchstwahrscheinlich noch möglich gewesen. Das Beispiel der Familie Blechner zeigt, wie scheinbare Kleinigkeiten wie der zeitliche Unterschied weniger Tage und die Wahl eines anderen Grenzübergangs den Unterschied zwischen Emigration und Zurückbleiben ausmachen konnten.

Die Schließung des Grenzübergangs war nur ein Vorbote des bevorstehenden Kriegs. In München und anderen deutschen Städten schlossen in den letzten August-Tagen die Konsulate, wodurch die Visumsvergabe an die noch im Reich auf ihre Auswanderung wartenden Juden beendet wurde.[270] Von der Schließung des amerikanischen Konsulats war Auguste Schülein betroffen, die die Vorladung zum Vergabetermin bereits erhalten hatte, deren Termin jedoch aufgrund der Schließung des Konsulats nicht mehr stattfand. Dies verhinderte ihre Ausreise in die USA.[271]

Mit Kriegsausbruch am 1. September 1939 änderte sich die Situation der jüdischen Emigranten dann entscheidend. „Feindliche" Länder schlossen die Grenzen zum Reich vollständig, Transitländer ließen die Emigranten aufgrund

---

269 Family Home Video 34 – Salo talking December 99. VTS 02/1. Blechner: Oral History Interview with Salo Blechner, So auch Phone interview with Jacob Schaffer, 1st March 2004. Uncle to Oskar Blechner (Brother of Mina Blechner). In: Blechner, Olivia: „For him, it was important to forget ...". Oskar Blechner: A typical refugee? Unveröffentlichtes Manuskript einer Bachelorarbeit. Manchester 2004, S. 9.
270 Benz 2008, S. 6.
271 Auguste Schülein, München, an Werner Cahnmann, London. Brief vom 25.8.1939. LBI: Werner and Gisella Cahnman Collection. AR 25210 Box 2 Folder 1.

der unklaren Weiterreisemöglichkeiten nicht mehr passieren, die Transportmöglichkeiten verringerten sich abrupt. Selbst wenn Einreisemöglichkeiten und Visa noch bestanden, war der Transport in die Zielländer, der vor allem über holländische, spanische und italienische Häfen lief, gefährdet. Tickets für noch bestehende Schiffs- und Zuglinien wurden sprunghaft teurer und waren oft nur noch in Devisen zu bezahlen.[272] Am 3. September 1939 erklärte England alle bereits vergebenen, aber noch nicht genutzten Visa für ungültig. Dies betraf sowohl Jakob und Frieda Blechner, die zu diesem Zeitpunkt in St. Gallen auf ihre Überfahrt nach England warteten und nun ohne Option zur Weiterreise in der Schweiz festsaßen, als auch Lilo Cahnmann, deren Emigration nach England erst durch ihre Verletzung verzögert und nun durch den Kriegsausbruch und die Ungültigkeit ihres Visums verhindert war.[273] Auch die England-Pläne der Eheleute Schwager, die ihr Visum drei Tage vor Kriegsausbruch erhalten hatten, waren durchkreuzt.[274] Besonders Leopold fiel es schwer, sich auf die neue Situation einzustellen. Sein Schwager Joseph Teller fand in dieser Situation deutliche Worte, denen der Druck anzumerken ist, unter dem die in München Verbliebenen und ihre Angehörigen außerhalb nun standen:

> Dear Leopold: the way you imagine this it is impossible to accomplish them. You cannot immigrate there [England] any more today. (...) In any case, I wish to have you here [Italy] (...) no further discussions necessary. IT HAS TO BE DONE! Please (...) do not delay anything because nothing can be delayed any more.[275]

Während Joseph und Erwin sich der Dringlichkeit der Situation bewusst waren, schien Leopold Schwager auch nach Kriegsausbruch noch nicht alle für die Emigration nötigen Maßnahmen zu ergreifen. Diese Erkenntnis stellt die Endgültigkeit seiner Ende 1938 getroffenen Emigrationsentscheidung in Frage. Auf ihn trifft die

---

272 Mehr dazu bei Ophir et al. 1979, S. 27, Schäbitz 2000, S. 65f., und Meyer 2011, S. 52.
273 Cahnmann: Oral History Interview with Lilo Dotan. Diese Aussagen werden bestätigt durch den Aktenvermerk vom 23.9.1939. StAM PolDir 11812 (Cahnmann Lieselotte Gustava Regina Sara) sowie durch Blatt 335: Tagesbericht der Geheimen Staatspolizei Staatspolizeileitstelle München vom 6.9.1939. StAM Gestapo 58.
274 New Year's Contemplations by Erwin Schwager. Schwager Family Papers. Ebenso Siegmund Schwager, Pardess Hanna, an Erwin Schwager, Pittsburgh. Brief vom 9.1.1940. Schwager Family Papers.
275 Joseph Teller, Bolzano, als Rundbrief an die gesamte Familie Schwager. Brief vom 23.11.1939. Schwager Family Papers. Ähnlich diverse andere Briefe, unter anderem Joseph Teller, Bolzano, an Erwin Schwager, Pittsburgh. Brief vom 23.11.1939. Schwager Family Papers. Ähnlich Joseph Teller, Bolzano, an Erwin Schwager, Pittsburgh. Brief vom 6.12.1939. Schwager Family Papers.

Aussage David Jüngers zu, dass der Verbleib im Reich oftmals „eine von Zweifeln und Hader durchzogene Kontinuität des Lebens im Heimatland"[276] war.

Die Eltern Cahnmann warteten währenddessen noch immer auf Einreisevisa in ein südamerikanisches Land, nach Frankreich oder in die USA.[277] Ihre Tochter Auguste versuchte, das ihr bereits zugesagte amerikanische Visum trotz des Kriegsausbruchs zu erhalten. Salo, Mina und Markus Blechner besaßen zwar französische Visa, saßen aber dennoch aufgrund der geschlossenen Grenzen in München fest. Die Eheleute Goldschmidt hatten erst in den Monaten vor dem Kriegsausbruch begonnen, Möglichkeiten für eine Emigration zu sondieren, und waren daher noch ohne spruchreife Pläne.

Am Tag des Kriegsausbruches befanden sich also elf der insgesamt 22 untersuchten Familienmitglieder noch in München, darunter alle vier Elternpaare. Für viele von ihnen bedeutete der Kriegsausbruch das Ende ihrer sicher geglaubten und vollständig oder fast vollständig organisierten Emigration: „Das furchtbare ist nun nicht mehr zu ändern und man muß die bestmögliche Laune behalten + hoffen, daß wir uns bald + wohlbehalten wieder sehen können. Wir haben wenigstens das eine schöne Gefühl, zusammenzusein (...) Mach Dir um uns keine Sorgen!!"[278]

Die elf anderen Familienmitglieder waren bereits emigriert: Leon Blechner, Fritz und Werner Cahnmann sowie Erwin Schwager befanden sich in den Vereinigten Staaten. Oskar Blechner war nach einer Irrfahrt Richtung Kuba in England gelandet. Sein Bruder Jakob und dessen Ehefrau Frieda saßen in der Schweiz fest. Hans Cahnmann war nach Frankreich, Eva Cahnmann mit ihrem Mann Arje nach Palästina ausgewandert, genauso wie Karl Schwager. Annemarie und Elfriede Goldschmidt lebten in einem niederländischen Kloster.

Der Kriegsausbruch war ein entscheidender Einschnitt in die Auswanderung der Münchner Juden, von denen sich noch etwa 7.000 in der Stadt befanden.[279] Vor allem basierend auf neuen Immigrationsregelungen der USA und Großbritanniens hatten zuvor noch reelle Emigrationschancen bestanden. Nun war die Situation ungleich unsicherer. An der Schwelle zu einer unbekannten Zeit, in den ersten Briefen an ihre nun im „feindlichen" oder „neutralen" Ausland lebenden

---

276 Jünger 2016, S. 386.
277 Eidesstattliche Erklärung vom 6.4.1956. StAM WB I a 3380 (Werner Cahnmann) sowie in der Vormerkung eines Vergleichsvorschlages durch Hertel vom 17.1.1961. BayHStA LEA 8295/13 (Cahnmann Sigwart und Hedwig).
278 Lilo Cahnmann, München, an Werner Cahnmann, London. Brief vom 2.9.1939. LBI: Werner and Gisella Cahnman Collection. AR 25210 Box 2 Folder 1.
279 Nach den Daten der Volkszählung waren im Mai 1939 noch 7.019, nach StadtAM PolDir 7006 (Juden) im April 1940 noch 6.445 Juden in München verzeichnet, so dass das Zählergebnis der Datenbank plausibel erscheint. Vergleiche dazu auch die Aufstellung bei Strnad 2011, S. 178f.

Verwandten, kommunizierten die Münchner Juden ihre Gefühle: „Are we not all going through tremendously big events? (...) Worries! Nothing but worries in all directions."[280]

4.2.3 Kriegsjahre: September 1939 bis Oktober 1941

Mit Kriegsausbruch sanken die Emigrationszahlen aus München abrupt ab (siehe Abb. 5). Die Auswanderung wurde jedoch nicht ganz eingestellt. Bis in den Frühsommer 1940 hinein verließen Münchner Juden kontinuierlich weiter ihre Heimatstadt. Die absolute Höhe dieser Auswanderungszahlen ist in etwa vergleichbar mit der Auswanderung der ersten Phase während der Jahre 1933 bis Herbst 1937. Ab Mitte 1940 sanken die monatlichen Emigrantenzahlen auf wenige Dutzend. Während in der zweiten Phase der Emigration aus München von Herbst 1937 bis Herbst 1939 vor allem die Zielländer und ihre Immigrationspolitik über Erfolg oder Misserfolg eines Emigrationsversuchs entschieden, wurden in dieser dritten Phase nun organisatorische Schwierigkeiten wie die Beschaffung von Durchreisevisen oder Transportmöglichkeiten zu entscheidenden Einflussfaktoren. Die Auswanderung aus dem Reich war jedoch weiterhin möglich, wenn auch unter hohen Auflagen und massiven finanziellen Verlusten. Das Ende der dritten Phase, in der insgesamt noch 690 Münchner emigrierten,[281] kam mit dem offiziellen Auswanderungsverbot im Oktober 1941.

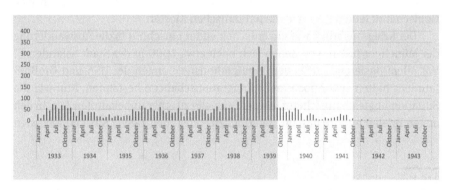

Abb. 5: Graphische Veranschaulichung der Auswanderung aus München nach Monat und Jahr (September 1939 bis Oktober 1941)

---

280 Sabine Schwager, München, an Erwin Schwager, Pittsburgh. Brief vom 10.12.1939. Schwager Family Papers.
281 Dies machte immerhin noch einen Anteil von 10% der Münchner Gesamtemigration aus.

Die zu erwartende Verschlechterung der innenpolitischen Lage ließ nach Kriegsausbruch nicht lange auf sich warten. Bereits in der ersten Septemberwoche kam es mit einer zweiten „Polenaktion" zu verschärften Verfolgungsmaßnahmen gegenüber den polnischen Juden. Während zumindest die Münchner polnischen Juden ein Jahr zuvor, in der ersten „Polenaktion", wieder freigelassen worden waren, wurden nun männliche polnische Juden ab einer Altersgrenze von 16 Jahren in den Konzentrationslagern inhaftiert, darunter auch Markus und Salo Blechner. Der Kriegsausbruch diente der nationalsozialistische Reichsführung als Scheingrund, diesen Schritt der Eskalation zu gehen, da die polnischen Juden nun als „feindliche Ausländer" galten. Sowohl das polnische Konsulat als auch die Reichsvereinigung der Juden in Deutschland taten wenig für die Rettung der Verhafteten.[282] Die KZ-Inhaftierung drohte von nun an generell auch all denjenigen Juden, die sich Anordnungen widersetzten oder „staatsabträgliches Verhalten" zeigten.[283] Gleichzeitig wurden neue antijüdische Gesetze erlassen. So stieg zusammen mit dem Finanzierungsbedarf des Reichs in Kriegszeiten auch die Abgabepflicht der Juden, beispielsweise bezüglich der „Sühneleistung" der Juden für die Folgen des Novemberpogroms. Sie wurde von 20% auf 25% des Vermögens eines jeden Juden erhöht.[284] Weitere Abgaben wie die „Sozialausgleichsabgabe"[285] wurden neu erlassen. Empfindliche Eingriffe in den Lebensalltag der deutschen Juden kamen hinzu. So wurde die Ausgabemenge von Artikeln des täglichen Bedarfs für Juden gekürzt, beispielsweise die Zuteilung nahrhafter Lebensmittel wie Fleisch, Butter, Gemüse, Kakao oder Reis.[286] Andere Bezugsmittel wurden an Juden überhaupt nicht mehr ausgege-

---

Allerdings hatten in den Monaten vor Kriegsausbruch jeweils etwa 300 Personen München verlassen, so dass der Einschnitt, den der Kriegsbeginn mit sich brachte, enorm war. Auffällig ist, dass die Kriegszeit in der Literatur zur Emigration der deutschen Juden häufig nicht oder nicht genauer untersucht wird. Zwei neuere, prominente Beispiele sind Jünger 2016 und Lavsky 2017, die beide nur bis einschließlich 1938 bzw. bis zum Kriegsausbruch forschen.
282 Zu den Abläufen und Folgeentwicklungen genauer Weiss 2000, S. 211–213 sowie Meyer 2011, S. 68–79.
283 Erlass des Reichsführers SS und Chef der Deutschen Polizei vom Oktober 1939. In: Walk et al. 1981, IV 32.
284 Erlass des Reichswirtschaftsministeriums vom 19.10.1939. RGBl. I 1939, S. 2059. In: Walk et al. 1981, IV 23.
285 Zweite Durchführungsverordnung der Verordnung über die Erhebung einer Sozialausgleichsabgabe vom 24.12.1940. RGBl. I 1940. In: Adam 1979, S. 268.
286 Beispielsweise Anordnung des Reichsministeriums für Ernährung und Landwirtschaft vom 1.12.1939. In: Walk et al. 1981, IV 47, und Runderlass des Reichsministeriums für Ernährung und Landwirtschaft vom 3.1.1940. In: Walk et al. 1981, IV 57.

ben, etwa die Reichskleiderkarte,[287] Scheine zum Bezug neuer Schuhe[288] sowie die „Fettverbilligungsscheine", die die Fettzuteilungen regelten.[289] Die Verknappung der Zuteilungen sorgte für eine erneute Beschleunigung der Verarmung weiter Teile der jüdischen Bevölkerung.[290] Die Hilfsorganisationen reagierten auf diese neue Entwicklung, indem sie die Wanderungsbudgets verkleinerten und stattdessen einen Fokus auf „actual life-saving activities, such as (...) food, clothing, medicines"[291] legten. In der seit einiger Zeit geführten Diskussion um die Schwerpunktsetzung der Hilfsarbeit, die lange zwischen der Unterstützung der Auswanderung und den zunehmend wichtiger werdenden sozialen Hilfsleistungen schwankte, setzten sich langsam die Befürworter der zweiten Position durch. Zusätzlich zu den genannten Maßnahmen wurden Ausgangssperren für bestimmte Tageszeiten erlassen.[292] Eine der Aufsehen erregendsten Aktionen war zudem die Konfiskation der Rundfunkgeräte im September 1939, die am Feiertag Yom Kippur durchgeführt wurde, was die jüdischen Gläubigen umso mehr erniedrigte.[293] Insgesamt bedeutete der Kriegsausbruch also ein erneutes Ansteigen des Verfolgungsdrucks. Nun jedoch griffen die legislatorischen und aktiven Maßnahmen noch tiefer in die Lebenssphären der deutschen Juden ein. Zur bereits vor dem Krieg herrschenden Bedrohung des Lebensstandards kamen die Unsicherheit der Erfüllung aller Grundbedürfnisse sowie die Bedrohung der eigenen körperlichen Unversehrtheit hinzu. Nachrichten über erste Deportationen aus Wien Richtung Polen, die auch im Ausland die Runde machten, trugen zu diesem Eindruck bei.[294] Die Münchner Juden empfanden diese Neuerungen als starke Veränderung. So berichtete Sigwart Cahnmann an seinen Erstgeborenen: „Heute liegen alle Dinge hier ganz anders als bei deinem Weggang u. von manchem kannst Du Dir (...) keine Vorstellung machen. (...) Seien wir zufrieden, dass wir alle gesund u. beisammen sind."[295]

---

287 Fernschreiben an die Wirtschaftsbehörden vom 24.11.1939. In: Adam 1979, S. 261.
288 Runderlass des Reichswirtschaftsministeriums vom 23.1.1940. In: Adam 1979, S. 261.
289 Runderlass des Reichsarbeitsministeriums und des Reichsministeriums für Ernährung und Landwirtschaft vom 16.3.1940. In: Walk et al. 1981, IV 83. Vergleiche zur gesamten Versorgungslage der Münchner Juden auch StadtAM NL Meister, S. 214.
290 Dok. 129: Ein Auswanderer schildert die Versorgungslage, die Stimmung der Bevölkerung und die Situation der Juden im Reich im Herbst und Winter 1940. In: Aly 2012, S. 342–358.
291 File 20: Minute of Policy Committee Meeting of January 23, 1940. Constituting Report to Executive Committee Meeting, 24.1.1940. JDC NY AR193344.
292 Runderlass des Reichssicherheitshauptamtes vom 4.5.1940. In: Walk et al. 1981, IV 90 und Erlass des Reichsführers SS und Chef der Deutschen Polizei vom 10.9.1940. In: Adam 1979, S. 259.
293 Blau 1950, S. 79f.
294 Anweisung Nr. 347 vom 15.2.1940. IfZ NG 4698.
295 Sigwart Cahnmann, München, an Werner Cahnmann, London. Brief vom 30.1.1940. LBI:

Reichs- und Lokalpolitik glichen sich in diesen Monaten verstärkt an.[296] Ging München in den ersten Jahren der NS-Herrschaft noch des Öfteren eigene Wege, insbesondere im Bereich der Judenverfolgung, fallen derartige Sonderaktionen nun immer weniger auf. Einzelne Vorgänge waren davon jedoch ausgenommen, beispielsweise die Zählung der Münchner Juden im Jahr 1940. Durch einen Vergleich der Personenkartei des Einwohnermeldeamtes mit den Verpflegungslisten der Israelitischen Kultusgemeinde versuchte man festzustellen, wie viele „Rassejuden" tatsächlich noch in München waren.[297] Dies verdeutlicht, dass selbst zu einem derart späten Zeitpunkt der genaue Kreis der als „Juden" definierten und verfolgten Personengruppe nicht genau feststand. Diese Erkenntnis hilft einerseits, die Schwankungen zwischen den Statistiken der Münchner jüdischen Gesamtheit zu verstehen, und lässt andererseits vermuten, dass der Status als „Rassejude" nicht einheitlich gehandhabt wurde, wie das Beispiel von Bernhard Goldschmidt bereits zeigte

Neben der Vielzahl an Verordnungen, die das Alltagsleben der Münchner Juden weiter einschränkten, kam es zu einer neuen Flut an Auswanderungsbestimmungen. Erneut wurden, wie bereits in den Phasen zuvor, die finanziellen Rahmenbedingungen der Emigration weiter reguliert.[298] In einer Zeit steigender Fahrtkosten und schwieriger Devisenbeschaffung führte dies zu massiven Problemen für die angehenden Auswanderer. Andere Verordnungen bewirkten Veränderungen in organisatorischen Prozessen, wenngleich diese nicht immer Verschlechterungen bedeuteten. So durften einerseits Telegramme ins nicht-

---

Werner and Gisella Cahnman Collection. AR 25210 Box 2 Folder 1. Ähnliche Briefe finden sich in der Korrespondenz der Familie Schwager, beispielsweise Sabine Schwager, München, an Erwin Schwager, Pittsburgh. Brief vom 16.6.1940. Schwager Family Papers.
296 So auch Gruner, Wolf: Judenverfolgung in Berlin 1933–1945. Eine Chronologie der Behördenmaßnahmen in der Reichshauptstadt. 2., vollst. bearb. und wesentlich erw. Aufl. Berlin 2009, hier S. 10.
297 Polizeipräsidium München an die NSDAP Gauleitung München. Brief vom 7.11.1940. StadtAM PolDir 7006 (Juden). Zu den Ergebnissen des Vergleichs: Polizeipräsidium, Nürnberg-Fürth, an das Polizeipräsidium, München. Brief vom 20.11.1940 mit Zitation aus einem Brief der Bezirksstelle Bayern der Reichsvereinigung der Juden in Deutschland München an die IGK Nürnberg. StadtAM PolDir 7006 (Juden).
298 So beispielsweise mit der Verweigerung der Abtretung von Auswandererguthaben (Erlass des Reichswirtschaftsministeriums vom 23.10.1939. In: Walk et al. 1981, IV 26), der Erhöhung der Auswandererabgabe um einen „außerordentlichen Beitrag" (Runderlass des Reichsführers SS und Chef der Deutschen Polizei vom 18.12.1939. In: Walk et al. 1981, IV 53) oder durch die Verweigerung der Verfügung über inländische Vermögenswerte (Erlass des Reichswirtschaftsministeriums vom 12.12.1940. In: Walk et al. 1981, IV 150).

feindliche Ausland nur mehr über die Gestapo gesandt werden.[299] Andererseits wurde die Gültigkeitsfrist der Führungszeugnisse, die ungeachtet der tatsächlichen Einträge im Übrigen schon länger strafvermerkfrei ausgestellt[300] wurden, von drei auf fünf Monate verlängert.[301] Die jüdische Auswanderung wurde so „auch unter den veränderten Verhältnissen gefördert".[302] Dennoch erließ das Reichssicherheitshauptamt im April 1940 klare Richtlinien für die Judenauswanderung:

1. Die jüdische Auswanderung aus dem Reichsgebiet ist verstärkt zu betreiben. Jedoch ist die Auswanderung von wehr- und arbeitseinsatzfähigen Juden in das europäische Ausland und insbesondere in die Feindstaaten verboten.
2. Ausweitung der Palästina-Wanderung unerwünscht, für die bestehende Auswanderung strenge Bedingungen und Überwachung.
3. Keine Auswanderung von polnischen (oder ehemals polnischen) Juden, die sich im Konzentrationslager befinden.
4. Kein Abschub von Juden in das Generalgouvernement, ihre freiwillige Auswanderung dorthin ist verboten.[303]

Nicht nur die Zielländer legten also in der Auswahl ihrer Einwanderer soziodemographische Kriterien an, sondern auch die nationalsozialistische Lenkung der Auswanderung basierte verstärkt auf ihnen. War es zuvor noch erklärtes Hauptziel gewesen, möglichst viele Juden aus dem nationalsozialistischen Einflussgebiet zu vertreiben, begannen nun langsam Auswahlprozesse basierend auf dem Alter, der Staatsangehörigkeit und dem Zielland eines Auswanderers.

Die in München verbliebenen Juden waren 1940 allesamt von den geschilderten Veränderungen in der Verfolgungssituation betroffen. Leopold und Sabine Schwager mussten im Sommer ihre Mietwohnung am Gärtnerplatz verlassen, in der sie mehr als 25 Jahre lang gelebt und ihre Söhne großgezogen hatten.[304]

---

299 Abwehrstelle im Wehrkreis IV am 15.1.1940. In: Walk et al. 1981, IV 61. Für München auch: Der Chef der Sicherheitspolizei und des SD an alle Staatspolizei(leit)stellen. Schreiben vom 15.1.1940. StAM Gestapo 59.
300 Über ähnliche Arten der Urkundenfälschung zur Förderung der jüdischen Auswanderung auch Werner 1988, S. 209, für die Karlsruher Gemeinde.
301 Reichsverordnung vom 18.6.1940, abgedruckt in: *Jüdisches Nachrichtenblatt* 1940, 18.6.1940 (49), o. S.
302 Erlass des Reichswirtschaftsministeriums vom 16.7.1940. In: Walk et al. 1981, IV 114.
303 Erlass des Reichssicherheitshauptamtes vom 24.4.1920. In: Walk et al. 1981, IV 89.
304 Umlaufbogen der Karteistelle der Israelitischen Kultusgemeinde München e.V. vom 2.8.1940. StAM PolDir 7012 (Juden). Verzeichnet den Umzug von Leopold und Sabine Schwager von Gärtnerplatz 4/3 in die Rauchstr. 10/2 bei Dr. Schüler, einem Freund der Familie.

Gleichzeitig wurde auch das Ehepaar Goldschmidt in eine andere Wohnung eingewiesen.[305] Mina Blechner sorgte sich nach der Verhaftung von Markus und Salo Blechner um ihre beiden Angehörigen. Sie versuchte verzweifelt, die Auswanderung der beiden zu organisieren, unterstützt von Jakob Blechner in der Schweiz und Oskar Blechner in London. Nur wenige Wochen nach der Verhaftung Markus Blechners wurde seiner Ehefrau jedoch eine Todesmeldung zugestellt.[306] Er war im Konzentrationslager Buchenwald ermordet worden. Sein Schicksal ähnelte dem vieler Anfang September 1939 inhaftierter polnischer Juden,[307] was in Anbetracht der gewalttätigen Behandlung der Inhaftierten nicht verwundert. Am 16. November fand in München eine Begräbnisfeier für ihn statt, bei der Mina als einziges enges Familienmitglied zugegen war. Die Sorge um ihren Sohn Salo trieb sie an, mit der religiösen Tradition der Schiva[308] zu brechen und Salos Emigrationsorganisation ungeachtet der eigentlich einzuhaltenden Trauerzeit weiterhin zu betreiben. Um ihm – und den jüdischen Hilfsorganisationen, die ihre Zentralen in Berlin hatten – näher zu sein, bat sie in der Folge wiederholt um Zuzugsgenehmigung nach Berlin, also um die Erlaubnis zur Binnenmigration. In deutlichen Worten wurde diese mehrmals abgelehnt.[309]

Im Mai 1940 erhielt sie schließlich die Erlaubnis, einige Wochen in Berlin zu verbringen. Ihre Hoffnung, dem Sohn nun endlich helfen zu können, stieg dadurch deutlich. Bereits im April waren allerdings Entlassungssperren für die im KZ inhaftierten Juden erlassen worden, ohne dass dies der Öffentlichkeit bekannt geworden

---

305 Umlaufbogen der Karteistelle der Israelitischen Kultusgemeinde München e.V. vom 20.9.1940. StAM PolDir 7012 (Juden). Verzeichnet den Umzug von Bernhard und Magdalena Goldschmidt von der Mechthildenstr. 39/2 in die Friedrich-Herschelstr. 9 b.
306 Todesmeldung von Markus Blechner in ITS 1.1.5.1/80125235279098. Zur Zustellung der Nachricht an Mina Blechner: Nr. 81: Frieda Blechner, Zürich, an Oskar Blechner, London. Brief vom 21.11.1939. Blechner Documents. Frieda Blechner nennt eine Herzlähmung, verursacht durch einen vorausgegangenen Herzanfall, als Todesursache. In Anbetracht der lebensbedrohlichen Bedingungen, die im KZ Buchenwald herrschten, und der gezielten Vernichtungspolitik der Nationalsozialisten spricht diese Arbeit dennoch von einer Ermordung Markus Blechners.
307 Weiss 2000, S. 213. So für das Schicksal der im Oktober aus Österreich deportierten staatenlosen Juden auch File 440: J.I. Löwenberg: On Nazi Deportations from Austria 1938–1944. JDC NY AR193344.
308 Die siebentägige Trauerzeit unmittelbar nach dem Begräbnis naher Angehöriger. In den Blechner-Korrespondenzen wird das jiddische Wort Schiwe benutzt.
309 Der Polizeipräsident, Berlin, an den Polizeipräsidenten, München. Abschrift eines Briefs vom 3.1.1940. StadtAM PolDir 7006 (Juden). Dass dieser Brief erhalten blieb, ist ein besonderer Glücksfall, finden sich doch in dem angegebenen Akt ansonsten nur allgemeine Verordnungen und Schriftwechsel ohne jeden Bezug auf individuelle Münchner Juden. Vergleiche zu den Zuzugsverboten auch das *Kapitel 3.2.1* zur Binnenwanderung in dieser Arbeit.

war. Zwar war die Auswanderung von KZ-Häftlingen für kurze Zeit durch eine Ausnahmeregelung dieser Anordnung allgemein noch möglich, davon waren polnisch-jüdische Häftlinge jedoch explizit ausgenommen.[310] Salos Entlassung lag also bereits zur Zeit des Besuchs seiner Mutter in Berlin nicht mehr im Bereich des Möglichen.

Auch die außenpolitischen Entwicklungen wirkten zurück auf die Verfolgungssituation der Juden im Reich. Mit Fortschreiten des Krieges gerieten immer mehr Juden in den Einflussbereich der Nationalsozialisten, sei es durch passive Einflussnahme, etwa durch den Kriegseintritt Italiens auf Seiten des Reichs, der einen Anstieg antisemitischer Maßnahmen in Italien nach sich zog, oder durch die aktive Ausweitung des nationalsozialistischen Machtbereichs, beispielsweise mit der Eroberung Belgiens, der Niederlande und Luxemburgs im Mai 1940 sowie der Besetzung Frankreichs im Juni desselben Jahres. In beiden Fällen waren nicht nur die einheimischen Juden betroffen, sondern auch emigrierte deutsche Juden, deren Zielländer nun ans Reich fielen. So erhöhte sich im Jahr 1940 die Zahl der unter nationalsozialistischem Einfluss stehenden Juden rapide, beispielsweise durch die etwa zwei Millionen Juden in den Gebieten des späteren „Generalgouvernements". Bei gleichzeitiger Verminderung der Emigrationsmöglichkeiten rückte das Ziel eines „judenfreien" Reichsgebietes durch erzwungene Auswanderung somit in immer weitere Ferne. Während die jüdischen Hilfsorganisationen weiterhin an der Emigration als „the only solution of the Jewish problem and the only way to save Jewish lives"[311] festhielten, dachten die nationalsozialistischen Führungsriegen bereits über andere Wege zur Erreichung ihres Ziels nach: „Das Gesamtproblem – es handelt sich bereits um rund 3 ¼ Millionen Juden in den heute deutscher Hoheitsgewalt unterstehenden Gebieten – kann aber durch Auswanderung nicht mehr gelöst werden. Eine territoriale Endlösung wird daher notwendig."[312]

Mit Fortschreiten des Krieges reagierten auch die Zielländer auf die sich verändernden Gegebenheiten. Die sogenannten Überseeländer, also die süd-, mittel- und nordamerikanischen Staaten, waren durch den Kriegsausbruch nur noch erschwert zu erreichen. Außerdem folgten weitere Einschränkungen der

---

310 Referat IV C 2. Schreiben vom 23.4.1940. IfZ MA 557. Vergleiche dazu auch Dok. 67: Himmler ordnet am 10. April 1940 für die Dauer des Kriegs eine Entlassungssperre für Juden an, die in Konzentrationslagern einsitzen. In: Aly 2012, S. 195. Zur Situation der inhaftierten polnischen Juden Dok.71: Gestapochef Müller stellt am 24. April 1940 klar, welche jüdischen Personengruppen zu Kriegszeiten auswandern dürfen und wohin. In: Aly 2012, S. 207: „Für die in Konzentrationslagern einsitzenden Juden polnischer bezw. ehemals polnischer Staatsangehörigkeit kommt eine Auswanderung vorerst nicht in Frage."
311 File 443: Outlines of the general situation of the Jews in Vienna. 1.2.1940. JDC NY AR193344.
312 Dok. 89: Heydrich drängt am 24. Juni 1940 gegenüber Außenminister Ribbentrop auf eine ‚territoriale Endlösung'. In: Aly 2012, S. 246f. Mehr dazu bei Benz 2008, S. 12.

Immigrationsregelungen, so dass das Jüdische Nachrichtenblatt im November 1940 zu dem Ergebnis kommt, dass in den Überseestaaten eine „grundsätzliche Veränderung der Wanderungs-Situation für Juden eingetreten ist".[313] In dieser drängenden Situation schien es einmal mehr nötig, die Auswanderung schnell zu vollziehen. Während des ersten Kriegswinters diskutierten Erwin Schwager und Joseph Teller mit Leopold Schwager über die Notwendigkeit und Möglichkeiten einer Emigration. Leopold war voller Sorge um die Sicherung des Lebensunterhalts und die Kosten, die auf seinem Sohn und seinem Schwager lasten würden. Diese jedoch flehten das Ehepaar Schwager an, das Deutsche Reich so schnell als möglich zu verlassen:

> But what is important for me, dear Leopold, is for you to forget about all your ideas regarding security, etc just try to get going. You can see, your children and everybody says the same thing. (...) when I write PLEASE COME, try to leave as quickly as possible. Make every possible effort and do it quickest! (...) I myself and other people have reason to say this. Of course, it is possible that difficulties may arise here. This is part of the deal. But in these days, it is more important to me to get you here. (...) I repeat: COME if you'll be able to get the transit visa. Everything is now G'd's will.[314]

Karl Schwager, der in Palästina aufgrund des unregelmäßigen Briefverkehrs nur sporadisch an der postalischen Konversation beteiligt war, findet noch deutlichere Worte an seinen Vater: „I cannot understand your hesitating! It seems you do not know how critical the situation is. When there is a chance ..."[315]

Tatsächlich bemühten sich Leopold und Sabine weiterhin um ihre Ausreise. Auf die Vorschläge Joseph Tellers, über Besuchsvisa nach Italien zu reisen und dann dort illegal zu verbleiben, ließen sie sich jedoch nicht ein. Sie glaubten weiterhin an die Möglichkeit einer legalen Emigration. Anlass zu dieser Überzeugung gaben vor allem die USA, die ihre Bemühungen fortführten, möglichst vielen jüdischen Europäern den Weg in die Sicherheit zu ermöglichen. Im Winter 1939/40 machten in München Nachrichten die Runde, dass das Stuttgarter Konsulat in der Abarbeitung der Warteliste schneller vorankomme als erwartet.[316] Die Hoffnung stieg nun auch für diejenigen mit hohen Quotennummern. Im März

---

313 Länder der Einwanderung. In: *Jüdisches Nachrichtenblatt* 1940, 9.11.1940 (90), o. S.
314 Joseph Teller, Verona, an Leopold und Sabine Schwager, München. Brief vom 23.2.1940. Schwager Family Papers.
315 Karl Schwager, Merchavia, an die Eltern, München. Brief vom 3.3.1940. Schwager Family Papers. An dieser Stelle wurde der Brief vom Zensor abgeschnitten.
316 Sabine Schwager, München, an Erwin Schwager, Pittsburgh. Brief vom 31.12.1939. Schwager Family Papers.

1940 erreichte Erwin Schwager in Pittsburgh eine Nachricht der Eltern, die ihn um schnelle Erneuerung ihres Affidavits baten:

> The American Consulate in Stuttgart will work through the entire list of applications for emigration (the last number is about 56,000). There seems now to be the intention to go throught the quota and to see what can be done. This may exclude quite a few people wo cannot emigrate due to insufficient guarantees. It may now be possible that emigrants with higher numbers than 30,000 might be cleared.[317]

Auch Auguste Schülein[318] und Bernhard Goldschmidt[319] schöpften nun neue Hoffnung. Die Goldschmidts hatten bereits im Februar das Reiseziel USA angegeben, als sie einen Antrag auf Ausstellung von Auslandsreisepässen stellten.[320] Zur gleichen Zeit nannte Bernhard Goldschmidt in anderen Unterlagen die Philippinen als Zielland,[321] auch Australien wurde in Betracht gezogen.[322] Einen voraussichtlichen Zeitpunkt der Auswanderung konnte er nicht anzeigen, dieser lag irgendwann „in den nächsten Monaten, unbestimmt durch die augenblickliche Lage"; eine Passage war noch nicht gebucht. Insgesamt war der Emigrationsprozess des Ehepaars Goldschmidt zu Jahresbeginn 1940 folglich nicht weit fortgeschritten. Offensichtlich dachten sie mehrere Auswanderungsoptionen an, ähnlich den Familien Blechner, Cahnmann und Schwager. Mina Blechner in München, Jakob in Zürich und Oskar in London bemühten sich um Auswanderung in die USA, nach Kuba, Chile, Bolivien, Venezuela, Ecuador und Kolumbien sowie Shanghai.[323] Leopold und Sabine Schwager diskutierten zur selben Zeit ebenfalls die Auswanderung nach Chile, Bolivien und auf die Philippinen. Für die Familie Cahnmann sind während des Jahres 1940 Bemühungen um Immigrationszulassungen in die Dominikanische Republik, nach Ecuador,

---

317 Leopold Schwager, München, an Erwin Schwager, Pittsburgh. Brief vom 4.3.1940. Schwager Family Papers.
318 Sigwart Cahnmann, München, an Fred und Werner Cahnmann, Chicago. Brief vom 4.12.1940. LBI: Werner and Gisella Cahnman Collection. AR 25210.
319 Bernhard Goldschmidt, München an Stefan Goldschmidt, Oss. Brief vom 12.3.1940. StadtAM Judaica Varia 144.
320 Polizeipräsidium, München, an die NSDAP Kreisleitung, München. Anfrage um politische Unbedenklichkeitsbescheinigung vom 27.2.1940. StAM PolDir 12828 (Goldschmidt Bernhard Israel).
321 Fragebogen für Auswanderer zum Antrag vom 22.2.1940 von Goldschmidt Bernhard Israel und Magdalena Sara. StAM FinA 17444 (Goldschmidt Bernhard).
322 Bernhard Goldschmidt, München an Stefan Goldschmidt, Oss. Brief vom 30.4.1939. StadtAM Judaica Varia 144.
323 Vergleiche dazu die Korrespondenzen des Zeitraums vom September 1939 bis Juli 1940. Blechner Documents.

Panama und Chile nachweisbar,[324] zudem Immigrationsanfragen nach Irland, Schweden und Portugal.[325] Alle diese Pläne scheiterten an der Ablehnung durch die Immigrationsbehörden, an den nötigen europäischen Transitvisa, an fehlenden Schiffsverbindungen oder an zu hohen Kosten für Tickets und Landegelder. Selbst das ferne Shanghai, das in den ersten Kriegsjahren zur Zufluchtsstätte vieler deutscher Juden wurde, da es als eines der sehr wenigen Länder keinerlei Visum zur Einreise verlangte, wurde als letzter Ausweg in Betracht gezogen.[326] Auguste entschied sich jedoch bewusst gegen Shanghai. Sie spekulierte weiterhin darauf, dass ihre amerikanische Wartenummer, die niedriger war als die ihrer Eltern, bald aufgerufen werden würde.[327] Die auf den Tischen der Familien liegenden, oft exotischen Optionen bestätigen, was Blau bereits für das Jahr 1939 beschrieben hatte: (Fast) niemand fragte mehr, wo das Land lag, das das sehnsüchtig erwartete Visum erteilen würde.[328] Noch immer waren es trotz der massiven Emigrationshürden, die die nationalsozialistische Gesetzgebung errichtet hatte, letztlich die Immigrationsbestimmungen der Zielländer sowie die Organisationsprozesse der Reise, die die Auswanderungen verhinderten. „Es ist unvorstellbar, wie schwierig es ist wegzukommen. Wenn es nur noch gelingt."[329]

Eine Möglichkeit, nicht von der Zulassung in ein Zielland abhängig zu sein, war die sogenannte Sonder-Hachscharah, die vom Palästina-Amt organisierten illegalen Transporte nach Palästina.[330] Illegal war dabei die Einwanderung ohne Zertifikat, nicht jedoch die Auswanderung aus dem Reich, die bis 1940 von der Gestapo geduldet, teils sogar unterstützt wurde. Lilo Cahnmann trug sich seit Jahresende 1939 mit dem Gedanken, einen Antrag für den siebten – und letzten – Sondertransport zu stellen. Seit den frühen 1930er Jahren war

---

324 Eidesstattliche Erklärung vom 6.4.1956. StAM WB I a 3380 (Werner Cahnmann).
325 Werner Cahnmann, London, an Albert und Hellen Heller, Chicago. Brief vom 27.1.1940. LBI: Werner and Gisella Cahnman Collection. AR 25210 Box 2 Folder 16.
326 Sigwart Cahnmann, München, an Werner und Fred Cahnmann, New York. Brief vom 18.5.1940. LBI: Werner and Gisella Cahnman Collection. AR 25210 Box 2 Folder 85.
327 Sigwart Cahnmann, München, an Werner Cahnmann, New York. Brief vom 26.4.1940. LBI: Werner and Gisella Cahnman Collection. AR 25210 Box 3 Folder 46.
328 Lavsky 2017, S. 56: „By this time it was not anymore a matter of choice if, when, and where to immigrate, but to grasp every possible opportunity."
329 Auguste Schülein, München, an Fred Cahnmann, Chicago. Brief vom 17.9.1940. LBI: Werner and Gisella Cahnman Collection. AR 25210 Box 3 Folder 48.
330 Ausführliche Unterlagen dazu finden sich bei File 221: Testimony of Ephraim Frank, the Director of the Hechalutz youth movement in Germany, regarding illegal aliya from Germany to Eretz Israel, focusing on the fate of four transports, September 1939 and August 1940. YV O.1 K.J. Ball-Kaduri – Collection of Testimonies and Reports of German Jewry.

sie Mitglied in zionistischen Jugendorganisationen gewesen und hatte ihre Ausbildung zur Keramikerin vor dem Hintergrund gewählt, in Palästina gute Chancen auf einen Arbeitsplatz zu haben. Zur weiteren Vorbereitung auf die Alijah zog Lilo im Mai 1940 auf das Gut Schniebinchen in der Niederlausitz, wo sie im Jugendheim in der Landwirtschaft und in Haushaltsangelegenheiten ausgebildet wurde.[331] Als eine von wohl mehr als 30.000 Deutschen bewarb sie sich für die Teilnahme am Transport. Letztlich wurden nur 500 Personen ausgewählt, unter ihnen etwa 150 Personen im Alter von über 30 Jahren sowie 350 Chaluzim. Lilo Cahnmann war eine von diesen, wohl gewählt aufgrund ihrer passenden Ausbildung, ihres Alters, ihrer Nähe zum Zionismus und vermutlich auch wegen der guten Beziehungen ihrer Familie zu führenden deutschen Zionisten. Die Teilnahme an der Reise war im Verhältnis zu den sonst üblichen Passagepreisen und zu der 600 RM hohen „Exportförderabgabe",[332] einer Sonderabgabe für jüdische Auswanderer an das Deutsche Reich, vergleichsweise günstig. Nach monatelangem Warten und häufigen Verzögerungen begann der Transport im August 1940. Die Reiseroute verlief, unterbrochen von langen Zwischenstopps, über Wien, Pressburg, die rumänische Stadt Tulcea, das Schwarze Meer, den Bosporus, kleinere griechische Inseln bis zur Küste Palästinas.[333] Nicht nur waren Finanzierung, Lebensmittel- und Wasserversorgung sowie die verschiedenen Transportmöglichkeiten während der Reise immer wieder in Frage gestellt, sondern auch der Ausgang der Fahrt erschien völlig unsicher. Noch während der Transport unterwegs war, hatte die britische Regierung erklärt, „illegal nach Palästina kommende Juden dürften in Zukunft nicht im Lande bleiben, sondern würden an anderen Orten des britischen Empire

---

331 Aktenvermerk vom 31.5.1940. StAM PolDir 11812 (Cahnmann Lieselotte Gustava Regina Sara).
332 StAM BFD 6208 (Liselotte Rachel Dotan).
333 Eine Beschreibungen der organisatorischen Hintergründe sowie der monatelangen Reise finden sich bei File 356: Personal documentation and correspondence belonging to Yitzchak Felix Meyer and his parents, Michael and Amalia Meyer, who made aliya to Eretz Israel from Germany, survived the „Patria" tragedy and were detained in Atlit, 1881–1997. YV O.8 Germany Collection sowie in Dok. 121: Hans Baruch dokumentiert in seinem Tagebuch zwischen September und November 1940 seine Flucht auf verschiedenen Schiffen. In: Aly 2012. Literatur u. a. von Steiner, Erich Gershon: The Story of the Patria. New York 1982 und Heller, Alfred: Dr. Seligmanns Auswanderung. Der schwierige Weg nach Israel. Orig.-Ausg. München 1990 (Beck'sche Reihe, 414). Alfred Heller stammte ebenfalls aus München, er und seine Familie waren während der ganzen Reise mit Lilo Cahnmann zusammen. Eine Forschungsarbeit, die die Angaben der genannten biographischen Quellen hinterfragt und den Weg der 7. Sonder-Hachscharah detailliert nachzeichnet, ist Anderl 1994.

untergebracht".[334] Letztlich erlaubte es einzig eine Ausnahmesituation Lilo, als Immigrantin in Palästina bleiben zu dürfen.[335]

In einer mit den Vorjahren nicht vergleichbaren Situation befanden sich unterdessen die Nachbarländer des Reichs, die in den sich ausbreitenden Kriegsgeschehnissen gefangen waren. Davon ausgenommen war lediglich die Schweiz, die allerdings ihre Immigrationsbedingungen erneut verschärfte. Sie war unbeabsichtigterweise zum Gastland Jakob und Frieda Blechners geworden. Kurz nach den Verhaftungen seines Vaters und Bruders versuchte Jakob, für beide die Erlaubnis zum Aufenthalt oder Zwischenaufenthalt in der Schweiz zu erlangen, um sie aus den Konzentrationslagern befreien zu können. Diese Umstände jedoch taten für die Schweizer Fremdenpolizei nichts zur Sache – sie verweigerten die Einreise der beiden, „da deren Weiterreise nicht gesichert ist".[336] Auch Jakob und Frieda setzten sie unter Druck, möglichst schnell auszureisen. Gleich-

---

334 Broszat, Martin: Internierung von jüdischen Flüchtlingen auf Mauritius 1940–1945. In: Institut für Zeitgeschichte München (Hg.): Gutachten des Instituts für Zeitgeschichte. München 1958 (1), 233f., hier S. 234.

335 Die drei Schiffe, die die Flüchtlinge nach über zweimonatiger Reise Anfang November an die palästinensische Küste gebracht hatten, waren bereits vor ihrer Landung von der britischen Marine aufgebracht und in den Hafen von Haifa geschleppt worden. Die Transportteilnehmer blieben, teils bereits auf auf ein hochseetüchtiges Schiff namens „Patria" umgeladen, auf dem Wasser interniert. Nach einigen Wochen der Wartezeit im Hafen sollten die illegalen Immigranten von der „Patria" nach Mauritius deportiert werden, um dort in Flüchtlingslagern das Ende des Krieges abzuwarten. Die jüdische Untergrundbewegung Haganah plante diese Deportation jedoch zu verhindern, indem die „Patria" seeuntüchtig gemacht werden sollte, um mehr Zeit für Verhandlungen mit der britischen Mandatsmacht zu gewinnen. Aufgrund einer Fehlberechnung der Sprengstoffmenge zur Beschädigung des Schiffsrumpfes jedoch kam es zu einer gewaltigen Explosion, die das Schiff innerhalb weniger Minuten sinken ließ. Zwischen 250–300 der zum Zeitpunkt der Explosion auf der „Patria" befindlichen 1.800 Flüchtlinge starben bei der Explosion oder ertranken im Hafen von Haifa. Anderl 1994, S. 212f., gibt 267 Tote an; dies scheint die verlässlichste Angabe zu sein. Die Überlebenden erhielten eine Begnadigung der britischen Mandatsmacht und durften so als reguläre Immigranten in Palästina bleiben. Die zum Zeitpunkt des Unglücks noch auf einem der drei ursprünglichen Schiffe verbliebenen Transportteilnehmer jedoch wurden später nach Mauritius deportiert und dort bis zum Ende des Krieges unter schwierigen Verhältnissen interniert (mehr dazu in File 213: Postwar documentation regarding the history of the Jewish refugees deported by the British Mandate authorities from Haifa to Mauritius, late 1940, and kept in detention there until the end of World War II. YV O.1 K.J. Ball-Kaduri – Collection of Testimonies and Reports of German Jewry). Liselotte Cahnmann gehörte zu den Überlebenden des „Patria"-Unglücks und erhielt entsprechend die Immigrationserlaubnis für Palästina: British Embassy, Washington, an Werner Cahnmann, Chicago. Brief vom 20.5.1941. LBI: Werner and Gisella Cahnman Collection. AR 25210 Box 3 Folder 41.

336 Nr. 75: Aliens Office, Zürich, an Jakob Blechner, Zürich. Brief vom 14.11.1939. Blechner Documents.

zeitig wurde ihnen die Aufnahme einer Erwerbstätigkeit verboten. Begründet wurde dies mit der Gefahr einer „Überfremdung" des Landes.[337] Fast monatlich erreichten Jakob Blechner nun Briefe des Eidgenössischen Justiz- und Polizeidepartements, in denen um den Stand der Emigrationsorganisation angefragt und wiederholt darauf hingewiesen wurde, er habe „jede sich bietende legale Ausreisemöglichkeit unverzüglich zu benützen".[338] Um den Druck auf die unwillkommenen Immigranten noch einmal zu erhöhen und gleichzeitig von deren bisher ungenutzter Arbeitskraft Gebrauch zu machen, richtete die Schweiz außerdem im Laufe des Jahres „Arbeitslager für Emigranten" ein.[339] Nach mehrmaliger Androhung[340] wurde Jakob Blechner letztlich Ende Dezember 1940 in ein solches Lager eingewiesen. Die Bedingungen dort waren erträglich, allerdings waren Jakob und Frieda nun getrennt und die Emigrationsorganisation durch Jakobs Abwesenheit wesentlich erschwert. Obwohl sie in Besitz eines gültigen Einreisevisums nach Panama sowie des portugiesischen Transitvisums waren, gelang Jakob und Frieda die Ausreise nicht. Es fehlten nicht nur weitere Transitvisa,[341] sondern auch Schiffskarten zur Reise nach Mittelamerika.

Zu den von der deutschen Armee eroberten Gebieten gehörten Frankreich, wo Hans Cahnmann seit 1933 lebte, und die Niederlande, in die Annemarie und Elfriede Goldschmidt erst 1939 emigriert waren. Die Schwestern erlebten den Einmarsch der Deutschen und die weiteren Kriegsereignisse nicht als Einschnitt in ihr Alltagsleben im katholischen Kloster, sondern fühlten sich auch im November 1940 noch gut behütet.[342] Nichtsdestotrotz versuchte Bernhard Goldschmidt in München, die gemeinsame Aus- bzw. Weiterwanderung seiner Familie zu organisieren. Als sich im Sommer 1939 für die beiden Töchter der Weg in die USA öffnete – sie erhielten das Angebot eines Studienstipendiums, finanziert vom Katholischen Committee in Amerika –, zögerte ihr Vater jedoch, dieses Angebot

---

337 Nr. 74: Temporary Stay Permission für Jakob und Frieda Blechner. 14.11.1939. Blechner Documents.
338 Nr. 162: Aliens Office, Zürich, an Jakob Blechner, Zürich. Brief vom 25.9.1940. Blechner Documents.
339 Nr. 126: Leaflet der Eidgenössischen Justiz und des Polizeidepartements Zürich. April 1940. Blechner Documents.
340 Nr. 151: Eidgenössisches Justiz- und Polizeidepartement, Zürich, an Jakob Blechner, Zürich. Brief vom 3.8.1940. Blechner Documents sowie Nr. 167: Eidgenössisches Justiz- und Polizeidepartement, Zürich, an Jakob Blechner, Zü-rich. Brief vom 26.11.1940. Blechner Documents.
341 Wahlweise hätte der Emigrationsweg über den unbesetzten Teil Südfrankreichs sowie Spaniens oder über Italien und Spanien per Schiff verlaufen müssen.
342 Annemarie Goldschmidt, Koningsbosch, an Conny Assmann, Amsterdam. Brief vom 24.11.1940. StadtAM Judaica Varia 144.

anzunehmen. Ihm erschien einerseits der Abschluss der Haushaltsausbildung der Mädchen wichtig,[343] andererseits befürchtete er organisatorische Schwierigkeiten:

> Wer zahlt die Überfahrt für die Kinder nach Amerika, wenn ich solche nicht von hier aus bezahlten kann. (...) Und wer würde die Rückfahrt zahlen, wenn wir noch in Deutschland sind und die Kinder wieder aus Amerika fort müssen, da ja nur der Aufenthalt von begrenzter Dauer ist. Weiterhin! Können die Kinder nach Holl. zurück, wenn das Sudium [sic!] abgelaufen ist.[344]

Obwohl sein Bruder Stefan Goldschmidt ihm zuredete, „eine solche Gelegenheit, ein Stipendium zum Studium zu erhalten sofort [zu] ergreifen",[345] ließ Bernhard Goldschmidt diese Möglichkeit letztlich verstreichen, aus Sorge, die räumliche Distanz zu den Töchtern weiter zu vergrößern und damit künftige Emigrationspläne zu gefährden. Zudem erschien ihm das niederländische Kloster im Sommer 1939 als sichere Unterkunft, die gegenüber der Unsicherheit eines zeitlich begrenzten Aufenthalts der Mädchen in den Vereinigten Staaten vorzuziehen sei.

Andere Münchner Emigranten sahen sich als Staatsangehörige eines nun feindlich gesonnenen Landes besonderen Repressalien ausgesetzt. Hans Cahnmann war bereits wenige Tage nach Kriegsausbruch zum ersten Mal interniert worden, da er aufgrund seiner deutschen Herkunft als Angehöriger eines feindlichen Staates galt. Drei Monate verbrachte er bis zu seiner Freilassung im Dezember in verschiedenen Lagern. Anschließend unterlag er diversen Auflagen des französischen Staates.[346] Mit dem Beginn der deutschen Offensive gegen die Benelux-Staaten und Frankreich im Mai 1940 kam es zu einer zweiten, größeren Internierungswelle,[347] Hans Cahnmann wurde zum zweiten Mal in Paris festgesetzt. Mit dem Voranschreiten der deutschen Armee war er gezwungen, vor der

---

343 Bernhard Goldschmidt, München, an Stefan Goldschmidt, Oss. Brief vom 25.7.1939. StadtAM Judaica Varia 144.
344 Bernhard Goldschmidt, München, an Stefan Goldschmidt, Oss. Brief vom 8.8.1939. StadtAM Judaica Varia 144.
345 Ebd.
346 Rechtsanwalt Dr. F.A. Rothschild, München, an das Bayerische Landesentschädigungsamt, München. Brief vom 18.10.1955. BayHStA LEA 43781 (Cahnmann Hans Julius).
347 Zur Situation der deutschen Emigranten in Frankreich vor und während des Krieges Badia 2002. Zu den Internierungen auch Auerbach, Hellmuth: Internierungslager in Frankreich 1940–1942. In: Institut für Zeitgeschichte München (Hg.): Gutachten des Instituts für Zeitgeschichte. München 1958 (1), S. 94–101. Zur Internierung Hans Cahnmanns: Werner Cahnmann, New York, an Suzanne Carvallo-Schülein, Frankreich. Brief vom 15.5.1940. LBI: Werner and Gisella Cahnman Collection. AR 25210 Box 3 Folder 46.

drohenden Kriegsgefahr zu flüchten. Allerdings wurde den in Paris Internierten erst kurz vor der Eroberung der Stadt Mitte Juni erlaubt, sich zusammen mit hunderttausenden Flüchtenden auf den Weg Richtung Südfrankreich zu machen. Nun begann für Hans eine etwa einmonatige Flucht, die ihn schließlich nach Marseille brachte, wo er bis zum Frühjahr 1941 festsaß. Unterstützt vom dortigen International Rescue Committee unter der Leitung Varian Frys[348] und von seinen Brüdern Fritz und Werner Cahnmann in den USA versuchte er, entweder eines der neu eingeführten und in Marseille ausgegebenen Emergency Visitor Visa zu erhalten[349] oder durch den Aufruf seiner Wartenummer an ein reguläres Quoten-Immigrationsvisum zu gelangen.[350] Als promovierter Chemiker qualifizierte er sich letztlich für eines der begehrten Emergency Visa. Doch auch die Transportfrage gestaltete sich schwierig, da es im Frühjahr 1941 unmöglich geworden war, spanische Transitvisa zu erhalten. Zudem musste die Ausreise aus Frankreich auf illegalem Wege erfolgen, da französische Exit-Visa für deutsche Juden nicht ausgestellt wurden.[351] Um dieses Problem zu umgehen, wurden illegale Überfahrten von Marseille nach Martinique organisiert, von wo aus Hans die Weiterreise in die USA plante. Seine Überfahrt Mitte Mai 1941 jedoch missglückte; die Passagiere des Dampfers „Wyoming" wurden in Casablanca festgesetzt und auf Anordnung der in Marokko residierenden deutschen Kommission von der marokkani-

---

348 Zur Arbeit des Rescue Committees: Fry, Varian: Surrender on Demand. New York, 1945. Fry, Varian: Surrender on Demand. Boulder 1997.
349 Hans Cahnmann, Marseille, an Werner Cahnmann, Chicago. Brief vom 4.10.1940. LBI: Werner and Gisella Cahnman Collection. AR 25210 Box 3 Folder 46.
350 Hans Cahnmann, Marseille, an Werner Cahnmann, Chicago. Brief vom 14.11.1940. LBI: Werner and Gisella Cahnman Collection. AR 25210 Box 3 Folder 46. Ähnlich Hans Cahnmann, Marseille, an Werner Cahnmann, Chicago. Brief vom 26.12.1940. LBI: Werner and Gisella Cahnman Collection. AR 25210 Box 3 Folder 46.
351 Vergleiche IfZ NG 3104, IfZ NG 3107 und IfZ NG 3192 sowie diverse Berichte an den Joint „On the status of emigration from France" in File 616. JDC NY AR193344. Dazu auch Geheime Staatspolizei, Staatspolizeileitstelle Hannover, an die Kreispolizeibehörden des Regierungsbezirks, Hildesheim. Schreiben vom 11.8.1941, IfZ MA 172: „Gemäß einer Mitteilung des Reichsmarschalls des Großdeutschen Reiches ist die Judenauswanderung aus dem Reichsgebiet einschließlich Protektorat Böhmen und Mähren auch während des Krieges verstärkt im Rahmen der gegebenen Möglichkeiten unter Beachtung der aufgestellten Richtlinien für die Judenauswanderung durchzuführen. Da für die Juden aus dem Reichsgebiet z.Zt. nur ungenügend Ausreisemöglichkeiten, in der Hauptsache über Spanien und Portugal, vorhanden sind, würde eine Auswanderung von Juden aus Frankreich und Belgien eine erneute Schmälerung derselben bedeuten. Unter Berücksichtigung dieser Tatsachen und im Hinblick auf die zweifellos kommende Endlösung der Judenfrage ist daher die Auswanderung von Juden aus Frankreich und Belgien zu verhindern. Die Nachsendung von Urkunden an Juden in Frankreich und Belgien zum Zwecke der Auswanderung soll daher unterbleiben."

schen Regierung im Wüstenlager Oued Zem interniert.³⁵² Noch immer war Hans Cahnmann dem Einflussbereich der Nationalsozialisten nicht entkommen. Sich der bedrohlichen Lage der dort festgehaltenen Flüchtlinge bewusst, sandte die HIAS (Hebrew Immigrant Aid Society) im Juli 1941 mit der SS Guinee ein Schiff, das einen Teil der Internierten in die USA bringen sollte. Hans Cahnmann, der von seinem alten und neuen Arbeitgeber als „kriegswichtiger" Chemiker angefordert und dessen Überfahrt von Freunden bezahlt wurde, war einer der dafür ausgewählten Passagiere.³⁵³ Die aufgrund des zunehmenden Seekriegs gefahrvolle Schiffsreise überstand der Transport der HIAS unbeschadet. Hans Cahnmann erreichte New York im August 1941. Im Gegensatz zu seinem Wegzug aus München, der klare Merkmale einer Emigration aufwies, war seine neue Wanderungsbewegung im Frühsommer 1940 und Sommer 1941 eine Flucht vor den Nationalsozialisten und der Kriegseskalation. Nicht nur verließ Hans das Internierungslager in Paris überstürzt und konnte nur wenige Habseligkeiten mitnehmen, auch verlief seine Ausreise aus Frankreich illegal. Hans' Schicksal zeigt, dass eine Person beide Arten von Migrationsbewegungen, Auswanderung und Flucht, in sich vereinen konnte: Er hatte München 1933 als Emigrant verlassen und erreichte die USA acht Jahre später als Flüchtling. Eine definitive Zuordnung seiner Migrationsgeschichte zu einer der Kategorien ist nicht möglich.

Das Jahr 1941 wurde zum letzten Jahr der legalen Ausreise aus dem Reich. Besonders in den Sommermonaten Juni bis August stieg die Auswanderung noch einmal kurz an, wenngleich sie nie mehr als 29 Auswanderer pro Monat verzeichnete – nur 10% der Emigration der Sommermonate 1939. Die Münchner Auswanderung verlief dabei analog zu der des Reichs.³⁵⁴

Sowohl innenpolitisch als auch außenpolitisch setzten sich die Entwicklungslinien des Vorjahres fort. Im Reich schränkte die antisemitische Gesetzgebung den Lebensalltag der Juden immer mehr ein. Den Münchner Juden wurde beispielsweise im März 1941 „untersagt, das Stadtgebiet ohne Genehmigung der Staatspolizeileit-

---

352 Ein ähnliches Schicksal ereilte unter anderem die tschechisch-jüdische Autorin Lenka Reinerová, deren Erfahrungen in Glosíková, Viera; Meißgeier, Sina; Nagelschmidt, Ilse (Hg.): „Mir hat immer die menschliche Solidarität geholfen.". Die jüdischen Autorinnen Lenka Reinerová und Anna Seghers. Berlin 2016 (Literaturwissenschaft, Band 60), beschrieben werden. Dort auch mehr zu den Lebensbedingungen in Oued Zem.
353 International Rescue Committee, Marseille, an Werner Cahnmann, Chicago. Telegramm vom 27.7.1941. LBI: Werner and Gisella Cahnman Collection. AR 25210 Box 3 Folder 47. Zur Finanzierung der Überfahrt: United Hias Services, New York, an Hans Cahnmann, Chicago. Brief vom 6.9.1955. BayHStA LEA 43781 (Cahnmann Hans Julius). Vergleiche dazu Eidesstattliche Erklärung des Hans Julius Cahnmann vom 4.10.1966. BayHStA LEA 43781 (Cahnmann Hans Julius).
354 Blau 1950, S. 339.

stelle zu verlassen".³⁵⁵ Die Einkaufszeiten in den für jüdische Kunden zugelassenen Geschäften wurden weiter beschränkt, so dass wöchentlich nur zwei Stunden verblieben, in denen alle Münchner Juden bei den ihnen zugewiesenen Kolonialwaren-, Obst- und Gemüsegeschäften einkaufen konnten.³⁵⁶ Offensichtlich war die Lebensmittelversorgung für die jüdischen Bewohner Münchens zwar besser als die der Berliner Juden,³⁵⁷ dennoch waren auch hier die Einschränkungen deutlich spürbar. Wer, wie die Familie Schwager, von Angehörigen aus dem Ausland mit zusätzlichen Lebensmittelsendungen versorgt wurde, musste bald „Verfügungsbeschränkungen" in Kauf nehmen, was de facto bedeutete, dass die Ablieferung der Hälfte der Sendung verpflichtend wurde.³⁵⁸ Joseph Teller führte die Sendung von Lebensmittelpaketen dennoch weiter; sie bedeuteten bis zuletzt eine wichtige Unterstützung für Leopold und Sabine Schwager in München.³⁵⁹

Zur bekanntesten Regelung dieser Phase wurde jedoch die Anweisung zum Tragen des sogenannten „Judensterns" im September des Jahres.³⁶⁰ Diese öffentliche Kennzeichnung war der Höhepunkt der antisemitischen Ausgrenzungspolitik – nunmehr waren Juden auch im öffentlichen Raum jederzeit deutlich identifizierbar. Alle noch in München verbliebenen Familienmitglieder gehörten von nun an zur Gruppe der „Sternträger", wie die Wiedergutmachungsakten beweisen.³⁶¹

---

355 Abschrift einer Anordnung vom 28.3.1941. StadtAM PolDir 7006 (Juden).
356 Israelitische Kultusgemeinde München e.V. an ihre Mitglieder im Lebensmittel- und Spinnstoffversorgungsbereich. Schreiben vom 16.4.1941. USHMM Central Historical Commission: Nazi Documentation – Munich Municipality M.1.DN.
357 Dok. 88: Ein anonymer Verfasser schildert am 16. Juni 1940 die Lebensbedingungen für Juden in München und Berlin. In: Aly 2012, S. 245f.
358 Reichsminister für Ernährung und Landwirtschaft an diverse Empfänger. Schreiben vom September 1941. USHMM Central Historical Commission: Nazi Documentation – Munich Municipality M.1.DN. Ähnliche Berichte in File 631: On the situation of the Jews in Germany. 11.5.1941 sowie 18.6.1941. JDC NY AR193344.
359 Die letzte Nennung eines derartigen Pakets in Sabine Schwager, München, an Joseph Teller, Bolzano, und Erwin Schwager, Pittsburgh. Brief vom 26.10.1941. Schwager Family Papers. Sie schrieb diesen Brief etwa zwei Wochen vor Erhalt des Deportationsbescheids und einen Monat vor der endgültigen Deportation.
360 Polizeiverordnung über die Kennzeichnung der Juden vom 1.9.1941. RGBl. I 1941, S. 547. In: Walk et al. 1981, IV 229. Informationen zur lokalen Befehlskette und Verteilung der „Judensterne" in: Reichsministerium des Inneren, Berlin, an div. Empfänger, u. a. das Bayerische Staatsministerium des Inneren, München. Schnellbrief vom 15.9.1941.BayHStA Reichsstatthalter Epp 823/4.
361 Für die Familie Blechner: Bescheid über Schaden an Freiheit vom 14.5.1962. BayHStA LEA 43022 (Blechner Jakob, Markus, Mirla). Für die Familie Cahnmann: Bescheid über Schaden an Freiheit vom 17.4.1962. BayHStA LEA 8295/13 (Cahnmann Sigwart und Hedwig). Für die Familie Goldschmidt: Israelitische Kultusgemeinde, München, an das Bayerische Landesentschädigungsamt, München. Brief vom 26.9.58. BayHStA LEA 1237 (Goldschmidt Bernhard, Magdalena,

Sie reagierten mit einem Rückzug aus der Öffentlichkeit: „I did not spend the High Holidays [outside]. I prefer just to be at home."³⁶²

Anders als Sabine Schwager waren die meisten Münchner Juden jedoch gezwungen, das Haus täglich zu verlassen. Joint-Berichte über die Situation im Reich beschreiben bereits kurz vor bzw. nach Kriegsbeginn die Arbeitseinsätze der deutschen Juden,³⁶³ gleiches lässt sich für München nachweisen.³⁶⁴ Anstoß dazu gab auch ein massiver Arbeitskräftemangel. „1941 waren dem Arbeitsamt mehr als 40.000 offene Stellen im Stadt- und Landkreis München gemeldet, allein in der Landwirtschaft konnte weniger als ein Viertel des Bedarfs gedeckt werden".³⁶⁵ Zum größten und bekanntesten „jüdischen Arbeitseinsatz [in München wurde die] Errichtung der Judensiedlung in Milbertshofen".³⁶⁶ Die Stadt München plante, mit Hilfe des Sammellagers in Milbertshofen die Konzentrierung der Münchner Juden weiter voranzutreiben und die kommenden Deportationen logistisch vorzubereiten. Die Verfolgten wurden zur Finanzierung des Lagers zwangsverpflichtet und ab März zu dessen Aufbau herangezogen, der unter der Aufsicht „arischer" Bauarbeiter, aber mit der Arbeitskraft der Münchner Juden, vonstattenging. Doch auch in anderen Münchner Betrieben wurde die Arbeitskraft der in der Stadt verbliebenen Juden ausgenutzt.³⁶⁷ Die dafür vorgesehenen Altersgrenzen (Männer bis 60, Frauen bis 55 Jahre) wurden immer wieder, in München ganz offiziell, nach oben verschoben.³⁶⁸ Leopold Schwager, im März 1941 57 Jahre alt, wurde wohl von Beginn an

---

Annemarie, Elfriede). Für die Familie Schwager: Israelitische Kultusgemeinde, München, an das Bayerische Landesentschädigungsamt, München. Brief vom 19.11.1957. BayHStA LEA 33952 (Schwager Leopold) sowie Israelitische Kultusgemeinde, München, an das Bayerische Landesentschädigungsamt, München. Brief vom 12.12.1957. BayHStA LEA 33955 (Schwager Sabine).
362 Sabine Schwager, München, an Erwin Schwager, Pittsburgh. Brief vom 5.10.1941. Schwager Family Papers.
363 File 662: On the status of emigration from Germany, 7.1.1941 und 15.3.1941. JDC NY AR193344. Vergleiche zum Zwangsarbeitseinsatz der deutschen Juden: Gruner, Wolf: Der Geschlossene Arbeitseinsatz deutscher Juden. Berlin 1997.
364 Für diesen Hinweis sei Maximilian Strnad vom Stadtarchiv München gedankt.
365 Strnad 2013, S. 24.
366 StadtAM NL Meister, S. 239. Zur Zwangsarbeit in München und der „Judensiedlung" Milbertshofen ausführlich Strnad 2011 und Strnad 2013.
367 StadtAM NL Meister, S. 239 behauptet, dass zur Höchstzeit des „Arbeitseinsatzes" Münchner Juden in etwa 50 Betrieben beschäftigt waren.
368 Zu den geltenden Altersgrenzen Gruner 1997, S. 83. In München wurden Personen im Alter von 18–65 Jahren eingesetzt. Tätigkeits- und Abschlußbericht [der Dienststelle des Treuhänders des Regierungspräsidenten in München] zum 30.6.1943. StadtAM NL Meister. Meister selbst schreibt, dass „die entsprechende reichsgesetzliche Festlegung und Rechtsgrundlage [erst] in den Bestimmungen der VO über die Beschäftigung von Juden vom 3.10.41 (RGBl. I S. 675) und der VO zur Durchführung dieser VO vom 31.10.41 (RGBl. I S. 681)" folgte.

für die Lagerarbeiten eingesetzt.[369] Sabine, die aus nicht mehr nachzuvollziehenden Gründen vom „Arbeitseinsatz" verschont geblieben war, konnte aufgrund der Briefzensur in ihren Berichten an die Söhne nur verdeckt von der Zwangsarbeit ihres Mannes erzählen: „Leopold is very tanned because of his work in the open air and I am glad the weather is good now."[370]

Auch die anderen Familien waren größtenteils von Zwangsarbeit betroffen: Hedwig Cahnmann war seit Anfang Oktober als Zwangsarbeiterin beim Oldenbourg Verlag auf den Lohnbürolisten der Firma Hinteregger verzeichnet.[371] Bernhard Goldschmidt war in Milbertshofen beschäftigt,[372] seine Frau Magdalena wurde in der wegen der anstrengenden Arbeit gefürchteten Flachröste Lohhof eingesetzt.[373] Für Mina Blechner finden sich keine Nachweise über Zwangsarbeit, obwohl sie noch innerhalb der geltenden Altersgrenzen lag.

Die Lebensbedingungen der Münchner Juden verschlechterten sich in dieser dritten Phase der Verfolgung also noch einmal deutlich, neben dem Zwangsarbeitereinsatz auch durch die Fortführung der legislativen Verfolgungsmaßnahmen, deren Höhepunkt die Einführung des „Judensterns" im September 1941 war. Zwar konnte in Briefen aus München aufgrund der nun einsetzenden Zensur und des hohen Verfolgungsdrucks nicht mehr in klaren Worten berichtet werden, was hier vorfiel, jedoch änderte sich der Ton der Briefe deutlich. Die Hoffnungslosigkeit der zeitgenössischen Lage schien täglich weiter um sich zu greifen. Dies zeigen Briefe an Erwin Schwager: „Everything has become very difficult especially in these times that are full of changes. Daily there are new conditions",[374] ebenso

---

369 Offiziell nachweisbar ist sein Zwangsarbeitseinsatz erst im Oktober 1941, als er zum Zwecke der Organisation der Auswanderung einen Tag lang der Arbeit fernbleiben durfte: Lohnbürolisten. Rapport vom 14.10.1941. Rubrik Dienstfrei. StAM SpKA K 713. Mehr zu dieser bedeutenden Quelle bei Strnad 2011, S. 95.
370 Sabine Schwager, München, an Erwin Schwager, Pittsburgh. Brief vom 21.4.1941. Schwager Family Papers.
371 Lohnbürolisten. Rapport vom 7.10.1941. Rubrik Zugänge. StAM SpKA K 713. Kurz nach ihrer Versetzung nach Milbertshofen wurde Hedwig Cahnmann für längere Zeit dienstfrei gestellt, offiziell zur Vorbereitung der Auswanderung. Adolf Reichold, ein Verwandter der Familie Cahnmann, berichtete, dass sie so vor der anstrengenden Arbeit geschützt werden sollte: Adolf Reichold, München, an Werner und Hans Cahnmann, Chicago. Brief vom 25.8.1946. LBI: Werner and Gisella Cahnman Collection. AR 25210 Box 2 Folder 27. Der Oldenbourg Verlag hat den Einsatz der jüdischen Zwangsarbeiter im eigenen Haus bisher nicht aufgearbeitet.
372 Lohnbürolisten. Rapport vom 1.11.1941. Rubrik Dienstfrei. StAM SpKA K 713.
373 Vermögenserklärung vom 11.11.1941. StAM OFD 6964 (Goldschmidt Bernhard). Mehr bei Strnad 2011, S. 95.
374 Sabine Schwager, München, an Erwin Schwager, Pittsburgh. Brief vom 11.5.1941. Schwager Family Papers.

wie die Korrespondenz der Familie Cahnmann: „Über unser zukünftiges Schicksal denke ich sehr fatalistisch, es steht nicht in unserer Hand, es zu lenken".[375]

Hinzu kam, dass die Auswanderung aus München und dem Reich seit Kriegsbeginn spürbar abgenommen hatte. Die Überseeländer sowie Palästina wurden in dieser Phase fast oder vollständig irrelevant: Nur noch elf Zielländer nahmen 1941 Münchner Emigranten auf, darunter sechs mittel- und südamerikanische Länder mit jeweils nur vereinzelten Personen. Auswanderer nach Palästina gab es in München 1941 keinen einzigen mehr. Die nationalsozialistische Politik reagierte auf diese Entwicklung mit der Schließung von Auswandererberatungsstellen des Palästina-Amtes und seiner Zweigstellen, so auch in München.[376] Noch einmal wurden in dieser Situation allerdings die USA zum Hoffnungsträger der Münchner Juden. Im Februar machte in München die Nachricht die Runde, dass das Stuttgarter Konsulat – gleich den Konsulaten in Berlin und Hamburg – alle Wartenummern aufgerufen habe und die Warteliste abzuarbeiten gedachte: „Nun soll es plötzlich leichter geworden sein, das amerik. Visum zu erhalten u. tatsächlich haben es die letzten 14 Tage Viele bekommen, allerdings verlangt der Konsul gute Papiere u. ein Depot."[377]

Durch diesen Vorgang wurde die bisher streng befolgte Reihenfolge der Wartelistennummerierung aufgelöst; an ihrer Stelle entschieden nun „good affidavits and (...) the foreign exchange for boat passage from relatives of a foreign country"[378] über das Schicksal der in München auf ihre Emigration Wartenden. Viele der auf der Warteliste eingetragenen Münchner Juden waren auf Basis ihrer Papiere zur Immigration in die USA zugelassen. Nun jedoch stellte sich mit aller Deutlichkeit heraus, dass der neue Engpass der Emigration die Verfügbarkeit von Schiffstickets war: „Here also a great number obtained the US confirmations (...) The availability of boats is at present the greatest difficulty."[379]

---

375 Unbekannter Absender, Stuttgart, an Werner Cahnmann, Chicago. Brief vom 14.3.1941. LBI: Werner and Gisella Cahnman Collection. AR 25210 Box 3 Folder 50.
376 File 24: Closing of the Israeli office in Munich, a letter of the chief Ministry of the interior to the police of Nurenberg and Munich. Schreiben vom 24.7.1941. USHMM Central Historical Commission: Nazi Documentation – Munich Municipality M.1.DN.
377 Nr. 171: Frieda Blechner, Zürich, an Oskar Blechner, London. Brief vom 14.2.1941. Blechner Documents. Siehe auch: Leopold Schwager, München, an Erwin Schwager, Pittsburgh. Brief vom 23.2.1941. Schwager Family Papers. Werner Cahnmann, der Kontakte zum Kreis des President's Advisory Council in Washington hatte, erfuhr bereits Ende Januar von der anstehenden Prozessbeschleunigung: R.B., o.O., an Werner Cahnmann, Chicago. Brief vom 29.1.1941. LBI: Werner and Gisella Cahnman Collection. AR 25210 Box 3 Folder 47. Bestätigt wird dies durch die Unterlagen in File 631. JDC NY AR193344.
378 Leopold Schwager, München, an Erwin Schwager, Pittsburgh. Brief vom 23.2.1941. Schwager Family Papers
379 Sabine Schwager, München, an Erwin Schwager, Pittsburgh. Brief vom 31.3.1941. Schwager Family Papers.

Eine der wenigen Glücklichen, die ein amerikanisches Visum erhalten hatte – aus München reisten 1941 noch insgesamt 125 Personen in die USA aus –, war Auguste Cahnmann. Im Frühjahr bestätigte Gusti ihren Brüdern in den USA den Erhalt des Visums,[380] auch das Buchen einer Passage gelang. Welche Prozesse im Hintergrund abliefen, um diese Auswanderung zu bewerkstelligen, lässt sich nicht mehr nachvollziehen; erwiesen ist jedoch, dass Sigwart Cahnmann für die Reise seiner Tochter einen stark überhöhten Fahrpreis von über 1500 RM bezahlte.[381] De facto kaufte er seine Tochter damit aus dem Reich frei. Möglich wurde die Emigration Gustis auch dadurch, dass die Reichsvereinigung einen Weg gefunden hatte, die Notwendigkeit der Beschaffung französischer und spanischer Transitvisa zu umgehen: Die Emigranten wurden in verschlossenen Eisenbahnwaggons von Berlin aus direkt nach Lissabon transportiert. Sie mussten während der Reise selbst die Fenster geschlossen halten und wurden erst in der portugiesischen Hauptstadt wieder aus dem Zug gelassen.[382] Auguste Cahnmann war das letzte der Cahnmann-Kinder, welches das Reich und ihre zurückbleibenden Eltern verließ. Diese hatten es sich trotz der mit einer Reiseerlaubnis verbundenen Konfrontation mit der Gestapo nicht nehmen lassen, ihre Tochter bis nach Berlin zu begleiten. Anfang April verließ Auguste Cahnmann als letzte der in dieser Arbeit untersuchten Familienmitglieder das Reich[383] und schiffte sich am 15. April 1941 auf der SS Angola/Nyassa nach New York ein.[384] Sie erreichte die amerikanische Metropole nur kurz vor ihrem Bruder Hans, der 1933 der erste Emigrant der vier Münchner Familien gewesen war.

Nach der Abreise Augustes verblieben nur mehr die Eltern der vier Familien[385] in München. Sie alle arbeiteten weiterhin an ihrer Emigration: Für das Ehepaar

---

380 Auguste Schülein, München, an Fred Cahnmann, Chicago. Telegramm vom 18.2.1941. LBI: Werner and Gisella Cahnman Collection. AR 25210.
381 Bayerische Creditbank, München, an Rechtsanwalt Siegfried Neuland, München. Brief vom 20.10.1947. BayHStA LEA 8295/13 (Cahnmann Sigwart und Hedwig). Die Schiffskarte belief sich dabei auf 550 RM, der von der Reichsvereinigung organisierte Sondertransport Berlin – Lissabon auf 1.000 RM. Im Vergleich dazu gab Cohn et al. 1938 die Fahrtkosten mit 250 RM an.
382 Cahnmann: Oral History Interview with Auguste Benjamin.
383 Die Aufenthaltsbescheinigung der Landeshauptstadt München zur Vorlage beim Bayerischen Landesentschädigungsamt vom 23.2.1955. BayHStA LEA 8295/13 (Cahnmann Sigwart und Hedwig) spricht von einer Abmeldung am 2.4., Polizeipräsidium, München, an die Geheime Staatspolizei, Staatspolizeileitstelle München. Brief vom 15.7.1941. StAM PolDir 7007 (Juden) von einer Abmeldung am 4.4. Die Münchner Kultusgemeinde verzeichnet die Abmeldung Auguste Cahnmanns am 7.4: Umlaufbogen der Karteistelle der Israelitischen Kultusgemeinde München e.V. vom 7.4.1941. StAM PolDir 7013 (Juden).
384 Telegramm vom 9.3.1941. Fred Cahnmann Family Collection. LBI AR 25508 Box 1, Folder 3.
385 Im Falle der Familie Blechner aufgrund des Todes von Markus Blechner im November 1939 nur Mina Blechner.

Goldschmidt beweisen die Akten der Polizeidirektion, dass sie im Frühjahr 1941 die zur Immigration in die USA nötigen Papiere erneuern ließen.[386] In der Korrespondenz der Blechner-Familie finden sich zwar Diskussionen um die Preise für Schiffstickets, die erkennen lassen, dass die Amerika-Option angedacht wird;[387] konkrete Vorbereitungen zur Emigration Minas in die USA sind allerdings nicht nachweisbar. Leopold und Sabine Schwager hingegen erhielten im Mai 1941 die Zusage für ein US-Visum.[388] Nun stellte die Suche nach einer Passage die größte Herausforderung für Erwin in den USA und seine Eltern in München dar. Die Transportmöglichkeiten wurden aufgrund des sich weiter ausbreitenden Kriegsgeschehens immer weniger und immer teurer. Die Familie Schwager sandte auf beiden Seiten des Atlantiks zahlreiche Anfragen an diverse Hilfsorganisationen, in der Hoffnung, über einen dieser Kontakte ein Ticket zu ergattern. Leopold Schwager hatte letztlich Erfolg und buchte eine Passage für ein im August auslaufendes portugiesisches Schiff.[389] Damit hatte das Ehepaar Schwager alle nötigen Unterlagen zur finalen Ausstellung des Visums in den Händen. Jedoch schlossen kurze Zeit später auf Anordnung der deutschen Regierung alle amerikanischen Konsulate,[390] wodurch eine Visumserteilung unmöglich wurde. Ebenfalls von dieser Schließung betroffen waren die Cahnmanns, die in ihren Emigrationsbemühungen ähnlich weit fortgeschritten waren wie die Schwagers. Unter Ausnutzung ihrer Beziehungen in Washington versuchten Fritz und Werner Cahnmann noch nach der Schließung des amerikanischen Konsulats, durch eine Intervention beim State Department ihren Eltern das bereits zugesagte Visum ausstellen zu lassen,[391] scheiterten damit jedoch. Die Verzweiflung aller Betei-

---

386 Bernhard Israel Goldschmidt, München, an das Polizeipräsidium/Passamt, München. Brief vom 26.3.1941. StAM PolDir 12828 (Goldschmidt Bernhard Israel) sowie Fragebogen für Auswanderer vom 2.4.1941. StAM FinA 17444 (Goldschmidt Bernhard). Briefkorrespondenzen zur Emigrationsplanung der Goldschmidts sind nicht mehr erhalten. In der Korrespondenz der Blechner-Familie finden sich war Diskussionen um die Preise für Schiffstickets, die zeigen, dass die Amerika-Option angedacht wird; konkrete Vorbereitungen zur Emigration Minas in die USA lassen sich allerdings nicht nachweisen.
387 Unbekannter Absender, New York, an Jakob Blechner, Zürich. Brief vom 15.5.1941. Blechner Documents.
388 Leopold Schwager, München, an Erwin Schwager, Pittsburgh. Brief vom 18.5.1941. Schwager Family Papers.
389 Leopold Schwager, München, an Erwin Schwager, Pittsburgh. Brief vom 19.10.1941. Schwager Family Papers.
390 Dok. 186: Das Ehepaar Malsch berichtet seinem Sohn am 24. Juni 1941 von der Schließung des US-Konsulats in Stuttgart und der damit verhinderten Auswanderung. In: Aly 2012, S. 467.
391 Werner und Fred Cahnmann, Chicago, an Sigwart und Hedwig Cahnmann, München. Telegramm vom 5.7.1941. Fred Cahnmann Family Collection. LBI AR 25508 Box 1, Folder 3.

ligten ob dieser neuen Situation war umso größer, als die Emigration in die USA zum ersten Mal nach Kriegsbeginn wieder hatte Hoffnung aufkommen lassen, die nun plötzlich enttäuscht worden war. Der enorme Druck und die Angst, diese vermeintlich letzte Chance ungenutzt verstreichen lassen zu müssen, wird in allen Briefen aus dieser Zeit deutlich. Beispielhaft steht dafür der verzweifelte Appell Werner Cahnmanns an die für ihre Unterstützung der europäischen Flüchtlinge bekannte First Lady Eleanor Roosevelt:

> The closing of American Consulates in Germany and German occupied territories throughout Europe puts an end, I fear, to every effort to help people over there reach this country after July 15. (...) They are just about to be called before the Consul and if they were trapped, it were in the very last minute! (...) You may well imagine what will happen inside Germany once the last independent observers have withdrawn. If my parents can't come now, I have no hope of ever seeing them again.[392]

Zwar wurde den Cahnmanns in der Folge zugesichert, dass ihr Immigrationsvisum für sie bereit läge, allerdings musste es aufgrund der Schließung der Konsulate in allen von den Nationalsozialisten beherrschten Gebieten in einem Konsulat in den freien europäischen Ländern – dies hieß de facto Portugal – abgeholt werden.[393] Eine Einreise dorthin zur Abholung des Visums war jedoch unmöglich, gaben die Länder, welche auf dem Reiseweg lagen, ihre Transitvisa doch nur denjenigen Emigranten, die nachweisen konnten, dass ihre Weiterreise gesichert war. Zu Recht bezeichnet Werner Cahnmann diese Situation als einen „vicious circle",[394] einen Teufelskreis, aus dem es nun scheinbar kein Entkommen mehr gab. Spätestens zu diesem Zeitpunkt waren die Prozesse zur Organisation einer Auswanderung so komplex geworden, dass die Wahrscheinlichkeit, sie erfolgreich abzuschließen, äußerst gering war. Nach einer Vollauslastung der deutschen Quote in den Jahren 1939 und 1940 sank die Quotenauslastung der USA nun auf 62% ab. Unbekannt ist, wie viele derjenigen, die 1941 noch ein Visum erhalten hatten, auch tatsächlich in die USA immigrieren konnten.

Die Abarbeitung der amerikanischen Warteliste war jedoch nicht die letzte Hoffnung, die die deutschen und Münchner Juden im Jahre 1941 hatten. Kurz vor dem Beginn der Deportationen aus München im November 1941 setzte

---

392 Werner Cahnmann, New York, an Eleanor Roosevelt, Washington. Brief vom 19.6.1941. LBI: Werner and Gisella Cahnman Collection. AR 25210 Box 3 Folder 50.
393 State Department, Washington, D.C., an Werner Cahnmann, Chicago. Brief vom 8.8.1941. LBI: Werner and Gisella Cahnman Collection. AR 25210 Box 3 Folder 50.
394 Werner Cahnmann, Chicago, an Ms. Breckinridge, New York. Brief vom 21.7.1941. LBI: Werner and Gisella Cahnman Collection. AR 25210 Box 3 Folder 50.

eine Welle der Ausreiseversuche nach Kuba ein, die bisher in der Forschung nicht behandelt wurde, zumindest für die Münchner jüdische Emigration jedoch signifikant war.[395] Im Spätsommer machte die Nachricht die Runde, dass Kuba zur Aufnahme von USA-Immigranten bereit wäre, wenn eine genügend hohe Garantie hinterlegt werden würde: „In the meantime, HAPAG once more mailed out a printed letter regarding emigration via Cuba. They offer new ideas and advice. It appears the money requirement may not be entirely hopeless."[396]

Trotz der Erfahrung der St.-Louis-Passagiere, unter ihnen Oskar Blechner, deren teuer bezahlten kubanischen Visa bei der Ankunft im Hafen Havannas für ungültig erklärt und denen die Einreise verweigert worden war, waren die Familien Cahnmann und Schwager bereit, einen erneuten Versuch zu wagen. Auch Mina Blechner berichtete ihrem Sohn Jakob einmal von der neuen Emigrationsmöglichkeit,[397] weiter erwähnte sie diese jedoch nicht. Beide Ehepaare Cahnmann und Schwager allerdings arbeiteten an dieser neuen Option. Auffällig ist, dass der Tonfall der Briefe nun deutlich negativer ist. Im Frühjahr des Jahres, als die Immigration in die USA zur Frage stand, war die Haltung beider Familien von Optimismus und Vorfreude geprägt. Nun, unter dem Eindruck des Misserfolgs in der Sache der amerikanischen Visumsvergabe, waren die Reaktionen beider Ehepaare von Skepsis und Zurückhaltung geprägt. Sigwart Cahnmann gab zu, dass die permanente Suche nach einem Ausweg aus dem Reich „die Nerven nur noch mehr auf[rieb]".[398] Das Ehepaar Schwager kommunizierte Skepsis und Sorge sehr deutlich: „There is nothing definitive for me to undertake regarding the emigration, I'll have to leave this up to you. It still seems to be quite difficult with Cuba and also costly which I won't like in any case. There may be an easier way sometime in the future."[399]

---

395 Neben den folgenden Beispielen bestätigen dies auch die Notizen von Behrend-Rosenfeld 1963, S. 122f. Ferner finden sich entsprechende Hinweise im Monatsbericht des Regierungspräsidenten, Augsburg, vom 3.12.1941. BayHStA StK 6684, S. 5. Der Monatsbericht erläutert, dass es im Landkreis Nördlingen „den Juden in den letzten Wochen vor Beginn der Sperre besonders mit der Erlangung ihrer Ausweispapiere zur Abwanderung" geeilt habe. Erwähnt wird die Kuba-Welle auch bei Wetzel 1993, S. 430f., jedoch ohne weitere Belege oder nähere Ausführungen.
396 Leopold Schwager, München, an Erwin Schwager, Pittsburgh. Brief vom 31.8.1941. Schwager Family Papers.
397 Mina Blechner, München, an Jakob Blechner, Zürich. Brief vom 10.7.1941. Blechner Documents.
398 Sigwart Cahnmann, München, an Fred und Werner Cahnmann, Chicago. Brief vom 15.8.1941. LBI: Werner and Gisella Cahnman Collection. AR 25210 Box 3 Folder 50.
399 Leopold Schwager, München, an Erwin Schwager, Pittsburgh. Brief vom 7.9.1941. Schwager Family Papers.

Es ist bemerkenswert, dass Leopold Schwager selbst zu diesem späten Zeitpunkt noch immer nicht vollständig von der Notwendigkeit einer schnellen Emigration überzeugt war. Ein Grund waren sicherlich die mit $5.300 exorbitant hohen Kosten der Immigration nach Kuba,[400] die Erwin Schwagers über Jahre erarbeiteten Dollarersparnisse verbraucht hätten. Erwin jedoch, der die Emigration seiner Eltern in jedem Falle in die Wege leiten wollte, unternahm die nötigen Schritte zur Beantragung des Kubavisums. Er handelte damit wie die Cahnmann-Söhne, die ebenfalls im September die Visa für ihre Eltern beantragt hatten. Ein Brief vom 16. Oktober bestätigte, dass alle Formalitäten erledigt und das kubanischen Visum auf dem Weg nach München war.[401] Auch Schiffskarten waren verfügbar: „I learned that boat tickets for Cuba are available over there [Deutsches Reich]. If you can pay for them with your own money, I can obtain Cuba visa"[402] Am 4. November 1941 teilte Erwin Schwager seinen Eltern telegraphisch mit, dass er die Bestätigung der Visumserteilung erhalten hatte.[403] Wenige Tage später ergänzte er: „Erwarte unbedingteste Benuetzung eherster Ausreisechance."[404]

Auch Fritz, Werner, Hans und Auguste Cahnmann sandten die Visumsbestätigung am 24. Oktober 1941 nach München; wenige Tage später unterzeichneten die Eltern den Erhalt des Kubavisums.[405] Ihre Kinder in den USA ließen in der Folge einen Brief für die Eltern in Lissabon hinterlegen, fast vollständig davon überzeugt, dass die Emigration dieses Mal erfolgreich verlaufen würde:

> Dies sind nur ein paar kurze Begrüßungszeilen, die Euch sagen wollen, wie froh wir sind, Euch ‚heraußen' zu wissen. (…) Ihr werdet nun hoffentlich dieser Tage München verlassen, [und] gesund in Lisbon angekommen sein. Ich traue mich noch gar nicht recht daran zu glauben. Wie glücklich werdet Ihr sein, dass es so weit ist! Es sind bange Tage für uns & aufregende für Euch. (…) Mein schönstes Geschenk ist es ja mit ziemlicher Bestimmtheit zu wissen, dass Ihr kommen könnt.[406]

---

400 Kopie eines Schreibens der Federal Reserve Bank, New York, vom 17.10.1941. Schwager Family Papers.
401 Werner Cahnmann, Chicago, an Albert und Helen Heller, New York. Brief vom 16.10.1941. LBI: Werner and Gisella Cahnman Collection. AR 25210 Box 3 Folder 50.
402 Abschrift eines Telegrammtextes von Erwin Schwager an die Eltern in München, in: Sabine Schwager, München, an Erwin Schwager, Pittsburgh. Brief vom 14.10.1941. Schwager Family Papers.
403 Erwin Schwager, Pittsburgh, an die Eltern, München. Telegramm vom 4.11.1941. Schwager Family Papers.
404 Erwin Schwager, Pittsburgh, an die Eltern, München. Telegramm vom 12.11.1941. Schwager Family Papers.
405 Eidesstattliche Erklärung vom 6.4.956. StAM WB I a 3380 (Werner Cahnmann).
406 Auguste Schülein und Werner Cahnmann, New York, an die Eltern, Lissabon. Brief vom 7.11.1941. LBI: Werner and Gisella Cahnman Collection. AR 25210 Box 2 Folder 9.

Tatsächlich jedoch kam es nicht mehr zur Abreise des Ehepaars Cahnmann. Wie eine „arische" Freundin der Familie nach dem Krieg berichtete, fand sie Hedwig und Sigwart Cahnmann „an jenem unsagbaren Abend vor der für den nächsten Tag festgesetzten Auswanderung (...) außer Fassung"[407] vor. Das Ehepaar hatte kurzfristig erfahren, dass die Auswanderung aus dem Reich allen Juden unter 60 Jahren verboten worden war. Hedwig Cahnmann war zu diesem Zeitpunkt 59 Jahre alt. Nach jahrelangen Vorbereitungen und häufigen Verzögerungen schien es, als hätte das Ehepaar Cahnmann die Möglichkeit der Ausreise um nur einen Tag verpasst.

Tatsächlich war bereits Tage zuvor, am 23. Oktober 1941, ein geheimer Erlass des Reichssicherheitshauptamtes versandt worden, der „die Auswanderung von Juden aus Deutschland (...) ausnahmslos für die Dauer des Krieges" verbot.[408] Die Verbreitungsgeschichte dieses Erlasses lässt sich nicht klar nachvollziehen: Zwar erreichte die Gestapo München der Erlass offensichtlich am selben Tag, oder es war zumindest das Datum des 23.10. bekannt.[409] Es scheint jedoch, als hätte sich die Anordnung reichsweit nur verzögert verbreitet.[410] Andere Städte erließen außerdem wohl bereits früher entsprechende Richtlinien. Beispielsweise berichtet Lamm, dass Hamburg eine der ersten Städte mit derartiger Regelung gewesen sei.[411] Und auch über den Inhalt der Anordnung wurde offensichtlich verfälscht informiert: In den zeitgenössischen Münchner Quellen mit jüdischer Perspektive ist in den letzten Oktober- und ersten Novembertagen des Jahres nie die Rede von einer allgemeinen Auswanderungsverbot, sondern die Betonung liegt auf der Untersagung für bestimmte Altersgruppen.[412] In der Korrespondenz der Familie Schwager wiederum wird ein wie auch immer geartetes Auswanderungsverbot nicht benannt; tatsächlich aber weist Sabine Schwager in einem Brief vom 3. November darauf hin, dass es erneut zu einer Verzögerung der Emi-

---

407 Ilse Gräfe, München, an Werner Cahnmann, Chicago. Brief vom 23.9.1946. LBI: Werner and Gisella Cahnman Collection. AR 25210 Box 1 Folder 52.
408 Erlass des Reichssicherheitshauptamtes vom 23.10.1941, Walk et al. 1981, IV 256.
409 Geheime Staatspolizei Staatspolizeileitstelle, München, an das Reichssicherheitshauptamt, Berlin. Fernschreiben vom 20.11.1941. Darin: „Mit Erlaß vom 23.10.1941 wurde angeordnet, daß die Auswanderung von Juden mit sofortiger Wirkung zu verhindern ist". StAM Gestapo 59.
410 So Wetzel 1993, S. 430f.
411 Lamm 1951, S. 220. So auch Aus Nazi-Deutschland. Der Druck auf die Berliner Juden. In: *Jüdische Welt-Rundschau* 1940, 6.5.1940, S. 4. In den Forschungen zur Emigration aus Hamburg, beispielsweise bei Baumbach 2003, finden sich keine Aussagen, die in diese Richtung weisen.
412 Neben des genannten Zeitzeugenberichts von Ilse Gräfe in den Briefen an Werner Cahnmann so auch Behrend-Rosenfeld 1963, S. 122f. In Blau 1950, S. 338, findet sich ebenfalls eine entsprechende Anmerkung. Mehr dazu in *Kapitel 5.1.1*.

gration gekommen war. Sie benennt den Grund dafür nicht, zeigt aber deutlich ihre Sorge: „We hope all this was not in vain and will yet lead to success; otherwise, it would be too bitter to bear".[413]

Der genaue Ablauf des Verbots der Auswanderung in München lässt sich also nicht mehr genau rekonstruieren. Das Ende der legalen Emigration kam aber zu einem Zeitpunkt, als nach einer langen Phase des Fehlens von Zielländern noch einmal eine reelle Chance bestand, ein Zufluchtsland zu finden. Nach jahrelangen Schwierigkeiten in der Organisation einer Emigration, die endlich von Erfolg gekrönt war, wurden nun eine ganze Reihe von Münchner Juden, darunter die Elternpaare Cahnmann und Schwager, kurz vor der Emigration nach Kuba im Reich festgehalten. Der Grund des Scheiterns ihrer Emigrationen ist in der Ausreise zu suchen, die, wie die vergangenen Ausführungen gezeigt haben, jahrelang vergleichsweise unproblematisch möglich gewesen war. Mit dem Oktober 1941 endete offiziell die Emigration der deutschen Juden aus dem Reich. Aus München waren bis zu diesem Zeitpunkt nach den Angaben der Datenbank des Münchner Stadtarchivs 6.644 Personen emigriert.

4.2.4 Emigrationsverbot: seit Oktober 1941

Um das Deutsche Reich nach dem Bekanntwerden des offiziellen Emigrationsverbots Ende Oktober 1941 noch zu verlassen, blieb scheinbar nur der Weg einer illegalen Grenzüberschreitung im Sinne einer Flucht aus dem Reich.[414] Tatsächlich aber gab es auch nach dem offiziellen Ende der Auswanderung noch legale, in offiziellen Statistiken erfasste und daher bekannte Fälle der jüdischen Emigration aus dem NS-Reich. Diese Möglichkeit war bereits im Erlass selbst angelegt: „Lediglich in ganz besonders gelagerten Einzelfällen, z.B. bei Vorliegen eines positiven Reichsinteresses, kann nach vorheriger Herbeiführung der Entscheidung des Reichssicherheitshauptamtes der Auswanderung einzelner Juden stattgegeben werden."[415]

---

413 Sabine Schwager, München, an Erwin Schwager, Pittsburgh. Brief vom 3.11.1941. Schwager Family Papers.
414 Ein bekanntes Münchner Beispiel ist Else Behrend-Rosenfeld, die zuerst untertauchte und dann im April 1944 in die Schweiz flüchtete. Mit den Münchner untergetauchten Juden und ihren weiteren Schicksalen beschäftigt sich Schrafstetter 2015 Diese Fälle sind statistisch nicht verzeichnet und betreffen keine der 22 für diese Arbeit untersuchten Personen, weshalb sie nicht Teil dieser Arbeit sind.
415 Erlass des Reichssicherheitshauptamtes vom 23.10.1941. In: Walk et al. 1981, IV 256.

Strauss gibt eine Gesamtzahl von etwa 8.500 Juden an, die in den Jahren 1942–1945 das Reich verließen.[416] Für München lassen sich einige wenige Auswanderungen von Juden belegen.[417] Insgesamt verließen 19 Münchner Juden die Stadt nach dem offiziellen Ende der Emigration; die Gesamtzahl der Münchner Emigranten beläuft sich folglich auf 6.663. Diese Gruppe der Spätauswanderer lässt sich nicht anhand soziodemographischer Merkmale vereinheitlichen,[418] vielmehr scheint es sich tatsächlich um Einzelfälle zu handeln, deren Erfahrungen nur in einer vertieften biographischen Arbeit dargestellt werden könnten.

Ein Blick in die Münchner Emigrationsgeschichte zeigt so jedoch deutlich, dass legale Auswanderungen auch nach dem offiziellen Verbot im Oktober 1941

---

416 Strauss 1980, S. 326. Seine Schätzung zur Auswanderung nach dem Emigrationsverbot stammt nicht aus den angegebenen Quellen (Genschel, Rosenstock oder Blau), sondern basiert auf eigenen Annahmen. Es fehlt eine Angabe, worauf diese sich stützen. In einigen Forschungsarbeiten finden sich Hinweise darauf, dass Auswanderungen auf legalem Wege vereinzelt noch stattfanden, so beispielsweise Lamm 1951, S. 221. Ähnlich Hildesheimer 1994, S. 148.

417 Die Statistik der Reichsvereinigung der Juden in Deutschland zeigt in der Zeit bis Juni 1942 einzelne Abwanderungen aus München: Statistiken zur Bevölkerungsentwicklung in den Kultusvereinigungen und Bezirksstellen der Reichsvereinigung der Juden in Deutschland (Altreich einschl. Sudetenland und Danzig). YIVO Territorial Collection. Germany II RG 116 Box 9. Unterstützt wird dieser Eindruck dadurch, dass die Reichsvereinigung weiterhin einen kleinen Teil ihres monatlichen Budgets für Auswanderungsunterstützung bereithielt. Dazu Hildesheimer 1994, S. 149. Ab Juli wurden die Zahlen dann reichsweit zusammengefasst. Im August und September 1942 sowie Februar 1943 verzeichnete sie jeweils noch eine offizielle Auswanderung. Die Datenbank des Stadtarchivs verzeichnet zwei Auswanderungen im November und Dezember 1941, 15 Auswanderungen im Jahr 1942 sowie zwei Auswanderungen im Folgejahr 1943. Vergleiche dazu Tabelle 22: Auswanderung aus München nach Emigrationsjahr und -monat im Anhang. Auf eine graphische Darstellung dieser IV. Phase wurde aufgrund der geringen Höhe der Emigration aus München verzichtet.

418 Auffällig ist die hohe Anzahl von Juden ausländischer Staatsangehörigkeit: Nur neun der Spätemigranten waren Deutsche, drei hatten die Schweizer, drei die tschechische und vier die ungarische Staatsangehörigkeit. In fünf Fällen war das Emigrationszielland die Schweiz, darunter befanden sich vier Rückwanderer. Die vier ungarischen Münchner Juden wanderten ebenfalls in das Land ihrer Staatsangehörigkeit zurück. Doch auch die USA und Großbritannien wurden je fünf- bzw. dreimal zum Zielland der Spätauswanderer. Es finden sich im Sample der Spätauswanderer alle Altersgruppen; der älteste von ihnen war beim Verlassen des Reichs 74 Jahre, die jüngsten – Zwillinge – gerade 18 Jahre alt. Die Geschlechtsverteilung verzeichnet entsprechend der Verteilung in der Gruppe der in München verbliebenen Juden einen leichten Frauenüberschuss. Getauft waren fünf Personen dieser Gruppe, sieben waren sogenannte Mischlinge 1. Grades. Auch beruflich ist die Gruppe stark gemischt – vom Hofmöbelfabrikanten über eine Opernsängerin bis hin zu Studenten der Chemie und landwirtschaftlichen Lehrlingen finden sich sehr unterschiedliche Berufsgruppen.

noch möglich waren. Dabei scheint es sich allerdings jeweils um spezifische Einzelfälle gehandelt zu haben, so dass keine Rückschlüsse auf eine Regelhaftigkeit des Verfahrens nach dem Emigrationsverbot getroffen werden können. Eventuell könnte ein Vergleich der Spätauswanderer verschiedener Städte einen tieferen Einblick in die Emigrationsprozesse nach dem Erlass des Emigrationsverbots liefern.

4.3 „The ones left behind": Gescheiterte Emigrationspläne

Den 6.663 (46%) emigrierten und 677 (5%) binnenmigrierten Münchner Juden steht eine rechnerische Gruppe von 7.009 (49%) Zurückgebliebenen gegenüber.[419] Nicht alle befanden sich im November 1941 in München: Manche waren bereits zuvor eines „natürlichen" Todes gestorben,[420] hatten Suizid begangen oder waren wie Markus Blechner schon vor dem Einsetzen der großen Deportationswellen in den KZs ermordet worden. Die Datenbank verzeichnet für den 1. November 1941 – kurz nach dem Verbot der Emigration und kurz vor dem Beginn der Deportationen aus München – noch 5.501 als jüdisch Verfolgte in der „Hauptstadt der Bewegung".[421] Will man die Geschichte der Emigration aus der Stadt verstehen, so müssen „nicht

---

419 Im Vergleich dazu wanderten aus dem Reich nach Lavsky 2017, S. 44, etwa 48%, aus Baden-Württemberg nach Sauer 1968, S. 346 und 391, ca. 62% der erforschten jüdischen Bevölkerung aus. Der deutliche Unterschied dürfte darin begründet sein, dass Sauer die gesamte baden-württembergische jüdische Bevölkerung, also auch die jüdische Landbevölkerung, untersuchte, die, wie in der vorliegenden Arbeit auch das *Kapitel 3.2.1* zeigte, früher unter stärkerem Verfolgungsdruck standen und insofern auch früher binnen- oder emigrierten.
420 Der Argumentation des Stadtarchivs folgend werden auch die vermeintlich natürlichen Tode zur Zeit der nationalsozialistischen Herrschaft in Frage gestellt. Selbstverständlich starben Menschen weiterhin an Altersschwäche, diversen Krankheiten oder in tragischen Unfällen. Manche dieser „natürlichen" Tode waren jedoch Konsequenz der nationalsozialistischen Verfolgung. Konkret nachvollziehen lässt sich dies bei Dr. Max Schülein, Auguste Schüleins Ehegatten. Er starb an einer Lungenentzündung, scheinbar ein natürlicher, wenngleich tragischer Todesfall. Tatsächlich aber war diese Krankheit eine Folge seiner Inhaftierung im KZ Dachau und Dr. Schülein ebenso ein Opfer der Verfolgungspolitik wie die später Deportierten.
421 Ophir et al. 1982, S. 486, stellt eine geringere Anzahl fest, ebenso Strnad 2011, S. 179. Beide berufen sich dabei auf die Daten des Bundesarchivs (BArch R 8150 26), die auf den Unterlagen der Reichsvereinigung der Juden in Deutschland basieren. Anders als diese Kartei verzeichnet die Datenbank jedoch auch die „Mischlinge" (567 Personen) und die in „Mischehe" lebenden Münchner Juden (726 Personen). Dies erklärt zumindest teilweise die Differenz der Angabe der Reichsvereinigung (3.240 Personen) und der Datenbank (5.501 Personen). Die Restdifferenz dürfte auf die breitere Erfassungsbasis der Datenbank zurückzuführen sein; so ergab eine Abfrage aller zehn ermordeter Familienmitglieder in der Kartei der Reichsvereinigung, dass nur Sigwart Cahnmann verzeichnet war.

zuletzt auch jene mit einbezogen werden, die nicht migrieren".[422] Sie, die sich selbst immer wieder als die „Zurückgebliebenen" bezeichneten,[423] unterschieden sich in ihren soziodemographischen Merkmalen auffällig von der Gruppe der Emigrierten. Die Gemeinschaft der Münchner Juden war am 1. November 1941 deutlich von den Entwicklungen der vergangenen Jahre geprägt. Merkmale des „Verfalls", die das deutsche Judentum – und ebenso Münchens – bereits vor 1933 gezeigt hatte,[424] hatten sich bedeutend verstärkt. So wuchs der Frauenüberschuss, der zuvor bei 54% gelegen hatte, auf fast 60% an.[425] Auch die Altersstruktur der Münchner Juden veränderte sich deutlich. Waren 1933 etwa 50% im Alter von 41 Jahren und älter – dies bereits das Anzeichen einer überalterten Gesellschaftsgruppe –, so waren es 1941 schon 73%.[426] Speziell diese Entwicklung hinterließ im Alltagsleben der Zurückgebliebenen deutliche Spuren: „We continue to have less and less [people around]; either they emigrate or they die and when people get together, you see nothing – but old people."[427]

Auch die Verarmung der jüdischen Gesellschaft aufgrund der „Arisierung", der Verdrängung aus allen Berufen sowie der Einschränkungen in der Verfügungsgewalt über das eigene Vermögen betraf jeden noch in München verbliebenen Juden. Teils waren, wie für das Ehepaar Goldschmidt,[428] monatliche Zahlungen aus dem Ausland nötig, um den Lebensunterhalt zu sichern. Statistisch lässt sich diese Entwicklung nicht nachzeichnen, jedoch finden sich in allen vier untersuchten Familien deutliche Hinweise auf die Schrumpfung des Vermögens.[429] Mehr noch

---

422 Wadauer, Sigrid: Historische Migrationsforschung. Überlegungen zu Möglichkeiten und Hindernissen. In: Österreichische Zeitschrift für Geschichtswissenschaften 19. Jahrgang, 2008 (Heft 1), S. 6–14. Argumentativ ähnlich, allerdings mit einem zeitlichen Schnitt Ende 1938, auch Jünger 2016, S. 394. Wie bereits gezeigt wurde, war das Jahr 1939 noch einmal ein wichtiges Jahr der jüdischen Emigration, so dass Jüngers Sample der „Zurückgebliebenen" nicht mit dem dieser Arbeit verglichen werden kann.
423 So beispielsweise Sabine Schwager, München, an Erwin Schwager, Hamburg. Brief vom 24.10.1938. Schwager Family Papers (vgl. Kapitelüberschrift).
424 Vergleiche dazu die in *Kapitel 2.2.3* genannten Arbeiten von Felix Theilhaber, Jacob Segall und anderen.
425 Cahnmann benennt den Frauenanteil im Mai 1938 mit 55%. Der Anteil errechnet aus den Angaben des Geschlechts in *Table I: Family Status of Jews in Greater Munich, 1938*. Cahnman 1941, S. 286.
426 Cahnmann beziffert den Anteil dieser Altersgruppe auf 64,5%. Cahnman 1941, S. 287.
427 Sabine Schwager, München, an Erwin Schwager, Pittsburgh. Brief vom 5.1.1941. Schwager Family Papers.
428 Nachweisbar in Genehmigungsbescheid des Finanzamt München-Süd vom 12.6.1940. StAM FinA 17444 (Goldschmidt Bernhard). Für die Versorgungszahlung ihres Bruders musste Magdalena Goldschmidt die Genehmigung des Finanzamts München-Süd sowie der Gestapo München einholen.
429 Beispielsweise bei StAM FinA 16998 (Cahnmann Sigwart); StAM FinA 19847 (Blechner Mar-

als diese soziodemographischen Entwicklungen prägte aber die Atmosphäre der alltäglichen Bedrohung, der Enge und der Einsamkeit das Leben der Zurückgebliebenen. Bereits 1938 berichtete Erwin Schwager von diesen Gefühlen; zu einer Zeit, als ein großer Teil der Münchner Emigranten noch nicht abgereist war:

> Es ist ein unsäglich trauriges Bild, an all die denken zu müssen, die nicht mehr hier bei einem sind, wo man einst mit ihnen mal zusammengelebt hat. (...) Ihr draussen habt den neuen Anfang, wir herinnen das letzte Ende durchzumachen. (...) Zwei grundverschiedene Dinge, die es bald mit sich bringen, dass die Fortgegangenen den Daheimgebliebenen fremd werden.[430]

Die Einsamkeit der Zurückgebliebenen war ein Thema in allen Emigrantenfamilien. Mina Blechner, die allein in München zurückgeblieben war, den Tod ihres Ehemannes verarbeiten musste und gleichzeitig in drückender Sorge um ihren Sohn Salo war, schrieb in eindrücklichen Worten: „Mein Herz weint in mir es gibt kein trost für mich bin elend allein verlassen von alle meine lb [lieben]!"[431]

Die Vereinsamung nahm mit dem wiederholten Verlust wichtiger Bezugspersonen stetig größere Ausmaße an und konfrontierte die Zurückgebliebenen immer wieder mit der eigenen, ausstehenden Emigration und mit der Ungewissheit zukünftiger Entwicklungen: „This morning, the Sterzels phoned from Nuernberg to say their goodbyes. (...) It was so terribly difficult around my heart, both of us could not talk on the telephone. (...) This constant parting from dear ones is a terrible strain on us and our constantly tested nerves."[432]

Für die Familie Goldschmidt, deren Umfeld vor 1933 genuin christlich war und die auch während der Zeit der Verfolgung keine nachweisbaren Kontakte zu ihren jüdischen Schicksalsgenossen aufbaute, schien diese Entwicklung noch tiefgreifender gewesen zu sein. Sie war angewiesen auf den Mut ihrer „arischen" Freunde und Bekannten, den Kontakt aufrechtzuerhalten. Annemarie und Elfriede, die in den Niederlanden wenig tun konnten, die Vereinsamung der Eltern zu verhindern, schrieben an eine Freundin: „Wir sind Euch ja so dankbar, daß ihr den Eltern manchmal in ihrer Einsamkeit Gesellschaft leistet."[433]

---

kus); StAM FinA 17444 (Goldschmidt Bernhard); BayHStA LEA 33952 (Schwager Leopold).
430 Erwin Schwager, München, an Dorle Landmann, New York. Brief vom 22.9.1937. Erwin Schwager: Private Correspondence (1937).
431 Nr. 184: Mina Blechner, München, an Jakob Blechner, Zürich. Brief vom 25.8.1941. Blechner Documents.
432 Sabine Schwager, München, an Erwin Schwager, Pittsburgh. Brief vom 30.7.1939. Schwager Family Papers.
433 Annemarie Goldschmidt, Koningsbosch, an Charlotte Embacher, München. Brief vom 25.3.1941. StadtAM Judaica Varia 144.

So verwundert es nicht, dass in dieser verzweifelten Grundstimmung und aufgrund des schier unaufhaltsam steigenden Verfolgungsdrucks, bald auch aufgrund der konkreten Bedrohung durch die einsetzenden Deportationen, die Selbstmordrate unter den Zurückgebliebenen immer weiter stieg. Strnad weist für die Jahre 1941 und 1942 insgesamt 133 Selbstmorde unter den Münchner Juden nach.[434] Einige wenige fanden eine andere Möglichkeit, sich der nationalsozialistischen Verfolgung zumindest zeitweise zu entziehen. Sie wagten in den Jahren ab 1941 den Weg in den Untergrund, oft als direkte Reaktion auf den Erhalt eines Deportationsbescheides. Schrafstetter berechnet eine Mindestzahl von 67 Münchner Juden, die diese Möglichkeit wählten, davon 21 in der Zeit zwischen Oktober 1941 und August 1942[435] und sieben Personen im Jahr 1943[436] sowie 39 rekonstruierbare Fälle im Winter 1944/45. Die Dunkelziffer dürfte, vor allem im letztgenannten Zeitraum, höher sein. Die meisten Münchner Juden jedoch ereilte das Schicksal der Deportation.

Viele von ihnen waren über die Situation der im Februar 1940 Deportierten der Stettiner Juden nach Lublin gut im Bilde, einerseits aufgrund der persönlichen Beziehungen des Münchner Rabbiners Dr. Bruno Finkelscherer zu den Deportierten,[437] andererseits aufgrund der Hilfssendungen, die die Münchner Gemeinde nach Lublin sandte.[438] Umso größer war das Entsetzen, als Anfang November auch ein Teil der Münchner Juden Deportationsbescheide erhielt. Mina Blechner schrieb am Tag des Erhalts ihres Gestellungsbescheides an ihren ältesten Sohn Jakob:

> Meine l. Kinder ich bin so verzweifelt ob wir uns noch amall im Leben sehen werden auch unsere lb. Tante! Ich habe heute die Einreise zum lb. Vater bekommen und am 11.11. ist die Abreise hoffentlich werde ich mit Gesund die weite Reise überstähen! und vieleicht wird es mir möglich sein nach Nebylec zu kommen do werde ich schon Glücklich sein.[439]

Auch die Ehepaare Goldschmidt und Schwager waren für diesen Transport eingeteilt. Diese erste Deportation aus München war Teil der sogenannten zweiten Deportationswelle aus dem Reich, während der im Zeitraum von November

---

434 Strnad 2011, S. 152.
435 Schrafstetter 2015, S. 57.
436 Schrafstetter 2015, S. 105.
437 Der Stettiner Rabbiner Dr. Herbert Finkelscherer war sein Bruder.
438 Behrend-Rosenfeld 1963, in diversen Einträgen zwischen Februar 1940 und November 1941.
439 Nr. 194: Mina Blechner, München, an Jakob Blechner, Zürich. Brief vom 10.11.1941. Blechner Documents. Gleich zweimal machte Mina hier versteckte Andeutungen: Einerseits habe sie „Einreise zum lb. Vater bekommen", der im KZ verstorben war, andererseits nennt sie ihren Geburtsort in Polen und weist damit eine Reise in den Osten hin.

1941 bis Februar 1942 über 30.000 Menschen nach Riga, Kaunas und Minsk verschleppt wurden.[440] Für den Münchner Transport im November 1941 waren gewisse Personengruppen ausgewählt worden. Die „Transportteilnehmer" sollten jünger als 65 Jahre, deutsche Staatsangehörige, „Volljuden" und nicht in kriegswichtigen Betrieben angestellt sein. 60% der Deportierten waren weiblich, viele ledig, der Altersdurchschnitt mit ca. 50 Jahren vergleichsweise niedrig. Familien sollten nicht getrennt, sondern immer nur gemeinsam deportiert werden.[441] Diese Vorgabe erklärt, weshalb das Ehepaar Cahnmann von der Deportation ausgenommen war: Sigwart Cahnmann war im November 1941 bereits 69 Jahre alt, wodurch auch seine zehn Jahre jüngere Ehefrau Hedwig von der Deportation ausgenommen war. Dass Mina Blechner trotz ihrer ausländischen Staatsangehörigkeit deportiert wurde, ist kein Einzelfall. Neben ihr wurden 72 andere polnische Staatsangehörige, außerdem Münchner Juden mit tschechischer, ungarischer, litauischer, rumänischer, russischer und österreichischer Staatsangehörigkeit verschleppt – allesamt Angehörige der besetzten oder verfeindeten östlichen Gebiete. Auch Staatenlose waren unter den Deportierten. Sie alle wurden im Lager Milbertshofen gesammelt und, da sich der Transport verzögerte, dort einige Tage festgehalten. In Milbertshofen mussten Vermögenserklärungen abgegeben werden, in denen das wenige verbliebene Eigentum aufgezählt und die Höhe des aktuellen Gesamtvermögens angegeben werden musste. Die Vermögenserklärungen von Bernhard und Magdalena Goldschmidt sind erhalten geblieben.[442] Am 18. November wurde beiden in einer „Zustellungsurkunde" der Einzug ihres Gesamtvermögens beurkundet.[443] All ihrer finanziellen Mittel und des Großteils ihres Eigentums beraubt, wurde das Ehepaar Goldschmidt am 20. November 1941, dem 43. Geburtstag von Magdalena, zusammen mit Leopold und Sabine Schwager, Mina Blechner und 993

---

440 Strnad 2011, S. 107–111. Dort auch eine detaillierte Analyse der soziodemographischen Merkmale der Deportierten der ersten beiden Transporte aus München. Mehr zu den Deportationen außerdem bei Stadtarchiv München (Hg.): Orte der Vernichtung. In überarbeiteter Version online verfügbar unter https://gedenkbuch.muenchen.de/index.php?id=deportationen. Zuletzt eingesehen am 1.9.2021. Ebenso Heusler, Andreas: Fahrt in den Tod. Der Mord an den Münchner Juden in Kaunas (Litauen) am 25. November 1941. In: „....verzogen, unbekannt wohin". Die erste Deportation von Münchner Juden im November 1941. Zürich 2000, S. 13f., sowie Schrafstetter 2015, S. 44–49.
441 So auch Behrend-Rosenfeld 1963, S. 122.
442 Vermögenserklärungen vom 11.11.1941. StAM OFD 6964 (Goldschmidt Bernhard). Für Leopold und Sabine Schwager sowie Mina Blechner wurden derartige Unterlagen nicht gefunden.
443 Zustellungsurkunde für Bernhard Goldschmidt vom 18.11.1941. StAM OFD 6964 (Goldschmidt Bernhard) sowie Zustellungsurkunde für Magdalena Goldschmidt vom 18.11.1941. StAM OFD 6964 (Goldschmidt Bernhard). Die Urkunden bezeichnen das Ehepaar als „Reichsfeinde" und bestätigen den Einzug des gesamten Vermögens.

anderen jüdischen Münchnern⁴⁴⁴ in Richtung des lettischen Ghettos Riga verschleppt. Aufgrund der Überfüllung des Ghettos wurde der Deportationszug kurzfristig umgeleitet und endete schließlich im litauischen Kaunas, wo die Deportierten einige Tage nach ihrer Ankunft von einem deutschen Einsatzkommando erschossen wurden. Keiner der Deportierten überlebte.⁴⁴⁵

Ob und wie es Bernhard und Magdalena Goldschmidt gelungen war, ihren Töchter in den Niederlanden von der anstehenden Deportation zu berichten, konnte nicht geklärt werden. Annemarie und Elfriede wussten zwar vom Abtransport, jedoch nicht vom Verbleib oder dem weiteren Schicksal ihrer Eltern.⁴⁴⁶ Erwin Schwager wartete, nachdem er voller Hoffnung das Kuba-Visum an die Eltern gesandt hatte, täglich auf deren Mitteilung über die erfolgreiche Ausreise aus dem Reich. Der letzte Brief von Sabine und Leopold Schwager war besorgniserregend gewesen, umso mehr, als dessen Inhalt kryptisch und vielsagend erschien:

> It is a shame that constant changes may be possible; otherwise, we could have progressed more already. It is my greatest desire for you to have assurance of what is going to happen with us here. (...) My thoughts are restlessly moving from place to place. Each day brings new changes. (...) And if everything was for nothing, at least one has a good conscience; even then one finds no peace!⁴⁴⁷

Statt der Bestätigung einer erfolgreichen Ausreise erreichte ihn im November telegraphisch sowie brieflich eine wahre Hiobsbotschaft:

> YOUR PARENTS WERE MOVED TOGETHER WITH ALL RELATIVES TO ANOTHER LOCATION. EMIGRATION TO CUBA IMPOSSIBLE. (...) Alois Frank was here on business and brought to me from Aunt Lilly the bad news that your dear parents together with all relatives were brought into a camp. They are made ready for a transport to the East (...) Regretfully, all hopes and wishes have not helped. The Cuba Visum arrived too late.⁴⁴⁸

---

444 Einige der Transportteilnehmer stammten aus umliegenden Dörfern und Städten; den Großteil des Transports machten jedoch Münchner Juden aus.
445 Mehr zum Verlauf dieser Deportation und dem Schicksal der Betroffenen bei Heusler 2000, S. 18–21.
446 „Die Eltern sind nicht mehr in München. Das wißt ihr doch sicher. Wir haben noch nichts Näheres gehört, aber hoffen bald Berichte zu erhalten". Elfriede Goldschmidt, Koningsbosch, an Charlotte Embacher, München. Brief vom 1.12.1941. StadtAM Judaica Varia 144.
447 Sabine Schwager an Erwin Schwager, Pittsburgh, und Joseph Teller, Verona. Brief vom 3.11.1941. Schwager Family Papers. Behrend-Rosenfeld 1963, S. 121, berichtet von Gerüchten über eine anstehende Deportation, die bereits Anfang November in München aufgekommen waren. Es ist also durchaus denkbar, dass Sabine Schwager während des Verfassens dieses Briefes bereits eine Vorahnung des Kommenden hatte.
448 Maria Lugert, Verona, an Erwin Schwager, Pittsburgh. Brief vom 22.11.1941. Schwager Family Papers. Maria Lugert war die Lebensgefährtin Joseph Tellers. Dieser war zum Zeitpunkt des

Von allen untersuchten Familienmitgliedern verblieben nach dieser ersten großen Deportation nur Hedwig und Sigwart Cahnmann in München. Während Hedwig Zwangsarbeit leisten musste, erkrankte Sigwart Cahnmann schwer. Er litt an Magenkrebs, ausgelöst durch ein Magengeschwür, und musste sich im Januar einer schwierigen Operation im Jüdischen Krankenhaus unterziehen.[449] An den Folgen dieser Krankheit verstarb er eine Woche später, am 13. Januar 1942.[450] Hedwig Cahnmann, die durch seinen Tod den Altersschutz verlor, der sie vor der ersten Deportation bewahrt hatte, wurde im April 1942 der zweiten großen Deportation aus München zugeteilt. Die Betroffenengruppe dieses Transportes wies ähnliche soziodemographische Merkmale auf wie die Deportierten der ersten Gruppe.[451] Ziel dieser Deportation war Piaski; die Überlebenden wurden später nach Sobibor weitertransportiert und dort ermordet.[452] Das genaue Schicksal Hedwig Cahnmanns ist unbekannt; wie alle anderen Deportierten dieses Transports kehrte sie nicht nach München zurück. In den Folgemonaten und -jahren wurden immer wieder Münchner Juden deportiert. Insgesamt verzeichnet die Datenbank des Münchner Stadtarchivs mit Stand vom 31. Dezember 2018 4.033 Deportierte; nicht alle von ihnen wurden allerdings aus München deportiert. Für München selbst weist Strnad eine Gesamtzahl von 3.450 Deportierten aus.[453]

Nach der Deportation lief die „Aktion 3" an: Dieser Deckname bezeichnete die Verarbeitungsmaschinerie der von den Deportierten zurückgelassenen Besitztümer, beispielsweise Wohnungen inklusive des Hausrats, Bankkonten oder

---

Besuchs von Alois Frank derart schwer erkrankt, dass Maria Lugert ihm die Nachricht von der Deportation seiner Schwester erst einige Wochen später mitteilte. Alois Frank war in „privilegierter Mischehe" mit einer jüdischen Tante Erwins verheiratet. Als „Arier" unterlag er den Reisebeschränkungen der jüdischen Münchner nicht und konnte unter dem Vorwand einer Geschäftsreise nach Italien reisen, um Joseph Teller die Nachricht, die postalisch nicht mitgeteilt werden konnte, zu überbringen.
449 StAM WB I a 3380. Werner Cahnmann. Eidesstattliche Erklärung vom 6.4.1956. So auch Tagebuchnotizen von Hans Cahnmann. LBI: Werner and Gisella Cahnman Collection. AR 25210 Box 3 Folder 51.
450 Listen von Angehörigen der Vereinten Nationen, anderer Ausländer, deutscher Juden und Staatenloser. Cahnmann Sigwart. ITS Digital Archives, Arolsen Archives 2.1.1.1/70118473. Ebenso Cahnmann, Sigwart. Korrespondenzakte T/D – 858 624. ITS Digital Archives, Arolsen Archives 6.3.3.2/107343767. In diesen letztgenannten Unterlagen wird als Todesursache außerdem ein „Kräfteverfall" genannt.
451 Strnad 2011, S. 116–120.
452 Schrafstetter 2015, S. 44f. Mehr dazu bei Gruner, Kollektivausweisung, S. 55.
453 Strnad, Maximilian: Die Deportationen aus München. In: Münchner Beiträge zur Jüdischen Geschichte und Kultur, S. 76–96, hier S. 81.

Wertpapiere.⁴⁵⁴ Nachweisbar ist die Versteigerung der verbliebenen Gegenstände der Familien Schwager und Goldschmidt. In beiden Fällen wurden in Münchner Schulturnhallen Versteigerungen durchgeführt und die letzten Reste des Lebens der jüdischen Münchner Familien zu Schleuderpreisen an die Bietenden verteilt.⁴⁵⁵ Unter den Besitztümern der Familie Schwager befand sich auch die Schreibmaschine, auf der Leopold und Sabine Schwager vom Sommer 1938 an die Briefe an ihre Söhne in den USA und Palästina getippt hatten.

Die Münchner Emigranten litten unter der Ungewissheit über das Schicksal ihrer deportierten Angehörigen. Schrafstetter legt dar, dass sowohl die in München verbleibenden Juden als auch die im Ausland in Sicherheit gebrachten jüdischen Münchner wohl spätestens im Sommer 1942 eine Ahnung vom Schicksal der Deportierten haben mussten.⁴⁵⁶ Im Herbst 1942 berichteten die Alliierten ausführlich über die Gräueltaten der Nationalsozialisten.⁴⁵⁷ Diese Nachrichten verstärkten die Befürchtungen der Emigranten um ihre zurückgelassenen und oftmals bereits deportierten Familienangehörigen und die Hilflosigkeit und Schuldgefühle gegenüber denen, die man scheinbar im Stich gelassen hatte. Auch Karl und Erwin Schwager tauschten sich im engen Rahmen der zensorisch kontrollierten Korrespondenzen über diese Neuigkeiten aus:

> I can write nothing about the terrible news from Poland and what is happening to all the Jews there, and in all of Hitler dominated countries. All we can say and write will not be enough, I cannot find words to speak about the atrocious reports. I don't know what to write here. However, if there is anything important to report I'll tell you.⁴⁵⁸

Die Töchter und Söhne der Familie Cahnmann erhielten im März 1943 die Nachricht einer Freundin, die ihnen den Tod von Hedwig Cahnmann mitteilt.⁴⁵⁹ Die Söhne der Familien Blechner und Schwager blieben bis nach dem Krieg, teils bis

---

454 Mehr dazu bei Kuller 2004, S. 24–32.
455 Versteigerungsniederschrift vom 12.2.1942. BayHStA LEA 33952 (Schwager Leopold) sowie Versteigerungsniederschrift vom 26. und 29.1.1942. StAM OFD 6964 (Goldschmidt Bernhard). Die verbliebenen Alltags- und Einrichtungsgegenstände der Familie Schwager brachten insgesamt 956 RM, die der Familie Goldschmidt 563 RM ein.
456 Schrafstetter 2015, S. 53f. Ebenso Dwork 2009, S. 288. Eine Aussage Siegfried Rosenfeld bestätigt dies: Tagebucheintrag von Siegfried Rosenfeld vom 11.10.1942. In: Behrend-Rosenfeld et al. 2011, S. 317f.
457 Dörner, Bernward: Die Deutschen und der Holocaust. Was niemand wissen wollte, aber jeder wissen konnte. Berlin 2007, S. 452–454.
458 Karl Schwager, o.O., an Erwin Schwager, Pittsburgh. Brief vom 16.12.1942. Schwager Family Papers.
459 Tagebuchnotizen von Hans Cahnmann. LBI: Werner and Gisella Cahnman Collection. AR 25210 Box 3 Folder 51.

an ihr eigenes Lebensende, im Ungewissen über die Umstände des Todes ihrer Eltern. Die Töchter des Ehepaars Goldschmidt erfuhren ebenfalls bis zu ihrem eigenen Tod in Auschwitz nichts vom Schicksal ihrer Eltern.

„Wer hatte das Pech, zurückbleiben zu müssen?",[460] fragt Laqueur. Zunächst einmal soll darauf hingewiesen werden, dass es nicht, wie die Frage impliziert, vorherbestimmtes Schicksal gewesen war, zurückzubleiben. Viele derjenigen, die sich nach dem Emigrationsverbot noch in München befanden, hatten sich lange Zeit bewusst zum Verbleib entschieden oder durch ein abwartendes Verhalten die Entscheidung zur Emigration vor sich hergeschoben. Ihre Argumente waren stichhaltig gewesen: Man schätzte die Bedrohungslage als nicht ernst genug ein, den Schritt in die Emigration zu vollziehen,[461] hatte familiäre Bindungen und persönliche Verpflichtungen in der Heimat, hörte die abschreckenden Erfahrungsberichte gescheiterter oder leidgeprüfter Emigranten,[462] befand den Verbleib in einer bedrohlichen, aber bekannten Lage als sicherer als den Wegzug ins Unbekannte,[463] zweifelte aufgrund des Alters, der Berufsausbildung oder des eigenen Charakters die persönlichen Fähigkeiten zur Integration in einem fremden Zielland an, fürchtete die organisatorischen Schwierigkeiten oder wollte schlicht dem nationalsozialistischen Auswanderungsdruck nicht stattgeben. Erst langsam begannen die deutschen Juden zu erahnen, dass die Situation im Reich nicht nur nicht erträglich, sondern auch lebensbedrohlich wurde. Dann jedoch war es, wie unter anderem die Analyse der Auswanderung in die USA gezeigt hat, oft zu spät gewesen; nun war das Zurückbleiben nicht mehr freiwillige Entscheidung, aber auch nicht Pech, sondern die Konsequenz der sich verschlechternden internationalen Lage mit all den damit in Zusammenhang stehenden Entwicklungen bezüglich Immigrationszulassungen und Transportwegen. Letztendlich war es schlicht zu spät:

> Wir letzten Zurückgebliebenen haben sicher viel Gründe gehabt, hier zu verharren, aber es zeigt sich, dass es törichte Scheingründe waren, die wir hätten durchschauen müssen. Wir glaub-

---

460 Laqueur 2000, S. 52.
461 So beispielsweise Erwin Schwager: The 50th Anniversary of Kristallnacht. Yom Kippur 1989. Schwager Family Papers. Er argumentiert auch ein halbes Jahrhundert nach der NS-Zeit und im Wissen um das Ergebnis der nationalsozialistischen Verfolgungspolitik zu Recht damit, dass die Situation für die Zeitgenossen uneinschätzbar war.
462 So besonders Kwiet 1988, hier S. 134.
463 Jean [Hans Cahnmann], Frankreich, an Werner Cahnmann, London. Brief vom 20.1.1940. LBI: Werner and Gisella Cahnman Collection. AR 25210 Box 2 Folder 5 Hans schreibt: „Et il faut etre tres prudent et savoir surement si un visa permet vraiment d'entrer das un pays; d'etre force de retourner serait catastrophal. Il serait peutetre plus sage de garder le peu d'argent qui sera a votre disposition pour une chose definitife et sure. Et un malheur anguel on est deja familier est meilleur qu'eun malheur nouveau."

ten törichter Weise nicht daran, dass so etwas möglich wäre (...) Wir waren blind und taub und hörten auf die Stimme von Scholom wie zu Jeremias Zeiten, wo doch längst der Friede, die Treuga Dei, uns aufgesagt u. wir klar und deutlich in die Acht getan, als Staatsfeinde erklärt waren.[464]

4.4 „Sie haben uns auch geholt": Deportation aus der Emigration

Doch nicht nur die Juden im Reich waren ab 1941 von den einsetzenden Deportationen bedroht. Auch aus den besetzten Gebieten begannen die Deportationen, was nicht nur die jeweilige nationale jüdische Bevölkerung bedrohte, sondern auch die dorthin emigrierten deutschen Juden. Strauss schätzt die Zahl der deportierten Emigranten auf 30.000[465] oder etwa 10% der insgesamt 270.000–300.000 emigrierten Deutschen. Diese Zahl wurde seither in der Forschung wiederholt rezipiert,[466] obwohl eine Angabe zum Schätzvorgang oder zu etwaigem Datenmaterial fehlt. Tatsächlich ist der Nachvollzug der Schicksale jüdischer Emigranten im jeweiligen Zielland sehr schwer zu bewerkstelligen. Nicht nur müsste dazu eine Masse an Einzelpersonen nachverfolgt werden, auch machen fehlende Aufzeichnungen der Zielländer oder die Zerstörung von Unterlagen im oder nach dem Krieg eine Erforschung der Frage nach der Deportation aus der Emigration schwierig. Das Münchner Stadtarchiv verfolgte das Schicksal der emigrierten Münchner sehr detailliert, war jedoch selbstverständlich an das Vorhandensein von Quellen gebunden. Die folgenden Einschätzungen zur Deportation Münchner Emigranten sollten daher als Mindestzahlen gelesen werden, sind die statistischen Angaben doch nur Resultat der Sammlung aller nachweisbaren Fälle (siehe Tab. 5).

Für München lassen sich insgesamt 258 deportierte Emigranten nachverfolgen. Ein klarer zeitlicher Schwerpunkt der Deportation aus der Emigration liegt auf dem Jahr 1942. Ein Großteil wurden aus Frankreich, viele andere aus der Tschechoslowakei, Belgien, Polen und den Niederlanden deportiert. Diese Liste bildet grob die Länder ab, deren ansässige Juden ebenfalls zu hohen Anteilen deportiert und ermordet wurden.[467] Anhand der Beispiele Polens und Ungarns lässt sich nachvollziehen, wie schlecht die Quellenlage insbesondere für die osteuropäischen Länder ist: In keinem einzigen Fall ist das Deportationsdatum oder

---

464 Unbekannter Absender, Berlin, an unbekannten Adressat, o.O. Brief vom 19. November 1941. Nachlass von Alfred Wiener. YIVO Territorial Collection. Germany II RG 116 Box 9.
465 Strauss 1980, S. 327.
466 Unter anderem bei Schäbitz 2000, S. 67, oder Benz 2008, S. 13.
467 Im Falle Frankreichs betrifft diese Bemerkung die Gebiete des Vichy-Regimes.

Tab. 5: Nachweisbare Fälle der Deportation Münchner Emigranten nach Jahr und Emigrationsland

Jahr	AT	BE	CZ	FR	HU	IT	LU	NL	PL	YU	Ges.
1941	1	5						1			7
1942	4	18	34	49		1	4	12		1	123
1943		12	1	22				5			40
1944		3	2	8		17		13			43
1945		1									1
unbek.					12				32		44
Gesamt	5	34	42	79	12	18	4	31	32	1	258

Tab. 6: Anteil der Deportierten an den Münchner Emigranten nach Zielland

	BE	CZ	FR	HU	IT	NL	PL	Gesamt
Münchner Emigranten	90	86	242	49	137	151	73	6.663
davon deportiert	34	42	79	12	18	31	32	258
% deportierte Emigranten	38 %	49 %	33 %	24 %	13 %	21 %	44 %	3,9 %

-jahr bekannt; einzig Todesdaten stehen in vielen Fällen zur Verfügung (siehe Tab. 6). Für diese Länder ist von einer hohen Dunkelziffer auszugehen.

Ein Vergleich der Anzahl der deportierten Emigranten mit der Münchner Gesamtauswanderung in das jeweilige Zielland zeigt, dass in einigen Ländern der Deportationsanteil sehr hoch war – darunter die Tschechoslowakei, Polen,[468] Belgien und Frankreich. In anderen, vor allem Italien, scheint die Quote hingegen sehr niedrig gewesen zu sein. Insgesamt kennt die Datenbank des Münchner Stadtarchivs mit 258 Verzeichneten einen Gesamtanteil von 3,9% Deportierten unter den Emigranten. Dieses Ergebnis ähnelt auffallend dem von Sauer konstatierten Anteil von 3,7% Deportierten unter den Emigranten Baden-Württembergs.[469] Selbst unter der Annahme, dass diese Zahlen aufgrund der lückenhaften Quellenlage und der Schwierigkeiten in der Weiterverfolgung einzelner Emigrantenschicksale nur einen Mindestanteil ausmachen, scheint Strauss' Schätzung von 10% Deportierten unter den Emigranten folglich zu hoch angesetzt.

---

[468] Für Polen ist jedoch die Quellenlage, wie oben besprochen, als lückenhaft zu bewerten, so dass von einer höheren Deportiertenquote ausgegangen werden muss.
[469] Sauer 1968, S. 392.

Das Schicksal der Deportation aus der Emigration ereilte auch die Schwestern Annemarie und Elfriede Goldschmidt in den Niederlanden.[470] Nach dem deutschen Überfall auf die Niederlande und der Kapitulation der niederländischen Armee befanden sich die Schwestern seit Mitte Mai 1940 wieder im Einflussbereich der Nationalsozialisten. Es scheint, als wären im Frühjahr 1942 auch in den Niederlanden Gerüchte über das Schicksal der nach Osten deportierten Juden verbreitet worden.[471] Bestärkt wurde dieser Eindruck sicherlich dadurch, dass Annemarie und Elfriede seit der Deportation ihrer Eltern aus München im November 1941 keinerlei Nachrichten mehr von ihnen erhalten hatten. Durch eine plötzliche Veränderung der innenpolitischen Situation drohte auch ihnen nun die Deportation.[472] Anfang August 1942 wurden die Schwestern aus dem Kloster heraus verhaftet und mit einer Gruppe katholischer Juden über Amersfort ins Sammellager Westerbork transportiert. In Deportationszügen wurde die Gruppe am 7. August 1942 in Richtung Auschwitz verschleppt. Annemarie und Elfriede gelang es unter ungeklärten Umständen, noch eine Postkarte nach München zu senden, die ihr Schicksal ankündigte: „Wir sind wieder im Reich mit sehr vielen Menschen zusammen."[473] Die beiden zu diesem Zeitpunkt 19- und 20-jährigen Schwestern wurden, anders als bisher angenommen, bei der Ankunft in Auschwitz selektiert[474] und entgingen so der sofortigen Tötung. Beide starben jedoch bald an den unerträglichen Lagerbedingungen: Annemarie am 26.8.1942,[475] Elfriede nur wenige Tage später am 5.9.1942.[476]

Das Schicksal der beiden Schwestern und Elfriede steht stellvertretend für die Lebenswege von wohl mehr als 250 Münchner Emigranten, die der national-

---

470 Vergleiche dazu den Titel des Kapitels: "Sie haben uns auch geholt", aus: Elfriede und Annemarie Goldschmidt, Westerbork, an Stefan Goldschmidt, Oss. Brief vom 5.8.1942. StadtAM Judaica Varia 144.
471 Hamans et al. 2010, S. 12. So auch, sehr früh, Kempner 1968, S. 53.
472 Zu den genauen Umständen dieser Deportation vergleiche *Kapitel 5.1.4.*
473 Annemarie und Elfriede Goldschmidt, o.O., an Inge Plößner, München. Postkarte o. D., wohl 7.8.1942. StadtAM Judaica Varia 144.
474 Vergleiche dazu Hamans et al. 2010, S. 51f., und Pfister, Peter: Blutzeugen der Erzdiözese München und Freising. Die Märtyrer des Erzbistums München und Freising in der Zeit des Nationalsozialismus. Regensburg 1999, die jeweils annahmen, dass die Goldschmidt-Schwestern sofort nach ihrer Ankunft getötet wurden.
475 „Eingetragen auf (...) Anzeige des Arztes Doktor der Medizin Meyer in Auschwitz vom 26. August 1942 (...) Todesursache: Akuter Magen- und Darmkatarrh". Sterbeurkunde von Annemarie Goldschmidt aus dem Sterbezweitbuch des Standesamtes Auschwitz vom 5.9.1942. ITS Digital Archives, 1.1.2.1/581029.
476 „Eingetragen auf (...) Anzeige des Arztes Doktor der Medizin Kremer in Auschwitz vom 7. September 1942 (...) Todesursache: Gehirnschlag". Sterbeurkunde aus dem Sterbezweitbuch des Standesamtes Auschwitz vom 5.9.1942. ITS Digital Archives, 1.1.2.1/581029.

sozialistischen Verfolgung trotz ihrer Auswanderung nicht entkommen konnten. Anders als Hans Cahnmann, der sich durch Weiterwanderung und Flucht letztlich rettete, blieben die Goldschmidt-Schwestern auch nach der Eroberung der Niederlande durch die deutsche Armee in ihrer Emigrantenheimat. Bereits in Sicherheit gewähnt, wurden die Schwestern von der nationalsozialistischen Verfolgungswelle erfasst, die über Europa hinwegrollte. Wie viele deutsch-jüdische Emigranten dieses Schicksal traf, ist letztlich nicht mehr ermittelbar. Fest steht jedoch, dass die Emigration aus dem Reich nur unter Einbezug der Erfahrungen der Minderheit der deportierten Emigranten untersucht werden sollte. Ihr Beispiel zeigt auf, dass Emigration nicht gleich Rettung bedeutete und Weiterwanderungen möglich und nötig werden konnten.

4.5 „Timing" als Rahmenbedingung aller Emigrationen

Die vorangegangenen Kapitel geben einen detaillierten Überblick über die Schicksale der jüdischen Münchner in ihrer Gesamtheit sowie über die Lebens- und Emigrationswege der untersuchten Familienmitglieder. Neben der Auswanderung, die mit 6.663 Emigranten einen großen Teil der Migrationsbewegungen Münchner Juden ausmachte, waren weitere beachtenswerte Arten der Migration die innerdeutsche Binnenmigration (677 Münchner Juden) sowie die Rückwanderung in zweierlei Ausprägung – die Rückwanderung von Münchner Juden in die Länder ihrer Staatsangehörigkeit sowie die Rückwanderung deutsch-jüdischer Migranten ins Reich. Diese lässt sich in ihrer statistischen Höhe nicht bestimmen, spielte jedoch im Empfinden der Zeitgenossen eine nicht zu vernachlässigende Rolle, zumal die Erfahrungen vorangegangener Emigranten auch die Emigrationsentscheidungen der Zurückgebliebenen beeinflussten.

In der Untersuchung der Emigration aus München im zeitlichen und räumlichen Verlauf zeigt sich wiederholt der Einfluss des von Dwork als „timing"[477] bezeichneten Zeitpunkts der Entscheidung zur Emigration auf deren Ausgestaltung. Im zeitlichen Verlauf der untersuchten Jahre änderten sich sowohl die Verfolgungssituation und die Auswanderungsbestimmungen des Reichs als auch die Immigrationsbestimmungen der Zielländer sowie deren Erreichbarkeit über Reisewege. Infolgedessen war jede einzelne Emigration beeinflusst von dem zum Emigrationszeitpunkt vorherrschenden einzigartigen Zusammenspiel historischer Ereignisse und der individuellen Lebenssituation des Auswanderers. In Phase I, den Jahren 1933 bis Herbst 1937, trafen nur verhältnismäßig wenige

---

477 Dwork 2010.

Münchner Juden, darunter Werner Cahnmann, die Entscheidung zur Emigration, und noch weniger Emigrationen wurden, wie die Hans und Fritz Cahnmanns, auch tatsächlich durchgeführt. Wichtigstes Zielland der Münchner Emigranten zu Beginn dieser Phase war Palästina, das jedoch bereits 1936 von den USA abgelöst wurde. Mit dem Ansteigen des Verfolgungsdrucks ab Herbst 1937 entschieden sich deutlich mehr Münchner Juden für die Emigration. Dieser Prozess lässt sich ab dem Sommer 1938 sowohl statistisch als auch anhand der schnell anwachsenden Warteliste im Stuttgarter US-Konsulat nachvollziehen. Die USA wurden im Jahr 1938 mit 54% aller Münchner Emigranten nicht nur prozentual, sondern auch absolut gesehen Hauptzielland der Wanderung aus der „Hauptstadt der Bewegung". Diese Masse an USA-Wanderern ist im Vergleich zur Auswanderung aus dem Reich sowie zu denjenigen deutschen Städten, für die entsprechende Emigrationsstatistiken bekannt sind, ein besonderes Charakteristikum der Auswanderung aus München.

Dem Novemberpogrom 1938 kam in dieser Phase eine Akzelerationsfunktion zu, da es die Umsetzung bereits vorbereiteter Emigrationspläne durch die Erhöhung des internen Drucks auf die Münchner Juden beschleunigte. Die Annahme, dass das Pogrom die verstärkte Auswanderung erst auslöste, konnte zumindest für das Münchner Beispiel statistisch und biographisch widerlegt werden. Einerseits stieg bereits in den Sommermonaten des Jahres 1938 die Emigration aus der Stadt an, wie Tabelle 22 und Abbildung 7 veranschaulichen. Auch die biographischen Untersuchungen bestätigen diesen Trend: Mit Eva Cahnmann, Leon Blechner und Karl und Erwin Schwager reisen in den Sommermonaten 1938 vier der untersuchten dreizehn Emigranten aus München ab. Weitere fünf von ihnen, Werner, Lilo und Auguste Cahnmann sowie mit hoher Wahrscheinlichkeit auch Annemarie und Elfriede Goldschmidt, hatten bereits vor dem November 1938 erste Schritte unternommen, um ihre Emigrationsplanungen zu konkretisieren. Beide Analyseperspektiven unterstreichen folglich die These, dass die Geschehnisse des Novembers nicht der Auslöser für Emigrationen waren, sondern vielmehr ihre Umsetzung beschleunigten.

Im Bereich der Zielländer hingegen fungierte das Novemberpogrom als Auslöser für eine Änderung von Einwanderungsregularien, allen voran in den wichtigen Immigrationsländern Großbritannien und den USA,[478] die rechtliche Rahmenbedingungen lockerten und weitere Einwanderungswege schufen. Unter

---

[478] Baumbach 2003, S. 43. Für Hamburg steht, ebenso wie für München, Großbritannien an zweiter Stelle der wichtigsten Zielländer. Im Gegensatz dazu gilt für die Gesamtauswanderung aus dem Reich Palästina als zweitwichtigste Destination, so auch für Karlsruhe nach Werner 1988, S. 242.

diesen Voraussetzungen des erhöhten Verfolgungsdrucks sowie neuer Immigrationsmöglichkeiten wurde 1939 für die Münchner Juden zum Jahr der stärksten Emigration. Die Auswanderungen vieler männlicher Juden wurden in dieser Phase unter der Androhung erneuter KZ-Haft durchgeführt, darunter die Werner Cahnmanns. Ein Gefühl der Dringlichkeit setzte ein, das viele jede Möglichkeit ergreifen ließ, die sich ihnen bot. Zu dieser Gruppe gehörte Oskar Blechner, dessen Emigration von den Unberechenbarkeiten der Umsetzung einer Emigration zeugt. Andere, wie die Ehepaare Goldschmidt und Schwager, zögerten weiterhin, endgültig einen Emigrationsweg zu wählen.

Die dritte Phase der Emigration aus München begann mit dem Kriegsausbruch im September 1939. Der Einschnitt, den der Kriegsbeginn bedeutete, zeichnet sich statistisch deutlich ab. Er unterbrach abrupt die Emigrationspläne der noch in ihrer Heimat verbleibenden Münchner Juden, darunter Lilo Cahnmann und das Ehepaar Blechner, ebenso wie den Emigrationsprozess von Münchner Juden, die wie Jakob und Frieda Blechner inmitten der Durchführung ihrer Auswanderung vom Kriegsausbruch überrascht wurden. Kriegsbedingte Transport- und Visumsschwierigkeiten prägten in der Folge die Emigrationsversuche der jüdischen Münchner. Schnell wechselnde Immigrations- und Transitbedingungen veränderten permanent die Vorzeichen, unter denen die Auswanderung aus München stattfand, während gleichzeitig die Verfolgungslage in München auf ein existenzbedrohendes Level stieg. Nun verfolgten die Münchner Juden auch Emigrationswege, die zuvor noch undenkbar schienen, so Lilo Cahnmann, die an einem illegalen Transport nach Palästina teilnahm, sowie ihre Schwester Auguste, die durch die Bezahlung hoher Summen einen Weg in die Freiheit fand. Diese dritte Phase endete offiziell mit dem Auswanderungsverbot im Oktober 1941, das die Emigrationen der Ehepaare Schwager und Cahnmann an aussichtsreichen Punkten unterbrach. Ab diesem Zeitpunkt emigrierten nur noch vereinzelte Münchner Juden.

Die in München Verbliebenen waren nach dem Erlass des Emigrationsverbotes ebenso von der Deportation bedroht wie diejenigen Emigranten, die sich in den von der deutschen Armee nach und nach eroberten Nachbarländern befanden. Die Schicksale der Ehepaare Blechner, Cahnmann, Goldschmidt und Schwager belegen die tödliche Konsequenz gescheiterter Emigrationsversuche. Der Tod der Schwestern Annemarie und Elfriede Goldschmidt im Konzentrationslager Auschwitz verdeutlicht die Lebensgefahr, in der die eingeholten Emigranten sich befanden, wenn es ihnen nicht wie Hans Cahnmann gelang, Rettung in einem neuen Zielland zu finden.

Die statistischen und biographischen Untersuchungen der vergangenen Kapitel belegen auch, dass die Ergebnisse beider Perspektiven nur bei gemeinsamer Analyse zu validen Erklärungen für Phänomene der jüdischen Migration während der NS-Zeit führen. So kann beispielsweise das Novemberpogrom für die jüdische Emigration nur dann als Akzelerationsfaktor beurteilt werden, wenn die biographische Arbeit Einblicke in einzelne Emigrationsplanungen gibt. Andererseits ist die Analyse einzelner Auswanderungen nur dann aussagekräftig, wenn sie im Abgleich mit den statistischen Ausprägungen der Münchner Emigration eingeordnet und bewertet werden können. Die methodische Vorgehensweise der Verknüpfung quantitativer und qualitativer Erkenntnisse wird in den folgenden Kapiteln, wo immer möglich, fortgesetzt. Sie analysieren kollektive, interindividuelle und individuelle Einflussfaktoren auf die bereits nachgezeichneten Emigrationen der Münchner Juden in ihrer Gesamtheit sowie der 22 untersuchten Familienmitglieder im Besonderen.

5 Einflussfaktoren auf die Emigrationsprozesse der Münchner Juden

5.1 Kollektive Einflussfaktoren

5.1.1 Alter

> Wenn die volle Geschichte der Emigration der dreißiger Jahre einmal geschrieben werden wird (...), wird die Frage des Alters der Emigranten natürlich, aus Gründen, die keine Erklärung benötigen, eine zentrale Rolle spielen.[1]

Das Alter der Emigranten ist eines der am besten zu bestimmenden soziodemographischen Merkmale, da Angaben zum Geburtsdatum in vielen Quellen zu finden sind. Es ist daher oft bekannt und gut überprüfbar. Gleichzeitig deutet, neben der oben zitierten Aussage Peter Gays, vielerlei Quellenmaterial auf die Zentralität dieses Faktors im Kontext der Entscheidungs- und Durchführungsprozesse jüdischer Emigration aus dem Reich. Anhand der Münchner Datenbank lässt sich der Einfluss des Alters auf die Emigration auch statistisch verlässlich nachweisen: Sie kennt das Alter von 6652 (99,8%) der Auswanderer sowie von 14.203 (99%) der Gesamtheit aller jüdischen Münchner. Sie bietet somit eine sehr gute Datengrundlage für zuverlässige Analysen. Im Gegensatz dazu verzeichnen die bisher bekannten Statistiken zur Auswanderung aus dem nationalsozialistischen Deutschland oft nicht einmal dieses Merkmal, ein Anzeichen dafür, wie schwierig die Quellenlage und, damit verbunden, wie oberflächlich das bisherige Wissen über die soziodemographische Zusammenstellung der Gruppe der jüdischen Emigranten ist.

Bereits ein erster graphischer Überblick (siehe Abb. 6) über den Anteil der Emigranten an einzelnen Altersgruppen der Münchner Juden zeigt klar, dass ab dem Alter von 31 Jahren der Emigrantenanteil stetig abnahm. Gleichzeitig wird die bereits mehrmals erwähnte Überalterung der jüdischen Gesellschaft zu Beginn der nationalsozialistischen Herrschaft deutlich, die in den Jahrzehnten vor 1933 aufgrund von sinkenden Geburtenraten langsam entstand.

Fast die Hälfte aller deutschen Juden gehörte 1933 den Altersgruppen über 40 Jahren an. In den großen Stadtgemeinden war dieser Effekt verstärkt zu spüren: Stärker noch als in Berlin hatte in München die Altersgruppe ab 41 Jahren einen erhöhten Anteil von 50% an der jüdischen Gesamtpopulation. Basierend auf der Zugehörigkeit zu einer Altersgruppe ergeben sich gravierende Unterschiede in den Schicksalen der

---

[1] Gay, Peter: Verstreut und Vergessen. Deutsche Juden im Exil. München 2000, S. 34.

https://doi.org/10.1515/9783110727371-005

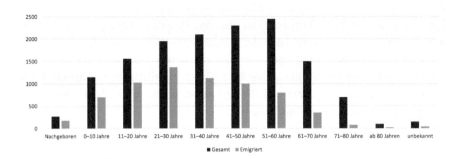

Abb. 6: Graphische Veranschaulichung des Emigrantenanteils an einzelnen Altersgruppen Münchner Juden

Münchner Juden (siehe Tab. 23).[2] Migration war stark überdurchschnittlich von jüngeren Altersgruppen geprägt, das Zurückbleiben von älteren.[3] Dieses Ergebnis überrascht nicht, weisen doch eine Vielzahl von zeitgenössischen Aussagen darauf hin:

> Die Auswanderung rekrutiert sich gerade aus (…) den Jugendlichen und den Berufstätigen zwischen 20 und 50 Jahren. Die statistischen Ergebnisse (…) haben gezeigt, daß 60% der Auswanderer auf die Gruppe zwischen 20 und 50 Jahre entfallen. Innerhalb der jüdischen Bevölkerung in Deutschland umfaßt diese Gruppe aber nur noch rund 35%. Es ist also mit dem Binnen- und Auswanderungsprozeß eine rasch fortschreitende Vergreisung der jüdischen Gemeinschaft in Deutschland verbunden.[4]

Alter als Einflussfaktor auf Emigrationen ist kein Spezifikum der jüdischen Emigration aus dem nationalsozialistischen Deutschland.[5] Einzigartig waren jedoch

---

2 Für Berlin: 49% aller Juden über 40 Jahre alt. Für München: Table VII: Percentage Distribution of Age Groups in the Total and Jewish Population in Germany, Large Cities, and Berlin in Rosenthal 1944, S. 244. Neben Abbildung 6 vergleiche auch Tabelle 23: Lebenswege der Münchner Juden nach Altersgruppen im Anhang. Die folgende Übersicht wertet das Gesamtsample von 14.349 in der Datenbank erfassten Münchner Juden aus. Dies bedeutet, dass sich unter den Untersuchten auch diejenigen Personen befinden, die erst nach 1933 in der Stadt lebten. Für die nach 1933 Geborenen wird zur besseren Unterscheidbarkeit eine eigene Altersgruppe angelegt; diejenigen, die nach 1933 zuzogen, werden der Einfachheit halber jedoch in die jeweils entsprechende Altersgruppe integriert.
3 Während die Altersgruppe der 0–20-Jährigen nur 19% der Münchner Juden ausmachte, stellte sie 36% der Binnen- und 26% der Emigranten. Aus der Altersgruppe der 41–60-Jährigen hingegen, der insgesamt 33,5% aller Münchner Juden angehörten, emigrierten nur 27%, während über 40% in München zurückblieben.
4 Birnbaum 1938, S. 465.
5 Zur Bedeutung des Faktors Alter für Migrationsprozesse unter anderem Laubenthal, Barbara;

die Kontexte von Verfolgung, Immigrationsoptionen und Unterstützernetzwerken, die sich sowohl im Vergleich mit anderen Migrationsbewegungen als auch jeweils altersspezifisch innerhalb der Migrationsbewegung unterschieden. Das Alter eines jüdischen Deutschen beeinflusste den Verfolgungsdruck, dem er oder sie ausgesetzt war. Früh machte die nationalsozialistische Führungsschicht deutlich, dass eine möglichst vollständige Auswanderung der deutschen Juden Hauptziel antisemitischer Politik war:

> Das Ziel der Judenpolitik muß die restlose Auswanderung der Juden sein. (...) Deutschland muß ihnen ein Land ohne Zukunft sein, in dem wohl die alte Generation in ihren Restpositionen sterben, nicht aber die junge leben kann, so daß der Anreiz zur Auswanderung dauernd wach bleibt.[6]

Von jungen Juden ging aus dieser Perspektive die Gefahr aus, das Erreichen des Endziels der nationalsozialistischen Politik, Deutschland „judenfrei" zu machen, jahre- und jahrzehntelang zu verzögern. Nationalsozialistische Maßnahmen richteten sich so verstärkt auf die Lebenswelten der jungen und mittelalten Altersgruppen, um dort einen spürbaren Auswanderungsdruck zu erzeugen.

Kinder, Jugendliche und junge Erwachsene waren bereits sehr früh von antisemitischen Vorfällen betroffen. In den Schulen und Universitäten wehte oft schon vor 1933 ein judenfeindlicher Wind. In München hatte die antisemitische Atmosphäre bereits in den frühen 1920er Jahre hohe Wellen geschlagen. Dem konnten sich die jungen Münchner Juden nicht leicht entziehen, worüber es vielfältige Berichte gibt.[7] Vor allem die Münchner Universität, an der viele Juden studierten, war „ein Herd des Antisemitismus".[8] Auch Hans Cahnmann, der das Wittelsbacher Gymnasium und später die Ludwig-Maximilians-Universität besuchte, berichtete von derartigen Erfahrungen: „To some extent I expe-

---

Pries, Ludger: Alter und Migration – eine transnationale Perspektive. In: Baykara-Krumme, H., Motel-Klingebiel, A. und Schimany, P. (Hg.): Viele Welten des Alterns: Ältere Migranten im alternden Deutschland. Berlin 2012, S. 385–410, oder im historischen Kontext Fuchs, Robert: Heirat in der Fremde. Deutschamerikaner in Cincinnati im späten 19. Jahrhundert. Paderborn 2014 (Studien zur historischen Migrationsforschung, 29), der sich auch mit den Einflussfaktoren Religion und Schichtzugehörigkeit beschäftigt.
6 Memorandum des SD-Amtes IV/2 an Heydrich, 24. Mai 1934. Sonderarchiv Moskau, 501/1/18. In: Wildt 1995, S. 66f.
7 Cahnman 1979, S. 414. Werner Cahnmann berichtet an dieser Stelle von einem Vorfall am Römer'schen Institut an der Kaulbachstraße, bei dem er einen jüngeren jüdischen Schüler vor Misshandlungen durch dessen Klassenkameraden schützte; dies geschah zu Beginn der 1920er Jahre. Vergleiche dazu auch Brenner 2019.
8 Ophir et al. 1982, S. 463.

rienced [antisemitism] in high school as I told you before and I experienced antisemitism afterwards when I went to university. But it was all hidden antisemitism, no open confrontation."⁹ Er entschied sich bereits Ende der 1920er Jahre gegen eine Dissertation in Chemie, „because [this] required a minimum of 4 years and I was afraid the Nazis would take over completely before that time. Didn't want to risk it."¹⁰

Stattdessen promovierte er in Pharmazie, einem Fachbereich, in dem die Dissertation innerhalb von zwei Jahren abgeschlossen werden konnte. Doch auch der Schritt in die Arbeitswelt gelang ihm nicht; die Anstellung in der Chemischen Fabrik Isaria musste er aufgrund des hohen Verfolgungsdrucks bereits im Frühjahr 1933 wieder aufgeben. Gleich ihm machten viele junge Juden diese Erfahrung, dass ihnen eine berufliche Zukunft verstellt wurde. Dies war ein gezieltes Instrument der

> ‚Entjudung Deutschlands'. Eine solche kann nur erfolgen, wenn den Juden in Deutschland die Lebensbasis, d.h. die wirtschaftliche Betätigungsmöglichkeit, genommen wird. Die Förderung der Auswanderung (...) ist, soweit es sich um die jüngere Generation handelt, eine zwingende Notwendigkeit.¹¹

Maßnahmen waren beispielsweise die früh erfolgte Begrenzung der Anteile jüdischer Schüler und Studierender an Schulen und Universitäten.¹² Durch sie sank der Anteil der jüdischen Studierenden am deutschen Hochschulstudium drastisch. Das Informationsblatt des Zentralausschusses der deutschen Juden für Hilfe und Aufbau berichtet von einem Abfallen der jüdischen Studierendenzahlen um mehr als 80% zwischen dem Winterhalbjahr 1932/33 und dem darauffolgenden Winterhalbjahr.¹³ Doch nicht nur die Schüler- und Studierendenzahlen, auch die Entwicklungen in bestimmten Berufsgruppen geben Aufschluss über die verhältnismäßig stärkere Betroffenheit junger Juden von den frühen Verfolgungsmaßnahmen der Nationalsozialisten. Betrachtet man die Berufsgruppe der Juristen, können altersbedingte Unterschiede in der Verfolgungssituation deutlicher nachvollzogen werden. Bereits Mitte März 1933 kam es zu einer Welle von

---

9 USHMM: Oral History Interview with Hans Cahnmann.
10 USHMM: Oral History Interview with Hans Cahnmann.
11 Sicherheitsdienst des RSFF, SA-Hauptamt: Zum Judenproblem. Januar 1937. IfZ MA 557. Mit „Förderung" ist hier die verstärkte Forcierung der Auswanderung durch eine Erhöhung des Verfolgungsdrucks gemeint.
12 Gesetz gegen die Überfüllung deutscher Schulen und Hochschulen vom 25.4.1933. RBGl. I 1933, S. 225.
13 Zentralausschuss für Hilfe und Aufbau 1934, S. 17. Ähnlich Kaplan 2010, S. 21.

Angriffen gegen Juristen, in Bayern wurden mit Wirkung vom 1. April 1933 alle jüdischen Richter und Staatsanwälte beurlaubt, in bayerischen Gerichten ein zeitweises Hausverbot für jüdische Rechtsanwälte ausgesprochen und beschlossen, dass die Stadt nur noch von „arischen" Rechtsanwälten vertreten werden sollte.[14] Ein völliger Ausschluss jedoch erfolgte nicht: Cora Berliner berichtete beispielsweise von einem Berufsverbot für etwa ein Viertel aller Anwälte der Berliner und Frankfurter Division,[15] Blau von einem Berufsverbot für 30% der bereits zugelassenen Juristen[16] im gesamten Reich. Noch gab es also Bereiche, in denen jüdische Rechtsanwälte tätig sein konnten. Schwieriger war die Lage für zukünftige Juristen: Die Aufnahme eines Rechtspflegestudiums für Juden wurde bereits am 7. April 1933 vollständig verboten.[17] Jungen Juden war dadurch die Möglichkeit verwehrt, diesen Beruf zu ergreifen. Pensionierte Juristen hingegen blieben von allen Regelungen unbetroffen, ihre Rentenzahlungen liefen vorerst weiter.[18]

Ferner haben die Lebenswege der Söhne der Familien Blechner, Cahnmann und Schwager bereits beispielhaft verdeutlicht, dass oftmals die junge Generation zuerst aus dem väterlichen Betrieben ausgeschlossen wurde, bevor auch die Väter als (Teil-)Inhaber ihre Geschäfte aufgeben mussten bzw. aus ihnen verdrängt wurden.

Diese Beispiele zeigen auf, wie Alter und Lebensphase einer Person zum distinktiven Merkmal innerhalb einer bestimmten Gruppe Verfolgter werden konnten und junge Juden früher vor schwerwiegenderen berufsbezogenen Ausschlussmaßnahmen standen als ihre älteren Kollegen. Diese Erkenntnis wurde früh sehr offen in der Münchner Gemeindezeitung diskutiert: „Wir Jungen sind uns darüber klar: es gibt kein Zurück mehr. Die Wirkung dessen, was in diesen Monaten geschehen ist, ist zu tief, als daß sie wieder aufgehoben werden kann. Das Alte wird nicht wieder kommen."[19]

---

14 Selig 1993, S. 398.
15 File 35: Cora Berliner: Statistical Material on the Jewish Question. LBI AR 1578.
16 Blau 1950, S. 18.
17 Gesetz über die Zulassung zur Rechtsanwaltschaft vom 7.4.1933. RBGl. I 1933, S. 188.
18 Ähnliches galt für Mediziner: Während jüdische Studierende in Bayern bereits im April 1933 nicht mehr zum Studium zugelassen wurden, konnten ihre bereits praktizierenden Kollegen ihre Stellung bis 1938, in Einzelfällen sogar darüber hinaus halten: Erlass des Bayerischen Ministeriums des Inneren vom 7.4.1933. In: Walk et al. 1981, I 50. Die Approbationen der jüdischen Ärzte erloschen am 30.9.1938 (IV. Verordnung zum Reichsbürgergesetz. RGBl. I 1938, S. 969f.). Teilweise wurde eine Fortführung der Praxis für jüdische Kranke als „Krankenbehandler" weiterhin gestattet.
19 Neumeyer, Karl: Aufgaben jüdischer Jugend in dieser Zeit. In: *Bayerische Israelitische Gemeindezeitung* IX. Jahrgang, 1.8.1933 (15), 225f. Der Sohn Alfred Neumeyers hieß Alexander Karl Neumeyer. Biographische Angaben, Zeitpunkt und Schreibduktus weisen darauf hin, dass vermutlich er der Autor des

Gleichzeitig beeinflusste das Alter eines angehenden Emigranten dessen Aufnahmewahrscheinlichkeit in den Zielländern, da die Immigrationsrichtlinien oft Altersgrenzen enthielten. In den ersten Jahren der NS-Herrschaft, in denen Palästina den größten Anteil an Emigranten aufnahm, machte der Anteil derjenigen, die auf Basis eines sogenannten C-Zertifikats (oder Arbeiterzertifikats) einreiste, jeweils knapp die Hälfte aller Immigranten aus.[20] Diese C-Zertifikate wurden nur an „Arbeiter zwischen 18–35 (evtl. 45) Jahren"[21] ausgegeben. So war die Hälfte der jüdischen Einwanderung nach Palästina bereits auf junge Altersgruppen beschränkt; ein Vorgehen, welches auf die Idee des Aufbaus der „Nationalen Heimstätte" zurückzuführen war. Für die wachsenden und neu entstehenden Siedlungen benötigte die jüdische Gemeinschaft Palästinas, der Jischuw, kräftige und anspruchslose Siedler, die die zionistische Ideologie verinnerlicht hatten und bereit waren, sich unter Zurückstellung eigener Ansprüche für den kollektiven Aufbau einzusetzen. Gerade in den frühen 1930er Jahren wurden diese Siedler unter den jungen Erwachsenen gesucht, in der Annahme, dass diese sich schneller und leichter anpassen würden und körperlich besser zur Siedlungsarbeit geeignet seien.[22] Und tatsächlich fanden sich, besonders in der jüdischen Jugend Deutschlands, viele, denen eine Zukunft in der Heimat verwehrt war und die umso empfänglicher waren für das Versprechen, zum Aufbau eines jüdischen Staates und einer echten Heimat beitragen zu können. „In der Jugend wurde der Zionismus zur dominierenden geistigen Kraft".[23] In München zeigte sich dieser Trend beispielhaft am Erfolg einer Vorführung des „lang erwartete[n] Palästina-Tonfilm [vor] dem jüdischen Publikum in München (…) Vielleicht die gelungenste und erfolgreichste Vorführung war die vor den jüdischen Jugendlichen Münchens".[24]

---

genannten Artikels war und diesen unter der Nutzung seines zweiten Vornamens veröffentlichte, so wie in dem Jahrzehnte später veröffentlichten familienbiographischen Buch Neumeyer, Alfred; Neumeyer, Karl und Noy-Meir Imanuel (Hg.): „Wir wollen den Fluch in Segen verwandeln". Drei Generationen der jüdischen Familie Neumeier: eine autobiographische Triologie. Berlin 2007 (Bibliothek der Erinnerung, 18). An dieser Stelle sei Dr. Andreas Heusler für seine Hilfe bei der Identifizierung des Autors gedankt.
20 File 677: Jewish Immigration into Palestine from Germany. 1.1.1933–30.6.1936. JDC NY AR193344.
21 Löwenthal, Ernst G.: Philo-Atlas. Handbuch für die jüdische Auswanderung. Berlin 1938, S. 143.
22 Diese Ansicht wurde später, auch aufgrund des steigenden Verfolgungsdrucks besonders auf Männer mittleren Alters, teilweise revidiert: File 678: W. Feilchenfeld: The German Aliyah 1939, in German and Hebrew. English Summary, 8.8.1939. JDC NY AR193344.
23 Teichert, Carsten: Chasak! Zionismus im nationalsozialistischen Deutschland 1933–1938. Köln 2000, S. 497f.
24 Zionistische Ortsgruppe München: Der Palästina-Tonfilm „Land der Verheißung" in München. In: *Bayerische Israelitische Gemeindezeitung* XII. Jahrgang, 1.6.1936 (11), S. 253. Ähnlichen

Dieser Anstieg der Palästina-Begeisterung unter jungen deutschen Juden, aber mehr noch die steigende Bedrohungslage führten zur Gründung und zum wachsenden Erfolg der Jugend-Alijah. Von Recha Freier und Henrietta Szold in Berlin und Jerusalem geführt, ermöglichte es diese Organisation, die berufliche Ausbildung von Kindern bis 16 Jahren aus dem deutschen oder ausländischen Hachscharah-Lagern in Siedlungen in Palästina zu verlegen, damit die Teilnehmer an der Jugend-Alijah das Deutsche Reich schneller verlassen und direkt in ihrem Zielland siedeln konnten. In den Kibbutzim bildete man sie teils in einem Beruf aus, teils wurde ihre schulische Bildung fortgeführt und vertieft, um sie so auf ihr späteres Leben als jüdische Siedler in Palästina vorzubereiten. Die Teilnehmer der Jugend-Alijah waren zwischen 14 und 16 Jahren alt. Ihre Einwanderung wurde auch von Regierungsseite aus unterstützt.[25] Die angegebene Altersgrenze wurde vergleichsweise streng eingehalten. Karl Schwager, der sich bereits seit seinem 14. Lebensjahr ohne Wissen seiner Eltern auf eine Auswanderung nach Palästina vorbereitet hatte,[26] befürchtete 1938, aufgrund seines Alters von der Teilnahme an der Jugend-Alijah ausgeschlossen zu werden: „There is only one difficulty yet. I still do not know whether I shall be confirmed. Since I am quite old by that time (On July 17 I shall be 17 years old)."[27]

Letztlich ließen die Einwanderungsregulierungen nur wenige legale Wege für Migranten der älteren Generation, darunter die „Verwandtenanforderung", die jedoch bereits 1939 vollständig verboten wurde. Insofern verwundert es auch nicht, dass „das Durchschnittsalter der Einwanderer nach Palästina wesentlich niederer [war] als das der Einwanderer nach den Vereinigten Staaten".[28]

Erfolg hatte ein Vortrag Hans Lamms vor den jüdischen Jugendbünden Münchens: Zionistische Ortsgruppe München: Berichte über Palästina-Reisen während der Unruhen. In: *Bayerische Israelitische Gemeindezeitung* XII. Jahrgang, 15.07.1936 (14), S. 315.

25 „Für diese Gruppe Jugendlicher, die nach Palästina gehen, besteht kein Mangel an Zertifikaten, da die palästinensische Regierung bisher jedem an sie herangebrachtem Wunsche entsprochen hat". File 14: Berufsumschichtung und Berufsausbildung. YIVO Records of the HIAS-HICEM Offices in Europe. RG 245.5, Folder 16.13 Auch für das „Kapitalistenvisa" oder Visa der Kategorie A1 bestand eine Altersbeschränkung von 18 bis 55 Jahren: Cohn et al. 1938, S. 42f.
26 PHM: Oral History Interview with Erwin Schwager.
27 Karl Schwager, München, an Ernst Seliger, Yagur. Brief vom 19.5.1938. Schwager Family Papers Letztlich emigrierte er einen Monat nach seinem 17. Geburtstag, den er während eines Vorbereitungslagers für die Jugend-Alijah in Berlin feierte, über Italien nach Palästina: Erwin Schwager, München, an Fanny Strauss, Brüssel. Brief vom 15.8.1938. Erwin Schwager: Private Correspondence (1938).
28 Lamm 1951, S. 232. Nach Lamm waren 17% der jüdisch-deutschen USA-Einwanderer 16 Jahre und jünger, 61% zwischen 16–44 Jahren und 22% über 45 Jahren. Im Gegensatz dazu waren 13% der deutsch-jüdischen Palästina-Wanderer 16 Jahre und jünger, 67% zwischen 17–40 Jahren und 20% über 41 Jahre alt. Vgl. ebd., S. 241 Fußnote 51. Ähnlich in der neuesten Forschung Lavsky 2017, S. 68f.

Tab. 7: Auswanderung aus München nach Altersgruppe und Zielland

Land	Nachg.	0–20	21–40	41–60	ab 61	unbek.	100%
US	71 2,74%	691 26,64%	1.002 38,63%	712 27,45%	116 4,47%	2 0,08%	2.594
PAL	8 0,89%	310 34,60%	352 39,29%	178 19,87%	46 5,13%	2 0,22%	896
GB	25 2,81%	300 33,67%	315 35,35%	196 22,00%	52 5,84%	3 0,34%	891
CH	3 1,09%	53 19,34%	75 27,37%	93 33,94%	50 18,25%		274
FR	3 1,20%	48 19,28%	90 36,14%	85 34,14%	21 8,43%	2 0,80%	249
AR	4 2,47%	42 25,93%	58 35,80%	47 29,01%	11 6,79%		162
NL	5 3,09%	36 22,22%	52 32,10%	47 29,01%	21 12,96%	1 0,62%	162
IT		26 17,81%	56 38,36%	47 32,19%	17 11,64%		146
BR	4 3,85%	25 24,04%	30 28,85%	38 36,54%	7 6,73%		104
PL		25 25,00%	30 30,00%	38 38,00%	7 7,00%		100
CN	5 5,15%	16 16,49%	48 49,48%	27 27,84%	1 1,03%		97
BE	2 2,08%	15 15,63%	40 41,67%	29 30,21%	10 10,42%		96
CZ	1 1,11%	12 13,33%	30 33,33%	39 43,33%	8 8,89%		90
AT		7 13,73%	19 37,25%	23 45,10%	2 3,92%		51
Sonst.	11 1,86%	106 17,94%	233 39,42%	187 31,64%	53 8,97%	1 0,17%	59
unbek.	3 1,88%	27 16,88%	80 50,00%	35 21,88%	15 9,38%		160
Ges.	145 2,18%	1.739 26,10%	2.510 37,67%	1.821 27,33%	437 6,56%	11 0,17%	6.663

Dieses Ergebnis Lamms bestätigt auch die Untersuchung der Zielländer der Münchner Emigranten nach Altersgruppe. Während der Schwerpunkt der Palästina-Wanderer eindeutig auf den Altersgruppen 0–20 sowie 21–40 Jahren liegt, waren die USA-Wanderer aus München insgesamt älter; bei ihnen ist die zweitstärkste Altersgruppe die der 41–60-Jährigen.[29] Deutlich lässt sich anhand dieser Zahlen auch nachvollziehen, dass diejenigen Emigranten, deren Zielländer europäische Nachbarländer waren, im Schnitt noch älter waren als die USA- und Palästina-Emigranten (siehe Tab. 7).

Besonders sticht unter den europäischen Zielländern die Schweiz hervor, die einen hohen Anteil an über 61-jährigen Münchnern aufnahm. Die Untersuchung der Zielländer einzelner Altersgruppen aus München bestätigt somit die

---

[29] Dieses Ergebnis wird bestätigt von zahlreichen Quellenmaterialien, unter anderem durch einen Bericht des Joint, der beschönigend bestätigt, "that we are receiving people on the threshold of their adult life of good possibility and with capacity for adequate adjustment". File 683: The German Emigres in the United States. 9.6.1938. JDC NY AR193344, S. 5. Mit der Steigerung des Verfolgungsdrucks im Reich stieg das Alter der deutsch-jüdischen Immigranten in die USA immer weiter an: File 802 und File 804. YIVO National Refugee Service.

Annahme, dass ältere Emigranten die räumlich näheren und kulturell sowie sprachlich ähnlicheren Zielländer bevorzugten, während sich die jüdische Jugend Münchens stärker der zionistischen Ideologie verschrieb und öfter als ihre älteren Geschwister und die Eltern- und Großelterngeneration Palästina als Zielland wählte. Diese Tendenz deutete bereits die biographische Untersuchung der Familien Cahnmann und Schwager an.

Die jüdischen Hilfsorganisationen passten sich den Gegebenheiten der Zielländer sowie dem steigenden Verfolgungsdruck im Reich stetig an und versuchten, die vorhandenen Ressourcen zielführend einzusetzen. Unterstützung sollte vor allem den jungen deutschen Juden zukommen, deren Zukunft nur im Ausland liegen konnte: „Es war ein allgemein anerkannter Grundsatz, daß junge Menschen in erster Linie gerettet und nach dem Ausland verbracht werden müßten, wo aber für Unterbringung, Erziehung und Ausbildung gesorgt sein mußte."[30] Gleichzeitig war den Hilfsorganisationen bewusst, dass ein „erheblicher Teil der in ihrer Zusammensetzung stark überalterten Judenheit in Deutschland (...) auswanderungsunfähig [war] und (...) seine Tage in Deutschland beschliessen [müsse]".[31] Auf diese geschätzt etwa 200.000 Personen sollten möglichst wenig der für die Emigration vorgesehenen Ressourcen verwendet werden, da deren Integrationschancen in den Zielländern als gering eingeschätzt wurden. Die erfolgreiche Integration jedoch war Voraussetzung für die von der Reichsvereinigung und den Hilfsorganisationen angestrebten Kettenmigrationen. Sie waren sich der Limitiertheit der Emigrationswege und Unterstützungsmittel bewusst und setzten so ihre Hoffnung auf die Hilfssendungen von Geld und Gütern aus den Zielländern an die Zurückgebliebenen sowie auf den von vorausgegangenen Emigranten initiierten Nachzug von Familienmitgliedern.[32] Die Strategie der Bevorzugung junger Auswanderer wurde nicht verschwiegen, sondern deutlich kommuniziert:

> The fact, however, is that, under the best of circumstances, it is physically impossible to remove all the Jews from Germany, because a good portion is not able to emigrate. At least half of the Jewish population in Germany are over 45 years of age, and it is physically impossible for a large part of them to get established in new countries.[33]

---

30 Dok IX 1: Max Hermann Maier, Auswandererberatung in Frankfurt/M. 1936–1938. Geschrieben 1961. Kommission zur Erforschung der Geschichte der Frankfurter Juden 1963, S. 384.
31 File 644: Protokoll der Sitzung des Rats bei der Reichsvereinigung vom 13.1.1938. JDC NY AR193344, S. 5. Ebenso Zentralausschuss: Arbeitsbericht 1936. LBI MF 1060, S. 26, sowie diverse Berichte an den Joint, u. a. File 626: On the situation of the Jews in Germany. 3.5.1933 oder File 630: On the situation of the Jews in Germany. 11.5.1937. Beide JDC NY AR193344.
32 File 683: NCC: Proceedings of Conference. 17.9.1938. JDC NY AR193344.
33 File 572: B.C. Vladeck: The German Jews, Palestine and the Zionists. Is It Possible to Get the

In der Folge wurden die Hilfsangebote für junge Juden erweitert. Darunter fiel die Erhöhung von Plätzen in den Vorbereitungslagern der Jugend-Alijah und den Umschichtungslagern der Reichsvereinigung und der Gemeinden.[34] Die Eröffnung einer Anlernwerkstätte der Münchner Gemeinde ab 1937 ermöglichte jungen Juden, Ausbildungskurse zum Elektriker, Schlosser oder Tischler zu besuchen.[35] Die Anlernwerkstätte war mit Unterbrechungen bis 1942 in Betrieb und ermöglichte etwa 200 jungen Münchnern und Juden aus dem Umland das Erlangen eines qualifizierenden Abschlusses in einem Handwerk. Die jüdische Gemeinde Münchens betrieb zudem ein Lehrlingsheim, in Wolfratshausen außerhalb Münchens konnten sich Schülerinnen ab 16 Jahren in der Hauswirtschaft ausbilden lassen.[36] Außerdem wurden Sprachkurse eingerichtet, die auf die Auswanderung vorbereiten sollten. Die Sprachkurse wurden nicht ausschließlich für junge Teilnehmer eingerichtet, dennoch waren einige Kurse gezielt auf sie zugeschnitten.

Die Hilfsorganisationen arbeiteten diesbezüglich nicht gegen die gesellschaftliche Meinung. Viele deutsche Juden unterstützten die Wanderung junger Personen. Nicht nur schienen die Rahmenbedingungen in den Zielländern für jüngere Emigranten passender, auch erwartete man von ihnen, anpassungsfähiger an neue Umstände, ausdauernder und körperlich belastbarer, kurz gesagt: besser für die Anstregungen einer Emigration gerüstet zu sein. Diese Einstellung fand sich noch Jahre später in den Berichten ehemaliger Emigranten wieder.[37] Hinzu kam, dass die älteren Juden nicht nur emotional, sondern auch ökonomisch weit stärker in ihrer Heimat verwurzelt waren:

> Viele Haushaltsvorstände in München, insbesondere die über 40jährigen, waren bis zu den katastrophalen Ereignissen des Jahres 1938 geneigt, für Aushalten zu plädieren. Sie fühlten,

---

Jews Out of Germany? Translation from "Forward". 17.12.1935. JDC NY AR193344. Ähnlich u. a. Hilfsverein: Korrespondenzblatt (Juli 1938), S. 74.
34 Vergleiche dazu diverse statistische Angaben in den Files 640, 642 und 646 der JDC NY AR193344.
35 File 123: Establishment of workshops for the study of craftsmen professions, by the initiative of the Verband Bayerischer Israelitischer Gemeinde (Association of Jewish Communities in Bavaria). YV M.1 Central Historical Commission (CHC) of the Central Committee of Liberated Jews in the US Zone, Munich.
36 Nähere Informationen zu den Ausbildungsmöglichkeiten in und um München bei Stadtarchiv München (Hg.): Einrichtungen der Israelitischen Kultusgemeinde München während der NS-Zeit. Zusammengestellt von Andreas Heusler, Brigitte Schmidt, Maximilian Strnad. In überarbeiteter Version online verfügbar unter https://gedenkbuch.muenchen.de/index.php?id=juedisches_leben_in_muenchen. Zuletzt eingesehen am 1.9.2021.
37 Adler-Rudel 1974, S. 10 und S. 73. Ähnlich Laqueur 2000, S. 40f.

daß sie an Land, Sprache und Geschäfte gebunden waren und fürchteten den Absturz in die ökonomische Abhängigkeit.[38]

Diese Gemengelage an Einflüssen – eine teils explizit auf jüngere Altersgruppen zugeschnittene Verdrängungspolitik der Nationalsozialisten, die Bevorzugung bestimmter Altersgruppen durch wichtige Immigrationsländer, der von den Hilfsorganisationen deutlich artikulierte Fokus auf die Unterstützung junger, erfolgversprechender Emigranten sowie die allgemein verbreitete Idee, junge Juden zuerst zu senden – führte dazu, dass es deutliche Unterschiede im Emigrationsverhalten unterschiedlicher Altersgruppen über den Gesamtzeitraum hinweg gab. Tabelle 8 zeigt diese Entwicklungen auf.[39] Machte in den ersten drei Jahren der Auswanderung, 1933 bis 1935, die Altersgruppe der 21–40-Jährigen noch jeweils knapp die Hälfte der Münchner Gesamtauswanderung aus, sank ihr Anteil in den Folgejahren stetig ab. Umgekehrt zu dieser Abnahme stieg der Anteil der älteren Altersgruppen in den Folgejahren stetig an.[40] Eine weitere Aufschlüsselung der Altersgruppe der 41–60-Jährigen bestätigt diese Tendenz: Auswanderer mit 40–45 Jahren emigrierten früher als eine Vergleichsgruppe der 55–60-Jährigen. Diese Tendenz verlief linear: Je jünger die Auswanderergruppe, desto eher ihre Emigration (siehe Tab. 8).

Deutlich lassen sich anhand der Daten, speziell im Bereich der Altersgruppe ab 61 Jahren, Anzeichen für Familiennachzüge erkennen. Jüngere Münchner emigrierten zuerst und holten dann die Eltern, teils auch Großeltern, aus München nach, oder sie unterstützten sie zumindest finanziell und organisatorisch in ihrer Emigration. Quellenmaterialien aus offiziellen Unterlagen[41] ebenso wie aus den

---

38 Cahnman 1982, S. 64.
39 Für die folgende Tabelle wurden die Alterskohorten in Relation zum Emigrationsdatum gebildet. Die Tabelle misst also immer das tatsächliche Alter bei Auswanderung anhand des Geburtsjahrs; die Geburtsjahrgänge der Kohorten verschieben sich folglich je nach Emigrationsjahr. Dies bedeutet, dass ein Emigrant mit Geburtsdatum 1.12.1912, der am 1.6.1933 auswanderte, bereits zur Kohorte der 21–40-Jährigen zählt, obwohl er seinen 21. Geburtstag erst einige Monate nach der Emigration feierte. Das Ergebnis ist hinreichend genau.
40 Dies entspricht dem Teilergebnis von Rosenstock 1956, S. 384, für die Jahre bis 1937.
41 Ein Bericht an den Joint beschreibt diese Entwicklung mit den treffenden Worten: „‚Children turn into letters'. There scarcely exists in Germany any Jewish parents, who have not got at least one child abroad". File 630: On the Situation of Jews in Germany. 11.5.1937. JDC NY AR193344. Das Jüdische Nachrichtenblatt bestätigt diesen Eindruck: „Es zeigt sich gerade jetzt, daß die älteren Jahrgänge bei der Auswanderung relativ günstig wegkommen, weil in den ersten Jahren vornehmlich die Söhne und Töchter ausgewandert sind. Diese sind es, die jetzt ihre Eltern nachkommen lassen, und das ist eine der hoffnungsvollen Seiten der jüdischen Auswanderung". Rückschau und Prognose. Betrachtungen zum jüdischen Auswanderungs-Problem. In: *Jüdisches Nachrichtenblatt* 1940, 23.2.1940 (16), S. 1.

Tab. 8: Auswanderung aus München nach Altersgruppe und Emigrationsjahr

Jahr	0–20		21–40		41–60		ab 61		unbek.		100%
1933	142	22,0%	314	48,6%	156	24,1%	34	5,3%			646
1934	100	27,1%	174	47,2%	79	21,4%	16	4,3%			369
1935	83	21,9%	190	50,1%	83	21,9%	23	6,1%			379
1936	129	22,2%	245	42,2%	156	26,9%	50	8,6%	1	0,2%	581
1937	131	26,1%	208	41,4%	124	24,7%	39	7,8%			502
1938	270	24,3%	434	39,1%	321	28,9%	84	7,6%	1	0,1%	1.110
1939	517	22,0%	654	27,8%	781	33,2%	401	17,0%	1	0,0%	2.354
1940	50	15,4%	56	17,2%	146	44,9%	73	22,5%			325
1941	25	16,0%	21	13,5%	57	36,5%	53	34,0%			156
1942	2	13,3%	2	13,3%	7	46,7%	4	26,7%			15
1943			2	100,0%							2
unbek.	78	34,8%	95	42,4%	38	17,0%	5	2,2%	8	3,6%	224
Gesamt	**1.527**	**22,9%**	**2.395**	**35,9%**	**1.948**	**29,2%**	**782**	**11,7%**	**11**	**0,2%**	**6.663**

Familien[42] stützen diese Interpretation der statistischen Daten. Oftmals geschah die Emigration der Elterngeneration tatsächlich erst auf Drängen ihrer Kinder. Lange Zeit baten die jungen Familienmitglieder ihre Eltern, ihnen zu folgen, während diese zögerten. Nachweisen lässt sich dies für Hans Cahnmann bei einem Besuch der Eltern in Paris,[43] den Schwager-Söhnen aus Palästina bzw. den USA[44] und Leon Blechner, der in eindringlichen Worten klagte:

> Wie oft habe ich geschrieben darüber. Wie oft habe nach Hause geschrieben die lb. Eltern sollen in der Schweiz bleiben oder sofort rausfahren ins Ausland. Wie die lb. Eltern das letzte mal in Italien und in der Schweiz waren habe nach Zürich geschrieben verbleibt in der Schweiz oder in Nizza. Aber ich glaube die lb. Eltern speciel die lb. Mama ist so unentschlossen, immer wegen Geld oder etwas anderes gewesen.[45]

---

42 Beispielsweise Leopold Schwager, München, an Erwin Schwager, New York. Brief vom 9.11.1938. Schwager Family Papers. Leopold betont: "Wherever we'll go, we shall always try to go to one of our sons who, with G'd's help, shall do well by that time". Ähnlich auch im Falle Hans Cahnmanns, dessen spätere Ehefrau, die ebenfalls deutsche Jüdin war, ihre Eltern nachholte: USHMM: Oral History Interview with Hans Cahnmann.
43 Handschriftliche Notizen, anhängend an: Werner Cahnmann, New York, an Siegfried Neuland, München. Brief vom 29.5.1957. LBI: Werner and Gisella Cahnman Collection. AR 25210.
44 Karl Schwager, Merchavia, an Leopold Schwager, München. Brief vom 24.1.1940 und Erwin Schwager, Pittsburgh, an Leopold Schwager, München. Brief vom 6.7.1940. Schwager Family Papers.
45 Nr. 55: Leon Blechner, Lowell, an Jakob Blechner, Zürich. Brief vom 25.9.1939. Blechner Documents.

Ein Grund für das lange Zögern der Elterngeneration waren altersspezifische Schwierigkeiten in der Emigrationsplanung und -umsetzung. Wie bereits festgestellt, durchliefen sie die Entscheidungs- und Durchführungsprozesse der Emigration erst später – sei es, weil es ihnen wie dem Ehepaar Blechner schwer fiel, sich in eine ökonomisch und emotional unsichere Situation zu begeben, sei es, weil, wie im Falle des Ehepaars Schwager, die Dringlichkeit der Emigration unterschätzt oder abgetan wurde, oder sei es, weil sie wie das Ehepaar Cahnmann erst alle Kinder in Sicherheit wissen wollten. Dadurch fielen ihre Emigrationsversuche in einen Zeitraum, der bereits durch erhöhte Hürden bezüglich der Auswanderung aus dem Reich und der Einwanderung in ferne Zielländer gekennzeichnet war. Die älteren Emigranten waren zudem von den zunehmenden finanziellen Verlusten stärker betroffen; hatten sie doch oft Eigentum liquidieren müssen, konnten nun aber ihre finanziellen Besitztümer nicht oder nurmehr unter Verlusten transferieren. Nichtsdestotrotz nahmen viele der älteren deutschen Juden die an sie gestellten Herausforderungen an und versuchten, sich und andere davon zu überzeugen, dass sie trotz ihres Alters die Energie und den Willen hatten, eine Emigration umzusetzen und sich fernab der jahrzehntelangen Heimat ein neues Leben aufzubauen: „When we are in the new world, we will in spite of our age look for a little job, for we are sound and feel like young people."[46]

Dass diese Beteuerungen nicht immer zum gewünschten Erfolg führten, zeigt nicht nur die Tatsache, dass die Zielländer ihren altersbezogenen Aufnahmeprinzipien weitestgehend treu blieben. Auch die Hilfsorganisationen unterstützten weiterhin bevorzugt junge Emigranten; eine Tatsache, die von einer Vielzahl jüdischer Deutscher öffentlich beklagt wurde.[47]

Besonders gegen Ende der 1930er Jahre ergab sich aufgrund der stetig steigenden Emigrantenzahlen ein neues Problem: Mit dem Wegzug der jüngeren Münchner Juden war die Versorgung der Zurückgebliebenen, speziell der ältesten Generation, immer mehr in Frage gestellt. Fraglich war, wer sich um die Zurückbleibenden kümmern sollte, wenn die Familien ins Ausland

---

46 Sigwart Cahnmann, München, an Fred und Werner Cahnmann, Chicago. Brief vom 15.4.1941. LBI: Werner and Gisella Cahnman Collection. AR 25210 Box 3 Folder 50.

47 Auswanderungs-Fragen. Was die Leser schreiben. In: *Jüdisches Nachrichtenblatt* 1940, 15.3.1940 (22), S. 2. In dieselbe Richtung File 634: Transfer of Funds. 16.6.1937. JDC NY AR193344. Personen über 60 Jahre wurden beim Transfer kleiner Vermögenswerte („transfer of small funds") nicht unterstützt, da das Transferbudget begrenzt war und denjenigen zugute kommen sollte, die nachwiesen, dass sie sich einen eigenen Lebensunterhalt im Zielland aufbauen konnten. Dabei wurde von vornherein angenommen, dass dies Personen über 60 Jahren nicht gelingen würde.

gingen: „Von anderen in der mündlichen Besprechung näher zu erläuternden Schwierigkeiten abgesehen, erscheint als Haupthindernisgrund für eine Auswanderung die mangelnde Versorgung der Alten."[48] Ob dies tatsächlich, wie von der IKG München beschrieben, ein „Haupthindernisgrund" für die Auswanderung war, sei dahingestellt; tatsächlich aber hatte in den Familien vor allem die Elterngeneration für die Versorgung der Großelterngeneration Sorge zu tragen. Diese Verantwortung wurde vielfach zum Problem, wie das Beispiel der Familie Schwager zeigt. Im April 1939, zeitgleich zur Korrespondenz der Münchner IKG mit dem Wohlfahrtsamt der Stadt, standen Leopold und Sabine Schwager zusammen mit Leopolds Geschwistern und deren Ehepartnern vor der Frage, was mit Leopolds Stiefmutter geschehen sollte. All ihre erwachsenen Kinder hatten eigene Emigrationspläne und erwarteten 1939 deren Umsetzung in naher oder zumindest denkbarer Zukunft. Letztlich standen also nur zwei Optionen zur Diskussion:

> Grandmother is doing quite well here, but we really don't know at all what is best for her. Many heads – many opinions. Everybody means the best for her but this does not help to arrive at a decision. Tomorrow, we shall finally decide who will want her to take the journey to Erez or to take her to an old age home. Both are a difficult decision to make.[49]

Letztlich erlöste der plötzliche Herztod ihrer Mutter Leopold und seine Geschwister von der Notwendigkeit, eine Lösung für deren Verbleib zu finden.[50] Ihr Beispiel zeigt, dass sich für diejenigen Münchner Juden, die sich für eine Emigration zu alt fühlten oder die tatsächlich zu alt waren, immer öfter Situationen ohne echten Ausweg ergaben. Der von Strnad konstatierte Anstieg der Selbstmordzahlen in den späteren Jahren[51] spricht auch diesbezüglich für sich.

Im Gegensatz zur Eltern- und Großelterngeneration wurde speziell die Altersgruppe der Kinder und Jugendlichen besonders in der Umsetzung der Auswanderung unterstützt. Ein Beispiel für die Förderung unmündiger Emigranten war die

---

48 File 114: Der Vorstand der Israelitischen Kultusgemeinde München an den Oberbürgermeister der Hauptstadt der Bewegung, Städtisches Wohlfahrtsamt. Brief vom 19.4.1939. YV M.1 Central Historical Commission (CHC) of the Central Committee of Liberated Jews in the US Zone, Munich. Ähnliche Diskussionen in der Wiener Gemeinde: File 445: Jewish Community of Vienna: Twelve Questions About Emigration from Vienna. 1.1.1940–30.4.1940. JDC NY AR193344.
49 Sabine Schwager, München, an Erwin Schwager, Pittsburgh. Brief vom 18.2.1940. Schwager Family Papers.
50 Leopold Schwager, München, an Erwin Schwager, Pittsburgh. Brief vom 21.4.1940. Schwager Family Papers.
51 Strnad 2011, S. 152.

bereits angesprochene Jugend-Alijah. Nach dem Novemberpogrom 1938, das die konkrete Bedrohungslage auch für Kinder und Jugendliche erhöhte, wurde mit der berühmt gewordenen Institution der Kindertransporte außerdem gezielt versucht, möglichst viele minderjährige Juden aus dem unmittelbaren Machtbereich der Nationalsozialisten in andere Länder, speziell Großbritannien, in Sicherheit zu bringen. Die Forschungsliteratur über die Kindertransporte ist umfangreich,[52] so dass es hier bei einer Erwähnung des Phänomens bleiben soll, zumal keines der untersuchten Familienmitglieder unmittelbar von den Kindertransporten betroffen war.[53] In ihrer Gesamtheit jedoch beweisen die Kindertransporte, aber auch die (Über-)Betonung ihrer Bedeutung im kulturellen Bewusstsein und der Geschichtsforschung nach 1945, mit welch emotionalen Reaktionen die Rettung von Kindern durch Unterstützung ihrer Emigration verbunden war und ist. Die statistische Analyse der Emigration der Altersgruppe der 0–20-Jährigen, also der unmündigen Emigranten, ist wenig aussagekräftig, da die Datenbank nicht verzeichnet, ob die jeweilige Person alleine oder im Familienverbund emigrierte.[54] Auch besondere Emigrationsformen, hier Jugend-Alijah und Kindertransport, sind nicht vermerkt. Festzuhalten ist jedoch, dass die Emigrationszahlen der jüngsten Altersgruppe nur in einigen Fällen, wie im Fall von Karl Schwager, den bewussten Emigrationswillen des Auswanderers zum Ausdruck bringen. In deutlich mehr Fällen dürften, wie in der Familie Goldschmidt, die Eltern über die Emigration ihrer Söhne und Töchter entschieden haben.

Doch nicht nur in der Auswanderung selbst, auch für das 1941 erlassene Emigrationsverbot spielte offensichtlich das Alter der Emigranten eine wichtige Rolle. Während speziell in der neuen Literatur zur Emigration nur von einem allgemeinen Auswanderungsverbot die Rede ist,[55] lässt eine genauere Untersuchung vermuten, dass die nationalsozialistische Reichsregierung auch bezüglich des Emigrationsverbots altersspezifische Richtlinien erlassen hatte.

Einen ersten Hinweis gibt die in *Kapitel 4.3* bereits erwähnte misslungene Emigration des Ehepaars Cahnmann, die laut Familienkorrespondenz daran schei-

---

52 Beispielsweise Baumel-Schwartz, Judith Tydor: Never look back. West Lafayette 2012, oder Benz, Wolfgang; Curio, Claudia; Hammel, Andrea: Die Kindertransporte 1938. Rettung und Integration. Frankfurt am Main 2003.
53 Auguste Cahnmanns Ehemann Dr. Max Schülein hatte einen Sohn aus erster Ehe, Rainer Schülein. Er wurde über einen Kindertransport nach England geschickt, wo er bis nach dem Krieg verblieb.
54 Eine händische Überprüfung ist möglich, jedoch zeitaufwendig und nur anhand der originalen Daten möglich. Aufgrund der Anonymisierung der Datensätze in der der Verfasserin vom Stadtarchiv zur Verfügung gestellten Version entfällt die Möglichkeit der händischen Zählung ganz.
55 Beispielsweise bei Dwork 2009, S. 197. Viele wohl nach Strauss 1980, S. 332.

terte, dass am Tag vor der geplanten Abreise ein Auswanderungsverbot für alle Juden unter 60 Jahren erlassen worden war, wodurch auch die 59-jährige Hedwig Cahnmann im Reich gefangen war.⁵⁶ Tatsächlich berichten diverse Quellen, dass altersbezogene Auswanderungsverbote bereits seit dem Sommer 1941 bekannt waren. So war die Auswanderung aus Wien bereits Anfang August für Männer im Alter zwischen 18 und 45 Jahren, dem wehrfähigen Alter, nicht mehr gestattet.⁵⁷ Diese Quellenaussagen bestätigen einige frühe Forschungen von Historikern, die selbst Emigranten oder Überlebende waren: Die Übersicht Walks über das Sonderrecht für die Juden im NS-Staat verzeichnet ein Auswanderungsverbot für wehrfähige Jahrgänge (18–45 Jahre), ohne geschlechtsspezifisch zu differenzieren.⁵⁸ Auch Bruno Blau berichtet in seinem unveröffentlichten Manuskript von der Beschränkung der Auswanderung „auf bestimmte Altersklassen",⁵⁹ ohne diese zu nennen. Für München war außerdem Else Behrend-Rosenfeld eine verlässliche Quelle; auch sie berichtete von der in der Münchner Gemeinde umhergehenden Mitteilung, dass die Emigration „allen jüdischen Menschen bis zu sechzig Jahren (...) von nun ab (...) verboten"⁶⁰ war. Eine schriftliche Anweisung einer nationalsozialistischen Stelle, die diese Hinweise letztlich bestätigt, ist bisher nicht bekannt.⁶¹

Verstärkt wird diese Annahme dadurch, dass altersspezifische Verbote durchaus ein bereits zuvor benutztes Mittel zur Steuerung der Auswanderung waren. Im April 1940 hatte es erste nachweisbare Versuche gegeben, die Auswanderung der Gruppe männlicher Juden im wehrfähigen Alter ins europäische

---

56 Ilse Gräfe, München, an Werner Cahnmann, Chicago. Brief vom 23.9.1946. LBI: Werner and Gisella Cahnman Collection. AR 25210 Box 1 Folder 52. Darauf Bezug nehmend auch Tagebuchnotizen von Hans Cahnmann. LBI: Werner and Gisella Cahnman Collection. AR 25210 Box 3 Folder 51.
57 Dok. 198: Paul Eppstein informiert Josef Löwenherz in Wien am 5. August 1941, dass jüdische Männer zwischen 18 und 45 Jahren nicht mehr auswandern dürfen. In: Aly 2012, S. 498.
58 Walk et al. 1981, S. 341. Er zitiert hier Düwell, Kurt: Die Rheingebiete in der Judenpolitik des Nationalsozialismus vor 1942. Bonn 1968, S. 208, der wiederum auf Dokument A: Bericht von Hermann E. Simon in Lamm 1951, S. 304 Bezug nimmt. Letztlich basiert diese Information also auf einem Zeitzeugenbericht.
59 Blau 1950, S. 338.
60 Behrend-Rosenfeld 1963, S. 122f.
61 Raul Hilberg allerdings betonte, dass „[i]nsbesondere die Kriegsjahre (...) eine Zeit [waren], in der mündliche Befehle das bevorzugte Mittel zur Einleitung drastischer Maßnahmen wurden. (...) Schriftliche Befehle waren weitaus seltener als mündliche, und es gab wesentlich mehr Unterredungen als Briefe", in: Hilberg 2003, S. 40 und 43. Insofern erscheint es durchaus denkbar, dass ein schriftlicher Befehl nie existierte, sondern die Anordnung, wie in der Korrespondenz der Familie Cahnmann angedeutet, die jüdischen Münchner mündlich erreichte.

Ausland, unbedingt jedoch „in die europäischen Feindstaaten",[62] zu verhindern, um sicherzustellen, dass deutsche Juden keine Möglichkeit hatten, gegen das Deutsche Reich in den Krieg zu ziehen. Im selben Erlass, der zudem die polnischen Juden von einer Entlassung aus den Konzentrationslagern ausnahm, betonte Gestapochef Heinrich Müller auch, dass „jüdischen Frauen und Kindern, über 60 Jahre alten männlichen Juden, Krüppeln usw., die die polnische Staatsangehörigkeit besessen haben, (...) die Auswanderung gestattet werden"[63] könne. Auch hier entschied eine geschlechts- und altersspezifische Diskriminierung über Erlaubnis und Verbot der Auswanderung. Ähnliche Altersdiskriminierungen finden sich im späteren Verlauf in der Zusammenstellung der Deportationstransporte, von denen ältere Juden vorerst ausgenommen waren.[64]

Auch wenn keine gedruckte Anordnung zum Verbot der Emigration für bestimmte Altersgruppen bekannt ist und die bisherige Forschung meist nur von einem generellen Emigrationsverbot ausgeht, indizieren diverse Quellenaussagen doch, dass altersdiskriminierende Maßnahmen zu einem schrittweisen Auswanderungsverbot aus den vom Reich kontrollierten Gebieten führten. Darauf deuten nicht nur Zeitzeugenaussagen hin, sondern auch die frühe Forschung und der Vergleich mit nationalsozialistischen Maßnahmen anderer Anordnungsgebiete. Sollte dies tatsächlich der Fall gewesen sein, so spielte das Alter der potenziellen Emigranten auch für das Ende der legalen Emigration aus dem Reich eine entscheidende Rolle.

Doch nicht nur bezüglich der Beendigung des Emigrationszeitraums, sondern auch für die Immigration in ein Zielland und für die Emigrationswahrscheinlichkeit an sich war der Einflussfaktor des Lebensalters von hoher Wichtigkeit, wie die vorausgegangenen Erläuterungen gezeigt haben Als kollektiver Faktor bestimmte das Alter eines Individuums dessen Zugehörigkeit zu bestimmten Generationengruppen, welche wiederum unterschiedliche Emigrationswahrscheinlichkeiten aufwiesen. In allen Phasen des Emigrationsprozesses – insbesondere in reichsweiten und lokalen Verfolgungs- und Verdrängungssituationen, aber auch während der individuellen Entscheidung für oder gegen eine Emigration, in den Einwanderungsbestimmungen einzelner Immigrationsländer sowie bei der gezielten Förderung bestimmter Auswanderer durch die Hilfsorganisationen – spielte das Alter eine einflussreiche Rolle.

---

[62] Dok.71: Gestapochef Müller stellt am 24. April 1940 klar, welche jüdischen Personengruppen zu Kriegszeiten auswandern dürfen und wohin. In: Aly 2012, S. 207.
[63] Ebd.
[64] Vergleiche dazu *Kapitel 4.3* sowie, konkret auf die Familie Cahnmann bezogen, Ferdinand Levi, Frankfurt, an Werner, Hans und Fred Cahnmann, Chicago. Brief vom 9.4.1946. LBI: Werner and Gisella Cahnman Collection. AR 25210 Box 2 Folder 18.

Neben der Emigration war auch die Binnenmigration wesentlich durch Einflussbereiche geprägt, die eng mit dem Alter des Binnenmigranten in Zusammenhang standen, darunter die Notwendigkeit einer internen Migration zu einem neuen Ausbildungs- oder Arbeitsort. Die Gruppe der Zurückgebliebenen wies folglich nicht zufällig einen hohen Überalterungsgrad auf. Das Beispiel der jüdischen Münchner und ihrer Emigration belegt somit die eingangs zitierte Aussage Peter Gays, nach der das Alter in der Geschichte der jüdischen Emigration eine zentrale Rolle einnahm.

5.1.2 Geschlecht

> Weibliche Emigranten waren ein weit wichtigerer Teil dieser Geschichte als den meisten von uns gegenwärtig ist. (...) Der Heroismus dieser Frauen ist meiner Meinung nach nie genug gewürdigt worden.[65]

Ein zweites Merkmal, das die Lebenswelt einer Person entscheidend beeinflusste, ist das Geschlecht. Wie Marion Kaplan betont: „Gender mattered, especially in extreme situations".[66] Die Datenbank des Stadtarchivs kennt das Geschlecht aller verzeichneter Münchner Juden,[67] weshalb lückenlose, reliable Untersuchungen zum Einfluss des Geschlechtsmerkmals auf die Emigrationswahrscheinlichkeit, -jahre und -zielländer möglich sind. Da das Geschlecht eines der zentralen soziodemographischen Merkmale ist, stehen außerdem einige Vergleichsstatistiken, vor allem aus dem Bereich der Immigrantenzählungen wichtiger Zielländer, zur Verfügung (siehe Tab. 9). Auffallend ist, dass das ansonsten sehr detaillierte Werk von Paul Sauer keinerlei Informationen zur Geschlechtsverteilung unter den baden-württembergischen Juden verzeichnet.[68]

---

65 Gay 2000, S. 34f.
66 Kaplan 2006, S. 237. Wenn im Folgenden von „Geschlecht" die Rede ist, sind damit nur die binären Geschlechtsoptionen „männlich" und „weiblich" gemeint. Die Frage nach Geschlechtskonstruktion und -identität wird nicht aufgegriffen, da separate Untersuchungen dazu nötig wären. Seit einigen Jahren entstehen Arbeiten in diese Richtung, die Theorien der Gender Studies aufgreifen. Sie beschäftigen sich beispielsweise mit den Auswirkungen von Geschlechtsidentitäten auf Verfolgungserfahrungen oder den Erfahrungswelten nicht-binärer Verfolgter während des Holocaust. Zuletzt u. a. Carey, Maddy: Jewish masculinity in the Holocaust. Between destruction and construction. New York 2017.
67 In fünf Fällen wurde das Geschlecht der jeweiligen Person anhand des Namens und teilweise anhand von Fotos zugeordnet.
68 Auch eine Begründung fehlt, weshalb dies so ist. Eine denkbare Erklärung wäre, dass Sauer vom Geist seiner Zeit beeinflusst wurde. Während heutzutage der Einfluss der Geschlechtszugehörigkeit auf die Verfolgungserlebnisse der deutschen Juden bekannt ist, wurde dieser Punkt in der zum Veröffentlichungszeitpunkt seines Werks 1968 gerade erst beginnenden Holocaust-

Tab. 9: Lebenswege der Münchner Juden nach Geschlechtszugehörigkeit

Personen	w		m		Gesamt	
emigriert	3.132	47,0%	3.531	53,0%	6.663	100%
binnenmigriert	375	55,4%	302	44,6%	677	100%
zurückgeblieben	3.901	55,7%	3.108	44,3%	7.009	100%
Gemeindemitglieder	**7.408**	**51,6%**	**6.941**	**48,4%**	**14.349**	**100%**

Frauen machten mit annähernd 52% einen überproportional großen Anteil des Münchner Judentums aus. Nichtsdestotrotz lag der Frauenanteil in der „Hauptstadt der Bewegung" etwas niedriger als im Reichsvergleich: Laut Blau kamen 1933 auf 100 jüdische Männer reichsweit 109,5 Frauen;[69] für München lag diese Zahl, folgt man den Einträgen der Datenbank, bei 106,7 Frauen.[70] Im Bereich der Binnenmigration widersprechen die Münchner Daten anderen Forschungsergebnissen. Während nach einer Aussage Rosenthals jüdische Männer „in international migrations as well as in internal migrations (...) to a greater extend than Jewish women"[71] teilnahmen, zeigt die Münchner Statistik eine mit mehr als 55% deutlich erhöhte Gruppe von Binnenmigrantinnen[72] im Vergleich zu ihren männlichen Pendants. Damit entspricht der Frauenanteil an der Binnenmigration ihrem Anteil an der jüdischen Gesamtpopulation der Stadt. Die Gruppe der Münchner Auswanderer setzte sich hingegen nur zu 47% aus weiblichen und analog zu 53% aus männlichen Emigranten[73] zusammen. Der weibliche Anteil an der Emigrantengruppe ist im Vergleich zu ihrem Gesamtanteil also deutlich verringert.

Aufarbeitung noch nicht als zentral betrachtet.
69 Blau 1950, S. 336.
70 Dabei sei zu beachten, dass die Datenbank nicht den genauen Stand des Jahres 1933, sondern eine kalkulatorische Gesamtheit der Münchner Juden 1933–1945 abbildet. Für einen ersten Überblick jedoch ist dieser Vergleich hinreichend genau.
71 Rosenthal, Erich: Trends of the Jewish Population in Germany 1910–1939. In: *Jewish Social Studies* 6, 1944 (3), S. 233–174, hier S. 248.
72 In diesem Kapitel werden zur deutlichen Unterscheidung von Geschlechtsgruppen die männlichen und weiblichen Bezeichnungen verwendet. Gemischte Gruppen sind durch die Verwendung des Binnen-I gekennzeichnet.
73 Cahnmann konstatiert sogar einen Anteil von nur 44% weiblichen und 56% männlichen Emigranten; der Unterschied der beiden Statistiken ist jedoch anhand der zeitlichen Verschiebungen in der Emigration männlicher und weiblicher EmigrantInnen erklärbar.

Von Beginn an waren männliche Juden stärkerer Verfolgung ausgesetzt als weibliche. Reichsweit wurden in den Anfangsmonaten der nationalsozialistischen Herrschaft deutlich mehr Männer verhaftet als Frauen. Die Verdrängungsmaßnahmen in Geschäftswelt und freien Berufen betrafen zwangsläufig fast ausschließlich Männer, da die Berufswelt stark männlich geprägt war. Dies galt umso mehr für die Berufsgruppen mit höherem Bildungsgrad, denen ein Großteil der Münchner Juden angehörte. Während entsprechend dem in *Kapitel 5.1.6* verwendeten Berufsschema HISCLASS 4.518 der 6.941 (65%) männlichen Münchner Juden in den obersten vier Berufsgruppen der als „manager" und „professionals" Bezeichneten tätig waren, traf dies nur auf 1.286 der 7.408 (17%) Münchner Jüdinnen zu. Entsprechend war die Rate der von der auf diese Berufe abzielenden Verdrängungspolitik Betroffenen unter den Jüdinnen geringer als unter den Juden. Ferner waren 65% der 1933 über 21-jährigen jüdischen Münchnerinnen keiner Berufsgruppe zuzuordnen, sondern mithelfende Familienangehörige oder vom männlichen Hauptverdiener abhängige Familienmitglieder ohne Verdienst. Sie waren von den ökonomischen Verdrängungsmaßnahmen ebenfalls betroffen, allerdings nur indirekt. Im Gegenteil veränderte sich die berufliche Situation der Jüdinnen insofern, als manche zum Ausgleich der Einkommensverluste ihres Ehemannes neue Stellen antraten.[74] Eine entscheidende Veränderung brachten diesbezüglich die Nürnberger Gesetze. Durch die Hausangestellten-Regelung des Erlasses mussten in vielen jüdischen Haushalten die Stellen von zuvor „arischen" Hausmädchen neu besetzt werden, was nicht nur Einkommensmöglichkeiten eröffnete, sondern jüdischen Eltern auch die Möglichkeit bot, ihre Töchter in Stellungen unterzubringen, in denen sie versorgt waren und die sie im besten Falle zur späteren Auswanderung beruflich qualifizierten. Annemarie Goldschmidt und Lilo Cahnmann waren beide während der Jahre 1938 und 1939 in derartigen Stellungen.[75] Verschlechtere sich also die berufliche Situation jüdischen Münchner stetig, ergab sich für die Münchnerinnen ein differenziertes Bild. Der ökonomische Druck, der auf den Männern lastete, wurde von ihren weiblichen Familienangehörigen indirekt miterlebt, teils eröffneten sich diesen im beruflichen Kontext jedoch neue Verdienstmöglichkeiten. Diese ökonomische Differenz sorgte zusammen mit anderen Faktoren dafür, dass die jüdischen Münchnerinnen als Gruppe erst verspätet ihre Emigration planten.

---

74 Kaplan 2010, S. 25–27.
75 Bernhard Goldschmidt, München, an das Finanzamt München West, München. Brief vom 7.1.1939. StAM FinA 17444 (Goldschmidt Bernhard) sowie Aktenvermerk vom 13.9.1939. StAM Pol-Dir 11812 (Cahnmann Lieselotte Gustava Regina Sara).

Von Folter und Mord, die ein Teil der männlichen Verfolgten in diesen ersten Monaten erlebten, waren Frauen vorerst noch ausgenommen. Gerade vor der Anwendung physischer Gewalt gegenüber Frauen schreckten die nationalsozialistischen Organisationen sogar noch im November 1938 zurück, so dass Frauen ihrer körperlichen Unversehrtheit lange Zeit weitaus sicherer waren als Männer. Als Familienvorstände und Haupt- oder Alleinverdiener standen diese unter früherem und stärkerem Druck, da ihre Vertreibung zum Ziel nationalsozialistischer Politik wurde. Sie wurden zum „primary target".[76] Explizit kommuniziert wurde dies von Verfolgerseite während der „Polenaktion": „Es muss erreicht werden, dass eine möglichst grosse Zahl (...) der männlichen Erwachsenen, rechtzeitig vor dem genannten Zeitpunkt über die Grenze nach Polen geschafft wird."[77]

Die Ehefrauen und Kinder der abgeschobenen polnischen Juden waren dagegen „unverzüglich restlos zu erfassen und [haben] bis zum 31. Juli 1939 das Reichsgebiet nach Polen zu verlassen".[78] Sie traf die Abschiebung polnischer Staatsangehöriger zeitverzögert und weniger hart.[79] Eine ähnliche Geschlechterdiskriminierung zeigt ein Blick auf den Umgang mit „Mischehen" und den daraus entstandenen „Mischlingen". „Privilegierte" Mischehen waren dann gegeben, wenn die Partnerin jüdisch war; im Falle eines jüdischen Partners war ausschlaggebend, in welcher Religion die Kinder erzogen wurden. Hatte ein „Mischehepaar" keine Kinder und war der Mann jüdisch, war die Ehe per se „nicht-privilegiert".[80]

---

[76] File 445: Information for Mr. Troper only. Strictly Confidential Only. On Austria. March 1939. JDC NY AR193344.
[77] Geheimes Staatspolizeiamt, Berlin, an die Landräte und Oberbürgermeister als Ortspolizeibehörden des Staatspolizeibezirks. Schreiben vom 27.10.1938. IfZ MA 172.
[78] Reichsführer SS und Chef der Deutschen Polizei im Reichsministerium des Inneren, Berlin, an die preußischen Regierungspräsidenten. Schreiben vom 6.5.1939. IfZ MA 172.
[79] Vergleiche dazu für den Raum Köln die Ergebnisse von Roth, Thomas: Rassenwahn und Verfolgungsalltag im Gau Köln-Aachen Das Nürnberger „Blutschutzgesetz", das Delikt der „Rassenschande" und die Diskriminierung der jüdischen Bevölkerung im Raum Köln-Aachen. In: *Geschichte in Köln* 57, 2010 (1), S. 118–162. Ähnlich für das gesamte Reich File 629: On the Situation of the Jews in Germany. 29.11.1935. JDC NY AR193344. Ein anderes Beispiel für die Ungleichbehandlung männlicher und weiblicher Juden war der unterschiedliche Umgang mit „Rasseschändern", also jüdischen Personen, die „arische" Partner hatten, außerhalb von bereits bestehenden Ehen. Während der Mythos vom männlichen Juden, der die „deutsche Frau" oder das „deutsche Mädel" verführte, weit verbreitet war und Juden hohe Strafen drohten, war der umgekehrte Fall der Verbindung einer Jüdin und eines „Ariers" propagandistisch weniger aufgeladen und wurde zudem weniger streng bestraft.
[80] Diese Unterscheidung wurde nicht schriftlich fixiert; vielmehr handelte es sich laut Dokument 215: On 28 December 1938 Göring orders the establishment of 'Jew houses', forbids Jews to use sleeping carriages and dining cars, and regulates the status of mixed marriages, in: Aly 2008a, offensichtlich um eine „Willensmitteilung des Führers".

Die geschlechtsbezogenen Unterschiede in der Verfolgungssituation wurde mit den Verhaftungen des Novemberpogroms 1938 endgültig erkennbar, als „etwa 25.000 männliche Juden, z.T. vorübergehend, in die Konzentrationslager überführt" wurden, um „den Zwang zur Auswanderung zu verstärken".[81] Gleichzeitig änderten sich nach der Verhaftungswelle des Novemberpogroms die Ausgangsbedingungen der Emigration. Zwangsläufig nahmen nun die Frauen der Familien die Aufgabe der Emigrationsorganisation in ihre Hände.[82] Hedwig Cahnmann besorgte für ihren Sohn Werner ein Paraguay-Visum, das seine Freilassung aus dem KZ Dachau ermöglichte.[83] Sabine Schwager sandte postalische Hilferufe an ihren Sohn Erwin in den USA sowie an ihren Sohn Karl und die Verwandten ihres Mannes in Palästina, woraufhin in beiden Ländern alle nötigen Schritte in den Weg geleitet wurden, die Eltern anzufordern und nachzuholen. Ein Jahr später, im September 1939, war es Mina Blechner, die von München aus die Unterstützungsaktionen zur Freilassung von Markus und Salo Blechner koordinierte. Sie trug Informationen zur Einreise in diverse Länder bei mehreren Hilfsorganisationen zusammen, sandte Briefe mit Anweisungen über das weitere Vorgehen an ihre Söhne im Ausland und versuchte selbst, innerhalb des Reichs Konsulate zu besuchen, um Visa für ihren Mann und ihren Sohn zu erhalten.[84] Zusätzlich unterstützte sie beide Inhaftierten, bald nur noch Salo, mit der Zusendung von Essen, Kleidung und wichtigen Gebrauchsgegenständen. Für ihn wurde sie zum überlebenswichtigen Kontakt in der Außenwelt: „Mutter ja es gibt nur eines eine liebe Mutter zu haben. Hoffentlich hast Du Dir nichts von Deinem Munde abgespart. Also meine Freude war riesig gross."[85]

Während Mina Blechner aufgrund des Todes ihres Mannes keine Wahl blieb, als Korrespondenz, Planung und Organisation der Emigration selbst zu übernehmen,[86] zeigten die anderen drei Familien nach der Rückkehr der Männer

---

81 File 84: Report regarding the exclusion of Jews from economic life in Germany following Kristallnacht and its repercussions on the life of the Jews and on emigration, including statistical data, 1938. YV O.51 Documentation of the Staatsarchiv Muenchen (Munich State Archives). Ähnlich File 36: Orders given by the Gestapo, the SS and the Police, regarding the preparations before the Kristallnacht riots, and orders by the Nazi Party Gau (area) regarding the economic boycott against Jews, 1938. YV O.18 Yitzhak Stone Collection of NS Documents.
82 Vergleiche dazu auch Kaplan 2010, S. 31.
83 LBI: Oral History Interview with Werner J. Cahman [sic!].
84 Zusammenfassung ihrer Aktionen unter anderem bei Nr. 69: Mina Blechner, München, an Jakob Blechner, Zürich. Brief vom 2.11.1939. Blechner Documents.
85 Nr. 169: Salo Blechner, o.O., an Mina Blechner, München. Brief vom 5.1.1941. Blechner Documents.
86 Diese Aussage gilt ebenso für Auguste Schülein, die nach dem Tode ihres Ehemannes Dr. Max Schülein (Aus den Gemeinden. München. In: Jüdisches Nachrichtenblatt 1939, 10.3.1939 (20), S. 7) die Emigrationsplanungen neu beginnen musste.

einen schnellen Rückfall in die üblichen Rollenbilder. Sabine Schwager betont bereits vor der Heimkehr Leopolds aus dem KZ Dachau: „Now we women cannot undertake much as long as the men are not here to help with advice and deeds."[87]

In den Folgejahren wurden die Korrespondenzteile, die sich mit Emigrationsfragen beschäftigen, stets von Leopold Schwager verfasst. Teils finden sich Anmerkungen von Sabine zu einzelnen Emigrationsfragen, diese sind jedoch oft auf emotionaler Ebene zu finden – beispielsweise wenn sie erklärte, warum sich das Ehepaar mit einem Vorschlag der Söhne nicht einverstanden fühlte, oder in den unzähligen Betonungen der Hoffnung auf ein Wiedersehen nach erfolgreicher Emigration. Die organisatorische Kommunikation lag jedoch vollständig in den Händen Leopolds, ebenso wie Termine mit Hilfsorganisationen oder der Gemeinde.[88] Erst als er aufgrund der Zwangsarbeit derartige Gänge nicht persönlich erledigen konnte, ging Sabine an seiner Statt.[89]

Ein ähnliches Rollenbild zeichnet auch die Korrespondenz der Familie Goldschmidt. Bernhard übernahm in allen Briefen die Auswanderungsplanung; mit seinem Bruder Stefan diskutierte er Emigrationsoptionen wie die Frage nach der Annahme oder Ablehnung des USA-Stipendiums für Annemarie und Elfriede. An seine Schwägerin Maria wandte er sich hingegen in Fragen nach der Befindlichkeit seiner Kinder und ihrer eigenen Familie. Magdalena Goldschmidts Teilhabe an der Briefkorrespondenz beschränkte sich auf das Anfügen einiger weniger Zeilen am Ende einiger Briefe, in denen sie sich gehäuft für die Fürsorge von Stefan und Maria für ihre Töchter bedankte und familiäre Themen wie Feier- oder Geburtstage ansprach.[90] Dasselbe Bild entsteht in der Gesamtdurchsicht der ausführlichen Korrespondenz der Familie Cahnmann. Sigwart war es, der – hauptsächlich mit seinem ältesten Sohn Werner – die Emigrationsangelegenheiten diskutierte. Dem männlichen Haushaltsvorstand kam, entsprechend gesamtgesellschaftlicher Rollenmus-

---

[87] Sabine Schwager, München, an Erwin Schwager, New York. Brief vom 29.11.1938. Schwager Family Papers.
[88] Diesen Eindruck bestätigt auch das Jahrzehnte später geführte Interview mit Erwin Schwager, in dem er angibt: „My father never had the idea of leaving until after Kristallnacht. – *Which was November 9th 1938. Did your mother agree with him?* My mother felt it is foolish [to stay] but there was, of course, the idea that the woman goes without fail with the men. She follows the husband." PHM: Oral History Interview with Erwin Schwager.
[89] Leopold Schwager, München, an Erwin Schwager, Pittsburgh. Brief vom 11.5.1941. Schwager Family Papers.
[90] Dieser Eindruck mag auch darin bedingt sein, dass Magdalenas Fokus auf der Korrespondenz mit ihrer eigenen Familie in der Türkei lag. Da diese nicht erhalten geblieben ist, lässt sich nicht gesichert nachvollziehen, inwieweit sie in die schriftliche Emigrationsorganisation mit einbezogen war. Die erhaltenen Korrespondenzen jedoch erwecken den klaren Eindruck, dass Bernhard Goldschmidt bezüglich der Emigrationsplanung eine vorrangige Rolle einnahm.

ter der 1930er Jahre, auch im Kontext der Emigrationsorganisation die familiäre Leitungsfunktion zu. Die Verhaftung der männlichen Familienmitglieder brachte in den untersuchten Familien kurzfristig die Übernahme aktiver Rollen durch die Frauen der Familien mit sich; diese geschah jedoch aus der schieren Notwendigkeit heraus. Nachhaltige Änderungen der Rollenverteilungen in den Familien bewirkte diese Phase nicht, im Gegenteil übernahmen die Männer, sobald es ihnen möglich war, wieder die Rolle des Familienoberhauptes und somit auch den aktiven Part der Emigrationsorganisation. Dieses Ergebnis der Untersuchung Münchner Familien widerspricht der Aussage Kaplans, die Veränderung von Rollenbildern erhöhe sich stets mit zunehmender Verschlechterung der Lage.[91]

Die Unterschiede in der Verfolgungssituation männlicher und weiblicher Juden blieben bis in die Zeit der Deportationen hinein bestehen, als in einem ersten Wiener Transport nur männliche Juden verschleppt wurden.[92] Männer waren von Beginn der nationalsozialistischen Verfolgung an Hauptziel der antisemitischen Maßnahmen und insofern früher einer höheren Gefahr ausgesetzt. Entsprechend dieser Ausgangslage lag der Fokus der jüdischen Hilfsorganisationen vor allem nach den Geschehnissen des Novemberpogroms, teils jedoch auch schon zuvor, auf der bevorzugten Unterstützung männlicher Auswanderer: „Auf unserer Beratungsstelle haben wir mit dem größten Nachdruck gearbeitet, um für KZ-Häftlinge die Auswanderung zu ermöglichen. Die Bearbeitung dieser Fälle ist allen anderen vorgegangen."[93] Zu dem Zeitpunkt, ab dem auch die Jüdinnen von den nationalsozialistischen Verfolgungsmaßnahmen konkret betroffen waren,[94] waren die Emigrationschancen bereits entscheidend gesunken. Die Konsequenzen der für beide Geschlechter stark unterschiedlichen Verfolgungs- und Unterstützungssituation bilden sich in den Münchner Statistiken gut erkennbar ab. Wie bereits in *Kapitel 3.2.3* erläutert, war in der Gruppe der Rückwanderer in osteuropäische Heimatländer der Männeranteil mit 77% im Jahr 1933 vor allem zu Beginn der nationalsozialistischen

---

91 Kaplan 2010, S. 20. Dagegen betont Levine, Rhonda F.: Class, networks, and identity. Replanting Jewish lives from Nazi Germany to rural New York. Lanham 2001, S. 44, die geschlechtsspezifische Aufteilung von Teilaufgaben der Auswanderungsorganisation. So seien Frauen u. a. für das Packen der Koffer und Kisten zuständig gewesen.
92 File 442: The Jews in Austria at the End of 1939. JDC NY AR193344.
93 Dok IX 1: Max Hermann Maier, Auswandererberatung in Frankfurt/M. 1936–1938. Geschrieben 1961. Kommission zur Erforschung der Geschichte der Frankfurter Juden 1963, S. 388. Vergleiche dazu auch Kaplan 2010, S. 36.
94 File 634: Mitteilungen der Israelitischen Kultusgemeinde München e.V. vom 20.2.1941. JDC NY AR193344. Ähnlich auch im Tätigkeits- und Abschlußbericht [der Dienststelle des Treuhänders des Regierungspräsidenten in München] zum 30.6.1943. Abschrift. StadtAM NL Meister, S. 25. Mehr dazu bei Strnad 2013, S. 46.

Tab. 10: Auswanderung aus München nach Geschlecht und Emigrationsjahr

Emigrationsjahr	w		m		Gesamt	
1933	243	38%	403	62%	646	100%
1934	152	41%	217	59%	369	100%
1935	167	44%	212	56%	379	100%
1936	245	42%	336	58%	581	100%
1937	231	46%	271	54%	502	100%
1938	518	47%	592	53%	1.110	100%
1939	1.197	51%	1.157	49%	2.354	100%
1940	158	49%	167	51%	325	100%
1941	104	67%	52	33%	156	100%
1942	9	60%	6	40%	15	100%
1943	1	50%	1	50%	2	100%
unbekannt	107	48%	117	52%	224	100%
Gesamt	**3.132**	**47%**	**3.531**	**53%**	**6.663**	**100%**

Herrschaft stark erhöht. Erst in späteren Jahren stieg der Anteil der Rückwanderinnen an der Gesamtgruppe. Einen ähnlichen, wenngleich weniger starken Männerüberschuss belegen die Münchner Statistiken auch für die Gruppe der Auswanderer (siehe Tab. 10).

In den ersten Jahren der Auswanderung aus München emigrierten überdurchschnittlich oft männliche Münchner Juden, sowohl in Hinblick auf die jährliche Gesamtzahl der Auswanderer als auch im Verhältnis zu ihrem Gesamtanteil über alle Jahre der Emigration aus München. Speziell in den Jahren 1933/34 sowie 1936, folgend auf zwei Höhepunkte der Verfolgung zu Beginn der nationalsozialistischen Herrschaft sowie während des Jahres 1935, ist die Zahl der männlichen Emigranten auffallend hoch. Diese Ergebnisse unterstützen die obige These der Reaktion auf verstärkte Verfolgungserlebnisse jüdischer Männer. Die biographischen Untersuchungen bestätigen dies: Die Familie Cahnmann schickte ihre Söhne tendenziell vor den Töchtern ins Ausland; in der Familie Schwager fanden sich über die Jahre der Korrespondenz verteilt immer wieder Überlegungen, Leopold Schwager zuerst allein in die Emigration zu senden. Er sollte so einerseits aus einer größeren Bedrohungslage erlöst werden und wollte andererseits die ersten Monate im Zielland, die erwarteterweise schwer sein würden, alleine schultern. Sabine Schwager sollte nachkommen, sobald ihr Mann sich im Immigrationsland niedergelassen und alles für ihre Ankunft vorbereitet hatte.[95]

---

[95] Intensive Überlegungen dazu wurden vor allem im Januar 1939 angestellt, kurz nach Leo-

Eine weitere Welle männlicher Emigration im Jahr 1939, die ein Ergebnis der massiven Verfolgungsverstärkung durch das Novemberpogrom 1938 sowie des Fokus der jüdischen Hilfsorganisationen auf die Unterstützung der genuin männlichen KZ-Häftlinge gewesen wäre, zeichnete sich in den Münchner Zahlen jedoch nicht ab. Im Gegenteil stieg der Anteil der Frauen an den EmigrantInnen immer weiter an, ein Trend, der auch für die reichsweite Emigration feststellbar ist.[96] Als Erklärung könnte eine Kombination aus mehreren Entwicklungsprozessen und Charakteristika der jüdischen Emigration dienen. Zum einen wurde bereits dargelegt, dass die Steuerungsmacht der Hilfsorganisationen begrenzt war: Viele Auswanderungsprozesse wurden ohne oder nur mit geringer Beteiligung der Hilfsorganisationen durchgeführt.[97] Zum anderen muss eine rechnerische Komponente in Betracht gezogen werden: Bis 1938 wuchs der bereits von Beginn der NS-Zeit an erhöhte Frauenanteil der Münchner Juden noch einmal deutlich. In einer Zeit, in der sich fast alle jüdischen Münchner um Auswanderung bemühten, stieg so gleichzeitig auch der Anteil der Frauen an der Gesamtgruppe der Emigranten. Eine mögliche Erhöhung der männlichen Emigration aufgrund der Verschärfung der Verfolgungssituation wurde somit durch den gleichzeitigen, jedoch auf anderen Gründen basierenden Anstieg der weiblichen Emigration statistisch verschleiert. Die biographische Untersuchung stützt diese These: Während einige der männlichen Familienmitglieder, darunter Werner Cahnmann und Leopold Schwager, erst durch den Druck der Ereignisse ihre Auswanderung forciert betrieben, wanderten 1938 und 1939 mehrere weibliche Familienmitglieder aus, deren Emigrationen längerfristig vorbereitet waren, darunter die Goldschmidt-Töchter und Eva Cahnmann. Erst ein Blick in die Biographien bedingt folglich ein Verständnis der statistischen Ausprägung der Münchner Emigration nach Geschlecht und Jahr.

---

polds Rückkehr aus dem KZ Dachau. Vergleiche u. a. Leopold Schwager, München, an Erwin Schwager, New York. Brief vom 6.1.1939. Schwager Family Papers sowie Fritz und Siegmund Schwager, Pardess Hanna, an Erwin Schwager, Pittsburgh. Brief vom 25.1.1939. Schwager Family Papers, und Leopold Schwager, München, an Erwin Schwager, Pittsburgh. Brief vom 30.1.1939. Schwager Family Papers.

96 File 630: Extract from article on Jewish Emigration from Germany by Max Birnbaum, Berlin, based on 4th Report of Registry Office for Internal Migration and Emigration. April-June 1937. JDC NY AR193344.

97 Diesen Eindruck belegen auch die biographischen Untersuchungen: Während alle vier Familien sich an bestimmten Punkten des Wanderungsprozesses zum Zwecke der Information an diverse Hilfsorganisationen wandten, kann nur im Fall der Goldschmidt-Töchter die konkrete Beteiligung einer katholischen Organisation bzw. im Falle Karl Schwagers und Lilo Cahnmanns die Beteiligung zionistischer Organisationen an der Emigrationsdurchführung nachgewiesen werden. In allen anderen Emigrationsfällen lagen Planung und Durchführung in den Händen der Familien selbst.

Auch die Zielländer differenzierten in ihren Immigrationsregularien immer wieder zwischen den Geschlechtern. Berühmtestes Beispiel einer Bevorzugung weiblicher Immigranten war die „Dienstmädchen"-Immigration in Großbritannien, die dem Ehepaar Schwager[98] eine Auswanderung ermöglichen sollte. Die Immigrationsgesetzgebung Palästinas hingegen diskriminierte Bewerberinnen in verschiedenen Kontexten gegenüber männlichen Bewerbern. Die wichtigen C-Zertifikate oder Arbeiterzertifikate wurden nicht an alleinstehende Frauen mit Kindern ausgegeben. Verheiratete, alleine reisende Frauen erhielten prinzipiell kein Einreisevisum – sehr wohl aber verheiratete, alleine reisende Männer.[99] Es war Frauen, deren Männer in einem nationalsozialistischen KZ inhaftiert waren, also generell nicht möglich, nach Palästina zu emigrieren, ebensowenig Witwen mit Kindern, denen nur eine Einreiseoption in der Kategorie C blieb, weil ihnen die finanziellen Mittel für ein Zertifikat der Kategorie A fehlten. Derartige strukturelle Geschlechtsdiskriminierungen blieben in der bisherigen Forschung unerwähnt.

Auch die jeweiligen Arbeitsmärkte, die letztlich die Chancen auf eine Einwanderungserlaubnis entscheidend beeinflussten, gestalteten sich für Männer und Frauen unterschiedlich. Palästina war auch diesbezüglich beispielhaft. Das Korrespondenzblatt des Hilfsvereins informierte getrennt über die dortigen Arbeitsaussichten:

> Männerberufe. Der Arbeitsmarkt in Palästina bietet zurzeit Aufnahmemöglichkeit für Handwerker verschiedenster Art. Es besteht weiterhin die Möglichkeit, Arbeiter in der Landwirtschaft unterzubringen, wenn es sich um junge kräftige Menschen handelt, die zu jeder Arbeit bereit sind. (...) Für Frauen bieten sich Existenzmöglichkeiten in landwirtschaftlichen und hauswirtschaftlichen Berufen. An Köchinnen, Plätterinnen, Wäscherinnen und Kellnerinnen fehlt es.[100]

Männliche Auswanderer, vorzugsweise Jugendliche und junge Erwachsene, schienen aufgrund ihrer körperlichen Grundkonstitution am besten geeignet für die Aufgaben, die die Siedlungstätigkeit mit sich brachte. Diese Präferenz schlug sich in den Statistiken der Hachscharah-Heime nieder, der Ausbildungsstätten für angehenden Palästina-Wanderer. 1936 legten die Mitarbeiter des European Executive Offices des Joint in Paris statistisch dar, dass der Anteil männlicher

---

98 Leopold Schwager, München, an Erwin Schwager, Pittsburgh. Brief vom 15.1.1939. Schwager Family Papers, sowie Frederick Tuchmann, New York, an Erwin Schwager, Pittsburgh. Brief vom 28. Juni 1939. Schwager Family Papers.
99 Hilfsverein: Korrespondenzblatt (Oktober 1933), S. 21.
100 Hilfsverein: Korrespondenzblatt (Oktober 1933), S. 20.

Teilnehmer der Auslandshachscharah, also der außerhalb des Reichs durchgeführten Ausbildung, bei über 75% lag,[101] der der Inlandshachscharah bei 69%.[102] Schon bald jedoch wurde deutlich, dass die Ausbildung und Förderung von Emigrantinnen nicht allzu weit hinter der der Emigranten zurückbleiben konnte. Kurt Bondy, der Leiter eines der bekanntesten Lehrgüter im Reich in Gross-Breesens, machte ebenfalls 1936 in einem Rundschreiben deutlich:

> Aber Gross-Breesen ist ja nun kein Landerziehungsheim, sondern ein Lehrgut, das jüdische junge Menschen für die Auswanderung vorbereitet, und zwar für eine <u>gemeinsame</u> Siedlung. Wir werden also in erster Linie tüchtige Landwirte heranbilden müssen, die schon in verhältnismässig frühen Jahren angesiedelt werden sollen. Nun: Siedlung und Kolonisation ohne Frauen ist unmöglich. Fast ebenso unmöglich, dass die Jungen später Stadtmädchen heiraten, die nicht von früher Jugend an für das Landleben gründlich und systematisch vorbereitet sind. Und noch unmöglicher, dass junge Männer herausgehen und sich dann irgendwie und -wo Frauen suchen müssen.[103]

Noch lag der Fokus der Argumentation für einen Anstieg der Zahlen weiblicher Auswanderer auf der schieren Notwendigkeit der Frauenförderung für das Gelingen von Siedlungsprojekten. Bald jedoch wurde deutlich, dass Emigrantinnen oftmals Vorteile in einem weiteren wichtigen Bereich der Migration hatten: der Integration im Zielland. Im Jahr 1938, das sich ansonsten durch verschärfte Immigrationsregelungen und eine immer schwieriger werdende Integrationssituation in vielen Zielländern kennzeichnete, berichtete der Hilfsverein im jährlichen Korrespondenzblatt:

> Für Frauen gibt es überhaupt keine Schwierigkeiten, sofern sie bereit sind, in einen Haushalt zu gehen. Eine solche Stellung bringt bei freier Wohnung und Verpflegung monatlich etwa $ 50. Kinderlose Ehepaare helfen sich vielfach über die Schwierigkeiten der ersten Zeit hinweg, indem die Frau eine solche Stellung oder eine Tätigkeit als Näherin oder Stickerin in einem gewerblichen Betriebe annimmt. (...) Frauen sind – immer nach diesen Briefen zu urteilen – leicht unterzubringen, besonders wenn sie Kleider entwerfen und nähen, Hüte machen können usw.[104]

---

101 File 684: American Joint Distribution Committee. European Executive Offices, Paris Training and Retraining within and outside of Germany. July 1936. (Auslandshachscharah). JDC NY AR193344.
102 File 684: American Joint Distribution Committee. European Executive Offices, Paris Training and Retraining within Germany (Inlandshachscharah). JDC NY AR193344. Mit 1.375 von insgesamt 1.998 Auszubildenden. Insgesamt waren somit im Juli 1936 72% (2.330 der 3.246) der Teilnehmer der Hachscharah im In- und Ausland männlich.
103 File 633: Gross-Breesen. Rundschreiben 1.7.1936. JDC NY AR193344. Hervorhebung im Original.
104 Hilfsverein: Korrespondenzblatt (Juli 1938), S. 74 und 79 zur Immigrationssituation in den USA.

Vielfach ernährten die Immigrantinnen, die zusammen mit ihrem Ehemann und teils mit den Kindern einwanderten, in den ersten Monaten nach der Einwanderung ihre mitgewanderten Familienangehörigen. Die Arbeitsmarktsituation war für Frauen günstiger als für Männer. Gleichzeitig waren die Gehälter männlicher Arbeitnehmer zwar durchschnittlich höher, die der Frauen jedoch hoch genug, um zumindest in der Anfangsphase die lebensnotwendigen Kosten für Unterkunft und Verpflegung zu begleichen. Die Bedeutung der Frauen in den Arbeitsmärkten erhöhte sich mit der Zuspitzung der internationalen Lage, den immer strenger werdenden Zulassungsregularien für Männer in den Arbeitsmärkten des neuen Heimatlandes sowie durch den Beginn und die Ausweitung des Krieges ab 1939 stetig. 1940 berichtete das Jüdische Nachrichtenblatt über „die merkwürdige Tatsache (...), daß gerade auch in Südamerika, in den Ländern ohne Frauenemanzipation, die Frauen der Einwanderer zunächst vielfach Ernährerinnen ihrer Familien geworden sind".[105] Die deutschen Auswanderer waren vor allem aufgrund der Benachteiligung männlicher Arbeitssuchender in den Zielländern oftmals auf die „Tapferkeit und Anpassungsfähigkeit",[106] den „starken Willen", die „Werte" und die „Haltung"[107] der Emigrantinnen angewiesen. Gleichzeitig wurde von den Frauen weiterhin gefordert, „durch die Tatkraft und innere Sicherheit der Frau der wurzellosen Familie wieder eine Heimat erstehen"[108] zu lassen und die „Eingewöhnung und Verwurzelung der gesamten Familie in der neuen Umgebung"[109] zu bewerkstelligen. Während die neue Rollenerwartung der arbeitenden Frau entstand, die partizipatorisch oder vollständig zum Familieneinkommen beitrug, galten gleichzeitig alte Rollenbilder der Hausfrau und Mutter, verantwortlich für die emotionale Sicherheit und Gesundheit der Familie, weiter.

Die positiven Erfahrungen in der Integration von Immigrantinnen wirkten zurück auf die Einstellung der Hilfsorganisationen zur Frauenwanderung. Ab Mitte der 1930er Jahre forderten sie deren gezielte Förderung und ein Einbinden von Frauenorganisationen wie dem Jüdischen Frauenbund in die Planung und Unterstützung der Auswanderung weiblicher Juden,[110] vor allem Jugendlicher:

---

105 Frauenberufe in Südamerika. In: *Jüdisches Nachrichtenblatt* 1940, 6.12.1940 (98), S. 9.
106 Ebd.
107 Hilfsverein: Korrespondenzblatt (Juli 1938), S. 58.
108 File 633: Warburg, Max: Die Arbeit des Hilfsvereins der Juden in Deutschland 1936–1937. JDC NY AR193344.
109 Hausfrau und Auswanderung, in: Hilfsverein: Korrespondenzblatt (September 1936), S. 11. Sehr ähnlich auch Berliner, Cora: Die Frauen-Auswanderung. In: *Jüdisches Nachrichtenblatt* 1939, 14.7.1939 (56), S. 2.
110 File 633: Warburg, Max: Die Arbeit des Hilfsvereins der Juden in Deutschland 1936–1937. JDC NY AR193344.

Mehr Frauenauswanderung! (...) Während viele Tausende zur Auswanderung drängen, denen eine Einwanderungsmöglichkeit nicht eröffnet werden kann (...), gibt es auf der anderen Seite noch eine wichtige Kategorie auswanderungsfähiger Menschen, deren Auswanderungswilligkeit gesteigert werden könnte: Unsere Mädchen und Frauen. Die bisherige jüdische Auswanderung aus Deutschland weist einen starken Überschuss an Männern auf.[111]

Als Haupterfordernisse für weibliche Emigranten nannte der Hilfsverein „Berufstüchtigkeit, jugendliches Alter (...), Kenntnis der Landessprache bzw. der Landessprachen, Anpassungsfähigkeit und vor allem Ausdauer"[112] – ähnliche Merkmale, die auch im Bereich der männlichen Auswanderung gefordert wurden. Anders als bei männlichen Emigranten jedoch, die oftmals bewusst in der Funktion als Wegbereiter der Emigration weiterer Familienangehöriger vorausgeschickt wurden, stand der Auswanderung weiblicher (junger) Jüdinnen ein geschlechtsspezifischer Haupthindernisgrund entgegen:

> So halten doch die gerade bei uns Juden traditionell starken Familienbande das junge Mädchen und die alleinstehende Frau oft von der Auswanderung zurück. (...) Und die Töchter fühlten die Wichtigkeit ihrer Rolle als seelische und materielle Stütze der alten Eltern und sahen sich nach Auswanderungsmöglichkeiten nicht um. (...) Ebenso notwendig ist eine grundsätzliche Änderung in der Haltung der jüdischen Eltern.[113]

Während die Aufgabe der männlichen Jugend der Wegzug aus dem Reich und die Erschaffung neuer Lebensmöglichkeiten im Ausland waren, war die weibliche Jugend entsprechend zeitgenössischer Rollenerwartungen stärker an die Ursprungsfamilie gebunden und wurde von dieser schützend, aber auch fordernd, von der Emigration zurückgehalten.[114] Kurt Bondy bezeichnete die „Haltung vieler jüdischer Eltern ihren Töchtern gegenüber [als] reichlich kurzsichtig und unüberlegt",[115] verbaue sie ihnen doch den Weg in eine hoffnungsvollere Zukunft. Selbst in der liberalen, mit tiefen Einblicken in die Situation der Juden im Reich gesegneten Familie Cahnmann verlief bezüglich der Emigration der jüngsten Tochter Lilo ein tiefer Graben. Immer wieder wurden die Gefahren des Bleibens und die des Gehens gegeneinander abgewägt, und erst dann eine Entscheidung zur Emigration Lilos getroffen, als die Situation im Reich untragbar geworden war.[116]

---

111 Dok. 7: Jüdisches Gemeindeblatt: Der Hilfsverein wirbt am 30. Januar 1938 für die Auswanderung von Frauen. Aly 2008b, S. 93–96.
112 Hilfsverein: Korrespondenzblatt (September 1935), S. 5.
113 Dok. 7: Jüdisches Gemeindeblatt: Der Hilfsverein wirbt am 30. Januar 1938 für die Auswanderung von Frauen. Aly 2008b, S. 93–96.
114 Ähnlich auch Kaplan 2010, S. 18.
115 File 633: Gross-Breesen. Rundschreiben 1.7.1936. JDC NY AR193344.
116 Cahnmann: Oral History Interview with Lilo Dotan.

Die Oral-History-Interviews sowie die Briefkorrespondenzen ihrer Brüder Werner, Hans und Fritz berichteten im deutlichen Gegensatz dazu von Ermutigungen durch Familienmitglieder, sich eine neue Zukunft im Ausland aufzubauen.[117] Diese auf gültigen Rollenbildern basierende Geschlechterdiskriminierung setzte sich bis in die Ausnahmesituation der illegalen Überfahrt nach Palästina fort, als trotz einer hoffnungslosen Überfüllung des Bootes und trotz der Auflösung vieler anderer Gesellschaftsnormen weiterhin auf die Einhaltung geschlechtsspezifischer Verhaltensweisen gepocht wurde.[118] Besonders auffällig in Hinblick auf geschlechtsspezifische Charakterzuschreibungen ist die Reaktion von Lilos Tante, Clementine Krämer, auf die Nachricht von der Ankunft Lilos in Haifa. Sie spricht davon, wie „das Kind (...) ihren Mann gestellt [habe], ein so tapferer Kerl wie sie ist".[119] Die Erlebnisse während der abenteuerlichen und gefährlichen Reise Lilos schienen die Verwendung dezidiert männlicher Attribute und Bezeichnungen offensichtlich zu rechtfertigen. Lilo Cahnmann wurde aufgrund ihres Geschlechts sowohl während der Diskussionen zur Emigrationsentscheidung als auch während des Emigrationsprozesses signifikant anders behandelt als ihre männlichen Geschwister und Altersgenossen. Auch wenn dies, vor allem im Falle ihrer Eltern, mit der Intention des bestmöglichen Schutzes der jungen Frau geschah, bedeutete es für sie strukturelle Nachteile, die bis hin zu der realen, nur knapp umgangenen Gefahr einer zu spät getroffenen Emigrationsentscheidung reichten. In Anbetracht dieser Erkenntnis stellt sich die nicht zu beantwortende Frage, ob Bernhard Goldschmidt die USA-Studienstipendien für seine Töchter auch dann abgelehnt hätte, wenn es sich um Stipendien für zwei Söhne gehandelt hätte.

Betrachtet man die Immigration in die unterschiedlichen Zielländer ohne eine zeitliche Differenzierung, so wird deutlich, dass sich durchaus Unterschiede im Anteil der Geschlechter an den Wanderungen in verschiedene Zielländer nachweisen lassen (siehe Tab. 11). Die zeitlichen Unterschiede der Emigration –

---

117 USHMM: Oral History Interview with Fred Cahnmann und USHMM: Oral History Interview with Hans Cahnmann.
118 "One of the days the captain decided it's not moral that the women sleep together with the men on the deck [laughs]. So he said the women have to go down and sleep down. And I didn't sleep one night because I had the place just above the dairy kitchen and the whole night, they roasted the ship biscuits. They were not good already ... mold ... and they roasted it and there came a hot air from below and I couldn't move, I had only space to lie on my side because there was no space and I couldn't sleep. After a few nights without sleeping I said to the boys on the deck, I come back, I don't mind what will happen, I can't sleep there [laughs]. So I went back and then the other girls came also." In: Cahnmann: Oral History Interview with Lilo Dotan.
119 Clementine Krämer, München, an Fred und Werner Cahnmann, Chicago. Brief vom 15.4.1941. LBI: Werner and Gisella Cahnman Collection. AR 25210 Box 3 Folder 50.

Tab. 11: Auswanderung aus München nach Geschlecht und Zielland

Zielland	w		m		Gesamt	
USA	1.238	48%	1.356	52%	2.594	100%
GB	459	52%	432	48%	891	100%
PAL	417	47%	479	53%	896	100%
CH	143	52%	131	48%	274	100%
FR	97	39%	152	61%	249	100%
AR	73	45%	89	55%	162	100%
NL	76	47%	86	53%	162	100%
IT	71	49%	75	51%	146	100%
BR	50	48%	54	52%	104	100%
CN	31	32%	66	68%	97	100%
BE	42	44%	54	56%	96	100%
CZ	32	36%	58	64%	90	100%
PL	31	42%	42	58%	73	100%
AT	21	41%	30	59%	51	100%
unbekannt	82	51%	78	49%	160	100%
Sonstige	269	44%	349	56%	618	100%
Gesamt	**3.132**	**47%**	**3.531**	**53%**	**6.663**	**100%**

ein hoher Anteil männlicher Auswanderer zu Beginn, dann jedoch ein Ansteigen der Zahl der Emigrantinnen ab der Mitte der 1930er Jahre – glichen sich über den Gesamtzeitraum gesehen nur teilweise aus. Bei der Interpretation der Daten muss immer das generelle Ungleichgewicht der Geschlechter in der Emigration aus München beachtet werden; Aussagen über einzelne Zielländer müssen in Relation zu dieser Disbalance getroffen werden.

Die frauenfreundliche Immigrationspolitik Großbritanniens lässt sich anhand des Münchner Datensamples statistisch nachzeichnen. Mit 52% ist die Zahl Münchner Immigrantinnen nicht nur relativ, sondern sogar absolut höher als die der Immigranten. Den prozentual gleichen Anteil Münchner Immigrantinnen erreichte nur die Schweiz, in deren Fall jedoch das Gesamtsample der ImmigrantInnen deutlich kleiner ist, so dass die Anteilszahlen in diesem Fall weniger reliabel sind. Interessant ist auch der Vergleich der Einwanderungsländer USA und Palästina. Die Geschlechtsverteilung unter den Einwanderern in beiden Ländern erweist sich als annähernd dieselbe und entspricht der Gesamtverteilung, obwohl die Immigrationsregularien Palästinas, anders als die der USA, geschlechtsdiskriminierende Teilregelungen enthalten und obwohl gerade in den Anfangsjahren die zionistische Ideologie bevorzugt Männer zur Siedlungsimmigration anzog. Im Gegenzug zur Münchner Datenbank verzeichnen Statistiken zur frühen Einwanderung in Palästina stets deutliche Männerüberschüsse.[120] Erklären lässt sich dieses Ergebnis weder anhand der statistischen Unterlagen noch durch einen Blick in die Familienbiographien. Weitere Forschungen wären nötig, vor allem wohl ein Vergleich mit Statistiken zum Geschlecht von Palästinawanderern aus anderen deutschen Städten, um zu verstehen, ob das vorliegende Ergebnis München-spezifisch ist oder ob trotz aller ideologischen und regulatorischen Bevorzugungen männlicher Einwanderer Frauen per se einen großen Anteil an der Palästina-Wanderung ausmachten. Die USA-Zahlen hingegen entsprechen den Quellenmaterialien zur Gesamtimmigration, die stets einen leichten Männerüberschuss verzeichnen.[121] Die Untersuchung von Quellenmaterial sowie die biographischen Einblicke zeigen folglich, dass die Statistiken starke Ungleichbehandlungen nach Geschlecht nivellieren. Teils wurden Männer von Immigrationsregularien und den Lenkungsversuchen der Hilfsorganisationen bevorzugt und Frauen analog dazu benachteiligt, teils war die Situation spiegelverkehrt. Insgesamt jedoch sind geschlechtsspezifische Unterschiede in der Wahl des Ziellandes statistisch weniger entscheidend als Unterschiede in den Altersgruppen (siehe Tab. 12).

Bereits mehrfach hat sich angedeutet, dass Verfolgungsmaßnahmen und Immigrationsregularien auf Gruppen mit bestimmten Alters- und Geschlechtskombinationen abzielten. Tabelle 12 stellt folglich das Auswanderungsmuster der im höchsten Maße schicksalshaften Kombination aus Alter- und Geschlechtsmerkmal je Emigrationsjahr dar. Diese Verknüpfung deckt Unterschiede in der Zusammensetzung der Emigrantengruppen aus München auf, die mit sich verändernden Verfolgungs- und Immigrationssituationen korrelieren.[122]

Tatsächlich bestätigt detaillierte Analyse durch die Gegenrechnung von Alters- und Geschlechtsmerkmalen mit dem Emigrationsjahr, dass alle drei Merkmale auf die Zusammensetzung der EmigrantInnengruppe einwirken. In den ersten Jahren der nationalsozialistischen Herrschaft lassen sich, entsprechend der dezidiert auf männliche Juden ausgelegten Verfolgungsstrategie, große Anteile männlicher Emigranten in den drei erwachsenen Altersgruppen

---

120 Vergleiche dazu unter anderem File 677: The Immigration of German Jews into Palestine. 11.3.1936. JDC NY AR193344, sowie File 658: On the status of emigration from Germany. 15.5.1939. JDC NY AR193344.
121 File 804: Hebrew Immigration to the United States. January 1, 1933 to June 30, 1943. YIVO National Refugee Service.
122 Die Prozentangaben beziehen sich auf die Geschlechtsanteile innerhalb einer Altersgruppe eines Emigrationsjahres, um männliche und weibliche Emigranten gegenrechnen zu können. Die Angaben der letzten Spalte benennen die Geschlechtsverteilung in einem Jahr, die der letzten Zeile die Geschlechtsverteilung in einer Altersgruppe.

Tab. 12: Auswanderung aus München nach Emigrationsjahr, Geschlecht und Altersgruppe

Jahr	Geschl.	0–20		21–40		41–60		61–80		Gesamt		
1933	w	83	58%	113	36%	59	38%	12	35%	267	41%	646
	m	59	42%	201	64%	97	62%	22	65%	379	59%	
1934	w	40	40%	79	45%	28	35%	5	31%	152	41%	369
	m	60	60%	95	55%	51	65%	11	69%	217	59%	
1935	w	38	46%	87	46%	32	39%	10	43%	167	44%	379
	m	45	54%	103	54%	51	61%	13	57%	212	56%	
1936	w	48	37%	106	43%	68	44%	23	45%	245	42%	581
	m	81	63%	139	57%	88	56%	28	55%	336	58%	
1937	w	61	47%	89	43%	61	49%	20	51%	231	46%	502
	m	70	53%	119	57%	63	51%	19	49%	271	54%	
1938	w	130	48%	222	51%	117	36%	49	58%	518	47%	1.110
	m	140	52%	212	49%	204	64%	36	42%	592	53%	
1939	w	259	50%	358	55%	402	51%	178	44%	1.197	51%	2.354
	m	258	50%	296	50%	379	50%	224	50%	1.157	49%	
1940	w	21	42%	37	66%	68	47%	31	43%	158	49%	325
	m	29	58%	19	34%	78	53%	41	57%	167	51%	
1941	w	15	60%	13	62%	45	79%	31	58%	104	67%	156
	m	10	40%	8	38%	12	21%	22	42%	52	33%	
1942	w	1	50%	1	50%	5	71%	2	50%	9	60%	15
	m	1	50%	1	50%	2	29%	2	50%	6	40%	
1943	w			1	50%					1	50%	2
	m			1	50%					1	50%	
unbek.	w	40	51%	49	52%	12	32%	6	46%	107	48%	224
	m	38	49%	46	48%	26	68%	7	54%	117	52%	
Gesamt	w	736	48%	1.155	48%	897	46%	367	46%	3.156	47%	6.663
	m	791	52%	1.240	52%	1.051	54%	425	54%	3.507	53%	

feststellen. Gegen Mitte der 1930er Jahre fand eine Verschiebung statt. Nun lag der Schwerpunkt der männlichen Auswanderung mehr in den Altersgruppen der jüngeren Emigranten; die Geschlechtsanteile der 41–60- und über 61-Jährigen glichen sich zunehmend an. Dies war die Zeit der schrittweisen Verdrängung Jugendlicher und junger Erwachsener aus Schul- und Berufswelt, die Phase der organisierten Auswanderung und der Hachscharah-Zentren in Vorbereitung auf ein Siedlerleben in Palästina oder Südamerika. Erst ab 1937, verstärkt dann 1938, traten in den beiden jüngsten Altersgruppen die Anteile der Emigrantinnen stärker hervor. Nun wurde die Bedrohungslage im Reich, so auch in München, derart uneinschätzbar, dass verstärkt auch junge Frauen emigrierten und die Rufe der Hilfsorganisationen nach verstärkter Frauen-Auswanderung auf immer fruchtbareren Boden fielen. Im Jahr der stärksten Auswanderung, 1939, überstieg die Zahl der Münchner Emigrantinnen die der Münchner Emigranten insgesamt leicht. Bemerkenswert ist, dass dieser Überhang an weiblichen Auswanderern zu einem großen Teil auf die Altersgruppe der 21–40-Jährigen zurückzuführen ist. In einer Welt, deren Grenzen sich für jüdische Einwanderer schlossen und in der der Erhalt eines Visums, nicht die Verfolgungsmaßnahmen der Nationalsozialisten, über Erfolg oder Misserfolg der Emigration entschieden,[123] hatten junge Frauen die verhältnismäßig besten Chancen, ein Einwanderungsland zu finden. Dieser Trend ist auch in den Folgejahren noch erkennbar. Deutlich wird, vergleicht man die absoluten Zahlen der Jahre 1939 und 1940 in den Altersgruppen der 21–40- sowie der 41–60-Jährigen miteinander, dass diese zwei Jahre von Familiennachzügen geprägt waren. Nun überstieg die Emigrantengruppe der „Elterngeneration" (41-60-Jährige) die der Generation ihrer Kinder, ein Phänomen, das trotz zunehmender Überalterung der Gesellschaft erst ab dem Jahr 1939 sichtbar wird und besonders 1940 und 1941 statistisch gut erkennbar ist. Insgesamt allerdings liegen die absoluten Zahlen ab 1940 aber auf einem derart niedrigen Niveau, dass sich zunehmend die Frage nach der Repräsentanz der Zahlen und folglich der Aussagekraft der Statistik stellt.

Die Gegenrechnung von Alter und Geschlecht mit dem Emigrationsjahr erklärt so noch einmal, weshalb sich derart deutliche Unterschiede in der geschlechtsbezogenen Zusammensetzung der Münchner und reichsweiten Emigrantengruppen zeigen. In der ersten und zweiten Phase der Auswanderung aus München,[124] als die Grenzen der Immigrationsländer weiter offenstanden als im späteren Zeitverlauf, forcierten oder unterstützten Verfolgungssituation, Immigrationsregularien und Hilfsorganisationen die männliche Emigration. Zu einem Zeitpunkt, als Jüdinnen sich aufgrund der zunehmend bedrohlichen Situation im Reich stärker zur Auswanderung gezwungen sahen und sich Immigrationsregularien und die Verhaltensweisen der Hilfsorganisationen zu ihren Gunsten wendeten, hatten bereits Prozesse begonnen, die die Auswanderung nach und nach einschränkten. Der Kriegsausbruch und die internationalen Entwicklungen in den Monaten danach, die die Emigrationsbemühungen immer öfter scheitern ließen, hatten für Frauen fatalere Folgen, da sie vermehrt in München zurückgeblieben waren und erst verspätet mit der Organisation der Emigration begonnen hatten. Die Untersuchung des Münchner Samples bestätigt so Kaplans These, nach der die „combination of age and gender (...) the most lethal"[125] war.

---

123 Vergleiche dazu die Ausführungen in *Kapitel 4.2.3*.
124 Vergleiche dazu die Ausführungen in den *Kapiteln 4.2.1* und *4.2.2*.
125 Kaplan 2010, S. 33–35.

Die Ausführungen zu Alters- und Geschlechtsgruppen der Auswanderer machen gleichzeitig deutlich, dass die Statistiken einen zentralen Bereich der jüdischen Emigration nicht greifen können: den Bereich der Migrationsüberlegungen und -planungen. Diese Nichterfassung der angedachten, letztlich jedoch nicht realisierten Auswanderungen ist ein den Statistiken inhärentes Problem. Nur durch qualitative Untersuchungen kann von diesem Teilbereich des Emigrationsprozesses ein Eindruck gewonnen werden. Ein vertiefter Blick in die biographischen Quellenmaterialien zeigt, dass sich generelle Aussagen über dem Emigrationswillen der Geschlechter nur schwer treffen lassen. Während in der Familie Blechner offensichtlich Mina das der Emigration am stärksten abgeneigte Familienmitglied war, fehlt eine Meinungsäußerung Magdalena Goldschmidts zu den von ihrem Mann entworfenen Emigrationsplänen in den überlieferten Quellen völlig. Sigwart und Hedwig Cahnmann schienen sich in ihrem Vorsatz, die Kinder zuerst emigrieren zu lassen, einig zu sein. In der Familie Schwager hingegen war es eindeutig Sabine, die zusammen mit den Söhnen ihren Mann von der Emigration überzeugen wollte.[126] Sie war es auch, die schneller bereit war, ihr altes Leben aufzugeben, und sich weniger aus der Zurücklassung ihrer Eigentümer machte: „It would be a pity to add good money to our old pieces. I always thought this way. Only Dad seems not to be able to leave these old pieces here."[127]

Erwin und Karl Schwager sowie Joseph Teller wandten sich in den Briefen, die in schärferem Ton zur Emigration aufriefen, einzig an Leopold, niemals an Sabine Schwager.[128] Leopold Schwager blieb als Familienvorstand in der Entscheidungsrolle. Die geltenden Rollenbilder, denen sich Sabine sogar während der Inhaftierung Leopolds im KZ Dachau unterwarf, hatten weiterhin Bestand.

Die Untersuchung der Münchner Emigration zeigt, dass sich sowohl die Verfolgungs- als auch die Immigrations- und Integrationssituation für jüdische Frauen und Männer unterschiedlich gestaltete. Folgerichtig unterschieden sich auch ihre Emigrationen voneinander: Männer emigrierten früher, Frauen später. Die Wahl der Zielländer war dennoch weniger geschlechtsspezifisch, als ein kurzer Blick hätte vermuten lassen. Als entscheidender für den Emigrationserfolg zeigte sich die Kombination aus zwei kollektiven Faktoren: Alter und Geschlecht. Pauschal gesprochen emigrierten junge Männer früher und erfolgreicher als alte

---

126 Sabine Schwager, München, an Erwin Schwager, Pittsburgh. Brief vom 24.7.1940. Schwager Family Papers.
127 Sabine Schwager, München, an Erwin Schwager, Pittsburgh. Brief vom 24.4.1940. Schwager Family Papers.
128 Joseph Teller, Verona, an Leopold und Sabine Schwager, München. Brief vom 3.2.1940. Schwager Family Papers.

Frauen, deren Emigrationen von den sich verschlechternden Zeitumständen zunehmend verhindert wurden.

Geschlechterstereotype waren jedoch, betrachtet man die vier ausgewählten Münchner Familien, nicht in so hohem Maße entscheidend, wie Kaplan[129] beschreibt. Im Gegenteil finden sich vielfältige Momente, die gegen eine Überbetonung der Bedeutung des Geschlechts sprechen. Derartige Zuschreibungen vereinfachen damals wie heute zu stark und vergessen, dass Charakter und Mentalität von vielerlei Einflüssen geprägt waren und sind. Dies macht die Individualität einer Person aus, unabhängig von ihrem Geschlecht, wie Werner Cahnmanns Nachruf zeigt: „Both father and mother, have died as they have lived. Father sentimental, but still full of dreams and illusions about the future, mother with a clear mind vis-a-vis de rien."[130]

5.1.3 Familienstand

> Jüd. Dame, hübsche, jugendliche Erscheinung, Anfang 30, mit größerem Vermögen, aus guter Familie und USA-Beziehung, sucht tüchtigen jüd. Herrn in sich.[erer] Position zwecks Heirat. Nur persönliche, ausführliche Bewerbungen mit Lebenslauf finden Beachtung.[131]

Die Datenbank kennt den Familienstand von 96% der Münchner Juden und ist damit hinreichend vollständig für signifikante Ergebnisse. Gleichzeitig ist der Familienstand ein weitaus fluideres soziodemographisches Merkmal als Geschlecht und Alter. Während diese sich nicht bzw. in berechenbarer Weise verändern, kann der Familienstand innerhalb unterschiedlicher Zeiträume mehrmals wechseln. Der Familienstand ist zudem eng mit dem Alter eines Individuums verknüpft, da es gewisse Lebensphasen gibt, die tendenziell mit einem bestimmten Familienstand in Verbindung stehen: die Jugend mit dem Status des Ledigen, die letzten Lebensjahre mit dem der Verwitwung. Tabelle 24 im Anhang dieser Arbeit verzeichnet die Zahlen zur Emigration der Münchner Juden nach Emigrationsjahr und Familienstand. Bis 1937 bestand die Emigration aus München, entsprechend der erhöhten

---

[129] Kaplan 2006, S. 236.
[130] Werner Cahnmann, Nashville, an Hans Cahnmann, Chicago. Brief vom 29.3.1943. LBI: Werner and Gisella Cahnman Collection. AR 25210 Box 2 Folder 6.
[131] Heiratsgesuche. In: *Jüdisches Gemeindeblatt für den Verband der Kultusgemeinden in Bayern und die Kultusgemeinden München, Augsburg, Bamberg, Würzburg (ehem. Bayerisches Israelitisches Gemeindezeitung)* XIII. Jahrgang, 15.12.1937 (24), S. 439.

Auswanderung junger Altersgruppen in dieser Zeit, hauptsächlich aus ledigen Personen. Ab 1938 änderte sich dieses Bild analog zur Veränderung in der Alterszusammensetzung der Auswanderergruppe. Nun stellten verheiratete Emigranten einen großen Anteil der Auswanderer. Ab 1939 und dann verstärkt 1941 und 1942 stieg die Zahl der verwitweten Emigranten; diese machten insgesamt jedoch nur einen verhältnismäßig kleinen Anteil an der Gesamtemigration aus. Ähnliche Ergebnisse zeigt die Gegenüberstellung von Familienstand und Zielland der Emigration. Während mehr ledige Münchner nach Palästina und Großbritannien emigrieren, ist die Zahl der verheirateten Münchner Immigranten in die USA größer als die der ledigen.[132] Dieses Ergebnis bestätigt die Erkenntnisse zu den Unterschieden im Alter der Münchner Immigranten in verschiedenen Zielländern. Palästinawanderer waren jünger als Emigranten mit Zielland Großbritannien, diese wiederum waren jünger als die USA-Wanderer. Die Untersuchung des Zusammenhangs zwischen Familienstand und Emigrationsjahr bzw. Zielland erbringt somit ähnliche Resultate wie die Analyse der Emigration verschiedener Altersgruppen, was auf die relativ enge Verknüpfung von Lebensalter und Familienstand zurückzuführen ist. Weder sind nationalsozialistische Verfolgungsmaßnahmen bekannt, noch hatten die Einwanderungsländer konkrete Vorgaben zur Immigration, die einzig auf nach Familienstatus getrennte Gruppen abzielten.[133] Der Familienstand hatte keinen direkten Einfluss auf die Entscheidung zur Emigration, wenngleich er auch in Einzelfällen indirekt auf die Rahmenbedingungen einwirken konnte, unter denen Auswanderungen stattfanden. Diese Einzelfälle waren beispielsweise die im Eingangszitat genannten familiären Beziehungen von Ehepartnern, die bei der Emigrationsorganisation hilfreich sein konnten. Derartige Gesuche fanden sich bereits ab 1933, verstärkt ab der Mitte der 1930er Jahre, in der Münchner Gemeindezeitung und in allen anderen jüdischen Zeitungen des Reichs in steigender Anzahl.[134] Auch

---

132 Dies entspricht diversen Einwanderungsstatistiken der Zielländer. Die USA konstatierten einen Anteil von 43% ledigen und 51% verheirateten Immigranten. File 804: Hebrew Immigrants and Non-immigrants Admitted to the United States During the Period from January 1, 1933 through June 30, 1943. YIVO National Refugee Service sowie File 630: The German Emigres in the United States. 9.6.1938. JDC NY AR193344. In Palästina lag laut Statistiken des Joint die Einwanderungsrate der Singles höher als die der Verheirateten, rechnet man – wie in dieser Arbeit geschehen – die Einwanderer unter 17 Jahren zu den ledigen Einwanderern hinzu. Vergleiche dazu File 677: The Immigration of German Jews into Palestine. 11.3.1936. JDC NY AR193344. Eine Ausnahme war eine kleine Untergruppe innerhalb des C-Zertifikats oder Arbeitszertifikats, die „recently (...) for unmarried men only" herausgegeben wurden. File 675: Rules for Jewish Immigration into Palestine. o. D. JDC NY AR193344.
133 Damit nicht zu verwechseln sind Vorgaben zur Nachholung von engen Familienmitgliedern, die in *Kapitel 5.2.2* behandelt werden.
134 Vergleiche dazu unter anderem Maier, Clemens: Zwischen „Leben in Brasilien" und „Aus

konnten mit einer Veränderung des Familienstatus Änderungen in der Emigrationsplanung einhergehen: „Dir und Deinen lieben Eltern zu Deiner Verlobung recht herzliche Glückwünsche! Ich kann mir vorstellen, dass (...) Deine Auswanderungspläne neue Formen bekommen haben."[135]

Zwar hatte der Familienstand nur geringen Einfluss auf die Emigrationsdurchführung an sich, jedoch konnte die offizielle Festschreibung des Familienstatus von Emigranten für den Erfolg einer Auswanderung ins gleiche Zielland entscheidend sein. So gelang es Leon Blechner unter Ausnutzung der Immigrationsgesetzgebung, seine Ehefrau sowie den gemeinsamen Sohn in die USA nachzuholen.[136] Die Angabe des Status als Verheiratete war in den Augen der amerikanischen Immigrationsbehörden ungültig; waren Leon und Regina doch nur rituell, nicht aber offiziell verheiratet. Regina Spatz wurde auf Ellis Island festgehalten und mit Ablehnung des Immigrationsantrags bedroht, bis Leon Blechner sie standesamtlich heiratete.[137] Um seine junge Familie zu retten, unterschrieb er alle nötigen Papiere und holte die standesamtliche Hochzeit nach. Günter Freund hingegen, Lilo Cahnmanns langjähriger Partner, scheiterte in seinem Versuch, der Freundin und den Eltern nach Palästina nachzuziehen. Er war 1939 nach Großbritannien emigriert, um dort die Wartezeit bis zum Erhalt eines Palästina-Zertifikats zu verbringen. Die Kriegswirren, die Deportation Günters als „alien enemy" nach Australien sowie die Einwanderungspolitik der britischen Mandatsmacht verhinderten seine Weiterwanderung jedoch jahrelang, selbst nach 1945: „And we couldn't manage. We couldn't manage to come together. Then the years passed, and we were writing letters. And we said to each other, we can't say you have to wait for me. This is so (...) He married a non-Jewish girl in [England] and I married Sigi."[138]

Wie viele derartige Beziehungen durch die erzwungene Emigration der deutschen Juden unterbrochen und verhindert wurden, wird sich nicht mehr fest-

---

den Verordnungen" – Das Jüdische Nachrichtenblatt 1938–1943. In: Meyer, Beate und Simon, Hermann (Hg.): Juden in Berlin 1938–1945. Begleitband zur gleichnamigen Ausstellung in der Stiftung „Neue Synagoge Berlin – Centrum Judaicum" Mai bis August 2000. Berlin 2000, S. 107–128, hier S. 114.
135 Erwin Schwager, München, an Gerda Menges, o.O. Brief vom 25.7.1938. Erwin Schwager: Private Correspondence (1938).
136 Mehr dazu in *Kapitel 5.2.2*.
137 Nr. 82: Leon Blechner, New York, an Jakob Blechner, Zürich. Brief vom 23.11.1939. Blechner Documents.
138 Cahnmann: Oral History Interview with Lilo Dotan. Ihr Ehemann Siegmund (Shmuel) Deutsch stammte aus Berlin und war mit seinen Eltern ebenso wie Lilo Teilnehmer des 7. SH-Transports gewesen.

stellen lassen, da sie in den Statistiken nicht erfasst sind. Hinter jeder einzelner jedoch steckte eine tragische Geschichte.[139]

Der Familienstand war weder bezüglich der Verfolgungssituation noch bezüglich der Immigrationsgesetzgebung der Zielländer ein Einflussfaktor für den Erfolg einer Emigration. Nichtsdestotrotz ermöglicht eine statistische Analyse des Familienstandes der Emigranten, die Ergebnisse der Analysen zu Alter und Geschlecht zu validieren. Die biographischen Untersuchungen zeigen, dass der Familienstand einer Person indirekt dennoch Einfluss auf deren Emigration nahm, nämlich dann, wenn Partner vorhanden waren, die die Planungen beeinflussten. Insbesondere für junge Emigranten konnte die Entscheidung für oder gegen eine Heirat vor der Emigration lebenslange Auswirkungen nach sich ziehen, die zum Zeitpunkt der Emigration nicht abschätzbar waren.

5.1.4 Staatsangehörigkeit

> Bedauerlich ist die Tatsache, dass man Juden ausländischer Staatsangehörigkeit keine Schwierigkeiten bereiten kann, um dadurch nicht unsere auswärtigen Beziehungen zu trüben.[140]

Das Merkmal der Staatsangehörigkeit ist aus methodischen, strukturellen und regulatorischen Gründen ein problematisch zu analysierender Faktor. Erstens ist die Staatsangehörigkeit von insgesamt 1.718 Personen (12% aller Verzeichneten) unbekannt; Staatsangehörigkeiten sind zudem bedingt veränderbar,[141] wodurch die Ergebnisse zur Emigration nach Staatsangehörigkeit methodisch weniger verlässlich sind als die des Alters oder Geschlechts. Zweitens schränkt eine strukturelle Eigenschaft der Datenbank die Aussagekraft der Analyseergebnisse ein: Je Person steht in der Datenbank nur ein Feld für den Faktor Staatsangehörigkeit zur Verfügung. Für Personen, deren Staatsangehörigkeit sich im Laufe der zwölf Jahre

---

139 Ähnlich gestaltete sich die Situation für Werner Cahnmann. Da jedoch die betroffene weibliche Partnerin noch lebt und nicht genannt werden möchte, wird auf diesen Fall hier nicht weiter eingegangen. Und auch Oskar Blechner löste eine Beziehung, um für die Heirat in England frei zu sein. 168: Oskar Blechner, London, an Jakob Blechner, Zürich. Brief vom 2.1.1941. Blechner Documents.
140 Sicherheitsdienst des RFSS, SD-Hauptamt: Report „Zum Judenproblem" vom Januar 1937. IfZ MA 557.
141 Zu dieser Problematik ausführlich Blau 1950, S. 296f. Er betont, dass auch seine Statistiken, die im Folgenden immer wieder zu Vergleichszwecken herangezogen werden, aus diesem Grunde vergleichsweise wenig reliabel sind.

des Untersuchungszeitraums änderte, wurden entweder zwei Staatsangehörigkeiten in einem Feld vermerkt oder nur eine der beiden Staatsangehörigkeiten eingetragen. Diese Ungleichheiten wurden so gut als möglich bereinigt.[142] Drittens richteten sich die Immigrationsregulatorien des wichtigen Ziellandes USA nicht nach der offiziellen Staatsangehörigkeit, sondern entsprechend des Geburtsortprinzips nach der regionalen Herkunft einer Person bei Geburt, während das deutsche Recht nach dem Abstammungsprinzip einem Kind die Staatsangehörigkeit seiner Eltern zuschrieb.[143] Nicht immer kann also von der Nationalität auf die Zugehörigkeit zu einer Emigrantengruppe geschlossen werden.[144]

Das Gesamtsample der Datenbank verzeichnet einen Anteil von 10.227 (71%) deutschen Staatsangehörigen (siehe Tab. 13). 1.773 oder 12,5% der Münchner Juden waren osteuropäischer Abstammung,[145] davon wiederum besaßen 1.308 die polnische Staatsangehörigkeit. Damit war der Anteil der polnischen Juden gegenüber dem Reichsdurchschnitt von 11,3% in München zwar leicht erhöht;[146] im Unter-

---

142 Diejenigen Felder, die zwei Einträge verzeichneten, wurden insofern bereinigt, als die jeweils erste bekannte Staatsangehörigkeit beibehalten und alle weiteren Einträge gelöscht wurden, um einer ursprünglichen Staatsangehörigkeit möglichst nahe zu kommen. Dies geschah bei 488 oder gut 7% aller Emigranten. So wurden auch Fälle angeglichen, in denen die Münchner Juden nach ihrer Emigration andere Staatsangehörigkeiten annahmen, die wiederum in der Datenbank vermerkt wurden. Diejenigen Felder, die nur eine Staatsangehörigkeit verzeichneten, waren ungleich schwerer zu überprüfen. In allen Fällen wurde der Fließtext, der den meisten Personen zugeordnet ist, für die vorliegende Arbeit überprüft. Letztlich jedoch wurde, selbst wenn anhand eines typischen Nachnamens oder des Geburtsorts einer Person der Verdacht auf eine andere Staatsbürgerschaft vorlag, die Angabe im Feld der Staatsangehörigkeit beibehalten, wenn nicht konkrete Nachweise auf einen Wechsel der Staatsbürgerschaft vor der Emigration vorlagen.
143 Das Beispiel der Familie Blechner veranschaulicht diese Schwierigkeit: Während alle sechs Familienmitglieder die polnische Staatsangehörigkeit besaßen, wurden Markus, Mina, Jakob und Oskar Blechner, die in Polen geboren waren, bei ihrer Bewerbung um ein Immigrationsvisum für die USA auf der polnischen Quote, Salo und Leon jedoch, die in München zur Welt kamen, auf der deutschen Quote verzeichnet.
144 In München betraf dies einige hundert in München geborene "ausländische" Juden. Vergleiche dazu Tabelle 34: Die Gebuertigkeit und Staatsangehoerigkeit der Juden in Bayern [1933] in Blau 1950, S. 165.
145 Hierzu werden im Folgenden Staatsangehörige der folgenden Staaten gezählt: Tschechoslowakei (CZ), Ungarn (HU), Litauen (LT), Polen (PL), Rumänien (RO), Russland (RU) und Jugoslawien (YU). Im Vergleich dazu spricht Kalter, Max: Hundert Jahre Ostjuden in München 1880–1980. In: Lamm, Hans (Hg.): Vergangene Tage. Jüdische Kultur in München. München 1982, S. 392–399, hier S. 395, von 3.000 Ostjuden in München, jedoch ohne Angabe einer Quelle oder Definitionsbasis. Insgesamt scheint es äußerst schwierig, die genaue Zahl der im Deutschen Reich lebenden polnischen Juden festzustellen. Vgl. dazu die Angaben bei Weiss 2000, S. 21.
146 Tabelle 60: Die auslaendischen Juden im Deutschen Reich nach ihrer Statsangehörigkeit [sic!] in den Jahren 1925 und 1933. Blau 1950, S. 301.

Tab. 13: Auswanderung der Münchner Juden nach Staatsangehörigkeit (Auswahl)

Land	emigriert		binnemigriert		zurückgeblieben		Gesamt	
DE	4.777	47%	516	5%	4.934	48%	10.227	100%
PL	939	72%	49	4%	320	24%	1.308	100%
AT	135	54%	12	5%	101	41%	248	100%
CZ	134	58%	5	2%	92	40%	231	100%
staatenlos	132	55%	10	4%	98	41%	240	100%
Sonstige	247	66%	12	3%	118	31%	377	100%
unbekannt	299	17%	73	4%	1.346	78%	1.718	100%
Gesamt	**6.663**	46%	**677**	5%	**7.009**	49%	**14.349**	100%

schied zu anderen Großstädten des Reichs hatte die Gruppe der polnisch-jüdischen Münchner jedoch einen vergleichsweise kleinen Umfang.[147] In Anbetracht der Größe dieser Gruppe wird im Folgenden vor allem auf die Situation der polnischen Juden eingegangen, aufgrund der Sondersituation der staatenlosen Juden auch diese betrachtet. Staatenlos waren 2% aller Münchner Juden, insgesamt 240 Personen, der Anteil der Staatenlosen in München daher im Vergleich zum Reichsschnitt halbiert.[148] Alle anderen Nationalitäten werden nur untergeordnet behandelt.

Die Auswertung der Anteile der Emigranten, Binnenmigranten und Zurückgebliebenen unter den Münchner Juden deutscher und ausländischer Staatsangehörigkeit zeigt deutlich, dass größere Teile der Münchner Juden ausländischer Staatsangehörigkeiten emigrierten, als dies in der Gruppe der deutschen Juden der Fall war. So wanderten 72% aller Münchner Juden polnischer Staatsangehörigkeit sowie etwa zwei Drittel aller anderen ausländischen Staatsangehörigkeiten[149] aus. Auch in der Gruppe der Staatenlosen, die zu einem großen Teil aus osteuropäischen Juden bestand,[150] war die Anzahl der Emigranten überdurchschnittlich hoch. Betrachtet man hingegen einzig die Münchner Juden deutscher Staatsange-

---

147 Nach Blau S. 303f., insbesondere Tabelle 61: Die Staatsangehoerigkeit der Juden im Deutschen Reich 1933 nach Ortsgroessenklassen, lag der Anteil polnischer Juden in den deutschen Großstädten bei 19%.
148 Blau 1950, S. 303.
149 Nach Kalter 1982, S. 397, emigrierte etwa ein Drittel der von ihm geschätzten 3.000 Ostjuden aus München. Während die Gesamtzahl zu hoch angesetzt scheint und auch das Verhältnis von etwa 30% Emigranten zu 70% Zurückgebliebenen falsch sein dürfte, ähnelte seine absolut geschätzte Zahl der Auswanderung osteuropäischer Juden aus München (etwa 1.000) so den Ergebnissen der Datenbank.
150 Vergleiche dazu die Ausführungen in Blau 1950, S. 301f., sowie Cahnman 1982, S. 31–34.

hörigkeit, wird deutlich, dass die Zahl der Emigrierten und Zurückgebliebenen mit 4.777 (47%) bzw. 4.934 Personen (48%) annähernd gleich war.

Das Eingangszitat veranlasst zur Vermutung, dass sich signifikante Unterschiede in den Bereichen der Verfolgungssituation, gegebenenfalls auch der Immigrationsregularien sowie der Unterstützung durch die Hilfsorganisationen, finden. Tatsächlich war der Wille zur Verfolgung aller sich im Deutschen Reich befindenden Juden, nicht nur der deutschen, auf nationalsozialistischer Seite durchaus gegeben. Dies war bedingt durch die nationalsozialistische Ideologie, nach der "Juden fremder Staatsangehörigkeit, die in Deutschland lebten oder Vermögen besaßen, (...) den Nationalsozialisten primär als Juden und erst in zweiter Linie als Ausländer"[151] galten. Wann immer möglich, schlossen judenfeindliche Maßnahmen ausländische Juden mit ein. Auch gezielte Verfolgungen wie die Ausweisung polnischer Juden in Sachsen 1935[152] fanden vereinzelt bereits in den frühen 1930er Jahren statt. Zusätzlich dazu zielte eine Reihe von Maßnahmen auf die Verringerung des Einflusses ausländischer Juden in jüdischen Organisationen und Gemeinden ab.[153] Andererseits spielten außenpolitische Kalküle auch weiterhin eine Rolle. „Je nachdem, wie sich die politischen Beziehungen der einzelnen Staaten zu Deutschland entwickelten",[154] waren Juden bestimmter Staatsangehörigkeiten von den Verfolgungsmaßnahmen in unterschiedlichem Grad betroffen. Beispiele dafür sind die Kennzeichnung der jüdischen Pässe mit dem „J"-Stempel, von der Fremdenpässe staatenloser Juden ausgenommen waren,[155] die Verordnung zur Führung der Zusatznamen Sarah und Israel, die für Juden fremder Staatsangehörigkeit nicht galt,[156] oder

---

151 Graml, Hermann: Die Behandlung von Juden fremder Staatsangehörigkeit in Deutschland. In: Institut für Zeitgeschichte München (Hg.): Gutachten des Instituts für Zeitgeschichte. München 1958b (1), S. 85–86.
152 Dazu Angaben bei IfZ NG 2765.
153 Zentralausschuss: Arbeitsbericht 1936. LBI MF 1060, S. 58. So auch File 84: Report regarding the exclusion of Jews from economic life in Germany following Kristallnacht and its repercussions on the life of the Jews and on emigration, including statistical data. 1938. YV O.51 Documentation of the Staatsarchiv Muenchen (Munich State Archives).
154 Graml 1958b, S. 86.
155 File 24: Official documentation regarding restriction on the movement of Jews, marking of passports of Jews of German nationality, closure of the Jewish Agency office in Munich, and other restrictions. YV M.1 Central Historical Commission (CHC) of the Central Committee of Liberated Jews in the US Zone, Munich.
156 File 112: Official documentation of the Staditsche Gewerbeamt Munchen (Munich Municipal Trade Office), regarding the regulation of the Citizenship Law banning trade with Jewish businesses, and other matters. YV M.1 Central Historical Commission (CHC) of the Central Committee of Liberated Jews in the US Zone, Munich.

die unterschiedliche Behandlung deutscher und fremder Juden im Rahmen der kommunalen Verwaltung.[157] Noch standen die ausländischen Juden unter dem Schutz der Vertretungen ihrer Staaten im Reich, die sich gegen konkrete Benachteiligungen ihrer Staatsbürger zur Wehr setzten. So griff beispielsweise das polnische Generalkonsulat in München ein, als den polnisch-jüdischen Münchnern zu Jahresbeginn 1938 die Erneuerung ihrer Gewerbelegitimationskarten verweigert wurde:

> Die in München ansässigen polnischen Staatsangehörigen, deren Gewerbelegitimationskarten in diesem Jahre abgelaufen sind, warten seit längerer Zeit auf Ausstellung der neuen Karten. (...) Mit Rücksicht darauf, dass die in Polen ansässigen deutschen Staatsangehörigen ihrem Berufe nachgehen können, beehrt sich das Generalkonsulat um beschleunigte Erledigung der Anträge der polnischen Staatsangehörigen zu ersuchen.[158]

Nach Anfrage des Bürgermeisters der „Hauptstadt der Bewegung", Karl Fiehler, im Berliner Reichswirtschaftsministerium erfolgte schließlich eine Ausstellung der Gewerbelegitimationskarten an inländische Juden überhaupt nicht mehr, an ausländische Juden allerdings noch einmal. Auch die Verfolgungsaktionen des Novemberpogroms richteten sich nur gegen deutsche Staatsangehörige[159] und nicht gegen Juden fremder Nationalität. Andererseits richteten sich einige Maßnahmen gezielt gegen Juden anderer Staaten. Bekanntestes Beispiel dafür war die „Polenaktion" des Oktobers 1938.[160] Taktische Überlegungen bewegten die Reichsregierung zu dieser Sondermaßnahme. Als Reaktion auf eine die polnischen Juden im nationalsozialistischen Einflussbereich betreffende Gesetzesänderung Polens, nach der „polnische Auslandspässe vom 29. Oktober an nicht mehr zum Grenzübertritt nach Polen berechtigen"[161] sollten, wurde die Anordnung zur Verhängung von Aufenthaltsverboten und zur sofortigen Verhaftung polnischer Juden zur Zusammenstellung von Abschiebetransporten[162]

---

157 File 168: Documentation of the Munich Municipal welfare office regarding a social welfare project for the winter, the treatment of Jews who converted to Christianity, Jews as an "asocial" element, and other matters. YV M.1 Central Historical Commission (CHC) of the Central Committee of Liberated Jews in the US Zone, Munich.
158 Polnisches Generalkonsulat, München, an das Städtische Gewerbeamt, München. Schreiben vom 25.2.1938. StadtAM Gewerbeamt 177b.
159 Vergleiche dazu diverse Dokumente in IfZ NG 4797.
160 Dazu ausführlich und trotz des Alters des Gutachtens sehr aufschlussreich Heiber, Helmut: Die Ausweisung der Juden polnischer Staatsangehörigkeit im Oktober 1938. In: Institut für Zeitgeschichte München (Hg.): Gutachten des Instituts für Zeitgeschichte. München 1958 (1), S. 90–93, hier S. 91. Mit ähnlichen Ergebnissen Weiss 2000, S. 196f.
161 IfZ NG 2014. Vgl. zu den Hintergründen auch IfZ NG 2011.
162 Geheimes Staatspolizeiamt, Berlin, an die Landräte und Oberbürgermeister als Ortspolizeibehörden des Staatspolizeibezirks sowie abschriftlich den Regierungspräsidenten, Hannover

gegeben. In der „Hauptstadt der Bewegung" wurden in Folge 568 polnische Juden festgenommen, 521 davon letztlich auch abtransportiert.[163] Die Münchner Juden mit polnischer Staatsangehörigkeit, unter ihnen Markus, Mina, Jakob und Frieda Blechner,[164] hatten dabei noch Glück: Erst am 29. Oktober, zwei Tage nach Beginn der Krise, verließ der Sammeltransport München. Bei ihrer Ankunft an der Grenze hatte die polnische Regierung den fraglichen Erlass zurückgezogen, so dass die deutsche Seite auf eine Zwangsabschiebung nach Polen verzichtete. Die Münchner polnischen Juden fuhren – auf eigene Kosten – nach München zurück.[165] Doch auch anschließend standen die polnischen Juden unter spezifischem Verfolgungsdruck: Im Mai 1939 wurde unter Androhung der KZ-Haft ein weiteres Mal ein Aufenthaltsverbot erlassen.[166] Jakob und Frieda Blechner betraf dieses Aufenthaltsverbot unmittelbar, wodurch sie sich in einer konkreten Bedrohungslage befanden.[167] Sie waren aufgrund dieser Situation nach Werner Cahnmann die ersten aller untersuchten Familienmitglieder, die nachweislich unter individuellem Verfolgungsdruck standen.

Wenngleich die Münchner polnischen Juden von der Ausweisung vorerst verschont geblieben waren, zeigte sich ihre Sonderrolle unter den ausländischen Juden des Reichs auch in den Folgemonaten. Während diese von der nun intensivierten „Arisierung" jüdischer Geschäfte ausgenommen waren, wurden in München – entgegen der Anweisung der Reichsebene – auch die Geschäfte

---

und Hildesheim. Schreiben vom 27.10.1938. IfZ MA 172.
163 Dok. 112: Die Münchener Polizei vermerkt am 28. Oktober 1938, dass 568 Juden polnischer Staatsangehörigkeit festgenommen wurden. In: Aly 2008b, S. 326f. Zu den genauen Abläufen während des Transports auch IfZ NG 2896. Unter den vom Transport freigestellten Juden war auch Leon Blechners Ehefrau Regina Spatz, die mit dem ersten Sohn hochschwanger war und so der Ausweisungsaktion entgehen konnte.
164 Die Blechners wurden am 28.10.1938 verhaftet: Polizeipräsidium Ausländeramt. Kontrollvermerk vom 27.10.1938. Betreff: Aufenthaltsverbot für Juden polnischer Staatsangehörigkeit. StAM PolDir 11648 (Blechner Jakob) sowie 1. Polizeirevier. Aktenvermerk vom 28.10.1938. StAM PolDir 11648 (Blechner Jakob). Jakob Blechner weigerte sich, das Aufenthaltsverbot zu unterschreiben. Für Mina Blechner lässt sich zudem ein Aufenthaltsverbot während des Jahres 1941 nachweisen: Fragment eines Verzeichnisses von Personen gegen die Aufenthaltsverbot für das Reichsgebiet erlassen wurde. ITS Digital Archives, 1.2.2.1/11423761.
165 Vergleiche zu den Erlebnissen der Familie Blechner während der „Polenaktion" Hoffmann, Alexa-Romana; Hoffmann, Diana-Patricia: „Mein einziger Wunsch ist mit dem lb Salo zu sammen und mit alle meine lb Kinder!". Diskriminierung, Verfolgung und Ermordung von Mina Blechner. In: Heusler, Andreas (Hg.): „Ich lebe! Das ist ein Wunder". Das Schicksal einer Münchner Familie während des Holocaust. München 2001, S. 48–83, hier S. 51.
166 Reichsführer SS und Chef der Deutschen Polizei im Reichsministerium des Inneren an die preußischen Regierungspräsidenten. Schreiben vom 5.5.1939. IfZ MA 172.
167 Nr. 31: Miriam Kohn an GJAC London. Brief vom 5.6.1939. Blechner Documents. Für die anderen Mitglieder der Familie Blechner lässt sich eine konkrete Bedrohungslage nicht nachweisen.

polnischer Juden enteignet. Im September 1939 bestand in München kein polnisch-jüdischer Einzelhandels- oder Handwerksbetrieb mehr.[168] Dennoch war die Gesetzeslage weiterhin indifferent, nahmen die polnischen Juden eine Zwischenstellung zwischen den deutschen Juden einerseits und den ausländischen Juden andererseits ein. So wurde Markus Blechner weder zur Zahlung der „Judenvermögensabgabe" herangezogen, noch fiel er in den Kreis der zur „Reichsfluchtsteuer" verpflichteten Personen, „weil dieser nur Personen unterlagen, die am 31.1.1931 die deutsche Staatsangehörigkeit besessen"[169] hatten.

Mit Kriegsbeginn änderte sich nach und nach die Situation für Juden anderer Nationalitäten. Die Staatsangehörigen jener Länder, die im Verlauf des Krieges zu „Feindstaaten" oder vom Reich besetzt wurden, verloren jeweils die Vergünstigungen, die ausländische Juden in der nationalsozialistischen Gesetzgebung noch besessen hatten. Dies betraf beispielsweise die tschechischen, norwegischen und niederländischen Juden.[170] Juden mit der Staatsangehörigkeit eines Landes, das keinen Feindesstatus hatte, waren weiterhin von Verfolgungsmaßnahmen ausgenommen.[171]

Erneut jedoch waren die polnischen Juden am stärksten von der Intensivierung der Verfolgungsmaßnahmen betroffen: Einerseits waren Regelungen wie die alleine sie betreffende Beschlagnahmung ihres Vermögens[172] existenzbedrohend, andererseits befanden sich alle männlichen polnischen Juden über 16 Jahre mit Beginn der „zweiten Polenaktion", einer spezifischen Verhaftungswelle, bald

---

168 Ophir et al. 1982, S. 482. Vergleiche dazu auch File 129: Documentation of the Munich Police regarding the Aryanization of factories, closure of Jewish businesses, revocation of commercial licenses of Jews, and other matters. YV M.1 Central Historical Commission (CHC) of the Central Committee of Liberated Jews in the US Zone, Munich; so außerdem File 129: Documentation of the Munich Police regarding the Aryanization of factories, closure of Jewish businesses, revocation of commercial licenses of Jews, and other matters. YV M.1 Central Historical Commission (CHC) of the Central Committee of Liberated Jews in the US Zone, Munich.
169 Sachverhalt und Entscheidungsgründe der Ablehnung des Antrags zur Entschädigung von Schaden durch Zahlung von Sonderabgaben vom 5.6.1963. BayHStA LEA 43022 (Blechner Jakob, Markus, Mirla).
170 Vgl. dazu unter anderem: Der Reichswirtschaftsminister. Betreffend Behandlung fremder Staatsangehöriger bei der Ausschaltung der Juden aus dem Wirtschaftsleben. 14.8.1940. IfZ MA 172 sowie File 106: Official documentation regarding the imposition of economic restrictions against the Jews und File 126: Documentation of the Stadt. Gewerbeamt (Municipal Trade Office) regarding the removal of the Jews from the economic and commerce systems. Beide YV M.1 Central Historical Commission (CHC) of the Central Committee of Liberated Jews in the US Zone, Munich.
171 Beispielsweise in File 631: Zwangsabgabe von Schreibmaschinen, Fahrrädern, Fotoapparaten und Ferngläsern. 17.11.1941. JDC NY AR193344.
172 Verordnung über die Behandlung von Vermögen der Angehörigen des ehemaligen polnischen Staates vom 17. September 1940. RGBl. I 1940, S. 1270.

in einer lebensbedohlichen Situation.¹⁷³ Sie wurden mit Beginn des Krieges zu Bürgern eines feindlichen Staates erklärt, was der Reichsführung die Handhabe gab, sie zu internieren. Die Zahl der in dieser zweiten „Polenaktion" 1939 reichsweit verhafteten und in den Konzentrationslagern Sachsenhausen und Buchenwald inhaftierten polnischen Juden ist nicht bekannt.¹⁷⁴ In München wurden an einem Samstag, während viele der polnischen Juden den Shabbat einhielten,

> in Durchführung des obengenannten Erlasses (…) 21 männliche Juden polnischer Staatsangehörigkeit über 16 Jahre festgenommen. Den 29 Familienangehörigen wurde zur Auflage gemacht: 1. Die Stadt München nicht zu verlassen, 2. sich jeden 2. Tag beim zuständigen Polizeirevier zu melden und 3. das Haus, in dem sie wohnen, in der Zeit von 19 Uhr bis 7 Uhr nicht zu verlassen. (…) Nicht festgenommen wurden wegen Krankheit, hohen Alters oder wegen der Mitarbeit zur Förderung der allgemeinen Auswanderung von Juden aus dem Reich 11 Juden polnischer Staatsangehörigkeit, zu denen 33 Familienangehörige kommen. Namentlich und listenmässig wurden 42 männliche Juden ehemals polnischer Staatsangehörigkeit mit 107 Familienangehörigen erfasst.¹⁷⁵

Einer der Verhafteten, die in das Konzentrationslager Buchenwald transportiert wurden, war Markus Blechner.¹⁷⁶ Nachdem eine Woche vor der Verhaftungsaktion die Ausreise über den Grenzübergang St. Margarethen missglückt war, waren er, Mina und Salo nach München zurückgekehrt. Dort wurde die Familie von der Verhaftungsaktion der Gestapo überrascht. Salo war ebenfalls noch in München, ursprünglich jedoch in Berlin gemeldet. Folglich wurde er in München nicht gesucht und konnte sich der Verhaftung entziehen, indem er sich in der Wohnung der Eltern versteckte.¹⁷⁷ In der Annahme, bei der Aktion habe es sich um eine lokale Maßnahme der Münchner Gestapo gehandelt, entschloss

---

173 Dok. 6: Heydrich ordnet am 7. September 1939 an, alle männlichen polnischen Juden über 16 Jahren im Reich zu verhaften. In: Aly 2012, S. 93. Vergleiche dazu auch Weiss 2000, S. 212, und Rebhun, Ze'ev: Autumn 1938–yamim nora'im. Memorial book for East European Jews who lived in Germany. Jerusalem 1999, S. 16.
174 Weiss 2000, S. 211–213. Die Schätzungen schwanken zwischen etwa 1.000 (Matthäus, Jürgen: Verfolgung, Ausbeutung, Vernichtung: Jüdische Häftlinge im System der Konzentrationslager. In: Morsch, Günter und Zur Nieden, Susanne (Hg.): Jüdische Häftlinge im Konzentrationslager Sachsenhausen 1936 bis 1945. Berlin 2004 (Schriftenreihe der Stiftung Brandenburgische Gedenkstätten, 12), S. 64–90, hier S. 78) und bis zu 2.500 Personen (Rebhun 1999, S. 16).
175 Geheime Staatspolizei, München, an den Chef der Sicherheitspolizei, München. Abschrift eines Briefes vom 11.9.1939. BayHStA Reichsstatthalter Epp 823/4.
176 Häftlingskarten des KL Buchenwald (Männer). ITS Digital Archives, Arolsen Archives 1.1.5.3/5450001. Ebenso Inhaftierungsbescheinigung No. 425766 des Internationalen Roten Kreuzes in Arolsen vom 23.12.1960. BayHStA LEA 43022 (Blechner Jakob, Markus, Mirla).
177 Blechner: Camp Stories.

sich Salo zur Rückkehr nach Berlin, wo er sich sicherer glaubte.[178] Die Berliner Gestapo hatte tatsächlich noch keine Schritte unternommen, sondern führte die Verhaftungswelle erst wenige Tage später aus. Salo wurde kurz nach seiner Ankunft in Berlin verhaftet und ins KZ Sachsenhausen verschleppt.[179] Während für ihn damit eine jahrelange Odyssee durch die nationalsozialistischen Konzentrationslager begann,[180] bedeutete die Verhaftung für Markus Blechner das Todesurteil. Er wurde Mitte November 1941 im Konzentrationslager Buchenwald ermordet.[181] Für sein Schicksal war ausschlaggebend, dass er der Gruppe der polnischstämmigen Juden angehörte und infolgedessen bereits im September 1939 der lebensbedrohlichen KZ-Haft[182] ausgesetzt war, während die Väter der drei anderen Münchner Familien, die ihm in allen anderen Faktoren wie Alter, Geschlecht oder Berufsgruppe ähnelten, noch bis 1941 vergleichsweise weniger stark bedroht in München lebten.

Die Untersuchung der Verfolgungserlebnisse von Münchner Juden mit ausländischer Staatsangehörigkeit zeigt folglich ein indifferentes Bild. Vor Kriegsbeginn befanden sie sich aufgrund der außenpolitischen Überlegungen der

---

178 Family Home Video 32: Salo Talking 1944. VTS 02/1. Blechner: Oral History Interview with Salo Blechner.
179 Zugangsliste des KZ Sachsenhausen: „Zugänge vom 13. September 1939. Polnische und staatenlose Juden". Nr. 33: Blechner Sallo [sic!]. ITS Digital Archives, 1.1.38.1/4094425. Auch in: Auskunft zu einem ehemaligen Häftling des KZ Sachsenhausen: Blechner Sallo [sic!]. 12.04.2019. Stiftung Brandenburgische Gedenkstätten/Gedenkstätte und Museum Sachsenhausen. Zu den Deportationen in die KZs Buchenwald und Sachsenhausen mehr bei Weiss 2000, S. 212, zur „Polenaktion" in Berlin mehr bei Bothe, Alina; Pickhan, Gertrud (Hg.): Ausgewiesen! Berlin, 28.10.1938. Die Geschichte der „Polenaktion". Berlin 2018. Hinweise darauf, dass diese Verhaftungsaktion in verschiedenen Städten des Reichs zu unterschiedlichen Zeiten durchgeführt wurde, finden sich auch im Vergleich mit den Anweisungen in anderen Städten, beispielsweise im Brandenburgischen Landeshauptarchiv für Potsdam und Hauptstaatsarchiv Stuttgart für Stuttgart. Für Wien spricht ein Report von „on the outbreak of the war", ohne einen genauen Zeitpunkt zu nennen: File 445: The Jews in Austria at the End of 1939. JDC NY AR193344.
180 Dazu genauer Mayerhofer, Lisa: „Ich hoffe jedoch, daß ich mit meiner Auswanderung mehr Glück haben werde wie in den letzten acht Jahren ..." – Salo Blechners Odyssee durch die Lager. In: Heusler, Andreas (Hg.): „Ich lebe! Das ist ein Wunder". Das Schicksal einer Münchner Familie während des Holocaust. München 2001, S. 153–175.
181 ITS 1.1.5.3/5450001. Während die Veränderungsmeldung den 14.11.1941 als Todesdatum nennt, gibt der Fragebogen der Effektenkammer (ITS 1.1.5.3/5554452) das „Entlassungsdatum – Vermerk: gestorben" mit 13.11.1941 an. So auch Hoffmann et al. 2001, S. 60f. Auch Rebhun 1999, S. 46, verzeichnet Markus Blechners Tod.
182 Zum Ausmaß der Haftbedingungen im KZ Buchenwald zur Zeit der Inhaftierung Markus Blechners: Dok 52: Ein ehemaliger Häftling schildert die Haftbedingungen im KZ Buchenwald im Juni 1938. In: Aly 2008b, S. 187ff.

nationalsozialistischen Regierung sowie aufgrund der Unterstützung durch ihre jeweiligen Staaten in einer geschützten Situation. Diese änderte sich nach Kriegsbeginn, sobald die Länder ihrer Staatsangehörigkeit zu „Feindesstaaten" des Reichs oder von der deutschen Armee besetzt wurden.[183] In einer besonders ungünstigen Position befanden sich hingegen die polnischen Juden, die bereits vor und dann kurz nach Kriegsbeginn speziellen Verfolgungsmaßnahmen ausgesetzt waren. Dies führte schnell zu einem weitaus höherem Maß an Bedrohung, als es selbst die deutschen Juden ertragen mussten.

Entsprechend gestaltete sich die Auswanderung deutscher Juden zeitlich anders als die von Juden anderer Nationalitäten. Tabelle 25 im Anhang gibt einen Gesamtüberblick über die Emigration nach Emigrationsjahr und Nationalität der Emigranten. Hier soll nur ein Blick auf die wichtigsten Nationalitätengruppen geworfen werden.

Die deutschen Emigranten machten in den ersten drei Jahren ab 1933 den absolut größten, verhältnismäßig jedoch einen unterdurchschnittlichen Anteil der Gesamtemigration aus München aus. Emigranten fremder Nationalitäten hingegen verließen die Stadt früher in verhältnismäßig größerer Zahl. 1934 waren 22% der Münchner Emigranten polnischer Abstammung, obwohl sie nur 9% des Gesamtsamples und über den Gesamtzeitraum nur 14% der Gesamtemigration ausmachten. Eine zweite Welle der Emigration von Münchner Juden fremder Staatsangehörigkeiten findet sich noch einmal 1939, wobei die polnischen Juden die Hauptzahl dieser Gruppe stellten (siehe Tab. 14).

Die erste Hochphase der Emigration von Juden ausländischer Staatsangehörigkeit lässt sich wohl entlang der Argumentationslinie Cahnmanns erklären, nach der diese Gruppe „weniger tief verwurzelt, stärker palästina-orientiert und außerdem aus Gründen bitterer Erfahrung bereit [war], rascher auf Gefahrensignale zu reagieren".[184] Auffällig ist hier insbesondere das Argument der Palästina-Orientierung, waren doch die frühen Jahre der Auswanderung aus dem Reich vor allem durch eine starke Rückwanderungsbewegung der osteuropäischen Juden gekennzeichnet. So schätzte beispielsweise Adler-Rudel die Zahl der Rückwanderer im Jahr 1933 auf etwa 11.700, was einen Anteil von 32% an der geschätzten Gesamtwanderung von 37.000 Juden ausmachen würde.[185] In München jedoch waren nachweisbar nur 10% der polnischen Auswanderer in den Jahren 1933–

---

183 Vergleiche dazu mit ähnlicher Schlussfolgerung, aber insgesamt detaillierter Maurer, Trude: Ausländische Juden in Deutschland, 1933–1939. In: Paucker, Arnold (Hg.): Die Juden im nationalsozialistischen Deutschland. 1933–1943. The Jews in Nazi Germany. Tübingen 1986 (Schriftenreihe wissenschaftlicher Abhandlungen des Leo-Baeck-Instituts, 45), S. 188–210, hier S. 199.
184 Cahnman 1982, S. 63.
185 Vergleiche dazu *Kapitel 2.2.3*.

Tab. 14: Auswanderung der Münchner Juden nach Jahr und Staatsangehörigkeiten (Auswahl)

Jahr	DE		PL		AT		CZ		staatenlos		sonstige		Gesamt	
1933	435	67%	76	12%	27	4%	12	2%	28	4%	68	11%	646	100%
1934	221	60%	80	22%	12	3%	9	2%	12	3%	35	9%	369	100%
1935	267	70%	54	14%	8	2%	11	3%	5	1%	34	9%	379	100%
1936	450	77%	77	13%	8	1%	7	1%	5	1%	34	6%	581	100%
1937	405	81%	35	7%	5	1%	19	4%	3	1%	35	7%	502	100%
1938	830	75%	128	12%	17	2%	35	3%	16	1%	84	8%	1.110	100%
1939	1.629	69%	418	18%	51	2%	24	1%	57	2%	175	7%	2.354	100%
1940	273	84%	17	5%	3	1%	5	2%	3	1%	24	7%	325	100%
1941	136	87%	6	4%			2	1%	2	1%	10	6%	156	100%
1942	6	40%					3	20%			6	40%	15	100%
1943	1	50%									1	50%	2	100%
unbek.	124	55%	48	21%	4	2%	7	3%	1	0,4%	40	18%	224	100%
Gesamt	4.777	72%	939	14%	135	2%	134	2%	132	2%	546	8%	6.663	100%

1935 Rückwanderer im Sinne einer Emigration mit dem Zielland Polen, weitere 10% der polnischen Auswanderer der ersten drei Jahre hingegen gaben die USA und der mit 39% größte Teil Palästina als Zielland an. Die Wanderung der polnisch-jüdischen Münchner in die „Nationale Heimstätte" verlief also wesentlich intensiver als ihre Rückwanderung in das Land ihrer Staatsangehörigkeit.[186] Ob München, dessen ostjüdische Gemeinde nicht zwingend mit den ostjüdischen Gemeinden anderer Großstädte des Reichs zu vergleichen ist, hier eine Sonderrolle einnimmt oder ob die Schätzung der reichsweiten Rückwanderung zu hoch gegriffen ist, müsste ein Vergleich mit dem Wanderungsverhalten ostjüdischer oder polnischer Juden anderer Städte zeigen.

Für die zweite Hochphase 1939 grundlegend war die verstärkte Verfolgungssituation, in der sich die polnischen Juden befanden. Die Münchner Ergebnisse entsprechen denen Blaus,[187] Hankes[188] und Weiss'[189] für das Reich während der Jahre 1933–1938, die allesamt eine beschleunigte Auswanderung der ausländischen Juden konstatieren. Aufgrund fehlender Statistiken kann die zweite Welle

---

[186] Analog zur Münchner Entwicklung verzeichnen die Immigrationsstatistiken Palästinas einen Anstieg polnischer Einwanderer, vor allem während der Jahre 1934 und 1935: File 677: Jewish Immigration into Palestine from Germany. 1.1.1933–30.6.1936. JDC NY AR193344.
[187] Blau 1950, S. 307.
[188] Hanke 1967, S. 177.
[189] Weiss 2000, S. 22.

der jüdischen Emigration ausländischer Staatsangehöriger im Jahre 1939 nicht für das Reich nachgewiesen werden; in Anbetracht der analogen Verfolgungssituation ist jedoch anzunehmen, dass ein ähnliches Phänomen auch reichsweit existierte.[190]

Am Beispiel der polnischen Juden lässt sich außerdem aufzeigen, wie politische Entwicklungen im Land der Staatsangehörigkeit sowie die Aufnahmebereitschaft der Zielländer bezüglich nationaler Gruppierungen die Emigrationserfahrungen der zugehörigen Juden beeinflussten. Während die polnischen Juden im Reich in einer wachsenden Bedrohungslage anfangs noch den Beistand ihrer Auslandsvertretungen hatten, wie das oben dargelegte Beispiel der Gewerbelegitimationskarten zeigt, ließ diese Unterstützung mit der Zeit nach. „Die polnische Regierung gab allmählich ihre Absicht auf, die jüdischen Staatsbürger Polens in Deutschland zu schützen",[191] wie Weiss ausführlich nachweist. Gleichzeitig sorgte das Land dafür, dass die Rückkehr polnischer Juden ins Land erschwert wurde. Die Gesetzesinitiative zur Verhinderung der Rückwanderung, die der Auslöser der ersten „Polenaktion" gewesen war, war dabei nur eine von mehreren Maßnahmen zur Verhinderung einer verstärkten jüdischen (Rück-)Wanderung nach Polen.[192]

Wie bereits ausgeführt, hatte die Staatsangehörigkeit, teils jedoch auch die Gebürtigkeit einer Person Einfluss auf die Immigrationsprozesse in verschiedenen Zielländern. Während die Herkunft für den Erhalt eines Palästina-Zertifikats nicht entscheidend war, bestimmte sie die Zugehörigkeit zu einer der Quotenlisten der USA. Hier entschied entsprechend des Geburtsortprinzips jedoch die Herkunft im Sinne eines „country of birth, not nationality at time of application".[193] Nicht immer waren diese, wie in Leon und Salo Blechners Fällen, deckungsgleich. Beide wurden auf der deutschen Liste registriert, während Jakob und Oskar der polnischen Quote des amerikanischen Konsulats in Stuttgart zugewiesen wurden. Die Registrierten dieser Liste waren gegenüber den auf der deutschen Liste Registrierten benachteiligt, da ihre Emigration nur verzögert umgesetzt werden konnte, wie eine Gegenüberstellung der Anträge von Jakob Blechner und Werner Cahnmann auf Visum-

---

190 Betrachtet man die Sondersituation der Münchner Juden, die während der ersten „Polenaktion" 1938 letztlich von einer Ausweisung verschont blieben, ist anzunehmen, dass die Reichsstatistiken eine weitere Hochphase der „Auswanderung", nämlich die der zwangsweisen Ausweisung polnischer Juden im Oktober 1938, kennen sollten, die in den Münchner Statistiken nicht direkt ersichtlich ist.
191 Weiss 2000, S. 149.
192 Mehr dazu in Weiss 2000, S. 196f., sowie Jüdisches aus aller Welt. In: *Jüdisches Nachrichtenblatt* 1939, 17.1.1939 (5), S. 1.
193 Strauss 1981, S. 358.

serteilung für die USA veranschaulicht. Während Jakob Blechner sich im Juli 1938 hatte registrieren lassen[194] und mit einer Wartezeit bis Juni 1940 rechnen musste,[195] hatte Werner Cahnmann, der im August 1938 registriert wurde, nur eine Wartezeit bis Winter 1939/40 vor sich[196] – und folglich einen entscheidenden zeitlichen Vorsprung vor den gleichzeitig oder früher Registrierten der polnischen Quote. Dass diese nur langsam abgearbeitet wurde, belegen auch weitere Korrespondenzen der Familie Blechner.[197] Dieser Vergleich macht den Rassismus deutlich, der dem amerikanischen Immigrationssystem immanent war. Nationalitäten, die als „fremd" empfunden wurden, darunter die osteuropäischen, wurden vom System benachteiligt, während „nordische" Immigranten – und somit ironischerweise auch die deutschen Juden, die wiederum von den Nationalsozialisten als fremde Rasse deklariert worden waren – bevorzugt wurden. Die Immigrationsstatistiken der USA beweisen den massiven Überschuss von Einwanderern deutscher Gebürtigkeit im Vergleich zu denen polnischer Herkunft.[198]

Polnischstämmige Juden erlebten jedoch nicht nur Benachteiligungen von Seiten des eigenen Staates und der Immigrationsländer, sondern wurden immer wieder auch von der deutsch-jüdischen Gemeinschaft und ihren Vertretungen sowie von deutsch-jüdischen Hilfsorganisationen diskriminiert. Bereits zu Beginn der Verfolgungsmaßnahmen distanzierten sich Teilgruppen der jüdischen Gemeinschaft des Reichs von den Ostjuden, von denen man glaubte, sie könnten als Ziel des antisemitischen Rassismus der Nationalsozialisten dienen und so den Druck auf die deutschen Juden abfedern.[199] Die deutsch-jüdischen Hilfsorganisationen forcierten schon im Jahr 1932, in Reaktion auf den stark steigenden Antisemitismus, die Aus- oder Rückwanderung ostjüdischer Personen: „As far as Polish Jews are concerned (...), we do everything in our power to have them leave Germany. (...) They are opposing this move. But it is really best that they do go home."[200]

---

194 Blechner, Jakob: Antrag auf ein Visum beim amerikanischen Konsulat in Zürich. November 1939. Blechner Documents.
195 Oskar Blechner, London, an Jakob Blechner, Zürich. Brief vom 11.3.1940. Blechner Documents.
196 Bestätigung der Wartenummer für Werner J. Cahnmann. LBI: Werner and Gisella Cahnman Collection. AR 25210 Box 2 Folder 65.
197 Beispielsweise Leon Blechner, New York, an Jakob Blechner, Zürich. Brief vom 22.10.1939. Blechner Documents.
198 File 804: Hebrew Immigration to the USA according to Country of Birth 1933–1943. YIVO National Refugee Service.
199 Dwork 2009, S. 6.
200 Conference for the Assistence of the Transients. 14.6.1932. YIVO Records of the HIAS-HICEM Offices in Europe.

Im öffentlichen[201] sowie im privaten[202] Raum fanden sich Meinungsträger, die sogar so weit gingen, die Ostjuden für den nationalsozialistischen Antisemitismus verantwortlich zu machen. Auf institutioneller Ebene entstand zwischen dem Central-Verein sowie dem Verband Nationaldeutscher Juden ein Diskurs zur Behandlung osteuropäischer Juden, der zwar mit der Verschlechterung der Verfolgungssituation um die Mitte der 1930er Jahre beigelegt wurde, jedoch noch lange nachhallte. Auf gesellschaftlicher Ebene führte die Verschonung ausländischer Juden von einer Vielzahl von Verfolgungsmaßnahmen bald zu einem Ungleichgewicht des Verfolgungsdrucks und damit zu Unruhe unter den deutschen Juden. Diese Uneinigkeit der jüdischen Gemeinschaft im Reich wiederum wirkte sowohl zurück auf die nationalsozialistische Propaganda, die sich die innerjüdischen Diskriminierungen für eigene Zwecke zunutze machte, als auch auf die deutsche Gesellschaft in ihrer Gesamtheit, die für Maßnahmen gegen ausländische, vor allem osteuropäische, Juden größeres Verständnis aufbrachte als für die Verfolgung deutscher Juden.[203] Mit der gezielten Verfolgung polnischer Juden während des Jahres 1938, spätestens jedoch mit dem Ausschluss der polnischen Juden von der (erzwungenen) Mitgliedschaft aller deutscher und staatenloser Juden in der Reichsvereinigung der Juden in Deutschland,[204] veränderte sich diese Situation. Nur der Verband polnischer Juden stand ihnen noch zur Seite; die Reichsvereinigung fühlte sich ab diesem Zeitpunkt bestenfalls „begrenzt für die Nöte der (...) polnischen Juden zuständig".[205] Nach der zweiten „Polenaktion" im September 1939 verweigerte die Reichsvereinigung ihre Unterstützung und begründete dies mit dem Schutze deutscher Juden vor einem ähnlichen Schicksal:

> Paul Eppstein explained the Reichsvereinigung's position by saying: ‚If Polish Jewish citizens are released through the certificates, the Gestapo will take German Jews to the camps in their place, in order to get them to emigrate. But the possibility to emigrate is small and not everyone will be able to go. Therefore, it is better to give the certificates directly to German Jews.'[206]

---

201 Ehmann, Annegret: 1933–1945. Verfolgung – Selbstbehauptung – Untergang. In: Ehmann, Annegret (Hg.): Juden in Berlin, 1671–1945. Ein Lesebuch. Berlin 1988, S. 242–149, hier S. 246.
202 Dok. 239: Der Historiker Willy Cohn kritisiert während eines Kuraufenthalts am 21. Juli 1936 das Benehmen von osteuropäischen Juden. In: Aly 2008a, S. 587f.
203 Mehr zu diesen Entwicklungen bei Weiss 2000, S. 28–36.
204 Weiss 2000, S. 212f.
205 Külow, Kathrin: Jüdische Häftlinge im KZ Sachsenhausen 1949 bis 1942. In: Morsch, Günter und Zur Nieden, Susanne (Hg.): Jüdische Häftlinge im Konzentrationslager Sachsenhausen 1936 bis 1945. Berlin 2004 (Schriftenreihe der Stiftung Brandenburgische Gedenkstätten, 12), S. 180–199, hier S. 184.
206 Rebhun 1999, S. 17f. Genauer dazu Kwiet 2004, S. 98 und Weiss 2000, S. 215f.

Auch Mina Blechner musste während ihrer Versuche zur Befreiung Salos aus dem KZ Sachsenhausen die Erfahrung machen, von den deutsch-jüdischen Hilfsorganisationen aufgrund dessen Herkunft benachteiligt zu werden.[207] Obwohl die Reichsvereinigung zu Beginn noch Hilfe für die Inhaftierten angeboten hatte,[208] fühlte sie sich nur unzureichend betreut. Immer wieder ergaben sich Verzögerungen in ihren Treffen mit verschiedenen jüdischen Institutionen oder diese endeten mit dem Bescheid, dass man nichts für Salo tun könne.[209] Dennoch gelang es ihr schließlich, vom Hilfsverein die mündliche Zusage zur finanziellen Unterstützung bei der Besorgung einer Schiffskarte für ihren Sohn zu erhalten.[210] So schwer es ihr die jüdischen Organisationen auch machten: an ihnen scheiterte Salo Blechners Emigration dennoch nicht. Vielmehr erließ die nationalsozialistische Regierung im April 1940 in einem geheimen Erlass ein Auswanderungsverbot für alle in Konzentrationslagern inhaftierten Juden,[211] was insbesondere die Vielzahl der im September 1939 verhafteten polnischen Juden betraf. Während die jüdische Auswanderung noch bis in den Herbst 1941 hinein möglich war, wurde so zumindest einem Teil der polnischen Juden bereits eineinhalb Jahre vorher die Auswanderung unmöglich gemacht. Andere soziodemographische Faktoren wie Alter und Geschlecht spielten, wie bereits dargelegt, auch in diesem Erlass eine Rolle. Das abrupte und frühere Ende der Auswanderung polnischer Juden aus München zeichnet sich auch statistisch ab: Während die Auswanderung der deutschen Juden 1940 noch 16% der Auswanderung von 1939 ausmachte, waren es bei den polnischen Juden nur noch 4% der Vorjahreswanderung. Abgesehen von 23 Personen, die 1940 und 1941 emigrierten, wurde das Reich für die meisten der zum Jahreswechsel 1939/40 in München verbliebenen polnischen Juden, darunter Mina Blechner, zur tödlichen Falle.

---

207 So beispielsweise in versteckten Worten bei Nr. 69: Mina Blechner, München, an Jakob Blechner, Zürich. Brief vom 2.11.1939. Blechner Documents.
208 In München in Vertretung durch den Rechtsanwalt Dr. Michael Siegel: Nr. 69: Rundschreiben der Reichsvereinigung an die Familien der Inhaftierten. 1.11.1939. Blechner Documents.
209 Nr. 118: Mina Blechner, München, an Jakob Blechner, Zürich. Brief vom 22.2.1940. Blechner Documents.
210 Nr. 104: Mina Blechner, München, an die Reichsvereinigung der Juden in Deutschland, Berlin. Brief vom 9.1.1940. Blechner Documents.
211 IfZ MA 557. Vergleiche dazu auch File 631: Entwurf fuer Bericht. Januar 1941. JDC NY AR193344, der beschreibt, dass „abgesehen von den inhaftierten Polen und frueheren Polen seitens der deutschen Behoerden in keiner Weise Schwierigkeiten [bei der Förderung der Auswanderung] bereitet" werden.

In einer besonders prekären Lage befanden sich staatenlose Personen.[212] Viele von ihnen waren ehemalige polnische Staatsangehörige, denen in den ersten Jahrzehnten des 20. Jahrhunderts die deutsche Staatsangehörigkeit verliehen, dann jedoch wieder entzogen worden war.[213] Auch die staatenlosen Juden sahen sich einer indifferenten, wenngleich oft schwerwiegenderen Verfolgungssituation ausgesetzt. Während ihre Fremdenpässe von der Kennzeichnung durch den „J"-Stempel verschont blieben, waren sie, anders als die ausländischen Juden, von der zwanghaften Führung des Zusatznamens Sara bzw. Israel betroffen.[214] Aus dem Berufsleben wurden sie in einigen Städten, darunter Berlin, bereits früher ausgeschlossen als die deutschen und die ausländischen Juden.[215] Für München finden sich keine derartigen Hinweise. Von den späten Verfolgungsmaßnahmen waren staatenlose Juden, die keinen Schutz durch ein Heimatland genossen, weitaus stärker betroffen als ausländische Juden.[216] Aufgrund ihres oft osteuropäischen Hintergrunds waren sie außerdem frühen Verhaftungswellen ausgesetzt, beispielsweise in Wien,[217] wo während der zweiten „Polenaktion" auch über 1.000 staatenlose, vormals polnische, Juden verhaftet wurden. Im Konzentrationslager Buchenwald überlebte nur etwa die Hälfte dieser Gruppe bis Februar 1940.[218] Während die Verfolgungssituation also vergleichsweise gefährlich war, war der Status staatenloser Juden in Hinblick auf ihre Emigration vor allem aufgrund der Immigrationsvorschriften der Zielländer besonders prekär. Ihnen standen „besondere Schwierigkeiten bzw. Hindernisse"[219] entgegen, da eine Rückwanderung unmöglich war und Pass- und Visumsfragen aufgrund fehlender Staatsangehörigkeiten große Probleme bereiteten. Diese Hürden bilden auch die Emigrationsstatistiken ab. Während Staatenlose in den ersten beiden Jahren der nationalsozialistischen Herrschaft überdurchschnittlich früh emigrieren,[220] sinkt ihr Anteil in den Jahren nach

---

212 Ausführlicher bei Strauss 1980, S. 353 und 356.
213 Besonders häufig trat dieses Problem in Österreich und speziell in Wien auf, wo aufgrund der k.u.k. Monarchie viele ehemals osteuropäische Juden lebten. Dazu mehr bei File 439: The Jews in Austria. JDC NY AR193344.
214 Clarification of the Ministry of the Interior by Dr. Hagen. 10.5.1938. USHMM Central Historical Commission: Nazi Documentation – Munich Municipality M.1.DN.
215 File 630: On the situation of the Jews in Germany. 5.11.1937. JDC NY AR193344.
216 Vergleiche dazu auch Maurer 1986.
217 Rebhun 1999, S. 23.
218 File 442: Report on the Emigration from Austria. 2.5.1938–31.12.1939. JDC NY AR193344.
219 Hilfsverein: Korrespondenzblatt (Oktober 1933), S. 1.
220 Auch die Zahl der beim Hilfsverein ratsuchenden Staatenlosen war in den ersten Monaten des Jahres 1933 mit 1.800 staatenlosen gegenüber 7.500 deutschen Klienten weit überdurchschnittlich. File 4: Material of the Hilfsverein. YIVO Records of the HIAS-HICEM Offices in Europe. Series I, Section XLIII.

1935 zumeist unter ihren gesamtgesellschaftlichen Prozentwert in München.[221] Selbst während der großen Emigrationswelle der Jahre 1938 und 1939 bleibt ihr Anteil unterdurchschnittlich. Die fehlenden legalen Immigrationsmöglichkeiten verhinderten eine stärkere Auswanderung dieser Teilgruppe, eine Entwicklung, die sich bereits 1933 andeutete: „There are only a few countries which have given refuge to a limited number of those people without nationality. Possibilities are steadily decreasing and their [Staatenlose] present condition is, in most cases, almost desperate."[222]

Diese Auswegslosigkeit schlug sich auch in einer der seltenen Statistiken zur illegalen Immigration in einem europäischen Nachbarland nieder: In Belgien machte im Jahr 1938 der Anteil der Staatenlosen unter den illegalen Immigranten einen fast ebenso großen Teil aus wie der der Deutschen, obwohl deren Gesamtzahl im Reich ungleich größer war.[223] Den Staatenlosen blieben in einer Phase sinkender Immigrationsoptionen nur wenige Auswege; eine illegale Grenzüberschreitung erschien ihnen verhältnismäßig vielversprechender als Personen mit gültigen Pässen.

Mina Blechner erwog nach der Verhaftung Salos trotz alledem, ihrem Sohn und sich selbst einen Fremdenpass ausstellen zu lassen – offensichtlich wurde ihr von der Münchner Polizei dazu geraten,[224] zumal offensichtlich einige der während der „Polenaktion" im September 1939 verhafteten Staatenlosen wieder aus dem KZ entlassen worden waren.[225] Lange blieb für sie unklar, ob es für ihren Sohn vorteilhafter wäre, polnischer Staatsangehöriger oder Staatenloser zu sein. Bis in den Oktober 1940 war sie diesbezüglich unentschieden;[226] jedoch hätte eine Entscheidung zu diesem Zeitpunkt bereits keine Konsequenzen für Salo mehr gehabt. Allen jüdischen KZ-Häftlingen war, ungeachtet ihrer Staatsangehörigkeit, die Auswanderung bereits seit April des Jahres verboten.

---

221 Vergleiche dazu die Tabelle 25: Auswanderung aus München nach Emigrationsjahr und Staatsangehörigkeit im Anhang.
222 Zentralausschuss: Arbeitsbericht 1933. LBI MF 1060, S. 18. Ähnlich einige Jahre später Zentralausschuss: Arbeitsbericht 1936. LBI MF 1060, S. 60.
223 File 5: Refugees from Germany in Belgium (1933) [sic! 1938]. YIVO Records of the HIAS-HICEM Offices in Europe.
224 Nr. 78: Mina Blechner, München, an Jakob Blechner, Zürich. Brief vom 19.11.1939. Blechner Documents.
225 So Nr. 92: Mina Blechner, München, an Jakob Blechner, Zürich. Brief vom 10.12.1939. Blechner Documents. Hierzu ließen sich keine Hinweise in anderen Quellenmaterialien finden.
226 Nr. 164: Mina Blechner, München, an Jakob Blechner, Zürich. Brief vom 18.10.1940. Blechner Documents.

Der Faktor der Staatsangehörigkeit brachte also Unterschiede in der Verfolgungssituation, den Immigrationsmöglichkeiten sowie in der Behandlung durch jüdische Hilfsorganisationen im Reich mit sich. „Fremde" Juden, selbst wenn sie im Reich geboren waren, waren früher und gezielter antisemitischen Maßnahmen ausgesetzt. Zudem benachteiligten die dem Immigrationssystem des wichtigen Ziellandes USA inhärenten rassediskriminierenden Mechanismen insbesondere die osteuropäische Juden. Während die Emigration von Münchner Juden ausländischer Staatsangehörigkeit in den ersten Jahren der nationalsozialistischen Herrschaft und dann noch einmal während der Jahre 1938 und 1939 erhöht war, blieben den staatenlosen Juden schon ab Mitte der 1930er Jahre aufgrund ihres Status und der Ablehnung durch die Zielländer nur wenig (legale) Emigrationsmöglichkeiten. Speziell polnische und staatenlose Juden waren folglich von systemimmanenten Benachteiligungen im Reich und im Zielland betroffen, die sich letztlich als fatal erweisen konnten, wie die tragischen Schicksale Markus und Salo Blechners zeigen.

5.1.5 Religion

> Special emphasis should be placed upon the Christian non-Aryans, who belong to the potential or actual emigres. Their peculiar difficulty consists in the fact that while they do not belong to the Jews, they have not found sufficient support from the Christians.[227]

Erst mit den Nürnberger Gesetzen wurde die nationalsozialistische Definition der Juden als Angehörige einer eigenen Rasse legalistisch festgeschrieben. Zuvor galt die jüdische Religion als bestimmendes Zugehörigkeitsmerkmal, wenngleich auch die Idee der Existenz einer jüdischen Rasse bereits seit längerer Zeit bestanden hatte. Nach § 5 (1) der Ersten Verordnung zum Reichsbürgergesetz vom 14.11.1935[228] war Jude, „wer von mindestens drei der Rasse nach volljüdischen Großeltern abstammt". Die Rassezugehörigkeit der volljüdischen Großeltern wurde jedoch anhand deren Religionszugehörigkeit festgestellt. Folglich waren als „Rassejuden" diejenigen definiert, deren Eltern oder Großeltern der israelitischen Religionsgemeinschaft angehört hatten, während diejenigen Juden, die selbst noch Mitglieder der israelitischen Religionsgemeinschaft waren, als „Glau-

---

[227] File 683: American Christian Committee for German Refugees: The Plight of the Refugees coming out of Germany. o. D. JDC NY AR193344.
[228] RGBl. I 1935, S. 1333f.

bensjuden" bezeichnet wurden.[229] Spätestens seit dem September 1935 waren somit auch solche Münchner von den antisemitischen Maßnahmen betroffen, deren offizielle Religionszugehörigkeit eine andere als die jüdische war.

Entwicklungen wie die zunehmende Verstädterung und Assimilierung der deutschen Juden hatten bereits lange vor 1933 zu einem Anstieg der Mischehen sowie der Austritte aus dem Judentum geführt.[230] Die Zahl derer, die nicht mehr selbst jüdisch religiös waren, jedoch in ihrer Eltern- oder Großelterngeneration Angehörige der israelitischen Glaubensgemeinschaft hatten, war somit zu Beginn der 1930er Jahre auf einem Höchststand. Genaue Zahlen waren jedoch nicht bekannt, da bereits zur damaligen Zeit aufgrund der unterschiedlichen Definitionsbasen eine Quantifizierung der Anzahl der „Rassejuden" im Reich schwierig war. Die Volkszählung 1933 hatte noch nach religiösen Kriterien differenziert, so dass nicht belegbar ist, wie viele als „jüdisch" verfolgte Personen sich im Jahr der Machtübernahme 1933 zusätzlich zu den bekannten knapp 500.000 „Glaubensjuden" im Reich befanden.[231] Die Volkszählung 1939 ergab dann eine Anzahl von etwa 33.000 „Rassejuden", die einen Anteil von rund 10% der im Mai 1939 noch im Reich befindlichen 330.000 jüdisch Verfolgter ausmachte. Für München schätzte Cahnmann die Gesamtzahl der 1933 in der Stadt lebenden „Rassejuden und Mischlinge" auf mindestens 3.000, zusätzlich zu den 9.000–10.000 „Glaubensjuden".[232] Diese Angabe ähnelt den Ergebnissen der Datenbank, die für den gesamten Untersuchungszeitraum eine Anzahl von 11.265 „Glaubensjuden" sowie von gut 3.000 Verfolgten (21%) anderer oder unbekannter Religion ausweist. Dieser Anteil ist beispielsweise im Vergleich zu den Hamburger Zahlen, die einen Schätzanteil von knapp 17% „Rassejuden" angeben,[233] hoch angesetzt, aber durch die hohe Zahl der Verfolgten unbekannter Religion zu erklären (siehe Tab. 15).

Unter den Emigranten machten die „Glaubensjuden" mit 91% einen im Vergleich zu ihrem Anteil von 78,5% an der Gruppe der Münchner Juden weit über-

---

229 Zur einfacheren Unterscheidung wird diese Terminologie für die folgenden Ausführungen übernommen.
230 Dazu mehr im zeitgenössischen Artikel von Seelinger, Herbert: Über die Abnahme der jüdischen Bevölkerung in Deutschland. Die natürliche Bevölkerungsbewegung der Berliner Juden 1930–1935. In: *Bayerische Israelitische Gemeindezeitung* XII. Jahrgang, 15.4.1936 (8), S. 171–174.
231 Mehr dazu bei Blau 1950, S. 364. Zeitgenössisch aus nationalsozialistischer Perspektive ähnlich Korherr, Richard: Die Endlösung der europäischen Judenfrage. Statistischer Bericht vom April 1943. BAB NS 19/1570 NO-5193, S. 55.
232 Cahnman 1982, S. 34.
233 Lorenz, Ina S.: Die jüdische Gemeinde Hamburg 1860–1943. Kaiserreich – Weimarer Republik – NS-Staat. In: Herzig, Arno und Rohde, Saskia (Hg.): Die Juden in Hamburg 1590 bis 1990. Hamburg 1991, S. 77–101, hier S. 114–116.

Tab. 15: Lebenswege der Münchner Juden nach Religionszugehörigkeit

Religion	emigriert		binnenmigriert		zurückgeblieben		Gesamt	
jüdisch	6.070	91,1%	576	85,1%	4.619	65,9%	11.265	78,5%
evangelisch	156	2,3%	28	4,1%	313	4,5%	497	3,5%
katholisch	74	1,1%	14	2,1%	260	3,7%	348	2,4%
ohne	90	1,4%	21	3,1%	193	2,8%	304	2,1%
unbekannt	273	4,1%	38	5,6%	1.624	23,2%	1.935	13,5%
Gesamt	6.663	100%	677	100%	7.009	100%	14.349	100%

durchschnittlichen Teil aus. Analog dazu waren die als „Rassejuden" Verfolgten unter den Emigranten unter-, unter den Zurückgebliebenen durchweg überrepräsentiert. Im Bereich der Binnenmigration waren sie hingegen in etwa anteilig vertreten. Die Religionszugehörigkeit hatte also entscheidenden Einfluss auf die Emigrations- und folglich auch die Überlebenswahrscheinlichkeit der Münchner Juden.

Aufgrund der fehlenden Quellenlage ist es vor allem bezüglich der frühen Jahre der NS-Herrschaft schwierig, die Verfolgungssituation der „Rassejuden" in München zu beurteilen, zumal diese vor September 1935 ungeklärt und auch danach noch indifferent war. Offiziell waren „Rassejuden" von den Verfolgungsmaßnahmen ebenso betroffen wie „Glaubensjuden", beispielsweise bezüglich der „Arisierung". Andererseits wies die Verfolgungslage immer wieder Lücken zugunsten der „Rassejuden" auf. So wurde in München beispielsweise das Verzeichnis der jüdischen Gewerbetreibenden in einem ersten Durchlauf anhand der im Gewerberegister angegebenen Religionszugehörigkeit erstellt. Erst nach und nach wurden die „rassejüdischen" Gewerbetreibenden ergänzt.[234] Auch für die Familie Goldschmidt finden sich, selbst nach dem Erlass der Nürnberger Gesetze, die ihre Zugehörigkeit zur Gruppe der Verfolgten klar definierten, widersprüchliche Angaben zur Verfolgungssituation. So entstanden Bernhard Goldschmidt Mitte der 1930er Jahre weniger Probleme bei der Verlängerung seines Auslandsreisepasses als Werner Cahnmann oder Erwin Schwager, während des Novemberpogroms wurde er nicht verhaftet. Zwar kann ein direkter Rückbezug dieses Unterschieds in der Verfolgungslage auf seinen Status als „Rassejude" nicht nachgewiesen werden, die Vermutung jedoch liegt nahe.

---

234 File 110: Umlaufschreiben der Abteilung III betreffend Erstellung der Juden- und Ausländerkartei. 2.3.1937. YV M.1 Central Historical Commission (CHC) of the Central Committee of Liberated Jews in the US Zone, Munich.

Aufgrund der Zugehörigkeit aller vier Großelternteile zur jüdischen Religionsgemeinschaft waren die Mitglieder der Familie Goldschmidt allesamt „volljüdisch". Bernhard trat zwar bereits vor 1933 aus der Synagogengemeinde aus, gehörte aber noch der jüdischen Religionsgemeinschaft an.[235] Magdalena hatte den jüdischen Glauben als Jugendliche abgelegt und war fortan freireligiös. Die Töchter Annemarie und Elfriede waren im katholischen Glauben getauft und erzogen worden. Offensichtlich nahmen auch die Eltern Konvertitenunterricht und wollten sich taufen lassen; ob es dazu vor der Deportation noch kam und warum sie nicht, wie ihre Töchter, bereits in den 1920er Jahren getauft worden waren, lässt sich nicht mehr nachvollziehen.[236] Sie standen damit bereits 1933 außerhalb der jüdischen Gemeinde Münchens. Persönliche Beziehungen zu anderen Münchner Juden, ob zu „Glaubensjuden" oder zu anderen „Rassejuden", lassen sich nicht mehr feststellen. Es scheint vielmehr, als wäre das private Umfeld der Familie Goldschmidt dezidiert katholisch gewesen. So wuchsen die Töchter in katholischen Kreisen auf; Annemarie verbrachte beispielsweise einen entscheidenden Teil ihrer Freizeit in einer Mädchengruppe des Heliandbunds, eines christlichen Frauenbundes.[237] Mit der Leiterin dieser Gruppe stand sie bis zu ihrer Deportation 1942 in Briefkontakt.[238] Andererseits deuten die geringe Anzahl verbleibender Verbindungen sowie der hohe Grad an Vereinsamung, dem Bernhard und Magdalena zu Beginn der 1940er Jahre in München ausgesetzt waren, auf ihre Unverbundenheit mit der jüdischen Gemeinde Münchens hin. Während in den Briefen der anderen drei Familien, die „glaubensjüdisch" waren, immer wieder freundschaftliche Kontakte und/oder die Schicksale anderer jüdischer Bekanntschaften erwähnt werden, finden sich derartige Bemerkungen in den Briefen des Ehepaars Goldschmidt nicht. Zwanghaft herausgerissen aus ihrem alten Beziehungsnetzwerk und ohne nennenswerte Verbindungen zu ihren jüdi-

---

235 Zu dem Unterschied dieser Kategorien File 24: Documentation concerning the handling of Jews. USHMM Central Historical Commission: Nazi Documentation – Munich Municipality M.1.DN. Entsprechend seine Angabe zum israelitischen Glaubensbekenntnis in der Einkommensteuererklärung 1940. StAM FinA 17444 (Goldschmidt Bernhard).
236 Prégardier et al. 1995, S. 151 und Pfister 1999, S. 44.
237 Annemarie Goldschmidt, Koningsbosch an Conny Assmann, Amsterdam. Brief vom 6.9.1941. StadtAM Judaica Varia 144.
238 Vergleiche dazu und zur emotionalen Bindung Annemaries an den Heliandbund u. a. Annemarie Goldschmidt, Karlsruhe, an Charlotte Embacher, München. Brief vom 9.9.1938. StadtAM Judaica Varia 144. Charlotte Embacher hielt außerdem den Kontakt zum Ehepaar Goldschmidt in München aufrecht. Ihr übergaben die Eltern vor ihrer Deportation im November 1941 familieneigenes Brief- und Fotomaterial. Dieser Nachlass bildet den Grundstock der hier zitierten Sammlung Judaica Varia 144.

schen Leidensgenossen, unterscheidet sich das Verfolgungserleben des Ehepaars Goldschmidt in diesem Punkt stark von dem der Münchner „Glaubensjuden", die zwar als Gruppe stärker verfolgt waren, in dieser jedoch Halt und Unterstützung fanden. Verstärkt wurde die Isolation „rassejüdischer" Verfolgter von der jüdischen Gemeinde dadurch, dass ausgetretene Juden, vor allem denjenigen, die erst nach der Machtübernahme der Nationalsozialisten austraten, von Seiten jüdischer Offizieller und von regulären Gemeindemitgliedern oft streng verurteilt wurden: „Es ist in der Tat kein Wort der Kritik scharf genug für diejenigen, die – obwohl Volljuden – sich in dieser Schicksalszeit der Juden von ihrer Gemeinschaft trennen, weil sie – übrigens meist irrtümlich – glauben, dadurch für sich persönliche Vorteile erlangen zu können."[239]

Auch wenn dieser Vorwurf das Ehepaar Goldschmidt nicht direkt betraf, waren sie doch bereits seit langem keine Mitglieder der Gemeinde mehr, mag diese Atmosphäre zu ihrem Status am Rande der Münchner jüdischen Gesellschaft mit beigetragen haben.

Ähnlich indifferent wie die Verfolgungssituation war auch die Unterstützung der „Rassejuden" durch die jüdischen Hilfsorganisationen und Gemeinden. Lange Zeit waren Zuständigkeiten ungeklärt. So entstand in München im Winter 1935/36 das Problem, dass „einerseits vom W.H.W. [Winterhilfswerk] *alle* Juden abgewiesen werden, andererseits aber die jüdischen Wohlfahrtsstellen nur solche Juden betreuen, die ihrer *Konfession* nach dem Judentum angehören."[240]

Erst ein Jahr später wurde klargestellt, dass „konfessionelle Gesichtspunkte (...) keine Berücksichtigung" bei der Zuordnung zum „deutschen" oder „jüdischen" Winterhilfswerk fänden.[241] Von staatlicher Seite war die Verantwortung für die Fürsorge der „Rassejuden" damit an die jüdische Gemeinde abgegeben, die wiederum nur wenig Bezug zu diesen der Gemeinde fernstehenden Personen hatte. Vielfach scheiterte die Kontaktaufnahme mit ihnen bereits an den „gesetz-

---

239 Seelinger, Herbert: Über die Abnahme der jüdischen Bevölkerung in Deutschland. Die natürliche Bevölkerungsbewegung der Berliner Juden 1930–1935. In: *Bayerische Israelitische Gemeindezeitung* XII. Jahrgang, 15.4.1936 (8), S. 171–174. Auch nach dem Ende der NS-Zeit finden sich derartige Äußerungen immer wieder, vor allem in den Werken ehemaliger Emigranten oder Überlebender. Vgl. dazu beispielsweise Blau 1950, S. 309.
240 File 168: Ein Verwaltungsrat, München, an das Ref. 6/2, München. Schreiben vom 6.12.1935. YV M.1 Central Historical Commission (CHC) of the Central Committee of Liberated Jews in the US Zone, Munich. Hervorhebungen im Original.
241 File 168: Der Reichs- und Preussische Minister für Wissenschaft, Erziehung und Volksbildung, Berlin, an die Regierungen und die dem Staatsministerium für Unterricht und Kultus unmittelbar unterstellten Behörden, Stellen und Anstalten. Schreiben vom 15.2.1937. YV M.1 Central Historical Commission (CHC) of the Central Committee of Liberated Jews in the US Zone, Munich.

lichen und technischen Möglichkeiten zur Erfassung der (...) Nichtarier",[242] zumal diese aufgrund der Zeitumstände verständlicherweise oft vermieden, in näheren Kontakt mit der jüdischen Gemeinde zu kommen. Auch finanziell war die Betreuung von „Rassejuden" für die IKG problematisch:

> Wir unterstützen zur Zeit 372 Parteien mit 797 Köpfen, bei denen sich eine beträchtliche Anzahl von Hilfsbedürftigen befinden, die zwar Juden im Sinne des § 5 der Ersten Verordnung zum Reichsbürgergesetz, nicht aber Glaubensjuden, daher also nicht Mitglieder der Kultusgemeinde sind. Wir weisen auf diese Tatsache ausdrücklich hin[243]

Beide Seiten, die jüdische Gemeinde Münchens sowie die „Rassejuden" der Stadt, waren an einer engeren Kooperation folglich nicht per se interessiert. Ähnlich gestaltete sich die Situation in den Auswanderungshilfsorganisationen, die zuvorderst an einer Unterstützung der „Glaubensjuden" interessiert waren und ihre knapper werdenden Ressourcen bevorzugt diesen zugute kommen ließen. Argumentiert wurde damit, dass den christlichen Juden dezidierte Hilfsorganisationen der Kirchen zur Verfügung standen.[244] In München wurden die katholischen Juden vom St. Raphaelsverein unterstützt, der traditionell mit der Auswandererbetreuung in der katholischen Kirche befasst war.[245] Der Münchner Geschäftsführer August Kett stand dazu in engem Kontakt mit dem Quäker-Ehepaar Annemarie und Rudolf Cohen,[246] die „in den Jahren 1938–1941 insgesamt 326 Münchner Juden hinsichtlich der Auswanderung berieten".[247] Mit zunehmender Verschärfung der Verfolgungs- und Immigrationssituation jedoch wurde die Unterstützung exklusiver: Aus Mangel an Ressourcen setzte man die Kriterien, die unterstützungswürdige katholische Juden erfüllen mussten, immer enger. So sollten „Konjunkturkatholiken", also aus politischen Gründen konvertierte Juden, von den Unterstützungsleistungen

---

242 Der Vorstand der Israelitischen Kultusgemeinde, München, an den Herrn Oberbürgermeister der Hauptstadt der Bewegung und das Städtische Wohlfahrtsamt, München. Schreiben vom 19.4.1939. YV M.1 Central Historical Commission (CHC) of the Central Committee of Liberated Jews in the US Zone, Munich.
243 Ebd.
244 Vgl. dazu auch Schrafstetter 2015, S. 173.
245 Bezüglich evangelischer Unterstützernetzwerke im katholischen München vgl. Zahn, Peter: Hilfe für Juden in München. Annemarie und Rudolf Cohen und die Quäker 1938–1941. München 2013 (Studien zur jüdischen Geschichte und Kultur in Bayern, 9), S. 7–10.
246 Rudolf Cohen war, wie sein Nachname vermuten lässt, selbst „Halbjude".
247 Zahn 2013. Schrafstetter nennt außerdem einen Zirkel rund um den Verleger Alfred Lempp sowie spezifisch den Schweizer Staatsbürger Walter Classen als Hilfsnetzwerk für die Emigration und für das Untertauchen der getauften Juden in München: Schrafstetter 2015, S. 177f.

ausgeschlossen werden, um sich auf die „wahren Glaubensbrüder" fokussieren.[248] Die Annahme, dass christlichen „Rassejuden" aufgrund ihrer Zugehörigkeit zur Gruppe der jüdischen Verfolgten *und* zu christlichen Netzwerken ein höheres Maß an Unterstützungsleistung zukam, bestätigt sich folglich nicht. Vielmehr waren die „Rassejuden" in beiden Bereichen Bittsteller zweiten Ranges und konnten sich nirgends der benötigten Unterstützung sicher sein.

Bernhard Goldschmidt wandte sich in Angelegenheiten der Emigrationsorganisation an jüdische sowie katholische Stellen. Einerseits wurde er beim jüdischen Hilfsverein vorstellig und dachte sogar über eine illegale Immigration nach Palästina nach.[249] Andererseits trat er im Sommer 1939 an Rudolf Cohen heran, dessen Aufzeichnungen[250] den Besuch Bernhard Goldschmidts bezeugen. Seine Töchter emigrierten mit Hilfe des St. Raphaelvereins in die Niederlande und wurden dort von einem holländischen christlichen Unterstützungswerk, dem Römisch-Katholischen Housing Committee, unterstützt.[251] Auch dort galt der Grundsatz, dass Hilfe geboten wurde *„langs religieuze lijnen. Joodse organisaties vingen de meeste vluchtelingen op, maar half-Joodse kinderen werden opgevangen door katholieke of protestantse organisaties."*[252]

Die Schwestern fanden schließlich Aufnahme in einem katholischen Kloster in Koningsbosch, wo sich die Kongregation der „Schwestern der Liebe vom Kostbaren Blut" jüdischer Flüchtlingskinder annahm.[253] Die Auswahl der Kinder geschah unabhängig von ihrer Religionszugehörigkeit. Für Annemarie und Elfriede, die im starken Glauben erzogen worden waren, bedeutete diese Unter-

---

248 Leichsenring, Jana: Die Auswanderungsunterstützung für katholische „Nichtarier" und die Grenzen der Hilfe. Der St. Raphaelverien in den Jahren 1938 bis 1941. In: Heim, Susanne, Meyer, Beate und Nicosia, Francis R. (Hg.): „Wer bleibt, opfert seine Jahre, vielleicht sein Leben". Deutsche Juden 1938–1941. Göttingen 2010, S. 96–114, hier S. 105f.
249 Bernhard Goldschmidt, München an Stefan Goldschmidt, Oss. Brief vom 4.3.1940. StadtAM Judaica Varia 144.
250 Besuchsprokotoll Bernhard Goldschmidt bei Rudolf Cohen, nach 14.7.1939. In: Zahn 2013, S. 101–103.
251 Ebd.
252 Deutsche Übersetzung: „Hilfe wurde entlang religiöser Linien geboten. Jüdische Organisationen kümmerten sich um die meisten Flüchtlinge, aber halbjüdische Kinder wurden von katholischen oder protestantischen Organisationen unterstützt". Tilburg University: Leo van Mackelen-Bergh. 27.1.1922–2.3.1942. Online verfügbar unter www.monumentvoordevrijheid.nl/leo-van-mackelen-bergh.html. Zuletzt eingesehen am 1.3.2020. Entsprechend der religiösen Definition des Begriffs „Jude" galten die Schwestern in den Niederlanden aufgrund ihres jüdischen Vaters und ihrer freireligiösen Mutter als Halbjuden, zumal sie im katholischen Glauben erzogen worden waren.
253 Hamans et al. 2010, S. 108.

kunft nichtsdestotrotz den Anschluss an eine religiöse Gemeinschaft.[254] Die Hilfsorganisationen im Ausland betrieben jedoch nicht nur Flüchtlingsarbeit, sondern trugen auch zur Aufklärung der jeweiligen Bevölkerung darüber bei, dass die als Juden im Reich verfolgten Flüchtlinge nicht alle jüdischen Glaubens waren, sondern unabhängig von ihrer religiösen Affiliation verfolgt wurden. Die Bereitwilligkeit der Immigrationsgesellschaft zur Unterstützung der Flüchtlinge stieg mit dem Wissen, dass diese Glaubensbrüder und -schwestern waren.[255]

Im Gegensatz zu anderen soziodemographischen Merkmalen lassen sich im Bereich der Immigrationsbestimmungen der Zielländer keine speziell auf die Religionszugehörigkeit der Einwanderer abzielenden Regularien oder Limitierungen feststellen.[256] Insgesamt waren also die Rahmenbedingungen, unter denen die Emigration der „Rassejuden" während der 1930er Jahre ablief, in hohem Maße indifferent. Für die Zeit vor 1935 macht die fehlende Quellenlage gesicherte Aussagen unmöglich. Ab 1935 waren sie nach offizieller Lesart ungeachtet ihrer Religionszugehörigkeit von allen antijüdischen Maßnahmen betroffen. Tabelle 26 im Anhang verdeutlicht den gestiegenen Verfolgungsdruck: Der Anteil der drei Gruppen der evangelischen, katholischen oder ohne Glaube verzeichneten Münchner Juden an der jährlichen Gesamtauswanderung nahm in den Jahren nach 1935 überdurchschnittliche Höhen an, wenngleich die

---

[254] Von der Wichtigkeit ihres Glaubens zeugen die Packlisten, die diverse Kultgegenstände wie Rosenkränze enthalten: Liste der Sachen für das Handgepäck von Annemarie Sara Goldschmidt, München, Mechthildenstrasse 39/II z.Z. Karlsruhe in Baden. München, 5.2.1939, und Liste der Sachen für das Handgepäck von Elfriede Sara Goldschmidt, München, Mechthildenstrasse 39/II. München, 5.2.1939. Beide StAM FinA 17444 (Goldschmidt Bernhard).

[255] Besonders in den USA bemühten sich christliche Organisationen, dem wachsenden Antisemitismus diese Art der Aufklärungsarbeit entgegenzusetzen. Vergleiche dazu File 683: American Christian Committee for German Refugees: The Plight of the Refugees coming out of Germany. o. D. und American Friends Service: Refugee Facts. A Study of the German Refugee in America. Beide JDC NY AR193344.

[256] Selbst in Palästina, das die Zionisten zur Heimstätte des Weltjudentums machen wollten, wurde aufgrund der britischen Mandatshoheit die Immigration von „Rassejuden" anderen Glaubens nicht verboten. Allerdings verlieh das System der Verteilung von Immigrationszertifikaten durch die Jewish Agency den jüdischen Organisationen eine gewisse Lenkungsmacht, „Glaubensjuden" – und unter ihnen die mit dem Zionismus Affiliierten – in der Auswahl der Immigranten zu bevorzugen. Zudem war Palästina aus ideologischen Gründen als Zielland für Juden anderen Glaubens nicht besonders attraktiv. Aus München finden sich so nur acht Palästinawanderer mit evangelischem, katholischem oder ohne Glauben, die in den Jahren 1933, 1936 und 1937 immigrierten. Diejenigen dieses kleinen Samples, die 1933 auswanderten, taten dies zudem vor der Festschreibung ihres Status durch die Nürnberger Gesetze. Wahrscheinlicher ist also, dass persönliche Gründe oder gezielte Verfolgungserlebnisse diese Auswanderungen bedingt hatten. Eine spätere Palästinawanderung von „Rassejuden" ist nicht verzeichnet.

absoluten Zahlen gering blieben. So bilden die Statistiken andeutungsweise die Verschärfung der Verfolgungssituation ab, wenngleich diese Mitte der 1930er Jahre zumindest für die Familie Goldschmidt im Vergleich zu den Verfolgungserfahrungen der anderen drei untersuchten Familien verhältnismäßig gering war. Allerdings waren „Rassejuden" zumindest in der Münchner Gemeinde weniger willkommen als die (zahlenden) „glaubensjüdischen" Mitglieder und konnten von der organisatorischen Expertise und den Ressourcen der jüdischen Auswanderungsinstitutionen weniger profitieren. Diese geringere Anbindung an das jüdische Unterstützungssystem sowie die verspätet einsetzende Verfolgung, die zu einer Verspätung der Emigrationsbemühungen führte, bedingten, dass der Anteil der „Rassejuden" an der jüdischen Emigration aus München im Vergleich zu ihrem gesamtgesellschaftlichen Anteil deutlich unterdurchschnittlich war.

Für die Töchter der Familie Goldschmidt spielte ihre Religionszugehörigkeit auch in ihrem weiteren Schicksal eine große Rolle.[257] Annemarie und Elfriede lebten von Sommer 1939[258] bis Sommer 1942 vergleichsweise unbehelligt im katholischen Kloster Koningsbosch. Sie gehörten damit einer kleinen Gruppe an: Im Juli 1942 befanden sich gut 700 katholische Juden in den Niederlanden, von denen etwa die Hälfte niederländischer Staatsangehörigkeit, die andere Hälfte Flüchtlinge meist deutscher Nationalität waren.[259] Zu dieser Zeit protestierten die katholischen und evangelischen Geistlichen erst hinter den Kulissen, dann auch öffentlich gegen das Einsetzen der Judenverfolgung in den von Deutschland besetzten Niederlanden.[260] Als Strafmaßnahme für diese Auflehnung gegen die Besatzungsmacht, mithin rein „aus politischen Gründen [wurde vom Reichskommissar] schlagartig eine Priorität für die sofor-

---

257 Dieser Fall stellt sicherlich eine Ausnahme unter den Emigrationserlebnissen der „Rassejuden" dar und ist nicht verallgemeinerbar, veranschaulicht aber dennoch erneut, wie sehr im Kontext der nationalsozialistischen Verfolgung die Zugehörigkeit zu bestimmten soziodemographischen Gruppen über den Lebensweg von Individuen entschied.
258 Elfriede Goldschmidt, Koningsbosch, an Conny Assmann, Amsterdam. Brief vom 30.7.[1939]. StadtAM Judaica Varia 144.
259 Hamans et al. 2010, S. 26f.
260 Eine Darstellung der Hintergründe und Entwicklungen rund um den Hirtenbrief der niederländischen Bischöfe bei Hamans et al. 2010, S. 14–26, sowie bei Kempner 1968, S. 21. Ausführliches Quellenmaterial bei YV TR.10 Judicial Documentation from Trials of Nazi Crime. Verdict handed down against Wilhelm Harster and others in the Munich Court; various documents regarding the deportation of the Jews of the Netherlands. Zu den Entwicklungen der Judenverfolgung in den Niederlanden generell Happe, Katja: Viele falsche Hoffnungen. Judenverfolgung in den Niederlanden 1940–1945. Paderborn 2017.

tige Ermordung einer ganzen Kategorie von Opfern"[261] geschaffen: der gezielten Deportation katholischer Juden. Zusammen mit 33 katholischen Juden ihres Distrikts, darunter die berühmt gewordene katholische Heilige Edith Stein, wurden Annemarie und Elfriede am 2. August 1942 verhaftet[262] und in ein Lager im nahe gelegenen Amersfort gebracht.[263] Von dort transportierte man sie ins Sammellager Westerbork. Aus dieser Zeit berichteten die beiden Schwestern, welche Unterstützung und Stärke ihnen der Zusammenhalt der religiösen Gemeinschaft gab: „Wir sind noch viele kath. und stützen uns untereinander (...) Wir sind hier die jüngsten aus den kath. aus Amersfort (...) Als es wahr ist dann kommen wir mit vielen und dann sind wir doch nicht allein und wir können gut zusammenhalten."[264]

Am 7. August verließen die Goldschmidt-Schwestern gemeinsam mit allen Verhafteten aus Amersfort und etwa 900 anderen Deportierten Westerbork in Richtung Auschwitz.[265] Unter ungeklärten Umständen konnten die Schwestern während der Fahrt durch das Reich eine Postkarte an ein Mitglied der Heliandgruppe in München senden.[266] Noch immer war ihre Verbindung zu den alten katholischen Kreisen bedeutend. Nach einer kurzen Inhaftierungszeit verstarben die Schwestern, wie in *Kapitel 4.4* dargestellt, Ende August bzw. Anfang September in Auschwitz. Auch wenn, abgesehen von den Sterbeurkunden des Konzentrationslagers, keine schriftlichen Unterlagen Auskunft geben können über diese letzten Tage von Annemarie und Elfriede Goldschmidt, ist doch anzunehmen, dass sie weiterhin Halt und Stärke in ihrem Glauben fanden: „Wenn die anderen oft so trostlos waren, da kam es mir zu Bewußtsein, was für einen Trost wir in unserer Religion finden (...) Am Abend beten wir jeden Tag den Rosenkranz."[267]

---

261 Kempner 1968, S. 85.
262 Der Augenzeugenbericht einer Schwester des Klosters Koningsbosch über die Verhaftung Annemarie und Elfriede Goldschmidts ist abgedruckt bei Prégardier et al. 1995, hier S. 153 bis 157. In den wichtigen Aussagen übereinstimmend auch USC Shoah Foundation Institute: Holocaust Survivor Ursula Levy Testimony. Online verfügbar unter www.youtube.com/watch?v=1MUtCG_Fnd8. Zuletzt eingesehen am 1.3.2020.
263 Eine genaue Beschreibung der Tage zwischen Verhaftung und Ankunft in Auschwitz findet sich bei Hamans et al. 2010, S. 30–54.
264 Elfriede und Annemarie Goldschmidt, Westerbork, an Stefan Goldschmidt, Oss. Brief vom 5.8.1942. StadtAM Judaica Varia 144.
265 Die Deportationsliste ist in Ausschnitten abgedruckt bei Kempner 1968, S. 98–102.
266 Annemarie und Elfriede Goldschmidt, o.O., an Inge Plößner, München. Postkarte vom 7. oder 8.8.1942. StadtAM Judaica Varia 144.
267 Elfriede Goldschmidt, Koningsbosch, an Charlotte Embacher, München. Brief vom 24.3.1941. StadtAM Judaica Varia 144.

5.1.6 Beruflicher Hintergrund

> Unter diesen Umständen gewinnen für die Arbeit des Hilfsvereins zwei Gesichtspunkte besondere Bedeutung: einmal die ungünstige Berufsschichtung unserer Auswanderer, d.h. das Überwiegen der im Ausland fast nirgends begehrten kaufmännischen und intellektuellen Berufe (...) Hieraus ergibt sich die fundamentale Wichtigkeit der Berufsausbildungs- und Umschichtungsfrage für die künftige Auswanderung.[268]

Die hier vom Hilfsverein genannte „fundamentale Wichtigkeit" der Berufszugehörigkeit wurde zeitgenössisch und in der Forschung zur jüdischen Emigration immer wieder beschworen und kann, wie die folgenden Ausführungen unterstreichen, nicht in Abrede gestellt werden. Dennoch fehlen Angaben zu den Berufen der Emigranten in allen wichtigen Statistiken zur Emigration aus dem Reich sowie aus München.[269] Zwei Gründe sind für diese Forschungslücke ausschlaggebend: Zum einen verzeichneten zeitgenössische Karteien, sei es auf Seiten des Reichs für die emigrierten Juden, sei es auf Seiten der Zielländer für die immigrierten Juden, das Merkmal der Berufszugehörigkeit oft nicht. Die nötige Datenbasis zur Erstellung dieser Statistiken fehlte folglich oftmals. Zum anderen sind, anders als bei binären Merkmalen wie dem Geschlecht oder klar strukturierbaren Merkmalen wie dem Alter, Überblicksstatistiken zur beruflichen Situation aufgrund der Vielzahl möglicher Angaben nur schwierig zu gestalten. Selbst wenn also die Quellenbasis vorliegen würde, müssten Gruppierungen vorgenommen werden, die schwierig zu definieren sind. Teils wurde dies versucht, beispielsweise durch den Joint, der im Juni 1938 angab, die Gruppe der deutsch-jüdischen Immigranten sei „a rather unusual one since a simple study shows that 32% of the applicants are in the professional group such as accountants, doctors, dentists, engineers, musicians, pharmacists, teachers, writers, economists, chemists, etc."[270] Derartige Angaben sind informativ, jedoch nicht vollständig genug, um sie mit den Immigrantengruppen anderer Länder oder anderer Phasen der Immigration zu vergleichen. Auch fehlt eine klare Definition des Begriffs der „professional group". Insgesamt also stützen sich bisherige Aussagen auf wenige statistische

---

268 File 633: Warburg, Max: Die Arbeit des Hilfsvereins der Juden in Deutschland 1936–1937. JDC NY AR193344.
269 Wie bisher bereits zitiert: Für das Reich u. a. Rosenstock, Blau, Strauss, für München u. a. Cahnmann. Zur Zusammensetzung der jüdischen Gemeinde vor dem Beginn der Emigration finden sich vereinzelte Arbeiten. So analysiert Rosenthal 1944, S. 251–262, den Berufs- und sozioökonomischen Status der deutschen Juden für das Jahr 1933 mit ähnlichem Ergebnis zur Verteilung wie die folgenden Ausführungen.
270 File 630: The German Emigres in the United States. 9.6.1938. JDC NY AR193344.

Angaben wie die zitierten, auf Erkenntnisse zu vereinzelten, gut untersuchten Berufsgruppen wie die der Ärzte oder Juristen sowie auf den generellen Eindruck, den Zeitzeugen vom Emigrationsverhalten verschiedener Berufsgruppen hatten. Ausführliche statistische Angaben zur Berufszugehörigkeit der deutschjüdischen Emigranten fehlen.

Eng verknüpft mit der Frage nach den Berufsgruppen ist die Frage nach der Klassen- bzw. Schichtzugehörigkeit der Emigranten. Ohne auf die dahinterstehenden soziologischen Theorien näher einzugehen, stellt sich doch die Frage, wie die Zugehörigkeit zu einer bestimmten Gesellschaftsklasse oder -schicht die Emigrationsprozesse einer Person beeinflusste. Woran diese Zugehörigkeit im historischen Kontext festgemacht werden kann, ist ebenfalls vage, wie Strauss beschreibt:

> Precise data are as yet unavailable to estimate the number of persons belonging to the middle and upper middle classes among German Jews, either in terms of the German status system and its (partly pre-modern) ascriptive values, in terms of income, or in regional or local status and class contexts.[271]

Seit 1980, dem Zeitpunkt dieser Aussage, wurden jedoch neue Möglichkeiten diskutiert, den Bereich der Klassenzugehörigkeit für historische Fragestellungen zu erschließen. Dabei bereitet vor allem die Tatsache Schwierigkeiten, dass für eine Zuordnung entlang von Einkommens- oder Bildungsgruppen, wie dies in der modernen Soziologie geschieht, oft die nötige Quellengrundlage fehlt. Historische Berufszugehörigkeiten sind hingegen weitaus öfter dokumentiert, weshalb die Zuordnung zu einer historischen Gesellschaftsklasse anhand dieser vorgenommen werden kann: „The main reason to choose occupational titles and not income, wealth or education as the basic building blocks of a stratification scheme is that the historical record is generally more favorable to finding occupational data."[272]

Unter der Führung des zitierten Soziologieprofessors Marco van Leeuwen wurde zu Beginn der 2000er Jahre mit der HISCO-Systematik[273] ein Werkzeug zur

---

[271] Strauss 1980, S. 325.
[272] Leeuwen, Marco H. D. van: Hisclass: a historical international social class scheme. Leuven 2011, S. 13.
[273] Historical International Classification of Occupations, mehr dazu bei Leeuwen, Marco H. D. van; Maas, I.; Miles, Andrew: HISCO. Historical international standard classification of occupations. Leuven 2002. Online verfügbar unter https://historyofwork.iisg.nl/major.php. Zuletzt eingesehen am 1.3.2020. Die HISCO-Systematik gleicht die über Jahrzehnte stattfindenden Veränderungen von Berufsbezeichnungen ebenso wie die transnationalen Unterschiede in der Be-

Zuordnung historischer Berufsbezeichnungen in vordefinierte Berufsgruppen geschaffen. Zehn Jahre später entwickelte er die Systematik weiter, um auch Gesellschaftsschichten analysieren zu können. Nun wurden den Berufsgruppierungen anhand vordefinierter Kriterien bestimmte Gesellschaftsklassen zugeordnet.[274] Dieser zweite Schritt der Klassifizierung in die HISCLASS-Systematik vereinfacht die Ergebnisse der HISCO: Während diese 1.675 verschiedene Gruppierungen kennt, sortiert HISCLASS die einzelnen Berufsgruppen einer von zwölf Klassen zu.[275] Zur Veranschaulichung zeigt eine Übersicht mit Beispielen aus der Münchner Datenbank die HISCLASS-Klassen und zugehörige Berufe (siehe Tab. 16).[276]

Die Systematik von HISCO und HISCLASS weist Schwächen auf. So lässt sie andere Faktoren, die die Klassenzugehörigkeit einer Person historisch bestimmten, außer Acht, beispielsweise die familiäre Herkunft einer Person oder ihren finanziellen Hintergrund. Frauen können aufgrund oftmals fehlender Berufstätigkeit nur schwer eingeordnet werden. Lückenhafte oder ungenaue Quellenangaben zu Berufstätigkeiten verfälschen die Einordnungsgenauigkeit und damit die Aussagekraft von HISCLASS-Analysen einzelner Gesellschaftsgruppen. Doch trotz all dieser ihr inhärenten Schwächen bietet HISCLASS eine nützliche Möglichkeit, sich der Frage nach der Klassenzugehörigkeit von historischen Personen anzunähern: „Our class scheme does not aim to replace detailed scrutiny of the historical recod; it is intended as a basic contribution to an elementary, quantifiable understanding of class and class relations."[277]

Unter Befolgung der Arbeitsschritte der HISCO- und HISCLASS-Systematiken wird der Frage nach der Beeinflussung der jüdischen Emigration aus München durch Berufs- und Klassenzugehörigkeit nachgegangen werden. Die Datenbank des Münchner Stadtarchivs, die die Berufstätigkeit fast aller Münchner Juden ver-

---

nennung eines Berufes aus. HISCO ermöglicht dadurch raumübergreifende Vergleiche zwischen Lebenswelten und zeitübergreifende Vergleiche zwischen verschiedenen historischer Perioden.
274 Leeuwen 2011, S. 14.
275 Dazu genauer Leeuwen 2011, S. 57 Dabei nutzt HISCLASS vier Sortierungsfaktoren: die Art der Tätigkeit („manual" vs. „non-manual work"), das dafür nötige Ausbildungsniveau („skill level"), die Frage nach der Leitungsfunktion („supervisor") sowie den Wirtschaftssektor eines Berufs. Über einen sogenannten „Crosswalk" werden die fünfstelligen Codes der HISCO in die entsprechende Klasse der HISCLASS einsortiert. Diese Vorarbeit ermöglicht es, historische Personen anhand der Angaben ihrer Berufsbezeichnungen einer Gesellschaftsklasse zuzuordnen. Appendix 5.6: Crosswalk HISCO-HISCLASS in Leeuwen 2011, S. 131–180.
276 Den Klassen 10 und 12 konnten keine Personen der Gruppe der jüdischen Münchner zugeordnet werden. Die Klasse ohne Nummerierung ist nicht Teil der ursprünglichen HISCLASS-Systematik, sondern wurde zum Zwecke der vollständigen Analyse der Münchner Juden hinzugefügt. Sie verzeichnet alle Personen ohne Beruf.
277 Leeuwen 2011, S. 17.

Tab. 16: HISCLASS-Systematik mit ausgewählten Beispielen der Berufe Münchner Juden

Klassennr.	Beschreibung	Beispiele aus Datenbank
1	Higher Managers	Kommerzienrat, Bankdirektor, Landgerichtsrat
2	Higher Professionals	Chemiker, Ärztin, Rechtsanwalt, Diplomingenieur
3	Lower managers	Großkaufmann, Großhändlerin, Fabrikant
4	Lower professionals, clerical & sales personel	Vertreter, Prokurist, Kaufmann, Elektrotechniker, Werbegrafiker
5	Lower clerical & sales personel	Kaufm. Angestellter, Dekorateur, Werbeleiter, Versicherungsangestellter, Bankbeamter
6	Foremen	Wirtschafterin
7	Medium skilled workers	Schneider, Metzger, Zahntechniker, Schreiner
8	Farmers and Fishermen	Landwirt, Geflügelzüchterin
9	Lower skilled workers	Hausmädchen, Wohlfahrtspflegerin, Buchdrucker
10	Lower skilled farm workers	-
11	Unskilled workers	Hausgehilfin, Gärtnerlehrling, Hilfsarbeiter
12	Unskilled farm workers	-
ohne		zumeist Ehefrauen, Kinder

zeichnet, bietet hierfür eine hervorragende Datengrundlage, wenngleich einige zusätzliche Arbeitsschritte vonnöten waren, um die Daten zur Analyse mit HIS-CLASS vorzubereiten.[278] Letztlich entstand so eine quantitative Annäherung an ein Klassenschema der jüdischen Münchner, die eine statistische Analyse der Verteilung einzelner Gesellschaftsklassen auf die Gruppen der Emigranten, Binnenmigranten und Zurückgebliebenen erlaubt. Die Auswanderung der Münchner Juden war tatsächlich stärker von der Berufs- als von der Klassenzugehörigkeit

---

[278] Zuerst musste anhand des HISCO Tree of Occupational Groups den Einzelpersonen der Datenbank eine Berufsgruppe zugewiesen werden. Die Zuordnung der Personen aus der Datenbank geschah mit Hilfe des HISCO Manual Leeuwen et al. 2002. Vergleiche dazu die online einsehbaren Informationen des International Institute of Social History: https://historyofwork.iisg.nl/major.php. Zuletzt eingesehen am 1.3.2020. Die Zuordnung war möglich für 8.078 Individuen, deren Beruf in der Datenbank verzeichnet war. Die meisten der übrigen 6.271 Personen waren dem Haushalt eines Hauptverdieners angehörige Ehefrauen und Kinder ohne Klassenzugehörigkeit, die in der vorliegenden Arbeit in einer separaten, speziell für diese Fälle der Systematik hinzugefügten Gruppe verzeichnet sind. Anschließend wurde unter Nutzung des Crosswalks HISCO-HISCLASS eine Zuordnung zu einer der zwölf HISCLASS-Klassen vorgenommen. Dabei wurde die Einordnung in eine HISCO-Gruppe gleichzeitig noch einmal überprüft. In seltenen Fällen wurde sie verändert, wenn in HISCLASS eine genauere oder passendere Berufsbezeichnung verzeichnet war.

Tab. 17: Lebenswege der Münchner Juden nach HISCLASS-Klassifizierung

Klasse	Emigration		Binnenmigration		Zurückbleiben		Gesamtpopulation	
1	99	43,2%	14	6,1%	116	50,7%	229	1,6%
2	833	49,0%	54	3,2%	813	47,8%	1.700	11,8%
3	59	42,4%	2	1,4%	78	56,1%	139	1,0%
4	1.712	45,8%	102	2,7%	1.922	51,4%	3.736	26,0%
5	544	54,3%	51	5,1%	407	40,6%	1.002	7,0%
6	3	50,0%			3	50,0%	6	0,0%
7	216	41,5%	48	9,2%	256	49,2%	520	3,6%
8	5	45,5%	0	0,0%	6	54,5%	11	0,1%
9	153	38,0%	69	17,1%	181	44,9%	403	2,8%
10								0,0%
11	91	27,4%	39	11,7%	202	60,8%	332	2,3%
12								0,0%
ohne	2.948	47,0%	207	3,3%	3.116	49,7%	6.271	43,7%
Gesamt	**6.663**	**46,4%**	**586**	**4,1%**	**7.100**	**49,5%**	**14.349**	**100%**

beeinflusst (siehe Tab. 17). Zwar emigrierten Personen, die den oberen sechs HISCLASS-Klassen angehörig waren, überdurchschnittlich häufig; jedoch stieg der Anteil der Emigrierten nicht mit Anstieg der Klasse, sondern ist eng verknüpft mit dem Berufsprofil einzelner Gruppen. So emigrierten Mitglieder der Klassen 2 und 4 („higher und lower professionals") häufiger als Mitglieder der Klassen 1 und 3 („higher und lower managers"). Im Bereich der Binnenmigration stechen die Klassen 7, 9 und 11 („medium" und „lower skilled workers" sowie „unskilled workers") ins Auge; diese Zahlen bilden die innerdeutsche Wanderung zum Zwecke der Umschulung sowie im Bereich der Hausangestellten zum Zwecke des Stellenwechsels ab, die bereits in *Kapitel 3.2.1* angesprochen wurde. Analog zu den Zahlen der Emigration besteht die Gruppe der Zurückgebliebenen überdurchschnittlich oft aus Personen der Klassen 1, 3 und 11. Andere Klassen wie 6 („foremen") oder 8 („farmers and fishermen") waren im Gesamtsample der Münchner Juden insgesamt so selten vertreten, dass deren Analyse keine aussagekräftigen Ergebnisse bringt.

Deutlich bildet diese Analyse der Berufs- und Klassenstruktur für München ein Phänomen ab, das reichsweit beklagt wurde: die „anomaly of (...) occupational structure" der deutschen Juden.[279] Die ersten fünf HISCLASS-Klassen, die im

---

[279] File 630: United Palestine Appeal: German Jewry Reduced by 21 Percent in 3,5 Years, Report Shows. 20.10.1936. JDC NY AR193344.

Gegensatz zu den folgenden Klassen allesamt unter den Bereich der „non-manual work" fallen, beinhalten 84% aller verzeichneten Berufstätigen. Umgekehrt betätigten sich nur 16% der Münchner Juden im Bereich der „manual work".[280] Bemerkenswert ist jedoch, dass die Klassen der „non-manual work" unter den Emigranten sogar einen Anteil von 87,5% ausmachen, die Emigranten folglich also zu einem noch höheren Anteil als die jüdischen Münchner an sich unter den geistigen Berufen vertreten waren, während Personen mit körperlichen Berufen weniger häufig emigrierten. Dieses Ergebnis widerspricht der Aussage des Eingangszitates, dass kaufmännische und intellektuelle Berufe weniger Immigrationschancen hätten und die am besten geeigneten Elemente einer Gesellschaft zuerst auswanderten. Dieser Widerspruch kann jedoch mit einem Blick auf die Verfolgungs- und Immigrationssituation sowie auf die Familienbiographik erklärt werden.

Bereits Strauss nannte die wirtschaftliche Verdrängungspolitik der Nationalsozialisten, abgesehen von den beiden Hochphasen der Verfolgung 1933 und 1938, den „major factor"[281] der Emigration aus dem Reich. Tatsächlich zeigt ein genauer Blick in die Berufsgruppen der Münchner Emigranten, dass selbst in der ersten Hochphase antisemitischer Verfolgung die Berufszugehörigkeit dann eine Rolle spielte, wenn die Verfolgung bestimmte Berufsgruppen fokussierte. So waren vor allem die Berufsgruppen der Juristen und Ärzte von frühen Verfolgungen betroffen. Hinzu kamen Kaufleute, die im Fokus der Öffentlichkeit standen und deren Geschäfte in der Boykottaktion des April 1933 gezielten Verfolgungen unterlagen. Entsprechend waren in den Monaten März bis September 1933, also im ersten Halbjahr nach der nationalsozialistischen Machtübernahme, mehr als 37% der Münchner Emigranten den Berufsgruppen der Juristen, Ärzte oder Kaufmänner zuzuordnen.[282] Folgt man der HISCLASS-Systematik, gehörten in diesem Zeitraum über 94% der arbeitenden Emigranten den Berufsgruppen der intellektuellen und

---

280 Diese Zahl beinhaltet bereits diejenigen Münchner Juden, die in Anbetracht einer anstehenden Emigration bestimmte Berufsausbildungen oder Umschichtungskurse im Bereich der „manual work" abschlossen. Als „non-manual work" werden vor allem intellektuelle und verwaltungstechnische Berufe angesehen. Als „manual work" verzeichnet sind alle körperlichen und manuellen Tätigkeiten.
281 Strauss 1980, S. 338f. So auch Eckert 1985, S. 128. Bereits zuvor war Genschel 1966, S. 263, zu diesem Ergebnis gekommen.
282 In der Gruppe der insgesamt 424 Emigranten sind 20 Juristen (Rechtsanwälte, Richter o.Ä.), 19 Ärzte sowie 119 Personen mit kaufmännischen Berufen (von Geschäftinhabern bis Vertreter) verzeichnet, insgesamt 158 Personen. Dazu kommen von ihnen abhängige Familienangehörige wie Ehefrauen und Kinder, deren Anzahl nicht genau feststellbar ist. Insgesamt liegt der Anteil der Emigranten, die diesen Berufsgruppen direkt oder indirekt zuzuordnen sind, also bei weitem höher.

kaufmännischen, also der „non-manual" Berufe, an.[283] Sowohl die Münchner Ärzte also auch die Münchner Juristen erlebten vergleichsweise intensive Verfolgungen, teils verstieß der Münchner Verfolgungsapparat sogar gegen reichsweit gültige Gesetze und Auflagen der Reichsregierung.[284] Ein Vergleich der Auswanderungsbewegung dieser Berufsgruppen aus der „Hauptstadt der Bewegung" mit der aus anderen Städten oder dem Reich ist wegen fehlender Statistiken nicht möglich; zu vermuten ist allerdings, dass regionenübergreifend höherer Verfolgungsdruck eine verstärkte Auswanderung bedingte.[285] Dafür spricht auch, dass bis Ende 1937 29% aller in der Datenbank verzeichneten Ärzte ausgewandert waren,[286] während im selben Zeitraum nur 17,5% aller Münchner Kaufleute emigrierten. Nichtsdestotrotz standen zwei Entwicklungen der Emigration der Ärzte und Juristen entgegen: Zum einen hatten viele Angehörige dieser Berufsgruppen mehrere Einkommensstandbeine. So arbeiteten Ärzte neben einer Tätigkeit in Münchner Kliniken oft auch in eigenen Praxen,[287] Juristen konnten sich auf Ausnahmeregelungen in den Verdrängungsgesetzen stützen und oftmals ihre Tätigkeit ganz oder zumindest eingeschränkt fortführen.[288] Hinzu kam, dass die Wanderung in ein anderes Land speziell diese Berufsgruppen vor die Problematik stellte, ihren Beruf weiterhin auszuüben. Ärzte mussten in vielen Zielländern spezifische Prüfungen ablegen, um ihre Zulassung auch dort zu erhalten; für Juristen war es ungleich schwerer, sich in neue Rechtssysteme einzuarbeiten und das für die Ausübung ihres Berufes nötige hohe Sprachniveau der Landessprache zu erlangen. Entsprechend dieser Integrationsproblematik bei gleichzeitig hoher Bedrohungslage fokussierten die jüdischen

---

283 232 der 246 arbeitenden Emigranten sind in den HISCLASS-Klassen 1 bis 5 verzeichnet. 178 sind ohne Kategorie als mitreisende Familienangehörige bekannt.
284 Zur Verfolgung der Münchner Ärzte: Drecoll, Axel: Die „Entjudung" der Münchner Ärzteschaft 1933–1941. In: Baumann, Angelika (Hg.): München arisiert. Entrechtung und Enteignung der Juden in der NS-Zeit. München 2004, S. 70–86, hier S. 74f. Zur Verfolgung der Münchner Juristen: Selig 1983, S. 13. Vergleiche dazu ausführlich Weber, Reinhard: Das Schicksal der jüdischen Rechtsanwälte in Bayern nach 1933. München 2006, hier vor allem Kapitel IV: Emigration, S. 147–180.
285 Argumentativ ähnlich Eckert 1985, S. 128.
286 Dieses Ergebnis widerspricht der Aussage Drecolls, der ohne Angaben von Quellen für diesen Zeitraum eine Anzahl von 18% Auswanderer unter allen Münchner Ärzten konstatiert. Drecoll 2004, S. 78–80.
287 Drecoll 2004, S. 75.
288 File 626: Kahn, Bernhard: On the situation of the Jews in Germany. 27.6.1933. JDC NY AR193344. Kahn nennt hier reichsweit eine Anzahl von 2.158 der 3.151 Juristen (68,5%), die auf Basis der Ausnahmeregelungen weiterhin praktizieren durften. Selig 1983, S. 13, identifiziert für München 106 von 187 zugelassenen Anwälten (57%), die ihre Zulassung behielten.

Hilfsorganisationen die Angehörigen dieser Berufsgruppen früh.[289] Nicht immer jedoch war für die Münchner Juden die Auswanderung die einzig mögliche Lösung der Verfolgungsproblematik. Fritz Cahnmann war als einer der jüngsten in der Berufsgruppe der Juristen von den frühen Berufsbestimmungen der Nationalsozialisten besonders stark betroffen.[290] Er musste sein Studium der Rechtswissenschaften aufgeben, entschied sich jedoch gegen eine Emigration und stattdessen dafür, eine Ausbildung zum Bankkaufmann zu beginnen. Sein Beispiel zeigt, dass neben der Emigration im Sinne einer räumlichen Ausweichbewegung auch eine Umorientierung der Berufsausrichtung im Sinne einer inhaltlichen Ausweichbewegung möglich war, wenngleich diese Option jüngeren Verfolgtengruppen in höherem Maße zur Verfügung stand als älteren Verfolgten mit langjähriger Berufserfahrung und weniger Affinität zum Erlernen neuer Kenntnisse. Erst mit der Verschlechterung der beruflichen Zukunftsaussichten nach Beendigung seiner Ausbildung entschloss Fritz Cahnmann sich zur Emigration: „After I finished my apprenticeship, the boss, one of the boss's sons, said to me well Fred, we can't really keep you any longer, you know we don't have enough business. You better should look for something else. So that's when I started looking for emigration."[291]

Während Fritz zuerst den Beruf wechselte, bevor er sich nach einer zweiten Verdrängungserfahrung für die Emigration entschied, wählte sein nur wenige Jahre älterer Bruder Hans bereits nach der ersten Verfolgungserfahrung die Emigration. Er hatte seine Ausbildung als lizensierter Lebensmittelchemiker und promovierter Pharmazeut beendet und wurde im Unternehmen seines Vaters, der Chemischen Fabrik Isaria, als Chemiker angestellt. Vergleichsweise bald musste er unter Druck der „arischen" Teilhaber seines Vaters seinen Posten räumen. Er entschloss sich aufgrund der fehlenden Zukunftsaussichten als Chemiker in Deutschland zur Emigration nach Frankreich:

> [In 1932] I went to my father's factory in Munich to work there. But I realized after maybe one year that there is no future in it, that I will not be able to stay long enough there (...) [It was] the impossibility of Jews to make a career (...) 1933 in July I left abruptly actually event though I prepared for emigration for a longer time. That came suddenly because I got a phone call

---

289 Vergleiche dazu die spezifischen Nennungen von Ärzten und Juristen in diversen Reports an den Joint: On the situation of the Jews in Germany, z.B. in File 626 vom 31.7.1933, File 628 vom 28.3.1934, File 629 vom 10.11.1935 oder File 630 vom 15.2.1936. So auch Hilfsverein: Korrespondenzblatt (Oktober 1933), das unter anderem die Niederlassungsbedingungen für Ärzte außerhalb Deutschlands aufzählt.
290 Vergleiche dazu *Kapitel 5.1.1*.
291 USHMM: Oral History Interview with Fred Cahnmann. Deckungsgleich die schriftliche Aussage in Personal Papers. Fred Cahnmann Family Collection. LBI AR 25508 Box 1 Folder 4, die den Zeitpunkt des Emigrationsentschlusses auf den Herbst 1935 datiert.

from a good friend of mine who had already gone to Switzerland. (...) at one committee they told him there would be an opportunity for a chemist like me in Paris. So I went to Paris.[292]

Sigwart Cahnmann, der Teilhaber der Isaria war, wurde kurz nach seinem Sohn und seiner Tochter Eva[293] gezwungen, die Firma zu verlassen, vor allem auf Betreiben seines Geschäftspartners und dessen Sohnes, der in SA-Kreisen verkehrte.[294] Gerechtfertigt wurde die Verdrängung Sigwart Cahnmanns mit angeblichen Beschwerden der Kundschaft, die nicht in einem „jüdischen Geschäft" kaufen wolle, und mit dem Verhalten von Konkurrenzfirmen, die ihrerseits die Kunden der Isaria auf die „rassische" Herkunft Cahnmanns hinwiesen.[295] Im Gegensatz zur Aussage Seligs, dass erste „Arisierungsfälle" in München 1936 auftraten,[296] war Sigwart Cahnmann bereits 1933 ein Opfer der, wenn auch nicht staatlich gelenkten, „Arisierung" seines Unternehmens. Er entschied sich trotz dieser Erfahrung gegen eine Auswanderung und fand ein neues, jedoch deutlich verringertes Auskommen in der Provisionsvertretung von Lebensmitteln, chemischen und pharmazeutischen Präparaten.[297] Damit folgte er der Möglichkeit, „to

---

292 USHMM: Oral History Interview with Hans Cahnmann. Dieselben Aussagen in Eidesstattliche Erklärung des Hans Julius Cahnmann vom 6.10.1955. BayHStA LEA 43781 (Cahnmann Hans Julius).
293 Chawa Mansbach [Eva Cahnmann], Yagur, an Werner Cahnmann, New York. Brief vom 2.12.1965. in: LBI: Werner and Gisella Cahnman Collection. AR 25210 Box 1 Folder 56. Eva hatte bei der Isaria als Sekretärin gearbeitet.
294 Amtsgericht München. Feststellung vom 2.1.1960. BayHStA LEA 8295/13 (Cahnmann Sigwart und Hedwig).
295 Adolf Reichold, München, an Werner und Hans Cahnmann, Chicago. Brief vom 25.8.1946. LBI: Werner and Gisella Cahnman Collection. AR 25210 Box 2 Folder 27. Bestätigt wird seine Aussage durch Industrie- und Handelskammer München an das Bayerische Landesentschädigungsamt. Brief vom 12.4.1961. BayHStA LEA 8295/13 (Cahnmann Sigwart und Hedwig). Vor allem der Sohn des Teilhabers erhöhte den Druck auf den jüdischen Geschäftspartner seines Vaters und trat letztlich kurz nach dem Ausscheiden Sigwart Cahnmanns als neuer Teilhaber in das Unternehmen ein. Er profitierte direkt und unmittelbar von der von ihm forcierten Verdrängung des jüdischen Teilhabers. Dabei war er selbst „Mischling 1. Grades", wie sich bei seinem Versuch zeigte, zum Eintritt in die SS seine arische Abstammung nachzuweisen. Er geriet später seinerseits mit „Arisierungsmaßnahmen" in Kontakt: File 107: Staatsministerium des Inneren an den Polizeipräsident der Hauptstadt der Bewegung. Schreiben vom 23.3.1938. YV M.1 Central Historical Commission (CHC) of the Central Committee of Liberated Jews in the US Zone, Munich, zeigt, dass er als neuer Inhaber bei diversen Stadtbehörden anfragte, ob die Isaria weiterhin als „Deutsches Geschäft" bezeichnet werden dürfe. Eine Antwort ist nicht erhalten. Ob er als Jude oder „Halbjude" verfolgt wurde, lässt sich nicht nachweisen. Während des Entschädigungsprozesses 1961 besaß er die Isaria noch.
296 Selig 1993, S. 411.
297 „Cahnmann Sigwart – Prov. Vertr. In Lebensmitteln, chem. und pharmaz. Präparaten – So-

respond to a loss of jobs by founding a tiny independent, door-to-door, one-man sales agency"²⁹⁸ – ein Weg, den nach Strauss einige der aus höheren Kaufmannspositionen Vertriebene einschlugen.

Gerade in dieser sehr frühen Phase der nationalsozialistischen Herrschaft erschien vielen Münchner Juden das Aushalten und Abwarten als die passende Reaktion. Für diese Haltung sprach auch die gesetzliche Situation, die noch keine Grundlage für die Arisierung jüdischer Betriebe gab:

> The much-feared law, which it was believed would state that the director of a commercial, industrial or other business enterprise could only be an aryan, has now appeared. It is expressly stated therein that the director of a business enterprise may be a non-aryan, a Jew, so that Jewish commercial and other firms may remain under Jewish management. In this way the sudden ruin of tens of thousands of Jewish undertakings has, at least for the present, been avoided.²⁹⁹

So waren die Jahre nach 1933 zwar geprägt von wirtschaftlich schwierigen Zeiten, die jedoch jüdische Geschäfte in ähnlichem Maße betrafen wie „arische", wenngleich die Unsicherheit der weiteren politischen Entwicklung permanent über den jüdischen Firmen schwebte.³⁰⁰ Diese bekam insbesondere die Familie Schwager zu spüren, deren Lederwarenhandlung Mitte der 1930er Jahre die zweitgrößte Oberbayerns war.³⁰¹ Im Jahr 1936 zeigten sich neben der Problematik des Einkaufs, die jüdische und „arische" Geschäfte gleichermaßen betraf, ein Anstieg der Unsicherheit in der Rechtslage jüdischer Betriebe³⁰² sowie ein Anstieg ausstehender

---

phie-Stehle-Str. 12". Verzeichnis der gewerbepolizeilich gemeldeten jüdischen Gewerbetreibenden in München. Stand vom 15.2.1938. StadtAM NL Meister. Dazu ausführlicher USHMM: Oral History Interview with Fred Cahnmann.

298 Strauss 1980, S. 345f.

299 File 628: On the situation of the Jews in Germany. 28.3.1934, JDC NY AR193344.

300 Ähnliche Aussagen über die wirtschaftliche Situation der Familie Cahnmann traf Fred in seinen Erinnerungen an die ersten Jahre der NS-Herrschaft: "As times grew worse, we had to economize a little, but still it was comparatively easy going". Personal Papers. Fred Cahnmann Family Collection. LBI AR 25508 Box 1 Folder 4.

301 Erwin Schwager, München, an Heinz Haymann, o.O. Brief vom 4.4.1936. Erwin Schwager: Private Correspondence (1936).

302 „Andrerseits fragt man sich natürlich, warum man es tut, da doch die Existenz als solche noch immer durch einen Federstrich zunichte gemacht werden kann. Aber man rechnet nicht weiter, als man muss, und tut, was man kann, manchmal auch mehr". Erwin Schwager, München, an „Mädchen", Hannover. Brief vom 9.9.1936. Erwin Schwager: Private Correspondence (1936) Der Name des Mädchens ist unbekannt. Sie war eine „arische" Freundin Erwin Schwagers, mit der er in Briefkontakt stand, obwohl beide immer wieder diskutierten, diesen aufgrund der „Nürnberger Gesetze" abzubrechen. Daher die Anonymisierung in den Briefen; auch Erwin

Zahlungen der „arischen" Kunden, die mehr und mehr der Meinung waren, ihre Rechnungen bei jüdischen Firmen nicht mehr oder zumindest nicht fristgerecht bezahlen zu müssen.[303] Gleichzeitig musste der Betrieb Änderungen innerhalb der Belegschaft verkraften: „Arische" Mitarbeiter verließen das Geschäft, „wofür die Gründe, wie man sagen kann, lediglich in der Zeit begründet sind",[304] jüdische Mitarbeiter wanderten aus.[305] Trotz alledem war Erwin Schwager, der als Nachfolger mit 22 Jahren bereits fester Bestandteil der Geschäftsführung war, noch 1936 fest davon überzeugt, seine Zukunft im Reich zu sehen.[306] Es gab durchaus Grund zum Optimismus: 1937 verzeichnete die Lederhandlung, vom allgemeinen Wirtschaftsaufschwung profitierend, Rekordumsätze.[307] Dies erscheint ungewöhnlich, wird jedoch durch eine Aussage des Städtischen Gewerbeamts bestätigt: „Wenn auch durch ständige Propaganda die Umsätze der jüdischen Geschäfte rückläufig sind, so sind trotz allem noch jüdische Geschäfte vorhanden, welche ihre Umsätze von früher aufrecht erhielten, ja manchmal sogar verbesserten".[308]

---

nannte seinen Namen nie.
303 Erwin Schwager, München, an Elisabeth Esslinger, München. Brief vom 27.7.1936. Erwin Schwager: Private Correspondence (1936) Diese „Arisierung durch Kleinkunden" zeichnete sich 1936 erstmals ab. In diesem Jahr brachte sie die Familie Schwager zwar nicht in ernsthafte finanzielle Schwierigkeiten, steigerte aber das Arbeitsmaß aufgrund der erhöhten Anzahl von Mahnbriefen deutlich. In den Folgejahren erreichte der Ausstand unbezahlter Rechnungen immer größere Ausmaße, bis zum Zeitpunkt der „Arisierung" der Schwagerschen Lederhandlung die Außenstände eine Höhe von etwa einem Drittel des Gesamtwerts der Firma eingenommen hatten. Vergleiche dazu: Aussage des Johann Stumfall, ehem. Treuhänder der Firma Schwager während der Arisierung. StAM WB I N 7695 (Schwager Leopold & Sabine). Nach Berechnungen des Rechtsanwalts Erwin Schwagers, Siegfried Neuland, hatte die Firma zu Jahresbeginn 1939 einen Mindestwert von 150.000 RM, wovon 80.000 RM auf den Warenbestand, 10.000 RM auf die Maschinen, 10.000 RM auf das Inventar und 50.000 RM auf ausstehende Zahlungen von Kunden entfielen.
304 Erwin Schwager, München, an Mainzer, Kapstadt. Brief vom 3.3.1937. Erwin Schwager: Private Correspondence (1937) Der Vorname von Mainzer ist unbekannt; er war ein Mitarbeiter der Schwagerschen Lederhandlung.
305 Erwin Schwager, München, an Heinz Haymann, Nürnberg. Brief vom 19.9.1936. Erwin Schwager: Private Correspondence (1936).
306 Erwin Schwager, München, an Heinz Haymann, Nürnberg. Brief vom 1.12.1936. Erwin Schwager: Private Correspondence (1936).
307 „Wir haben heuer eine Inventur gehabt, so gut wie schon lange nicht mehr". Erwin Schwager, München, an Fanny Strauss, Brüssel. Brief vom 6.2.1938. Erwin Schwager: Private Correspondence (1938). Bestätigt wird diese schriftliche Aussage durch ein Notizheft Erwin Schwagers, das dem Akt StAM WB I N 7695 (Schwager Leopold & Sabine) beigelegt ist und Statistiken zur Geschäftssituation ab 1932 enthält. Die Umsätze des Jahres 1937 übersteigen alle für die Vorjahre verzeichneten Umsätze.
308 File 107: Städtisches Gewerbeamt an den Oberbürgermeister der Hauptstadt der Bewegung: Schreiben vom 13.7.1938. YV M.1 Central Historical Commission (CHC) of the Central Committee of Libe-

Erwin Schwager selbst kommunizierte deutlich, dass er sich in seinem Entschluss zum Verbleib in München „an ein, wenn auch gutgehendes, elterliches Geschäft gehängt [habe]."[309] Die wirtschaftliche Situation konnte also nicht nur Einflussfaktor für, sondern auch gegen eine Emigration sein. Mit dem erneuten Einsetzen der wirtschaftlichen Verdrängungsmaßnahmen ab Herbst 1937 änderten sich seine Ansichten jedoch abrupt:[310]

> Eine weitere Seite, und hier gibt es kein persönliches Dazutun mehr – ist der Erhalt der Waren. Dieser hat sich seit Anfang dieses Jahres wesentlich verschlechtert, insbesondere für nichtarische Betriebe.[311] Unterredungen nach vielen Seiten hin, ebenso meine Erfahrungen auf meiner Geschäftsreise in der letzten Woche, haben mich zu der klaren Erkenntnis kommen lassen, dass die Politik der deutschen Regierung heute und in diesen Tagen zu einem Schlag gegen das nicht-arische Unternehmertum ausgeholt hat, dem man machtlos gegenüber steht. (...) Ich war bis heute in dem festen Glauben, meine Zukunft wird in Deutschland sein, wenn sie auch schwer ausfallen möge. Seit den letzten Tagen bin ich der Ueberzeugung: unsere Existenz hier, ich meine hiermit den möglichen wirklichen Verdienst, wird sich vielleicht noch bei guter Möglichkeit auf 2 Jahre hinausstrecken.[312]

Die Emigrationsentscheidung Erwin Schwagers war durch die einsetzende „Arisierung" und die konkrete Bedrohung der wirtschaftlichen Existenz des Familienunternehmens letztlich final angestoßen worden und basierte somit klar auf wirtschaftlichen Beweggründen. Mit der deutlichen Verschlechterung seiner beruflichen Aussichten ging der Verlust der Überzeugung einher, „dass ich hier noch meine Zukunft finde".[313]

---

rated Jews in the US Zone, Munich. Ebenso, wenngleich selten, erwähnen Forschungsliteratur (z.B. Strauss 1980, S. 345 und 399) und zeitgenössische Quellenmaterialien (z.B. File 657: On the status of emigration from Germany. 28.10.1937. JDC NY AR193344) ähnliche Situationen auf reichsweiter Basis.
309 Erwin Schwager, München, an Heinz Haymann, Nürnberg. Brief vom 1.12.1936. Erwin Schwager: Private Correspondence (1936).
310 Erwin Schwager, München, an Trude Huber, Wien. Brief vom 26.12.1937. Erwin Schwager: Private Correspondence (1937).
311 Erwin Schwager bezieht sich hier aller Wahrscheinlichkeit nach auf die direkten Konsequenzen eines Runderlass des Reichswirtschaftsministeriums vom 15.12.1937, nach dem jüdische Betriebe eine niedrigere Kontingentierung an Rohstoff- und Devisenzuteilung erhalten als „arische" Unternehmen. Runderlass des Reichswirtschaftsministeriums vom 15.12.1937. In: Walk et al. 1981, II 385.
312 Erwin Schwager, München, an Heinz Haymann, Nürnberg. Brief vom 23.1.1938. Erwin Schwager: Private Correspondence (1938) Ähnlich bestätigen dies weitere Briefe, darunter Erwin Schwager, München, an Mainzer, Kapstadt. Brief vom 17.2.1938. Erwin Schwager: Private Correspondence (1938), sowie PHM: Oral History Interview with Erwin Schwager.
313 Erwin Schwager, München, an Hildegard Jung, New York. Brief vom 24.2.1938. Erwin Schwager: Private Correspondence (1938).

Tatsächlich bestätigten sich Erwins Vermutungen bereits im Folgemonat. Im Januar 1938 war die Stadt München dazu übergegangen, jüdischen Münchnern die zu Jahresbeginn notwendige Erneuerung der Gewerbelegitimationskarten, Gewerbeausweise und Wandergewerbescheine zu verwehren.[314] Für diese Maßnahme nutzte die „Hauptstadt der Bewegung", da eine entsprechende Legitimation dieses Vorgehens durch reichsweite Gesetze fehlte, die Option, die Erneuerung auf Basis der „Unzuverlässigkeit" des Gesuchstellers zu verwehren, was für Juden prinzipiell galt.[315] Erwin Schwager[316] und Jakob Blechner[317] wurden auf dieser Basis die Gewerbelegitimationskarte verweigert, für Oskar Blechner ist die Verweigerung nicht überliefert, ist aber anderweitig bezeugt.[318] Diese neue Strategie der Stadt München zur Intensivierung der Verdrängung jüdischer Geschäftsleute aus dem Münchner Wirtschaftsleben war hocheffektiv: Mit einem Schlag war den Söhnen der untersuchten Familien ihr Auskommen in den väterlichen Betrieben genommen. Doch nicht nur jüdischen Inhabern von Gewerbelegitimationskarten, auch „arischen" Inhabern, die bei jüdischen Betrieben angestellt waren, wurde die Erneuerung verweigert, so einem langjährigen „arischen" Mitarbeiter Leopold Schwagers.[319] Selig konstatiert, dass die Anzahl der Gewerbelegitimationskarten für jüdische Betriebe von 550 im Jahre 1937 auf nurmehr 65 im Jahre 1938 fiel.[320] Damit war die Existenz vieler jüdischer Betriebe in München zwar offiziell noch gestattet,[321] tatsächlich jedoch stark beeinträchtigt. Die Stadt München stand mit diesem Vorgehen nicht allein: In den Folgemo-

---

314 StadtAM Gewerbeamt 177d.
315 Hanke 1967, S. 260.
316 Entscheidung des Oberbürgermeisters nach Beratung mit den Verwaltungsbeiräten. Betrifft: Ausstellung von Gewerbelegitimationskarten usw. an Juden. 24.2.1938. StadtAM Gewerbeamt 177b. Vergleiche dazu entsprechend Oberbürgermeister, München, an das Städtische Gewerbeamt, München. Brief vom 24.2.1938. BayHStA LEA 33952 (Schwager Leopold).
317 Antrag auf Schaden im wirtschaftlichen Fortkommen vom 29.3.1950. BayHStA LEA 43022 (Blechner Jakob, Markus, Mirla).
318 Ein Hinweis dazu bei Bezirks-Inspektion an das Gewerbeamt. Schreiben vom 18.11.1938. StadtAM Gewerbeamt Arisierung 019 (Blechner Markus): „Das Aufsuchen von Kunden wurde wegen Ablauf der Gewerbelegitimationskarten der beiden Söhne (...) eingestellt". Mit „Ablauf" ist hier wohl die Verweigerung der Verlängerung angesprochen.
319 Entscheidung des Oberbürgermeisters nach Beratung mit den Verwaltungsbeiräten. Betrifft: Ausstellung von Gewerbelegitimationskarten usw. an Juden. 28.4.1938. Hier: Fa. Leopold Schwager für Franz Xaver Bischl. StadtAM Gewerbeamt 177b.
320 Dazu vergleiche auch Selig 1983, S. 38f.
321 So findet sich Leopold Schwagers Name auf einer Liste derjenigen Münchner, denen eine Tätigkeit im Handel erlaubt war: File 262: Notebook with a partial listing of the Jews in Munich permitted to work in retail and wholesale trade, 15.2.1938. YV M.1 Central Historical Commission (CHC) of the Central Committee of Liberated Jews in the US Zone, Munich.

naten bis zum Novemberpogrom sank die Zahl der jüdischen Betriebe reichsweit von ca. 100.000 auf etwa 40.000.[322] Wie hoch die Effektivität dieses Vorgehens war, zeigen nicht nur der einsetzende Ansturm auf das amerikanische Konsulat in Stuttgart und der statistische Anstieg der Auswanderung in den Monaten vor November 1938,[323] sondern auch die Tatsache, dass sich die Emigrationen der Blechner-Söhne und Erwin Schwagers auf die Zerstörung ihrer wirtschaftlichen Existenzgrundlage zurückführen lassen.

Die wirtschaftlichen Verdrängungsmaßnahmen konnten aber nicht nur den Anstoß zu einer Emigration geben, sondern auch zum Hindernisgrund werden. Mit den Geschehnissen des Novemberpogroms und der daraufhin einsetzenden verstärkten Enteignung der Münchner Juden war in der „Hauptstadt der Bewegung" deutlich geworden, dass jüdische Geschäfte ohne Ausnahme „arisiert" werden würden. Für ihre Besitzer bedeutete dies nicht nur den Verlust ihres Lebenswerks, sondern auch den Anfang eines Prozesses, der in Länge und Komplexität oft nur schwer einschätzbar war, zumal er jederzeit von willkürlichen Bestimmungen und Maßnahmen der für die „Arisierung" Verantwortlichen beeinflusst werden konnte. Das vollständige Durchlaufen des „Arisierungsprozesses" jedoch war unumgängliche Vorbedingung für die Auswanderung der betroffenen Münchner Juden. Entsprechend waren die Eigentümer jüdischer Geschäfte an die Stadt gebunden: „Naturally we are occupied with hundreds of plans. However, as long as we don't know what will develop with our business, we are unable to make arangements."[324]

Leopold Schwager wurde der Erfolg seiner eigenen Firma so zum Verhängnis. Aufgrund der hervorragenden Reputation und der Bekanntheit seiner Lederhandlung fiel sie dem Bruder des Münchner Oberbürgermeisters ins Auge.[325] Das

---

322 Benz, Wolfgang: Theorie und Praxis der Judenfeindschaft im NS-Staat. Wege in die Vernichtung. In: Morsch, Günter und Zur Nieden, Susanne (Hg.): Jüdische Häftlinge im Konzentrationslager Sachsenhausen 1936 bis 1945. Berlin 2004 (Schriftenreihe der Stiftung Brandenburgische Gedenkstätten, 12), S. 21–40, hier S. 31. Zur Praxis der Verweigerung der Gewerbelegitimationskarten bereits vor 1938 vgl. auch File 657: On the status of emigration from Germany. 28.10.1937. JDC NY AR193344.
323 Vgl. dazu *Kapitel 4.2.2*.
324 Sabine Schwager, München, an Erwin Schwager, New York. Brief vom 11.12.1938. Schwager Family Papers Geschäftsbesitzern wurde der Reisepass nur dann ausgestellt, wenn alle nötigen Unbedenklichkeitsbescheinigungen vorgelegt werden konnten. Diese jedoch wurden erst dann erstellt, wenn alle Steuern bezahlt und die Finanzen entsprechend der nationalsozialistischen Bestimmungen „in Ordnung" gebracht worden waren, was wiederum nur nach einem Abschluss des „Arisierungsprozesses" möglich war.
325 Sabine Schwager, München, an Erwin Schwager, New York. Brief vom 21.12.1938. Schwager Family Papers.

Münchner Gewerbeamt erteilt Gerhard Fiehler im Dezember 1938 die vorläufige Erlaubnis zur Übernahme des Geschäfts.[326] Damit begann eine mehr als fünf Monate dauernde, für das Ehepaar Schwager nervenaufreibende Phase der ständigen Verzögerungen, in der Fiehler zwar die Geschäfts- und Lagerräume der Lederhandlung räumte, es jedoch bewusst hinauszögerte, den vereinbarten – und sowieso viel zu niedrig angesetzten – „Verkaufswert" zu begleichen. Joseph Teller, der das Ehepaar im April 1939 in München besuchte, berichtete seinem Neffen Erwin danach in deutlichen Worten:

> The liquidation of a business really is not easy and to say it simply and in a short sentence: an unbelievable dirty trick which is executed on the same low lever as all other happenings nowadays in Germany. I wrote again, perhaps they can proceed faster by forgetting about all profits, as long as the expenses, taxes, shipping tickets and some new purchases are covered. Let us hop this can be managed.[327]

Aufgrund der drohenden „Illiquidität"[328] Gerhard Fiehlers versagte diesem im Mai 1939 das Gewerbeamt auf Anraten der IHK München sowie auf Anordnung des Oberbürgermeisters – seines eigenen Bruders – die Übernahme und entschied, den Betrieb stattdessen zu liquidieren.[329] Unter dem als Liquidator bestimmten Ingenieur Hanns Stumfall, der bereits vor der Zeit der „Arisierung" Kunde der Schwagerschen Lederhandlung gewesen war, verbesserte sich endlich die Ausgangssituation Leopold Schwagers. Stumfall ließ ihm im Rahmen der gesetzlichen Möglichkeiten die Freiheit, selbst Käufer für die Inventar- und Lagerbestände zu finden,[330] so dass es Leopold gelang, alle Steuerforderungen vollständig zu bezahlen.[331] Über den ihm zustehenden Teil der Kaufsumme durfte er

---

326 Beglaubigte Abschrift eines Beschlusses zum Antrag auf Rückerstattung von Waren und Maschinen vom 8.10.1952. BayHStA LEA 33952 (Schwager Leopold). Zeitgleich erhielt Gerhard Fiehler die Erlaubnis, eine weitere jüdische Münchner Lederhandlung zu übernehmen.
327 Joseph Teller, Bolzano, an Erwin Schwager, Pittsburgh. Brief vom 23.4.1939. Schwager Family Papers. Die im Reich herrschende Briefzensur verhinderte, dass Erwins Eltern derart deutlich über die Vorgänge berichteten; der aus Italien schreibende Joseph Teller unterlag derartigen Auflagen nicht.
328 Wirtschaftskanzlei Ing. Hanns Stumfall, München, an das Landesamt für Vermögensverwaltung und Wiedergutmachung, München. Brief vom 24.11.1948. StAM WB I a 1340 (Schwager Leopold).
329 Städtisches Gewerbeamt, München, an das Dezernat 5, München. Schreiben vom 2.5.39. StadtAM Gewerbeamt Arisierung 158 (Schwager Leopold).
330 Wirtschaftskanzlei Ing. Hanns Stumfall, München, an das Landesamt für Vermögensverwaltung und Wiedergutmachung, München. Brief vom 24.11.1948. StAM WB I a 1340 (Schwager Leopold). Die Briefe Leopolds aus dieser Zeit bestätigen diesen Eindruck, u. a. Leopold Schwager, München, an Erwin Schwager, Pittsburgh. Brief vom 13.7.1939. Schwager Family Papers.
331 Erneut verzögerte sich die Abwicklung, da in langwierigen Verhandlungen und unter dem

trotzdem nur eingeschränkt verfügen: Monatlich stand ihm eine Abbuchung von maximal 800 RM aus dem Sicherungskonto zu.[332]

Wenngleich die bereits erwähnten hohen Zahlungsausstände ehemaliger Kunden bis über den Zeitpunkt der Deportation des Ehepaars Schwager hinaus Aufgabe des Liquidators blieben,[333] war der Großteil der Liquidation der Lederwarenhandlung im Hochsommer 1939 erledigt. Die „Arisierung" seines Geschäfts, die im November 1938 begonnen worden war,[334] hatte Leopold bis dahin ständig beschäftigt. Nicht nur hatte er so fast täglich die Härte und Willkür der antijüdischen Politik zu spüren bekommen, sondern war aufgrund der zeitlichen Verschleppung der „Arisierung" insgesamt über neun Monate lang in der Planung und Durchführung seiner Emigration behindert worden. Wie entscheidend dieser Zeitraum zwischen November 1938 und Kriegsbeginn 1939 für die Münchner Emigranten war, wurde in *Kapitel 4.2.2* analysiert. Für Leopold und Sabine Schwager bedeutete die „Arisierung" die tödlich endende Verzögerung ihrer Ausreise.

In anderen Fällen verlief die „Arisierung" deutlich schneller, vor allem dann, wenn die Firmen von geringerem Wert waren als die Schwagersche Lederhandlung. So wurde Markus Blechners Unternehmen „M. Blechner & Co.", dessen Umsatz aufgrund der antisemitischen Politik Münchens bereits ab 1937 entscheidend zurückgegangen war, im Januar 1939 abgemeldet[335] und im März auch offiziell aus dem Handelsregister gelöscht.[336] Eine genaue Rekonstruktion

---

Druck des Gewerbeamtes erst die ursprünglichen Inventar- und Lagerbestände aus Fiehlers Geschäftsräumen zurückgeholt und neu kategorisiert werden mussten, bevor in einem zweiten Schritt Käufer gefunden werden konnten: Wirtschaftskanzlei Ing. Hanns Stumfall, München, an das Landesamt für Vermögensverwaltung und Wiedergutmachung, München. Brief vom 24.11.1948. StAM WB I a 1340 (Schwager Leopold). Letztlich aber gelang es, alle Steuerforderungen zu bezahlen: Sabine Schwager, München, an Erwin Schwager, Pittsburgh. Brief vom 12.7.1939. Schwager Family Papers.
332 Direktion der Städtischen Bezirks-Inspektion, München, an das Gewerbeamt, München. Schreiben vom 21.1.39. StadtAM Gewerbeamt Arisierung 158 (Schwager Leopold).
333 Zu den Außenständen, die im Juli 1939 noch etwa 28.000 RM ausmachten, verteilt auf etwa 250 Schuldner, mehr bei Wirtschaftskanzlei Ing. Hanns Stumfall, München, an das Gewerbeamt, München. Schreiben vom 15.7.1939. StadtAM Gewerbeamt Arisierung 158 (Schwager Leopold). Über die weitere Abwicklung des Geschäfts nach der Deportation des Ehepaars Schwager die Zeugenaussage des Treuhänders: Wirtschaftskanzlei Ing. Hanns Stumfall, München, an das Landesamt für Vermögensverwaltung und Wiedergutmachung, München. Brief vom 24.11.1948. StAM WB I a 1340 (Schwager Leopold).
334 Gewerbeamt, München, an Rechtsanwalt Siegfried Neuland, München. Brief vom 23.1.1957. BayHStA LEA 33952 (Schwager Leopold).
335 Aktenauskunft. StAM BFD 598 (Blechner Markus).
336 Industrie- und Handelskammer, München, an das Bayerische Landesentschädigungsamt, München. Brief vom 29.5.1962. BayHStA LEA 43022 (Blechner Jakob, Markus, Mirla).

der Vorgänge rund um die Liquidation des Unternehmens ist schwierig, da die zugehörigen Steuerakten während des Krieges vernichtet wurden und die Briefe der Familie nur wenige Hinweise auf die Abwicklungsvorgänge geben.[337] Das Geschäft dürfte zum Zeitpunkt der Löschung aus dem Handelsregister jedoch bereits final abgewickelt gewesen sein.[338] Immer wieder findet sich in den Arisierungsakten der Vermerk, dass die Familie die Ausreise in die USA plante[339] – eine Tatsache, die offensichtlich dazu beitrug, die „Arisierung" des Geschäfts zwar zu überwachen, nicht jedoch forcierter als nötig voranzutreiben.

Die „Arisierung" der FELMA GmbH, des Unternehmens, dem Bernhard Goldschmidt seit September 1937 als Geschäftsführer vorstand, verlief ähnlich schnell. Auch er wurde, ungeachtet seines bereits diskutierten ungewissen Status,[340] im Dezember 1938 zur „Arisierung" des Unternehmens gezwungen. In diesem Fall bedeutete dies den erzwungenen Verkauf der Mehrheitsanteile Goldschmidts, der in Besitz von 7/8 des Unternehmens war, an seinen „arischen" Teilhaber.[341] Es scheint allerdings, als hätten die Anteile der FELMA GmbH bereits zu diesem Zeitpunkt keinen Wert mehr gehabt. Diese Aussage traf nicht nur der neue Eigentümer,[342] der im Wiedergutmachungsverfahren 1951 ein Interesse daran hatte, den Wert der Firma kleinzuhalten. Auch eine zeitgenössische Prüfung durch das Finanzamt ergab, dass, „soweit sich die Verhältnisse zum Zeitpunkt der Prüfung übersehen liessen, (…) nicht damit zu rechnen [war], dass sich für Goldschmidt ein steuerpflichtiger Veräusserungsgewinn ergibt".[343] Tatsäch-

---

337 Dies ist darauf zurückzuführen, dass sich mit Jakob und Oskar beide mitarbeitenden Söhne noch in München befanden und viele Themen, die Leopold Schwager postalisch mit Erwin Schwager besprach, in der Familie Blechner mündlich diskutiert werden konnten.
338 Rechtsbeistand Heinz Kohn, München, an das Bayerische Landesentschädigungsamt, München. Brief vom 9.9.1960. BayHStA LEA 43022 (Blechner Jakob, Markus, Mirla).
339 Beispielsweise Städtische Bezirks-Inspektion, München, an das Gewerbeamt, München. Schreiben vom 17.1.39. StadtAM Gewerbeamt Arisierung 019 (Blechner Markus). Ähnlich: Direktion der städtischen Bezirks-Inspektion, München, an das Gewerbeamt, München. Schreiben vom 23.12.1938. StadtAM Gewerbeamt Arisierung 019 (Blechner Jakob).
340 Bernhard Goldschmidt war in verschiedenen Versionen des Verzeichnisses jüdischer Gewerbetreibender der Stadt München teils nicht (StadtAM Gewerbeamt 177a), teils doch (Verzeichnis der gewerbepolizeilich gemeldeten jüdischen Gewerbetreibenden in München. Stand vom 15.2.1938. StadtAM NL Meister) verzeichnet.
341 Festellung der Betriebsprüfung bei der Felma GmbH vom 29.4.1939. StAM FinA 17444 (Goldschmidt Bernhard).
342 Hans Schnell an die Wiedergutmachungsbehörde I Obb. Brief vom 20.9.1951. StAM WB JR 1780 (Goldschmidt Bernhard).
343 Festellung der Betriebsprüfung bei der Felma GmbH vom 29.4.1939. StAM FinA 17444 (Goldschmidt Bernhard).

lich wies die Dienststelle für Vermögensverwertung des Oberfinanzpräsidenten München, die für die „Arisierung" und Liquidierung jüdischer Vermögenswerte zuständig war, nach, dass die Firma bereits ab 1933 Verluste eingefahren hatte.[344] Die Abwicklung der FELMA zog sich bis ins Jahr 1944 hinein und blieb im Akt der Oberfinanzdirektion ungelöst. Noch 1951 existierte die Firma, wenn auch in Liquidation.[345] Es scheint, als hätte in ihrem Fall die „Arisierung" jüdischen Vermögens keinen Einfluss auf den Verfall des Unternehmens gehabt. Ein Zusammenhang mit den Auswanderungsbemühungen Bernhard Goldschmidts lässt sich nicht rekonstruieren, auch weil die Briefkorrespondenzen der Familie keinerlei Hinweise auf die „Arisierungsvorgänge" enthalten.

Doch nicht nur die ökonomische Situation im Reich, sondern auch die wirtschaftlichen Bedingungen in den Zielländern sowie berufsbezogene Integrationsregelungen und Zukunftaussichten in den Immigrationsländern beeinflussten Richtung und Intensität der Münchner Emigration.

Der zeitgenössische Hintergrund, vor dem sich die jüdische Emigration aus dem Reich vollzog, war geprägt von wirtschaftlichen Krisenzeiten. Die Weltwirtschaftskrise 1929 strahlte in die ökonomische Situation der frühen 1930er Jahre und somit auch in die Immigrationsgesetzgebung wichtiger Zielländer aus. Der Hilfsverein vermeldete entsprechend, dass sich die Auswanderung

> unter außerordentlich schwierigen Bedingungen [vollziehe] wegen der Weltkrise, die die meisten Staaten, kontinentale wie überseeische Länder, zu scharfen Restriktionsmaßnahmen veranlaßt hat, sowohl was den Einlaß betrifft, wie den Aufenthalt im Lande, die Niederlassungebedingungen und die Arbeitsmöglichkeiten.[346]

Beispielhaft dafür standen in Europa Belgien und die Niederlande, die offiziell mitteilten, dass der Binnenarbeitsmarkt zum Schutze der eigenen arbeitssuchenden Bevölkerung von der Einwanderung arbeitsfähiger Personen abgeschirmt werde.[347] Während sich im September 1935 die Situation scheinbar etwas gebessert hatte,[348] verschlech-

---

344 Oberfinanzpräsident, München, Dienststelle für Vermögensverwertung an die Viktoria Versicherung, Berlin. Brief vom 3.6.1942. StAM OFD 6964 (Goldschmidt Bernhard) Zur Tätigkeit der für die „Arisierung" in München zentralen „Vermögensverwertung München GmbH" mehr bei Modert 2004, S. 162f.
345 Wirtschaftskanzlei Ing. Hans Schnell, München, an die Wiedergutmachungsbehörde I Oberbayern, München. Brief vom 20.9.1951. StAM WB JR 1780 (Goldschmidt Bernhard).
346 Hilfsverein: Korrespondenzblatt (August 1934), S. 4.
347 Hilfsverein: Korrespondenzblatt (August 1934), S. 5 und 7.
348 „Von 56 untersuchten Ländern [befanden] sich 39% im Aufschwunge, 33% im Stadium der Erholung, nur noch 19% in der Depression und 9% im Rückgange". In: Hilfsverein: Korrespondenzblatt (September 1935).

terte sich vor allem in den USA die Wirtsschaftslage im Jahr 1937 erneut. Diese ungünstigen wirtschaftlichen Voraussetzungen schufen einen Nährboden für Fremdenfeindlichkeit, Rassismus und antisemitische Vorbehalte gegenüber den (jüdischen) Neueinwanderern,[349] was die Regierungen der Immigrationsstaaten dazu veranlasste, die Einwanderung auf die Zulassung weniger, ausgewählter Einwanderer zu beschränken. Hilfsorganisationen in den Zielländern kamen in die Not, ihre Arbeit argumentativ zu begründen, so beispielsweise das American Friends Service Committee:

> Our Committee realizes that common sense and decency demand that not a single American workman who needs the work and is satisfactory should lose his employment in order that a refugee may have it. (...) Other occupations where there will be no displacement of present workers must be found.[350]

Aus dieser Argumentationlinie heraus wurden Versuche unternommen, aus der Masse an Einwanderern gezielt die passendsten Gruppen herauszufiltern. Diese Auswahl geschah oftmals über berufsspezifische Einwanderungsregularien.[351] Deutliche Richtlinien fanden sich so beispielsweise bei der Immigration nach Palästina, wo die C-Zertifikate nur an Bewerber mit bestimmten, für die Siedlung passenden Ausbildungen oder zum Zwecke der Fortführung dieser Ausbildung einwandern konnten. Andere Berufsgruppen, beispielsweise Ärzte, unterlagen einer Maximalzahl an jährlichen Zulassungen. In vielen anderen Fällen wurden Immigrationsanträge abgelehnt „on the ground that there is no need for the respective professional in the country".[352] Andere Staaten, vor allem die südamerikanischen, verlegten sich auf eine klare Kommunikationslinie gegenüber den Hilfsorganisationen und suchten gezielt nach Angehörigen von Berufen, die dem Lande fehlten: „Ein generlles [sic!] Einwanderungsverbot besteht nicht. Landwirte (...) und Industrielle mit Kapital (...) werden zur Einwanderung zugelassen. Personen mit anderen Berufen dürfen z.Zt. (...) nicht einwandern."[353]

In internen Zirkularschreiben informierte der Hilfsverein seine Beratungsstellen im Reich über Gesuche und offenen Stellen diverser Zielländer. Die Bera-

---

349 Simpson 1938, S. 169f.
350 File 683: American Friends Service: Refugee Facts. A Study of the German Refugee in America. JDC NY AR193344.
351 Zu einem ähnlichen Ergebnis kommt Graml 1958a, S. 79f.
352 File 678: Rules for Jewish Immigration into Palestine (Including German Jewish Refugees). JDC NY AR193344.
353 Ecuador dient hier nur als ein Beispiel von vielen, die dem Joint mitteilten, welche Berufsgruppen im Lande (nicht) erwünscht waren: File 634: Rundschreiben der Reichsvereinigung. 20.6.1939. JDC NY AR193344.

tungsstellen wiederum sollten nach geeigneten Bewerbern Ausschau halten. Eine Veröffentlichung der Informationen wurde vermieden, um einen Ansturm ungeeigneter Bewerber auf die Beratungsstellen zu vermeiden und die Vorauswahl selbst steuern zu können. Die Berufe selbst betrafen dabei alle denkbaren Fachrichtungen. In einem Zirkularschreiben vom November 1934 wurden beispielsweise genannt: Handwerker und Gewerbetreibende wie Schneider, Klempner, Schlosser und Elektriker für Brasilien, ein Porzellanfabrikant für Indien, ein Photograph für Irland und Chemiker in diversen überseeischen Staaten.[354]

Dass eine Ausbildung in einem der gesuchten Berufe zum entscheidenden Faktor der Emigration werden konnte, bewies noch sieben Jahre nach diesem Zeitpunkt die Rettung Hans Cahnmanns aus dem vom Krieg geteilten Frankreich: Als Chemiker gelangte er in den Besitz eines Emergency Visa, da seine Fähigkeiten von „inestimable value"[355] für die Etablierung einer chemischen Fabrik in den USA war. Unterstrichen wurde die Wichtigkeit seines Berufswissens dadurch, dass ihm ein Rockefeller Fellowship zur Überbrückung der ersten Zeit in den Staaten verliehen worden war.[356] In den Augen des Emergency Rescue Committees im unbesetzten Frankreich sowie des State Departements in Washington, D.C. machte seine Berufsausbildung Hans Cahnmann zu einem derjenigen potenziellen Immigranten, die einen Wert für die aufstrebende amerikanische (Kriegs-)Industrie versprachen. Ohne diese professionellen Fähigkeiten hätte er vermutlich keine Möglichkeit gehabt, eines der begehrten Emergency Visa zu erhalten.[357]

Zu den meistgesuchten Berufen gehörten diejenigen aus dem Bereich der Landwirtschaft und des Handwerks, und zwar nicht nur in den dafür bekannten Immigrationsländern Palästina und den Staaten Südamerikas, sondern sogar in westlichen Ländern wie den USA[358] und Großbritannien.[359] So versuchte Bernhard

---

354 Zirkularschreiben Nr. 83 des Hilfsverein der deutschen Juden vom 9.11.1934. LBI: Werner and Gisella Cahnman Collection. AR 25210 Box 4 Folder 6.
355 Lucien Picard, New York, an das U.S. State Department, Washington, D.C. Brief vom 25.6.1941. LBI: Werner and Gisella Cahnman Collection. AR 25210 Box 3 Folder 47.
356 Prof. J. Neale Carman, St. Lawrence, an den Consul General Casablanca, Morocco. Brief vom 18.6.1941. LBI: Werner and Gisella Cahnman Collection. AR 25210 Box 3 Folder 47.
357 Hans Cahnmann, Frankreich, an Werner Cahnmann, New York. Brief vom 30.7.1940. LBI: Werner and Gisella Cahnman Collection. AR 25210 Box 2 Folder 5. Ob seine Flucht aus Marseille sowie später aus Marokko unter diesen Umständen gelungen wäre, muss ungeklärt bleiben. Hans selbst maß der Bedeutung seines beruflichen Hintergrundes für seine Flucht aus Frankreich und folglich seine Rettung in die USA eine hohe Bedeutung zu. Vgl. dazu USHMM: Oral History Interview with Hans Cahnmann.
358 Hilfsverein: Korrespondenzblatt (Juli 1938), S. 79.
359 Vergleiche dazu die Berichte in File 591: Situation of Jewish Refugees in England. JDC NY AR193344.

Goldschmidt, sich in seinen Auswanderungsbemühungen an seinen beruflichen Fähigkeiten zu orientieren. Seine Philippinen-Idee basierte auf der Information, dass dort Handwerker und Fachleute bestimmter Branchen gesucht wurden.[360] Schwieriger war dagegen die Situation für Kaufleute, die „im allgemeinen keine oder geringe Chancen"[361] hatten. Diese Gegebenheit stand der Berufsverteilung der Münchner Juden diametral gegenüber: Der Großteil der arbeitenden jüdischen Bevölkerung arbeitete in kaufmännischen oder intellektuellen Berufen, während nur ein sehr kleiner Teil in der Landwirtschaft oder im Handwerk tätig war.[362] Um diese Diskrepanz zwischen der „ungünstige[n] Berufsschichtung unserer Auswanderer"[363] und den Anforderungen der Zielländer zu überbrücken, wurden vor allem in den Jahren der geplanten Organisation bis zum Kriegsausbruch 1939 zwei Prozesse zentral: die gezielte Berufsausbildung sowie die „Umschichtung".

Die junge Generation der Münchner Juden hatte, wie überall im Reich, den Vorteil, sich durch gezielte Berufswahl auf die Emigration in ein Zielland bestmöglich vorbereiten zu können:

> Die Ereignisse (...) zwangen die jüdische Jugend in anderer Richtung zu denken und – gemeinsam mit ihren Eltern – an die Spitze ihrer Erwägungen eine völlig neuartige Frage zu stellen: Wohin werde ich (...) auswandern? Erst nach klarer, eindeutiger Beantwortung dieser Frage erhob sich das Problem der Berufswahl selbst. Hatte der Jugendliche das Land seiner eigenen Zukunft erwählt, dann mußte er sich überlegen, welche der dort erwünschten und geforderten Berufe für ihn geeignet waren.[364]

Seiner Ansicht nach wurde die Frage nach der geeigneten Berufsausbildung von den jungen Juden der Frage nach dem Wunschzielland untergeordnet. Tatsächlich lässt sich diese Vorgehensweise für zwei der jüngsten untersuchten Münchner Auswanderer, Lilo Cahnmann und Karl Schwager, eindeutig nach-

---

360 Bernhard Goldschmidt, München, an Stefan Goldschmidt, Oss. Brief vom 12.1.1939. StadtAM Judaica Varia 144. Letztlich scheiterte dieser Versuch allerdings an seinem Alter – er war für die Emigration dorthin, selbst bei Passung der fachlichen Ausrichtung, zu alt.
361 Hilfsverein: Korrespondenzblatt (September 1935), S. 3.
362 Selbst die obigen Angaben zu den Klassen 7, 8, 9 und 11 sind verzerrt, weil die Auswertung der Datenbank für den Gesamtzeitraum erfolgte und somit auch diejenigen Münchner Juden in diesen Klassen erfasst, die erst durch Umschichtung oder Berufsausbildung zum Zwecke der Auswanderung die entsprechenden Berufe erlernt hatten. Wie viele der Münchner Juden bereits zu Beginn der Verfolgungszeit in landwirtschaftlichen und handwerklichen Berufen tätig waren, lässt sich nicht mehr feststellen.
363 File 633: Warburg, Max: Die Arbeit des Hilfsvereins der Juden in Deutschland 1936–1937. JDC NY AR193344.
364 Adler-Rudel 1974, S. 48.

weisen.³⁶⁵ Beide waren durch zionistische Jugendgruppen ideologisch geprägt und wählten folglich Palästina als Zielland aus. Wie Erwin Schwager mit einer Freundin besprach, wählte Karl als Lehrberuf die Schreinerei aus, „da er sich hiervon scheinbar besonders viel für Palästina verspricht".³⁶⁶ Auch Lilo, die nach ihrer Immigration als Töpferin arbeitete, berichtete von einer bewussten Berufswahl, die durch Werner Cahnmanns Erfahrungen während seiner Palästina-Reise direkt beeinflusst war:

> I looked for some place to work, to learn something I could use also in Palestine. I intended to go into a Kibbutz and then my brother, my oldest brother came back from Palestine and told me, now in the Kibbutzim they are making quite a lot of handcraft and things and you could do for instance pottery or something (...) And then I looked for a place to work and I found a place.³⁶⁷

Beide begannen eine Lehre in einer entsprechenden Münchner Werkstatt, Karl als Schreiner,³⁶⁸ Lilo in einem Keramikfachbetrieb.³⁶⁹ Die Ausbildung jüdischer Lehrlinge zum Zwecke der Emigration wurde von nationalsozialistischer Seite sogar gefördert, indem der IKG München in engen Grenzen gewisse Freiräume zur Einrichtung von Ausbildungsstätten wie dem Lehrlingsheim oder der jüdischen Anlernstätte gegeben wurden.³⁷⁰ Neben der Funktion als Ausbildungsstätte für Jugendliche und junge Erwachsene dienten diese Räume auch der Durchführung sogenannter Umschichtungskurse. So fanden beispielsweise in der Lehrwerkstatt des Ortsringes der jüdischen Jugend München „neben Nachmittagskursen für Jugendliche (...) auch Abendkurse für Erwachsene statt".³⁷¹ In Anbetracht der Überalterung der jüdischen Münchner kam der Umschichtung eine zahlenmäßig

---

365 Nur Annemarie und Elfriede Goldschmidt waren jünger als Lilo Cahnmann und Karl Schwager. Wie bereits gezeigt, hatten sie jedoch wohl nur einen geringen Einfluss auf die Entscheidung und Planung der eigenen Emigration.
366 Erwin Schwager, München, an Mainzer, Kapstadt. Brief vom 3.3.1937. Erwin Schwager: Private Correspondence (1937).
367 Cahnmann: Oral History Interview with Lilo Dotan.
368 Erwin Schwager, München, an Trude Huber, Wien. Brief vom 27.3.1937. Erwin Schwager: Private Correspondence (1937).
369 Cahnman 1982, S. 61.
370 Vergleiche dazu die Unterlagen in File 123: Establishment of workshops for the study of craftsmen professions, by the initiative of the Verband Bayerischer Israelitischer Gemeinde (Association of Jewish Communities in Bavaria). YV M.1 Central Historical Commission (CHC) of the Central Committee of Liberated Jews in the US Zone, Munich, die von einem stetigen Wechsel zwischen Selbstverwaltung und Kontrolle, Zuversicht und Zerstörung zeugen.
371 Aus der Gemeinde München. Lehrwerkstatt der jüdischen Jugend. In: *Bayerische Israelitische Gemeindezeitung* X. Jahrgang, 1.9.1934 (17), 352f.

größere Bedeutung zu als der Ausbildung der jungen Juden, wenngleich diese wiederum von den Hilfsorganisationen im Sinne einer Rettung der jüdischen Jugend mit besonderer Anstrengung vorangetrieben wurde. Gleichzeitig mit dem Anstieg des Auswanderungsdrucks und dem langsam steigenden Bewusstsein, dass fast alle Münchner Juden vom Zwang zur Auswanderung betroffen waren, stieg auch die Bedeutung der Umschichtung:

> Es dürfte heute schon viel zu bekannt sein, daß die Einwanderungsmöglichkeiten für Landwirte und Spezialhandwerker in die verschiedenen Länder der Welt erheblich größer sind als für andere Berufszweige, als daß es noch besonders betont zu werden braucht. Das Umschichtungsproblem ist daher eines der wichtigsten der gegenwärtigen jüdischen Auswanderungspolitik geworden. Für den Auswanderer ist es somit von Bedeutung, zu wissen, wie er umschichten soll, wo er den neuen Beruf erlernen kann und wie er vorzugehen hat, um die Umschichtung richtig durchzuführen.[372]

In den Umschichtungskursen wurden Fähigkeiten gelehrt, die in relativ kurzer Zeit erlernt werden konnten und für die Auswanderung besonders nützlich erschienen. So erfreute sich beispielsweise ein Kurs in „Kalter Küche" unter den Frauen, darunter Frieda Blechner, sowie ein „Servierkurs" unter den Männern, darunter Jakob Blechner, besonderer Beliebtheit.[373] Die Idee des schnellen Erlernens neuer Fähigkeiten schien insbesondere für die USA-Wanderer eine gangbare Lösung zu sein. Ihnen kam zugute, dass „hier kein Arbeiter so ausgelernt [ist] wie in Europa. Also eine kurze Zeit lernen genügt vollkommen",[374] wie ein Brief Leon Blechners aus den USA glaubhaft versicherte. Seine Vorschläge für die Erlernung passender Berufe waren der eines Polierers für Uhrengehäuse, wozu die Bedienung einer Doppelscheibenschleifmaschine notwendig war, für Jakob sowie Schneiderei, Hütemacherei oder Kosmetik für seine Schwägerin Frieda.

Wie erfolgreich derartige Umschichtungen letztlich waren, ist schwer einschätzbar. Von allen untersuchten Familienmitgliedern gelang es nur den jungen, gezielt ausgebildeten Emigranten, mit ihrem neuen Beruf im Zielland Fuß zu fassen. Diejenigen der Emigranten, die bereits vorab einen bestimmten Beruf ausgeübt hatten, behielten diesen in den meisten Fällen, wie Hans Cahnmann, oder

---

[372] Cohn et al. 1938, S. 15.
[373] Nr. 14: Zeugnis für Frieda Blechner über Ablegung des Kurses Kalte Küche vom 3.3.1939 und Nr. 15: Zeugnis für Jakob Blechner über Ablegung des Kurses Servierkurs vom 15.3.1939. Blechner Documents.
[374] Nr. 114: Leon Blechner, Boston, an Jakob Blechner, Zürich. Brief vom 2.2.1940. Blechner Documents.

wechselten in ein verwandtes Gebiet, wie Fritz Cahnmann oder Oskar Blechner. Viele Auswanderer benötigten Jahre, teils Jahrzehnte, um wieder in gleichwertigen Berufen sicher angestellt oder mit ausreichendem Einkommen selbständig zu arbeiten. Zu dieser Gruppe gehörten Jakob Blechner, der erst einige Jahre nach Kriegsende aus der Schweiz in sein ursprüngliches Zielland, die USA, auswandern konnte, und Werner Cahnmann, der zwischen Oktober 1941 und Juni 1950 insgesamt elf verschiedene Arbeitsstellen innehatte, manche davon parallel.[375]

Entscheidender als die Umschichtung in der alten Heimat war für die beruflichen Zukunftsaussichten im Zielland der Erfolg der Arbeitssuche nach der Ankunft. Selbst der Hilfsverein, der einen Großteil seiner Bemühungen auf die Umschichtung verwandte, hatte dies frühzeitig erkannt: „Auf eins muß noch besonders hingewiesen werden: Die Existenzmöglichkeiten, insbesondere in überseeischen Ländern, sind, was oft verkannt wird, größtenteils erst im Lande selbst zu schaffen."[376] Insofern appellierten die Hilfsorganisationen an die zukünftigen Einwanderer, „jeden sich bietenden Beruf mit aller Energie auszufüllen, bis sich eine bessere Chance bietet".[377] Diese Einstellung sollte vor allem im Zielland USA hilfreich sein, da sie der dort allgemein anerkannten Gesellschaftsnorm eines unermüdlichen Willens zum gesellschaftlichen Aufstieg entsprach. Erwin Schwager, der sich bewusst gegen eine Umschichtung und für die Vertiefung seiner kaufmännischen und handwerklichen Fähigkeiten entschieden und sich noch in München in Wirtschaftsenglisch, Buchhaltung und Lederbearbeitung fortgebildet hatte, folgte dieser Einstellung. Bereits von München aus bekundete er seine Bereitwilligkeit, jede Art von Job anzunehmen, selbst „eine Zeitlang Nachtportier oder Autowascher [zu sein], bis man eben ‚Anschluss hat'".[378] Tatsächlich gelang es ihm in kurzer Zeit, eine wenn auch unterbezahlte Arbeitsstelle zu finden.[379] Bald jedoch trat er in eine neue, bessere Anstellung ein, wozu wesentlich die Vermittlung einer amerikanischen Hilfsorganisation beitrug. Entscheidend für diese Verbesserung seiner beruflichen Situation war seine räumliche und berufliche Flexibilität. Für die neue, besser bezahlte Stelle verließ er New York und zog nach Pittsburgh, wo er als

---

375 Supplemental Statement of Werner Jacob Cahnmann for the Department of State's Request for Investigation Data. LBI: Werner and Gisella Cahnman Collection. AR 25210 Box 3 Folder 42.
376 Hilfsverein: Korrespondenzblatt (Oktober 1933), S. 1.
377 Hilfsverein: Korrespondenzblatt (Juli 1938), S. 2.
378 Erwin Schwager, München, an Joseph Teller, Bolzano. Brief vom 21.2.1938. Erwin Schwager: Private Correspondence (1938).
379 Erwin Schwager, New York, an die Eltern, München. Brief vom 1.12.1938. Schwager Family Papers.

Pfleger eines körperlich behinderten Jungen arbeitete.[380] Dies unterschied ihn von vielen anderen Auswanderern, die in den bekannten Städten, insbesondere in New York, blieben – ein Verhalten, das die Hilfsorganisationen wiederholt kritisierten:

> Gerade weil die Berufsumschichtung für viele Tausende unserer Auswanderer aus Gründen des Alters, der körperlichen Eignung usw. nicht mehr in Frage kommt, ist eine bessere räumliche Verteilung der Einwanderer bei dem Ueberwiegen kaufmännischer und intellektueller Berufe doppelt notwendig.[381]

Die räumliche Ballung bewirkte in vielen Städten ein Ansteigen der Feindseligkeit der Stadtbewohner gegenüber den Neuankömmlingen, die mit billiger Arbeitskraft die fragilen Arbeitsmärkte überschwemmten. Steigender Rassismus und Antisemitismus waren die Folge, weshalb die Hilfsorganisationen neue legalistische Immigrationsrestriktionen befürchteten.

Die Analyse der Verfolgungs- und Immigrationssituation zeigt, dass das Merkmal der Berufszugehörigkeit insgesamt einen entscheidenden Einfluss auf die Verfolgungssituation von Einzelpersonen sowie in vergleichsweise begrenzterem Maße auf ihre Emigrationswege hatte. Allerdings ist eine eindeutige Aussage, inwieweit der Faktor der Berufszugehörigkeit die Emigrationswahrscheinlichkeit beeinflusst, unmöglich. In manchen Fällen, darunter Hans und Fritz Cahnmann in den Jahren 1933 und 1935 sowie Erwin Schwager zum Jahreswechsel 1937/38, hatte eine Verschlechterung der beruflichen Zukunftsaussichten den Emigrationsentschluss zur Folge. In manchen folgte der wirtschaftlichen Verdrängung nicht unmittelbar eine Emigration, entweder, weil sich der Verfolgte wie Sigwart Cahnmann beruflich umorientierte, oder weil seine Emigration aus anderen Gründen misslang, wie bei Markus Blechner, der am Grenzübertritt in die Schweiz scheiterte. Die „Arisierung" der Lederhandlung Leopold Schwagers zeigt, dass wirtschaftliche Verdrängungsmaßnahmen auch eine Verzögerung der Emigration zur Folge haben konnten, wenn die Verdrängungsprozesse derart lange dauerten, dass wertvolle Zeit verloren ging.[382]

---

380 Erwin Schwager, Pittsburgh, an die Eltern, München. Brief vom 28.12.1938. Schwager Family Papers.
381 Hilfsverein: Korrespondenzblatt (Herbst 1937), S. 1.
382 Ähnlich für andere Migrationsbewegungen auch Page Moch, Leslie: Dividing Time. An Analytical Framework for Migration History Periodization. In: Lucassen, Jan (Hg.): Migration, Migration History, History. Old Paradigms and New Perspectives. Bern u. a. 1997 (International and comparative social history, 4), S. 41–56, hier S. 43.

Ebenso indifferent wie das Ergebnis der biographischen Analyse ist die Auswertung der Statistik zum Emigrationsjahr entsprechend der Berufsklassen der Emigranten. Insgesamt zeigen sich keine großen Unterschiede im Anteil einzelner Berufsklassen an der Emigrantengruppe im Vergleich zu ihrem Gesamtanteil an der Gruppe der jüdischen Münchner (siehe Tab. 27). Im zeitlichen Verlauf jedoch ergeben sich Veränderungen: Während die ersten beiden Klassen der „higher managers" und „higher professionals" bis Mitte der 1930er Jahre überdurchschnittlich oft innerhalb der Emigrantengruppe vertreten sind, nimmt der Anteil der Klasse 5, des „lower clerical and sales"-Personals, beispielsweise die Angestellten kaufmännischer Berufe, danach zu. In den beiden letzten Jahren zahlenmäßig bedeutender Auswanderung 1939 und 1940 sind vor allem die niedrigeren Berufsklassen sowie die Klasse 4 der „lower professionals" überdurchschnittlich oft vertreten. Danach werden die Emigrantenzahlen zu klein, um aussagekräftige Ergebnisse aus den Statistiken ziehen zu können. Generell entsprechen diese Trendlinien – die frühere Emigration höherer Gesellschaftsklassen und die Bevorzugung niedrigerer Gesellschafts- und Berufsklassen im Emigrationssystem einer sich der Migration schrittweise verschließenden Weltgemeinschaft – den Aussagen der Forschung, die die oft jungen Professionals sowie diejenigen Berufsgruppen, die wie Ärzte und Juristen obere Gesellschaftsschichten ausmachten und von frühen Verfolgungsmaßnahmen betroffen waren, als Hauptgruppe der frühen Emigration betrachtet.[383] Jedoch zeigt die statistische Analyse auch, dass das Merkmal der Klassen- und Berufszugehörigkeit die Auswanderung nicht im selben Maß beeinflusste wie andere Merkmale. Zwar hatte die Zugehörigkeit zu einer Berufsgruppe und einer Gesellschaftsklasse entscheidenden Einfluss auf die individuelle Verfolgungssituation, jedoch bedingte diese Tendenz nicht unumgänglich eine Emigration. Während die Verfolgungssituation sich je nach Gruppen unterschied, insofern die Verfolgungserfahrung also kollektivistisch war, war die Situation, in der eine Person sich für oder gegen die Auswanderung entschied, jeweils individuell. Die Entscheidungen, die verschiedene Münchner Juden in ähnlichen Verfolgungssituationen fällten, unterschieden sich voneinander. Die Ergebnisse, die die Statistiken bezüglich der Emigrationsmerkmale unterschiedlicher Berufsgruppen geben, sind also nicht als Abbildungen kollektiver Automatismen aufzufassen, sondern zeigen vielmehr Tendenzen in der Summe der Entscheidungsfindungen von Individuen in ähnlichen Verfolgungssituationen.

---

383 Vergleiche dazu ex. Strauss 1980, S. 339, Heim 1993, S. 66, und Lavsky 2017, S. 50 und 134.

5.2 Interindividuelle Einflussfaktoren

5.2.1 Finanzielle Situation

> Man muß sich vorstellen, daß viele um diese Zeit fliehen wollten, aber keine Möglichkeit hatten (...) Reiche Juden und bekannte Gelehrte waren willkommen; für arme Juden oder solche, die ihrer Mittel beraubt waren, interessierte sich niemand.[384]

Der Faktor der finanziellen Ressourcen war eng verknüpft mit der Frage nach dem Beruf einer Person, da dieser den finanziellen Hintergrund zumeist beeinflusste. Dennoch sind beide Faktoren nicht deckungsgleich, da finanzielle Einkommensströme auch aus anderen Quellen stammen können. Auch waren beide Faktoren während unterschiedlicher Zeitpunkte des Emigrationsprozesses relevant: Während der berufliche Hintergrund meist ein Faktor der Entscheidungsphase sowie für Immigration und Integration in ein Zielland maßgebend war, bestimmten finanzielle Aspekte oft die Auswanderungs- und Reiseprozesse. Die während dieser Phasen auftretenden finanziellen Anforderungen betrafen alle Emigranten unabhängig von deren Berufsfeld. Aus diesem Grunde wird der Faktor der finanziellen Ressourcen als eigenständiges Kriterium untersucht.

Die Vermögensverhältnisse der deutschen Juden waren bis zur erzwungenen Vermögenserklärung des Jahres 1939 nicht erfasst.[385] Daher liegen sowohl für das Reich als auch für München keine Statistiken vor, die Auskunft über sie geben könnten. Auch die Datenbank des Stadtarchivs erlaubt aufgrund der Tatsache, dass kein Finanzfaktor erfasst wurde, ebenfalls keine Analyse. Einzig die im vorangegangenen Kapitel erstellte HISCLASS-Sortierung zeigt Tendenzen auf: So kann wohl angenommen werden, dass der Finanzstatus der Verzeichneten mit Anstieg der Klassennummer durchschnittlich sinkt. Jedoch kann keine direkte Korrelation der Berufsbezeichnung einer Person zu ihrem finanziellen Hintergrund festgestellt werden. Anhand des Beispiels der vier Väter der untersuchten Familien lässt sich dies veranschaulichen. Sie alle wurden in HISCLASS aufgrund ihres Status als Geschäftsinhaber oder Teilinhaber der Gruppe 3 der „lower managers" zugeordnet. Während der Wiedergutmachungsprozesse, in denen zur Bestimmung der Höhe des Schadens durch „Arisierung" und wirtschaftliche Verdrängung die finanziellen Angelegenheiten der Verfolgten offengelegt wurden, unterschied sich jedoch ihre Einstufung. Diese wurde festgelegt anhand des ermittelten

---

[384] Cahnman 1982, S. 64.
[385] Vgl. dazu Lamm 1951, S. 14. Seine Aussagen basieren auf früheren Forschungen von Arthur Ruppin, Georg Caro und Jakob Segall zur Sozial- und Wirtschaftsgeschichte der deutschen Juden.

Jahresverdienstes vor der Verdrängung. Die Eingruppierung bestimmte dann die Höhe des angenommenen erlittenen Verlustes und somit die Höhe der Entschädigung. Markus Blechner und Bernhard Goldschmidt erhielten eine Einstufung vergleichbar mit dem mittleren Dienst,[386] Sigwart Cahnmann und Leopold Schwager eine Einstufung vergleichbar dem höheren Dienst.[387] Diese Einstufungen decken sich mit Hinweisen in der jeweiligen Familienkorrespondenz zum Finanzstatus der vier Familien. In diesen wird ein weiteres Charakteristikum des finanziellen Hintergrundes deutlich: Anders als die vorangegangenen soziodemographischen Merkmale, die die Familienmitglieder jeweils unterschieden, ist der finanzielle Hintergrund ein interindividueller Faktor, betrifft er doch – in Grenzen, die noch aufgezeigt werden – die Familienmitglieder als Gruppe. Für die folgenden Ausführungen wird insofern die Statuszuordnung der Wiedergutmachungsprozesse übernommen und unterstellt, dass die Familien Cahnmann und Schwager vor Einsetzen der nationalsozialistischen Verfolgungspolitik mit großen, die Familien Blechner und Goldschmidt mit durchschnittlichen finanziellen Ressourcen ausgestattet waren.

Die Verschlechterung der finanziellen Position der deutschen Juden war einerseits eine direkte Folge der „Arisierung" ihrer Geschäfte und der Verdrängung aus der Berufswelt und verlief insofern parallel zu diesen bereits analysierten Entwicklungen.[388] Andererseits griffen dezidierte Gesetzesregularien das Vermögen der Juden im Reich durch gezielte fiskalische Erlasse sowie durch

---

[386] Für Markus Blechner: Vergleich vom 11.3.1966. BayHStA LEA 43022 (Blechner Jakob, Markus, Mirla). Für Bernhard Goldschmidt: Dr. Walter Reis an das Bayerische Landesentschädigungsamt. Brief vom 22.6.1962. BayHStA LEA 1237 (Goldschmidt Bernhard, Magdalena, Annemarie, Elfriede).
[387] Für Sigwart Cahnmann: Siegfried Neuland, München, an das Bayerische Landesentschädigungsamt, München. Brief vom 25.2.1957. BayHStA LEA 8295/13 (Cahnmann Sigwart und Hedwig). Für Leopold Schwager: Bayerisches Landesentschädigungsamt, München, an Siegfried Neuland, München. Brief vom 6.12.1963. BayHStA LEA 33952 (Schwager Leopold). Begründet wurde dies mit „den Einkommensverhältnissen der Verfolgten und deren sonstige wirtschaftliche Stellung". Im Falle Sigwart Cahnmanns spielte die Wohnsituation vor der Verfolgung, „ein sehr schönes Villengrundstück, das auf gewisse Einkommensverhältnisse und auf eine höhere gesellschaftliche Stellung schließen" ließ, eine Rolle. Bei Leopold Schwager fehlt eine Begründung dieser Einordnung. Sein Jahreseinkommen übertraf jedoch das Sigwart Cahnmanns vor der Verfolgung, so dass die Einordnung gerechtfertig ist. Tatsächlich böte sich eine Auswertung der Wiedergutmachungsakten für alle bekannten Münchner Juden an, um anhand der vorhandenen Quellen tiefer auf die Frage nach der Verfolgung spezifischer Gesellschaftsklassen in München einzugehen.
[388] Zu den folgenden Ausführungen sowie zur Situation in München ausführlich Kuller, Christiane: Finanzverwaltung und „Arisierung" in München. In: Baumann, Angelika (Hg.): München arisiert. Entrechtung und Enteignung der Juden in der NS-Zeit. München 2004, S. 176–197, hier S. 178f.

Vermögenssperrung und -konfiskation an. Im Jahr 1936 griff die nationalsozialistische Regierung erstmals in rassediskriminatorischer Weise in die Steuergesetzgebung ein, als reichsweit die Religionszugehörigkeit auf der Steuerkarte vermerkt wurde.[389] Ab 1938, vor allem nach dem Novemberpogrom, wurden in immer kürzerer Abfolge eine Vielzahl fiskalischer Verfolgungsmaßnahmen erlassen.[390] Eine der folgenreichsten Richtlinien jedoch war die „Verordnung über die Anmeldung jüdischer Vermögenswerte" vom April 1938,[391] die die deutschen Juden zur Offenlegung ihres finanziellen Hintergrundes zwang. Bereits dieser Verordnung war eine Unterscheidung zwischen ärmeren und reicheren Verfolgten inhärent: Vermögen, die einen Gesamtwert von 5.000 RM nicht überstiegen, mussten nicht angemeldet werden. Die Angaben der Vermögensoffenbarungen wurden zur Basis der Berechnung spezifischer Steuerlasten in den Folgejahren; wer keine Vermögenserklärung hatte abgeben müssen, blieb auch von den Sondersteuern verschont. Insbesondere galt dies für die „Judenvermögensabgabe", die den deutschen Juden als „Strafzahlung" für die während des Novemberpogroms entstandenen Schäden auferlegt wurde. Die Errechnung von Steuerforderungen auf Basis des Gesamtvermögens forcierte zudem den Verkauf von illiquidem Sachvermögen wie Immobilieneigentum, Unternehmensbeteiligungen, Lebensversicherungen oder Schmuckstücken, da das liquide Vermögen der Betroffenen oft nicht ausreichte, die zu bezahlenden Steuerlasten zu begleichen. So bezahlte Sigwart Cahnmann die in Höhe von insgesamt 23.250 RM festgesetzte „Judenvermögensabgabe"[392] zum Teil aus Geldmitteln, die hauptsäch-

---

389 Runderlass des Reichsministeriums für Finanzen vom 31.8.1936. RStBl. I 1936, S. 881. In: Walk et al. 1981, II 201. Dieses Gesetz ist ein weiteres Beispiel dafür, dass antisemitische Verfolgungsmaßnahmen sogar nach dem Erlass der Nürnberger Gesetze aus Mangel an besseren Kennzeichnungsmerkmalen an der Religionszugehörigkeit festgemacht wurden.
390 Dazu gehörte der Entzug der Kinderermäßigung für jüdische Steuerzahler im Einkommensteuergesetz: Gesetz zur Änderung des Einkommensteuergesetzes vom 1.2.1938. RGBl. I 1938, S. 99–102. In: Walk et al. 1981, II 416, Benachteiligungen im Umsatzsteuergesetz: Durchführungsbestimmungen zum Umsatzsteuergesetz vom 23.12.1938. RGBl. I 1938, S. 1935–1958. In: Walk et al. 1981, III 91, die prinzipielle Einordnung in der höchsten Steuerklasse: Gesetz zur Änderung des Einkommensteuergesetzes vom 17.2.1939. RGBl. I 1939, S. 283–286. In: Walk et al. 1981, III 144. Oder die Streichung aller geltenden Steuerfreibeträge: Änderungsverordnung zum Vermögensteuergesetz vom 31.10.1939. RGBl. I 1939, S. 2138. In: Walk et al. 1981, IV 23. In Bayern wurden zudem alle Steuerrückzahlungen versagt: File 126: Der Oberbürgermeister der Hauptstadt der Bewegung an sämtliche Dezernate und Dienststellen. Schreiben vom 10.4.1940. YV M.1 Central Historical Commission (CHC) of the Central Committee of Liberated Jews in the US Zone, Munich.
391 Verordnung über die Anmeldung jüdischer Vermögenswerte vom 26.4.1938. RGBl. I 1938, S. 414f. In: Walk et al. 1981, II 457.
392 Dies inkludierte die Zahlung einer nachträglich erlassenen sogenannten „5. Rate". Zum

lich aus dem Verkauf des Familienheims stammten,[393] zum Teil allerdings auch durch Wertpapierauslieferungen.[394] Leopold Schwager beglich seine Raten der „Judenvermögensabgabe" in vergleichbarer Höhe laufend aus den Zahlungen des schrittweisen Verkaufs seines Unternehmens: „I am trying to pay the taxes as quickly as possible. This has to be achieved by the selling of merchandise and collecting customer's debts."[395]

Weitreichend waren auch die Verfügungsbeschränkungen, die die nationalsozialistische Regierung nach dem Novemberpogrom bezüglich der Abhebungen von Geldbeträgen erließ. Sie sperrte den Zugriff der Verfolgten auf deren eigene Konten und erlaubte nur noch die Abhebung bestimmter Beträge in vorgegebenen Zeitabständen. Leopold und Sabine Schwager stand im Januar 1939 nur noch ein monatlicher Betrag von 400 RM zur Verfügung,[396] ungeachtet ihres auf den Sperrkonten liegenden Vermögens. Auch auf den Ertrag aus ihrer Unternehmensveräußerung hatten sie keinen selbstbestimmten Zugriff. Die im Reich verbliebenen polnischen Juden wurden 1940 noch härter verfolgt: Ihr Vermögen wurde mit nur geringen Ausnahmen vollständig beschlagnahmt.[397]

Für die Auswanderer kamen neben diesen alle Verfolgten betreffenden fiskalischen Maßnahmen zusätzliche Steuern und Abgaben hinzu, die mit dem Emigrationsprozess an sich verbunden waren. Prinzipiell wuchs die finanzielle Belastung der Auswanderer mit steigendem Verfolgungsdruck an. Von der „Reichsfluchtsteuer",[398] mit der die Absicht verfolgt wurde, der mit der

---

Vergleich: Sigwart Cahnmanns Jahreseinkommen aus seiner Arbeit als Geschäftsführer und Teilinhaber der Isaria betrug in den Jahren vor der Verfolgung in etwa 20.000 RM. Eidesstattliche Versicherung von Werner Cahnmann vom 14.2.1957. BayHStA LEA 8295/13 (Cahnmann Sigwart und Hedwig).
393 Das „Wohnhaus mit Garten, München, Sophie-Stehle-Straße 12 (...) wurde am 2.11.38 an die Wehrkreisverwaltung VII in München für RM 85 000.-- verkauft". Aktenvermerk durch Hertel vom 3.6.1959. BayHStA LEA 8295/13 (Cahnmann Sigwart und Hedwig).
394 Bayerische Creditbank, München, an das Oberfinanzpräsidium, München. Abschrift eines Briefes vom 22.3.1949. BayHStA LEA 8295/13 (Cahnmann Sigwart und Hedwig).
395 Leopold Schwager, München, an Erwin Schwager, Pittsburgh. Brief vom 30.1.1939. Schwager Family Papers. Diese Aussage wird bestätigt durch Siegfried Neuland an das Bayerische Landesentschädigungsamt. Brief vom 5.4.1963. BayHStA LEA 33952 (Schwager Leopold) sowie durch die Kontoauszüge bei StAM WB I a 1282 (Schwager Erwin und Karl).
396 Joseph Teller, Bolzano, an Fritz Teller, London. Brief vom 30.1.1939. Schwager Family Papers. Vergleiche dazu beispielsweise File 631: Entwurf fuer Bericht. Januar 1941. JDC NY AR193344.
397 Verordnung über die Behandlung von Vermögen der Angehörigen des ehemaligen polnischen Staates vom 17.9.1940. RGBl. 1940 I, S. 1270.
398 Vierte Verordnung des Reichspräsidenten zur Sicherung von Wirtschaft und Finanzen und zum Schutze des inneren Friedens. RGBl. I 1931, S. 699–745.

Abwanderung eines Steuerpflichtigen verbundenen Gefahr der Kapitalflucht entgegenzuwirken, waren jedoch bereits die frühen Emigranten betroffen. Das Gesetz war 1931 nicht gezielt zur Schädigung jüdischer Auswanderer erlassen worden, wurde nach 1933 jedoch schnell als Hilfsmittel antisemitischer Verfolgung instrumentalisiert. Während 1931 nur diejenigen Auswanderer von dem Gesetz betroffen waren, deren Vermögen eine Freigrenze von 200.000 RM überstieg, wurde diese bereits 1934 auf 50.000 RM Vermögen oder ein Jahreseinkommen von 20.000 RM herabgesetzt.[399] Selbst im Falle der Deportationen aus dem Reich behielt die „Reichsfluchtsteuer" ihre Gültigkeit; sie wurde auch aus den Vermögen der „abgeschobenen" Juden eingezogen.[400] Nach dem Novemberpogrom fand die nationalsozialistische Regierung neue Wege, von der erzwungenen Emigration der deutschen Juden zu profitieren. Auf die Mitnahme von Umzugsgut wurde eine separate Abgabe erhoben,[401] die erforderte, dass Auswanderer den Einkaufswert aller nach 1933 angeschafften, zur Mitnahme vorgesehenen Besitztümer in Form einer Abgabe an die deutsche Golddiskontbank ersetzten. Je nach Umfang des Umzugsguts nahm diese Abgabe substanzielle Höhen an. So lassen sich beispielsweise für Karl und Erwin Schwager Zahlungen in Höhe von 1.250 RM bzw. 1.500 RM nachweisen.[402] Wer sich diese Kosten nicht leisten konnte, musste sich in der Mitnahme von Umzugsgut einschränken, zumindest wenn nach 1933 angeschaffte Gegenstände mitgenommen wurden. Stefan Goldschmidt beglich so für seine Mutter Ida Goldschmidt eine Abgabeforderung in Höhe von 105 RM,[403] weniger als 10% der Ausgaben für das Gepäck der Schwager-Söhne. Zusätzlich zur Abgabe auf das Umzugsgut wurde die „Auswanderer-Abgabe" erhoben. Offiziell diente sie der Umverteilung von Wanderungsbudgets:

> Um die Auswanderung unbemittelter Juden zu ermöglichen, sollen die wohlhabenden Juden im Falle ihrer Auswanderung zu einer besonderen Abgabe herangezogen werden, die in einem Hundertsatz des Vermögens des Auswandernden nach einer bestimmten Staffelung erhoben wird.[404]

---

399 Gesetz über Änderung der Vorschriften zur Reichsfluchtsteuer vom 19.5.1934. RGBl. I 1934, S. 392. Vergleiche dazu Cohn et al. 1938, S. 61, sowie Eckert 1985, S. 128f.
400 Der Reichsminister der Finanzen: Behandlung von Steuern bei Verfall und bei Einziehung von Vermögen. Berlin, 14.4.1942. IfZ NG 4982.
401 Bekanntmachung des Gesetzes über die Devisenbewirtschaftung vom 12.12.1938. RGBl. I 1938, S. 1733.
402 WB I a 1282 (Schwager Erwin und Karl).
403 Bestätigung des Bankhauses Seiler & Co vom 13.4.1948. StAM WB JR 1780 (Goldschmidt Bernhard).
404 Der Reichsminister des Innern an die außerpreußischen Landesregierungen. Schnellbrief

So ermöglichte diese Abgabe unter dem Deckmantel der finanzellen Unterstützung armer Emigranten, deren Zahl mit zunehmender Intensität der Verfolgung immer größer wurde, die weitere Ausplünderung der Emigranten. Die Verarmung der Münchner Juden hatte, wie auf Reichsebene, mit der Verdrängung aus den Berufswelten und der einsetzenden „Arisierung" begonnen, sich dann aber ab dem Ausgrenzungsjahr 1938 entscheidend verstärkt. Simpson schätzte, dass 1938 bereits ein Drittel aller deutschen Juden von sozialen Unterstützungsleistungen abhängig waren.[405] Dabei schienen die Verarmungshöhen regional zu schwanken: „Between one fifth and one fourth of German Jews received welfare support from the fund (...) Needs were above average in North and North-East German rural areas, the Hanse cities (...) and the Palatine, below average in Bavaria and Berlin."[406]

Selbst wenn die Münchner Juden, folgt man der Aussage Strauss', verhältnismäßig weniger von der zunehmenden Verarmung betroffen waren, fanden sich doch auch in der „Hauptstadt der Bewegung" zahlreiche völlig mittellose Juden. Bernhard und Magdalena Goldschmidt lebten ab dem Zeitpunkt der „Arisierung" der FELMA GmbH von ihren geringen Ersparnissen, welche schnell aufgebraucht waren. Danach bestand ihr einziges Einkommen aus Schenkungen der Geschwister aus dem Ausland, die monatlich eine Höhe von 150 bis 200 RM erreichten. Selbst darauf wurde vom Münchner Finanzamt aufgrund der Streichung des Steuerfreibetrags für Juden noch eine Einkommenssteuer in Höhe von 10% veranlagt und über einen Vorauszahlungsbescheid eingefordert.[407] Zur prekären Situation des Ehepaars Goldschmidt trug zudem bei, dass eine ausstehende Restforderung aus dem „Arisierungsverfahren" der Eltern Magdalenas, die ihrer Tochter diese Restforderung als Schenkung überschrieben hatten, auch zwei Jahre nach dem vereinbarten Zahlungszeitpunkt noch nicht beglichen war.[408] Das Beispiel des

---

vom 21.1.1939. USHMM Central Historical Commission: Nazi Documentation – Munich Municipality M.1.DN. Ähnlich auch Geheime Staatspolizei, Staatspolizeileitstelle Hildesheim, an div. Empfänger. Schreiben vom 3.3.1939. IfZ MA 172, sowie Erhebung einer Auswanderer-Abgabe. In: *Jüdisches Nachrichtenblatt* 1939, 3.3.1939 (18), S. 1.
405 Simpson 1938, S. 61f. Ähnlich auch Lamm 1951, S. 120. Seiner Aussage nach besaßen 1939 nurmehr 16% der deutschen Juden ein Vermögen über 5.000 RM.
406 Strauss 1980, S. 341.
407 Bernhard Israel Goldschmidt, München, an das Finanzamt München-Ost, München. Brief vom 9.8.1941. StAM FinA 17444 (Goldschmidt Bernhard).
408 Vermögenserklärung 1940. StAM FinA 17444 (Goldschmidt Bernhard). Die Restforderung betraf wohl den Verkauf von Wohneigentum der Eltern Herzfelder. Bei den Schuldnern handelte es sich, soweit erkennbar, um „arische" Privatkäufer, die versuchten, die Begleichung der Teilschulden so lange als möglich hinauszuzögern.

Ehepaars zeigt auf, wie durch „Arisierung" und Verdrängung aus dem Berufsleben fehlende Einkommensströme bei gleichzeitig steigenden Abgabelasten zu einer schnellen Verarmung führten, die diejenigen Münchner Juden umso härter traf, die über keine großen finanziellen oder Eigentumsreserven verfügten. Während die Ehepaare Cahnmann und Schwager aufgrund ihres ehemals großen Vermögens von hohen Verlusten betroffen waren und auf die teils noch verhältnismäßig großen Summen, die auf ihren Sperrkonten lagen, nicht zugreifen konnten, hatten sie über wiederkehrende Zahlungen – im Falle der Schwagers waren es im Juli 1939 schließlich wieder 800 RM monatlich[409] – immerhin eine relative Versorgungssicherheit. Das Ehepaar Goldschmidt hingegen musste über Jahre hinweg[410] mit nur einem Viertel des monatlichen Betrags des Ehepaars Schwager auskommen. Für die Familie Blechner sind derart genaue Angaben nicht bekannt, anhand der Ausgangssituation sowie einiger Bemerkungen in der Briefkorrespondenz kann jedoch davon ausgegangen werden, dass sich Mina Blechner in den Jahren ab 1939 in einer ähnlich schwierigen finanziellen Lage befand wie das Ehepaar Goldschmidt.[411] Diese Entwicklung hatte schwerwiegende Auswirkungen auf den Emigrationsprozess. Die Begleichung aller Steuern und Abgaben war Grundvoraussetzung für die Zulassung zur Emigration. Somit bedeutete eine Verzögerung der Klärung finanzieller Angelegenheiten auch die Verzögerung der Emigration. Dass diese Prozesse den Emigranten Monate kosteten, zeigt das Beispiel Werner Cahnmanns:

> So that upon release [aus Dachau] I was told, well now disappear as quickly as you can. That was what the Gestapo said, but not what the Finanzamt said, who wanted to find out in great detail what my financial status (...) was, so that in effect, I had to run from Pontius to Pilate between January, 1939 and June, 1939.[412]

Dies betraf Verfolgte umso stärker, je höher ihr von den Finanzbehörden geschätztes Vermögen war. Arme Juden waren insgesamt weniger von der Abgabelast betroffen. So blieb Bernhard Goldschmidt die Zahlung der „Judenvermögensabgabe"[413]

---

409 Leopold Schwager, München, an Erwin Schwager, Pittsburgh. Brief vom 23.7.1939. Schwager Family Papers.
410 StAM FinA 17444 (Goldschmidt Bernhard) verzeichnet zwei weitere Schenkungen vom 28.5.1940 über 1200 RM und vom 28.1.1941 über 1200 RM in monatlichen Raten von 200 RM zur Unterstützung des Lebensunterhalts.
411 Vergleiche dazu beispielsweise Nr. 103: Mina Blechner, München, an Jakob Blechner, Zürich. Brief vom 9.1.1940. Blechner Documents.
412 LBI: Oral History Interview with Werner J. Cahman [sic!].
413 Berechnung der Judenvermögensabgabe des Finanzamt München-West vom 12.12.1938. StAM FinA 17444 (Goldschmidt Bernhard).

sowie der Steuer[414] erspart. Andererseits fehlte dieser Personengruppe oftmals das notwendige Kapital, um die immer höheren Kosten der Auswanderung zu tragen. Dieser Problematik war sich auch die nationalsozialistische Reichsregierung früh bewusst, die verhindern wollte, „ein staatspolitisch höchst gefährliches jüdisches Proletariat heranzuziehen".[415] Stattdessen sollte „für eine bevorzugte Auswanderung der ärmeren Juden"[416] gesorgt sein. Folglich wurden politische Maßnahmen initiiert, mit denen in vielen Schritten des Auswanderungsprozesses die Emigration mittelloser Juden unterstützt und so forciert werden konnte, darunter der Erlass der Auswandererabgabe sowie des Umzugsgutwertausgleichs, die notwendige Voraussetzungen für den Erhalt eines Passes waren. Während der Phase der Sammlung aller Unterlagen halfen Erleichterungen wie der Erlass von Bearbeitungs- und Erstellungsgebühren für die zur Auswanderung nötigen Unbedenklichkeitsbescheinigungen, Führungszeugnisse oder Pässe.[417] Stand das Ziel fest, mussten Möglichkeiten gefunden werden, die Auswanderer mit ausländischen Devisen auszustatten, die zur Begleichung von Schiffstickets, Landungsgeldern und als Anfangsbudget für die ersten Wochen und Monate im neuen Zielland benötigt wurden. Dadurch kamen die Auswanderer in Kontakt mit dem von nationalsozialistischer Seite zum Zweck der Vermögenskonfiskation genutztem System der Devisenbewirtschaftung. Die inländischen Reichsmark-Vermögen von angehenden Emigranten wurden auf sogenannten Auswanderer-Sperrmarkkonten einbehalten; ihnen wurden im Gegenzug, jedoch nur unter zunehmend steigenden Verlusten, die benötigten ausländischen Devisen ausbezahlt. Während der Verlust beim Verkauf von Auswanderer-Sperrmark im Januar 1934 noch etwa 20% betragen hatte, stieg dieser in den Folgejahren schnell an. Nach Kriegsbeginn mussten Auswanderer sogar 96% Wertverlust in Kauf nehmen.[418] Dies hatte zur Folge, dass selbst Emigranten mit gutem finanziellen Hintergrund das Deutsche Reich völlig ausgeplündert und annähernd mittellos verlie-

---

414 Unbedenklichkeitsbescheinigung des Finanzamt München-West vom 11.12.1937. StAM FinA 17444 (Goldschmidt Bernhard). In den Unterlagen finden sich Hinweise darauf, dass Bernhard Goldschmidt versuchte, die Berechnung zu seinen Gunsten zu ändern. Dazu Regierung von Oberbayern, München, an das Finanzamt München-Nord, München. Brief vom 1.4.1939. StAM FinA 17444 (Goldschmidt Bernhard).
415 Der Reichs- und Preußische Wirtschaftsminister betreffens der Versagung von Legitimationskarten und Wandergewerbescheine gegenüber Juden. Schreiben vom 28.12.1935. IfZ MA 172.
416 Der Beauftragte für den Vierjahresplan Generalfeldmarschall Göring an den Reichsminister des Inneren in Berlin. Brief vom 24.1.1939. IfZ MA 557.
417 File 114: Der Vorstand der Israelitischen Kultusgemeinde München an den Oberbürgermeister der Hauptstadt der Bewegung. Brief vom 19.4.1939. YV M.1 Central Historical Commission (CHC) of the Central Committee of Liberated Jews in the US Zone, Munich.
418 Kuller 2004, S. 182f.

ßen. Gerade weil Devisen zur Organisation des Emigrationsprozesses von zentraler Bedeutung waren, wurden sie zum Instrument skrupelloser Enteignung, das den Emigrationsprozess entscheidend beeinflusste:

> Diese verhängnisvolle Verringerung der Einwanderungsmöglichkeiten (...) ist gewiß zum Teil in Umständen begründet, die außerhalb des Einflußbereiches jüdischer Menschen und Institutionen liegen. Insbesondere gilt dies für die großen Schwierigkeiten des Transfers, die selbst bemittelten jüdischen Auswanderern die Mitnahme eines nennenswerten Kapitals unmöglich machen.[419]

Die jüdischen Hilfsorganisationen versuchten, politische Vereinbarungen zu gestalten, die die Transferbedingungen lockerten, und so einer höheren Anzahl deutscher Juden die Auswanderung zu ermöglichen. Bekanntestes und erfolgreichstes Beispiel wurde der sogenannte Ha'avara-Transfer, der Palästinawanderern die Transferierung von Reichsmarkbeträgen in Britische Pfund ermöglichte.[420] Emigranten mit anderem Zielland stand ab Oktober 1936 ein später als Altreu-Transfer bezeichnetes Verfahren zur Verfügung. Dieses erlaubte Auswanderern mit geringem Vermögen, bis zu 8.000 RM mit vergleichsweise niedrigem Verlust von 50% des Vermögens in andere Devisen zu transferieren.[421] Ein Teil des abgegebenen Kapitals wurde von staatlicher Seite dazu verwendet, mittellosen Auswanderern Reichsmarkbeträge zur Verfügung zu stellen, die diese wiederum zum Erwerb von Devisen nutzen konnten. Einen anderen Teil behielt das

---

419 Hilfsverein: Korrespondenzblatt (September 1939), S. 1.
420 Deutsche Juden überwiesen vor ihrer Emigration bestimmte Reichsmarkbeträge auf Treuhandfonds, die dafür genutzt wurden, die Rechnungen deutscher Exporteure für ihre nach Palästina gelieferten Waren zu begleichen. Im Gegenzug zahlten die dortigen Empfänger die erhaltenen Waren in Britischen Pfund, welche wiederum an die Immigranten ausbezahlt wurden. Diese konnten so die für bestimmte Zertifikatskategorien, vor allem das „Kapitalistenzertifikat", nötigen Vorzeigegelder aufbringen. Teilweise wurde das Ha'avara-System auch genutzt, um die deutsche Rente, Schulgelder für die Ausbildung in Palästina oder wiederkehrende Versicherungszahlungen zu transferieren. So wurde ein geschlossenes Finanztransfersystem entwickelt, von dem alle Beteiligten profitierten – die Juden im Jischuw durch die Immigration zahlungskräftiger, wirtschaftlich tüchtiger Einwanderer ebenso wie das Deutsche Reich, das durch erhöhte Exporte eine stärkere Wirtschaftsleistung erbringen konnte. Diese Konsequenz war auch Angriffspunkt scharfer Kritik gegen den Ha'avara-Transfer: Jüdische Kunden förderten so den Export aus dem nationalsozialistischen Deutschland, während andere Länder, beispielsweise die USA, über Wirtschaftsboykottaktionen als Mittel der Eindämmung nationalsozialistischer Wachstumsbestrebungen diskutierten. Mehr dazu beispielsweise bei Nicosia 2010. Einen detaillierten zeitgenössischen Einblick bietet File 678: Dr. Werner Feilchenfeld: Five Years of Jewish Immigration from Germany and the Haavara-Transfer 1933–1938. JDC NY AR193344.
421 Wetzel 1993, S. 478f. Die erlaubten Transfersummen und Verlustraten änderten sich über die Jahre.

Reich ein. So war auch das Altreu-Verfahren umstritten: Einerseits wurde es zu einem weiteren Instrument der nationalsozialistischen Ausplünderungspolitik, andererseits trug es dazu bei, mittellosen Juden die ansonsten verwehrte Auswanderung zu ermöglichen. Eine andere von Emigranten mit ausreichenden Mitteln nutzbare Transfermöglichkeit war der Sachtransfer.[422] Die Mitnahme von Sachmitteln wurde nach Genehmigung der Devisenstelle bis zu einer gewissen Freigrenze ermöglicht. Angehende Emigranten kauften also Waren, die im Zielland verkauft werden konnten und so ein kleines Startkapital einbrachten, deren Einkaufswert sie der DEGO (Deutsche Golddiskontbank) jedoch in voller Reichsmark-Höhe ersetzen mussten. Oskar Blechner[423] und Erwin Schwager[424] nutzten diese Möglichkeit und exportierten Leica-Kameras, die einen vergleichsweise hohen Wert hatten und gute Verkaufsmöglichkeiten versprachen. Die genannten Transfermöglichkeiten können jedoch nicht darüber hinwegtäuschen, dass neben den fiskalischen Verfolgungsmaßnahmen, die alle deutschen Juden gleichermaßen betrafen, der finanzielle Druck für die Emigranten deutlich erhöht war. Emigration bedeutete nicht nur die Kosten der eigentlichen Aus- und Einwanderung, sondern bedingte auch weitere Vermögensverluste, die die Verfolgten ertragen mussten. Wie Kuller formulierte, befanden sich die deutschen Juden „wirtschaftlich in einem Zangengriff"[425] – während sie zur Auswanderung gedrängt wurden, waren sie bei deren Durchführung von einem erhöhten Maß der fiskalischen Ausplünderung bedroht.

Zusätzlich zu den zu hohen Verlusten führenden Steuer- und Abgabegesetzen und der kostenintensiven Tranferierung von Reichsmark in andere Währungen ließen auch die mit dem Emigrationsprozess an sich verbundenen Ausgaben die finanziellen Ressourcen der deutschen Juden in immer höherem Maße schrumpfen. Dabei entschieden Zielland sowie Zeitpunkt einer Emigration über die Höhe der Kosten. Einerseits waren in verschiedenen Zielländern unterschiedliche Regelungen in Kraft, um sicherzustellen, dass die zugelassenen Einwanderer das Sozial- und Arbeitsmarktsystem des Landes nicht belasten würden. So mussten in vielen Ländern Bescheinigungen über den Besitz hoher Garantiesummen erbracht werden, entweder durch Einzahlung auf dezidierte Konten, Überweisung an bestimmte Hilfsorganisationen oder, wenn es sich um das Eigentum eines für den Immigranten bürgenden Staatsangehörigen handelte, durch Bankauszüge

---

422 Schäbitz 2000, S. 60f.
423 Blechner 2004, S. 8.
424 Erwin Schwager, München, an Emily Holub, New York. Brief vom 22.7.1938. Schwager Family Papers.
425 Kuller 2004, S. 182f.

und -bestätigungen. Die Höhe der Garantiesumme variierte von Land zu Land, orientierte sich aber oftmals an der errechneten Höhe der jährlichen Lebenshaltungskosten.[426] So forderte die kubanische Regierung von Leopold Schwager eine Summe von 400 $ für den zweijährigen Aufenthalt einer Person,[427] Großbritannien legte für denselben Zeitraum eine Garantiesumme von 200 £ pro Person[428] fest. Nur wenn ein Emigrant oder Bürge in Besitz dieser Summen war, wurde das Visum zur Einreise ausgestellt, so dass das Fehlen dieser finanziellen Mittel, die in Devisen gestellt werden mussten, ein Hinderungsgrund für eine Auswanderung sein konnte. Hinzu kamen steigende Aufwendungen für Reisewege und den Gepäcktransport der Emigranten:

> Es versteht sich, daß die Finanzierung der Uebersewanderung zu einem immer schwieriger zu lösenden Problem werde, da die Kosten, die pro Kopf des unterstützten Ueberseewanderers aufgewandt werden müßten, im Durchschnitt das acht- bis zehnfache derjenigen Kosten betragen, die für eine Europawanderung aufgewandt werden müßten.[429]

Einerseits beeinflusste das Zielland der Auswanderung deren Kosten entscheidend. Mit zunehmendem Anteil der Überseewanderung ab dem Jahr 1936 erhöhten sich die Zuschüsse, die der Hilfsverein durchschnittlich pro Emigrant geleistet hatte, von durchschnittlich 68 RM im Jahr 1934 auf 330 RM im Jahr 1937[430] und weiter auf 455 RM im Folgejahr.[431] Doch auch die Ticketkosten der Überfahrt stiegen immer weiter an. Im Jahr 1937 waren die Überfahrtkosten noch so niedrig, dass Erwin Schwager von einer Urlaubsreise nach New York träumte.[432] Nach Kriegsbeginn

---

426 Vergleiche dazu die unterschiedlichen Regelungen in Cohn et al. 1938.
427 Leopold Schwager, München, an Erwin Schwager, Pittsburgh. Brief vom 22.1.1939. Schwager Family Papers. 400 $ hatten im Januar 1939 einen Gegenwert von etwa. 2.000 RM.
428 Leopold Schwager, München, an Erwin Schwager, Pittsburgh. Brief vom 30.1.1939. Schwager Family Papers. 200 britische Pfund hatten im Januar 1939 den Gegenwert von etwa 2.500 RM. Dazu London, Louise: Whitehall and the Jews, 1933–1948. British immigration policy, Jewish refugees and the Holocaust. Reprinted. Cambridge 2001, S. 274f.
429 File 5: Der aktuelle Bericht. In: Israelitisches Familienblatt, 29.9.1938, o. S. YIVO Records of the HIAS-HICEM Offices in Europe.
430 File 633: Warburg, Max: Die Arbeit des Hilfsvereins der Juden in Deutschland 1936–1937. JDC NY AR193344.
431 File 658: Emigration From Germany (Old Reich) with the Assistance of the Hilfsverein der Juden in Deutschland in 1938. JDC NY AR193344.
432 „Momentan sind bei der HAPAG fabelhaft billige Fahrten nach Newyork ausgeschrieben (...) Was mir aber leider fehlt, ist die Zeit, sowas mal zu unternehmen". Erwin Schwager, München, an Hildegard Jung, New York. Brief vom 12.6.1937. Erwin Schwager: Private Correspondence (1937). Im Frühjahr 1938 beliefen sich laut dem Fahrkostenverzeichnis bei Cohn et al. 1938, S. 100–102,

stiegen die Preise noch einmal deutlich an, hatten doch die Schiffsgesellschaften erhebliche Risiken zu tragen und gleichzeitig eine Masse an Anfragen zahlungswilliger Kunden. Auguste Cahnmann bezahlte für ihre Emigration im Jahr 1940 insgesamt 1.170 RM,[433] Hans Cahnmann für seine Reise von Frankreich über Marokko in die USA etwa 600 $ oder 1.500 RM.[434] Diese „Wucherpreise"[435] waren für viele Emigranten, darunter die Familie Blechner, schlicht unbezahlbar. Auch die Hilfsvereine oder Unterstützerorganisationen wie die Münchner Gemeinde gerieten zunehmend an ihre finanziellen Grenzen.[436] Hinzu kam, dass viele Auswanderungkosten nach Kriegsbeginn in Devisen bezahlt werden mussten: „According to the new regulations passed in September, all passage abroad is to be paid in foreign currency, so that even the poorest emigrant has to get U.S.$ without paying for it. It makes it still more difficult to raise the money needed."[437]

Dieses Problem traf selbst diejenigen Auswanderungswilligen, die wie die Familien Cahnmann und Schwager genügend hohe Reichsmarkbeträge besaßen, diese aber nicht in Devisen umtauschen konnten. Die innerdeutschen Hilfsorganisationen, deren Budgets an Fremdwährungen von ausländischen Hilfsorganisationen beschafft wurden, nutzten diese Situation, um

> Devisen (...) an zahlungsfähige Auswanderer zu einem Mehrfachen des offiziellen Kurswertes gegen Reichsmarkbeträge [zu] verkauf[en]. Aus diesen Einnahmen finanzierte die [Reichsvereinigung] einerseits ihre Fürsorgetätigkeit, andererseits unterstützte sie damit die Auswanderung mitteloser Personen.[438]

---

die Kosten für eine Reise Hamburg-New York auf etwa 250 RM. Bei seiner Auswanderung im September 1938 bezahlte Erwin bereits 420 RM: Erwin Schwager, München, an Trude Huber, Wien. Brief vom 14.8.1938. Erwin Schwager: Private Correspondence (1938).
433 Eidesstattliche Versicherung der Augusta Benjamin vom 4.5.1962. BayHStA LEA 42604 (Benjamin Auguste, geb. Cahnmann, verw. Schülein).
434 Rechtsanwalt Dr. F.A. Rothschild an das Bayerische Landesentschädigungsamt. Brief vom 18.10.1955. BayHStA LEA 43781 (Cahnmann Hans Julius).
435 Nr. 174: Absender unbekannt, New York, an Jakob Blechner, Zürich. Brief vom 15.5.1941. Blechner Documents. Dieser Preis enthielt einen sogenannten Kriegszuschlag von 75%. Vergleiche dazu: Preise der Schiffskarten nach Übersee. In: Jüdisches Nachrichtenblatt 1940, 22.3.1940 (24), o. S.
436 Auch darum bat die Münchner IKG um Nachlass bei der Beschaffung der für die Emigration notwendigen Papiere. Vgl. dazu File 114: Der Vorstand der Israelitischen Kultusgemeinde München an den Oberbürgermeister der Hauptstadt der Bewegung. Brief vom 19.4.1939. YV M.1 Central Historical Commission (CHC) of the Central Committee of Liberated Jews in the US Zone, Munich.
437 File 445: Jewish Community of Vienna: Twelve Questions About Emigration from Vienna. 1.1.1940–30.4.1940. JDC NY AR193344 sowie File 443: Outlines on the general situation of the Jews in Vienna. 1.2.1940. JDC NY AR193344.
438 Anderl 1994, S. 165.

Doch selbst das Beispiel des Ehepaars Goldschmidt, das 1940 über nurmehr geringe Mittel verfügte, macht deutlich, dass die wahre finanzielle Problematik der Auswanderung, stärker noch als die Ausplünderungspolitik der Nationalsozialisten, die Beschaffung von Devisen war. In einem Brief an seinen Bruder Stefan beschrieb Bernhard Goldschmidt: „Es ist für [Brasilien mit] einen Daueraufenthalt zu rechnen, da keine Touristenvisa mehr in Frage kommen. Die Einreise kostet pro Familie $ 400, für Einzelperson $ 350. Die Besorgungsgebühren RM 275,- pro Person (Letztere machen mir keine Schwierigkeiten)."[439]

In dieser Situation wurden die vorausgewanderten Familienangehörigen zum Rettungsanker ihrer zurückgebliebenen Verwandten. Sie hatten leichteren Zugriff auf die zur Überfahrt und Immigration notwendigen Devisenbeträge, weil diese zwar den zeitgenössischen Wechselkursen, nicht aber der diskriminierenden Devisenbewirtschaftung der Nationalsozialisten unterlagen. So finden sich in allen vier untersuchten Familien Briefe, in denen die Zurückgebliebenen die Emigranten um Unterstützung bei der Bezahlung von Schiffstickets oder der Bereitstellung von Vorzeigegeldern anfragten.[440] Allerdings befanden sich auch die Vorgewanderten in teils äußerst prekären finanziellen Situationen, hing doch ihr eigener Lebensunterhalt von den Arbeitsmarktbedingungen des Ziellandes ab. Immer wieder verweigerten die Länder allerdings, wie bereits beschrieben, den Emigranten eine Arbeitserlaubnis, um Druck auf die Neuankömmlinge auszuüben, weiterzuwandern, und um den eigenen Arbeitsmarkt zu schützen. In anderen Zielländern, darunter den USA, war die Arbeitsmarktsituation generell angespannt und die Suche nach einer Arbeitsstelle, die genügend Lohn zum Überleben ließ, schwierig. Die Emigranten waren folglich ihrerseits immer wieder gezwungen, von Verwandten und Freunden Unterstützung zu erbitten, sich an die Hilfskomitees zu wenden oder sich ohne offizielle Arbeitserlaubnis ein (Gelegenheits-)Auskommen zu sichern. Dieser Mechanismus zeigte aus Sicht der Einwanderungsländer den gewünschten Erfolg, führte aus Immigrantensicht jedoch zu hoher Frustration, einer großen Unsicherheit im Alltagsleben und zu Unstimmigkeiten mit den Zurückgebliebenen. Die Einwanderer hatten oftmals

---

439 Bernhard Goldschmidt, München an Stefan Goldschmidt, Oss. Brief vom 4.2.1940. StadtAM Judaica Varia 144.
440 Für die Familie Blechner u. a. Nr. 57: Mina Blechner, München, an Jakob Blechner, Zürich. Brief vom 10.10.1939. Blechner Documents. Für die Familie Cahnmann u. a. Sigwart Cahnmann, München, an Fred und Werner Cahnmann, Chicago. Brief vom 17.7.1941. LBI: Werner and Gisella Cahnman Collection. AR 25210 Box 3 Folder 50. Für die Familie Goldschmidt u. a. Bernhard Goldschmidt, München an Stefan Goldschmidt, Oss. Brief vom 12.1.[1940]. StadtAM Judaica Varia 144. Für die Familie Schwager u. a. Leopold Schwager, München, an Erwin Schwager, Pittsburgh. Brief vom 5.10.1941. Schwager Family Papers.

nicht genug Einkommen, um sich selbst zu erhalten, geschweige denn genügend Devisen zur Hand, um ihre Familien nachkommen zu lassen; diese wiederum warteten auf die Unterstützung durch ihre vorausgewanderten Angehörigen und waren auf Devisen angewiesen, um Passagekosten, Vorzeigegeld und Visa zu bezahlen. Zu diesem Druck von außen kamen die Versagensängste der Emigranten und die Sorge um ihre Familien im Deutschen Reich. Immer wieder beinhalteten die Briefe nach München Rechtfertigungen der Vorausgewanderten:

> Sicher weiss ich, dass es furchtbar ist und ich doch sofort was senden würde wenn ich nur etwas hätte um zu helfen (...) Lb. Jak wenn Du denkst ich habe schon viel gespart seit ich in Lowell bin so bist Du leider im Irrtum. Du kennst die Verhältnisse hier nicht sonst würdest Du nicht so viel annehmen. Das Geld das ich hatte ist jetzt alles zerkrochen. Selbstverständlich wenn ich hätte würde sofort senden.[441]

Ständig standen die Immigranten vor der Entscheidung, welche Notwendigkeit zuerst bedient werden sollte: der eigene Lebensunterhalt oder die Emigration der Angehörigen.[442] Doch selbst diejenigen Emigranten, die wie Erwin Schwager und Fritz Cahnmann bereits vergleichsweise stabile Arbeitsverhältnisse geschaffen hatten, konnten nur begrenzt Geld sparen. Die Jobangebote, die die Immigranten annahmen, waren oft unterdurchschnittlich bezahlt. So begann Fritz mit einem Wochengehalt von $ 12 im Winter 1936/37. Bis 1940 hatte er sich auf ein Wochengehalt von $ 20 hochgearbeitet.[443] Doch selbst dieses lag noch unter dem durchschnittlichen Wocheneinkommen eines weißen Arbeiters, das bei etwa $ 25 lag, und weit unter dem eines Büroangestellten von $ 45 wöchentlich.[444] Bei gleichzeitigen Lebenshaltungskosten am Existenzminimum – etwa $ 15 in New York[445] – blieb nur ein geringer Sparanteil. Nichtsdestotrotz gelang es Fritz, bis 1940 bereits eine Summe von $ 820 zu ersparen, die er zur Unterstützung der Emigration seiner Familienmitglieder angesammelt hatte. Größeren Erfolg hatte

---

441 Nr. 82: Leon Blechner, New York, an Jakob Blechner, Zürich. Brief vom 23.11.1939. Blechner Documents. Ähnlich offenbar Werner Cahnmann, dessen Vater sich im Sommer 1941 gezwungen sah, seinem Sohn in klaren Worten zu verdeutlichen, dass es nicht seine Schuld sei, wenn er noch keine Arbeitsstelle gefunden habe, die ihm erlaube, Geld für die Emigration der Eltern beiseitezulegen: Sigwart Cahnmann, München, an Fred und Werner Cahnmann, Chicago. Brief vom 17.7.1941. LBI: Werner and Gisella Cahnman Collection. AR 25210 Box 3 Folder 50.
442 Briefe, die beantwortet werden müssen. In: *Jüdisches Nachrichtenblatt* 1940, 9.2.1940 (12), S. 1.
443 Immigration Papers. Fred Cahnmann Family Collection. LBI AR 25508 Box 1 Folder 3.
444 Vergleiche zu dieser Entscheidungssituation: Hilfsverein: Korrespondenzblatt (Juli 1938), S. 54f.
445 Hilfsverein: Korrespondenzblatt (Juli 1938), S. 56.

Erwin Schwager, der New York verließ und einen Job annahm, der Unterkunft und Verpflegung inkludierte. Er erreichte eine hohe Sparquote: „Today, I am receiving my second raise to $ 70 a month. During the first eleven months of work here (...), I have saved $ 525 by careful spending. I hope it will be more this year."[446]

Auch er plante, mit seinen Ersparnissen die Emigration seiner Eltern zu unterstützen. Im Oktober 1941 stellte er so für deren geplante Kuba-Emigration eine Summe von insgesamt $ 5.300 zur Verfügung:[447] „Your letters, my dear, good Erwin, convince us of your constant worrying. It is infinitely sad for us to know that you had to give away your hard-earned money!"[448]

Wie wichtig das familiäre Netzwerk für eine große Zahl der Emigranten war, beweisen zahlreiche andere zeitgenössische Quellen, die entweder die Bedeutung der finanziellen Unterstützung durch Vorausgewanderte betonen[449] oder die Nachteile beklagen, die es hatte, „keine Verwandten und Freunde in der Welt [zu] besitzen, die sie anfordern könnten, und (...) auch niemanden [zu] haben, der ihnen die Devisenbeträge zur Verfügung stellt, die für Vorzeigegelder und Passagen unerläßlich sind".[450] Nicht nur die Kernfamilie, sondern auch der Verwandten- und Freundeskreis unterstützte die Auswanderer und ihre Familien. So finden sich Briefe an ein erweitertes Netzwerk bei den Familien Cahnmann[451] und Blechner.[452] Die Familie Schwager hatte in Palästina, wo einige Brüder Leopolds lebten, eine Art familiäres Emigrationszentrum organisiert. Die Brüder koordinierten die Unterstützungsleistungen für eine Vielzahl von Familienmitgliedern.[453] Daneben kam finanzielle Hilfe, wie bereits besprochen, von den Hilfsorganisationen.

---

446 New Year's Contemplations by Erwin Schwager. Schwager Family Papers.
447 Kopie eines Schreibens der Federal Reserve Bank, New York, 17.10.1941. Schwager Family Papers.
448 Sabine Schwager, München, an Erwin Schwager, Pittsburgh. Brief vom 3.11.1941. Schwager Family Papers.
449 File 445: Jewish Community of Vienna: Twelve Questions About Emigration from Vienna. 1.1.1940–30.4.1940. JDC NY AR193344.
450 Rückschau und Prognose. Betrachtungen zum jüdischen Auswanderungs-Problem. In: *Jüdisches Nachrichtenblatt* 1940, 1.3.1940 (18), S. 1.
451 Hedwig Cahnmann, München, an Julius Schülein, Frankreich. Brief vom 20.12.1939. LBI: Werner and Gisella Cahnman Collection. AR 25210 Box 2 Folder 1. Eine Übersicht zu verschiedenen Ansprechpartnern u. a. bei Auguste Schülein, München, an Werner Cahnmann, London. Brief vom 30.1.1940. LBI: Werner and Gisella Cahnman Collection. AR 25210 Box 2 Folder 1, und Werner Cahnmann, London, an Albert und Hellen Heller, Chicago. Brief vom 25.11.1939. LBI: Werner and Gisella Cahnman Collection. AR 25210 Box 2 Folder 16.
452 Nr. 94: Leon Blechner, New York, an Jakob Blechner, Zürich. Brief vom 19.12.1939. Blechner Documents. Hier eine Übersicht der Briefkorrespondenz mit Bekannten.
453 "We gathered today at Pardess Hanna. We do that often when we have to talk about matter

Nicht immer jedoch gestaltete sich die finanzielle Unterstützung in den Familien oder durch die Hilfsvereine völlig konfliktfrei.[454] Zwischen einzelnen Familienmitgliedern konnte es zu Problemen in der Entscheidung über die Verteilung der knappen finanziellen Ressourcen kommen. Verstärkt wurde diese Verteilungsdiskussion durch emotionale Belange wie die enttäuschten Hoffnungen der Zurückgebliebenen und die mit der harten Integrationsrealität der Zielländer kollidierenden hohen Anforderungen, die die Emigranten an ihren eigenen Erfolg stellten. So diskutierten Jakob und Leon Blechner wiederholt über die fehlende Unterstützungsleistung duch Leon, der wiederum seine eigene prekäre Situation und die Sorge um seine Ehefrau und seinen Sohn zur eigenen Verteidigung vorbrachte.[455] Auch in der Familie Cahnmann finden sich ähnliche enttäuschte Worte, beispielsweise in sarkastischen Bemerkungen Sigwart Cahnmanns: „Wenn die Multimillionäre drüben glatt einige 1.000 Dollars schnell für uns opfern würden hätten wir leichteres Spiel."[456]

Oft mussten Verteilungsentscheidungen getroffen werden, da viele Ausgewanderte gleich mehrere Familienmitglieder unterstützten. So trug Stefan Goldschmidt den Hauptteil der Unterstützungslast für seinen Bruder Bernhard und dessen Frau, da Magdalenas Eltern und ein Bruder von Mitgliedern ihrer Familie versorgt wurden.[457] Und auch die vierte untersuchte Familie weist derartige Diskussionen auf. So befürchteten Sabine und Leopold Schwager, dass der Wert ihres eigenen Affidavits geschwächt werden würde, wenn der Affidavitgeber für weitere Familienmitglieder bürgen würde.

> It would just be very bad, if by accident, a possibility would arise that we could get out, if at that time we could not obtain the proper papers to do that. You'll have to think about this, Erwin (...) We would like to try to help everybody but do not have the possibility or chance to help ourselves! I have been walking with this letter the whole day already like a cat around the hot milk. I hope you two will understand me and will make a proper decision.[458]

---

of emigration for our many relatives". Fritz und Siegmund Schwager, Pardess Hanna, an Erwin Schwager, Pittsburgh. Brief vom 25.1.1939. Schwager Family Papers.
454 Zu Schwierigkeiten in der Ressourcenverteilung innerhalb familärer Netzwerke siehe das Folgekapitel.
455 Nr. 94: Leon Blechner, New York, an Jakob Blechner, Zürich. Brief vom 19.12.1939. Blechner Documents.
456 Sigwart Cahnmann, München, an Fred und Werner Cahnmann, Chicago. Brief vom 1.3.1941. LBI: Werner and Gisella Cahnman Collection. AR 25210 Box 3 Folder 50.
457 Bernhard Goldschmidt, München an Stefan und Maria Goldschmidt, Oss. Brief vom 14.4.1939. StadtAM Judaica Varia 144. „Karl" war Prof. Dr. Karl Hellmann, der Ehemann von Magdalenas Schwester Rosy.
458 Sabine Schwager, München, an Erwin Schwager, Pittsburgh. Brief vom 15.5.1940. Schwager

Auch für die Emigrierten waren dies schwierige Entscheidungen. Sie waren eng mit den Zurückgebliebenen verbunden, und wollten ihre eigene Kernfamilie bevorzugt in Sicherheit wissen. Andererseits hatten sie oft einen besseren Überblick über die Gesamtlage und wollten wie Leon[459] und Frieda Blechner[460] und Erwin Schwager dort helfen, wo Hilfe möglich war: „The greater risk is NOT TO HELP when needed".[461]

Neben diesen Schwierigkeiten in der Ressourcenverteilung zwischen den in die Zielländer Vorausgewanderten und den in der Heimat Zurückgebliebenen verliefen Konfliktlinien in der Kommunikation mit den Hilfsorganisationen und Personen oder Institutionen, die die Auswanderung unterstützten. Problematisch war vor allem, dass einmal eingezahltes Geld, selbst bei einem Scheitern der Emigration, in vielen Fällen nicht mehr oder nur in Teilen zurückgezahlt wurde. So hatte Leon Blechner in den USA Geld einbezahlt, das als Garantiesumme für Jakob und Frieda Blechner dienen sollte. Obwohl beide in der Schweiz feststeckten und eine Weiterwanderung in die USA nicht realisieren konnten, weigerte sich das Hilfskommittee, die dafür bezahlte Summe freizugeben, welche nötig gewesen wäre, um Garantien für Mina und Salo Blechner zu stellen.[462] Wütende Briefe[463] erreichten die Rückzahlung des eingezahlten Geldes ebenso wenig wie Anfragen des Garantiestellers.[464] Erwin Schwager[465] und Werner Cahnmann[466] machten ähnliche Erfahrungen; Erwin verlor so etwa 50% der für die Kuba-Emigration einbezahlten $ 5.300.[467] Im Falle Bernhard Goldschmidts sorgte eine Warnung über den möglichen Verlust der Garantie-

---

Family Papers.
459 Nr. 101: Leon Blechner, Boston, an Jakob Blechner, Zürich. Brief vom 5.1.1940. Blechner Documents.
460 „[I]ch weiß nicht wo ich erst helfen soll u. hab schon verschiedene Sachen von mir verkauft." Nr. 179: Frieda Blechner, Zürich, an Frau Pless, München. Brief vom 1.8.1941. Blechner Documents. Der Vorname von Frau Pless ist unbekannt.
461 Erwin Schwager, Pittsburgh, an die Eltern, München. Brief vom 6.7.1940. Schwager Family Papers.
462 Nr. 36: National Council of Jewish Women, New York an Leon Blechner, Lowell. Brief vom 26.6.1939. Blechner Documents, sowie Nr. 64: Leon Blechner, Lowell an Jakob Blechner, Zürich. Brief vom 22.10.1939. Blechner Documents.
463 Nr. 139: Oskar Blechner, London, an das Jewish Refugees Committee, London. Brief vom 16.6.1940. Blechner Documents.
464 Nr. 150: Wolfgang Barth, Zürich, an das Jewish Refugees Committee, London. Brief vom 30.7.1940. Blechner Documents.
465 Erwin Schwager, Pittsburg, an die Eltern, München. Telegramm vom 28.10.1941. Schwager Family Papers.
466 Lloyds and National Provincial Foreign Bank Limited, London, an Albert Heller, Chicago. Brief vom 5.9.1940. LBI: Werner and Gisella Cahnman Collection. AR 25210 Box 3 Folder 46.
467 PHM: Oral History Interview with Erwin Schwager.

summe⁴⁶⁸ für eine Entscheidung gegen die Emigration nach Chile. Ihm standen schlicht nicht genügend finanzielle Mittel zur Verfügung, um den Verlust eines Teils des Geldes zu verschmerzen.

Statistisch lässt sich nicht nachweisen, wie viele Emigrationen an fehlenden finanziellen Ressourcen scheiterten. Die Auswirkungen finanzieller Hürden sind jedoch anhand der biographischen Untersuchungen eindeutig zu identifizieren. Hohe Steuer- und Abgabenlasten und die Ausplünderung von Emigranten unter Ausnutzung der Devisenbewirtschaftung sorgten für eine stetige Verarmung der Münchner Juden. Gleichzeitig stiegen die Emigrationskosten kontinuierlich und machten Emigrationen ab einem bestimmten Zeitpunkt für ärmere Münchner Juden unmöglich. Dies galt unter anderem für die Goldschmidts, die ab 1939 am Existenzminimum lebten und eine Emigration aufgrund des hohen finanziellen Risikos nachweislich nicht realisierten. „Immer Geld sparen zu wollen, ja das Warten um zu sparen war der grösste Fehler."[469]

Die Auswanderungsfinanzierung war, anders als die vorhergehenden Faktoren, eine Angelegenheit, die die Kernfamilie und oftmals den weiteren Verwandten- und Freundeskreis betraf. Besonders prägend war, dass die nachzuholenden Familienmitglieder vom Erfolg der Erstemigrierten abhängig waren. Insofern ist die Frage nach dem finanziellen Status als Einflussfaktor auf die Emigration eines Einzelnen immer auch eine Frage nach seinem persönlichen Netzwerk.

5.2.2 Persönliche Netzwerke

> Die Hilfeleistung von Freunden und Verwandten im Ausland hat für die Auswanderung der Juden aus Deutschland immer viel bedeutet (...): Diese Hilfe ist nicht allein finanzieller Art (...), sondern sie besteht ganz wesentlich und für den weiteren Fortgang der Auswanderung entscheidend darin, daß Einwanderungsgesetze und Einwanderungspraxis vieler Länder die Nachwanderung von Angehörigen früherer Einwanderer begünstigen.[470]

In der soziologischen Migrationsforschung ist seit langem bekannt, dass „die Entscheidung über und die konkrete Durchführung von grenzüberschreitenden Wanderungen fast immer im Rahmen von *Netzwerkstrukturen* interpersoneller Bezie-

---

468 Bernhard Goldschmidt, München an Stefan Goldschmidt, Oss. Brief vom 11.3.1940. StadtAM Judaica Varia 144.
469 Nr. 64: Leon Blechner, Lowell an Jakob Blechner, Zürich. Brief vom 22.10.1939. Blechner Documents.
470 Die Verwandten-Nachwanderung. In: *Jüdisches Nachrichtenblatt* 1940, 15.3.1940 (22), S. 1f.

hungen realisiert werden".[471] Netzwerkstrukturen werden dabei definiert als „sets of interpersonal ties that link migrants, former migrants, and nonmigrants in origin and destination areas through the bonds of kinship, friendship, and shared (...) origin."[472] Diese persönlichen Verbindungen führten dazu, dass Unterstützungsleistungen entlang von Ketten erbracht wurden: Angehende Emigranten erhielten Informationen, Kontakte und finanzielle Hilfeleistungen von ihren Familien, Freunden und Bekannten, in seltenen Fällen auch von Fremden, und boten dieselbe Unterstützung nach ihrer Emigration den Zurückgebliebenen an. So erbrachten persönliche Netzwerke ähnliche Leistungen wie die jüdischen Hilfsorganisationen, allerdings auf informeller Ebene und für kleinere, durch persönliche Beziehungen definierte Kreise. Diese Unterstützernetzwerke wuchsen nach dem Schneeballprinzip: Hatten zu Beginn der jüdischen Emigration aus dem Deutschen Reich noch verhältnismäßig wenige deutsche Juden aktive Kontakte ins Ausland, wurden diese mit Zunahme der Emigration immer zahlreicher. Bereits im Oktober 1937 schrieb der Joint in einem Bericht, dass in Deutschland wohl kein jüdisches Elternteil mehr existiere, das nicht mindestens ein Kind im Ausland habe.[473] Die dahinterstehende Kernaussage entsprach wohl der Realität: Nach und nach hatten alle deutschen Juden Emigranten in ihren Verwandten-, Freundes- oder Bekanntenkreisen. Diese Verbindungen wiederum vergrößerten die Wahrscheinlichkeit der Zurückgebliebenen, ebenfalls zu emigrieren, entweder weil sie als Nachwanderer ihren Familienangehörigen folgten oder weil ein verlässlicheres Informationslevel, aktive Unterstützung im Immigrations- und Integrationsprozess oder finanzielle Hilfe in Form von Devisen ihnen die Auswanderung erleichterten. Statistische Hinweise auf die Nachwanderung von Münchner Juden fanden sich, wie *Kapitel 5.1.1* gezeigt hat, aufgrund der Zunahme des Altersdurchschnitts unter den Auswanderern bereits in den späteren Jahren der Emigration. Belegen lassen sich Kettenmigrationen

---

471 Pries, Ludger: Neue Migration im transnationalen Raum. In: Pries, Ludger (Hg.): Transnationale Migration. 1. Aufl. Baden-Baden 1997 (Soziale Welt Sonderband, 12), S. 15–46, hier S. 33. Hervorhebung im Original.
472 Massey 1988, S. 396 Zur Frage der Anwendbarkeit soziologischer Netzwerkmethoden auf historische Fragestellungen Boyer, Christoph: Netzwerke und Geschichte: Netzwerktheorien und Geschichtswissenschaften. In: Unfried, Berthold (Hg.): Transnationale Netzwerke im 20. Jahrhundert. Historische Erkundungen zu Ideen und Praktiken, Individuen und Organisationen. Leipzig 2008 (ITH-Tagungsberichte, 42), S. 47–58, hier besonders S. 57f.
473 „'Children turn into letters'. There scarcely exists in Germany any Jewish parents, who have not got at least one child abroad." File 630: On the situation of the Jews in Germany. 5.11.1937. JDC NY AR193344. Zeitgleich: "The dominant type of German Jew today is the man of fifty whose children have gone abroad". File 574: Council for German Jewry: A Survey of the Problem. October 1937. JDC NY AR193344.

anhand der quantitativen Daten jedoch nicht, da diese die persönlichen Beziehungen der Emigranten zueinander nur indirekt verzeichnen, wodurch einzelne Beziehungsgeflechte sich nicht nachzeichnen lassen. Aufgliederungen des Beziehungsgeflechts werden im Folgenden jedoch am Beispiel der vier untersuchten Familien durchgeführt, wobei Entscheidungs- und Durchführungsprozesse nacheinander untersucht werden, um auch diejenigen Emigrationen in den Blick zu nehmen, die an einem der vielen Schritte des Auswanderungsprozesses scheiterten. Dabei kann aufgrund der lückenhaften Quellenlage keine vollständige soziologische Netzwerkanalyse vorgenommen werden. Vielmehr werden aus dem „Werkzeugkasten"[474] der Netzwerkanalyse einzig die Idee und einzelne Ansätze verwendet. Eine Darstellung der Beziehungen der Familienmitglieder untereinander, ihrer Kommunikations- und Unterstützungsleistungen sollte jedoch eine hinreichende Ahnung von der Bedeutung persönlicher Netzwerke für die Emigration der Münchner Juden geben.

In den Kernfamilien bildete die Kommunikation zwischen den einzelnen Familienmitgliedern die Grundlage aller Netzwerkhandlungen rund um die Emigrationsvorgänge. Mündliche Kommunikation sowie verloren gegangene schriftliche Kommunikation machen die Quellenkorpora der Familien lückenhaft, wodurch die Bedeutung persönlicher Netzwerke vor allem für die Emigration der ersten Familienmitglieder per se schwieriger nachvollziehbar ist. Mit der Abreise dieser ersten Emigranten wurde postalische Korrespondenz zur Basis für die Kommunikation und somit auch die Kooperation zwischen ihnen und den Zurückgebliebenen. Dieser Kommunikationsform waren einige zeitgenössische Probleme inhärent, die bei der Analyse von persönlichen Netzwerken in Betracht gezogen werden müssen. Einerseits beeinflusste die räumliche Entfernung von Sender und Empfänger die Enge des Kontakts mit Familienmitgliedern. Die postalische Interaktion mit weiter entfernten Familienmitgliedern war bei einer größeren räumlichen Distanz nicht nur deutlich teurer, sondern brachte auch eine Verzögerung des Informationsaustauschs mit sich. In eiligen Fällen, insbesondere betreffend der Emigrationsorganisation der Zurückgebliebenen, wurde daher oft auf Telegramme zurückgegriffen, die nur teilweise überliefert wurden. Familienmitglieder, die weniger weit emigriert waren, übernahmen oft die Funktion eines Knotenpunktes der familären Kommunikation.[475] Andererseits veränderte die Kriegssituation die Bedingungen

---

474 Reitmayer, Morten; Marx, Christian: Netzwerkforschung in der Geschichtswissenschaft. In: Stegbauer, Christian und Häußling, Roger (Hg.): Handbuch Netzwerkforschung. Wiesbaden 2010 (Netzwerkforschung, 4), S. 869–880, hier S. 869.
475 So Werner Cahnmann während seines Aufenthalts in England und Hans Cahnmann bis zu seiner Flucht aus Frankreich, Jakob Blechner nach seiner Ankunft in Zürich sowie Joseph Teller,

des Briefverkehrs. Nicht nur verlängerten sich die Sendezeiten,[476] sondern der „Nachrichtenverkehr mit dem feindlichen Ausland" wurde „verboten und unter strenge Strafe gestellt".[477] Einzig Rotkreuz-Briefe in limitiertem Umfang waren erlaubt. In dieser Situation wurden Kommunikationsknotenpunkte wie Joseph Teller, der postalisch vorteilhaft in Italien lebte, unerlässlich. Er tippte, da die Weiterleitung von Briefen aus dem feindlichen Ausland ebenso untersagt war wie der direkte Kontakt, die bei ihm ankommenden Briefe ab und inkludierte ihre Informationen in seinen eigenen Schreiben; eine Arbeit, die bald viel Zeit einnahm, jedoch die Weiterführung der familiären Kommunikation erlaubte.[478] Sie spielte, wie in den anderen Familien, eine entscheidende Rolle im Entscheidungs- wie im Durchführungsprozess der Emigration nachfolgender Familienmitglieder. Die postalische Kommunikation mit Freunden und Bekannten wurde hingegen während der Kriegszeit oft verringert oder nur weitergeführt, wenn die Notwendigkeit dazu bestand.

---

der der Familie Schwager sehr nahestand, von seiner Heimat Bozen aus. In den Fällen der Familien Blechner, Cahnmann und Schwager wird zudem deutlich, dass die Eltern sich in der Diskussion um die eigenen Emigrationspläne verstärkt auf den Austausch mit den ältesten Söhnen Jakob Blechner, Werner Cahnmann und Erwin Schwager stützten. Dies ist sicherlich kein Zufall, sondern entspricht der Idee einer tragenden Rolle des ältesten Sohnes im Familienkonstrukt. Dies gilt umso mehr für die Familie Blechner, als nach dem Tode Markus Blechners sein ältester Sohn Jakob die Rolle der Stütze seiner Mutter und einer Art „Familienoberhaupt" einnahm, was ihm von seinen jüngeren Brüdern auch immer wieder bescheinigt wurde. Ähnlich zur Bedeutung Jakob Blechners für seine Familie: Seidel, Doris; Koller, Edith; Blechner, Anthony: „Wir dachten nur immer, doch noch von hier wegzukommen". Jakob und Frieda Blechner als Emigranten in der Schweiz. In: Heusler, Andreas (Hg.): „Ich lebe! Das ist ein Wunder". Das Schicksal einer Münchner Familie während des Holocaust. München 2001, S. 84–114, hier S. 104–106. Trotzdem zeigt das Beispiel der Familie Schwager und Joseph Tellers, dass vor allem die räumliche Nähe zum entscheidenden Faktor in der familiären Kommunikation wurde.
476 Anhand der Korrespondenz der Familie Schwager lassen sich diese Veränderungen gut nachvollziehen: Um den Jahreswechsel 1938/39 benötigte eine Postkarte von New York nach München etwa acht Tage. Im Juli 1939 waren es zwölf Tage, zum Jahreswechsel 1940/41 dann ganze sechs Wochen. Im Sommer 1941 gingen viele Briefe verloren oder kamen mit monatelangen Verzögerungen an. Im September 1941 besserte sich die Situation wieder, zeitgleich zu den Bemühungen um die Kuba-Emigration.
477 File 634: Mitteilungen der Israelitischen Kultusgemeinde München e.V. vom 20.2.1941. JDC NY AR193344. Ähnlich u. a. in Palästina: Siegmund und Fritz Schwager, Pardess Hanna, an Joseph Teller, Verona. Brief vom 11.3.1940. Schwager Family Papers. Karl Schwager litt darunter: „It is so terrible not to be able to write to them." Karl Schwager, Merchavia, an Erwin Schwager, Pittsburgh. Postkarte vom 24.6.1940. Schwager Family Papers.
478 „We are glad we can receive [Karls] mail via Uncle Pepi since otherwise we might not receive any from Erez." Leopold Schwager, München, an Erwin Schwager, Pittsburgh. Brief vom 13.11.1939. Schwager Family Papers.

Noch bevor die finale Entscheidung zur Emigration in ein bestimmtes Zielland fiel, benötigten die angehenden Auswanderer Informationen zu diesem Land, seinen Einreisebestimmungen, Lebensbedingungen, dem Arbeitsmarkt und potenziellen Verdienstmöglichkeiten sowie zu anderen landestypischen Gegebenheiten. Neben den Auswanderungsorganisationen, allen voran dem Hilfsverein mit seinem Netzwerk von über 400 Korrespondenten in aller Welt,[479] dienten Zeitungsartikel und Bücher zur Information über das Land. Diese veralteten jedoch schnell. Aktuelle Informationen, mithin „die letzten Neuigkeiten",[480] wie Erwin Schwager es formulierte, lieferten hingegen vorangegangene Emigranten des persönlichen Netzwerks. Über Freunde, Verwandte und Bekannte, die bereits im Zielland lebten, konnte man einen zumeist unverstellten und lebensnahen Eindruck von den Immigrations- und Integrationsbedingungen im Wunschzielland erhalten. Der Hilfsverein rief seinerseits die bereits Emigrierten auf, diesen Anfragen Folge zu leisten, nicht ohne gleichzeitig zur Mäßigung in den Aussagen anzuhalten:

> Lieber Einwanderer: Angenommen, du hast Glück, und kommst herüber, so kannst du sicher sein, daß dir schon im ersten Jahr ein halbes Dutzend Bekannter schreiben, du möchtest ihnen doch mitteilen, welche Möglichkeiten es für sie gibt. Dann bitte gehöre nicht zu jenen, die die Frager mit ein paar unverbindlichen Bemerkungen abspeisen. Aber sei auch vorsichtig mit den Auskünften; verallgemeinere weder dein Glück, noch dein Pech.[481]

Für die angehenden Emigranten waren diese Informationen von hohem Wert, wie die ausführliche Kommunikation Erwin Schwagers mit einer Freundin beweist, die bereits ein Jahr vor ihm in die USA ausgewandert war. Fast ein Jahr vor seinem eigenen Emigrationsentschluss beobachtete er ihre Erfahrungen aus der Ferne.[482] Nachdem er die USA als mögliches Zielland ins Auge fasste, bat er Hildegard Jung um Einschätzung der dortigen Lage und seiner Chancen dort: „Du siehst die Dinge, wie sie wirklich sind. Ich wäre Dir dankbar, wenn Du mir ohne Schmeichelei der Umstände ‚hart' erklären möchtest, was Du für mich für wichtig hältst, was ich zu erwarten habe. (...) Ich muss einmal klar sehen, alles andere ist Unsinn."[483]

---

479 Margaliot 1986, S. 308.
480 Erwin Schwager, München, an Fritz Schwager, New York. Brief vom 20.7.1938. Erwin Schwager: Private Correspondence (1938).
481 Hilfsverein: Korrespondenzblatt (Juli 1938), S. 34.
482 Erwin Schwager, München, an Fanny Strauss, Brüssel. Brief vom 8.2.1937. Erwin Schwager: Private Correspondence (1937).
483 Erwin Schwager, München, an Hildegard Jung, New York. Brief vom 24.2.1938. Erwin Schwager: Private Correspondence (1938).

In den Folgemonaten erhielt Erwin Schwager mehrere ausführliche Briefe von Hildegard, die ihn über die Zustände in den USA, vor allem in ihrer neuen Heimat New York, informierten. Von den Schwierigkeiten der Jobsuche über Lebenshaltungs- und Wohnkosten bis hin zu den Eigenarten der Amerikaner und den Herausforderungen der Integration in die New Yorker Gesellschaft finden sich vielerlei verschiedene Themen, die Hildegard erläuterte.[484] Sie war es, die „schliesslich der treibende Keil [wurde], meine Auswanderung in die Hand zu nehmen, und was sie für mich heute an guten Ratschlägen und nützlichen Ansichten zusammengeschrieben hat, werde ich ihr nie vergessen, bestimmt aber nicht danken können!"[485]

Erwin, der keine engen Familienangehörigen hatte, die vor ihm ausgewandert waren, musste auf sein Freundesnetzwerk zurückgreifen. Kurz nach seiner Ankunft in den USA war er es hingegen, der seiner Mutter nach der Verhaftung Leopold Schwagers mit vielerlei Informationen zum Ablauf und den nötigen Organisationsschritten einer Auswanderung in die USA wertvolle Hilfestellungen gab.[486] Innerhalb kürzester Zeit wandelte sich seine Rolle von der eines Nachfragenden und Informationsempfängers zu dem eines Immigrationsexperten, der Nachwandernden unterstützte.

Zusätzlich zur Funktion der Informationsgeber übernahmen Vorausgewanderte in allen vier Familien die Rolle der zur Auswanderung Drängenden. Leon Blechner, Hans Cahnmann, Erwin und Karl Schwager und in der Familie Goldschmidt Bernhards Bruder Stefan beschworen ihre zurückgebliebenen Familienmitglieder wiederholt, die Entscheidung für eine Emigration zu treffen.[487] Sie boten dabei ihre Unterstützungsleistungen für die Zeit nach der Emigration an:

---

484 Ihr letzter Brief kurz vor seiner Abreise enthielt sogar eine Art Packliste mit Gegenständen, die er in jedem Fall oder keinenfalls einpacken sollte: Hildegard Jung, New York, an Erwin Schwager, München. Brief vom 12.8.1938. Schwager Family Papers.
485 Erwin Schwager, München, an Fanny Strauss, Brüssel. Brief vom 24.7.1938. Erwin Schwager: Private Correspondence (1938).
486 Erwin Schwager, New York, an Sabine Schwager, München. Brief vom 1.12.1938. Schwager Family Papers.
487 Für die Familie Blechner u. a. Nr. 55: Leon Blechner, Lowell, an Jakob Blechner, Zürich. Brief vom 25.9.1939. Blechner Documents. Für die Familie Cahnmann berichtet Fred, dass sein Bruder Hans ihn bei einem Besuch in München zur Auswanderung drängte und ihm den Rat gab, in die USA zu emigrieren: USHMM: Oral History Interview with Fred Cahnmann. Stefan Goldschmidt riet, wie bereits zitiert, seinem Bruder Bernhard dringend, das Angebot eines Studienstipendiums für dessen Töchter anzunehmen. In der Familie Schwager schrieben beide Söhne wiederholt an ihre Eltern, die eigene Auswanderung endlich ernsthaft anzugehen. Dazu u. a. Karl Schwager, Merchavia, an Leopold Schwager, München. Brief vom 29.1.1940. Schwager Family Papers.

„Ich stelle mir vor, dass T.Cl. mit m. Eltern und Gusti, viell. auch mit Fred und mir, zusammenwohnen wird, was die Kosten pro Person erheblich herabdrueckt."[488]

Während für die Erstwanderer bezüglich ihrer Entscheidungsfällung und der Auswahl eines Ziellandes vor allem persönliche Informationsnetzwerke wichtig waren, wandelte sich die Situation bei der Emigrationsentscheidung nachziehender Familienmitglieder. Mehr noch als verlässliche Informationen gab in ihrem Falle aber das Wissen um die Wiedervereinigung mit engen Familienangehörigen einen Ausschlag zur Entscheidung für eine Emigration in ein bestimmtes Land: „Der l. G'tt soll mir helfen ich soll bald mit Euch zusamen sein daß ist mein einziger wuntsch."[489]

Die Familienzusammenführung wurde so zum Ziel der Zurückgebliebenen, ihr Nachzug in die neuen Heimatländer der Vorausgegangenen das Mittel zum Zweck. Die Verwandten, die zuvor emigrierten, wurden demnach zum ausschlaggebenden Faktor der Emigrationsentscheidung.[490]

Auch die Durchführungsprozesse der Emigration waren in vielen Fällen von persönlichen Beziehungen beeinflusst, nicht nur aufgrund informeller Unterstützernetzwerke, sondern auch aufgrund offizieller Immigrationsbestimmungen. Viele Staaten hatten Regularien erlassen, die angehenden Einwanderern die Zulassung erleichterten, wenn diese bereits Beziehungen ins Land hatten:

> Die meisten Ueberseestaaten erleichtern die Einwanderung, sofern eine Person von jemand angefordert wird, der schon im Lande seinen Wohnsitz hat. Je näher das verwandtschaftliche Verhältnis zwischen dem Anfordernden und Angeforderten ist, desto weniger streng sind die Voraussetzungen der Zuwanderung.[491]

Das System der Verwandtenanforderung begünstigte vor allem in den südamerikanischen Ländern die Nachwanderung von Familienmitgliedern. So blieben selbst nach der Sperrung der Einwanderung in einige dieser Länder noch Schlupflöcher

---

488 Werner Cahnmann, Chicago, an Dr. Max Levi, New York. Brief vom 18.3.1941. LBI: Werner and Gisella Cahnman Collection. AR 25210 Box 3 Folder 37. "T. Cl." ist Clementine Krämer, die Schwester Sigwart Cahnmanns, die mit dem Ehepaar ausreisen sollte. Ähnlich auch das Affidavit of Support für Hans Cahnmann vom 8.10.1940. LBI: Werner and Gisella Cahnman Collection. AR 25210 Box 3 Folder 37, in dem Fred und Werner aussagen, ihren Bruder Hans nach seiner Ankunft bei sich aufzunehmen.
489 Nr. 110: Mina Blechner, München, an Jakob Blechner, Zürich. Brief vom 20.1.1940. Blechner Documents.
490 Mit ähnlichem Ergebnis Strauss 1980, S. 338.
491 Die Jüdische Wanderung. Blick in die Praxis. In: *Jüdisches Nachrichtenblatt* 1938, 13.12.1938 (6), S. 2.

für die Anforderung von nahen Verwandten.[492] Daneben trug auch das System der Bürgschaften oder Garantiegeber, das vor allem eine Institution der Einwanderung in die USA und nach Großbritannien[493] war, zur Bevorteilung von Immigranten mit familiären Bindungen in das Zielland bei. Dabei galt der Grad der Verwandtschaftsnähe oft als Zeichen für die Verlässlichkeit einer Bürgschaft. Die jüdischen Hilfsorganisationen waren sich der Bedeutung des Familiennachzugs für die Steigerung der Auswanderung aus dem Reich deutlich bewusst. Nicht nur riefen sie vorangegangene Emigranten aktiv dazu auf, ihre Angehörigen nachzuholen, sondern arrangierten auch Pläne für Gruppensiedlungen entsprechend:

> Auf Grund ihrer Erfahrungen wendet die Ica bei der Ansiedlung das System der sogenannten Vorausfahrer an, d.h. es werden in der Regel zwei männliche Mitglieder jeder bestätigten Familie (...) vorgeschult, dann wird eines dieser Familienmitglieder nach Argentinien entsandt, damit es sich dort während einiger Monate mit der Arbeit bei den Kolonisten der Ica vertraut machen kann. Danach erfolgt dann erst die Ausreise der ganzen Siedlerfamilie.[494]

Diese Pläne verhalfen jedoch nur wenigen deutschen Juden zu einer erfolgreichen Emigration. In den USA, einem der wichtigsten Zielländer, waren persönliche Netzwerke aufgrund des Vergabesystems von Immigrationsvisa auf Basis von Bürgschaften jedoch von unvergleichlich hoher Bedeutung. Neben der Höhe der hinterlegten Garantiesumme sowie des Einkommens des Bürgen erhöhte vor allem die Nähe der Beziehung von Bewerber und Bürge den Wert eines Affidavits.[495] In Anbetracht dieses Vergabeprozesses fanden sich die Münchner Juden

---

492 So beispielsweise in Brasilien, wo nach Juni 1934 nur noch Ehefrauen angefordert werden konnten, oder in Paraguay, wo im Juli 1939 nach einem vollständigen Immigrationsstopp immerhin nahe Verwandte bereits etablierter Siedler wieder zugelassen wurden. Eine Übersicht zur Verwandtenanforderung bei: Die Verwandten-Nachwanderung. Mitgeteilt von der Wanderungs-Abteilung der Reichsvereinigung der Juden in Deutschland. In: *Jüdisches Nachrichtenblatt* 1940, 15.3.1940 (22), S. 1.
493 Auf Großbritannien wird im Folgenden nicht näher eingegangen. Auch dort war jedoch ein Garantiesystem in Kraft, das für diejenigen Immigranten, die wie Werner Cahnmann ihre Wartezeit auf die Einreise in die USA dort verbrachten, von entscheidender Bedeutung war. Sie benötigten Unterstützernetzwerke, die nicht nur einen Bürgen stellten, sondern auch die finanzielle Unterstützung für den Lebensunterhalt der Wartenden, die selbst nicht arbeiten durften. Vergleiche dazu LBI: Oral History Interview with Werner J. Cahman [sic!].
494 File 633: Warburg, Max: Die Arbeit des Hilfsvereins der Juden in Deutschland 1936–1937. JDC NY AR193344. Ähnliche Überlegungen zur Verteilung der knappen Ressourcen stellte auch der Hilfsverein an: File 658: Emigration From Germany (Old Reich) with the Assistance of the Hilfsverein der Juden in Deutschland in 1938. JDC NY AR193344.
495 Zentralausschuss: Arbeitsbericht 1936. LBI MF 1060, S. 43, sowie ausführlich Hilfsverein: Korrespondenzblatt (Juli 1938), S. 8.

in einer überdurchschnittlich guten Ausgangsposition wieder. An den großen Wanderungswellen jüdischer Deutscher während des 19. Jahrhunderts war eine große Zahl von Juden aus den süd- und westdeutschen Gebieten beteiligt gewesen. Insbesondere aus Bayern und Baden-Württemberg war die jüdische USA-Wanderung stark gewesen.[496] Diese historische Tatsache wirkte sich auf die Jahrzehnte später stattfindende Auswanderung der Münchner Juden während der NS-Zeit aus: Viele von ihnen hatten verwandtschaftliche Beziehungen in die USA, was die Wahrscheinlichkeit für das Finden eines Affidavitgebers und die Zulassung zur Immigration deutlich erhöhte. Die Masse der Münchner USA-Wanderer im Jahr 1938 (54% der Gesamtwanderung des Jahres aus München im Vergleich zu 29% USA-Wanderern im reichsweiten Schnitt) belegt den enormen Einfluss dieser Kombination aus historischer Gegebenheit und rechtlichen Immigrationsregularien.[497] Und auch die Biographien der Münchner Familien beweisen diese Wirkungskette. Die USA-Immigranten der Familie Cahnmann wurden fast ausschließlich von einem entfernten Verwandten der Familie in ihrer Einwanderung unterstützt.[498] Alfred Heller war ein Nachfahre eines Cahnmann-Zweigs, der ein Jahrhundert zuvor nach Amerika ausgewandert war: „My American family has been living in the Middle West for 3 and 4 generations, my great-great-grandmother and 7 of her sons having come to this country in the 40ies and 50ies of the last century."[499]

Sigwart Cahnmann hatte den Kontakt zur Heller-Familie aufrechterhalten. Alfred und dessen Familie waren im Jahr 1913 in München zu Gast gewesen. Ein Bittbrief Sigwarts um die Unterstützung der Emigration seines Sohnes Fritz an

---

[496] Vergleiche dazu weit ausführlicher Blau 1950, S. 288f., Adler-Rudel 1974, S. 90, sowie Cahnman 1982, S. 63f. Ähnlich stark waren die familiären Bande amerikanischer mit den österreichischen Juden, weshalb die amerikanischen Hilfsorganisationen nach dem Anschluss Österreichs an das Reich einen deutlichen Anstieg der Hilfsgesuche durch amerikanische Bürger mit österreichischen Wurzeln verzeichneten: File 683: NCC: Proceedings of Conference. 17.9.1938. JDC NY AR193344.
[497] Vergleiche dazu die Ausführungen in *Kapitel 4.2.2 Entscheidungsjahre: Herbst 1937 bis September 1939* sowie die Ergebnisse Rosenstocks: Rosenstock 1956, S. 384–386.
[498] Vergleiche dazu die Unterlagen bei Immigration Papers. Fred Cahnmann Family Collection. LBI AR 25508 Box 1, Folder 3. Für Werner, Auguste, Sigwart und Hedwig fungierte auch der zuerst immigrierte Fritz Cahnmann als Affidavitgeber. So wiesen die Affidavits durch die finanziellen Ressourcen Alfred Hellers sowie die verwandtschaftliche Nähe Fritz Cahnmanns zum Immigrationsbewerber vergleichsweise hohe Wertigkeiten auf.
[499] Werner Cahnmann, Chicago, an das Bureau of Immigration and Naturalization, Washington D.C. Brief vom 2.8.1942. LBI: Werner and Gisella Cahnman Collection. AR 25210 Box 3 Folder 42.

diese Verwandten reaktivierte diese Beziehungen[500] und ermöglichte letztlich die Emigration von Fritz, Werner und Auguste Cahnmann.

Im Falle der Emigration Erwin Schwagers mussten die verwandtschaftlichen Beziehungen erst wiederentdeckt werden. Nach seiner Entscheidung, eine USA-Wanderung anzustreben, hielt er nach passenden Affidavit-Gebern Ausschau.[501] Ein erster Versuch, entfernte Verwandte um eine Bürgschaft zu bitten, schlug fehl, nicht, weil diese nicht zur Stellung eines Affidavits bereit waren, sondern weil der finanzielle Hintergrund dieses Familienzweigs nicht ausreichend war.[502] Letztlich jedoch fand Erwin Schwager die gesuchte Unterstützung in einem vergessenen, aber nah verwandten Zweig der Familie: „Nach vielen und noch heisseren Kämpfen hat sich nun für mich die ‚Affidavit-Tante' endlich doch gefunden."[503]

Die „Affidavit-Tante"[504] wiederum bat ihren Schwiegersohn, der über genügend Kapital verfügte, das Affidavit für Erwin zu stellen.[505] Unbeachtet der Entschlussfreude, mit der dieser sich dazu bereit erklärte, erfragte Emily Holub ihrerseits einige Eigenschaften Erwins, die ihrer Meinung nach seinen Integrationserfolg entscheidend beeinflussen würden:

> However, as far as an affidavit for your son Erwin is concerned, we can make one for him. (...). But we would like to know whether Erwin speaks some English and whether he worked in your factory which is very important here. (...) It is also important whether Erwin wants to work hard.[506]

Schwieriger war die Situation für die Münchner Juden, die wie Bernhard Goldschmidt keine Verwandten in den USA besaßen.[507] Sie wurden von den Hilfs-

---

500 USHMM: Oral History Interview with Fred Cahnmann.
501 Erwin Schwager, München, an Fanny Strauss, Brüssel. Brief vom 6.2.1938. Erwin Schwager: Private Correspondence (1938). Vergleiche dazu Erwin Schwager, München, an diverse Verwandte in den USA. Brief vom 23.3.1938. Erwin Schwager: Private Correspondence (1938).
502 Erwin Schwager, München, an Hildegard Jung, New York. Brief vom 29.5.1938. Erwin Schwager: Private Correspondence (1938).
503 Erwin Schwager, München, an Miss Rosl, New York. Brief vom 25.6.1938. Erwin Schwager: Private Correspondence (1938) Miss Rosl, deren Vorname nicht bekannt ist, war Erwins Englischlehrerin in München.
504 Leopold Schwagers Vater hatte nach dem Tod seiner ersten Frau, der leiblichen Mutter Leopolds, ein zweites Mal geheiratet. Emilia Holub, oder „Tante Milka", war die Schwester dieser zweiten Frau.
505 PHM: Oral History Interview with Erwin Schwager.
506 Emilia Holub, New York, an Leopold Schwager, München. Brief vom 9.5.1938. Schwager Family Papers.
507 Welch große Bedeutung diese Schwierigkeit hatte, zeigt sich an den wiederkehrenden Artikeln im Jüdischen Nachrichtenblatt, die dieses Thema behandeln. Vergleiche u. a. Wenn man

vereinen bei der Knüpfung von Kontakten im Ausland unterstützt.[508] Auch die Kultusgemeinden versuchten behilflich zu sein, unter anderem in Wien oder in Frankfurt, wo „man auf die Idee [kam], Namen und Adressen selbst von solchen Frankfurter Juden ausfindig zu machen, die bereits im 19. Jahrhundert in die USA gewandert waren".[509] Bernhard Goldschmidt wandte ein ähnliches Verfahren an und suchte erfolgreich nach Amerikanern desselben Nachnamens:

> Ich schreib schon einmal, dass auf Grund meiner 30 Briefe an Namensvetter in Amerika, von einem Walter Goldschmidt in New York eine Rückfrage bei dem Hilfsverein über mich kam. Nun erhielt ich am Freitag von diesem ein sehr gutes Affidavit für Magda und mich. Ich finde dies fabelhaft und wenigstens ein Erfolg auf diese sehr vage Idee. (...) Es ist nur schade, dass die Wartezeit solange ist.[510]

Neben dem charakteristischen Bürgschaftssystem arbeiteten die USA auch mit Immigrationskategorien, die auf Verwandtenanforderungen basierten. Die meisten dieser Anforderungsmöglichkeiten galten nur für nahe Familienmitglieder amerikanischer Bürger und waren somit nur dann für die Nachwanderung von Angehörigen relevant, wenn der oder die Vorausgewanderte seit fünf Jahren in den USA ansässig und dort naturalisiert worden war. Diese Regelung hoffte Fritz Cahnmann zu nutzen, der im Mai 1936 in die USA gekommen war und folglich im Mai 1941 auf die amerikanische Staatsbürgerschaft hoffen konnte. Die Naturalisierung hatte die unmittelbare Anforderbarkeit der Eltern zur Folge, weshalb Fritz bereits Monate vor dem erstmöglichen Termin alle notwendigen Schritte zur Bewerbung um eine amerikanische Staatsbürgerschaft unternahm:

> Unseretwegen hast wohl Du l. Fred jetzt alle Vorbereitungen wegen Deiner Citizenship getroffen. Die Erledigung mit den first papers, die Du gewiss längst hast dauert stets mehrere Monate. Es sollte daher alles weiter Notwendige geordnet sein in dem Augenblick, da Du 5 Jahre drüben bist.[511]

---

keine Angehörigen in Uebersee hat .... In: *Jüdisches Nachrichtenblatt* 1940, 31.12.1940 (105), S. 1, und Freunde in der Welt. In: *Jüdisches Nachrichtenblatt* 1939, 20.5.1939 (40), S. 1. Die Idee der „Einwanderer-Patenschaften" sollte dieser Problematik entgegenwirken: Schafft Einwanderungs-Patenschaften. In: *Jüdisches Nachrichtenblatt* 1940, 2.4.1940 (27), S. 1.
508 Überseewanderung: Voraussetzung und Ziele. In: *Israelitisches Familienblatt*, 29.9.1938, o. S.
509 Wippermann, Wolfgang: Die nationalsozialistische Judenverfolgung. Darstellung, Dokumente, didaktische Hinweise. Frankfurt am Main 1986 (Das Leben in Frankfurt zur NS-Zeit, 1), S. 113.
510 Bernhard Goldschmidt, München an Stefan Goldschmidt, Oss. Brief vom 15.5.1939. StadtAM Judaica Varia 144.
511 Hedwig Cahnmann, München, an Fred und Werner Cahnmann, Chicago. Brief vom 18.11.1940. LBI: Werner and Gisella Cahnman Collection. AR 25210 Box 3 Folder 48.

Letztlich gelang es ihm, den Eltern das Visum ausstellen zu lassen; die Schließung der amerikanischen Konsulate im Reich im Juni 1941 jedoch verhindert dessen Aushändigung an Sigwart und Hedwig Cahnmann. Fritz' Beispiel zeigt, dass die Verwandtenanforderung durch amerikanische Staatsbürger ein gangbarer Weg zur Emigration deutscher Juden auf Basis von Verwandtschaftsbeziehungen war, in der Praxis jedoch nur den sehr frühen Emigranten offenstand. Den Verbreitungseffekt dieses Immigrationsweges schränkte allerdings stark ein, dass nur wenige deutsche Juden in den frühen Jahren der NS-Zeit emigriert waren. Für das Ehepaar Schwager kam diese Einreisemöglichkeit aus zeitlichen Gründen nicht mehr in Frage, obwohl auch sie darauf hofften und Erwin in den USA entsprechende Vorbereitungen getroffen hatte.[512]

Ein anderer Bereich der Verwandtenanforderung in der Klasse der „preferred quota immigrants" war die Nachholung von Ehepartnern und minderjährigen Kindern. Diese war nicht nur amerikanischen Bürgern, sondern auch „in den Vereinigten Staaten ansässigen, ordnungsgemäß zugelassenen Einwanderern"[513] möglich. Leon Blechner nutzte diese Möglichkeit, um seine Ehefrau sowie den noch im Reich geborenen Sohn nachzuholen.[514] Dabei war, wie in *Kapitel 5.1.3* beschrieben, die rechtliche Gültigkeit des Status von Regina Spatz als Ehefrau eines Einwanderers von entscheidender Bedeutung. Die noch in Deutschland durchgeführte religiöse Trauung reichte dafür nicht aus. Erst die standesamtliche Hochzeit auf Ellis Island wurde zu Reginas Eintrittskarte in die USA. Ganz konkret hatte in diesem Fall das persönliche Netzwerk einen Einfluss auf die Zulassung einer Emigrantin in ein Zielland.

Inbesondere aufgrund der wichtigen Rolle familiärer und persönlicher Netzwerke in den Immigrationsregularien der USA wurden diese Mechanismen im Frühsommer 1941 von der amerikanischen Regierung genutzt, um den bereits versiegenden Strom der Immigranten noch weiter einzudämmen. Unter dem Vorwand, dass deutsche Flüchtlinge in den USA zu Spionagetätigkeiten gezwungen werden könnten, wenn ihre Familienangehörigen in den Händen der Natio-

---

512 Nach einer Anregung Leopold Schwagers: Leopold Schwager, München, an Erwin Schwager, New York. Brief vom 6.1.1939. Schwager Family Papers. Vergleiche dazu auch NCC, New York, an Erwin Schwager, Pittsburgh. Brief vom 1.3.1939. Schwager Family Papers.
513 Hilfsverein: Korrespondenzblatt (Juli 1938), S. 4.
514 Nr. 82: Leon Blechner, New York, an Jakob Blechner, Zürich. Brief vom 23.11.1939. Blechner Documents. Die Enttäuschung, die Mina Blechner darüber empfand, dass ihr jüngster Sohn die Ehefrau der eigenen Kernfamilie vorgezogen hatte, war insofern ungerechtfertigt: Leon hatte keine Wahl, sondern konnte aufgrund der Immigrationsregularien der USA nur seiner Ehefrau die Immigration ermöglichen. Vergleiche dazu Nr. 92: Mina Blechner, München, an Jakob Blechner, Zürich. Brief vom 10.12.1939. Blechner Documents.

nalsozialisten waren, wurde eine neue Immigrationsrichtlinie erlassen, die die Zulassung versagte, wenn gleichzeitig nahe Verwandte (Eltern, Kinder sowie Geschwister) in den nationalsozialistisch kontrollierten Gebieten zurückblieben.[515] Diese Bestimmung machte die Immigration in die USA für eine Vielzahl deutscher Juden unmöglich, waren ihre Familienangehörigen zu diesem Zeitpunkt doch bereits überall verstreut.[516] Von ihr betroffen waren auch Sigwart und Hedwig Cahnmann, deren Aussichten auf Einreise in die USA in doppeltem Maße zerschmettert worden waren: Nicht nur konnte ihnen das bereits gewährte Visum nicht mehr ausgehändigt werden, es wurde zusätzlich ungültig durch die Tatsache, dass die Sigwarts Schwester noch in München lebte: „Demnach können wir ohne T.Clem u. sie ohne uns keine Visa erhalten."[517]

In diesem Falle wurden familiäre Netzwerke den angehenden Emigranten zum Verhängnis. Auch wenn es sich hierbei um eine außergewöhnliche Regelung handelte, die äußerst spät erlassen wurde und daher nur verhältnismäßig wenige Emigranten betraf, bleibt nichtsdestotrotz zu vermerken, dass Netzwerke, die in der großen Mehrheit aller Emigrationen der Förderung und Unterstützung dienten, in Einzelfällen auch zur Falle werde konnten.

Bereits ein Jahr zuvor hatte die britische Mandatsmacht in Palästina die Tür der Verwandtenanforderung vollständig geschlossen. Dort hatte sich, ebenso wie in anderen Immigrationsländern, die Tendenz gezeigt, dass gerade junge Emigranten ihre Eltern nachholten und so für zusätzliche Einwanderungsströme sorgten. In Palästina, dessen Immigranten einen besonders niedrigen Altersschnitt aufwiesen, kamen bereits Mitte 1936 derartige Befürchtungen auf: „For experience has shown that (...) the tendency for the reunion of families will bring to Palestine many parents whose children have already settled there."[518]

Im Sommer 1940 wurde bekannt, „dass Gesuche um Zulassung von Eltern und Verwandten gegenwärtig nicht mehr angenommen werden können".[519] Für diejenigen deutschen Juden, die Verwandte in Palästina hatten und auf eine Familienzusammenführung setzten, starben damit alle Hoffnungen auf eine

---

515 Wyman 1968, S. 195f.
516 Zu den verheerenden Auswirkungen dieser Richtlinie auch Hon. Emanuel Celler: Entrance of Refugees Into the United States, Rede am 24. Januar 1944 im Repräsentanten-Haus (Sonderdruck aus Congress Record). IfZ ED 201/4 (Sammlung Kurt Grossmann, Flüchtlinge I).
517 Sigwart Cahnmann, München, an Fred und Werner Cahnmann, Chicago. Brief vom 17.7.1941. LBI: Werner and Gisella Cahnman Collection. AR 25210 Box 3 Folder 50.
518 File 630: United Palestine Appeal: German Jewry Reduced by 21 Percent in 3,5 Years, Report Shows. October 1936. JDC NY AR193344.
519 Die Palästina-Immigration. Schedule für 9.000 Einwanderer im Sommer-Halbjahr 1940. In: *Jüdische Welt-Rundschau*, 6.5.1940, S. 3 Vergleiche dazu auch Lavsky 2017, S. 68.

Realisierung ihrer Pläne. Waren bereits zuvor durch die schwierigen postalischen Bedingungen die Kommunikationsflüsse der meisten Palästina-Wanderer mit ihren zurückgebliebenen Verwandten und Freunden vollständig oder in unregelmäßigen Abständen unterbrochen, was eine Emigrationsorganisation massiv erschwerte, waren mit der Beendigung der Verwandtenanforderung alle weiteren Planungen hinfällig. Die Strategie der Mandatsmacht war also erfolgreich: Mit der Beendigung des Verwandtennachzugs sanken die Immigrationszahlen deutscher Flüchtlinge nach Palästina noch einmal massiv ab.[520] Die Tore schlossen sich.

Neben der Unterstützung während des Immigrationsprozesses halfen Netzwerke auch in Fragen der Finanzierung, wie bereits in *Kapitel 5.2.1* dargelegt wurde. Doch auch nach dem Ende des Emigrationsprozesses an sich unterstützten persönliche Netzwerke den Emigranten, beispielsweise bei der Integration in die neue Gesellschaft. Viele orientierten sich in der Wahl des Niederlassungsortes an ihren familiären oder freundschaftlichen Kontakten im Zielland. So entstanden Einwanderercommunities, die berühmteste davon in New York, die einerseits bei einem schnelleren Einleben in der neuen Heimat halfen, andererseits aber auch die Integration in die neue Gesellschaft, ihre Sprache und Kultur verzögerten.[521] Als Ausgangspunkt für einen erfolgreichen Start in das neue Leben dienten vor allem Angehörige und Freunde:

> Da ich von hier aus keinerlei Geld egal wohin vorerst in bar mitnehmen kann, ist es wichtig, womöglich familiär untergebracht zu werden, wo ich vorerst, etwa 2–3 Wochen ein Dach über den Kopf haben kann und das Essen, damit ich nicht die nächstbeste Arbeit anzunehmen gezwungen bin, sondern mit etwas mehr Ruhe mich nach geeigneteren und ausbaufähigeren Stellungen umsehen kann.[522]

Ähnliche Erfahrungen wie Erwin Schwager machte Werner Cahnmann, der bei der Schwester eines Freundes der Familie unterkommen konnte, die er zufällig bei seiner Ankunft in New York traf.[523] Für Bernhard und Magdalena Goldschmidt hingegen war von besonderer Bedeutung, dass Stefan Goldschmidt und seine Frau Maria in den Niederlanden in unmittelbarer Nähe zu den Töch-

---

520 Nicosia 2008, S. 289.
521 File 468: Immigration to the United States 1901–1944. YIVO National Refugee Service. Zur besonderen Situation in New York vgl. File 630: The German Emigres in the United States. 9.6.1938. JDC NY AR193344. Durch die bewusste Umsiedlung von Emigranten versuchte der Joint, auch nachkommende Angehörige und Freunde in andere Communities zu lenken.
522 Erwin Schwager, München, an Ilona und Robert Schwager, Cham. Brief vom 18.3.1938. Erwin Schwager: Private Correspondence (1938).
523 LBI: Oral History Interview with Werner J. Cahman [sic!].

tern lebten. Für die Eltern bedeutete der Familienanschluss eine Beruhigung ihrer Sorgen: „Es ist so beruhigend für uns, dass Du Dich so um alles annimmst und kann mir gar nicht ausdenken, wie es uns zu Mute wäre, wenn wir Euch nicht dort wüssten."[524]

So übernahmen vorangegangene Emigranten bald die Rolle der Unterstützer für Nachwanderer: „Sehr vielen jüdischen Menschen wäre die Auswanderung nicht geglückt, wenn ihnen nicht von anderer Seite die Unterstützung gespendet worden wäre, um die sie jetzt von Freunden und Verwandten angegangen werden."[525]

Auf der Basis der Entwicklung von Netzwerken setzte somit eine klassische Kettenmigration ein, in der die zuerst Emigrierten zu Wegbereitern der Nachwanderung wurden. Persönliche Netzwerke nahmen in der Entscheidungsphase eine wichtige Informationsfunktion ein. Oftmals waren Familienzusammenführungen das wichtigste Ziel der Nachwanderung. Während der Durchführungsphase der Emigration ermöglichten Netzwerke die Erfüllung von Immigrationsvoraussetzungen in Ländern, deren Einwanderungsregularien auf Bürgschafts- oder Garantiesystemen basierten. Ferner leisteten Netzwerke Unterstützungen finanzieller Art sowie Hilfe bei der Integration im Zielland. Insgesamt bedeutete das Vorhandensein von Netzwerken eine spürbare Abminderung der Last, die eine Auswanderung bedeutete.[526] Die Hinweise, die die Statistik zur Altersstruktur der Münchner Emigranten bezüglich der Nachwanderung von Familienangehörigen gibt, bestätigen sich in der biographischen Untersuchung. Alle vier Familien arbeiteten von den neuen Zielländern aus intensiv an der Organisation der Emigration der zurückgebliebenen Geschwister und Eltern. Dass diese in den vier untersuchten Familien nicht gelang, ist anderen Faktoren und der Verschärfung der zeitgenössischen politischen Situation zuzuschreiben. Damit bekräftigt die Untersuchung zur Emigration aus München die Erkenntnis Dworks: „As civil society disintegrated, kinship networks emerged as key escape routes."[527]

---

[524] Bernhard Goldschmidt, München an Stefan und Maria Goldschmidt, Oss. Brief vom 14.4.1939. StadtAM Judaica Varia 144.
[525] Briefe, die beantwortet werden müssen. In: *Jüdisches Nachrichtenblatt* 1940, 12.9.1940 (12), S. 1.
[526] Massey 1988, S. 397 spricht diesbezüglich von "migrant costs".
[527] Dwork 2009, S. 122 Ähnlich Spitzer, Yannay: Pogroms, Networks, and Migration. The Jewish Migration from the Russian Empire to the United States 1881–1914. Providence 2015, S. 40f.

5.2.3 Reisewege

[A] new deadlock (...) has ensued from the lack of adequate shipping facilities.[528]

Die Reisewege waren speziell in den Kriegsjahren in entscheidender Faktor des Emigrationserfolgs. Neben der Buchung der Schiffstickets waren vor allem die bereits diskutierte Bezahlung der Tickets in Devisen, aber auch der Informationsaustausch über mögliche Reiserouten sowie die Koordination der Reiseorganisation Aspekte der Zusammenarbeit der angehenden Emigranten mit ihrem persönlichen Netzwerk im Ausland.

Bereits mit Kriegsausbruch 1939 wurden die Reiserouten, die die Emigranten bis dahin üblicherweise beschritten, darunter die Schiffsrouten von Hamburg, Marseille oder Triest nach New York oder Haifa, immer weniger verlässlich bereisbar. Mit Zunahme der Kriegswirren stieg die Unwägbarkeit der Reisewege. Betroffen waren insbesondere Personen, die auf ihrer Reise Länder durchqueren wollten, die den jüdischen Emigranten keine Durchreisevisa ausstellten. So verhinderten beispielsweise der Frankreich-Feldzug und die Eroberung der französischen Gebiete, dass deutsche und österreichische Juden die wichtige Schiffsroute Lissabon–New York bereisen konnten. Für die Fahrt nach Lissabon waren Durchreisevisa durch Frankreich und Spanien notwendig, die von den Konsulaten dieser Länder nicht mehr ausgestellt wurden. Das Fehlen eines spanischen Transitvisums verhinderte so unter anderem die Weiterreise von Jakob und Frieda Blechner aus Zürich: „Wir dachten nun immer, doch noch von hier wegzukommen u. warten schon seit 12 Wochen auf das span. Transit, dieses immerwährende Warten, das nun schon Jahre dauert, kostet so viel Nerven u. was haben wir schon erreicht?"[529]

Diese spezifische Problematik löste die Reichsvereinigung, indem sie jüdische Auswanderer „in geschlossene[n] Wagen von (...) Berlin (...) über Frankreich und Spanien nach Lissabon"[530] transportierte, wodurch Durchreisevisa für diese Länder unnötig wurden. Auguste Cahnmann nutzte diese Reisemöglichkeit und

---

[528] File 631: Werner Cahnman, Chicago, an Bernhard Kahn, New York. Brief vom 28.5.1941. JDC NY AR193344.
[529] Nr. 171: Frieda Blechner, Zürich, an Oskar Blechner, London. Brief vom 14.2.1941. Blechner Documents. Zur hohen Bedeutung der Route bis Lissabon u. a. Zur Mühlen, Patrik von: Fluchtweg Spanien – Portugal. Die deutsche Emigration und der Exodus aus Europa 1933–1945. Bonn 1992, S. 150–154.
[530] Für Uebersee-Auswanderer. Ein neuer Weg nach Lissabon. In: *Jüdisches Nachrichtenblatt* 1940, 26.11.1940 (o.Nr.), o. S.

gelangte so nach New York. In steigendem Maße problematisch war zudem die Unsicherheit der Beförderung über den Atlantik. Die Zunahme der Seekriegshandlungen erhöhte die Gefahr, der sich Zivilisten auf Schiffsreisen aussetzten. Diese Erfahrung machte Hans Cahnmann, dessen Schiff in Casablanca aufgebracht worden war. Gerechtfertigt wurde diese Unterbrechung der Reise eines Zivilschiffes mit den Kriegshandlungen:

> I wish to inform you that this measure was made necessary by the previous seizure of various French ships in the South Atlantic by the blockade authorities. These measures had made it sufficiently clear that the British Government had not intention to tolerate any further navigation of French ships in this area. The French Government is now doing its utmost (...) to secure the dispatching to Casablanca of a neutral ship which would collect all the refugees stranded there.[531]

In Anbetracht dieser Schwierigkeiten bei der Reiseroute über das westeuropäische Festland sowie den Gefahren der Seereise entwickelten sich Ausweichbewegungen, vor allem über Landwege in den Fernen Osten,[532] welche jedoch langwierig und teuer zu bereisen waren.

Neben den sich ständig verändernden Reisesituationen, die den Hintergrund für die folgenden Ausführungen bilden, führte vor allem die stetige Verringerung von Schiffsverbindungen bei gleichzeitigem Anstieg der Auswanderungszahlen zu großen Schwierigkeiten bei der Buchung einer Passage. Bereits während der Ausreise Erwin Schwagers hatte sich diese Tendenz gezeigt. Im Sommer 1938 waren alle Schiffsverbindungen in die USA auf drei Monate ausgebucht,[533] so dass er im Juli ein Ticket für Oktober erstand. Nach Kriegsbeginn verschärfte sich diese Situation. Hinzu kam, dass die Einwanderungsländer die Gültigkeit der ausgestellten Visa verringerten, beispielsweise die USA, deren Visa nur noch für vier Monate gültig waren, was das Zeitfenster der Emigranten zur Ausreise entschieden verkürzte. Ein abgelaufenes Visum konnte weder zur Einreise verwendet noch erneuert werden. Unter diesen schwierigen Vorzeichen stand die Emigration der Familien Schwager und Cahnmann Während der Erhalt eines USA-Visums im Frühjahr 1941 erleichtert war, stellte die Verfügbarkeit von Schiffs-

---

531 The Ambassade de la Republique Francaise aux Etats-Unis, Washington D.C., an Werner Cahnmann, Chicago. Brief vom 26.6.1941. LBI: Werner and Gisella Cahnman Collection. AR 25210 Box 3 Folder 47.
532 Die neuen Auswanderungswege. Kombinierte Land- und Seewege über den Fernen Osten. In: *Jüdisches Nachrichtenblatt* 1940, 21.6.1940 (50), o. S. Die Route führte über Mandschuko, Wladiwostok und Yokohama nach San Francisco oder Seattle.
533 Erwin Schwager, München, an Fritz Schwager, New York. Brief vom 20.7.1938. Erwin Schwager: Private Correspondence (1938).

karten „at present the greatest difficulty"[534] dar. Diesseits und jenseits des Atlantiks wurden Hilfsorganisationen, Reiseagenturen und Provisionsvermittler um eventuelle Passagemöglichkeiten angefragt.[535] Während im Falle des Ehepaars Schwager alle organisatorischen Bemühungen im Planungsstadium feststeckten, da Leopold und Sabine das amerikanische Visum nicht erhalten hatten, waren Sigwart und Hedwig Cahnmann einen Schritt weiter. Ihnen wurde ein „provisional approval" des Einreisevisums zugestanden; die tatsächliche Ausstellung des Visums jedoch scheiterte an der Vorlage gültiger Schiffstickets: „The applicants submitted no evidence of their ability to make satisfactory travel arrangements for their journey to the United States."[536]

Sigwart Cahnmann hatte alle möglichen Hebel in Bewegung gesetzt, um an Schiffskarten zu gelangen.[537] Seine Söhne Werner und Fritz wandten sich in den Staaten an alle denkbaren Hilfsorganisationen und nutzten ihre persönlichen Kontakte zu Bernhard Kahn vom Joint;[538] dort war außerdem bereits eine Summe für die Bezahlung der Schiffskarten hinterlegt. Die Auswanderung Sigwart und Hedwig Cahnmanns scheiterte de facto nur an der Verfügbarkeit von Schiffstickets, nicht an finanziellen Voraussetzungen oder Versäumnissen der Emigranten. Das Fehlen von Transportmöglichkeiten verzögerte die Ausstellung des amerikanischen Visums, diese wiederum wurde aufgrund der Schließung der amerikanischen Konsulate in Europa unmöglich. Das Ehepaar war im Reich gefangen. Im Oktober 1941 verbot das Deutsche Reich die Auswanderung, im Dezember stellten die meisten neutralen Staaten sowie die USA die Zivilschifffahrt auf dem Atlantik ein.[539] Damit waren die meisten Emigrationsrouten der Überseewanderer verschlossen. Sigwart und Hedwig Cahnmann waren den „in den Zeitverhältnissen begründeten Hindernissen, die der Auswanderer aus eigener Kraft nicht beseitigen kann",[540] zum Opfer gefallen.

---

534 Sabine Schwager, München, an Erwin Schwager, Pittsburgh. Brief vom 31.3.1941. Schwager Family Papers.
535 Leopold Schwager, München, an Erwin Schwager, Pittsburgh. Brief vom 15.5.1941. Schwager Family Papers, sowie in Werner Cahnmann, Chicago, an Dr. Max Levi, New York. Brief vom 18.3.1941. LBI: Werner and Gisella Cahnman Collection. AR 25210 Box 3 Folder 37.
536 Mr. Breckinridge Long an Fred Cahnmann. Kopie eines Briefes vom 11.7.1941. Immigration Papers. Fred Cahnmann Family Collection. LBI AR 25508 Box 1 Folder 3.
537 Sigwart Cahnmann, München, an Fred und Werner Cahnmann, Chicago. Brief vom 19.3.1941. LBI: Werner and Gisella Cahnman Collection. AR 25210 Box 3 Folder 50.
538 Werner Cahnmann, Chicago, an Dr. Max Levi, New York. Brief vom 18.3.1941. LBI: Werner and Gisella Cahnman Collection. AR 25210 Box 3 Folder 37.
539 Hon. Emanuel Celler: Entrance of Refugees Into the United States, Rede am 24. Januar 1944 im Repräsentanten-Haus (Sonderdruck aus Congress Record). IfZ ED 201/4 (Sammlung Kurt Grossmann, Flüchtlinge I).
540 USA-Einwanderung. In: *Jüdisches Nachrichtenblatt* 1940, 9.1.1940 (2), S. 1.

5.3 Individuelle Faktoren der Emigrationsprozesse

5.3.1 Mentale Konstitution

> Pass proudly and uprightly through life and withstand the hard trials and tribulations which this time has brought upon all of us. With self-esteem, but without arrogance, you shall recognize and acknowledge that you are Jews, and therefore obligated to an irreproachable, exemplary life (...) Each one of you children must today, in struggle and distress, conquer for himself the hard life and stand it firm.[541]

Viele der Einflussfaktoren der jüdischen Emigration waren „in Umständen begründet, die außerhalb des Einflußbereiches jüdischer Menschen und Institutionen"[542] lagen, wie zu Recht immer wieder betont wurde. Ein Einflussfaktor der Emigration jedoch war hochindividuell: Persönlichkeit und Emotionen der Einzelpersonen, welche zusammen die mentale Konstitution prägten, die jeder deutsche Jude individuell aufwies. Während die Persönlichkeitsdisposition einer Person verhältnismäßig stabil ist, sind Emotionen fluide und verändern sich unter veränderten Zeitumständen, mit neuen Erlebnissen oder selbst in Abhängigkeit zur emotionalen Tagesform einer Person sehr schnell. Dieser Einflussfaktor ist deshalb nur schwer fassbar. Andererseits finden sich in den Quellenmaterialien immer wieder Hinweise darauf, dass eine positive emotionale Haltung, die Arbeit am eigenen Selbst und am Zusammenhalt der Gruppe ein Mittel der Hilfsorganisationen ebenso wie der Einzelpersonen waren, um die schwierigen Verfolgungszeiten durchzustehen und die Herausforderungen der Emigration zu bewältigen. Insofern soll der Frage nach dem Einfluss von persönlicher Veranlagung und Emotionen auf Emigrationsprozesse nachgegangen werden.

Der Verfolgungsdruck, der im nationalsozialistischen Reich auf den Juden lastete, zeigte sich nicht nur in konkreten Ereignissen wie der Verdrängung aus den Berufen und in Gefahrensituationen wie den Verhaftungen während des Novemberpogroms. Vielmehr legte sich im Alltag eine drückende Last auf die Schultern der Verfolgten. Tagtäglich wurden sie sich ihres Status durch die ständigen Schikanen bewusst – im Verschwinden der Kontakte mit Nichtjuden, der Begegnung mit Uniformträgern auf den Straßen oder den Schildern, die jüdischen Besitz kennzeichneten oder den Juden Verbote auferlegten. Die jüdische

---

541 Abschiedsbrief Sigwart Cahnmanns vor seinem Tod. 19.8.1941. LBI: Werner and Gisella Cahnman Collection. AR 25210 Box 1 Folder 7. Sigwart Cahnmann verstarb im Januar 1942; die Abschiedsworte verfasste er bereits ein halbes Jahr vor seinem Tod.
542 Hilfsverein: Korrespondenzblatt (September 1939), S. 1.

Gemeinschaft selbst war in ihrem Umgang mit den Erfahrungen der Ausgrenzung, vor allem in den Anfangsjahren, gespalten: Sollte auf diese Drucksituation mit einer Ausweichbewegung im Sinne der Emigration oder vielmehr mit dem Standhalten und dem Verbleib im Reich reagiert werden? Zusätzlich zum Druck der Verfolgung lastete auf den Juden der Druck der Entscheidung, sich zu positionieren und sich über kurz oder lang oder auch immer wieder für einen der beiden Wege zu entscheiden.[543] Allerdings konnte während dieser ersten Jahre die eigene Lebenswelt noch zu einer Schutzblase werden, wie das Beispiel der Familie Schwager zeigte. Jüdische Freundeskreise blieben bestehen, man umgab sich mit Menschen, die dieselben Erlebnisse und Sorgen trugen und so Halt boten; die wirtschaftliche Situation war nicht zwangsläufig verheerend. Tatsächlich ging Erwin Schwager noch Jahrzehnte nach dieser Phase so weit, diese Blase als wahren Grund des Todes seiner Eltern zu bezeichnen:

> As a matter of fact, if anything can be said, if my parents died as a matter of the Hitler persecution, it only happened because they were fooled by the people that were pro-Jewish. Our business up to the Kristallnacht went well, we needed all our employees and as a matter of fact lot of people came to our store. Our customers were shoe stores, and the more educated type of people came to our shoe store to show they are not influenced by the Hitler thing. I would say my parents died because my father always said: ‚We belong here and the people are with us.' Till it was too late after the Kristallnacht, and the store was closed, and the change came to my father's mind, but it was too late.[544]

Ein weiterer emotionaler Faktor, der für den Verbleibs in München sprach, war die starke Heimatverbundenheit,[545] die viele Münchner Juden verspürten. Diese betraf nicht nur die Elterngeneration, die im Ersten Weltkrieg für Deutschland gekämpft hatte und die daher einen besonderen Nationalstolz in sich trug. Auch ein Großteil der Münchner jüdischen Kinder wurde, ebenso wie ihre nichtjüdischen Klassenkameraden, mit den bayerischen Traditionen groß: „But still we felt completely German, I was always, as most Bavarian boys, dressed in leather shorts (...), I never felt I was anything but Bavarian, or a Munich boy."[546]

---

543 Dr. Willy Cohn: Seelische Haltung. In: *Bayerische Israelitische Gemeindezeitung* XI. Jahrgang, 15.08.1935 (16), S. 347f.
544 PHM: Oral History Interview with Erwin Schwager.
545 Vergleiche dazu Wetzel 1993, S. 414, und Laqueur 2000, S. 30. Er argumentiert ebenfalls, dass es nicht die Trennung von Land und Volk, sondern die Trennung von der individuell empfundenen Heimat war, die viele deutsche Juden vor der Auswanderung zurückschrecken ließ.
546 PHM: Oral History Interview with Erwin Schwager. Auch von den Cahnmann-Kindern und den Goldschmidt-Töchtern gibt es Fotos in bayerischer Tracht; ähnliche Aussagen wie die oben zitierte trafen auch Werner, Auguste, Hans und Fred Cahnmann in ihren Oral-History-Interviews. So

Selbst die Diskussionen um die Notwendigkeit einer Auswanderung waren beeinflusst von den typisch bayerischen Mentalitäten des Lokalpatriotismus und der Verbundenheit mit der eigenen Heimat. Eine Identifikation mit diesen Werten wiesen auch die jüdischen Bürger Münchens auf. Wie sonst wäre zu erklären, dass Werner Cahnmann, der über seine Verbindungen zum Centralverein und zur jüdischen Führungselite des Reichs besonders gut über die Belange der Auswanderung Bescheid wusste, bezüglich seiner eigenen Emigration konstatierte: „Auswanderung ist leicht, aber Auswanderung aus München ist schwer".[547]

Vielen von ihnen, vor allem der assimilierten jüdischen Gesellschaftskreise, war vor der Verfolgungszeit nicht der Gedanke gekommen, etwas anderes als bayerisch und deutsch zu sein. Selbst die dezidiert jüdischen Organisationen hatten vor 1933 eine Ausrichtung verfolgt, die die Gleichzeitigkeit und Gleichwertigkeit von Deutschtum und Judentum betonte.[548] Mit zunehmender Verdrängung aus der nun „arischen" Mehrheitsgesellschaft jedoch wurden die Münchner Juden, so wie ihre Glaubensgenossen überall im Reich, mit der entstandenen Kluft zwischen Judentum und Deutschtum konfrontiert, die sie nicht mehr überwinden konnten: „I believed you could be a German and a Jew at the same time. But the question was, are you a German first or a Jew first. Well now, that question was really solved by Hitler, you know. We all became Zionist, you know."[549]

Bald jedoch ließen sich die Zeichen der Zeit nicht mehr ignorieren. Die Bedrohungslage hatte sich erhöht, neue antijüdische Gesetze wurden in immer kürzerer Abfolge veröffentlicht und die Nationalsozialisten zeigten, dass die körperliche Unversehrtheit der Juden im Reich nicht mehr garantiert war. Daraufhin änderten sich auch Inhalt und Wortwahl der öffentlichen Kommunikation der jüdischen Organisationen. Wo zuvor von einem Standhalten die Rede war, wurden nun Appelle für „Geduld, (...) Lebensmut und Selbstachtung"[550] laut. Notwendig wurden nun Durchhaltevermögen und die Kraft, den Verfolgungsdruck zu ertragen:

---

sagte beispielsweise Fred Cahnmann aus, er habe sich immer „more German than Jewish" gefühlt.
547 Cahnman 1982, S. 64. Ähnliche Aussagen finden sich in der Briefkorrespondenz Erwin Schwagers, der Bayern als das „schönste Land der Erde" bezeichnete. Erwin Schwager, München, an Fanny Strauss, Brüssel. Brief vom 5.7.1936. Erwin Schwager: Private Correspondence (1937).
548 Vergleiche dazu z.B. Nummer 5 der „Neun Thesen", die Ludwig Holländer auf der CV-Hauptversammlung vom Februar 1928 nannte: „Wir lieben unser Deutschtum und unser Judentum. Unsere ganze staatsbürgerliche Arbeit, erfüllt von dieser Liebe, zielt darauf, eine harmonische Entwicklung von Deutschtum und Judentum und ihre Beziehung zueinander zu fördern". Mehr dazu bei Barkai 2002, S. 214–226.
549 USHMM: Oral History Interview with Fred Cahnmann.
550 File 631: Protokoll der Sitzung des Rats bei der Reichsvertretung vom 13.1.1938. JDC NY AR193344.

> Was Du aber schreibst, liebe Trude, über Stimmungen, die einem das Leben bestimmt noch schwerer machen, als es manchmal ist, so muss ich da anfügen, dass man sich von diesen nie und zu allerletzt erst unterkriegen lassen darf. Man ist oft in einer Lage, die einem den Mut nimmt, auch dann hat man aber die Pflicht, es sich an Lebensfreudigkeit nicht mangeln zu lassen. Alle Situationen, die man selbst meistern kann, und man muss sich eben innerlich meistern können, müssen tapfer gehalten werden. Das andere wird der Himmel geben.[551]

Wie diese Aussage impliziert, stellte sich vor allem die Frage nach dem Maß des Erträglichen. Entscheidend war zuallererst das Gefühl der Kontrolle, das die Münchner Juden über ihr eigenes Schicksal hatten. Wer noch das Gefühl hatte, Situationen innerlich meistern zu können, dürfte sich mental stärker und zuversichtlicher gefühlt haben als diejenigen, die von Natur in höherem Maße von der Zwangsläufigkeit der Verfolgungssituation überzeugt waren. Für einen Teil der deutschen Juden bedeutete der verstärkte Verfolgungsdruck ein immer schwerer wiegendes Gefühl der Hilflosigkeit und Vergeblichkeit allen Tuns. Andere, darunter Erwin Schwager und Werner Cahnmann, reagierten mit erhöhtem inneren Widerstand. Fast trotzig schrieb Erwin im Januar 1938:

> Ich bleibe auf meinem Posten, bis er genommen ist. Ich betrachte dies als meine Pflicht mir gegenüber. Ich laufe nicht davon. Jetzt erst recht noch nicht. (...) Ich häne [sic!] an Deutschland – und erst dann, wenn dieser Traum beendet ist, werde ich die Kraft haben, von innen heraus eine neue Zukunft in irgend einer Ferne zu gründen. Weil ich weiss, es gibt kein ZURUECK mehr und weil ich an mir erfahren habe, dass ich etwas aushalten kann (...) Es gibt kein Entrinnen vor seinem Schicksal. Aber es gibt ein Davonlaufen von seiner Aufgabe, in die man hineingestellt worden ist: und darauf habe ich die Antwort: NOCH NICHT![552]

Diese Einstellung mag, zusammen mit den langwierigen Emigrationsprozessen an sich, eine weitere Erklärung dafür sein, weshalb in einigen Fällen die Zeitpunkte des Emigrationsentschlusses und deren eigentlichen Durchführung um Monate oder Jahre auseinanderklafften. Hilflosigkeit und Durchhaltewillen konnten phasenweise abwechseln und so zu Revisionen der Emigrationsentscheidung führen.[553] Gleichzeitig stellte sich die Frage nach den Zukunftserwartungen, die die Verfolgten bezüglich ihrer Emigration in ein anderes Land mit sich trugen.

---

551 Erwin Schwager, München, an Trude Huber, Wien. Brief vom 10.7.1936. Erwin Schwager: Private Correspondence (1936).
552 Zu diesem Zeitpunkt hatte Erwin den Entschluss zur Emigration bereits gefasst. Erwin Schwager, München, an Heinz Haymann, Nürnberg. Brief vom 23.1.1938. Erwin Schwager: Private Correspondence (1938).
553 So durchlief Erwin Schwager im September 1937, nach der Emigration seiner damaligen Partnerin, eine mehrwöchige, fast depressive Phase voller Hoffnungslosigkeit und dem Gefühl der Sinnlosigkeit allen Tuns.

Sahen sie ihrerseits gute Möglichkeiten, sich ein neues Leben aufzubauen, so fiel es oftmals leichter, das Vergangene loszulassen. Dem Schritt in eine ungewisse Zukunft mit ungekannten Schwierigkeiten wurde hingegen oftmals der Verbleib in einer unsicheren, aber bekannten Situation vorgezogen. Andererseits hob die Aussicht auf eine erfolgreiche Emigration in vielen Fällen die Stimmung unter den Zurückgebliebenen, wie ein Bericht an den Joint bezeugte, der die erfolgreiche Durchführung der Emigration als „first prize in a lottery"[554] beschrieb. Schon Erwin Schwager hatte diese Gemütsänderung vor seiner eigenen Emigration gespürt. Während er zuvor in einer fast depressiven Gemütsverfassung war, ergriff ihn in der Phase der Entscheidung eine Abenteuerlust, die ihm half, den Entschluss zur Emigration zu fassen,[555] und ihn motivierte, die Organisation aller Angelegenheiten voller Tatendrang anzugehen:

> Ich bin gewappnet für einen Kampf aufs Messer. Und was alles meiner Zukunft entgegensteht, muss überrumpelt werden. Ich bin so voll Energie, wie ich es nie noch gekannt habe (...) Verzeih mir den Ueberschwang. Aber ich kanns jetzt manchmal nicht mehr aushalten. Es ist jetzt an der Zeit für mich, Fanny.[556]

Ähnlich erging es im Frühjahr 1941 seinen Eltern, die einmal mehr auf die Emigration in die USA hofften. Nach den Schwierigkeiten des ersten Kriegsjahrs waren alte Emigrationswege erneut offen, so beispielsweise die Reiseroute über Lissabon, so dass ab dem Sommer 1940 die Hoffnungen des Ehepaars Schwager auf einen guten Ausgang ihrer Emigrationsbemühungen noch einmal deutlich stiegen. Die Nachricht des amerikanischen Konsulats vom Frühjahr 1941, die Warteliste würde abgearbeitet, bewirkte einen in der Familienkorrespondenz der Schwagers deutlich erkennbaren Stimmungsanstieg. Als sich jedoch auch diese Hoffnung der Emigration in die USA zerschlug, bildete sich vor allem die Mutlosigkeit Sabine Schwagers in den Briefen deutlich ab: „However, we have been three times already this far; therefore, I am (...) pessimistic! Anyhow, we shall accept your offer, my dear child with joy and hope for the future."[557]

Mina Blechner hatte im Sommer 1941 ebenfalls alle Hoffnung verloren, ihren Sohn Salo aus dem KZ befreien zu können. Ihre Briefe wurden trotz der immer

---

554 File 657: On the status of emigration from Germany. 28.10.1937. JDC NY AR193344.
555 Erwin Schwager, München, an Elisabeth Esslinger, Florenz. Brief vom 25.12.1937. Erwin Schwager: Private Correspondence (1937).
556 Erwin Schwager, München, an Fanny Strauss, Brüssel. Brief vom 24.7.1938. Erwin Schwager: Private Correspondence (1938).
557 Sabine Schwager, München, an Erwin Schwager, Pittsburgh. Brief vom 14.10.1941. Schwager Family Papers.

wieder enthaltenen Zusicherung, sie „halte es aus alles alein",[558] immer verzweifelter. Auch im letzten erhaltenen Brief des Ehepaars Goldschmidt finden sich Hinweise auf eine körperliche und emotionale Erschöpfung und Hoffnungslosigkeit, die nicht mehr überwunden werden konnte:

> Heute lb. Mutter will ich Dir Adieu sagen, denn wir kommen fort von hier mit vielen, vielen anderen. Wir sind offengestanden froh darüber, denn die letzte Zeit, war für Magda doch mehr als anstrengend. Auch die Entspannung nach all den aufregenden Tagen des Wartens ist viel Wert (...) Sei ruhig wie wir, die derob allgemein bewundert werden.[559]

Das Scheitern aller Emigrationsversuche, die jahrelange Verschlechterung der Lebensumstände und die harte Zwangsarbeit, die Trennung von nahen Bezugspersonen und die Ungewissheit über die eigene Zukunft hatten in den untersuchten Familien Spuren hinterlassen. Die in München Zurückgebliebenen waren nicht nur ihrer Besitztümer und ihrer Freiheit, sondern auch aller Lebensenergie und allen positiven Emotionen beraubt.

Für die Ausgewanderten hingegen endete der Kampf um den eigenen emotionalen und psychischen Zustand nicht mit ihrer Emigration. Sie standen vielmehr im Zielland vor neuen Herausforderungen. Auch dazu brauchte es eine „Persönlichkeit, die zu Erfolgen führt".[560] Es galt, Haltung zu bewahren und Verantwortung zu übernehmen „für alle die folgen, denn keiner geht anonym heraus. Das Land, das den Einwanderer aufnimmt, wertet die Gesamtheit nach seinem Verhalten".[561] Die nächste schwierige Lebensphase, die der Integration, hatte erst begonnen.

5.3.2 Sprachkenntnisse

> Viele verlassen sich darauf, daß man Sprachen ja eigentlich doch erst im Lande selbst richtig lerne, und fangen deshalb in Deutschland erst gar nicht damit an – ein verhängnisvoller Irrtum, da es jeden Einwanderer wohl ausnahmslos schwere wirtschaftliche Opfer kostet.[562]

---

558 Nr. 188: Mina Blechner, München, an Jakob Blechner, Zürich. Brief vom 25.9.1941. Blechner Documents.
559 Bernhard Goldschmidt, München, an Ida Goldschmidt, Oss. Postkarte vom 10.11.1941. StadtAM Judaica Varia 144.
560 Hilfsverein: Korrespondenzblatt (September 1935), S. 3.
561 Hilfsverein: Korrespondenzblatt (Juli 1938), S. 58.
562 Hilfsverein: Korrespondenzblatt (Herbst 1937), S. 2.

Ein weiterer individueller Einflussfaktor der Emigration waren die teils sehr unterschiedlich ausgeprägten Sprachkenntnisse der Emigranten. Regelmäßig wiesen der Hilfsverein und andere jüdische Organisationen auf die Bedeutung eines hinreichenden Sprachlevels der Landessprache hin: „Von größter Wichtigkeit, das ist nicht oft genug zu sagen, sind Sprachkenntnisse und vor allem Kenntnis der Landessprache."[563] Für den einzelnen Auswanderer sollte durch das Beherrschen der Landessprache die berufliche und gesellschaftliche Eingliederung in sein neues Heimatland erleichtert werden. Innerhalb des großen Bildes, das der Hilfsverein immer im Auge behielt, kam den Sprachkenntnissen der Einwanderer außerdem eine weitere Bedeutung zu, die im Eingangszitat bereits angedeutet ist. Fehlende Sprachkenntnisse erhöhten nicht nur die Wahrscheinlichkeit des Einzelnen, in der Integration zu scheitern, sondern trugen auch zum Entstehen von räumlich und kulturell umgrenzten Einwanderercommunities bei, wie dies beispielsweise in New York sehr schnell der Fall war. Diese wiederum erregten das Missfallen der jeweiligen Regierungen, wodurch die Nachwanderung weiterer Emigranten bedroht war. Dass diese Befürchtung nicht unbegründet war, zeigten in den späteren Jahren die Entwicklungen in den südamerikanischen Ländern. Jahrelang war davor gewarnt worden, ohne ausreichende Vorbereitung in diese kulturell, klimatisch und politisch fremdartigen Länder zu reisen.[564] Oftmals jedoch war es den Auswanderern selbst unter großem Bemühen nicht möglich, sich sprachlich gut genug auf eine ihnen unbekannte neue Lebenswelt vorzubereiten. So kam es, dass sich in den Folgejahren oft „Tausende von kaum assimilierten, der Landessprache meist kaum kundigen Einwanderern (...) in den Hauptstädten (...) zusammenball[t]en",[565] was zu Unbehagen und Widerständen in den einheimischen Gesellschaften und letztlich zu Einwanderungsbeschränkungen führte. Die fehlenden Sprachkenntnisse waren dabei sicherlich nur ein Teil des Problems. Dennoch waren sie Symbol für die oft kritisierte fehlende Emigrationsvorbereitung.

Die Annahme des Hilfsvereins, dass der einzelne Einwanderer durch eine ausreichende Aneignung der nötigen Sprachkenntnisse dazu beitrug, die Nach-

---

563 Hilfsverein: Korrespondenzblatt (Oktober 1933), S. 1. Außerdem in diversen anderen Artikeln und Kontexten, z.B. im Artikel Hausfrau und Auswanderung. In Hilfsverein: Korrespondenzblatt (September 1936), S. 11f., oder Die Jüdische Wanderung. Blick in die Praxis. In: *Jüdisches Nachrichtenblatt* 1938, 13.12.1938 (6), S. 2.
564 Dazu unzählige Publikationen, Ansprachen und Zeitungsartikel. Stellvertretend konkret für München: Aus dem Reiche: Keine Auswanderung ohne Sprachkenntnisse! In: *Bayerische Israelitische Gemeindezeitung* XII. Jahrgang, 15.06.1936 (12), 271f.
565 Hilfsverein: Korrespondenzblatt (September 1939), S. 1f.

wanderung zu sichern und den Boden für weitere Migranten zu bereiten,[566] konnte also nicht von der Hand gewiesen werden. In Anbetracht dieser Ausgangslage prüfte der Hilfsverein vor der Vergabe von Unterstützungsleistungen unter anderem die Sprachkenntnisse eines Antragstellers, die dadurch speziell für bedürftige Emigranten zu einem entscheidenden Faktor des Emigrationserfolgs werden konnten.[567] Außerdem engagierte sich der Hilfsverein auch auf dem Gebiet der Förderung von Sprachkursen. Diese wurden meist von den Gemeinden oder in den Ausbildungsstätten der jüdischen Jugendlichen angeboten, um die eigenen Mitglieder so gut als möglich auf ihre Auswanderungen vorzubereiten. Zusätzlich richteten viele jüdische Zeitungen, darunter in den späteren Jahren das Nachrichtenblatt,[568] Serien von Sprachkursen ein. Diese meist einseitigen Kurse machten die Leser mit dem Basisvokabular und ersten Grammatikstrukturen bekannt, konnten aber selbstverständlich über die Schwierigkeiten der Aussprache und Intonation der Sprachen nicht hinweghelfen.

In München wurden Sprachkurse im Hebräischen bereits vor 1933 angeboten; diejenigen Kinder, die den israelitischen Religionsunterricht besuchten, kamen dort bereits mit der Sprache in Berührung. Schon 1934 wurden die Kurse der Gemeinde auf einen Kinder- sowie einen Anfängerkurs ausgeweitet,[569] die große Anzahl von erwachsenen Anfängern bedingte die Aufteilung des ersten Kurses in zwei Parallelkurse.[570] Analog zur Palästina-Begeisterung dieser frühen Jahre erlebten die Hebräischkurse einen „starke[n] Aufschwung".[571] Im Oktober 1935 bot die Gemeinde bereits 25 Hebräischkurse auf unterschiedlichen Niveaus. 16 von ihnen waren sogenannte „HaMatchil"- oder Anfängerkurse. Im Frühjahr 1936 wurde die Einstellung eines dritten Lehrers notwendig, um die Nachfrage überhaupt noch bewältigen zu können.[572] Fast gleichzeitig jedoch begann diese nachzulassen, was mit den Unruhen in Palästina sowie den immer größer werdenden

---

566 Eine ähnliche Argumentation findet sich auch bei Cohn et al. 1938, S. 15, der die Bedeutung der sprachlichen Vorbereitung sogar mit der der beruflichen Vorbereitung gleichsetzte.
567 Dazu ausführlich Cohn et al. 1938, S. 89.
568 U.a. Englisch für Anfänger. In: *Jüdisches Nachrichtenblatt* 1939, 3.2.1939 (10), o. S., und folgende Ausgabe.
569 Aus der Gemeinde München: Hebräische Sprachkurse in München. In: *Bayerische Israelitische Gemeindezeitung* X. Jahrgang, 15.10.1934 (20), S. 422.
570 Aus der Gemeinde München: Hebräische Sprachkurse. In: *Bayerische Israelitische Gemeindezeitung* X. Jahrgang, 1.12.1934 (23), S. 501.
571 Aus der Gemeinde München: Hebräische Sprachkurse München. In: *Bayerische Israelitische Gemeindezeitung* XI. Jahrgang, 15.1.1935 (2), S. 26.
572 Aus der Gemeinde München: Hebräische Sprachkurse München. In: *Bayerische Israelitische Gemeindezeitung* XII. Jahrgang, 15.4.1936 (8), S. 178.

Immigrationshürden dort zusammenhing.⁵⁷³ Ende 1936 kam es zu einer Konsolidierung der Hebräischkurse. Gleichzeitig begannen andere Sprachen nachgefragt zu werden, vor allem Englisch, Französisch, Italienisch und Spanisch.⁵⁷⁴ Mit dem Erwerb dieser Sprachen konnte die Emigration in fast alle wichtigen Immigrationsländer, darunter die USA und Großbritannien, die südamerikanischen Länder sowie einige wichtige Zielländer in Afrika, vorbereitet werden. Im Oktober 1937 bot die jüdische Gemeinde Münchens bereits fünf Kurse für Englisch an.⁵⁷⁵ Die hohe Zahl der Hebräischkurse erreichten die Sprachkurse der modernen Fremdsprachen jedoch nie, was unter anderem daran lag, dass das Zielland-Portfolio sich in den Jahren nach 1936 stark erweiterte und ausdifferenzierte. Viele Emigranten übernahmen zudem in eigener Initiative einen Großteil der sprachlichen Vorbereitung. Erwin Schwager hatte bereits 1936, zwei Jahre vor seiner deutlichen Entscheidung zur Emigration, begonnen, sich mit der englischen Sprache auseinanderzusetzen. In Konversationskursen, Theaterstücken und bei der Lektüre der von ihm abonnierten Times⁵⁷⁶ feilte er an seinen Englischkenntnissen. Für die Wahl der USA als Zielland lieferten folglich die bereits vorhandenen Sprachkenntnisse eines von mehreren Argumenten. Dass sie jedoch vor allem für die Integration in die amerikanische Berufswelt von großer Bedeutung sein würden, verdeutlichten nicht nur die Aussagen der Vorausgewanderten im Korrespondenzblatt des Hilfsvereins vom Juli 1938,⁵⁷⁷ sondern auch Emily Holubs erster Brief, in dem sie direkt nach Erwins Sprachkenntnissen im Englischen fragte. Kurz vor seiner Abreise erhielt Erwin Schwager von seinen Eltern das Buch „Englisch für Kaufleute" als Geburtstagsgeschenk.⁵⁷⁸ Auch nach der Ankunft in den USA strebte er danach, seine Sprachkenntnisse zu verbessern. Die Lernmöglichkeit wurde zum Auswahlkriterium, das Erwin an die ersten beruflichen Schritte im Land stellte, um auf die

---

573 Tatsächlich fragten die Teilnehmer der Hebräischkurse in zunehmenden Maße auch an, ob die Einrichtung eines Arabischkurses möglich sei: File 114: Zionistische Ortsgruppe, München an den Oberbürgermeister der Hauptstadt der Bewegung, München. Brief vom 12.5.1938. YV M.1 Central Historical Commission (CHC) of the Central Committee of Liberated Jews in the US Zone, Munich.
574 Kultusgemeinde München: Lehrhaus. Kurse in modernen Fremdsprachen. In: *Bayerische Israelitische Gemeindezeitung* XII. Jahrgang, 15.12.1936 (24), S. 536.
575 Lehrhaus der Kultusgemeinde: Fremdsprachenkurse. In: *Jüdisches Gemeindeblatt für den Verband der Kultusge-meinden in Bayern und die Kultusgemeinden München, Augsburg, Bamberg, Würzburg (ehem. Bayerisches Israelitisches Gemeindezeitung)* XIII. Jahrgang, 1.10.1937 (19), S. 338.
576 Erwin Schwager, München, an Fanny Strauss, Brüssel. Brief vom 11.1.1936. Erwin Schwager: Private Correspondence (1936).
577 Hilfsverein: Korrespondenzblatt (Juli 1938), S. 72, S. 73 und S. 77,
578 Photographie der Widmung auf S. 2. Schwager Family Papers.

Zukunft besser vorbereitet zu sein. Neben der Bezahlung sprach daher für den Beruf des Krankenpflegers in der Familie Wilkoff, dass er ihm die Möglichkeit geben würde, die englische Sprache zu lernen und die amerikanischen Menschen kennenzulernen.[579] Für die Elterngeneration wiederum, die keine oder wenig Erfahrung im Erlernen von Sprachen hatte, war die Hürde der Aneignung von Sprachkenntnissen besonders groß. So schrieb Hedwig Cahnmann an ihre Söhne: „Mir bangt es ein bissel vor der fremden Sprache, obwohl ich viel englisch lese u. auch ganz gut verstehe."[580] Nichtsdestotrotz versuchten auch die Ehepaare Cahnmann und Schwager,[581] angetrieben von den Ratschlägen ihrer Kinder, sich dem Englischen mit Unterstützung von Privatlehrern, Büchern und den Kursen der Gemeinde anzunähern.

Ausreichende Kenntnisse in bestimmten Sprachen beeinflussten also nicht nur die Emigrationsentscheidung und Durchführung, sondern vor allem die Integration in ein Zielland. Sie waren ein individueller Einflussfaktor, von Fall zu Fall unterschiedlich, der das Schicksal des Einzelnen bestimmte. Oft standen sie bezeichnend für den Grad der Vorbereitung einer Auswanderung, entweder voller Ernsthaftigkeit und Motivation wie im Fall des Hebräischen für die Alijah oder mit stark negativen Konsequenzen wie durch das Fehlen adäquater Sprachkenntnisse bei den Emigrationen in die südamerikanischen Länder.

5.3.3 Individuelle Verfolgungssituation

Zuletzt war auch die individuelle Verfolgungssituation ein entscheidender Umstand in der Entscheidung zur und der Durchführung der Emigration. Der Einfluss dieses Faktors wird am Beispiel Werner Cahnmanns und Jakob und Frieda Blechners illustriert, ohne verallgemeinerbar zu sein. Nur der Blick auf individuelle Biographien gibt Aufschluss über die jeweilige Verfolgungssituation.

Wie bereits in *Kapitel 4.2.1* ausgeführt, war Werner Cahnmann zu Beginn der nationalsozialistischen Herrschaft als Syndikus Teil des Münchner Büros des Centralvereins. In dieser Rolle hatte er einerseits versucht, das Berliner Archiv des CV, das eine Vielzahl von Unterlagen zum „Abwehrkampf gegen den

---

579 Erwin Schwager, Pittsburgh, an die Eltern, München. Brief vom 28.12.1938. Schwager Family Papers.
580 Hedwig Cahnmann, München, an Fred und Werner Cahnmann, Chicago. Brief vom 17.9.1940. LBI: Werner and Gisella Cahnman Collection. AR 25210 Box 3 Folder 48.
581 Leopold Schwager, München, an Erwin Schwager, New York. Brief vom 6.1.1939. Schwager Family Papers.

Nationalsozialismus" beinhaltete, vor der Beschlagnahmung zu bewahren, was ihm letztlich nur durch die Zerstörung aller Materialien gelang.[582] Zusätzlich dazu arbeitete er selbst nach der offiziellen Schließung des Münchner CV-Büros im Mai 1933 in seiner Funktion als Syndikus weiter. Mit Eingaben an das Bayerische Staatsministerium für Wirtschaft und an die IHK München versuchte er, dem Wirtschaftsboykott jüdischer Geschäfte sowie der Verdrängung der Juden aus unterschiedlichen Berufsfeldern entgegenzutreten.[583] Selbst vor Eingaben an die Bayerische Politische Polizei schreckte er nicht zurück.[584] Die Abwehrarbeit gegen den Nationalsozialismus, die der CV bereits vor der Machtübernahme geleistet hatte, führte Cahnmann auch unter einer nationalsozialistischen Regierung weiter fort. Dieses Vorgehen brachte ihn schnell in Konflikt mit der Bayerischen Politischen Polizei, die ihn vernahm, verwarnte und – da er seine Tätigkeit nicht beendete – am 22. Dezember 1933 schließlich verhaftete. Spätestens ab diesem Zeitpunkt fand Werner Cahnmann sich in einer konkreten Bedrohungslage wieder. Er zeigte sich als Gegner des Nationalsozialismus, leistete aktiven Widerstand und stellte diesen auch nach mehrmaliger Aufforderung nicht ein. Werner Cahnmann gab im Wiedergutmachungsprozess an, er sei nach seiner Verhaftung „unbilliger Behandlung" ausgesetzt gewesen und habe Gewaltandrohungen über sich ergehen lassen müssen.[585] Erst zehn Tage nach der Festnahme wurde er im gefürchteten Wittelsbacher Palais in München vernommen. Wie diese Vernehmungen abliefen, ist nicht bekannt. Die Weihnachtstage sowie den Jahreswechsel 1933/34 verbrachte Cahnmann im Polizeigefängnis in der Ettstraße, bevor er am 4. Januar entlassen wurde. Diese Entlassung kam für ihn selbst überraschend. Eine mögliche und wahrscheinliche Erklärung ist die Intervention seines Studienkollegen Rudolph Hess, der bei demselben Professor Zwiedineck studiert hatte: „Ich selbst bin davon überzeugt, daß meine Entlassung aus dem Polizeigefängnis im Januar 1934 auf Zwiedinecks Intervention bei Hess und Hess' Intervention bei der Polizeidirektion München zurückzuführen war."[586]

---

582 Cahnman 1982, S. 50. Bestätigt wird dies durch USHMM: Oral History Interview with Fred Cahnmann.
583 Vergleiche dazu die Aussagen in Aktenvermerk der Bayerischen Politischen Polizei vom 8.6.1933. Abschrift des Vernehmungsprotokolls. StAM PolDir 11813 (Cahnmann Werner Jakob).
584 Dr. Werner Cahnmann, München, an die Bayerische Politische Polizei, München. Brief vom 28.7.1933. StAM PolDir 11813 (Cahnmann Werner Jakob). Das Schreiben nimmt Bezug auf weitere Eingaben vom 30.6. und 18.7.1933. Zusätzlich lassen sich weitere Schreiben vom 23. und 25.8.1933im selben Akt nachweisen.
585 StAM WB I N 5764 (Cahnmann Werner).
586 Cahnman 1982, S. 42.

Auch nach der Entlassung war Cahnmann gezielten Repressalien ausgesetzt. So wurde ihm beispielsweise die Mitgliedschaft im Jüdischen Turn- und Sportverein in München untersagt, eine Strafmaßnahme, die zeitgleich auch auf andere bekannte Mitglieder der Münchner Gemeinde, darunter deren Leiter, Alfred Neumeyer, angewandt wurde.[587] Trotz dieser deutlichen persönlichen Bedrohungslage entschied sich Werner Cahnmann bewusst zum Verbleib in München. Zeitgenössische Quellenmaterialien, die diese Entscheidung erklären, waren nicht auffindbar. In der Nachschau begründete Werner Cahnmann seine Entscheidung damit, dass er „eine Verpflichtung [verspürte], auf dem Posten zu bleiben".[588] Damit begründet er seinen Verbleib ähnlich wie zahlreiche andere Mitarbeiter und Repräsentanten jüdischer Organisationen, die aus demselben Grund in ihren Aufgabengebieten verblieben, obwohl sich ihnen die Möglichkeit zur Emigration geboten hatte.[589] Hinzu kam, wie bereits in *Kapitel 5.3.1* beschrieben, dass er „mit den Plätzen meiner Familiengeschichte und dem eigenen Erlebten von Kindheit auf so verbunden [war], daß [er] versuchte, die peinvolle Operation der Trennung so behutsam wie möglich vorzunehmen".[590] Auch die Gefahrensituation, in die er durch seine Arbeit mit und für den CV geraten war, änderte an dieser Einstellung nichts. Noch vertraute er auf seinen „Stern" und hoffte „auf des Wächters Hand",[591] eine Hoffnung, die ihm nach der Verhaftung während des Novemberpogroms und der Zeit im Konzentrationslager Dachau[592] abhanden kam. Nach dieser deutlich bedrohlicheren zweiten Inhaftierungszeit fällte auch Werner Cahnmann den Entschluss zur Emigration. Nun war die Verfolgungssituation zu intensiv und die Zeit zur Emigration gekommen.

Individuelle Verfolgungsumstände beeinflussten auch die Emigration Jakob und Frieda Blechners, konkret deren Emigrationsweg an sich, und retteten ihnen so möglicherweise das Leben. Beide waren bereits Mitte der 1930er Jahre in

---

587 Polizeidirektion, München, an den Jüdischen Turn- und Sportverein, München. Abdruck eines Briefes vom 20.7.1934. StAM PolDir 11813 (Cahnmann Werner Jakob).
588 Cahnman 1982, S. 64.
589 Meyer 2011, S. 68. So auch Matthäus, Jürgen: Abwehr, Ausharren, Flucht. Der Centralverein deutscher Staatsbürger jüdischen Glaubens und die Emigration bis zur „Reichskristallnacht". In: Krohn, Claus-Dieter (Hg.): Jüdische Emigration zwischen Assimilation und Verfolgung, Akkulturation und jüdischer Identität. München 2001 (Exilforschung, 19), S. 18–40.
590 Cahnman 1982, S. 64.
591 Abschiedsbrief Werner Cahnmanns vom 13.1.1939. LBI: Werner and Gisella Cahnman Collection. AR 25210 Box 1 Folder 5. Es scheint, als hätte Werner Cahnmann kurz nach seiner Rückkehr aus dem KZ Dachau einen Abschiedsbrief geschrieben für den Fall seines Todes.
592 Inhaftierungsbescheinigung der Allied High Commission for Germany International Tracing Service Nummer 41185 vom 21.6.1954. BayHStA LEA 43782 (Cahnmann Werner).

München polizeibekannt. Jakob Blechner war im Oktober 1936 wegen Schmuggel und Zollhinterziehung vom Zollamt Reichenhall verurteilt worden – er hatte zwei Zierfiguren aus Ton, ein Urlaubssouvenir, beim Grenzübertritt in das Reich nicht angemeldet.[593] Frieda Blechner war ebenfalls dem Verdacht des Schmuggels ausgesetzt, weil ihre Mutter Sara Rosenzweig, die ihr ganzes Vermögen auf die älteste Tochter überschrieben hatte, an der italienischen Grenze beim Schmuggel von Brillanten und Gold festgesetzt worden war.[594] Infolge dieser Ereignisse wurde nicht nur die Wohnung von Frieda und Jakob Blechner in München durchsucht,[595] bei der keine den Verdacht bestätigenden Belege gefunden wurden, sondern es wurde auf den Namen des Ehepaars eine strenge Grenzüberwachung angeordnet, die dazu führte, dass Jakob und Frieda bei einer Reise an der Grenze zur Schweiz im Sommer 1937 festgehalten und streng durchsucht wurden.[596] Auch bei dieser Durchsuchung wurde nichts gefunden; das Verdachtsmoment blieb dennoch weiterhin bestehen. Diese Erfahrungen veranlassten Jakob und Frieda, für ihre Auswanderung im August 1938 in die Schweiz den teureren Weg der Flugzeugreise zu wählen, da sie bei der Reise per Zug eine erneute strenge Grenzkontrolle in Lindau sowie gegebenenfalls die Abweisung an der Grenze befürchteten.[597] Ob dies tatsächlich der Fall gewesen wäre, lässt sich nicht gesichert feststellen. Leon Blechner jedoch sah den Grund der erfolgreichen Durchführung der Auswanderung Jakobs und Friedas in der Wahl der Reiseroute.[598]

Individuelle Verfolgungssituationen sind ihrem Wesen nach nicht allgemeingültig oder quantifizierbar. In einer Gesamtgruppe von 22 untersuchten Familienmitgliedern fanden sich mit dem geschilderten Fällen zwei konkrete Beispiele für spezifische Bedrohungslagen, die Einfluss auf die Entscheidung oder die Durchführung der Emigration der jeweils betroffenen Person bzw. Personen hatten. Sie sind ein nicht zu unterschätzender Faktor der Emigration der Münchner Juden, wenngleich sich der Wichtigkeit dieses Einflusses auf die Gesamtauswanderung aus der „Hauptstadt der Bewegung" und aus dem Reich an sich aufgrund der fehlenden Verallgemeinerung nicht bemessen lässt. Mehr als jeder andere Einfluss-

---

593 Verurteilung vom Zollamt Reichenhall wegen Schmuggel (Zollhinterziehung). StAM PolDir 11648 (Blechner Jakob).
594 Deutsches Generalkonsulat, Mailand, an die Polizeidirektion, München. Brief vom 30.7.1937. StAM PolDir 11648 (Blechner Jakob).
595 Zollfahndungsstelle, München, an die Staatliche Kriminalpolizei, München. Abschrift eines Briefs vom 5.2.1938. StAM PolDir 11648 (Blechner Jakob).
596 Mitteilung des Polizeifunkdienstes vom 31.8.1937. StAM PolDir 11648 (Blechner Jakob).
597 Vergleiche dazu Blechner: Camp Stories, S. 1 Fußnote 4.
598 Nr. 64: Leon Blechner, Lowell an Jakob Blechner, Zürich. Brief vom 22.10.1939. Blechner Documents.

faktor veranschaulichen die einzigartigen Erlebnisse einer Person die Bedeutung der Individualität jedes einzelnen Verfolgten, seiner Entscheidungssituationen und seines Emigrationswegs.

6 Schlussbetrachtung: Die Emigration der Münchner Juden und ihre Einflussfaktoren

Diese Arbeit wirft die Frage auf, inwieweit die deutschen Juden im Kontext der nationalsozialistischen Verfolgung Wege beschritten, die ihnen durch den unabwendbaren Einfluss übermächtiger Faktoren bereits vorgezeichnet waren, und inwieweit im Gegensatz dazu eine Entscheidungshoheit über den eigenen Lebensweg bei den Betroffenen verblieb. Zur Beantwortung dieser Frage wurden Faktoren identifiziert, analysiert und gewichtet, die die Entscheidung zur Emigration aus dem nationalsozialistischen Reich und deren erfolgreiche Durchführung beeinflussten. Der Nachvollzug jüdischer Emigrationswege geschah am Beispiel der Juden der „Hauptstadt der Bewegung". Die Gesamtheit der 14.349 der Forschung bekannten jüdischen Münchner diente aus methodischer Perspektive als Stichprobe für statistische Arbeiten. Die Analyse von vier ausgewählten Münchner Familien lieferte zusätzlich biographische Einsichten. So konnte die Geschichte der jüdischen Migration aus München geschrieben werden, die bisher nur teilweise erarbeitet oder veraltet war.

Inhaltlich wurden anhand statistischer Quellen, allen voran der Datenbank des Münchner Stadtarchivs, die Wege der 6.663 Münchner Emigranten sowie der 677 Binnenmigranten und einer unbekannten Anzahl von Rückwanderern nachvollzogen. Der nachfolgende Fokus auf die Emigration aus München erbrachte zwölf Einflussfaktoren, die in ihrer Ausprägung analysiert wurden. Dazu wurden Entscheidungsprozesse bezüglich der Emigration beleuchtet und die Gründe der untersuchten Münchner, sich für das Gehen oder den zumeist abwartenden Verbleib in München zu entscheiden, nachverfolgt. Hinsichtlich der Durchführungsphase der Emigration wurden umgesetzte und gescheiterte Versuche gleichermaßen analysiert, um Faktoren für den Erfolg einer Auswanderung ebenso zu identifizieren wie Einflüsse, die zu deren Scheitern führten.

Die Adaption einer Untersuchungsmethode der Soziologie erweist sich als für die historische Untersuchung der jüdischen Emigration aus München gewinnbringend. Die Kombination quantitativer und qualitativer Untersuchungen an einer Gesamtstichprobe im Sinne eines Mixed Method Designs führt dazu, dass Ergebnisse beider Vorgehensweisen durch die jeweils andere validiert und erklärt werden können. Die Identifizierung von Einflussfaktoren auf die jüdische Emigration aus München wäre unvollständig geblieben, wären nicht beide Untersuchungsmethoden angewandt worden, da die Bedeutung einiger Faktoren nur statistisch erkennbar wurden, so beispielsweise die des Alters und Geschlechts, während andere, darunter die interindividuellen Faktoren, nur anhand biographisch-qualitativer Analysen überhaupt zum Vorschein traten. Die von Mayring formulierte Anforderung an das Vertiefungsmodell, qualitative Fallbeispiele aus der verwendeten quantitativen Stichprobe zu untersuchen, ist von entscheidender Bedeutung, wie die Erkenntnisse zu Spezifika der Münchner Emigration zeigen. So wird beispielsweise erst im Zusammenspiel der Statistiken zu den Zielländern der jüdischen Münchner und der biographischen Analysen, allen voran anhand Erwin Schwagers Einsichten in die Vorgänge in der amerikanischen Botschaft in Stuttgart, die herausragende Bedeutung der USA für die Münchner Emigration deutlich.

Als erster und mithin allumfassender Einflussfaktor lässt sich der Zeitpunkt, zu dem eine Emigration geplant und durchgeführt wird, identifizieren. Dieser in diversen anderen Arbeiten zur Emigration aus dem nationalsozialistischen Deutschland passenderweise als „timing" bezeichnete Faktor umfasst die Bereiche der Verfolgungssituation in der Heimat, der Immigrationsregularien des gewählten Ziellandes sowie der weltweiten politischen und wirtschaftlichen Situation während der Emigrationsphasen. Dieser Faktor war einem beständigen Wandel unterworfen, so dass generalisierende Aussagen nur für bestimmte Phasen der jüdischen Emigration getroffen werden können. Für München bietet sich aufgrund der statistischen Verteilung der Emigrationen sowie aufgrund der Erkenntnisse aus der biographischen Arbeit eine spezifische Phaseneinteilung an, die sich von den üblichen Periodisierungen der reichsweiten Auswanderung unterscheidet. In Phase I, die den Zeitraum vom Frühjahr 1933 bis in den Herbst 1937 umfasst, verzeichnet die Gruppe der Münchner Juden mit etwa 2.300 Emigranten prozentual weniger Auswanderungen als das Reich. Diese für München spezifische Entwicklung liegt einerseits an verspätet einsetzenden Verfolgungsmaßnahmen aufgrund der verzögerten Machtergreifung der Nationalsozialisten in Bayern. Andererseits zeigt sich, dass andere Ausweichbewegungen wie die Binnenmigration oder die Rückwanderung osteuropäischer Juden in ihre Herkunftsländer in den ersten Jahren der NS-Herrschaft echte Alternativen zur Emigration zu sein schienen. Zudem war der Verfolgungsdruck noch sehr ungleich verteilt: Während einige Münchner Juden bereits früh aus ihren Berufen verdrängt wurden, gelang es anderen, einen gewissen Grad an Normalität beizubehalten und ihre Berufswege fortzuführen. In vielerlei Hinsicht war München in dieser Phase ein Vorreiter der Judenverfolgung. Nichtsdestotrotz zeigen die Auswanderungszahlen im reichsweiten Vergleich, dass die Münchner Juden in diesen ersten Jahren nur verzögert und in geringerer Zahl auswanderten. Andere für diese Phase typischen Charakteristika der jüdischen Emigration, darunter die enorme Palästina-Begeisterung, die vor allem junge Juden ergriff, lassen sich dagegen auch für München nachweisen.

In der zweiten Phase der Auswanderung aus der „Hauptstadt der Bewegung", die eine zweijährige Periode von Herbst 1937 bis zum Kriegsbeginn im Herbst 1939 umfasst, ändert sich dieses Bild. Mit dem Einsetzen einer unerbittlichen Verdrängung aus dem wirtschaftlichen Leben der Stadt und dem Beginn der „Arisierung" stieg der Druck auf die Münchner Juden maßgeblich. Das Jahr 1938 wurde somit zum „Entscheidungsjahr", nicht nur im Sinne einer Intensivierung der antisemitischen Politik der Reichsregierung, sondern auch bezüglich der Emigrationsentscheidungen, die die Münchner Juden fällten. Dem Novemberpogrom, das oftmals als ein Wendepunkt der jüdischen Auswanderung gedeutet wird, kommt in München vielmehr eine Akzelerationsfunktion zu: Nicht nur erhöhte sich die Zahl der monatlichen Emigrationen bereits ab dem Sommer 1938, sondern die biographischen Untersuchungen lassen erkennen, dass zudem ein Großteil derjenigen Emigrationen, die nach dem November 1938 durchgeführt wurden, bereits vor diesem Zeitpunkt geplant und vorbereitet waren. Das Pogrom hatte zumindest die Münchner Juden also nicht zur Entscheidung für eine Emigration gedrängt, sondern beschleunigte vielmehr die Umsetzung bereits gefällter Entscheidungen. 1939 wurde schließlich zum Jahr der stärksten Auswanderung aus der Stadt. Diese Auswanderungswelle war einerseits beeinflusst von der deutlichen Erhöhung des Verfolgungsdrucks seit November 1938, andererseits aber auch von neuen Immigrationsmöglichkeiten, die die wichtigen Zielländer Großbritannien und die USA schufen. Insgesamt verließen in den zwei Jahren dieser Phase über 3.300 Münchner Juden ihre Heimat.

Mit Beginn des Krieges im September 1939 sinken die Auswanderungszahlen aus München abrupt ab. Der Kriegsausbruch unterbrach viele Emigrationsvorbereitungen der noch in der Stadt verbliebenen Juden. Doch nicht nur in München selbst waren Münchner Juden von den politischen Entwicklungen betroffen: Manche strandeten inmitten der Reisephase ihrer Emigration in Ländern, die nicht als ursprüngliches Zielland ausgesucht worden waren. Andere wiederum waren von dem sich in Europa ausweitenden Krieg insofern berührt, als sie Weiterwanderungen planen und durchführen mussten. Alle jedoch waren gleichermaßen von den Schwierigkeiten einer Emigration unter den Bedingungen des Krieges betroffen. Die für die Vorbereitungen der Emigration notwendige Kommunikation mit dem Ausland verlangsamte sich, Reisewege änderten sich oder wurden unbefahrbar, die Preise für Schiffstickets und andere Fahrkarten verteuerten sich schnell. Zudem schlossen mehr und mehr Immigrationsländer ihre Grenzen für die Flüchtlinge. Immer öfter scheiterten nun die Emigrationsplanungen an dem einen oder anderen Punkt der Durchführungsphase. Die Statistik zur Auswanderung aus München verzeichnet in dieser dritten Phase stetig sinkende Zahlen. Insgesamt emigrierten nur noch 700 Juden.

Im Oktober 1941 wurde schließlich von Seiten der nationalsozialistischen Regierung ein Emigrationsverbot erlassen, das viele Münchner Juden inmitten der Organisation einer Emigration nach Kuba traf. So wurde erstmals die Ausreise aus dem Reich zum Hinderungsgrund für die Emigration. Die Zurückgebliebenen hatten, abgesehen von 19 Einzelfällen, keine Möglichkeit zur Umgehung dieses Verbots. Sie wurden ab dem November 1941 aus München deportiert und fanden den Tod in einem der nationalsozialistischen Konzentrationslager im Osten. Dieses Schicksal traf auch eine Gruppe von mindestens 258 Münchner Emigranten, die wie Annemarie und Elfriede Goldschmidt aus der Emigration deportiert wurden.

Neben dem bereits erwähnten verzögerten Einsetzen der Emigration aus München im reichsweiten Vergleich charakterisiert sie vor allem die hohe Zahl der Auswanderer in die USA. Diese Besonderheit liegt im Zusammenspiel zweier Merkmale begründet: einerseits an der historischen Situation der verstärkten Auswanderung in die USA aus Bayern während des 19. und beginnenden 20. Jahrhunderts, andererseits am System der Bürgschaften, das für die Einreise in die USA zentral war und diejenigen Immigranten begünstigte, die verwandtschaftliche Kontakte im Land hatten. Inwieweit sich die Verfolgungssituation in München, die in vielen Punkten drückender war als in anderen Städten des Reichs, explizit auf die Ausprägung der Emigration aus der „Hauptstadt der Bewegung" auswirkte, lässt sich nur anhand einzelner Fallbeispiele darstellen. Zur Identifikation weiterer Münchner Spezifika wären Vergleichsuntersuchungen statistischer Art über die Emigration aus anderen Städten nötig, die momentan oft noch fehlen oder nicht detailliert genug sind.

In der Frage nach Einflüssen auf die Emigration aus München wurden sechs kollektive, drei inter-individuelle sowie drei individuelle Faktoren identifiziert.

Die kollektiven Faktoren bezeichnen soziodemographische Merkmale der Emigranten. Einer der wichtigsten Einflüsse auf die Emigration aus München war die Frage nach dem Alter des Auswanderers. Je nach Zugehörigkeit zu einer Altersgruppe unterschieden sich die Verfolgungssituation und die Passung auf Immigrationsregularien der Zielländer. Die erfolgreiche Umsetzung einer Emigration war nachweislich für die jungen Altersgruppen mit hoher Wahrscheinlichkeit möglich, mit zunehmendem Alter sank die Emigrationsrate aus München ab. Die damit verbundene Überalterung der Zurückbleibenden stand in direktem Wirkungszusammenhang zu dieser Entwicklung. Biographisch können diese Erkenntnisse für alle vier Familien belegt werden: Auffälligerweise blieben jeweils die Eltern zurück, während die Kinder der Familien emigrierten. Auch ihr Geschlecht beeinflusste die Emigrationserfahrung der Münchner Juden. Männer waren früher von Verfolgungsmaßnahmen bedroht und emigrierten folglich auch früher, was den auch sonst für Migrationsbewegungen üblichen Überhang an männlichen Emigranten zusätzlich verstärkte. Frauen waren zurückhaltender in der Planung und Organisation ihrer Auswanderung, zumal diese oft von ihren Vätern oder Ehemännern organisiert wurde. Dies zeigt beispielsweise ein Abgleich der Emigrationserfahrungen der Töchter der Familie Cahnmann im Vergleich zu denen ihrer Söhne. Eine kurze Phase der Übernahme der Emigrationsorganisation durch die Frauen während der Inhaftierungszeit der Männer im KZ Dachau nach dem 9. November 1938 änderte diese Rollenverteilung nicht nachhaltig, wie das Beispiel des Ehepaars Schwager belegt. Erst in späteren Jahren profitierten Frauen von vorteilhaften Immigrations- und Integrationssituationen in den Zielländern. Zu diesem Zeitpunkt allerdings verhinderten nachteilige Zeitumstände immer öfter die Auswanderungen der Münchner Juden und damit vermehrt die der Jüdinnen.

In einem Abgleich der Emigrationswahrscheinlichkeiten offenbart sich die Kombination aus Alter und Geschlecht besonders wirkmächtig. Der Vergleich verdeutlicht ein entscheidendes Gefälle zwischen den hohen Emigrationszahlen von jüdischen Münchnern der jungen Altersgruppen und den niedrigen Zahlen von jüdischen Münchnerinnen der älteren Altersgruppen. Die Untersuchung des Familienstandes validiert diese Erkenntnisse und beweist, dass dieser einen Einfluss auf die Rahmenbedingungen der Emigrationsplanung an sich hatte. Direkte Einflüsse auf die Emigrationserfolge können jedoch nicht nachgewiesen werden. Andere Ergebnisse erbringt die Untersuchung des Einflusses der Staatsangehörigkeit einer Person. In der Verfolgungs- ebenso wie der Immigrationssituation sowie in der Unterstützung durch die jüdischen Hilfsorganisationen waren ausländische Juden, speziell die osteuropäischen und unter ihnen die polnischen Juden, gegenüber Juden deutscher Nationalität stark benachteiligt. Welch tödliche Konsequenzen dieser Einflussfaktor hatte, beweisen die Schicksale Markus und Salo Blechners.

Im Vergleich dazu war die Emigrationssituation einer anderen Minderheit des jüdischen Münchens, die der „Rassejuden" mit anderer Religion, deutlich indifferenter. Das Beispiel der Familie Goldschmidt zeigt, dass diese in der Verfolgungssituation weniger stark belangt, andererseits ohne den gesicherten Anschluss an die Gemeinde und jüdische Hilfsorganisationen in der Unterstützung ihrer Emigration benachteiligt waren, wenngleich dezidiert christliche Organisationen diesen Nachteil zumindest teilweise wettmachten. Insgesamt lassen sich keine generalisierenden Schlüsse zum Einfluss der Religion auf die Emigrationswahrscheinlichkeit ziehen. Die Datenbank des Münchner Stadtarchivs belegt, dass „Rassejuden" unterdurchschnittlich oft emigrierten; allerdings finden sich aufgrund der problematischen Definition dieser Gruppe nur wenige Vergleichsstatistiken zur Validierung der Ergebnisse. Ähnlich indifferent in seiner Wirkungsrichtung, wenngleich hoch im Wirkungsgrad, ist der Zusammenhang zwischen Berufszugehörigkeit und Emigration. Die Analyse der jüdischen Münchner anhand der HISCLASS-Systematisierung belegt statistische Trendlinien der Emigration, die jedoch ungleich schwächer ausgeprägt sind als die anderer kollektiver Faktoren. Die biographische Untersuchung zeigt, dass die Berufszugehörigkeit entscheidenden Einfluss auf die Verfolgungserfahrung hatte, dass jedoch die Wahl der Emigration als Ausweg aus dieser Situation entscheidungsabhängig war. Andere Ausweichbewegungen wie die Annahme eines anderen Berufs oder die Binnenmigration waren möglich. Zwar wurde die berufliche Verdrängung, wie für Hans und Fritz Cahnmann oder Erwin Schwager, oft zum wichtigsten Antrieb einer Emigrationsentscheidung, insbesondere die komplexen und langwierigen „Arisierungsvorgänge" jedoch konnten eine Auswanderung auch entscheidend verzögern, wie das Beispiel Leopold Schwagers zeigt.

Die interindividuellen Faktoren sind Netzwerkfaktoren in dem Sinne, als sie den Einfluss der Kooperation einzelner Personen sowie von Personen und Organisationen belegen. So basierte die finanzielle Situation eines Emigranten oft auf dem Status seiner Familie; zudem war sie beeinflusst durch die Geldzuwendungen von Freunden und Bekannten. Im Zeitverlauf gewann der Faktor des finanziellen Hintergrundes eines angehenden Emigranten stetig an Bedeutung. Die aufgrund der sich intensivierenden antisemitischen Politik zunehmende Verarmung der Münchner Juden traf zeitlich mit dem Anstieg der Fahrt- und Immigrationskosten zusammen. Diese beiden gegenläufigen Entwicklungen verkomplizierten die Emigrationssituation unablässig. Nachweislich bedingten finanzielle Engpässe die Entscheidungen gegen bestimmte Emigrationswege im Falle des Ehepaars Goldschmidt wie auch Mina Blechners. Dass ein finanziell ausreichender Hintergrund allein jedoch nicht genügte, um sich eine Emigrationsmöglichkeit zu sichern, veranschaulichen die Schicksale der Ehepaare Cahnmann und Schwager, die über genug Geld verfügten, dieses jedoch nicht mehr zur Organisation ihrer Emigration einsetzen konnten.

Das persönliche Netzwerk der Emigranten beeinflusste auch weitere Teilbereiche. Es hatte eine Informationsfunktion, half bei der Entscheidungs- und Ziellandfindung, insbesondere in den Fällen eines angestrebten Familiennachzugs, mehr noch aber bei der Durchführung der Emigrationen aufgrund der Nützlichkeit in der Überwindung von Immigrationsregularien und der Integration in die neue Heimat. Persönliche Netzwerke bedingten nachweislich einen hohen Anteil von Kettenmigrationen in der Stichprobe der Münchner Emigration. Sie wurden somit zu einem entscheidenden Faktor für den Erfolg einer Auswanderung. Auch der Reiseweg war ein Netzwerkfaktor insofern, als er oft nur in der Zusammenarbeit von Vorausgegangenen und Zurückgebliebenen organisiert werden konnte. Insbesondere ab dem Kriegsbeginn entwickelte er sich zu einem entscheidenden Einflussfaktor für das Gelingen der Durchführung einer Emigration, wie das Beispiel des Ehepaars Cahnmann zeigt.

Die individuellen Einflussfaktoren wurden nur kurz angerissen, da sie sich nur schwer verallgemeinern lassen und folglich nur bedingt zu einer Aussage über die Emigration aus München beitragen. Nichtsdestotrotz waren sie wichtiger Teil des Emigrationsprozesses, zumeist während der Entscheidungsphase. Die schwierig nachzuvollziehende mentale Konstitution einer Person und Emotionen wie Heimatverbundenheit, Durchhaltewillen, aber auch Optimismus und Pessimismus beeinflussten die Entscheidungsfindung von Individuen wie Werner Cahnmann oder Erwin Schwager. Ein weiterer Faktor der Emigrationsentscheidung, insbesondere in der Frage nach der Wahl eines Ziellandes, waren die Sprachkenntnisse einer Person. Sie wurden nach der Ankunft zu einem Element des Integrationserfolges, das auf nachziehende Emigranten zurückwirken konnte. Der Grad der Sprachkenntnisse stand oft symbolhaft für den Grad der Vorbereitung einer Auswanderung.

Zuletzt wurde die individuelle Verfolgungssituation als Einflussfaktor der Emigration einer Person untersucht. Hierzu lassen sich keine verallgemeinernden Aussagen treffen. Die untersuchten Beispiele zeigen, dass auch unter individueller Bedrohung die Entscheidung gegen eine Emigration bis zu einem gewissen Zeitpunkt möglich war und dass die individuelle Verfolgungssituation selbst auf die Auswahl der Reisewege Einfluss nehmen konnte.

Die Analyse der jüdischen Emigration aus München unterstreicht die Erkenntnis, dass das „timing" einer Emigration bestimmte, unter welchen Rahmenbedingungen eine Auswanderung geplant und vollzogen wurde. Die identifizierten kollektiven Faktoren beeinflussten verstärkt die Verfolgungssituation der Münchner Juden und damit die Entscheidungsphase der Emigration, während die interindividuellen Faktoren insbesondere ihre Durchführung prägten. Die individuellen Faktoren wiederum waren in allen Phasen der Emigration von unterschiedlicher Bedeutung. Jede der biographisch untersuchten Emigrationen weist spezifische Interdependenzen zwischen den drei untersuchten Faktorengruppen und darin zwischen den einzelnen Einflussfaktoren auf. Zwar lässt die Summe dieser individuellen Ausprägungen statistische Trends im Emigrationsverhalten erkennen und einzelnen Gruppen der Münchner Juden scheinen bestimmte Emigrationswege quasi vorgezeichnet, beispielsweise der Gruppe der jungen Münchner Juden die Palästinawanderung. Letztlich aber entschied jeder Verfolgte selbst über Beginn und Ausgestaltung seiner Emigration, wobei verschiedene Faktoren diese Entscheidung ebenso wie die anschließende Durchführung der geplanten Emigration unabwägbar beeinflussten. Die Münchner Juden fällten Ermessensentscheidungen, basierend auf ihrem Kenntnisstand zum Entschlusszeitpunkt und innerhalb eines im Eingangsgedicht angesprochenen, sich im Zeitverlauf jedoch verengenden Handlungsspielraums. Ob die Umsetzung dieser Entscheidung im Sinne einer

Durchführung der Emigration dann gelang, lag nur bedingt in ihrer Hand. In einem seiner letzten Briefe schrieb Sigwart Cahnmann dazu treffend: „Man handelt stets so, wie man es im Augenblick für richtig hält, hinterher sieht man was falsch gewesen ist."[1]

---

[1] Sigwart Cahnmann, München, an Fred und Werner Cahnmann, Chicago. Brief vom 17.7.1941. LBI: Werner and Gisella Cahnman Collection. AR 25210 Box 3 Folder 50.

7 Anhang

7.1 Detaillierte Familienbiographien

7.1.1 Familie Blechner

Markus Blechner, der Vater der Familie, wurde als Mordechai Chulew am 15.3.1879 in Galizien geboren. In dem stark jüdisch geprägten Dorf Dukla,[1] in dem er aufwuchs, kam es immer wieder zu Pogromen, die ökonomische Situation verschlechterte sich stetig. Emigration bot den Ausweg: 1904 und 1909 emigrierten zwei Schwestern und ein Bruder von Markus in die USA. Er selbst zog 1910 nach München, wo er den Namen Blechner annehmen musste.[2] Seine Ehefrau **Mina Mirel Schaffer**,[3] geb. am 5.10.1888 in Nebylec in Galizien, folgte ihm drei Jahre später mit den beiden älteren Söhnen Jakob und Oskar,[4] eine damals durchaus übliche Vorgehensweise in Emigrationsprozessen. Die Blechners ließen sich in der Klenzestraße 65 in der Isarvorstadt nieder, dem Zentrum der ostjüdischen Gemeinde Münchens, wo mit Salo und Leon zwei weitere Söhne geboren wurden. Alle sechs Familienmitglieder besaßen die polnische Staatsangehörigkeit.

Jiddisch als traditionelle Sprache galizischer Juden wurde von Markus und Mina weiterhin gesprochen, die Kinder aber wuchsen deutschsprachig auf.[5] Die Familie war orthodox religiös und orientierte sich an der ostjüdischen Gemeinde der Isarvorstadt. So besuchten alle vier Söhne die Torahschule in der Klenzestraße. Dennoch sorgte diese religiöse Orientierung nicht für eine strikte Trennung von der Münchner Lebenswelt: Obwohl Markus orthodox aufwuchs und die jüdische Identität für ihn lebenslang wichtig war, aß er außerhalb des eigenen

---

[1] Blechner 2004, S. 1.
[2] Die Eltern Chulew waren nach rabbinischem, nicht nach weltlichem Recht vermählt, weshalb Markus als „unehelicher" Sohn in Deutschland den Mädchennamen seiner Mutter annehmen musste.
[3] Inhaftierungsbescheinigung No. 69811 des Internationalen Roten Kreuzes in Arolsen vom 8.12.1961. BayHStA LEA 43022 (Blechner Jakob, Markus, Mirla). Minas Vorname sowie die Schreibweisen von Vorname und Geburtsort sind aufgrund der Eindeutung polnischer Schreibarten teils unterschiedlich. So wird statt Mina auch Minna oder Mirla, statt Nebylec auch Niebylec, Nybelz oder Nybilec benutzt. Im Folgenden wird den Schreibweisen der Familienkorrespondenz gefolgt, die „Mina" und „Nebylec" bevorzugt.
[4] Blau 1950, S. 172.
[5] Blechner 2004, S. 4. In der Familienkorrespondenz benutzt Mina später ein Sprachgemisch, das in Grundzügen auf dem Deutschen basiert, jedoch grammatische Wendungen und Vokabular aus dem Jiddischen aufweist. Die Korrespondenz wird wie im Original zitiert, ohne Eindeutungen vorzunehmen.

Haushalts auch unkoscheres Essen und hatte Verbindungen mit jüdischen ebenso wie nichtjüdischen Freunden und Bekannten.

Zwischen 1916 und 1929 arbeitete Markus Blechner in unterschiedlichen Wirtschaftsbranchen als Vertreter. Er verkaufte beispielsweise Glühbirnen, Bilderrahmen, Bettwäsche und Textilien oder Gasöfen. Ein stabiles Einkommen jedoch brachte erst das in den 1920er Jahren gegründete Geschäft „M. Blechner & Co. München", welches Ledersohlen und anderen Schuhbedarfsartikel verkaufte.[6] Auch die Anfangszeit der nationalsozialistischen Herrschaft überstand das Geschäft gut. Erst Anfang 1939 wurde es im Rahmen der zu diesem Zeitpunkt in vollem Gange befindlichen sogenannten „Arisierung" liquidiert.

Nach langer Unentschiedenheit versuchten Mina und Markus Blechner gemeinsam mit dem letzten in München verbleibenden Sohn Salo, im August 1939 per Zug über die schweizerische Grenze nach Zürich zu gelangen. Bei der Grenzkontrolle jedoch wurde den drei Blechners von Seiten der schweizerischen Grenzbehörden die Einreise versagt. Sie mussten unverrichteter Dinge nach München zurückkehren. Wie stark die Bedrohungslage für die Familie zu diesem Zeitpunkt bereits war, zeigte sich bereits einige Tage später: Am 9. September 1939 wurde Markus Blechner im Rahmen einer zweiten „Polenaktion" in München verhaftet[7] und nach einer Haftzeit im Gefängnis München-Stadelheim[8] nach Buchenwald verbracht, wo er am 24. Oktober 1939 unter der Häftlingsnummer 10639 aufgenommen wurde.[9] Bereits einige Wochen später, am 14. November 1939, verzeichnet die „Veränderungsmeldung" des KZ Buchenwald seinen Tod. Als offizielle Todesursache wurde eine Blutvergiftung angegeben, die Familienkorrespondenz berichtet stattdessen von einem angegriffenen Herz und einer daraus resultierenden Herzlähmung.[10] Am 16. November 1939 fand in München eine Beerdigungsfeier für Markus Blechner statt.

---

6 Heinz Kohn, München, an das Zentral-Finanzamt, München. Brief vom 12.9.1960. StAM FinA 19847 (Blechner Markus).
7 Blechner, Salo: Camp Stories. Interview durch Anthony Blechner. 1998/99. Privatbesitz der Familie Blechner., S. 1 und Nr. 53: Salo Blechner, München, an Jakob Blechner, Zürich. Postkarte vom 10.9.1939. Blechner Documents.
8 Heinz Kohn, München, an das Bayerische Landesentschädigungsamt, München. Brief vom 28.2.1962. BayHStA LEA 43022 (Blechner Jakob, Markus, Mirla).
9 Häftlingskarten des KL Buchenwald (Männer). ITS Digital Archives, Arolsen Archives 1.1.5.3/5450001. Ebenso Inhaftierungsbescheinigung No. 425766 des Internationalen Roten Kreuzes in Arolsen vom 23.12.1960. BayHStA LEA 43022 (Blechner Jakob, Markus, Mirla). Vgl. zur Frage nach dem Todesdatum *Kapitel 4.2.3*.
10 Nr. 81: Frieda Blechner, Zürich, an Oskar Blechner, London. Brief vom 21.11.1939. Blechner Documents.

Sein ältester Sohn **Jakob Blechner** (geb. 17.8.1909), der als Vierjähriger 1913 nach München kam,[11] machte sich 1934, nach einer kaufmännischen Lehre im Schuhgroßhandel und einer Anstellung im väterlichen Geschäft, als Vertreter für Schuhwaren selbständig.[12] Im gleichen Jahr heiratete er die in München geborene, von polnischen Juden abstammende Frieda Rosenzweig (geb. 13.3.1911).[13] Im Jahr 1938 verschärfte sich seine persönliche Verfolgungslage entscheidend: Im März wurde ihm die Gewerbelegitimationskarte verweigert, faktisch also die Arbeitserlaubnis in München entzogen, da er als Jude, noch dazu osteuropäischer Abstammung, als „unzuverlässig" eingestuft wurde. Im Oktober wurde er zusammen mit seinen Eltern und seiner Frau verhaftet, um im Rahmen der „Polenaktion" aus dem Deutschen Reich ausgewiesen zu werden. Dieser Ausweisung konnte die Familie entkommen,[14] spätestens in diesem Moment jedoch wurde die Notwendigkeit einer Auswanderung deutlich. Frieda und Jakob hatten Einreisevisa nach England,[15] wo sie die Wartezeit bis zum Aufruf ihrer USA-Quotennummern verbringen wollten.[16] Am 23.8.1939 flogen sie in die Schweiz,[17] um von dort aus weiterzureisen, wurden jedoch vom Kriegsausbruch überrascht und blieben in Zürich stecken. Dort mussten sie letztlich bis nach Kriegsende ausharren, unter ärmlichen Umständen, strengen Auflagen der Schweizer Immigrationsbehörden und permanent bedroht durch eine erwartete Besetzung der Schweiz durch die Nationalsozialisten.[18]

Der zweitgeborene Sohn **Oskar Blechner** (geb. 7.3.1911), mit dem Jakob während der 1930er und 1940er Jahre eine enge Verbindung behielt, hatte ähnliche Grundvoraussetzungen. Auch er war als Reisender im väterlichen

---

11 Antrag auf Grund des Gesetzes zur Wiedergutmachung nationalsozialistischen Unrechts. Antragsnummer 99483 vom 29.3.1950. BayHStA LEA 43022 (Blechner Jakob, Markus, Mirla).
12 Verzeichnis der gewerbepolizeilich gemeldeten jüdischen Gewerbetreibenden in München. Stand vom 15.2.1938. StadtAM NL Meister.
13 Heiratsurkunde Jakob Blechner und Frieda Rosenzweig vom 12.6.1934. StAM PolDir 11648 (Blechner Jakob).
14 Die Münchner Juden hatten Glück: Noch vor ihrer Ankunft im Niemandsland zwischen Deutschland und Polen kamen die beiden Staaten zu einer Vereinbarung, und der Zug mit den Münchner Ostjuden fuhr nach München zurück.
15 Nr. 29: Visa dd. 23.05.1939 for Entry into UK for Jakob and Frieda Blechner. Blechner Documents.
16 Nr. 26: Miriam Kohn, London, an Jakob Blechner, Zürich. Brief vom 8.5.1939. Blechner Documents.
17 Blechner: Camp Stories, S. 1 Fußnote 4. Ebenso in Judenverzeichnis: Blechner Jakob. StAM PolDir 7007 (Juden).
18 Jakob Blechner an das Bayerische Landesentschädigungsamt. Brief vom 6.6.1955. BayHStA LEA 43022 (Blechner Jakob, Markus, Mirla).

Geschäft angestellt[19] und mit einer Provisionsvertretung selbständig. Im Juni 1937 meldete er diese Tätigkeit beim Gewerbeamt ab.[20] Warum diese Abmeldung erfolgte, obwohl er zu diesem Zeitpunkt noch eine gültige Gewerbelegitimationskarte besaß, ist nicht klar. Bei der „Polenaktion" 1938, während der seine Eltern festgesetzt wurden, entkam Oskar der Verhaftung. Schon zuvor, im Juli 1938, hatte er sich unter der Nummer 7700 auf der polnischen Quote für eine Einwanderung in die USA registrieren lassen.[21] Ebenso wie Jakob und Frieda wollte er die Wartezeit bis zum Aufruf seiner Quotennummer in England verbringen. Auch Oskars Pläne zur Emigration nach England wurden vom Kriegsausbruch zunichte gemacht. Letztlich gelang es ihm im Frühjahr 1939, ein Ticket für die Sonderfahrt der SS St. Louis nach Kuba zu erhalten.[22] Das Schicksal der St. Louis, deren Passagiere in Havanna nicht an Land gelassen wurden und die daraufhin auf andere Aufnahmeländer verteilt wurden, ist weithin bekannt und gut erforscht.[23] Oskar war einer der Glücklichen, die in England aufgenommen wurden,[24] da er so den späteren Deportationen der Juden aus den besetzten westeuropäischen Ländern entging. Warum er für England ausgewählt wurde, ist nicht klar, wahrscheinlich ist jedoch, dass seine relativ niedrige Quotennummer für die Einreise in die USA, eventuell auch die Tatsache, dass zwei seiner Onkel in London lebten, seine Aufnahme begünstigen.[25]

Der dritte Sohn, **Salo Blechner** (Siegfried Sidney Salo, geb. 20.11.1914), war 1939 der letzte der Blechner-Söhne, der noch mit den Eltern in München verblieben war. Er war auch derjenige, der den Verfolgungsdruck durch die Nationalsozialisten bis dato am heftigsten zu spüren bekommen hatte: Während der „Polenaktion" 1938 wurde Salo in seinem damaligen Wohnort Berlin aufgegriffen und von dort nach Zbaszyn ins polnisch-deutsche Grenzgebiet gebracht, wo er einige Wochen verbleiben musste. Diese Erfahrung steigerte seinen Willen zur

---

19 Notiz an das Gewerbeamt und die Bezirks-Inspektion. StadtAM Gewerbeamt Arisierung 019 (Blechner Oskar). Siehe auch Dr. Siegfried Roth, München, an das Hauptfinanzamt für Erwerbssteuer und Verkehrssteuer München-Süd, München. Brief vom 26.8.1957. StAM FinA 19858 (Blechner Oskar).
20 Städtische Oberinspektion an das Bayerische Landesentschädigungsamt. Schreiben vom 26.2.52. StadtAM Gewerbeamt Arisierung 019 (Blechner Oskar).
21 Nr. 13: Beleg des Amerikanischen Konsulats, Stuttgart, für Oskar Blechner. Blechner Documents.
22 Blechner 2004, S. 8.
23 Beispielsweise bei Ogilvie, Sarah A.: Refuge denied. The St. Louis Passengers and the Holocaust. Madison, Wis 2006.
24 MS St. Louis passengers and their distribution. USHMM American Jewish Joint Distribution Committee records.
25 So auch Blechner 2004, S. 11.

Emigration entscheidend. Während der zweiten „Polenaktion" vom September 1939, bei der sein Vater verhaftet wurde, konnte Salo, der sich zur selben Zeit im Elternhaus befand, versteckt bleiben,[26] wurde jedoch einige Tage später in Berlin festgenommen[27] und nach Sachsenhausen verbracht, wo er am 13. September 1939 unter der Häftlingsnummer 9231 registriert wurde.[28] Dieser Tag war der Beginn einer bis zur Befreiung im April 1945 dauernden Odyssee[29] durch deutsche Konzentrationslager (von KZ Neuengamme,[30] November 1940 bis Oktober 1942, nach KZ Auschwitz, wohl 23. Oktober 1942 bis Januar 1945,[31] danach KZ Dora/Mittelbau, 28. Januar 1945 bis März 1945,[32] dann KZ Bergen-Belsen, März 1945 bis zur Befreiung am 15. April 1945[33]). Nach einer mehr als einjährigen Wartezeit, die Salo in München verbrachte und in der er und seine Brüder mit deutschen und amerikanischen Behörden um seine Emigration kämpften, konnte er im Mai 1946 endlich zu seinem jüngeren Bruder Leon in die USA ausreisen.[34] Der jüngste **Blechner, Leon** (geb. 11.5.1916), war ebenfalls als kaufmännischer Angestellter tätig.[35] Er wanderte bereits im März 1938 als erster Emigrant der Familie in die USA aus. Wie dies vonstatten ging und welche Entscheidungsprozesse hinter seiner Emigration lagen, kann aufgrund der fehlenden Quellenlage

---

26 Blechner: Camp Stories, S. 1.
27 Ebd., S. 2.
28 Zugangsliste des KZ Sachsenhausen: „Zugänge vom 13. September 1939. Polnische und staatenlose Juden". Nr. 33: Blechner Sallo [sic!]. ITS Digital Archives, 1.1.38.1/4094425. So auch Auskunft zu einem ehemaligen Häftling des KZ Sachsenhausen: Blechner Sallo [sic!]. 12.04.2019. Stiftung Brandenburgische Gedenkstätten/Gedenkstätte und Museum Sachsenhausen.
29 Die bemerkenswerte Überlebensgeschichte Salo Blechners ist nicht Thema der vorliegenden Arbeit und wird daher nicht genauer betrachtet. Zahlreiche Informationen finden sich bei Blechner: Camp Stories S. 2–5.
30 KZ Sachsenhausen, Transportliste zum KZ Neuengamme. Nr. 34: Blechner Salo. ITS Digital Archives, 1.1.38.1/4091151. Eingeliefert wurde Salo unter der Häftlingsnummer 18826. Siehe auch: Blechner: Camp Stories, S. 2. Salo selbst sagt dagegen aus, nach zwei Wochen (ca. 21.9.) nach Neuengamme transportiert worden zu sein.
31 Blechner: Camp Stories, S. 3.
32 KZ Mittelbau, Zugangsliste vom KZ Auschwitz. Nr. 2244: Blechner Salo. ITS Digital Archives, 1.1.27.1/2541394 sowie Blechner: Camp Stories S. 3f.
33 List of Jewish Survivors from Bergen Belsen, May 1945. ITS Digital Archives, 1.1.3.1/3395982. Den ersten Brief, mit dem Salo seinen Bruder Jakob persönlich informieren konnte, schrieb er am 26.4.1945: Nr. 221: Salo Blechner, Bergen, an Jakob Blechner, Zürich. Brief vom 26.4.1945. Blechner Documents.
34 Nr. 242: Telegramm von Leon und Salo Blechner, New York, an Oskar Blechner, London. 21.5.1946. Blechner Documents.
35 Notiz an das Gewerbeamt und die Bezirks-Inspektion. StadtAM Gewerbeamt Arisierung 019 (Blechner Leon) und Landgerichtsrat Dr. Peintinger, München, an das Finanzamt München-Süd, München. Brief vom 22.2.1963. StAM FinA 19847 (Blechner Markus).

nicht mehr nachvollzogen werden. Im Oktober 1939[36] gelang es ihm aufgrund einer Bevorzugungsregelung im amerikanischen Visumsrecht, seine bereits in München angeheiratete Frau Regina Spatz (geb. 23.9.1916) und den gemeinsamen Sohn Gerson in die USA nachzuholen. Leon versuchte von New York aus, seiner in Deutschland verbliebenen Familie und später auch Jakob und Frieda in der Schweiz zur Emigration zu verhelfen, kämpfte gleichzeitig jedoch um sein eigenes finanzielles Überleben. Erst mit Salos Ankunft 1946 war er wieder mit einem seiner Brüder vereint.

Mina Blechner, die nach dem gescheiterten Emigrationsversuch im August 1939 in München verblieben war, unternahm nach den Verhaftungen von Markus und Salo im September 1939 vorerst keine weiteren Emigrationsversuche. Sie wollte Deutschland erst verlassen, wenn beide Männer aus den Konzentrationslagern entlassen waren. Nach dem Tod ihres Mannes im November 1939 konzentrierte sie ihre Energie auf die Befreiung Salos und auf die Unterstützung, die sie ihm durch Paketsendungen und die Organisation seiner Auswanderung von außen zukommen lassen konnte, immer in dem Wissen, dass sie selbst nicht abreisen würde, ohne dass Salo im Ausland in Sicherheit sei oder mit ihr gemeinsam abreiste.[37] Die folgenden Monate in München zehrten an Minas Nerven: Nach und nach musste sie ihre Besitztümer verkaufen, um den eigenen Lebensunterhalt zu bestreiten.[38] Sie hatte Schwierigkeiten mit der jüdischen Gemeinde sowie mit den mit ihr zusammen in der Reichenbachstraße 27[39] zwangseingewiesenen jüdischen Mietern. Von April 1940 an verbrachte sie schließlich drei Monate in Berlin, um der drückenden Situation in München zu entkommen, vor allem aber um Salos Auswanderung besser organisieren zu können. Im Juli wurde sie zwangsweise nach München zurückgesandt.[40] Alle weiteren Versuche, Salos Auswanderung zu erreichen, scheiterten. Damit war auch Mina in Deutschland gefangen. Ab September 1941 leistete sie bei der Firma A. Kammerer Zwangsarbeit.[41] Wie 997 andere Münchner erhielt sie

---

36 Nr. 82: Leon Blechner, New York, an Jakob Blechner, Zürich. Brief vom 23.11.1939. Blechner Documents.
37 Nr. 85: Mina Blechner, München, an Jakob Blechner, Zürich. Brief vom 23.11.1939. Blechner Documents. „Tante Flechtl" war der in der Familienkorrespondenz benutzte Deckname für Salo Blechner.
38 Heinz Kohn, Rechtsbeistand, München, an das Bayerische Landesentschädigungsamt, München. Brief vom 15.3.1963. BayHStA LEA 43022 (Blechner Jakob, Markus, Mirla).
39 Notiz über letzte Aufenthaltsorte Mirla Blechners vom 3.11.61. BayHStA LEA 43022 (Blechner Jakob, Markus, Mirla).
40 Bayerisches Landesentschädigungsamt an das Polizeipräsidium München, Abteilung Einwohnermeldeamt. Brief vom 29.10.1963. BayHStA LEA 43022 (Blechner Jakob, Markus, Mirla).
41 Listen von Angehörigen der Vereinten Nationen, anderer Ausländer, deutscher Juden und

Mitte November 1941 den Deportationsbescheid.[42] Dieser erste Deportationszug aus München, ursprünglich für Riga bestimmt, verließ die Stadt am 20. November 1941. Er wurde aufgrund der Überfüllung des Rigaer Ghettos kurzfristig nach Kaunas umgeleitet. Da auch das dortige Ghetto überbelegt war, wurden die Deportierten zwei Tage nach ihrer Ankunft, am 25. November 1941, von einer SS-Einsatzgruppe im Fort IX nordwestlich von Kaunas erschossen.[43] Mina starb allein, getrennt von ihrem bereits getöteten Ehemann, den drei emigrierten Söhnen und von Salo, für den sie ihre eigene Emigration immer wieder aufgeschoben hatte.

7.1.2 Familie Cahnmann

Sigwart Cahnmann, geb. 9.2.1872 in Rheinbischofsheim im Landkreis Kehl, zog noch vor der Jahrhundertwende nach München, wo er sich 1897 heimlich mit der erst 15-jährigen **Hedwig Schülein** (geb. 22.7.1882) verlobte. Im Oktober 1901 schließlich heiratete das Paar. Hedwig stammte väterlicherseits aus der einflussreichen Familie Schülein, deren Mitglieder Münchner Bankiers sowie Teilhaber der Unionsbrauerei (später Löwenbräu) waren. Mütterlicherseits entstammte sie einer Münchner Hofjudenfamilie, war also der alteingesessenen jüdischen Oberschicht zuzuordnen. Dementsprechend erhielt sie eine Ausbildung an der Städtischen Höheren Töchterschule.[44] Die Familie war durch verschiedene jüdische und weltliche Strömungen geprägt. Die jüdischen Feiertage wurden zu Hause und mit einem Besuch in der Synagoge gefeiert, Shabbat oder ein koscherer Haushalt wurden aber nicht eingehalten.[45] Sigwart war mit einigen Mitgliedern der orthodoxen Gemeinde eng befreundet, ebenso mit Leo Baeck, dem Führer des liberalen Judentum Deutschlands, sowie mit Eli Strauss, dem Vorsitzenden der zionistischen Ortsgruppe München. Er selbst war Mitglied im Orden B'nai B'rith, So kamen die Kinder in ihrem Heim mit unterschiedlichen Gedankenwelten und Persönlichkeiten in Verbindung und erhielten eine jüdisch-großbürgerliche Prägung.

Staatenloser. Verzeichnis ungarischer Zivilarbeiter bei der A. Kammerer Batteriefabrik. ITS Digital Archives, 2.1.1.1/70110214.
42 Transportliste aus dem Gestapobereich München zum Ghetto Riga. Nr. 191: Blechner Minna. ITS Digital Archives, 1.2.1.1/11194935.
43 Nähere Informationen zum Schicksal der Deportierten der ersten Münchner Deportation bei Stadtarchiv München (Hg.): Orte der Vernichtung.
44 Oral History Interview with Werner J. Cahman [sic!]. Leo Baeck Institute AR 25385.
45 Survivors of the Shoa Visual History: Oral History Interview with Hans Cahnmann. USHMM RG-50.163.0012.

Werner Cahnmann,[46] geb. 30.9.1902, war das älteste von sechs Kindern. Nach einem Studium der Wirtschafts- und Staatswissenschaften und einer Promotion zum Dr. oec. pub. wurde er 1930 zum Syndikus des Landesverbandes Bayern des Central-Vereins berufen. In dieser Stellung bekämpfte er in den frühen 1930er Jahren den aufkommenden Nationalsozialismus, geriet jedoch aufgrund dieser „illegalen" Tätigkeiten nach der nationalsozialistischen Machtübernahme in Bayern schnell in das Visier der neuen Machthaber.[47] Nach seiner Verhaftung Ende 1933 und einem Tätigkeitsverbot 1934[48] wurde er von der Münchner jüdischen Gemeinde angestellt, um dort im Vorstand des Kulturbundes, in der Berufsumschichtung, im Lehrhaus[49] sowie als Statistiker tätig zu sein. In dieser Funktion erstellte er im Frühjahr 1938 eine Statistik zur Emigration der Münchner Juden. Von 1934 bis 1938 publizierte er außerdem einige Artikel,[50] reiste innerhalb Deutschlands sowie nach Palästina und in die Schweiz und gestaltete gegen Provision die Inseratenwerbung der CV-Zeitung.[51] Werner dachte bereits ab 1933 an Auswanderung, entschloss sich jedoch, so lange wie möglich in Deutschland zu bleiben, um die jüdische Gemeinde zu unterstützen. Im Rahmen des Novemberpogroms 1938 wurde er verhaftet und ins Konzentrationslager Dachau gebracht,[52] wo er einen Monat lang inhaftiert war.[53] Danach konnte die Dringlichkeit seiner Auswanderung nicht mehr

---

46 Werner amerikanisierte seinen Nachnamen später zu Cahnman.
47 Elisabeth Zauner: Niederschrift über ein Gespräch mit Herrn Professor Dr. Werner J. Cahnmann am 1.4.1973 in New York. LBI: Werner and Gisella Cahnman Collection. AR 25210 Box 3 Folder 63.
48 Kurzer Lebenslauf und Schilderung des Verfolgungsvorgangs von Werner J. Cahnmann vom 21.4.1955. BayHStA LEA 43782 (Cahnmann Werner).
49 Aus der Gemeinde München: Arbeitsgemeinschaften der jüdischen Jugend. In: *Bayerische Israelitische Gemeindezeitung* XI. Jahrgang, 01.01.1935 (1), S. 6, und Übersicht über Kurse und Arbeitsgemeinschaften innerhalb der Kultusgemeinde München. In: *Bayerische Israelitische Gemeindezeitung* XI. Jahrgang, 15.01.1936 (2), S. 28.
50 Eine Erlauterung der Schadensfaelle und die Hoehe der erlittenen Schaeden sowie Angaben ueber die Art der beanspruchten Entschaedigungsleistungen von Werner Cahnmann am 21.4.1955. BayHStA LEA 43782 (Cahnmann Werner).
51 Geschäftliches. In: *Bayerische Israelitische Gemeindezeitung* XI. Jahrgang, 15.05.1935 (10), S. 234.
52 Antrag vom 30.6.1954. Aktennummer 009341. BayHStA LEA 43782 (Cahnmann Werner) sowie Inhaftierungsbescheinigung der Allied High Commission for Germany International Tracing Service Nummer 41185 vom 21.6.1954. BayHStA LEA 43782 (Cahnmann Werner).
53 Inhaftiert am 10.11.1938 unter der Häftlingsnummer 21124, entlassen am 16.12.1938. Die Zeit in Dachau beschrieb Werner Cahnmann später in einem eindringlichen Artikel: Werner J. Cahnman: Im Konzentrationslager Dachau. LBI: Werner and Gisella Cahnman Collection. AR 25210 Box 4 Folder 13. Veröffentlicht, in leicht abgewandelter Form, auch in: Cahnman, Werner; Marcus, Judith; Tarr, Zoltán (Hg.): Deutsche Juden. Ihre Geschichte und Soziologie. Münster 2005, S. 134–141.

in Abrede gestellt werden; über persönliche Kontakte emigrierte er im Juni 1939 nach England,[54] wo er eine Wartezeit verbrachte, bevor er im April 1940[55] in die USA weiterwanderte. Von dort aus versuchte er zusammen mit seinem Bruder Fritz, die in Deutschland verbliebenen Familienmitglieder bei der Emigration zu unterstützen. Beruflich fasste er erst lange nach Ende des Zweiten Weltkriegs, in den späten 1950er Jahren, wieder Fuß.[56] In den 1960ern erfolgte der Ruf als Professor der Soziologie an die Rutgers University, New Brunswick. Werner Cahnmann engagierte sich beruflich und privat im Deutschland der Nachkriegszeit: Er führte soziologische Untersuchungen zur Kontinuität von antisemitischem Gedankengut an Münchner Schulen durch, setzte sich für die Restauration von jüdischen Monumenten ein, war Teil einer Gruppe, die einen Lehrstuhl für moderne jüdische Geschichte an der LMU München initiierte,[57] und Vorsitzender des US-amerikanischen Häftlingskomittees der KZ-Gedenkstätte Dachau. Werner Cahnmann starb im September 1980 kurz nach der Rückkehr von einer Reise nach Deutschland in Chicago an einem Krebsleiden.

Seine älteste Schwester, die erste Tochter von Sigwart und Hedwig Cahnmann, war **Eva Cahnmann** (geb. 11.11.1903). Eva meldete sich im April 1936 aus München ab,[58] da sie in einem Ausbildungszentrum des Hechaluz auf ihre Alijah nach Palästina vorbereitet werden sollte. Am 25.7.1937 heiratet sie den aus Westfalen stammenden Leopold Mansbach,[59] den sie wohl im Hechaluz kennenlernte. Nach der Auflösung des zionistischen Praktikantenheims in Augsburg[60] (Armenhausstraße) zogen Leopold und Eva Mansbach nach München ins Haus der Eltern Cahnmann, wo sie vor ihrer Emigration noch etwa drei Monate wohnten.[61] 1938

---

54 Aufenthaltsbescheinigung der Landeshauptstadt München vom 21.2.1955. BayHStA LEA 43782 (Cahnmann Werner), sowie Polizeipräsidium München an die Geheime Staatspolizei Staatspolizeileitstelle München. Brief vom 1.7.1939. StAM PolDir 7007 (Juden).
55 The Cunard Steam-Ship Company Limited, New York, an Werner J. Cahnman, Chicago. Brief vom 20.4.1955. BayHStA LEA 43782 (Cahnmann Werner).
56 Eidesstattliche Erklärung von Werner J. Cahnman. 13.4.1956. LBI: Werner and Gisella Cahnman Collection. AR 25210 Box 5 Folder 21.
57 Neujahrswünsche 1976. LBI: Werner and Gisella Cahnman Collection. AR 25210 Box 1 Folder 58.
58 Aufenthaltsbescheinigung der Landeshauptstadt München zur Vorlage beim Bayerischen Landesentschädigungsamt vom 23.2.1955. BayHStA LEA 8295/13 (Cahnmann Sigwart und Hedwig).
59 Anzeige zur Vermählung: Leopold Mansbach und Eva Mansbach geb. Cahnmann. In: *Bayerische Israelitische Gemeindezeitung* XIII. Jahrgang, 01.08.1937 (14), S. 288.
60 Aufenthaltsbescheinigung der Landeshauptstadt München zur Vorlage beim Bayerischen Landesentschädigungsamt vom 23.2.1955. YIVO Territorial Collection. Germany II RG 116 Box 9, S. 6.
61 Sigwart Israel und Hedwig Sara Cahnmann, München, an das Finanzamt München-Nord, München. Brief vom 7.11.1939. StAM FinA 16998 (Cahnmann Sigwart).

oder 1939 emigrierten beide gemeinsam nach Palästina und lebten als Chawa[62] und Arje[63] Mansbach im Kibbuz Yagur. Chawa starb dort 1984. Evas Lebensweg und ihre Emigration nachzuvollziehen, ist aus drei Gründen schwierig: Erstens emigrierte Eva im Rahmen einer Hechaluz-Gruppe, weshalb keinerlei persönliche Kommunikation zur Organisation ihrer Emigration vorliegt. Zweitens stand sie während der Kriegsjahre und darüber hinaus nur in losem Kontakt mit ihren Familienmitgliedern in den USA. Folglich liegt auch diesbezüglich wenig auswertbares Material vor. Drittens war sie weder an einer Wiedergutmachung aus Deutschland noch an der Niederschrift ihrer Erlebnisse während der 1930er und 1940er Jahren interessiert, so dass keinerlei Wiedergutmachungsakten, Oral-History-Interviews oder andere Egodokumente vorliegen. Folglich ist die Auswanderung Evas die am geringsten dokumentierte ihrer Familie und es konnten nur die genannten, wenigen Informationen über sie ermittelt werden.

Hans Cahnmann[64] (geb. 27.1.1906) war der erste Emigrant der Familie. Nach einer Ausbildung zum Pharmazeuten und einer Assistenzstelle[65] studierte er 1928–1933 in München Chemie sowie Pharmazie bei Prof. Heinrich Wieland, der später den Ruf eines Gegners der Nationalsozialisten erlangte. Nach dem Studium und der Promotion in Chemie begann Hans im väterlichen Betrieb Isaria, wurde jedoch aufgrund der judenfeindlichen Machenschaften der Geschäftspartner seines Vaters bald wieder entlassen. Angesichts der Aussichtslosigkeit, eine sichere Arbeitsstelle in Deutschland zu erhalten, emigrierte Hans im Oktober 1933 nach Frankreich, wo er an der École de Médecine in Paris eine Forschungsstelle vermittelt bekommen hatte.[66] Von Frankreich aus versuchte er, seine Eltern nachkommen zu lassen, und stellte selbst Ende September 1938 einen Antrag auf ein USA-Visum. Da seine Quotennummer zur Einreise in die USA jedoch sehr hoch war, musste er weitere drei Jahre in Frankreich ausharren. Nach Kriegsbeginn und wiederholter Internierung als feindlicher Ausländer flüchtete Hans 1940 vor den einmarschierenden Deutschen in den Süden Frankreichs. Seine Brüder Werner

---

62 Pnei Yagur (The faces of Yagur). Chawa Mansbach. Online verfügbar unter https://pneiyagur.co.il/person/מנסבח-חוה/. Zuletzt eingesehen am 1.3.2020.
63 Pnei Yagur (The faces of Yagur). Arje Mansbach. Online verfügbar unter https://pneiyagur.co.il/person/מנסבך-אריה/. Zuletzt eingesehen am 1.3.2020.
64 In einigen Quellen tritt Hans als „Jean" auf, die französische Version seines deutschen Namens. Diese Namensänderung kam aufgrund seiner langen Aufenthaltszeit in Frankreich zustande, verschwand aber nach seiner Ankunft in den USA wieder. Dort lebte er weiterhin unter seinem Geburtsnamen.
65 USHMM: Oral History Interview with Hans Cahnmann.
66 Aufenthaltsbescheinigung der Landeshauptstadt München zur Vorlage beim Bayerischen Landesentschädigungsamt vom 23.2.1955. BayHStA LEA 8295/13 (Cahnmann Sigwart und Hedwig).

und Fritz arbeiteten in den USA an seiner Rettung,[67] unterstützt durch ehemalige Arbeitgeber und Kollegen von Hans aus der chemischen Industrie, die ihn als Experten anforderten. In Marseille verschaffte das Rescue Committee Varian Frys[68] Hans ein Emergency Visa, mit dem er im Mai 1941 Richtung New York aufbrechen konnte. Das Schiff wurde jedoch in Casablanca angehalten[69] und Hans für einige Zeit nahe der marokkanischen Wüstenstadt Oued Zem interniert, bis er im August 1941 letztlich in New York ankam. Dort arbeitete er in der chemischen Industrie und heiratete eine Bekannte der Familie aus Deutschland.[70] Hans Cahnmann starb 1999 in Bethesda, MD.

Auguste Cahnmann[71] (geb. 24.10.1907), die mittlere Tochter, bildete sich nach einem Besuch des Luisengymnasiums in den 1920er Jahren zur Lehrerin für Gymnastik und Massagen aus.[72] 1936 heiratete sie den in München bekannten und aus der Familie ihres Großvaters mütterlicherseits stammenden Chirurgen Dr. med Max Schülein.[73] Gemeinsam mit ihm bereitete sie ihre Ausreise in die USA vor. Diese Ausreisepläne wurden jedoch durch die Inhaftierung Max Schüleins nach dem Novemberpogrom sowie durch seinen Tod im Februar 1939 zunichte gemacht. Max Schülein starb an Pneumonie, einer Nachwirkung der Haft im KZ Dachau.[74] Sein Tod war ein Schock für seine junge Ehefrau, zumal bereits drei Monate später die eheliche Wohnung in der Hiltenspergerstraße 36 konfisziert wurde und Auguste ausziehen musste. In den folgenden beiden Jahren versuchte sie auf verschiedenen Wegen, das Deutsche Reich zu verlassen, jedoch scheiterten aller Auswanderungspläne entweder an der Verweigerung der deutschen Behörden, ihr die nötigen Dokumente zur Auswanderung auszustellen, oder an den Einwanderungsregelungen der Zielländer. Ihre Brüder Fritz und Werner kämpften von den USA aus darum, die Schwester nachzuholen, was im

---

[67] Affidavit of Support für Hans Cahnmann vom 8.10.1940. LBI: Werner and Gisella Cahnman Collection. AR 25210 Box 3 Folder 37.
[68] Mehr zur Arbeit des Rescue Committees in Fry, Varian: Surrender on Demand. Boulder 1997.
[69] Prof. J. Neale Carman, St. Lawrence, an Consul General Casablanca, Morocco. Brief vom 18.6.1941. LBI: Werner and Gisella Cahnman Collection. AR 25210 Box 3 Folder 47.
[70] USHMM: Oral History Interview with Hans Cahnmann.
[71] Auguste trug drei Namen: vor ihrer ersten Hochzeit den Mädchennamen, dann wurde sie zu Auguste Schülein. Diesen Namen trägt sie während der Zeit ihrer Emigration. In den USA heiratet sie erneut, ihr Familienname wurde Benjamin.
[72] Anzeige für Unterricht in Gymnastik und Ausgleichsübungen von Gusti Cahnmann. In: *Bayerische Israelitische Gemeindezeitung* X. Jahrgang, 01.10.1934 (19), S. 406.
[73] Trauungen: Dr. Max Schülein mit Frl. Gusti Cahnmann. In: *Bayerische Israelitische Gemeindezeitung* XII. Jahrgang, 01.11.1936 (21), S. 476.
[74] Werner Cahnmann, Chicago, an das Bureau of Immigration and Naturalization, Washington D.C. Brief vom 2.8.1942. LBI: Werner and Gisella Cahnman Collection. AR 25210 Box 3 Folder 42.

Frühjahr 1941[75] schließlich doch noch gelang. Gusti reiste Anfang April[76] zusammen mit einer Gruppe deutscher Auswanderer von Berlin aus in einem verschlossenen Wagen nach Lissabon, wodurch die Notwendigkeit von Durchreisevisa für die Länder der Wegstrecke umgangen wurde. In Berlin verabschiedete sie sich von ihren Eltern, die es sich nicht hatten nehmen lassen, ihr letztes noch in Deutschland verbliebenes Kind so weit wie möglich zu begleiten.[77] Am 15. April 1941 schiffte Gusti sich in Lissabon auf der SS Angola/Nyassa nach den USA aus.[78] Dort heiratete sie erneut. Sie starb 2004 in New York.

Der jüngste Sohn, **Fritz Maximilian Cahnmann**, wurde am 13.8.1912 geboren. Bereits während seiner Schulzeit auf dem Wittelsbacher Gymnasium (1922–1932) bekam er den nationalsozialistischen Verfolgungsdruck zu spüren. Der Direktor des Gymnasiums war damals Heinrich Himmlers Vater Joseph Gebhard Himmler. Sein 1933 begonnenes Studium der Rechtswissenschaften und Ökonomie in Berlin musste Fritz aufgrund der Zeitumstände abbrechen.[79] Er wurde von August 1933 bis Juli 1935 in der Bank Heinrich und Hugo Marx – beide waren Verwandte seiner Mutter – in München ausgebildet. Bis Februar 1936 war er dort noch als Angestellter tätig, dann jedoch konnte die Bank ihn nicht weiter beschäftigen. Bereits zuvor, im Herbst 1935, hatte Fritz den Entschluss zur Auswanderung getroffen. Am 6. März 1936, einen Tag vor der Remilitarisierung des Rheinlandes, verließ er das Deutsche Reich[80] und wanderte mit Hilfe eines Affidavits entfernter Verwandter über Frankreich (Le Havre) in die USA[81] aus. Er ließ sich in Chicago nieder und übernahm in den Folgejahren eine Wegbereiterfunktion für nachwandernde Familienmitglieder, indem er finanziell, organisatorisch und mit Hilfe seines amerikanischen Netzwerks die Auswanderung von Werner, Hans und Gusti unterstützte. Am 7. März 1941, zum erstmöglichen Zeitpunkt, beantragte er die amerikanische Staatsbürgerschaft, weil

---

75 Auguste Schülein, München, an Fred Cahnmann, Chicago. Telegramm vom 18.2.1941. LBI: Werner and Gisella Cahnman Collection. AR 25210.
76 Aufenthaltsbescheinigung der Landeshauptstadt München zur Vorlage beim Bayerischen Landesentschädigungsamt vom 23.2.1955. BayHStA LEA 8295/13 (Cahnmann Sigwart und Hedwig) spricht von einer Abmeldung am 2.4., Polizeipräsidium, München, an die Geheime Staatspolizei, Staatspolizeileitstelle München. Brief vom 15.7.1941. StAM PolDir 7007 (Juden) von einer Abmeldung am 4.4. Die Münchner Kultusgemeinde verzeichnet die Abmeldung Auguste Cahnmanns am 7.4: Umlaufbogen der Karteistelle der Israelitischen Kultusgemeinde München e.V. vom 7.4.1941. StAM PolDir 7013 (Juden).
77 Cahnmann: Oral History Interview with Auguste Benjamin.
78 Telegramm vom 9.3.1941. Fred Cahnmann Family Collection. LBI AR 25508 Box 1, Folder 3.
79 USHMM: Oral History Interview with Fred Cahnmann.
80 Aufenthaltsbescheinigung der Landeshauptstadt München zur Vorlage beim Bayerischen Landesentschädigungsamt vom 23.2.1955. BayHStA LEA 8295/13 (Cahnmann Sigwart und Hedwig).
81 Fred Cahnmann Family Collection. LBI AR 25508. Box 1, Folder 4.

zu diesem Moment noch die Hoffnung bestand, dadurch die Eltern aus der sich immer weiter verschlechternden Lage in Deutschland zu retten. Dieser Versuch scheiterte jedoch. Im Verlauf des Krieges arbeitete Fritz, der sich nun Fred nannte, in „defense jobs" der US-Armee und nahm später in Japan und Korea aktiv am Kriegsgeschehen teil, bevor er 1945 ehrenhaft entlassen wurde. Zuvor schon hatte er eine amerikanische Staatsbürgerin geheiratet. Fred Cahnmann starb 2001 in Chicago.

Das Nesthäkchen der Familie war die jüngste Tochter **Liselotte „Lilo" Gustava Regina Cahnmann** (geb. 16.8.1918). In Hinblick auf eine angestrebte Auswanderung nach Palästina – Lilo war schon früh Teil zionistischer Jugendgruppen in München und zionistische Jugendführerin – entschied sie sich für eine Ausbildung als Keramikerin, einen Beruf, der gute Arbeitsmöglichkeiten im Jischuw versprach. Trotz der Zeitumstände wurde sie noch 1936 von dem „arischen" Betrieb A. und E. Königbauer als Auszubildende aufgenommen, der versuchte, sie so gut es ging vor der nationalsozialistischen Verfolgung zu schützen. 1938 jedoch musste sie unter dem stärker werdenden Verfolgungsdruck die Ausbildung beenden. Mehrere Emigrationsversuche nach England scheiterten, zuerst aufgrund eines Beinbruchs kurz vor der Ausreise, dann aufgrund des Kriegsausbruchs im September 1939. Lilos Lage in Deutschland wurde immer verzweifelter, bis sie zu Jahresanfang 1940 für den VII. Alijah Beth Transport nach Palästina ausgewählt wurde. Auf die Zeit in Palästina bereitete Lilo sich noch einige Monate im Hachscharah-Zentrum Gut Schniebinchen in der Niederlausitz vor, bis im August 1940[82] der mehrmals verschobene Transport endlich startete. Nach einer einige Monate dauernden, lebensgefährlichen Fahrt über Österreich (Wien), die Tschechoslowakei (Bratislava), über die Donau nach Rumänien (Tulcea) und über das Schwarze Meer erreichte die Gruppe schließlich Haifa,[83] wo sie von der britischen Mandatsmacht festgesetzt und zur Deportation nach Mauritius bestimmt wurde. Ein Sabotageakt der jüdischen Untergrundorganisation Haganah, der das für die Deportation bestimmte Schiff „Patria" versank, brachte auch die Wende in Lilos Schicksal: Alle Schiffbrüchigen bekamen eine Aufenthaltserlaubnis zugestanden.[84] Nach einer einjährigen Internierung im Camp Atlit wurde Lilo schließlich zum Aufenthalt in Palästina zugelassen. Sie heiratete später Sigmund Deutsch, einen anderen Teilnehmer dieses Transports. Lilo starb 2011 in Israel.

---

82 Umlaufbogen der Karteistelle der Israelitischen Kultusgemeinde München e.V. vom 2.8.1940. StAM PolDir 7012 (Juden).
83 Ausführlich geschildert werden die Ereignisse der VII. Alijah Beth von Heller 1990. Die Familie Heller war mit den Cahnmanns bekannt. Die Hellers und Lilo Cahnmann waren während der gesamten Reise in denselben Teiltransporten eingeteilt, so dass die Schilderungen Hellers auch Lilos Erfahrungen beleuchten.
84 Cahnmann: Oral History Interview with Lilo Dotan.

Die Eltern Sigwart und Hedwig Cahnmann waren fest entschlossen, das Deutsche Reich erst dann zu verlassen, wenn alle Kinder emigriert waren. Trotz zahlreicher Emigrationsversuche während und nach der Emigration der letzten verbleibenden Töchter Auguste und Lilo gelang ihnen die Emigration jedoch nicht mehr. Sigwart, der schon 1933 aus seiner Chemischen Fabrik Isaria[85] als Teilhaber ausgeschlossen worden war, verdiente bis 1939 seinen Lebensunterhalt als Vertreter. 1938 musste er unter Zwang die Villa der Familie in der Sophie-Stehle-Straße 12 in Neuhausen an das Reichswehrkommando München verkaufen.[86] Am 11. November 1938 – kurz nach der „Kristallnacht" und dem notariellen Verkauf des Hauses – zog die Familie aus dem großen Anwesen in eine Wohnung in der Georgenstraße 83/I um. Zu diesem Zeitpunkt waren Werner, Auguste und Lilo noch in München, während Hans, Fritz und Eva bereits ausgewandert waren.

1941, das Visum für eine Immigration nach Kuba bereits in der Hand und einen Tag vor der Abreise aus München, erfuhren Sigwart und Hedwig vom Auswanderungsverbot aus dem Deutschen Reich. Nach Jahren der Vorbereitung war das Ehepaar einen Tag zu spät.[87] Nach dieser Enttäuschung sank der Lebensmut der beiden. Im Winter 1941/42 erkrankte Sigwart und starb schließlich am 13. Januar 1942 im israelitischen Krankenhaus Hermann-Schmid-Strasse 5 an Magenkrebs.[88] Andere Dokumente attestieren ihm zusätzlich einen zum Tod führenden Kräfteverfall.[89] Hedwig, die nun als letzte Familienangehörige allein in München zurückgeblieben war, musste Zwangsarbeit im Oldenbourg Verlag am Promenadeplatz[90] und im Lager Milbertshofen[91] leisten und wurde immer wieder zwangsumgesiedelt.[92] Wahrscheinlich lebte sie eine Zeitlang im Lager Berg am Laim.[93] Am 3.4.1942[94]

---

85 USHMM: Oral History Interview with Fred Cahnmann.
86 Werner Cahnmann, New York, an Siegfried Neuland, München. Brief vom 6.1.1947. LBI: Werner and Gisella Cahnman Collection. AR 25210 Box 5 Folder 13.
87 Ilse Graefe, München, an Werner Cahnmann, Chicago. Brief vom 23.9.1946. LBI: Werner and Gisella Cahnman Collection. AR 25210 Box 2 Folder 14.
88 Listen von Angehörigen der Vereinten Nationen, anderer Ausländer, deutscher Juden und Staatenloser. Cahnmann Sigwart. ITS Digital Archives, Arolsen Archives 2.1.1.1/70118473.
89 Cahnmann, Sigwart. Korrespondenzakte T/D – 858 624. ITS Digital Archives, Arolsen Archives 6.3.3.2/107343767.
90 Adolf Reichold, München, an Werner und Hans Cahnmann, Chicago. Brief vom 25.8.1946. LBI: Werner and Gisella Cahnman Collection. AR 25210 Box 2 Folder 27.
91 Lohnbürolisten. Rapport vom 7.10.1941. Rubrik Zugänge. StAM SpKA K 713.
92 Werner Cahnmann, New York, an Siegfried Neuland, München. Brief vom 30.1.1955. LBI: Werner and Gisella Cahnman Collection. AR 25210 Box 5 Folder 13.
93 Ferdinand Levi, Buenos Aires, an Werner Cahnmann, Chicago. Brief vom 5.12.1949. LBI: Werner and Gisella Cahnman Collection. AR 25210 Box 2 Folder 22.
94 Tansportliste [sic!] aus dem Gestapobereich München nach dem Osten. Nr. 199: Cahnmann,

wurde sie im Rahmen der Deportationswelle II mit der zweiten großen Deportation aus München nach Piaski verschleppt und dort ermordet. Vom Ableben der Mutter erfuhren die Kinder über Umwege im März 1943.[95] Hedwig Cahnmann ist im Gedenkbuch verzeichnet.[96]

7.1.3 Familie Goldschmidt

Bernhard Goldschmidt (geb. 3.8.1890)[97] entstammte einer Nürnberger Familie, die kurz nach der Jahrhundertwende nach München zog. Im Ersten Weltkrieg diente er als Vizefeldwebel und Offiziersaspirant.[98] Zurück in München heiratete er die aus der Familie eines angesehenen Münchner Rechtsanwalts stammende **Magdalena Herzfelder** (geb. 20.11.1898). Sie war bereits im Alter von zwölf Jahren, am 17.11.1911, aus der jüdischen Religionsgemeinschaft ausgetreten und fortan als freireligiös eingetragen. In kurzer Abfolge brachte Magdalena zwei Mädchen zur Welt: **Annemarie Louise** (geb. 31.1.1922) und **Elfriede Karoline Ida** (geb. 4.8.1923). Beide Töchter wurden 1927 im katholischen Glauben getauft und so auch erzogen. Nach einem zweijährigen Aufenthalt in Tilsit kehrte die Familie 1929 nach München zurück.[99] Die beiden Mädchen besuchten in der Folge das Lyzeum der Englischen Fräulein in München.[100] Auch die außerschulische Prägung der Mädchen geschah in katholischen Kreisen: In den 1930er Jahren wurde Annemarie Mitglied der katholischen Heliandgruppe, die von Charlotte Embacher geleitet wurde.

Bernhard Goldschmidt war in den 1930er Jahren Geschäftsführer der Felma GmbH, einer Fabrik für elektromagnetische Apparate. Während diese Technolo-

---

Hedwig. ITS Digital Archives, Arolsen Archives 1.2.1.1/11194891.
95 Eva Rosenblum-Stadler, Princeton, an Werner Cahnmann, Chicago. Brief vom 22.3.1943. LBI: Werner and Gisella Cahnman Collection. AR 25210 Box 2 Folder 65.
96 Bundesarchiv 1986, hier Band 1, S. 194.
97 Im Gedenkbuch des Bundesarchivs, S. 423, ist als Geburtsdatum fälschlicherweise der 30.8.1890 verzeichnet.
98 Kastner, Wolfram P. (Hg.): Auf einmal da waren sie weg. Stamsried 2004, S. 81.
99 Landeshauptstadt München an das Bayerische Landesentschädigungsamt. Brief vom 17.9.1958. BayHStA LEA 1237 (Goldschmidt Bernhard, Magdalena, Annemarie, Elfriede).
100 In vielen Quellen wird für Elfriede keine Schule genannt, da das Lyzeum den Schulbesuch, anders als bei Annemarie, aufgrund fehlender Unterlagen nicht bestätigen kann. Bernhard Goldschmidt jedoch gab bei seinem Besuch bei den Quäkern an, dass beide Töchter diese Schule besuchten. Seine Aussage erscheint glaubwürdig. Besuchsprotokoll Nr. 79 (Goldschmidt Bernhard). In: Zahn, Peter: Hilfe für Juden in München. Annemarie und Rudolf Cohen und die Quäker 1938–1941. München 2013 (Studien zur jüdischen Geschichte und Kultur in Bayern, 9), S. 101–103.

gie in den frühen 1930er Jahren einen Aufschwung erlebte, so dass die Firma in die Briennerstraße 31/32 umziehen und die Familie sich eine größere Wohnung in der Äußeren Prinzregentenstraße 14 leisten konnte, folgte schon zu Mitte der 1930er Jahre ein massiver Abschwung. Zwar können keine Belege mehr über den Grund dieses Abschwungs gefunden werden, jedoch erscheint es wahrscheinlich, dass dieser Abschwung weniger von der rassischen Herkunft des Geschäftsführers als vielmehr von einem Technologiewechsel und den wirtschaftlichen Zeitumständen verursacht war.

Unklar ist, inwieweit die Familie bereits vor 1935 von rassistischen Verfolgungen betroffen war: Zwar waren die Töchter getauft und Magdalena aus der israelitischen Religionsgemeinschaft ausgetreten, dennoch wurden alle Familienmitglieder in einigen Unterlagen weiterhin mit israelitischer Konfession geführt. Ungeachtet dieser Zweideutigkeiten war spätestens mit dem Erlass der Nürnberger Gesetze Klarheit darüber geschaffen, dass die Familie ohne Zweifel von den nationalsozialistischen Rassegesetzen betroffen war. Etwa zur selben Zeit begann die Emigration diverser Mitglieder der Familien Goldschmidt und Herzfelder: Bernhards Bruder Stefan emigrierte in die Niederlande, Magdalenas Schwester Rosy Hellmann 1936 nach Istanbul. Ihr Bruder Franz Herzfelder war bereits 1934 nach Nizza ausgewandert. Wann genau sich Bernhard und Magdalena zur ihrer eigenen sowie der Emigration ihrer Töchter entschlossen hatten und welche Faktoren den Anstoß dazu gaben, lässt sich nicht mehr gesichert feststellen. Klar ist jedoch, dass Annemarie und Elfriede gemeinsam am 30.3.1939 in die Niederlande geschickt wurden.[101] Sie hatten in München Unterstützung der Caritas[102] erhalten, der der St. Raphaelsverein angeschlossen war, und waren Teil einer Gruppe, derer sich das „Huisvezings-Comite" in Den Bosch[103] angenommen hatte. Nach einer Quarantänezeit in Rotterdam und einem Aufenthalt im Kloster St. Jacobus in Eersel lebten die Schwestern ab November 1939 im Kloster Echt. Unterstützt wurden sie in den folgenden Jahren immer wieder von ihrem Onkel Stefan Goldschmidt und seiner Familie, die nicht allzu weit entfernt im niederländischen Oss lebten.

In München bemühten sich Bernhard und Magdalena um ihre eigene Emigration und versuchten Wege zu finden, mit den Töchtern gemeinsam in ein sicheres

---

101 LAmt für öffentliche Ordnung, München, an das Bayerische Landesentschädigungsamt, München. Brief vom 29.6.1960. BayHStA LEA 1237 (Goldschmidt Bernhard, Magdalena, Annemarie, Elfriede).
102 Besuchsprotokoll Nr. 79 (Goldschmidt Bernhard), in: Zahn 2013, S. 101–103.
103 Annemarie Goldschmidt, Eersel an Conny Assmann, Amsterdam. Brief vom 28.7.1939. Stadtarchiv München: Judaica Varia 144. Unterlagen der Familie Goldschmidt.

Zielland zu gelangen. Dabei wandte sich Bernhard weiterhin an christliche Unterstützergruppen wie die Quäker sowie den St. Raphaelsverein.[104] Ob er auch die Unterstützung der jüdischen Gemeinde und ihrer Beratungsstellen in Anspruch nahm, kann nicht mehr nachgewiesen werden, erscheint jedoch aufgrund seiner immer dringlicher werdenden Äußerungen gegenüber seinem Bruder Stefan wahrscheinlich. Als Zielländer wurden unter anderem die USA sowie die Philippinen in Betracht gezogen. Im September 1940 und im Juni 1941 zog das Ehepaar Goldschmidt wohl unter Zwang innerhalb Münchens um. Im März 1941 wurde für Bernhard Goldschmidt vom Arbeitsamt München eine Karteikarte angelegt, was auf einen Zwangsarbeitseinsatz, wohl in dem im selben Monat beginnenden Aufbau des Lagers Milbertshofen hindeutet.[105] Im November 1941 findet sich dafür ein gesicherter Nachweis.[106] Aus den im November 1941 erstellten Deportationsunterlagen geht hervor, dass Magdalena Zwangsarbeit in der Flachsröste Lohhof verrichten musste.[107]

Ebenso wie Mina Blechner wurden Bernhard und Magdalena Goldschmidt am 20. November 1941, dem 43. Geburtstag von Magdalena, aus München deportiert.[108] Wie üblich, erfolgte die Abmeldung nach Riga,[109] alles verbleibende Vermögen wurde eingezogen und verfiel dem Reich.[110] Zusammen mit allen anderen Deportierten dieses Transports wurden Bernhard und Magdalena am 25.11.1941 im Fort IX in Kaunas erschossen. Ihre Töchter Annemarie und Elfriede erfuhren relativ kurz nach der Deportation ihrer Eltern von deren Abtransport aus München.[111] Weitere Informationen jedoch traf nie ein, die Schwestern blieben bis zu ihrem Tod im Ungewissen über das Schicksal ihrer Eltern.

---

104 Besuchsprotokoll Nr. 79 (Goldschmidt Bernhard). In: Zahn 2013, S. 101–103.
105 Listen von Angehörigen der Vereinten Nationen, anderer Ausländer, deutscher Juden und Staatenloser. Goldschmidt, Magdalena. ITS Digital Archives, 2.1.1.1/70131320. Genauso das Tracing and Documentation File. Goldschmidt, Magdalena. ITS Digital Archives, 6.3.3.2/111613991.
106 Lohnbürolisten. Rapport vom 1.11.1941. StAM SpKA K 713.
107 Vermögenserklärung vom 11.11.1941. StAM OFD 6964 (Goldschmidt Bernhard).
108 Transportliste aus dem Gestapobereich München zum Ghetto Riga. Nr. 151: Goldschmidt, Bernhard, Nr. 152: Goldschmidt, Magdalena. ITS Digital Archives, 1.2.1.1/11194933.
109 Amt für öffentliche Ordnung, München, an das Bayerische Landesentschädigungsamt, München. Brief vom 29.6.1960. BayHStA LEA 1237 (Goldschmidt Bernhard, Magdalena, Annemarie, Elfriede), sowie Kriminalinspektion, München, an das Bayerische Landesentschädigungsamt, München. Brief vom 12.9.58. BayHStA LEA 1237 (Goldschmidt Bernhard, Magdalena, Annemarie, Elfriede).
110 Alphabetisches Verzeichnis von Personen, deren Vermögen infolge Auswanderung oder Deportation verfallen ist. Goldschmidt, Bernhard. ITS Digital Archives, 1.2.1.1/11196262.
111 Annemarie Goldschmidt, Koningsbosch, an Charlotte Embacher, München. Brief vom 14.12.1941. StadtAM Judaica Varia 144.

Mit dem deutschen Überfall auf die Niederlande und deren Besetzung im Mai 1940 gerieten auch Annemarie und Elfriede wieder in den nationalsozialistischen Einflussbereich. Dennoch lebten sie weitere zwei Jahre vergleichsweise unbehelligt im Kloster Echt in Koningsbosch,[112] bis sie im Rahmen einer gezielten Aktion gegen katholische Juden in den Niederlanden Anfang August 1942 aus dem Kloster heraus verhaftet[113] und einige Tage später nach Auschwitz deportiert wurden.[114] Beide Schwestern überlebten die Selektion in Auschwitz,[115] starben aber bald danach an den unerträglichen Lagerbedingungen: Annemarie am 26.8.1942,[116] Elfriede nur wenige Tage nach ihrer älteren Schwester am 5.9.1942.[117]

Nach dem Krieg versuchte Stefan Goldschmidt, der aufgrund seiner Ehe mit einer „Arierin" in den Niederlanden überlebt hatte, die Schicksale seines Bruders und dessen Familie nachzuverfolgen. Im Rahmen der Wiedergutmachungsprozesse wurden Bernhard und Magdalena zum 31.12.1941, ihre Töchter zum 31.12.1942 für tot erklärt.[118] Die Familie Goldschmidt ist ebenfalls im Gedenkbuch des Bundesarchivs verzeichnet.[119]

---

112 Annemarie Goldschmidt, Koningsbosch, an Conny Assmann, Amsterdam. Brief vom 24.11.1940. StadtAM Judaica Varia 144.
113 Karteikarte aus der Kartothek des Judenrates in Amsterdam. Goldschmidt, Elfriede. ITS Digital Archives, 1.2.4.2/12728257 und Karteikarten aus der Kartothek des Judenrats in Amsterdam. Goldschmidt Annemarie. ITS Digital Archives, 0.1/112529156.
114 Transportliste des Sammel- und Durchgangslagers Westerbork. Nr. 21: Goldschmidt, Annemarie. ITS Digital Archives, 1.1.46.1/5144603, und Transportliste des Sammel- und Durchgangslagers Westerbork. Goldschmidt, Elfriede. ITS Digital Archives, 1.1.46.1/5144605.
115 Anders als bei Hamans, P. W. F. M.; McInerny, Ralph: Edith Stein and companions. On the way to Auschwitz. San Francisco 2010, und Pfister, Peter: Blutzeugen der Erzdiözese München und Freising. Die Märtyrer des Erzbistums München und Freising in der Zeit des Nationalsozialismus. Regensburg 1999, angenommen.
116 „Eingetragen auf (...) Anzeige des Arztes Doktor der Medizin Meyer in Auschwitz vom 26. August 1942 (...) Todesursache: Akuter Magen- und Darmkatarrh". Sterbeurkunde für Annemarie Goldschmidt aus dem Sterbezweitbuch des Standesamtes Auschwitz vom 5.9.1942. ITS Digital Archives, 1.1.2.1/581029.
117 „Eingetragen auf (...) Anzeige des Arztes Doktor der Medizin Kremer in Auschwitz vom 7. September 1942 (...) Todesursache: Gehirnschlag". Sterbeurkunde für Elfriede Goldschmidt aus dem Sterbezweitbuch des Standesamtes Auschwitz vom 5.9.1942. ITS Digital Archives, 1.1.2.1/581029.
118 Abschrift des Beschlusses des Amtsgericht München vom 21.7.1948. BayHStA LEA 1237 (Goldschmidt Bernhard, Magdalena, Annemarie, Elfriede), und Beschluß des Amtsgericht München vom 24.5.1948. StAM PolDir 12828 (Goldschmidt Bernhard Israel).
119 Bundesarchiv 1986, hier Band 1, S. 422–429. Alphabetische Sortierung.

7.1.4 Familie Schwager

Leopold Schwager, geb. am 31.8.1884 in Kötzting im Bayerischen Wald, wuchs als ältestes seiner beiden leiblichen und sechs Stiefgeschwister in Cham in der Oberpfalz auf. Nach einer dreijährigen Lehrzeit in München sowie einigen Jahren als Angestellter in dem über die Landesgrenzen hinaus bekannten väterlichen Ledergeschäft[120] in Cham eröffnete er 1910 in München eine eigene Filiale. Ein Jahr später heiratete er **Sabine Teller**,[121] (geb. 3.7.1885), die aus Unterhaid in Böhmen stammte. Schnell gelang es Leopold, sich in der Münchner Lederbranche einen Namen zu machen. Bis zum Beginn des Ersten Weltkriegs gebar Sabine zwei Kinder, **Lotte** (geb. 1912) und **Erwin Schwager** (geb. 24.7.1913). Mit Kriegsbeginn 1914 wurde Leopold als Soldat eingezogen, Sabine übernahm die Führung des Geschäftes. Kurz darauf starb die einjährige Tochter Lotte an einer Lungenentzündung, ein Verlust, der beide Eltern schwer traf. Leopold überlebte den Weltkrieg, kehrte jedoch aufgrund seiner Kriegsgefangenschaft in England erst 1919 nach München zurück. Er war Träger des Eisernen Kreuzes.[122]

Die Familie konsolidierte sich in den kommenden Jahren sowohl ökonomisch als auch familiär: Am 17. Juli 1921 wurde der zweite Sohn **Karl Schwager** geboren. Die Schwager'sche Lederhandlung wuchs während der 1920er und frühen 1930er Jahre, trotz teils widriger Auftrags- und Versorgungslagen während der Weltwirtschaftskrise, bis zu einer Angestelltenzahl von 15 Personen. Der Erfolg des Familienunternehmens beeinflusste auch Erwins berufliche Ausbildung. Er verließ München 1930, um in Nürnberg bei der Lederwerke Kromwell Aktiengesellschaft für zwei Jahre in Ausbildung zu treten.[123] Diese Nürnberger Zeit prägte Erwin entscheidend; viele Freundschaften, die durch die 1930er und 1940er Jahre hindurch bestanden und einen Großteil der Briefkorrespondenzen Erwin Schwagers ausmachten, hatten in dieser Zeit ihren Ursprung. Nach seiner Rückkehr nach München im Juni 1932 wurde Erwin als Reisender in der Firma seines Vaters

---

120 Empfehlungsschreiben der Firma Gabriel Lebrecht Lederfabrik in Ulm für Erwin Schwager vom 28.4.1938. BayHStA LEA 33952 (Schwager Leopold).
121 Teller ist der korrekte Mädchenname Sabine Schwagers. In diversen Quellen finden sich dazu Fehler: oftmals wird „Keller" angegeben, beispielsweise in Korrespondenzablage T/D – 52 052. ITS Digital Archives, 6.3.3.2/91508374, sowie in Bundesarchiv 1986, Band 2, S. 1351. Auch „Feller" taucht auf, beispielsweise in Korrespondenzablage T/D – 52052. ITS Digital Archives, 6.3.3.2/91508367.
122 PHM: Oral History Interview with Erwin Schwager.
123 Empfehlungsschreiben von Ernst Kromwall, Präsident der Lederwerke Kromwell Aktiengesellschaft in Nürnberg für Erwin Schwager vom 29.4.1938. BayHStA LEA 33952 (Schwager Leopold).

angestellt. Eine Nachfolgeregelung schien damit gefunden. Die Familie Schwager vereinte jüdische und bayerische Traditionen selbstverständlich miteinander: So fasteten Leopold und Sabine Schwager während der Pessach-Feiertage regelmäßig, genossen danach aber das Fastenbrechen mit einer Maß Bier in einem der frühlingshaften Münchner Biergärten an der Isar.[124] Die Schulbildung der beiden Söhne spiegelte diese Verzahnung einer kulturell bayerisch-deutschen sowie religiös jüdischen Lebensweise der Familie Schwager wider: Erwin und Karl besuchten reguläre Münchner Schulen, hatten aber zusätzlich jüdischen Religionsunterricht.[125] Auch zionistische Ideen waren in der weiteren Familie, vor allem im Teller-Zweig, durchaus verbreitet. Bereits um 1920 emigrierten zwei Brüder von Sabine nach Palästina, um dort als zionistische Pioniere die jüdische Heimstätte aufzubauen. 1933, direkt zu Beginn der nationalsozialistischen Herrschaft, folgten einige Brüder Leopolds diesem Beispiel, eine Entscheidung, die bei Leopold auf Abneigung stieß. Er vertrat den Standpunkt, dass es keinen Grund gäbe, Deutschland zu verlassen. Vielmehr sollte die aufrichtige Reaktion eines deutschen Juden sein, auch in schwierigen Zeiten zu seinem Vaterland zu stehen und seine Zugehörigkeit zu zeigen. Bestätigt wurde er in dieser Einstellung durch die zufriedenstellenden Jahresumsätze seines Geschäfts, das wenig Umsatzeinbußen erkennen ließ, sondern im Gegenteil noch 1937 einen Rekordumsatz einfuhr.

Erst als 1938 im Zuge der zunehmenden „Arisierung" deutlich wurde, dass das Geschäft nicht zu halten war, setzte bei Leopold ein Umdenken in Bezug auf die Notwendigkeit einer Auswanderung ein. Seine Söhne waren ihm diesbezüglich voraus: Karl hatte bereits seit einigen Jahren, zu Beginn ohne das Wissen seiner Eltern, einem Münchner Schreiner zugearbeitet, um Kenntnisse über die Schreinerei zu erlangen und so auf eine entsprechende Ausbildung vorbereitet zu sein. Nach einem kurzen Aufenthalt in einem Trainingszentrum bei Berlin wanderte er im August 1938 im Rahmen eines Jugend-Alijah-Transports nach Palästina aus.[126] Erwin, dessen Ausbildung im Lederhandel bereits abgeschlossen und der stärker im väterlichen Betrieb verankert war, plädierte länger für ein „Aushalten" in München. Doch auch er entschied sich zu Jahresbeginn 1938 zur Auswanderung. Im Gegensatz zu seinem jüngeren Bruder jedoch stand er der zionistischen Bewegung und Palästina fern. Im Oktober 1938 wanderte Erwin in die USA aus.[127]

---

124 Oral History Interview with Erwin Schwager. 28.08.1988. Pittsburgh Holocaust Museum.
125 PHM: Oral History Interview with Erwin Schwager.
126 Aufenthaltsbescheinigung zur Vorlage beim Bayerischen Landesentschädigungsamt in München vom 20.10.1954. BayHStA LEA 33952 (Schwager Leopold).
127 Aufenthaltsbescheinigung zur Vorlage beim Bayerischen Landesentschädigungsamt in

Nur wenige Tage nach seiner Ankunft in New York erfuhr Erwin, dass sein Vater im Rahmen der Verhaftungen des Novemberpogroms nach Dachau verschleppt wurde.[128] Unter der Häftlingsnummer 20024 verblieb Leopold dort bis 8. Dezember.[129] Diese bittere Erfahrung verstärkte nun auch bei den Eltern die Einsicht, dass eine Auswanderung nötig sei. Mit Hilfe der Söhne in Palästina und den USA sowie Sabines Bruder Joseph (Pepi) Teller in Bozen versuchte das Ehepaar, seine Emigration zu organisieren. Vor allem Erwin ließ aufgrund seiner besseren Ausgangslage in den USA den Eltern jede ihm mögliche finanzielle und organisatorische Unterstützung zukommen. Im Laufe der Jahre bis zum Emigrationsverbot im Oktober 1941 jedoch scheiterten alle Planungen. Währenddessen verschlechterte sich die Situation der Schwagers in München immer weiter: Sie mussten aus der angestammten Wohnung am Gärtnerplatz ausziehen und fanden in der Rauchstraße 10 ein zwangszugewiesenes Heim. Ab Mai 1941 finden sich in den Briefen der Eltern Hinweise darauf, dass Leopold zur Zwangsarbeit genötigt wurde.[130] Gesichert nachweisen lässt sich ein Zwangsarbeitseinsatz bei der Errichtung des Judenlagers Milbertshofen[131] im Oktober 1941.[132] In diesem Monat schwanden mit dem reichsweiten Auswanderungsverbot auch die Hoffnungen auf ein Wiedersehen mit den Söhnen.

Leopold und Sabine Schwager standen ebenso wie Mina Blechner und Bernhard und Magdalena Goldschmidt auf der Liste der ersten Münchner Deportation vom 20.11.1941.[133] Zusammen mit ihnen wurden neun weitere Mitglieder der Familie deportiert.[134] Erwin und Karl Schwager erfuhren durch ihren Onkel Pepi in Italien von der Deportation ihrer Eltern „nach dem Osten"[135] bzw. „nach

---

München vom 20.10.1954. BayHStA LEA 33952 (Schwager Leopold).
128 KZ Dachau, Zugangsbuch der Häftlinge. ITS Digital Archives, 1.1.6.1/9892520.
129 Schreibstubenkarte des KZ Dachau. ITS Digital Archives, 1.1.6.7/10749666, sowie Inhaftierungsbescheinigung des Internationalen Roten Kreuzes vom 2.3.1958. BayHStA LEA 33952 (Schwager Leopold).
130 Sabine und Leopold Schwager, München, an Erwin Schwager, Pittsburgh. Brief vom 4.5.1941. Schwager Family Papers.
131 Leopold Schwager, München, an Erwin Schwager, Pittsburgh. Brief vom 28.9.1941. Schwager Family Papers Mehr zur Errichtung des Zwangsarbeiterlagers bei Strnad 2011.
132 Lohnbürolisten. Rapport vom 14.10.1941 sowie vom 28.10.1941. StAM SpKA K 713.
133 Transportliste aus dem Gestapobereich München zum Ghetto Riga. Nr. 598: Schwager Leopold und Nr. 599: Schwager Sabine. ITS Digital Archives, 1.2.1.1/11194958.
134 Nr. 792 u. 793: Siegmund und Emma Seliger (geb. Schwager), Nr. 790 u. 791: Elias [sic! Eugen] und Auguste Schnurmann (geb. Schwager), Nr. 199, 200 u. 201: Max und Hermine Gunz (geb. Schwager) mit Tochter Eva und Nr. 162 u. 193: Max und Bertha Schwager (geb. Holzinger).
135 Aufenthaltsbescheinigung zur Vorlage beim Bayerischen Landesentschädigungsamt in München vom 20.10.1954. BayHStA LEA 33952 (Schwager Leopold) sowie Aufenthaltsbescheini-

Riga",[136] wussten zeitlebens jedoch nicht über ihr genaues Schicksal Bescheid, da erst in den 1990er Jahren die Unterlagen zu dieser Deportation in russischen Archiven wiedergefunden wurden. Karl Schwager lebte bis 1952 in Palästina/Israel, wanderte dann jedoch zu seinem Bruder Erwin in die USA aus. Dieser hatte dort Fuß gefasst, geheiratet und ein Diamant- und Juweliergeschäft in Pittsburgh eröffnet. Seit Mai 1944 war Erwin amerikanischer Staatsbürger.

7.2 Zusätzliche Abbildungen

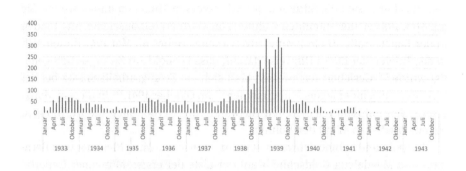

Abb. 7: Graphische Veranschaulichung der Auswanderung aus München nach Jahr (gesamter Zeitraum)

---

gung für Sabine Schwager vom 20.10.1954. BayHStA LEA 33955 (Schwager Sabine).
136 Israelitische Kultusgemeinde, München, an das Bayerische Landesentschädigungsamt, München. Brief vom 19.11.1957. BayHStA LEA 33952 (Schwager Leopold) sowie Inhaftierungsbescheinigung des Internationalen Roten Kreuzes vom 7.3.1958. BayHStA LEA 33955 (Schwager Sabine).

7.3 Zusätzliche Tabellen

Tab. 18: Emigrationsrate der Zuzügler nach München

Jahr	Zuzug	davon gesamt emigriert		Jahr der Emigration	
1933	149	83	55,70%	11	7,38%
1934	236	126	53,39%	14	3,64%
1935	194	109	56,19%	23	3,97%
1936	217	101	46,54%	32	4,02%
1937	171	85	49,71%	64	6,62%
1938	370	119	32,16%	127	9,50%
1939	218	24	11,01%	329	21,16%
1940	44	1	2,27%	64	4,00%
1941	24			30	1,85%
1942	13			3	0,18%
1943	3				0,00%
1944	2				0,00%
1945	1				0,00%
Unbekannt	144	73	50,69%	24	16,67%
Gesamt	**1.786**	**721**	**40,37%**	**721**	**40,37%**

Tab. 19: Aufschlüsselung der Zuzüge 1938/39 nach Monat

Jahr	Zuzug 1938		Zuzug 1939	
Januar	17	4,59%	34	15,60%
Februar	13	3,51%	14	6,42%
März	12	3,24%	24	11,01%
April	18	4,86%	16	7,34%
Mai	18	4,86%	12	5,50%
Juni	17	4,59%	11	5,05%
Juli	11	2,97%	14	6,42%
August	14	3,78%	12	5,50%
September	19	5,14%	50	22,94%
Oktober	26	7,03%	18	8,26%
November	92	24,86%	6	2,75%
Dezember	113	30,54%	7	3,21%
Gesamt	**370**	**100%**	**218**	**100%**
davon emigriert	**119**	**32,16%**	**24**	**11,01%**

Tab. 20: Auswanderung aus München nach Emigrationsjahr und Zielland

	Land	1933	1934	1935	1936	1937	1938	1939	1940	1941	1942	1943	unb.	Ges.
West-, Süd- und Nordeuropa	AT	14	7	9	10	6	2	1	2					51
	BE	13	3	8	9	2	14	44	3				6	96
	CH	44	14	20		17	54	78	5	1	4	1	8	274
	DK				2			4	1					7
	ES	2		6	1		1				1			11
	FI		2											2
	FR	92	22	13	7	9	28	70	1				7	249
	GB	41	14	35	22	37	76	630	5		3		28	891
	IE							5						5
	IT	10	12	13	19	12	18	47	6				9	146
	LU						1	8	1					10
	MC												1	1
	NL	26	10	6	14	9	36	49	1				11	162
	NO		2											2
	PO		1	4				1						6
	SE			3	1	5	2	16	2					29
Ges.		242	87	117	107	97	232	953	27	1	8	1	70	1.942
Ost- und Südosteuropa	BG	1						1						2
	CZ	21	14	8	12	7	18	3	2	1			4	90
	GR				1		1							2
	HU	1	1	5	2	4	12	19	1		4			49
	LI	4		1		1		2	6					14
	LV	3						1						4
	PL	11	16	2	6	6	6	26						73
	SK								2					2
	RH	1				1	1	9		1				13
	RO		1				2		1					4
	RU							2					1	3
	TR	7	1	4	1			1	4					18
	YU	6	5		1	5	6	11	2				1	37
Ges.		55	38	20	23	24	46	75	14	6	4		6	311
Nordamerika	CA	1		1	4			7					1	14
	MX				1		2		1					4
	USA	91	81	99	213	238	599	862	201	125	3		82	2.594
Ges.		92	81	100	218	238	601	869	202	125	3		83	2.612
Mittel- und Südamerika	AR	15	19	6	19	17	40	33	4	5			4	162
	BO						3	12	10				1	26
	BR	10		7	5	17	13	39	10			1	2	104
	CL				3	4		17	1	1			2	28
	CO	4			2	4	3	2	1					16
	CU			1	2		3	7	1	14			1	29
	DO								2					2

	EC	4		1	2		4	4	2	1			18
	PA			1					3				4
	PE			1		2			2				5
	PY	1		2		1	5						9
	UY	1		2	3	14	27	15	5	2		2	71
	VE							1	6	2			9
Ges.		35	19	21	34	57	100	136	44	24	1	12	483
Afrika	KE							2					2
	MA	2							2				4
	ZA	9	4	10	31	9	4	17	3				87
Ges.		11	4	10	31	9	4	19	5				93
Australien	AU	1	2		6	3	15	16				1	44
	NZ	1			1	3	3	1					9
Ges.		2	2		7	6	18	17				1	53
Asien	CN		1	1	2		6	71	13			3	97
	IN						2	5					7
	JP						2						2
	PAL	158	116	101	145	62	87	169	17			41	896
	PH						1	4	1				6
	TH				1								1
Ges.		158	117	102	148	62	98	249	31			44	1.009
unbek.		51	21	9	13	9	11	36	2			8	160
Ges.		646	369	379	581	502	1.110	2.354	325	156	15	2	224	6.663

Tab. 21: Anzahl der Zielländer und durchschnittlichen Emigrantenzahl je Jahr

Emigrationsjahr	Zielländer je Jahr	Anzahl Emigranten	Ø Emigranten je Zielland
1933	31	646	20,84
1934	23	369	16,04
1935	29	379	13,07
1936	32	581	18,16
1937	27	502	18,59
1938	37	1.110	30,00
1939	42	2.354	56,05
1940	36	325	9,03
1941	11	156	14,18
1942	5	15	3,00
1943	2	2	1,00
unbekannt	22	224	10,18
Gesamt	57	6.663	116,89

Tab. 22: Auswanderung aus München nach Emigrationsjahr und -monat (1933–1943)

Monat	1933	1934	1935	1936	1937	1938	1939	1940	1941	1942	1943	unbekannt	Gesamt
Jan.	27 4,18%	41 11,11%	28 7,39%	58 9,98%	40 7,97%	63 5,68%	238 10,11%	45 13,85%	14 8,97%	4 26,67%	1 50,%		559
Feb.	12 1,86%	21 5,69%	12 3,17%	54 9,29%	19 3,78%	40 3,60%	203 8,62%	39 12,00%	8 5,13%	1 6,67%			409
März	27 4,18%	50 13,55%	20 5,28%	59 10,15%	48 9,56%	74 6,67%	335 14,23%	56 17,23%	11 7,05%	4 26,67%			684
April	61 9,44%	44 11,92%	28 7,39%	49 8,43%	41 8,17%	66 5,95%	242 10,28%	49 15,08%	14 8,97%	1 6,67%			595
Mai	49 7,59%	27 7,32%	19 5,01%	45 7,75%	45 8,96%	58 5,23%	205 8,71%	32 9,85%	18 11,54%	1 6,67%	1 50,00%		500
Juni	85 13,16%	39 10,57%	23 6,07%	61 10,50%	43 8,57%	61 5,50%	286 12,15%	3 0,92%	29 18,59%				630
Juli	70 10,84%	37 10,03%	26 6,86%	47 8,09%	51 10,16%	57 5,14%	340 14,44%	26 8,00%	23 14,74%	1 6,67%			678
Aug.	57 8,82%	39 10,57%	22 5,80%	37 6,37%	50 9,96%	88 7,93%	294 12,49%	32 9,85%	25 16,03%				644
Sept.	75 11,61%	21 5,69%	51 13,46%	43 7,40%	47 9,36%	172 15,50%	57 2,42%	26 8,00%	3 1,92%				495
Okt.	69 10,68%	18 4,88%	42 11,08%	37 6,37%	29 5,78%	107 9,64%	57 2,42%	8 2,46%	9 5,77%				376
Nov.	56 8,67%	12 3,25%	43 11,35%	37 6,37%	35 6,97%	135 12,16%	59 2,51%	4 1,23%	1 0,64%	2 13,33%			384
Dez.	58 8,98%	20 5,42%	65 17,15%	54 9,29%	54 10,76%	189 17,03%	38 1,61%	5 1,54%	1 0,64%	1 6,67%			485
unbek.												224 100%	224
Gesamt	646 100,%	369 100%	379 100%	581 100%	502 100%	1.110 100%	2.354 100%	325 100%	156 100%	15 100%	2 100%	224 100%	6.663

Tab. 23: Lebenswege der Münchner Juden nach Altersgruppen

	Nachg.		0-20		21-40		41-60		ab 61		ab 81		unbek.		100%
emigr.	145	2,2%	1.739	26,1%	2.510	37,7%	1.821	27,3%	431	6,5%	6	0,1%	11	0,2%	6.663
binnenm.	12	1,8%	242	35,7%	194	28,7%	146	21,6%	79	11,7%	2	0,3%	2	0,3%	677
zurückg.	113	1,6%	746	10,6%	1.351	19,3%	2.838	40,5%	1.723	24,6%	105	1,5%	133	1,9%	7.009
Gesamt	270	1,9%	2.727	19,0%	4.055	28,3%	4.805	33,5%	2.233	15,6%	113	0,8%	146	1,0%	14.349

Tab. 24: Auswanderung aus München nach Emigrationsjahr und Familienstand

Jahr	ledig		verheiratet		geschieden		verwitwet		unbekannt		Gesamt	
1933	341	53%	261	40%	17	3%	22	3%	5	1%	646	100%
1934	187	51%	154	42%	6	2%	12	3%	10	3%	369	100%
1935	221	58%	140	37%	2	1%	10	3%	6	2%	379	100%
1936	290	50%	229	39%	16	3%	38	7%	8	1%	581	100%
1937	256	51%	201	40%	8	2%	24	5%	13	3%	502	100%
1938	474	43%	540	49%	25	2%	56	5%	15	1%	1.110	100%
1939	907	39%	1.168	50%	55	2%	189	8%	35	1%	2.354	100%
1940	100	31%	173	53%	11	3%	36	11%	5	2%	325	100%
1941	49	31%	74	47%	3	2%	29	19%	1	1%	156	100%
1942	5	33%	6	40%	1	7%	3	20%			15	100%
1943	2	100%									2	100%
unbek.	114	51%	75	33%	8	4%	10	4%	17	8%	224	100%
Gesamt	2.946	49%	3.021	43%	152	3%	429	8%	115	2%	6.663	100%

Tab. 25: Auswanderung aus München nach Emigrationsjahr und Staatsangehörigkeit

Land	1933	1934	1935	1936	1937	1938	1939	1940	1941	1942	1943	unbek.	Ges.
AR					1								1
AT	27	12	8	8	5	17	51	3				4	135
CH	5	4			2	4	8	1		2	1	1	28
CZ	12	9	11	7	19	35	24	5	2	3		7	134
DE	435	221	267	450	405	830	1.629	273	136	6	1	124	4.777
DK				1									1
FR	1			2	1	2	1						7
GB			4			1	3		1				9
GR				1	2								3
HU	5	2	6	2	4	15	27	1		4		3	69
IT			1		1	1	2						5
LI					1								1
LT	3				2		2						7
LV						1							1
NL				1	1								2
PAL	1						2						3
PL	76	80	54	77	35	128	418	17	6			48	939
RO		5				7	4						16
RU	13	1	2	2		5	10					2	35
staatenl.	28	12	5	5	3	16	57	3	2			1	132
TR	8	2		1			3						14
UK							1						1
unbek.	25	19	12	22	18	38	106	19	7			33	299
USA	7	2	6	3	2	6	4	3	2			1	36
YU			2			4	2						8
Ges.	**646**	**369**	**379**	**581**	**502**	**1.110**	**2.354**	**325**	**156**	**15**	**2**	**224**	**6.663**

Tab. 26: Auswanderung aus München nach Emigrationsjahr und Religionszugehörigkeit

Jahr	jüdisch		evang.		kath.		ohne		unbekannt		Gesamt	
1933	593	91,8%	12	1,9%	2	0,3%	11	1,7%	28	4,3%	646	100%
1934	338	91,6%	6	1,6%	2	0,5%	10	2,7%	13	3,5%	369	100%
1935	344	90,8%	9	2,4%	5	1,3%			21	5,5%	379	100%
1936	529	91,0%	17	2,9%	10	1,7%	8	1,4%	17	2,9%	581	100%
1937	442	88,0%	20	4,0%	8	1,6%	13	2,6%	19	3,8%	502	100%
1938	1.006	90,6%	26	2,3%	12	1,1%	23	2,1%	43	3,9%	1.110	100%
1939	2.159	91,7%	56	2,4%	22	0,9%	20	0,8%	97	4,1%	2.354	100%
1940	301	92,6%	3	0,9%	5	1,5%	2	0,6%	14	4,3%	325	100%
1941	146	93,6%			2	1,3%	2	1,3%	6	3,8%	156	100%
1942	10	66,7%	1	6,7%	4	26,7%					15	100%
1943							1	50,0%	1	50,0%	2	100%
unbek.	202	90,2%	6	2,7%	2	0,9%			14	6,3%	224	100%
Gesamt	**6.070**	**91,1%**	**156**	**2,3%**	**74**	**1,1%**	**90**	**1,4%**	**273**	**4,1%**	**6.663**	**100%**

Tab. 27: Auswanderung aus München nach Emigrationsjahr und HISCLASS-Klasse

Jahr	1	2	3	4	5	6	7	8	9	11	ohne	Gesamt
1933	16 2,5%	121 18,7%	5 0,8%	163 25,2%	53 8,2%		7 1,1%	2 0,3%	10 1,5%		269 41,6%	646 100%
1934	7 1,9%	55 14,9%	3 0,8%	86 23,3%	29 7,9%		10 2,7%		8 2,2%	5 1,4%	166 45,0%	369 100%
1935	8 2,1%	59 15,6%		103 27,2%	36 9,5%		9 2,4%		9 2,4%	9 2,4%	146 38,5%	379 100%
1936	13 2,2%	78 13,4%	8 1,4%	138 23,8%	55 9,5%		19 3,3%		5 0,9%	9 1,5%	256 44,1%	581 100%
1937	8 1,6%	56 11,2%	4 0,8%	113 22,5%	53 10,6%		19 3,8%		15 3,0%	6 1,2%	228 45,4%	502 100%
1938	15 1,4%	127 11,4%	10 0,9%	301 27,1%	90 8,1%	1 0,1%	31 2,8%	1 0,1%	29 2,6%	7 0,6%	498 44,9%	1.110 100%
1939	29 1,2%	252 10,7%	23 1,0%	613 26,0%	179 7,6%	2 0,1%	97 4,1%	1 0,0%	58 2,5%	43 1,8%	1.057 44,9%	2.354 100%
1940	1 0,3%	44 13,5%	4 1,2%	100 30,8%	17 5,2%		14 4,3%	1 0,3%	11 3,4%	3 0,9%	130 40,0%	325 100%
1941		10 6,4%		38 24,4%	13 8,3%		7 4,5%		4 2,6%	4 2,6%	80 51,3%	156 100%
1942		4 26,7%		5 33,3%	1 6,7%					1 6,7%	4 26,7%	15 100%
1943		1 50,0%									1 50,0%	2 100%
unbekannt	2 0,9%	26 11,6%	2 0,9%	52 23,2%	18 8,0%		3 1,3%		4 1,8%	4 1,8%	113 50,4%	224 100%
Gesamt	99 1,5%	833 12,5%	59 0,9%	1.712 25,7%	544 8,2%	3 0,05%	216 3,2%	5 0,1%	153 2,3%	91 1,4%	2.948 44,2%	6.663 100%

Quellenverzeichnis

Ungedruckte Quellenbestände

Bayerisches Hauptstaatsarchiv (BayHStA)
- Bestand Reichsstatthalter Epp
- Bestand Staatskanzlei
- Bestand Landesentschädigungsamt (LEA)

Bundesarchiv
- NS 19 Persönlicher Stab Reichsführer SS
- Brandenburgisches Landeshauptarchiv
- Kreisverwaltung Beeskow-Strokow

Center for Jewish History, online unter http://search.cjh.org/
- Jüdische Auswanderung: Korrespondenzblatt über Auswanderungs- und Siedlungswesen 1933–39
- Die Arbeit des Hilfsvereins der Juden in Deutschland. 1936–1937
- Zentralausschuss für Hilfe und Aufbau: Informationsblätter

Hauptstaatsarchiv Stuttgart
- Dokumentationsstelle zur Erforschung der Schicksale der jüdischen Bürger Baden-Württembergs 1933–1945

Institut für Zeitgeschichte (IfZ)
- ED 201
- MA 172, 443
- NG 2011, 2014, 2765, 2896, 3104, 3107, 3192, 4698, 4797, 4982

JDC Archives of the American Jewish Joint Distribution Committee
- Records of the New York Office of the American Jewish Joint Distribution Committee 1933–1945

Leo Baeck Institute New York (LBI)
- AR 1578
- B 410
- MF 1060

Staatsarchiv München (StAM)
- Gestapo
- Spruchkammer
- Polizeidirektion

Stadtarchiv München (StadtAM)
- Datenbank: Biographisches Gedenkbuch der Münchner Juden 1933–1945
- Gewerbeamt
- Judaica Memoiren

- NL Meister
- Personalamt
- Polizeidirektion

United States Holocaust Memorial Museum (USHMM)
- Central Historical Commission Nazi Documentation – Munich Municipality
- American Joint Jewish Distribution Committee Records.
- Yad Vashem Archives (YV)
- M.1 Central Historical Commission (CHC) of the Central Committee of Liberated Jews in the US Zone, Munich
- O.1 K.J. Ball-Kaduri – Collection of Testimonies and Reports of German Jewry
- O.18 Yitzhak Stone Colelction of NS Documents
- O.51 Documentation of the Staatsarchiv Muenchen (Munich States Archives)
- P.13 Benjamin Sagalowitz Archive
- TR.10 Judicial Documentation from Trials of Nazi Crime

YIVO Institute
- Territorial Collection. Germany II
- Records of the HIAS-HICEM Offices in Europe
- National Refugee Service

Quellenbestände der untersuchten Familien

Familie Blechner

Arolsen Archives (ITS)
- Blechner, Sallo und Blechner, Salo

Bayerisches Hauptstaatsarchiv
- LEA 43022 (Blechner Jakob, Markus, Mirla)

Stadtarchiv München
- Gewerbeamt Arisierung 019 (Blechner)

Staatsarchiv München
- Bezirksfinanzdirektion BFD 598 (Blechner Markus)
- Polizeidirektion PolDir 11648 (Blechner Jakob)
- Steuerakten FinA 19847 (Blechner Markus)
- FinA 19858 (Blechner Oskar)

Stiftung Brandenburgische Gedenkstätten
- Auskunft zu einem ehemaligen Häftling des KZ Sachsenhausen

United States Holocaust Memorial Museum

American Jewish Joint Distribution Committee records

In Privatbesitz
- Oral History Interview with Salo Blechner
- Camp Stories
- Blechner Documents. Collection of Documents regarding the Family History 1905–1974

Familie Cahnmann

Arolsen Archives (ITS)
- Cahnmann, Sigwart
- Cahnmann, Hedwig

Bayerisches Hauptstaatsarchiv
- LEA 8295/13 (Cahnmann Sigwart und Hedwig)
- LEA 42604 (Benjamin Auguste, geb. Cahnmann, verw. Schülein)
- LEA 43781 (Cahnmann Hans Julius)
- LEA 43782 (Cahnmann Werner)

Leo Baeck Institute
- AR 22508 Fred Cahnmann Family Collection
- AR 22385 Oral History Interview with Werner J. Cahman [sic!]
- AR 25210 Werner and Gisella Cahnman Collection

Stadtarchiv München
- Leihamt WG 064

Staatsarchiv München
- Bezirksfinanzdirektion BFD 6208 (Liselotte Rachel Dotan)
- Polizeidirektion PolDir 11811 (Cahnmann Fritz Maximilian)
- PolDir 11812 (Cahnmann Liselotte Gustava Regina Sara)
- PolDir 11813 (Cahnmann Werner Jakob)
- Steuerakten FinA 16998 (Cahnmann Sigwart)
- Wiedergutmachungsbehörde I für Bayern WB I a 3380 (Cahnmann Werner)
- WB I N 5764 (Cahnmann Werner)

United States Holocaust Memorial Museum
- Jewish Community Council of Greater Washington: Oral History Interview with Fred Cahnmann
- USC Shoah Foundation Institute Testimony of Fred Cahnmann
- Survivors of the Shoa Visual History: Oral History Interview with Hans Cahnmann

In Privatbesitz
- Cahnman, Sam: Oral History Interview with Auguste Benjamin
- Cahnman, Sam: Oral History Interview with Lilo Dotan

Familie Goldschmidt

Arolsen Archives (ITS)
- Goldschmidt Bernhard, Magdalena, Annemarie und Elfriede Bayerisches

Hauptstaatsarchiv
- LEA 1237 (Goldschmidt Bernhard, Magdalena, Annemarie, Elfriede)

Stadtarchiv München
- Judaica Varia 144

Staatsarchiv München
- Wiedergutmachungsbehörde I für Bayern WB JR 1780 (Goldschmidt Bernhard)
- Oberfinanzdirektion OFD 6964 (Goldschmidt Bernhard)
- Polizeidirektion PolDir 12828 (Goldschmidt Bernhard Israel)
- Steuerakten FinA 17444 (Goldschmidt Bernhard)

United States Holocaust Memorial Museum
- USC Shoah Foundation Institute Testimony of Ursula Levy

Familie Schwager

Arolsen Archives (ITS)
- Schwager Leopold, Sabine

Bayerisches Hauptstaatsarchiv
- LEA 33952 (Schwager Leopold)
- LEA 33955 (Schwager Sabine)

Pittsburgh Holocaust Museum (PHM)
- Oral History Interview with Erwin Schwager

Stadtarchiv München
- Gewerbeamt Arisierung 158 (Schwager Leopold)
- Leihamt WG 434

Staatsarchiv München
- Wiedergutmachungsbehörde I für Bayern WB I a 1340 (Schwager Leopold)
- WB I N 7695 (Schwager Leopold)
- WB I a 1282 (Schwager Erwin und Karl)
-

United States Holocaust Memorial Museum
- Erwin Schwager Collection

In Privatbesitz
- Erwin Schwager: Private Correspondence (1936–1938)
- Schwager Family Papers. Collection of Documents regarding the Family History

Gedruckte Quellen

Memorandum des SD-Amtes IV/2 an Heydrich, 24. Mai 1934. Sonderarchiv Moskau, 501/1/18. In: Michael Wildt (Hg.): Die Judenpolitik des SD 1935 bis 1938. Eine Dokumentation. München 1995 (Schriftenreihe der Vierteljahrshefte für Zeitgeschichte, 71), 66f.

Behrend-Rosenfeld, Else R.: Ich stand nicht allein. 2. Aufl. Frankfurt am Main 1963.

Blau, Bruno: Die Entwicklung der jüdischen Bevölkerung in Deutschland von 1800 bis 1945. New York 1950.

Bundesarchiv: Gedenkbuch. Opfer der Verfolgung den Juden unter nationalsozialistischen Gewaltherrschaft in Deutschland 1933–1945. Band 1 und 2. Koblenz 1986.

Cahnman, Werner: The Decline of the Munich Jewish Community. 1933–1938. In: *Jewish Social Studies* Volume III, July 1941 (3), S. 285–299.

Cohn, Heinz; Gottfeld, Erich: Auswanderungsvorschriften für Juden in Deutschland. Berlin 1938.

Gurevich, David; Gertz, Aaron: Statistical Handbook of Jewish Palestine. o.O. 1947.

Heusler, Andreas (Hg.): Biographisches Gedenkbuch der Münchner Juden. 1933–1945/1: A–L. München 2003.

Heusler, Andreas (Hg.): Biographisches Gedenkbuch der Münchner Juden. 1933–1945/2: M–Z. München 2007.

Löwenthal, Ernst G.: Philo-Atlas. Handbuch für die jüdische Auswanderung. Berlin 1938.

Nathorff, Hertha: Das Tagebuch der Hertha Nathorff. Berlin – New York. Aufzeichnungen 1933 bis 1945. München 1987 (Schriftenreihe der Vierteljahrshefte für Zeitgeschichte, 54).

Prinz, Arthur: Der Stand der Auswanderungsfrage. In: *Zeitschrift für jüdische Wohlfahrtspflege und Sozialpolitik* 5, 1935, S. 77–82.

Rosenthal, Erich: Trends of the Jewish Population in Germany 1910–1939. In: *Jewish Social Studies* 6, 1944 (3), S. 233–274.

Rosenstock, Werner: Some Facts About the Jewish Refugees. In: A.J.R. (Hg.): Britain's new citizens. The Story of the Refugees from Germany and Austria. London 1951, S. 15–19.

Rosenstock, Werner: Exodus 1933–1939. A Survey of Jewish Emigration From Germany. In: *The Leo Baeck Institute Yearbook* 1, 1956 (1), S. 373–390.

Simpson, John Hope: Refugees. Preliminary Report of a Survey. New York 1938.

Statistik des Deutschen Reichs: Volkszählung. Die Bevölkerung des Deutschen Reichs nach den Ergebnissen der Volkszählung 1933. Heft 3. Die Bevölkerung des Deutschen Reichs nach der Religionszugehörigkeit. Berlin 1936.

Statistik des Deutschen Reichs: Volkszählung. Die Bevölkerung des Deutschen Reichs nach den Ergebnissen der Volkszählung 1933. Heft 5. Die Glaubensjuden im Deutschen Reich. Berlin 1936.

Statistik des Deutschen Reichs: Volkszählung. Die Bevölkerung des Deutshcen Reichs nach den Ergebnissen der Volkszählung 1939. Heft 4: Die Juden und jüdischen „Mischlinge" im Deutschen Reich. Berlin 1944.

Theilhaber, Felix A.: Der Untergang der deutschen Juden. München 1911.

Zeitungen und Zeitschriften

- Bayerische Israelitische Gemeindezeitung
- Der Israelit
- Der Morgen: Monatsschrift der Juden in Deutschland
- Israelitisches Familienblatt
- Jüdisches Gemeindeblatt für den Verband der Kultusgemeinden in Bayern und die Kultusgemeinden München, Augsburg, Bamberg, Würzburg (ehem. Bayerische Israelitische Gemeindezeitung)
- Jüdisches Nachrichtenblatt
- Jüdische Welt-Rundschau
- New York Times
- Völkischer Beobachter

Online-Quellen (alle zuletzt eingesehen am 1.3.2020)

- Deutsches Reichsgesetzblatt I. Online verfügbar unter http://alex.onb.ac.at/index.htm.
- ISO 3166-Alpha-2 Kodierung. Online verfügbar unter https://laendercode.net/de/.
- UNHCR: Abkommen über die Rechtsstellung der Flüchtlinge vom 28. Juli 1951. Online verfügbar unter www.unhcr.org/dach/wp-content/uploads/sites/27/2017/03/GFK_Pocket_2015_RZ_final_ansicht.pdf.

Literaturverzeichnis

Adam, Uwe Dietrich: Judenpolitik im Dritten Reich. Königstein/Ts. 1979.
Adler, E. R.: Hrubieszow at the Crossroads: Polish Jews Navigate the German and Soviet Occupations. In: *Holocaust and Genocide Studies* 28, 2014 (1), S. 1–30.
Adler, H. G.: The Jews in Germany. From the Enlightenment to National Socialism. Notre Dame, Indiana 1969.
Adler-Rudel, Salomon: Jüdische Selbsthilfe unter dem Naziregime 1933–1939. Im Spiegel der Berichte der Reichsvertretung der Juden in Deutschland. Tübingen 1974 (Schriftenreihe wissenschaftlicher Abhandlungen des Leo-Baeck-Instituts, 29).
Aly, Götz und Roth, Karl Heinz: Die restlose Erfassung. Volkszählen, Identifizieren, Aussondern im Nationalsozialismus. Frankfurt am Main 2000 (Die Zeit des Nationalsozialismus, 14767).
Aly, Götz (Hg.): Die Verfolgung und Ermordung der europäischen Juden durch das nationalsozialistische Deutschland, 1933–1945. Band 1: Deutsches Reich 1933–1937. München 2008a.
Aly, Götz (Hg.): Die Verfolgung und Ermordung der europäischen Juden durch das nationalsozialistische Deutschland, 1933–1945. Band 2: Deutsches Reich 1938–August 1939. Unter Mitarbeit von Susanne Heim. München 2008b.
Aly, Götz (Hg.): Die Verfolgung und Ermordung der europäischen Juden durch das nationalsozialistische Deutschland 1933–1945. Band 3: Deutsches Reich und Protektorat Böhmen und Mähren. September 1939–September 1941. Unter Mitarbeit von Andrea Löw. München 2012.
Anderl, Gabriele: Die „Zentralstelle für jüdische Auswanderung" in Wien, Berlin und Prag – ein Vergleich. In: Diner, Dan; Stern, Frank (Hg.): Nationalsozialismus aus heutiger Perspektive. Gerlingen 1994 (Tel Aviver Jahrbuch für deutsche Geschichte, 23), S. 275–199.
Arendt, Hannah: The Jewish Writings. New York 2007.
Auerbach, Hellmuth: Internierungslager in Frankreich 1940–1942. In: Institut für Zeitgeschichte München (Hg.): Gutachten des Instituts für Zeitgeschichte. München 1958 (1), S. 94–101.
Bade, Klaus J.: Historische Migrationsforschung. In: Klaus J. Bade, Michael Bommes und Jochen Oltmer (Hg.): Sozialhistorische Migrationsforschung. 1. Aufl. Göttingen 2004 (Studien zur historischen Migrationsforschung, 13), S. 27–48.
Badia, Gilbert: Frankreichs Haltung gegenüber den deutschsprachigen Emigranten zwischen 1933 und 1940. In: Saint Sauveur-Henn, Anne (Hg.): Fluchtziel Paris. Die deutschsprachige Emigration 1933–1940. Berlin 2002 (Reihe Dokumente, Texte, Materialien/Zentrum für Antisemitismusforschung der Technischen Universität Berlin, 48), S. 29–40.
Barkai, Avraham: „Wehr Dich!". Der Centralverein deutscher Staatsbürger jüdischen Glaubens (C.V.) 1893–1938. München 2002.
Bartmann, Sylke: Flüchten oder Bleiben? Rekonstruktionen biographischer Verläufe und Ressorucen von Emigranten im Nationalsozialismus. Oldenburg 2006.
Bauer, Richard; Brenner, Michael (Hg.): Jüdisches München. Vom Mittelalter bis zur Gegenwart. München 2006.
Baumann, Angelika (Hg.): München arisiert. Entrechtung und Enteignung der Juden in der NS-Zeit. München 2004.
Baumbach, Sybille: Die Auswanderung von Juden aus Hamburg in der NS-Zeit. In: Baumbach, Sybille; Bajohr, Frank; Wirtz, Armin und Schmidt Dieter (Hg.): Verfolgung und Verwaltung. Beiträge zur Hamburger Finanzverwaltung 1933–1945. Begleitheft zur Ausstellung im Deutschen Zollmuseum 2003. Hamburg 2003, S. 39–81.

Baumel-Schwartz, Judith Tydor: Never look back. West Lafayette 2012.
Baur, Nina; Kelle, Udo und Kuckartz, Udo: Mixed Methods – Stand der Debatte und aktuelle Problemlagen. In: *Kölner Zeitschrift für Soziologie und Sozialpsychologie (KZfSS)* 69, 2017 (S2), S. 1–37.
Behrend-Rosenfeld, Else R.; Rosenfeld, Siegfried; Kasberger, Erich; Krauss, Marita (Hg.): Leben in zwei Welten. Tagebücher eines jüdischen Paares in Deutschland und im Exil. München 2011.
Benz, Wolfgang (Hg.): Das Exil der kleinen Leute. Alltagserfahrungen deutscher Juden in der Emigration. München 1991.
Benz, Wolfgang: Überleben im Untergrund 1943–1945. In: Benz, Wolfang und Dahm, Volker (Hg.): Die Juden in Deutschland, 1933–1945. Leben unter nationalsozialistischer Herrschaft. 3., überarb. Auflage. München 1993, S. 660–701.
Benz, Wolfgang: Flucht aus Deutschland. Zum Exil im 20. Jahrhundert. München 2001.
Benz, Wolfgang: Illegale Einwanderung nach Palästina. In: Krohn, Claus-Dieter (Hg.): Jüdische Emigration zwischen Assimilation und Verfolgung, Akkulturation und jüdischer Identität. München 2001 (Exilforschung, 19), S. 128–144.
Benz, Wolfgang: Theorie und Praxis der Judenfeindschaft im NS-Staat. Wege in die Vernichtung. In: Morsch, Günter und Zur Nieden, Susanne (Hg.): Jüdische Häftlinge im Konzentrationslager Sachsenhausen 1936 bis 1945. Berlin 2004 (Schriftenreihe der Stiftung Brandenburgische Gedenkstätten, 12), S. 21–40.
Benz, Wolfgang: Jüdische Flüchtlinge aus dem nationalsozialistischen Deutschland und dem von Deutschland besetzten Europa seit 1933. In: Bade, Klaus J. (Hg.): Enzyklopädie Migration in Europa. Vom 17. Jahrhundert bis zur Gegenwart. Paderborn 2007, S. 715–722.
Benz, Wolfgang: Die jüdische Emigration. In: Krohn, Claus-Dieter; Zur Mühlen, Patrik von und Gerhard, Paul (Hg.): Handbuch der deutschsprachigen Emigration 1933–1945. Darmstadt 2008, S. 5–15.
Benz, Wolfgang; Curio, Claudia und Hammel, Andrea: Die Kindertransporte 1938. Rettung und Integration. Frankfurt am Main 2003.
Benz, Wolfgang und Dahm, Volker (Hg.): Die Juden in Deutschland, 1933–1945. Leben unter nationalsozialistischer Herrschaft. 3., überarb. Auflage. München 1993.
Blechner, Olivia: "For him, it was important to forget …". Oskar Blechner: A typical refugee? Unveröffentlichtes Manuskript einer Bachelorarbeit. Manchester 2004.
Bokovy, Douglas und Meining, Stefan: Versagte Heimat. Jüdisches Leben in Münchens Isarvorstadt 1914–1945. München 1994.
Bollauf, Traude: Dienstmädchen-Emigration. Die Flucht jüdischer Frauen aus Österreich und Deutschland nach England 1938/39. 2., überarb. Aufl. Wien 2011 (Wiener Studien zur Zeitgeschichte, 3).
Bothe, Alina und Pickhan, Gertrud (Hg.): Ausgewiesen! Berlin, 28.10.1938. Die Geschichte der „Polenaktion". Berlin 2018.
Bourdieu, Pierre und Lutz, Raphael: Über die Beziehungen zwischen Geschichte und Soziologie in Frankreich und Deutschland. In: Bourdieu, Pierre; Ohnacker, Elke und Schlutheis, Franz (Hg.): Schwierige Interdisziplinarität. Zum Verhältnis von Soziologie und Geschichtswissenschaft, S. 98–125.
Boyer, Christoph: Netzwerke und Geschichte: Netzwerktheorien und Geschichtswissenschaften. In: Unfried, Berthold (Hg.): Transnationale Netzwerke im 20. Jahrhundert. Historische Erkundungen zu Ideen und Praktiken, Individuen und Organisationen. Leipzig 2008 (ITH-Tagungsberichte, 42), S. 47–58.

Brechenmacher, Thomas und Bothe, Christoph: Bruno Blau. Ein deutsch-jüdisches Leben. Berlin 2018.
Brenner, Michael: Der lange Schatten der Revolution. Juden und Antisemiten in Hitlers München 1918 bis 1923. Berlin 2019.
Broszat, Martin: Internierung von jüdischen Flüchtlingen auf Mauritius 1940–1945. In: Institut für Zeitgeschichte München (Hg.): Gutachten des Instituts für Zeitgeschichte. München 1958 (1), 233f.
Caestecker, Frank und Moore, Bob: Refugees from Nazi Germany and the Liberal European States. New York, Oxford 2010.
Cahnman, Werner: Die Juden in München. In: *Zeitschrift für bayerische Landesgeschichte* 42, 1979 (2), S. 403–461.
Cahnman, Werner: Die Juden in München 1918–1943. In: Lamm, Hans (Hg.): Vergangene Tage. Jüdische Kultur in München. München 1982, S. 31–78.
Cahnman, Werner: Die soziale Gliederung der Münchener jüdischen Gemeinde und ihre Wandlungen. In: Cahnman, Werner; Marcus, Judith und Tarr, Zoltán (Hg.): Deutsche Juden. Ihre Geschichte und Soziologie. Münster 2005, S. 123–133.
Cahnman, Werner: Im Konzentrationslager Dachau. In: Cahnman, Werner; Marcus, Judith und Tarr, Zoltán (Hg.): Deutsche Juden. Ihre Geschichte und Soziologie. Münster 2005, S. 134–141.
Caplan, Neil: The Israel-Palestine conflict. Contested histories. Malden, MA 2010.
Carey, Maddy: Jewish masculinity in the Holocaust. Between destruction and construction. New York 2017.
Cohn, Heinz; Gottfeld, Erich: Auswanderungsvorschriften für Juden in Deutschland. Berlin 1938.
Diekmann, Irene: Juden in Berlin. Bilder, Dokumente, Selbstzeugnisse. Berlin 2001–2009 (Juden in Berlin, 3).
Diner, Dan: Vom „Anschluss" zur „Reichskristallnacht" – Das Krisenjahr 1938. In: Kugelmann, Cilly und Rossbach, Signe (Hg.): Heimat und Exil. Emigration der deutschen Juden nach 1933. Frankfurt am Main 2006, S. 22–15.
Dörner, Bernward: Die Deutschen und der Holocaust. Was niemand wissen wollte, aber jeder wissen konnte. Berlin 2007.
Drecoll, Axel: Die „Entjudung" der Münchner Ärzteschaft 1933–1941. In: Baumann, Angelika (Hg.): München arisiert. Entrechtung und Enteignung der Juden in der NS-Zeit. München 2004, S. 70–86.
Drecoll, Axel: Der Fiskus als Verfolger. Die steuerliche Diskriminierung der Juden in Bayern 1933–1941/42. München 2009.
Dreyfus, Jean-Marc und Langton, Daniel R.: Writing the Holocaust. London 2011.
Düwell, Kurt: Die Rheingebiete in der Judenpolitik des Nationalsozialismus vor 1942. Bonn 1968.
Dwork, Deborah: Refugee Jews and the Holocaust. Luck, Fortuitous Circumstances and Timing. In: Heim, Susanne; Meyer, Beate und Nicosia, Francis R. (Hg.): „Wer bleibt, opfert seine Jahre, vielleicht sein Leben". Deutsche Juden 1938–1941. Göttingen 2010, S. 281–198.
Dwork, Debórah: Flight from the Reich. Refugee Jews, 1933–1946. New York [u. a.] 2009.
Eckert, Brita (Hg.): Die jüdische Emigration aus Deutschland. Frankfurt am Main 1985.
Ehmann, Annegret: 1933–1945. Verfolgung – Selbstbehauptung – Untergang. In: Ehmann, Annegret (Hg.): Juden in Berlin, 1671–1945. Ein Lesebuch. Berlin 1988, S. 242–149.
Friedländer, Saul und Kenan, Orna: Das Dritte Reich und die Juden. 1933–1945. München 2013.

Fritsche, Christiane und Paulmann, Johannes: „Arisierung" und „Wiedergutmachung" vor Ort: Perspektiven auf die Vernichtung der wirtschaftlichen Existenz deutscher Juden und die Entschädigung nach 1945. In: Fritsche, Christiane und Paulmann, Johannes (Hg.): „Arisierung" und „Wiedergutmachung" in deutschen Städten. Berlin, Köln 2014, S. 7–44.

Fry, Varian: Surrender on demand. New York, 1945.

Fuchs, Robert: Heirat in der Fremde. Deutschamerikaner in Cincinnati im späten 19. Jahrhundert. Paderborn 2014 (Studien zur historischen Migrationsforschung, 29).

Gay, Peter: Verstreut und Vergessen. Deutsche Juden im Exil. München 2000.

Genschel, Helmut: Die Verdrängung der Juden aus der Wirtschaft im Dritten Reich. Göttingen 1966 (Göttinger Bausteine zur Geschichtswissenschaft, 38).

Gestrich, Andreas und Krauss, Marita (Hg.): Zurückbleiben. Der vernachlässigte Teil der Migrationsgeschichte. Stuttgart 2006 (Geschichte, 6).

Glosíková, Viera; Meißgeier, Sina; Nagelschmidt, Ilse (Hg.): „Mir hat immer die menschliche Solidarität geholfen.". Die jüdischen Autorinnen Lenka Reinerová und Anna Seghers. Berlin 2016 (Literaturwissenschaft, Band 60).

Gold, Steven J.: Migrant Networks: A Summary and Critique of Relational Approaches to International Migration. In: Mary Romero und Eric Margolis (Hg.): The Blackwell companion to social inequalities. Malden Mass. u. a. 2005, S. 257–285.

Graml, Hermann: Die Auswanderung der Juden aus Deutschland zwischen 1933 und 1939. In: Institut für Zeitgeschichte München (Hg.): Gutachten des Instituts für Zeitgeschichte. München 1958 (1), S. 79–84.

Graml, Hermann: Die Behandlung von Juden fremder Staatsangehörigkeit in Deutschland. In: Institut für Zeitgeschichte München (Hg.): Gutachten des Instituts für Zeitgeschichte. München 1958 (1), 85–86.

Green, Nancy L.: The Comparative Method and Poststructural Structuralism. New Perspectives for Migration Studies. In: Lucassen, Jan (Hg.): Migration, migration history, history. Old paradigms and new perspectives. Bern [u. a.] 1997 (International and comparative social history, 4), S. 57–72.

Grossmann, Kurt Richard: Emigration. Geschichte der Hitler-Flüchtlinge 1933–1945. Frankfurt am Main 1969.

Gruner, Wolf: Der Geschlossene Arbeitseinsatz deutscher Juden. Berlin 1997.

Gruner, Wolf: Judenverfolgung in Berlin. 1933–1945. Eine Chronologie der Behördenmaßnahmen in der Reichshauptstadt. 2., vollst. bearb. und wesentlich erw. Aufl. Berlin 2009.

Gruner, Wolf: Öffentliche Wohlfahrt und Judenverfolgung. Wechselwirkungen lokaler und zentraler Politik im NS-Staat (1933–1942). München 2009 (Studien zur Zeitgeschichte, 62).

Gruner, Wolf: Defiance and Protest. A Comparative Microhistorical Reevaluation of Individual Jewish Responses to Nazi Persecution. In: Zalc, Claire und Bruttmann, Tal (Hg.): Microhistories of the Holocaust. New York, Oxford 2017 (War and genocide, volume 24), S. 85–94.

Haerendel, Ulrike: Kommunale Wohnungspolitik im Dritten Reich. Siedlungsideologie, Kleinhausbau und „Wohnraumarisierung" am Beispiel Münchens. München 2009 (Studien zur Zeitgeschichte, 57).

Hamans, Paul und McInerny, Ralph: Edith Stein and companions. On the way to Auschwitz. San Francisco 2010.

Hamm, Margot; Brockhoff, Evamaria und Eiber, Ludwig (Hg.): Good bye Bayern, Grüß Gott America. Auswanderung aus Bayern nach Amerika seit 1683. Darmstadt 2004.

Hanke, Peter: Zur Geschichte der Juden in München zwischen 1933 und 1945. München 1967.

Häntzschel, Hiltrud: „Flucht vor Hitler". Zur Emigration aus München. In: Hajak, Stefanie und Zarusky, Jürgen (Hg.): München und der Nationalsozialismus. Menschen. Orte. Strukturen. Berlin 2008, S. 185–204.

Happe, Katja: Viele falsche Hoffnungen. Judenverfolgung in den Niederlanden 1940–1945. Paderborn 2017.

Haug, Sonja: Klassische und neuere Theorien der Migration. Mannheim 2000 (Arbeitspapiere – Mannheimer Zentrum für Europäische Sozialforschung, 30).

Hauser, Dorothea: Zwischen Gehen und Bleiben. Das Sekretariat Warburg und sein Netzwerk des Vertrauens 1938–1841. In: Heim, Susanne; Meyer, Beate und Nicosia, Francis R. (Hg.): „Wer bleibt, opfert seine Jahre, vielleicht sein Leben". Deutsche Juden 1938–1941. Göttingen 2010, S. 115–133.

Heiber, Helmut: Die Ausweisung der Juden polnischer Staatsangehörigkeit im Oktober 1938. In: Institut für Zeitgeschichte München (Hg.): Gutachten des Instituts für Zeitgeschichte. München 1958 (1), S. 90–93.

Heim, Susanne: „Deutschland muß ihnen ein Land ohne Zukunft sein". Die Zwangsemigration der Juden 1933 bis 1938. In: Jungfer, Eberhard; Heim, Susanne; Meyer, Ahlrich und Kahrs, Horst (Hg.): Arbeitsmigration und Flucht. Vertreibung und Arbeitskräfteregulierung im Zwischenkriegseuropa. Oldenburg 1993 (Beiträge zur nationalsozialistischen Gesundheits- und Sozialpolitik, 11), S. 48–81.

Heim, Susanne: Flüchtlingspolitik und Fluchthilfe. Berlin 1999 (Beiträge zur nationalsozialistischen Gesundheits- und Sozialpolitik, 15).

Heim, Susanne; Meyer, Beate und Nicosia, Francis R. (Hg.): „Wer bleibt, opfert seine Jahre, vielleicht sein Leben". Deutsche Juden 1938–1941. Göttingen 2010.

Heinrich, Robert (Hg.): 100 Jahre Rechtsanwaltskammer München. Festschrift zum 100. Jahrestag des Inkrafttretens der Rechtsanwaltsordnung vom 1. Juli 1878. München 1979.

Heller, Alfred: Dr. Seligmanns Auswanderung. Der schwierige Weg nach Israel. München 1990 (Beck'sche Reihe, 414).

Heusler, Andreas: Fahrt in den Tod. Der Mord an den Münchner Juden in Kaunas (Litauen) am 25. November 1941. In: Stadtarchiv München (Hg.): „...verzogen, unbekannt wohin". Die erste Deportation von Münchner Juden im November 1941. Zürich 2000, S. 13–14.

Heusler, Andreas (Hg.): „Ich lebe! Das ist ein Wunder". Das Schicksal einer Münchner Familie während des Holocaust. München 2001.

Heusler, Andreas: Das Braune Haus. Wie München zur „Hauptstadt der Bewegung" wurde. München 2008.

Heusler, Andreas: Einleitung. In: Stadtarchiv München (Hg.) Biographisches Gedenkbuch der Münchner Juden 1933–1945. Band 1. München 2003, S. 15–23.

Heusler, Andreas und Sinn, Andrea (Hg.): Die Erfahrung des Exils. Vertreibung, Emigration und Neuanfang. Ein Münchner Lesebuch. München 2015.

Heusler, Andreas und Weger, Tobias: „Kristallnacht". Gewalt gegen die Münchner Juden im November 1938. Eine Veröffentlichung des Stadtarchivs München. München 1998.

Hilberg, Raul: The Destruction of the European Jews. Chicago 1961.

Hilberg, Raul: Die Quellen des Holocaust. Entschlüsseln und Interpretieren. 2. Aufl. Frankfurt am Main 2003.

Hildesheimer, Esriel: Jüdische Selbstverwaltung unter dem NS-Regime. Der Existenzkampf der Reichsvertretung und Reichsvereinigung der Juden in Deutschland. Tübingen 1994 (Schriftenreihe wissenschaftlicher Abhandlungen des Leo-Baeck-Instituts, 50).

Hirschfeld, Gerhard (Hg.): Exil in Großbritannien. Zur Emigration aus dem nationalsozialistischen Deutschland. Stuttgart 1983 (Veröffentlichungen des Deutschen Historischen Instituts London, 14).

Hockerts, Hans Günther: Enteignung und „Entmietung" Münchner Wohnraums. In: Bauer, Richard (Hg.): München – „Hauptstadt der Bewegung". Bayerns Metropole und der Nationalsozialismus. München 1933, S. 409–411.

Hoerder, Dirk; Lucassen, Jan und Lucassen, Leo: Terminologien und Konzepte in der Migrationsforschung. In: Bade, Klaus J. (Hg.): Enzyklopädie Migration in Europa. Vom 17. Jahrhundert bis zur Gegenwart. Paderborn 2007, S. 28–53.

Hoffmann, Alexa-Romana und Hoffmann, Diana-Patricia: „Mein einziger Wunsch ist mit dem lb Salo zu sammen und mit alle meine lb Kinder!". Diskriminierung, Verfolgung und Ermordung von Mina Blechner. In: Andreas Heusler (Hg.): „Ich lebe! Das ist ein Wunder". Das Schicksal einer Münchner Familie während des Holocaust. München 2001, S. 48–83.

Hoffmann, Gabriele: Die vergessenen Akten. Max Warburg und die Allgemeine Treuhandstelle für die jüdische AUswanderung GmbH. In: *Bremisches Jahrbuch* 89, 2010, S. 243–161.

Jünger, David: Jahre der Ungewissheit. Emigrationspläne deutscher Juden 1933–1938. Göttingen 2016 (Schriften des Simon-Dubnow-Instituts, 24).

Jungfer, Eberhard; Heim, Susanne; Meyer, Ahlrich und Kahrs, Horst (Hg.): Arbeitsmigration und Flucht. Vertreibung und Arbeitskräfteregulierung im Zwischenkriegseuropa. Oldenburg 1993 (Beiträge zur nationalsozialistischen Gesundheits- und Sozialpolitik, 11).

Kalter, Max: Hundert Jahre Ostjuden in München 1880–1980. In: Lamm, Hans (Hg.): Vergangene Tage. Jüdische Kultur in München. München 1982, S. 392–399.

Kaplan, Marion A.: Gehen oder Bleiben? In: Kugelmann, Cilly und Rossbach, Signe (Hg.): Heimat und Exil. Emigration der deutschen Juden nach 1933. Frankfurt am Main 2006, S. 31–40.

Kaplan, Marion A.: Changing Roles in Jewish Families. In: Nicosia, Francis R. (Hg.): Jewish life in Nazi Germany. Dilemmas and responses. New York u. a. 2010, S. 15–46.

Kastner, Wolfram und Baumann, Günther (Hg.): Hier wohnte. München 2013.

Kastner, Wolfram (Hg.): Auf einmal da waren sie weg. Stamsried 2004.

Kempner, Robert M. W.: Edith Stein und Anne Frank. Zwei von Hunderttausend. Die Enthüllungen über die NS-Verbrechen in Holland vor dem Schwurgericht in München. Freiburg i. Br. u. a. 1968.

Kieffer, Fritz: Judenverfolgung in Deutschland – eine innere Angelegenheit? Internationale Reaktionen auf die Flüchtlingsproblematik 1933–1939. Stuttgart 2002 (Historische Mitteilungen Beiheft, 44).

Kocka, Jürgen: Quantifizierung in der Geschichtswissenschaft. In: Best, Heinrich und Mann, Reinhard (Hg.): Quantitative Methoden in der historisch-sozialwissenschaftlichen Forschung. Stuttgart 1977 (Historisch-sozialwissenschaftliche Forschungen, 3), S. 4–10.

Kommission zur Erforschung der Geschichte der Frankfurter Juden: Dokumente zur Geschichte der Frankfurter Juden. Frankfurt am Main 1963.

Krauss, Marita: Emigration aus Bayern in die Vereinigten Staaten von Amerika in der Zeit des Nationalsozialismus. In: Hamm, Margot; Brockhoff, Evamaria und Eiber, Ludwig (Hg.): Good bye Bayern, Grüß Gott America. Auswanderung aus Bayern nach Amerika seit 1683. Darmstadt 2004, S. 47–53.

Krohn, Claus-Dieter (Hg.): Jüdische Emigration zwischen Assimilation und Verfolgung, Akkulturation und jüdischer Identität. München 2001 (Exilforschung, 19).

Krohn, Claus-Dieter und Winckler, Lutz (Hg.): Kindheit und Jugend im Exil. München 2006 (Exilforschung, 12).

Krohn, Claus-Dieter; Zur Mühlen, Patrik von und Paul, Gerhard (Hg.): Handbuch der deutschsprachigen Emigration 1933–1945. Darmstadt 2008.

Kulka, Otto Dov und Jäckel, Eberhard: Die Juden in den geheimen NS-Stimmungsberichten 1933–1945. Düsseldorf 2004 (Schriften des Bundesarchivs, 62).

Kuller, Christiane: Finanzverwaltung und „Arisierung" in München. In: Baumann, Angelika (Hg.): München arisiert. Entrechtung und Enteignung der Juden in der NS-Zeit. München 2004, S. 176–197.

Külow, Kathrin: Jüdische Häftlinge im KZ Sachsenhausen 1949 bis 1942. In: Morsch, Günter und Zur Nieden, Susanne (Hg.): Jüdische Häftlinge im Konzentrationslager Sachsenhausen 1936 bis 1945. Berlin 2004 (Schriftenreihe der Stiftung Brandenburgische Gedenkstätten, 12), S. 180–199.

Kwiet, Konrad: Gehen oder Bleiben? Die deutschen Juden am Wendepunkt. In: Pehle, Walter H. (Hg.): Der Judenpogrom 1938. Von der Reichskristallnacht zum Völkermord. Frankfurt am Main 1988, S. 132–145.

Lamm, Hans: Über die innere und äussere Entwicklung des deutschen Judentums im Dritten Reich 1951.

Lamm, Hans. Vergangene Tage. Jüdische Kultur in München. München 1982.

Laqueur, Walter: Was niemand wissen wollte. Die Unterdrückung der Nachrichten über Hitlers „Endlösung". Frankfurt am Main 1982 (Ullstein-Buch Zeitgeschichte, 33027).

Laqueur, Walter: Geboren in Deutschland. Der Exodus der jüdischen Jugend nach 1933. Berlin, München 2000.

Laubenthal, Barbara und Pries, Ludger: Alter und Migration – eine transnationale Perspektive. In: Baykara-Krumme, Helen; Motel-Klingebiel, Andreas und Schimany, Peter (Hg.): Viele Welten des Alterns: Ältere Migranten im alternden Deutschland 2012, S. 385–410.

Lavsky, Hagit: The Impact of 1938 on German-Jewish Emigration and Adaptation in Palestine, Britian and the USA. In: Heim, Susanne; Meyer, Beate und Nicosia, Francis R. (Hg.): „Wer bleibt, opfert seine Jahre, vielleicht sein Leben". Deutsche Juden 1938–1941. Göttingen 2010, S. 207–125.

Lavsky, Hagit: The creation of the German-Jewish diaspora. Interwar German-Jewish immigration to Palestine, the USA, and England. Berlin, Boston 2017.

Leeuwen, Marco H. D. van: Hisclass: a historical international social class scheme. Leuven 2011.

Leeuwen, Marco H. D. van; Maas, Ineke und Miles, Andrew: HISCO. Historical international standard classification of occupations. Leuven Bilgium 2002. Online verfügbar unter https://historyofwork.iisg.nl/major.php.

Leichsenring, Jana: Die Auswanderungsunterstützung für katholische „Nichtarier" und die Grenzen der Hilfe. Der St. Raphaelsverien in den Jahren 1938 bis 1941. In: Heim, Susanne; Meyer, Beate und Nicosia, Francis R. (Hg.): „Wer bleibt, opfert seine Jahre, vielleicht sein Leben". Deutsche Juden 1938–1941. Göttingen 2010, S. 96–114.

Levine, Rhonda F.: Class, networks, and identity. Replanting Jewish lives from Nazi Germany to rural New York. Lanham 2001.

London, Louise: Whitehall and the Jews, 1933–1948. British immigration policy, Jewish refugees and the Holocaust. Cambridge 2001.

Long, Katy: When refugees stopped being migrants. Movement, labour and humanitarian protection. In: *Migration Studies* 1, 2013 (1), S. 4–16.

Longerich, Peter: Politik der Vernichtung. Eine Gesamtdarstellung der nationalsozialistischen Judenverfolgung. München u. a. 1998.

Lorenz, Ina S.: Die jüdische Gemeinde Hamburg 1860–1943. Kaiserreich – Weimarer Republik – NS-Staat. In: Arno Herzig und Saskia Rohde (Hg.): Die Juden in Hamburg 1590 bis 1990. Hamburg 1991.

Macek, Ilse: Vernichtung der wirtschaftlichen Existenz der Juden in München. In: Macek, Ilse (Hg.): Ausgegrenzt – entrechtet – deportiert. Schwabing und Schwabinger Schicksale 1933–1945. München 2008, S. 523–542.
Maier, Clemens: Zwischen „Leben in Brasilien" und „Aus den Verordnungen". Das Jüdische Nachrichtenblatt 1938–1943. In: Meyer, Beate und Simon, Hermann (Hg.): Juden in Berlin 1938–1945. Begleitband zur gleichnamigen Ausstellung in der Stiftung „Neue Synagoge Berlin – Centrum Judaicum" Mai bis August 2000. Berlin 2000, S. 107–128.
Margaliot, Abraham: Emigration – Planung und Wirklichkeit. In: Arnold Paucker (Hg.): Die Juden im nationalsozialistischen Deutschland. 1933–1943. The Jews in Nazi Germany. Tübingen 1986 (Schriftenreihe wissenschaftlicher Abhandlungen des Leo-Baeck-Instituts, 45), S. 303–316.
Massey, Douglas; Arango, Joaquin; Hugo, Graeme; Kouaouci Ali; Pellegrino, Adela und Taylor, Edward J.: Theories of International Migration: A Review and Appraisal. In: *Population and Development Review* 19, 1993 (3), S. 431–466.
Massey, Douglas S.: Economic Development and International Migration in Comparative Perspective. In: *Population and Development Review* 14, 1988 (3), S. 383–413.
Massey, Douglas S. und Espana, Felipe García: The Social Process of International Migration. In: *Science* 237, 1987 (4816), S. 733–738.
Matthäus, Jürgen: Abwehr, Ausharren, Flucht. Der Centralverein deutscher Staatsbürger jüdischen Glaubens und die Emigration bis zur „Reichskristallnacht". In: Krohn, Claus-Dieter (Hg.): Jüdische Emigration zwischen Assimilation und Verfolgung, Akkulturation und jüdischer Identität. München 2001 (Exilforschung, 19), S. 18–40.
Matthäus, Jürgen: Verfolgung, Ausbeutung, Vernichtung: Jüdische Häftlinge im System der Konzentrationslager. In: Morsch, Günter und Zur Nieden, Susanne (Hg.): Jüdische Häftlinge im Konzentrationslager Sachsenhausen 1936 bis 1945. Berlin 2004 (Schriftenreihe der Stiftung Brandenburgische Gedenkstätten, 12), S. 64–90.
Maurer, Trude: Ausländische Juden in Deutschland, 1933–1939. In: Paucker, Arnold (Hg.): Die Juden im nationalsozialistischen Deutschland. 1933–1943. The Jews in Nazi Germany. Tübingen 1986 (Schriftenreihe wissenschaftlicher Abhandlungen des Leo-Baeck-Instituts, 45), S. 189–110.
Mayerhofer, Lisa: „Ich hoffe jedoch, daß ich mit meiner Auswanderung mehr Glück haben werde wie in den letzten acht Jahren …". Salo Blechners Odyssee durch die Lager. In: Andreas Heusler (Hg.): "Ich lebe! Das ist ein Wunder". Das Schicksal einer Münchner Familie während des Holocaust. München 2001, S. 153–175.
Mayring, Philipp: Kombination und Integration qualitativer und quantitativer Analyse. In: *Forum Qualitative Sozialforschung/Forum: Qualitative Social Research* 2, 2001 (1), Art. 6.
Meyer, Beate: Tödliche Gratwanderung. Die Reichsvereinigung der Juden in Deutschland zwischen Hoffnung, Zwang, Selbstbehauptung und Verstrickung (1939–1945). Göttingen 2011 (Hamburger Beiträge zur Geschichte der deutschen Juden, 38).
Modert, Gert: Motor der Verfolgung. Zur Rolle der NSDAP bei der Entrechtung und Ausplünderung der Münchner Juden. In: Baumann, Angelika (Hg.): München arisiert. Entrechtung und Enteignung der Juden in der NS-Zeit. München 2004, S. 145–175.
Neumeyer, Alfred; Neumeyer, Karl und Noy-Meir Imanuel (Hg.): „Wir wollen den Fluch in Segen verwandeln". Drei Generationen der jüdischen Familie Neumeier: eine autobiographische Triologie. Berlin 2007 (Bibliothek der Erinnerung, 18)
Nicolai, Johann: „Seid mutig und aufrecht!". Potsdam 2014 (Potsdamer jüdische Studien, 1).
Nicosia, Francis R.: Zionism and anti-semitism in Nazi Germany. Cambridge u. a. 2008.

Nicosia, Francis R.: Haavara, Hachschara und Aliyah-beth. Jüdisch-zionistische Auswanderung in den Jahren 1938–1941. In: Heim, Susanne; Meyer, Beate und Nicosia, Francis R. (Hg.): „Wer bleibt, opfert seine Jahre, vielleicht sein Leben". Deutsche Juden 1938–1941. Göttingen 2010, S. 134–148.
Niederland, Doron: Back into the Lions Jaws: A Note on Jewish Return Migration to Nazi Germany (1933–1938). In: Ezra Mendelsohn (Hg.): Modern Jews and their musical agendas. New York u. a. 1993 (Studies in contemporary Jewry, 9), S. 174–182.
Niederland, Doron: Yehude Germania – mehagrim o plitim? Iyyun be-defuse ha-hagira beyn ste milhamot ha-olam. Jerusalem 1996.
Ogilvie, Sarah A.: Refuge denied. The St. Louis Passengers and the Holocaust. Madison, Wis 2006.
Ohler, Norbert; Schäfer, Hermann: Quantitative Methoden für Historiker. Eine Einführung. München 1980.
Ophir, Baruch und Wiesemann, Falk (Hg.): Die jüdischen Gemeinden in Bayern 1918–1945. Geschichte und Zerstörung. München, Wien 1979.
Ophir, Baruch und Wiesemann, Falk: Geschichte und Zerstörung der jüdischen Gemeinde in München 1918–1945. In: Lamm, Hans (Hg.): Vergangene Tage. Jüdische Kultur in München. München 1982, S. 462–489.
Ostler, Fritz: Die deutschen Rechtsanwälte 1871–1971. Essen 1971.
Page Moch, Leslie: Dividing Time. An Analytical Framework for Migration History Periodization. In: Lucassen, Jan (Hg.): Migration, Migration History, History. Old Paradigms and New Perspectives. Bern u. a. 1997 (International and comparative social history, 4), S. 41–56.
Pehle, Walter H. (Hg.): Der Judenpogrom 1938. Von der Reichskristallnacht zum Völkermord. Frankfurt am Main 1988.
Pfister, Peter: Blutzeugen der Erzdiözese München und Freising. Die Märtyrer des Erzbistums München und Freising in der Zeit des Nationalsozialismus. Regensburg 1999.
Prégardier, Elisabeth; Mohr, Anne und Weinhold, Roswitha: Passion im August (2.–9. August 1942). Edith Stein und Gefährtinnen: Weg in Tod und Auferstehung. Annweiler 1995 (Zeugen der Zeitgeschichte, 5).
Pries, Ludger: Neue Migration im transnationalen Raum. In: Pries, Ludger (Hg.): Transnationale Migration. Baden-Baden 1997 (Soziale Welt Sonderband, 12), S. 15–46.
Rebhun, Ze'ev: Autumn 1939–yamim nora'im. Memorial book for East European Jews who lived in Germany. Jerusalem 1999.
Reitmayer, Morten und Marx, Christian: Netzwerkforschung in der Geschichtswissenschaft. In: Stegbauer, Christian und Häußling, Roger (Hg.): Handbuch Netzwerkforschung. Wiesbaden 2010 (Netzwerkforschung, 4), S. 869–880.
Roth, Thomas: Rassenwahn und Verfolgungsalltag im Gau Köln-Aachen. Das Nürnberger »Blutschutzgesetz«, das Delikt der »Rassenschande« und die Diskriminierung der jüdischen Bevölkerung im Raum Köln-Aachen. In: *Geschichte in Köln* 57, 2010 (1), S. 119–162.
Sauer, Paul: Die Schicksale der jüdischen Bürger Baden-Württembergs während der nationalsozialistischen Verfolgungszeit 1933–1945. Stuttgart 1968.
Sauer, Paul: Die Opfer der nationalsozialistischen Judenverfolgung in Baden-Württemberg 1933–1945. Ein Gedenkbuch. Stuttgart 1969 (Veröffentlichungen der Staatlichen Archivverwaltung Baden-Württemberg, 20).
Schäbitz, Michael: Flucht und Vertreibung der deutschen Juden 1933–1941. In: Meyer, Beate und Simon, Hermann (Hg.): Juden in Berlin 1938–1945. Begleitband zur gleichnamigen

Ausstellung in der Stiftung „Neue Synagoge Berlin – Centrum Judaicum" Mai bis August 2000. Berlin 2000, S. 51–76.

Schelpmeier, Holger: Die deutschen Juden zwischen Auswanderungsdruck, fiskalischer Ausplünderung bei der Emigration und restriktiver Aufnahmepolitik der Zufluchtsländer. In: Macek, Ilse (Hg.): Ausgegrenzt – entrechtet – deportiert. Schwabing und Schwabinger Schicksale 1933–1945. München 2008, S. 561–577.

Schneider, Dorothee: Die Lage deutsch-jüdischer Flüchtlinge in den USA 1933–1944. Zulassungsarbeit für die erste Lehramtsprüfung. Unveröffentlichtes Manuskript.

Schoeps, Julius H.: Düstere Vorahnungen. Deutschlands Juden am Vorabend der Katastrophe (1933–1935). Berlin 2018.

Schrafstetter, Susanna: „Geltungsjüdische" Jugendliche in München 1938–1945. In: *Münchner Beiträge zur Jüdischen Geschichte und Kultur* 8. Jahrgang, 2014 (2), S. 57–75.

Schrafstetter, Susanna: Flucht und Versteck. Göttingen 2015.

Schrafstetter, Susanna: Zwischen Skylla und Charybdis? Münchner Juden in Italien 1933 bis 1945. In: *Vierteljahrshefte für Zeitgeschichte*, 66, 2018 (4), S. 577–616.

Seidel, Doris: Die jüdische Gemeinde Münchens 1933–1945. In: Baumann, Angelika (Hg.): München arisiert. Entrechtung und Enteignung der Juden in der NS-Zeit. München 2004, S. 31–53.

Seidel, Doris; Koller, Edith und Blechner, Anthony: „Wir dachten nur immer, doch noch von hier wegzukommen". Jakob und Frieda Blechner als Emigranten in der Schweiz. In: Heusler, Andreas (Hg.): „Ich lebe! Das ist ein Wunder". Das Schicksal einer Münchner Familie während des Holocaust. München 2001, S. 84–114.

Selig, Wolfram: Richard Seligmann. Ein jüdisches Schicksal: Zur Geschichte der Judenverfolgung in München während des Dritten Reichs. München 1983.

Selig, Wolfram: Judenverfolgung in München 1933 bis 1941. In: Bauer, Richard (Hg.): München – „Hauptstadt der Bewegung". Bayerns Metropole und der Nationalsozialismus. München 1993, S. 398–415.

Spitzer, Yannay: Pogroms, Networks, and Migration. The Jewish Migration from the Russian Empire to the United States 1881–1914. Providence 2015.

Stadtarchiv München (Hg.): Verfolgungsgeschichte. Online verfügbar unter https://gedenkbuch.muenchen.de/index.php?id=verfolgungsgeschichte.

Steiner, Erich Gershon: The Story of the Patria. New York 1982.

Stickhausen, Waltraud: Großbritannien. In: Krohn, Claus-Dieter; Zur Mühlen, Patrik von und Paul, Gerhard (Hg.): Handbuch der deutschsprachigen Emigration 1933–1945. Darmstadt 2008, S. 251–270.

Strauss, Herbert A.: Jewish Emigration from Germany. Nazi Policies and Jewish Responses (I). In: *Leo Baeck Institute Yearbook* 25, 1980, S. 313–361.

Strauss, Herbert A.: Jewish Emigration from Germany. Nazi Policies and Jewish Responses (II). In: *Leo Baeck Institute Yearbook* 26, 1981, S. 343–404.

Strnad, Maximilian: Zwischenstation Judensiedlung. Verfolgung und Deportation der Münchner Juden 1941–1945. München 2011.

Strnad, Maximilian: Flachs für das Reich. Das jüdische Zwangsarbeiterlager „Flachsröste Lohhof" bei München. München 2013.

Strnad, Maximilian: Die Deportationen aus München. In: *Münchner Beiträge zur Jüdischen Geschichte und Kultur* 8. Jahrgang, 2014 (2), *S. 76–96*.

Strnad, Maximilian: Privileg Mischehe? Handlungsräume „jüdisch versippter" Familien 1933–1945. Göttingen 2021.

Teichert, Carsten: Chasak! Zionismus im nationalsozialistischen Deutschland 1933–1938. Köln 2000.
Tilburg University: Leo van Mackelen-Bergh. 27.1.1922–2.3.1942. Online verfügbar unter www.monumentvoordevrijheid.nl/leo-van-mackelenbergh.html.
Tilly, Charles: Transplanted Networks. In: Yans-McLaughlin, Virginia (Hg.): Immigration reconsidered. History, sociology, and politics. New York 1990, S. 79–94.
Vogel, Rolf: Ein Stempel hat gefehlt. München 1977.
Wadauer, Sigrid: Historische Migrationsforschung. Überlegungen zu Möglichkeiten und Hindernissen. In: Österreichische Zeitschrift für Geschichtswissenschaften 19. Jahrgang, 2008 (1), S. 6–14.
Walk, Joseph; Kempner, Robert M. W. (Hg.): Das Sonderrecht für die Juden im NS-Staat. Eine Sammlung der gesetzlichen Maßnahmen und Richtlinien. Heidelberg 1981 (Motive, Texte, Materialien, 14).
Weber, Reinhard: Das Schicksal der jüdischen Rechtsanwälte in Bayern nach 1933. München 2006.
Weiss, Yfaat: Deutsche und polnische Juden vor dem Holocaust. Jüdische Identität zwischen Staatsbürgerschaft und Ethnizität 1933–1940. München 2000 (Schriftenreihe der Vierteljahrshefte für Zeitgeschichte, Band 81).
Welbers, Kasper; van Atteveldt, Wouter; Benoit, Kenneth: Text Analysis in R. In: Communication Methods and Measures 11, 2017 (4), S. 245–165.
Werner, Josef: Hakenkreuz und Judenstern. Das Schicksal der Karlsruher Juden im Dritten Reich. Karlsruhe 1988 (Veröffentlichungen des Karlsruher Stadtarchivs, Band 9).
Wetzel, Juliane: Auswanderung aus Deutschland. In: Benz, Wolfgang und Dahm, Volker (Hg.): Die Juden in Deutschland, 1933–1945. Leben unter nationalsozialistischer Herrschaft. 3., durchges. Aufl. München 1993, S. 413–498.
Wildt, Michael (Hg.): Die Judenpolitik des SD 1935 bis 1938. Eine Dokumentation. München 1995 (Schriftenreihe der Vierteljahrshefte für Zeitgeschichte, 71).
Wippermann, Wolfgang: Die nationalsozialistische Judenverfolgung. Darstellung, Dokumente, didaktische Hinweise. Frankfurt am Main 1986 (Das Leben in Frankfurt zur NS-Zeit, 1).
Wyman, David S.: Paper Walls. America and the refugee crisis; 1938–1941. Massachusetts 1968.
Wyman, David S.: The abandonment of the Jews. America and the Holocaust, 1941–1945. New York 1984.
Zahn, Peter: Hilfe für Juden in München. Annemarie und Rudolf Cohen und die Quäker 1938–1941. München 2013 (Studien zur jüdischen Geschichte und Kultur in Bayern, 9).
Zimmermann, Nicolai M.: Die Liste der jüdischen Einwohner im Deutschen Reich 1933–1945. Online verfügbar unter www.bundesarchiv.de/DE/Content/Publikationen/Aufsaetze/aufsatz-zimmermann-residentenliste.pdf?__blob=publicationFile.
Zur Mühlen, Patrik von: Fluchtweg Spanien – Portugal. Die deutsche Emigration und der Exodus aus Europa 1933–1945. Bonn 1992.

Personenregister

B
Baeck, Leo 107, 331
Baerwald, Leo 107
Behrend-Rosenfeld, Else 191
Blau, Bruno 28, 36, 60, 121, 141, 180, 191, 194
Blechner, Frieda 65, 119, 128, 129, 130, 131, 143, 144, 174, 220, 264, 284, 300, 312, 314, 315, 327, 328, 330
– Jakob, 65, 104, 115, 128, 129, 130, 131, 137, 140, 143, 144, 155, 163, 174, 180, 220, 226, 227, 254, 255, 264, 265, 283, 284, 300, 312, 314, 315, 325, 327, 328, 330
– Leon, 108, 115, 131, 173, 187, 214, 226, 264, 283, 284, 290, 296, 315, 325, 329, 330
– Markus 32, 103, 115, 118, 120, 128, 129, 131, 133, 137, 160, 174, 197, 220, 221, 222, 223, 232, 257, 266, 269, 321, 325, 326, 330
– Mina 52, 53, 118, 128, 131, 137, 140, 150, 153, 155, 162, 163, 164, 197, 211, 220, 222, 229, 231, 274, 284, 307, 322, 325, 326, 330, 331, 341, 345
– Oskar 104, 115, 119, 124, 131, 137, 140, 155, 174, 180, 226, 254, 255, 265, 277, 325, 327, 328
– Salo 32, 128, 131, 133, 137, 138, 162, 197, 222, 223, 226, 229, 231, 232, 284, 307, 321, 325, 326, 328, 329, 330, 331
Bondy, Kurt 203, 205

C
Cahnmann, Auguste 33, 119, 121, 122, 129, 131, 140, 141, 152, 156, 173, 174, 279, 291, 294, 300, 335, 336, 338
– Eva 92, 93, 108, 131, 173, 201, 250, 333, 334, 338
– Fritz Maximilian 33, 89, 92, 93, 99, 115, 131, 146, 153, 156, 173, 206, 249, 265, 266, 281, 291, 293, 294, 295, 296, 302, 322, 333, 335, 336, 337, 338
– Hans 33, 65, 81, 82, 96, 99, 115, 131, 144, 145, 146, 147, 152, 156, 172, 173, 174, 178, 180, 187, 206, 249, 261, 264, 266, 279, 290, 301, 322, 334, 335, 336, 338
– Hedwig 91, 150, 153, 157, 164, 166, 167, 191, 197, 211, 291, 296, 297, 302, 312, 331, 333, 338, 339
– Liselotte Gustava Regina 33, 93, 96, 119, 128, 130, 141, 142, 143, 173, 174, 195, 205, 206, 214, 262, 263, 337, 338
– Sam 33
– Sigwart 33, 81, 91, 99, 103, 134, 140, 151, 152, 153, 155, 157, 164, 166, 188, 198, 211, 250, 266, 269, 270, 283, 291, 293, 296, 297, 302, 312, 322, 324, 331, 333, 338
– Werner 26, 27, 33, 38, 45, 47, 48, 61, 62, 63, 64, 79, 81, 93, 96, 98, 110, 115, 116, 118, 119, 127, 131, 146, 153, 154, 156, 173, 174, 197, 198, 201, 206, 212, 220, 224, 226, 227, 234, 263, 265, 274, 284, 294, 298, 302, 305, 306, 312, 313, 314, 323, 332, 333, 334, 335, 336, 338
Cohen, Annemarie 237
– Rudolf 237, 238

E
Embacher, Charlotte 33, 34, 339
Eppstein, Paul 228
Eschelbacher, Max 107

F
Fiehler, Gerhard 103, 256
– Karl 103, 219
Finkelscherer, Bruno, Dr. 163
Frank, Alois 165
– Lilly 165
Freier, Recha 182
Freund, Günter 214
Fry, Varian 146, 335

G
Gern, Ernst D., Dr. 1
Goldschmidt, Annemarie Louise 16, 34, 128, 131, 144, 162, 165, 171, 173, 174, 195, 198, 201, 235, 238, 240, 241, 320, 339, 340, 341, 342

– Bernhard 33, 34, 103, 115, 120, 122, 131, 135, 137, 140, 144, 145, 150, 153, 161, 163, 164, 165, 190, 198, 206, 234, 235, 238, 258, 259, 261, 269, 272, 273, 274, 280, 283, 284, 294, 295, 298, 308, 321, 322, 339, 340, 341, 342, 345
– Elfriede Karoline Ida 16, 34, 128, 131, 144, 162, 165, 171, 173, 174, 198, 201, 235, 238, 240, 241, 320, 339, 340, 341, 342
– Ida 128
– Magdalena 34, 150, 164, 165, 198, 211, 235, 273, 298, 339, 340, 341, 342, 345
– Maria 198
– Stefan 34, 122, 128, 145, 198, 272, 280, 283, 290, 298, 340, 341, 342
– Walter 295
Gruenewald, Max 107

H
Heller, Alfred 293
Hellmann, Rosy 340
Herzfelder, Franz 340
Hess, Rudolph 313
Himmler, Heinrich 336
– Joseph Gebhard 336
Hitler, Adolf 81, 106, 305
Holub, Emily 294, 311
Huber, Trude 306

J
Jung, Hildegard 289, 290

K
Kahn, Bernhard 302
Kempner, Robert 16
Krämer, Clementine 206, 291, 297

L
Lamm, Hans 38, 157

M
Mansbach, Arje 131, 334
– Chawa siehe Cahnmann, Eva
Müller, Heinrich 192

N
Nathorff, Hertha 45, 47, 50

Neumeyer, Alfred, Dr. 51, 314

R
Roosevelt, Eleanor 154
– Franklin D. 98
Rosenzweig, Sara 315

S
Schacht, Hjalmar 102
Schäler, Josef 55
Schülein, Max, Dr. 119, 335
Schwager, Erwin 34, 35, 71, 72, 92, 96, 98, 99, 104, 108, 111, 115, 116, 130, 131, 139, 140, 150, 153, 156, 162, 165, 167, 173, 180, 187, 197, 211, 234, 252, 253, 254, 255, 256, 263, 265, 266, 272, 277, 278, 281, 282, 283, 284, 289, 290, 294, 296, 298, 301, 304, 306, 307, 311, 318, 322, 323, 343, 344, 345, 346
– Karl 108, 115, 131, 139, 167, 173, 182, 187, 190, 197, 211, 262, 263, 272, 290, 343, 344, 345, 346
– Leopold 34, 35, 81, 103, 115, 116, 119, 120, 123, 130, 136, 139, 140, 148, 149, 150, 153, 155, 156, 164, 165, 167, 188, 189, 198, 200, 201, 211, 254, 255, 256, 257, 266, 269, 271, 278, 283, 290, 296, 302, 312, 322, 343, 344, 345
– Lotte 343
– Sabine 35, 116, 119, 122, 123, 136, 139, 140, 148, 149, 150, 153, 157, 164, 165, 167, 189, 197, 198, 200, 211, 257, 271, 283, 302, 307, 343, 344, 345
Segall, Jacob 17
Siegel, Michael, Dr. 79
Spatz, Regina 214, 296, 330
Stein, Edith 34
– Rosa 34
Strauss, Eli 331
Streicher, Julius 45
Stumfall, Hanns 256
Szold, Henrietta 182

T
Teller, Fritz 71
– Joseph 35, 123, 130, 139, 148, 211, 256, 288, 345

Theilhaber, Felix 17

W
Wagner, Adolf 121
Wieland, Heinrich, Prof. 334

Z
Zwiedineck Suedenhorst, Otto von 313